Juan Cano Ballesta
Manfred Tietz (Hrsg.)

Die spanische Lyrik der Gegenwart 1980 - 2005

Juan Cano Ballesta
Manfred Tietz
(Hrsg.)

In Zusammenarbeit mit Gero Arnscheidt und
Rosamna Pardellas Velay

Die spanische Lyrik der Gegenwart
1980 - 2005

Vervuert Verlag · Frankfurt am Main

2011

Publicación financiada con ayuda de ProSpanien, el Programa de Cooperación Cultural entre el Ministerio de Cultura de España y Centros de enseñanza superior alemanes.

Gedruckt mit freundlicher Unterstützung von ProSpanien, dem Programm für kulturelle Zusammenarbeit zwischen dem Ministerium für Kultur von Spanien und deutschen Hochschulen.

Bibliografische Information der Deutschen Nationalbibliothek:
Die Deutsche Nationalbibliothek verzeichnet diese Publikation in der Deutschen Nationalbibliografie. Detaillierte bibliografische Daten sind im Internet über <http://dnb.d-nb.de> abrufbar.

© Vervuert Verlag 2011
Elisabethenstr. 3-9
D-60594 Frankfurt am Main

Iberoamericana Editorial Vervuert
c/Amor de Dios, 1 - E-28014 Madrid

Iberoamericana Vervuert Publishing Corp.
9040 Bay Hill Blvd. Orlando, FL 32819

info@iberoamericanalibros.com
www.ibero-americana.net

ISBN 978-3-86527-633-9

Depósito Legal: SE-1588-2011

Satz: Gero Arnscheidt
Umschlaggestaltung: Michael Ackermann, unter Verwendung eines
                       Bildes von Michael Ackermann

Alle Rechte vorbehalten

Gedruckt auf säure- und chlorfreiem, alterungsbeständigem Papier

Printed in Spain by Publidisa

Inhalt

Vorwort 7

Die neueste spanische Lyrik 1980-2005
Von Juan Cano Ballesta 9

Blanca Andreu. Escucha, escúchame
Von Rosamna Pardellas Velay 33

Bernardo Atxaga. Trikuarena
Von Jon Kortazar 61

Felipe Benítez Reyes. El artificio
Von Mechthild Albert 71

Guillermo Carnero. Pie para un retrato de Valery Larbaud
Von Ignacio Javier López 93

Luisa Castro. Estoy cargando o descargando sustancias explosivas
Von Sieghild Bogumil-Notz 107

Antonio Colinas. Juan de la Cruz sestea en el pinar de Almorox
Von Manfred Tietz 121

Luis Alberto de Cuenca. La malcasada
Von José Manuel López de Abiada · Javier Letrán 149

Ramiro Fonte. Os nenos de Europa
Von Jesús G. Maestro 167

Luis García Montero. El insomnio de Jovellanos
Von Juan Cano Ballesta 183

Clara Janés. Planto
Von Maria Grazia Profeti 199

Diego Jesús Jiménez. Color solo
Von Juan José Lanz 215

Jon Juaristi. Epístola a los vascones
Von Santiago Navarro Pastor 235

Julio Martínez Mesanza. En Esparta después de Leuctra triste
Von Trevor J. Dadson 269

Carlos Marzal. Relato del viajero ocasional
Von José Antonio Pérez Bowie 287

José Antonio Mesa Toré. La herencia
Von Christoph Rodiek 301

Luis Muñoz. Correspondencias
Von Horst Weich 319

Miquel Àngel Riera. La transformació auroral
Von Pere Rosselló Bover 341

Ana Rossetti. A Sebastián, virgen
Von Gero Arnscheidt · Hendrik Schlieper 353

Javier Salvago. Al cumplir los treinta
Von Claude Le Bigot 371

Andrés Sánchez Robayna. A una roca
Von Manfred Lentzen 387

Eloy Sánchez Rosillo. La playa
Von Francisco Javier Díez de Revenga 401

Luis Antonio de Villena. El mundo es bello, anchos los deseos
Von Randolph D. Pope 413

Roger Wolfe. Nada nuevo
Von Dieter Ingenschay 429

Übersetzung und Rezeption der spanischen Gegenwartslyrik im deutschsprachigen Raum
Von Rosamna Pardellas Velay 445

Namensregister 463

Vorwort

Mit dem vorliegenden Band, der Gedichte aus den Jahren 1980 bis 2005 berücksichtigt, liegt nunmehr – zusammen mit den beiden Vorläuferwerken* – eine umfassende Darstellung der spanischen Lyrik in Einzelinterpretationen vor. In ihrer Gesamtheit stellen die drei Bände einem hispanistischen Publikum ebenso wie einer breiteren literarisch interessierten Leserschaft über neunzig Gedichte vor, die allen Perioden der spanischen Literaturgeschichte von ihren Anfängen im 11. Jahrhundert bis zur jüngsten Vergangenheit entnommen sind. Wie in den beiden vorausgegangenen Bänden zielen auch die Einzelinterpretationen des dritten Bandes darauf ab, das jeweilige Gedicht umfassend in seinen vielfachen Kontexten zu analysieren. Die Auswahl der konkreten Texte erfolgte im Hinblick auf ihre Repräsentativität für das Gesamtwerk der einzelnen Autorinnen und Autoren sowie für die literarischen Strömungen und Dichtungstraditionen, denen sie von Literaturwissenschaft und -kritik zugeschrieben werden. Ziel jeder Interpretation ist es, dem Leser den Kristallisations- und Ausgangspunkt einer ›Minimalmonographie‹ zu bieten, in der – ausgehend von der Textanalyse – die Poetik, ein Umriss des Gesamtwerks des Autors sowie dessen geistiges Umfeld erkennbar werden.

    Während die beiden ersten Bände sich bei der Auswahl auf einen weitgehend verbindlichen Kanon von Autoren und Texten stützen konnten, ist dies für den dritten Band aus naheliegenden Gründen nicht der Fall. Zweifelsohne wird die hier getroffene Auswahl nicht für jedermann unumstritten sein, und sicher werden einzelne Leserinnen und Leser den ein oder anderen der von ihnen bevorzugten Autoren völlig zu Recht vermissen. Dennoch sind die Herausgeber der Überzeugung, dass alle hier vorgestellten Lyrikerinnen und Lyriker auch in Zukunft zum Kreis der Hauptrepräsentanten der neuesten spanischen Lyrik gehören werden. Alle hier angeführten Autoren haben der spanischen Gegenwartslyrik entscheidende Impulse und Neuorientierungen vermittelt.

    Dass auch in diesem Band nicht nur Gedichte in kastilischer, sondern auch in katalanischer, galicischer und baskischer Sprache berücksichtigt wurden, bedarf angesichts der sich in allen kulturellen Bereichen immer deutlicher manifestierenden mehrsprachigen Realität Spaniens keiner besonderen Begründung.

    Anders als in den beiden vorausgegangenen Bänden, deren Beiträge ganz überwiegend von Vertreterinnen und Vertretern der deutschsprachigen Hispanistik stammen, finden sich im vorliegenden Band auch zahlreiche Beiträge aus der Feder von Repräsentanten der internationalen Hispanistik, die als herausragende Spezialisten zur Mitarbeit gewonnen werden konnten. Diese haben ihre Texte in aller Regel nicht in deutscher Sprache verfasst. Ihre Interpretationen wurden für das hier angestrebte breite deutschsprachige Publikum aus dem Kastilischen und Katalanischen übersetzt, wobei zu hoffen steht, dass sich bei diesen Übertragungen trotz der unterschiedlichen Fachtraditionen und der mit ihnen verbundenen wissenschaftlichen Schreibkulturen das Diktum vom *traduttore traditore* nicht bestätigt.

Es gehört schließlich zu den sicher nicht unberechtigten Klagen, dass die spanische Lyrik, insbesondere die der jüngsten Vergangenheit, bislang nicht in hinreichendem Maß ins Deutsche übersetzt worden ist. Zumindest punktuell ist diesbezüglich aber doch sehr Beachtenswertes geleistet worden. Um diese Leistungen sichtbarer zu machen und dem interessierten Publikum einen Überblick über die Übersetzungen und ihre häufig sehr hilfreichen Kommentierungen zu geben, enthält der vorliegende Band auch einen Beitrag zu »Übersetzung und Rezeption der spanischen Gegenwartslyrik im deutschsprachigen Raum«.

Die Redaktion der im vorliegenden Band veröffentlichten Beiträge wurde im Wesentlichen im Jahre 2005 abgeschlossen. Die Herausgeber wissen sich den Verfasserinnen und Verfassern der Beiträge zu großem Dank verpflichtet, dass sie dem Vorhaben über die Zeit hinweg Verständnis und Vertrauen bewahrt haben.

Juan Cano Ballesta *Manfred Tietz*
Madrid und Bochum, im Juni 2010

PS: Die Herausgeber danken Sina Schmidt, Nadine Andreas, Lourdes Campagna und Hendrik Schlieper, die den Band sprachlich und technisch mit großem Engagement betreut haben.

*   *Die spanische Lyrik von den Anfängen bis 1870. Einzelinterpretationen.* Herausgegeben von Manfred Tietz in Zusammenarbeit mit Pere Juan i Tous und Heike Nottebaum. Frankfurt am Main: Vervuert 1997.
Die Spanische Lyrik der Moderne. Einzelinterpretationen. Herausgegeben von Manfred Tietz unter Mitarbeit von Siegfried Jüttner und Hans-Joachim Lope. Frankfurt am Main: Vervuert 1990.

Juan Cano Ballesta

Die neueste spanische Lyrik 1980-2005

Bei dem Versuch, einen Überblick über die spanische Lyrikproduktion der letzten Jahrzehnte zu geben, ist zunächst an die so genannte »poesía social« zu erinnern – eine Lyrik, die unter den Bedingungen der Zensur die gesellschaftlichen und politischen Umstände des Spätfrankismus widerspiegeln und gegen sie protestieren wollte. Francisco Ribes hatte dieser Lyrik 1963 mit seiner Anthologie *Poesía última* beim Publikum umfassendes Gehör verschafft, das während des ganzen Jahrzehnts erhalten blieb. Den einstweiligen Höhepunkt der Verbreitung und öffentlichen Anerkennung dieser Lyrik in und außerhalb Spaniens fand diese Lyrik 1965 in Román Velas einzigartigem Buch *Ocho poetas españoles*, dessen Untertitel – *Generación del realismo social* – ihr jene eindeutige Bezeichnung verlieh, die von der Kritik sofort aufgenommen wurde und bis heute Bestand hat. Die Anthologie von Ribes enthielt neben den Gedichten der einzelnen Autoren auch deren Antwort auf die Frage nach ihrem Verständnis von Lyrik, nach der Funktion von Lyrik und nach ihren jeweiligen Lieblingsautoren. In diesem Band wurden auch Gedichte abgedruckt, die bis dahin unveröffentlicht geblieben waren, weil die Zensur ihren Druck nicht geduldet hätte, und sogar einige Gedichte, die von der Zensur bereits tatsächlich abgelehnt worden waren. Die Anthologie enthielt solch bekannte Namen wie die von Carlos Barral, José Manuel Caballero Bonald, Gabino-Alejandro Carriedo, Ángel Crespo, Jaime Gil de Biedma, Ángel González, José Agustín Goytisolo und José Ángel Valente. Nach diesem letzten Aufleuchten begann die *poesía social*, die schon von verschiedenen Seiten kritisiert worden war, an Terrain gegenüber neueren Formen von Lyrik zu verlieren, die ihr schon bald ihre beherrschende Rolle nehmen sollten.

Eine Strömung innerhalb dieser Erneuerungsbewegung, die immer mehr an Kraft gewann, war die der *novísimos*, der ›allerneuesten‹ Dichter. Als erster benutzte José María Castellet diesen Begriff in seiner Anthologie *Nueve novísimos poetas españoles* (1970). Er entnahm ihn einer gleichnamigen italienischen Gedichtsammlung.[1] Castellet verwendete diesen Begriff als eine Art Erkennungszeichen und als Aufruf zur Erneuerung. Der Begriff sollte einen Bruch mit der vorhergehenden Lyrik markieren, insbesondere den Bruch mit der *poesía social*. In seine Anthologie nahm Castellet die folgenden Autoren auf: José María Álvarez, Félix de Azúa, Pere Gimferrer, Vicente Molina Foix, Antonio Martínez Sarrión, Guillermo Carnero, Ana María Moix, Leopoldo María Panero und Manuel Vázquez Montalbán. Für diese Autoren war der Bürgerkrieg kein unmittelbares Trauma mehr, wie er es noch für José Hierro, Eladio Cabañero oder Ángel González gewesen ist. Das machte es diesen Autoren möglich, Abstand zu halten von den politischen und sozialen Themen, die die Lyriker der *poesía social* so tief bewegt hatten. Was die *novísimos* zeigen wollen, ist, so Castellet, »das Auftreten eines neuen Typus von Lyrik, der seine Aufgabe vor allem darin sieht, sich der vorangegangenen Lyrik entgegenzustellen oder diese schlicht zu ignorieren«, weshalb Castellet nur jene Autoren ausgewählt hat, die »den Bruch am deutlichsten markieren«.[2] So verkündet denn der Verfasser der Anthologie auch selbst, dass sich die »Generation des ›Realismus‹ in der Krise befindet«.[3] Natürlich war es nicht diese Anthologie, die den neuen Typus von Lyrik erfand. Sie nimmt vielmehr Tendenzen auf, die sich bereits vorher in zwei außerordentlich originellen Büchern gezeigt hatten, in *Arde el mar* (1966) von Pere Gimferrer, dem Initiator dieser Bewegung, und in *Dibujo de la muerte* (1967) von Guillermo Carnero. Es handelt sich bei diesen Werken um zwei bedeutsame und zukunftsweisende Beispiele einer neuen, im Entstehen begriffenen Ästhetik.[4] Die Feindschaft zwischen den Vertretern der *poesía social* und den *novísimos* führte zu zahlreichen Kontroversen, in denen sie sich gegenseitig mit mehr oder minder feinsinnigen oder karikaturesken Bezeichnungen versahen. Die *novísimos* trugen ihre Angriffe verachtungsvoll gegen die prosaischen ›Kohlkopf-Poeten‹ (*los poetas de la berza*) vor, während diese sich ironisch und empört gegen die exquisite ›Seerosen-Dichtung‹ (*la poesía del nenúfar*) ihrer Gegner wandten.

Das Besingen Venedigs wurde zu einer vielfach wiederholten Thematik und gleichsam zum Erkennungszeichen der *novísimos*. Die »Oda a Venecia« von Pere Gimferrer,[5] die in Anbetracht der bedrohten oder schon versunkenen Schönheit der Stadt nostalgische Gefühle wachruft, hat diese Mode auf den Weg gebracht.[6] Die Dichter aus der Gruppe der *novísimos* begeistern sich nicht für eine wirkliche Stadt, sondern für ein mythisches Venedig, wie es die Autoren und Künstler des *Fin-de-siècle* geschaffen haben. Venedig ist für sie eine mythische Stadt, das Symbol einer Welt des Schönen und der Dekadenz, voller Wandteppiche, Malereien und Dichtungen, deren Ziel es ist, raffinierte und außerordentliche Seelenzustände hervorzurufen. So viele Autoren der *novísimos* schrieben Gedichte an Venedig, dass sie schon recht bald als *venecianos*, als die ›Venezianer‹, bezeichnet wurden.

Der erste von Seiten der *novísimos* vollzogene Schritt war die Abkehr von jeder Form von Dichtung des Protests und der Anklage, wie sie zu ihrer Zeit im frankistischen spanischen Kontext mangelnder Freiheit, von Unterdrückung und Armut geschrieben wurde. Guillermo Carnero wirft den *poetas sociales* vor, sie hätten die Dichtung entstellt, er klagt sie der »Verarmung und des Missbrauchs der Sprache« an und erklärt ihnen gegenüber programmatisch, »Dichten sei vor allem eine Frage des Stils«.[7] Die Ablehnung der auf die zeitgenössische Realität gerichteten Dichtung der *poesía social* zwingt die *novísimos* mitten in der Franco-Diktatur, sich ganz auf ihr Inneres zurückzubesinnen und im Anschluss daran nach Konkretisierungen in der Außenwelt zu suchen, die wie Paris, Venedig, Florenz oder Istanbul als konkrete Orte mit herausragendem kulturellen und künstlerischen Prestige würdig sind, ihren Träumen einen angemessen erlesenen Ausdruck zu verleihen.

Die *novísimos*, die unter einem ständigen Bombardement von Information und Werbung in den Massenmedien aufwuchsen, sind von der Massenkultur fasziniert und außerordentlich empfänglich für die Welt des *camp*. Ihre ausgesprochen kulturalistische Tendenz veranlasst sie jedoch auch, sich in besonderem

Maß auf bestimmte Epochen von speziellem künstlerischen Glanz auszurichten. So haben sie Sympathien für den Modernismus und seine exotischen Welten, für die Avantgarden und den Surrealismus, sie pflegen mit besonderer Vorliebe die Metapoesie und streben in allererster Linie danach, ihrem künstlerischen Schaffen neue Horizonte zu erschließen. Auf diese Weise kommt es dann zu dem sonderbaren Phänomen, dass genau zu dem Zeitpunkt, zu dem sich der endgültige Angriff auf die Institutionen der Franco-Diktatur vollzieht, eine künstlerische Bewegung wie die der *novísimos* aufkommt, die sich von der politischen Situation abkehrt und sich zum Ästhetizismus und zum Preziösen, zu einem, wie der spanische Terminus lautet, ausgesprochenen *culturalismo* und zum Hedonismus bekennt.

Vielfalt und langsame Erneuerung

Dennoch wäre es falsch zu meinen, dass sich zum Zeitpunkt der Veröffentlichung der Anthologie von Castellet (1970) oder zu Beginn der 70er Jahre die gesamte spanische Lyrikproduktion zu den Prinzipien der *novísimos* bekannt hätte. Zahlreich waren die Lyriker, die lediglich den ein oder anderen Aspekt ihrer Ästhetik teilten, ansonsten aber eine durchaus unabhängige und originelle Lyrik schrieben. Dabei handelt es sich um Autoren wie Antonio Carvajal, Aníbal Núñez, Antonio Colinas, Jenaro Talens, José Luis Jover, Jaime Siles, Luis Alberto de Cuenca oder Luis Antonio de Villena. Einige von ihnen beginnen schon früh, das je ganz eigene Empfinden und das Gefühl als das eigentliche Zentrum des Gedichts zu bezeichnen. Für Antonio Carvajal »ist das Herz das Epizentrum eines jeden poetischen Impulses«[8], und Antonio Colinas verlangt es nach einer Dichtung, die tief im Leben, in seinen Emotionen und Träumen verwurzelt ist.[9]

Eine Reihe anderer Dichter, die auch nicht zum Club der *novísimos* gehörten, schufen damals bedeutende Werke von bisweilen hoher Qualität, die aber viele Jahre hindurch vom Prestige der *novísimos* völlig überstrahlt wurden. Dies ist unter anderem der Fall bei Juan Luis Panero, Lázaro Santana, Clara Janés, Justo Jorge Padrón, Miguel d'Ors, César Antonio Molina, Amparo Amorós, Ramón Irigoyen, José Luis García Martín, Álvaro Salvador, Alejandro Duque Amusco, Eloy Sánchez Rosillo, Víctor Botas und Fernando Ortiz.[10] Auch sie haben bedeutende und durchaus neue Beiträge zur spanischen Lyrik geleistet und trugen dazu bei, neue Wege zu erschließen. Um welche Wege handelt es sich aber dabei?

Es ist ausgesprochen schwierig und voller Risiken, von der Lyrik des letzten Viertels des 20. Jahrhunderts zu sprechen, das heißt von der Lyrik des demokratischen Spaniens, der des Postfrankismus und der Postmoderne. Die zeitliche Nähe dieser Dichtung macht es schwer, ihr Panorama in seiner Gesamtheit zu erfassen und eine klar an den Fakten orientierte Entwicklungslinie aufzuzeigen. Die Einschätzungen, die ich im Folgenden vorbringen werde, sind das Ergebnis einer umfassenden Lektüre der lyrischen Werke einer großen Zahl von jungen Autoren, der Sichtung der einschlägigen kritischen Untersuchungen, die allerdings – zumindest in qualitativer Hinsicht – noch nicht sehr zahlreich sind, sowie meines Bestrebens, die charakteristischsten Erscheinungen und Tendenzen mit großer Deutlichkeit herauszuarbeiten.[11]

Den Autoren der 80er und der ersten 90er Jahre wird bisweilen vorgeworfen, sie blieben weiterhin Gefangene des *culturalismo*, des Preziösen und des Ästhetizismus und es sei ihnen weder gelungen die *poesía social* noch die *novísimos* wirklich zu überwinden. So wird denn oft festgestellt, die neuen Generationen von Lyrikern »kreisten ständig um zwar verschiedene, doch letztlich ewig gleiche Arten eines technischen, ästhetischen oder historischen *culturalismo*, der das entscheidende Kennzeichen der spanischen Lyrik der vergangenen Jahre gewesen ist«.[12] Es wurde im Übrigen auch gesagt, dass unsere Epoche hinsichtlich der Lyrik das ist, was José Ortega y Gasset – mit den Worten von Fanny Rubio – »eine alt gewordene Epoche« genannt hat, »eine Periode, während derer die Gesamtheit der Autoren lediglich die eigene Tradition nachahmt und um sie kreist, ohne sie tatsächlich zu verändern«.[13] Jonathan Mayhew vertritt die gleiche Auffassung, wenn er feststellt, dass »die Dichter der 80er Jahre sich mit einer im Wesentlichen konservativen Sicht der Lyrik zufrieden geben«.[14]

Gefördert durch die Dezentralisierung Spaniens und die Kulturpolitik der einzelnen Autonomien sind zwischenzeitlich eine Vielzahl von lyrischen Tendenzen unterschiedlicher Art und Tragweite hervorgetreten, die in umfangreichen Anthologien veröffentlicht werden. Jeder einzelne dieser Sammelbände – seien es die älteren von Elena de Jongh, Concepción G. Moral, Mari Pepa Palomero oder die neueren von José Luis García Martín, Luis Antonio de Villena, Miguel García-Posada, die *Antología consultada* oder die Anthologie von Ricardo Virtanen, um nur einige zu nennen – bietet eine eigene Nennung der jeweils vorherrschenden dichterischen Strömungen; jede einzelne dieser Anthologien präsentiert neue Dichterkreise und neue Gestalten. Andere Autoren – und hier beziehe ich mich vor allem auf die Kritik in der Presse – weisen im Gegenteil darauf hin, dass seit 1975 jeweils ganz neue Jahrgänge von Autorinnen und Autoren aufgetreten sind, die ohne jeden weitergehenden Anspruch eine persönliche Lyrik pflegen, sich nicht für die dichterischen Tendenzen einzelner Gruppen interessieren und nicht einmal ein Interesse an dem rituellen Vatermord zeigen, wie ihn eigentlich jede Avantgarde vollzieht.

Nach der genauen Lektüre der Lyrik dieser Jahrgänge muss ich bekennen, dass ich mit einigen der hier referierten Auffassungen keineswegs einverstanden bin. Nein, ich bin vielmehr der Auffassung, dass es sich bei der Dichtung der letzten Zeit um eine ausgesprochen reiche Lyrik handelt, dass sie experimentiert, dass sie überraschende Beiträge liefert und dass sie ein hohes Niveau an Qualität und Innovation erlaubt. Jaime Siles hat bereits festgestellt, dass das, »was da als ein Immobilismus an der Oberfläche« erschien, in Wirklichkeit ein »formaler und inhaltlicher Wandel in der Tiefe« war.[15] Ebenso hat Juan José Lanz angemerkt, dass all jene chaotischen Tendenzen, auf die ich angespielt habe, letztendlich »einen gemeinsamen Strom bilden und sich vereinigen, um die unmittelbar vorausgehende herrschende Ästhetik zu stürzen und um einen neuen Rahmen ästhetischer und lyrischer Auffassungen zu etablieren«, auch wenn dies bislang nicht zu einem deutlichen Bruch geführt hat.[16]

Vielleicht entspricht dieses chaotisch wirkende Panorama durchaus dem Zeitgeist. Die Postmoderne favorisiert bekanntlich den Synkretismus, den Pluralismus und eine integrative Ästhetik, ganz im Gegensatz zu dem Streben nach extremer Originalität und Neuheit, die den Avantgarden bei ihrer Rebellion gegen jede Art von Tradition als die höchsten Werte und Ziele galten. Daraus ergibt sich eine einfache Tatsache: für den postmodernen Künstler hört die Tradition auf, eine Last zu sein, die es abzuschütteln gilt. Ganz im Gegenteil: die Vergangenheit wird zu einer wertvollen Schatztruhe, auf die der Künstler begierig zurückgreift. Die postmoderne Ästhetik ist offen für die Themen und Verfahren der Moderne, die von ihr aus parodistischer oder aber auch aus einer rein mimetischen Perspektive wieder aufgenommen werden können, wenngleich in einem neuen Geist und in einem anderen kulturellen Kontext. Überdies verwischen sich in der Postmoderne die Grenzen zwischen dem Elitären und dem Populären in einer Kunst, die diese Gegensätze zusammenführt und vermischt und die alles aufnimmt, was es an *pop*, *folk*, an Massenkultur und -mythen gibt, und die die Anhänger einer elitären und elaborierten Kunst verschreckt.[17] Dieses Charakteristikum der gegenwärtigen, postmodernen Kunst öffnet deren Pforten für weite Gesellschaftsschichten.

Von der Kritik ist verschiedentlich darauf hingewiesen worden, dass in den frühen 80er Jahren einerseits eine Abschwächung des *culturalismo* und der metapoetischen Praxis und andererseits eine Intensivierung der philosophischen Reflexion erfolgte. Zeitgleich mit der Wiederbelebung eines klassizistischen Geschmacks erfolgte das »Entstehen einer Poesie des Schweigens und die Rückkehr zu einer Tradition der *poesía pura*«.[18] Diese ›minimalistische Lyrik‹ oder ›Poesie des Schweigens‹ strebt nach Kürze und hoher Präzision; sie vermeidet alles Explizite, bleibt bei Andeutungen, bevorzugt kurze Versmaße und Leerräume. José Luis Jover, der als einer der ersten diese Art von Lyrik geschrieben hat, spricht von der Lyrik als »der Form des Schweigens«, was zu aufs Äußerste verknappten Gedichten und schließlich zu gänzlichem Verstummen führt oder zu dem, was er »escritura límite«, minimalistische Lyrik, nennt: »Es el poema / una metáfora / del silencio« (»Das Gedicht ist / eine Metapher / des Schweigens«).[19] Bei seiner Suche nach einem von allem Beiwerk entblößten, intellektuellen, ›reinen Gedicht‹ orientiert er sich an den großen Vorbildern, an Octavio Paz, Jorge Guillén,[20] José Ángel Valente und häufig auch an Paul Celan. Bei diesem Typus von Lyrik sind besonders Jaime Siles, der die Gruppe mit seinen Büchern *Música del agua* (1983) und *Columnae* (1984) anführt, Andrés Sánchez Robayna, María Victoria Atencia, Justo Navarro, Amparo Amorós, José María Bermejo, Carmen Pallarés Molina, Jenaro Talens, Luis Suñen, José Carlos Cataño, Miguel Martinón, Julia Castillo, José Luis Amaro, César Simón und andere mehr zu nennen.[21] Viele Autoren wie José Gutiérrez, Álvaro Valverde, Carlos Marzal oder Justo Navarro haben diesen Typus von Lyrik allerdings nur in bestimmten Momenten ihrer Lyrikproduktion und nur in einigen ihrer Bücher gepflegt. Ada Salas hat zwei Gedichtbände – *Variaciones en blanco* (1994) und *La sed* (1997) – veröffentlicht, in denen sie intensive Empfindungen in kurze Sentenzen und Verse fasst, die eine große Intensität des Gefühls mit einem Minimum an sprachlichen Mitteln erreichen.

Generell lässt sich sicher sagen, dass sich die Lyrik von den späten 70er Jahren an in ganz verschiedene Richtungen von den *novísimos* zu entfernen beginnt. Unter ihnen findet sich auch eine vitalistische Strömung, der Typus eines gemäßigten und verinnerlichten *culturalismo*, eine Neigung zum Narrativen und eine gewisse Tendenz zum Persönlichen und Biographischen. Juan José Lanz hat diese Richtung als eine Bewegung »zur progressiven Wiedereinsetzung des lyrischen Ich und der Darstellung seiner Erfahrungen im Gedicht«[22] bezeichnet. Ein nicht ganz unbedeutender Kritiker hat kürzlich über die neueste Lyrik unter dem Titel »Poesía lírica, placer privado« (»Lyrik, ein privates Vergnügen«) gesprochen. Dieser Titel wirkte schockierend, zumindest für uns Ältere, die wir uns über viele Jahre hinweg mit der *poesía social* der 50er Jahre befasst haben. Uns hatte man damals gesagt, die Lyrik sei »eine Waffe, geladen mit Zukunft« (Celaya), eine »Waffe zum Kampf« (Miguel Hernández), ein Instrument, mit der die Welt verändert werden kann. Demgegenüber scheinen sich die Lyriker der Gegenwart nur noch mit dem persönlichen Vergnügen zu befassen, wie José-Carlos Mainer einmal angemerkt hat. Die jungen Dichter, so stellte er fest, sprechen jetzt

> von schamlos persönlichen Empfindungen – von einem alten Küchenbrett, einem ganz bestimmten Tag des Glücks, einer vertrauten Landschaft –, die vor einigen Jahren wegen ihrer allzu großen Alltäglichkeit mit Argwohn betrachtet worden wären und auf die man einige Jahre früher wegen ihres bürgerlich egoistischen Charakters ausgesprochen gereizt reagiert hätte.[23]

José-Carlos Mainer hat auch darauf hingewiesen, dass diese Lyriker der 80er Jahre häufig Tagebücher verfasst haben, ein Genus, das man eigentlich weniger der Lyrik, sondern eher der Prosa zurechnen könnte. In der Tat gibt es eine recht große Anzahl von solchen Werken: Eloy Sánchez Rosillo beschreibt seine introspektive und private Welt in *Páginas de un diario* (1981) und setzt diesen Ansatz in *Elegías* (1984) und *Autorretratos* (1989) fort. Jon Juaristi bringt seine Erfahrung des Überdrusses, die in seiner Generation recht verbreitet ist, in *Diario de un poeta recién cansado* (1985) zum Ausdruck. Vicente Gallego schreibt sein Tagebuch mit *La luz, de otra manera* (1988); Dionisia García veröffentlicht 1987 ihr *Diario abierto*, Luis García Montero 1987 sein *Diario cómplice*, José Ángel Cilleruelo 1990 sein *Diario de la ciudad* und Antonio Rodríguez Jiménez 1991 *Un verano de los 80*. Wenn auch jeweils auf sehr unterschiedliche Weise, so sind doch das alltägliche, triviale und unbedeutende Alltagsleben, das Liebesabenteuer oder das abendliche Ausgehen mit Freunden die immer wieder zu findenden Gemeinplätze dieser letztlich recht sorglosen und hedonistischen Lyrik.

Viele der Autoren verwenden die Sprache, so wie sie auf der Straße gesprochen wird, und verzichten damit auf die Faszination des Lesers durch eine bewusst verwandte Kunst, auf deren Sockel sich die *novísimos* nur allzu gerne gestellt haben. Sie verzichten auf deren ›Opale‹, ›Samte‹, ›Gefieder‹, ›Porzellane‹, ›Seiden-‹ und ›Atlasstoffe‹, um herabzusteigen zu einer alltäglichen, bisweilen sogar trivialen Sprache, wie es in den folgenden Versen von Jorge Riechmann in dem Gedicht »*Mujer sentada* de Egon Schiele« der Fall ist: »Fleisch, Haare, Ziegel, Träume, Rauch / Lumpen, Brot, Samen, Gips, Blut und Schimmel«. José María Parreño hat in einem Vortrag dargelegt, dass seine Generation die Emotion zum Eckstein ihrer Poetik gemacht hat, auch wenn dies nicht alle zugeben mögen. Und er führt weiter aus: »Im Gegensatz zur ästhetizistischen Reaktion der *novísimos* (sc. gegenüber der Welt) hatten ich und meine Generation eine – sagen wir einmal – vitalistische Reaktion.« Und stellt schließlich fest: »Wenn viele von uns sich dafür entschieden haben, vom Leben und von der Erfahrung zu sprechen, dann müssen wir auch versuchen, von unserer – bedrängten, leidenschaftlichen, lebendigen und gelebten – Biographie her zu schreiben«.[24]

Die ›andere Empfindsamkeit‹

Ab 1985, so stellt Ricardo Virtanen fest, zeigt sich in der spanischen Lyrik eine ›realistische Tendenz‹, die sich in zwei wichtigen Anthologien manifestiert: in den *Postnovísimos* von Luis Antonio Villena und in *La generación de los ochenta* von José Luis García Martín. Diese realistische Tendenz hat ihrerseits zwei Strömungen hervorgebracht, die nicht ohne Einfluss geblieben sind: die der ›anderen Empfindsamkeit‹ (*la otra sentimentalidad*) und die einer ›Lyrik der Erfahrung‹ (*la lírica de la experiencia*).[25] Juan María Calles ist der Auffassung, dass die Grundströmung, die die Lyrik der 80er Jahre am besten charakterisiert und die sich damals insgesamt durchsetzte, die Lyrik der ›anderen Empfindsamkeit‹ ist. Dieser Begriff geht auf Antonio Machado zurück, der zwischen ›Sensibilität‹ und ›Empfindsamkeit‹ zu unterscheiden pflegte.[26] Namensgebend für diese lyrische Strömung wurde die Anthologie *La otra sentimentalidad* (1983), die von einer Art Manifest eingeleitet wird. Sie wurde von den aus Granada stammenden Dichtern Luis García Montero, Javier Egea und Álvaro Salvador herausgegeben. In diesem Band wird die Auffassung vertreten, dass das Abrücken von den ästhetizistischen Vorstellungen der *novísimos* dadurch erfolgen soll, dass die Kunst zur alltäglichen Lebenswirklichkeit zurückkehren wird, das heißt, dass Kunst und Leben wieder in eine engere Beziehung treten sollen. Damit knüpft die Lyrik der 80er Jahre wieder an die der 50er Jahre an, denn deren Autoren – Jaime Gil de Biedma, Claudio Rodríguez, Francisco Brines – hatten in ihrem Leben die Verbindung von Kunst und Biographie erfahren.[27] Die neue, die andere Empfindsamkeit »stellt sich als Möglichkeit und Programm [sc. der von ihr vertretenen Lyrikkonzeption] die Verschmelzung von Intimität und Erfahrung vor, und zwar aus dem Verständnis der Geschichte als persönlichem Abenteuer und dem des Mitgefühls als einer Form von Rebellion«.[28] Gleichzeitig erinnert Luis García Montero, der Verfasser des Manifests von *La otra sentimentalidad*, daran, dass in der Literaturgeschichte allzu häufig wiederholt worden ist, »die Dichtung [sei] das unmittelbare Bekenntnis der das Sprechersubjekt bedrängenden Gefühle, der wortwörtliche Ausdruck seines verborgensten und seines innersten Wesens«.[29] Gegenüber einer solchen Auffassung schlägt García Montero vor, die herkömmliche Vorstellung von der Lyrik als einem aufrichtigen Bekenntnis aufzugeben. Im Zusammenhang damit verwirft er auch die Idee, Lyrik basiere auf Spontaneität. Er erklärt vielmehr, Lyrik sei Fiktion: »Das Gedicht ist auch eine Inszenierung, ein kleines Theaterstück für einen einzigen Zuschauer, das seine eigenen Regeln braucht und seine eigenen Tricks bei seinen Inszenierungen«.[30]

Eine solche Sicht der Dinge stimmt im Übrigen völlig überein mit den Ansichten von Gil de Biedma und dem Gebrauch des ›dramatischen Monologs‹, wie er sich bei vielen Lyrikern findet. Bei seiner Formulierung der Ästhetik dieser Dichtergruppe hat García Montero neue Ideen und Perspektiven zur Definition dessen beigetragen, was schließlich als *poesía de la experiencia* (›Lyrik der Erfahrung‹ oder genauer ›der Alltagserfahrung‹) bezeichnet worden ist:

> die Intimität und die Erfahrung, die Stilisierung des Lebens oder das ›Veralltäglichen‹ der Lyrik. Manchmal drängt der geheiligte Quell des Dichters in präziser metrischer Form ans Tageslicht; bei anderen Gelegenheiten ist es das Alltagsleben, dieser lästige Mitbewohner, das sich zum Gedicht formt. Und als Hintergrund stets die altbekannte Sensibilität.[31]

Die Dichter dieser Gruppe (die drei des Manifests und andere wie Luis Muñoz, Benjamín Prado, Inmaculada Mengíbar, die, wie Miguel d'Ors feststellt, nur recht schwach von dieser Poetik geprägt wurden), fügen sich »in eine allgemeinere und umfassendere, letztendlich dann vorherrschende Strömung der Lyrik ein, der noch weitere Autoren zuzurechnen sind, wie Javier Salvago, Felipe Benítez Reyes, Jon Juaristi, Álvaro García, Carlos Marzal, Vicente Gallego, José Luis Piquero und andere mehr«,[32] die sich alle in den breiten Strom der *poesía de la experiencia* einfügen, zu dem sie alle gewichtige neue Elemente beigetragen haben.

So erlebt ein Typus von Lyrik seinen Aufschwung, der verschiedentlich auch als *poesía figurativa* (›figurative Lyrik‹) bezeichnet worden ist. Dementsprechend hat Juan José Lanz feststellt, dass

> zu Ende der 80er Jahre die neueste spanische Dichtung insgesamt in einer Lyrik aufzugehen schien, deren vorherrschendes Merkmal die persönliche Erfahrung ist, die sich über ein – mehr oder minder ironisiertes – lyrisches Ich ausdrückt [...], eine Lyrik der Erfahrung, in der das Lyrische und die süßliche Neoromantik, die für die Produktion zu Anfang des Jahrzehnts charakteristisch waren, einer Tendenz zur Bekenntnisdichtung und damit letztlich einer in wachsendem Maß realistischen Dichtung gewichen sind.[33]

Die Lyrik der Alltagserfahrung

Die so genannte *poesía de la experiencia* ist eine breite lyrische Strömung, die sich nur schlecht definieren und abgrenzen lässt. Sie bestimmt weite Bereiche der Gegenwartslyrik und spielt auf die verschiedensten Phänomene an. Eine recht große Zahl von Kritikern sieht in ihr die zur Zeit richtungsweisende und vorherrschende Strömung innerhalb der spanischen Lyrik. Andere Autoren weisen eine solche Etikettierung mit dem Hinweis zurück, dass letztlich jede Lyrik die Erfahrungen des Dichters zum Ausdruck bringt. Ihnen ist jedoch entgegenzuhalten, dass der Begriff der *poesía de la experiencia*, so wie ihn Jaime Gil de Biedma und viele andere Dichter in der Vergangenheit verwendet haben, einen recht genauen Sinn erhalten hat. Ausgehend von der Untersuchung Robert Langbaums[34] und den *Songs of Experience* von William Blake, hat der an sich zweifelsohne ungenaue Begriff doch einen deutlicheren Sinn erhalten. Der Begriff meint eine deutlich erhöhte Wertschätzung der persönlichen (Alltags-)Erfahrung als dem höchsten Streben und dem größten Vergnügen des Menschen, nachdem das Aufbegehren der Romantik und der Moderne die Gewissheiten und die sozusagen ewigen Werte, den religiösen Glauben bzw. die metaphysischen Überzeugungen, zutiefst erschüttert haben. Für den heutigen Dichter sind seine eigenen Alltagserfahrungen und seine eigenen Gefühle das wirklich Wichtige. Sie drückt er als persönliches Siegel der überkommenen kulturellen Tradition auf. Der heutige Dichter, der die traditionellen Werte zurückgewiesen hat, »entdeckt seine eigenen Empfindungen und seinen eigenen Willen als die Quelle von Werten in einem Universum, das an sich ohne Sinn ist«.[35] Zahlreiche neuere Dichter vertrauen in der Nachfolge von Cernuda und Gil de Biedma auf die transzendente Bedeutung ihrer eigenen persönlichen Erlebnisse und folgen damit, in durchaus freier Nachfolge, den Spuren jener Dichter, die Langbaum angeführt hat: Browning, Tennyson, Keats, Shelley, Wordsworth und weitere neuere Autoren. Die eigenen Emotionen und die persönlichen Alltagserfahrungen füllen jetzt jenen Raum, den früher die großen transzendentalen Wahrheiten besetzt hatten. Von daher kommt ihre herausragende Rolle in der heutigen Dichtung.

Das Werk von Luis Antonio de Villena bewegt sich zweifelsohne innerhalb des Rahmens dieser Dichtungsweise. Nach seiner Auffassung gelangen lyrische Dichtung und Lebenserfahrung zur vollständigen Identifikation und wechselseitigen Verschmelzung: die Kunst ist das Leben, und das Leben wird als Kunst gelebt. In diesem Sinn spricht Villena von einem ›gelebten‹ Buch und davon, dass Lyrik für ihn nur als Vergnügen von Interesse ist.[36] In *Joven poesía española* (1979) beschreibt er die Beziehungen zwischen Kultur und Leben wie folgt:

> Mich interessieren eine Kunst, die das Leben theatralisiert – die Kunst als Wirklichkeit –, und ein Leben, das als Kunst gelebt wird – die Wirklichkeit als imaginierte. Was nach meiner Auffassung eine Verbindung zum Hedonismus herstellt. Die Dichtung interessiert mich als Vergnügen, und das Vergnügen – als das wahre Vergnügen – hat Intensität zu verkörpern [...].[37]

Die Dichter dieser Richtung streben nach einer Lyrik, die – weit entfernt von der distanzierten Hellsichtigkeit der *novísimos* – ihr ganzes persönliches Wesen impliziert, die vertraut auf die Inspiration, auf die dichterische Verzückung, auf den lyrischen Hauch. Sie räumt der Authentizität und der Emotion den Vorrang ein, wie es bei Vicente Gallego heißt: »Die Dichtung muss, wenn sie es denn wirklich sein will, [den Leser] innerlich ergreifen, Gefühle erwecken, zumindest im Bereich des Ästhetischen«.[38]

Diese Art von Lyrik ist bemüht, sich dem Lesepublikum anzunähern. Sie fängt das Lyrische des Alltäglichen ein und vermag es, diesem Alltäglichen mit Metaphern der postmodernen Welt Ausdruck zu verleihen. Die Werke von Carlos Marzal, Felipe Benítez Reyes, Jon Juaristi, Vicente Gallego, Javier Salvago, Inmaculada Mengíbar, Luis Muñoz, José Antonio Mesa Toré oder Benjamín Prado bieten wunderbare Beispiele dieser Dichtung.

Vielleicht weil sie, wie man sagt, die vorherrschende Ästhetik ist, hat diese poetische Richtung ›der Alltagserfahrung‹ Kontroversen hervorgerufen und zu scharfen Angriffen von diametral entgegengesetzten Positionen aus geführt. Dennoch bin ich wie Ricardo Virtanen der folgenden Auffassung:

> Das Etikett *poesía de la experiencia* steht trotz seiner Abstraktheit und Mehrdeutigkeit für eine klare Vorstellung von Lyrik, und wir alle wissen, auf welchen Bereich sich dieser Begriff bezieht, auf welche Dichter und auf welche Werke.[39]

Der klassische und hellenische Geschmack

Eines der typischen, in der gegenwärtigen Lyrik allgegenwärtigen Phänomene der Postmoderne ist die Verwendung von Texten, Topoi, Formen, Mythen und Themen der antiken Klassik. Eine solche Verwendung zielt auf einen intensiven intellektuellen Genuss und auf eine Erfahrung der Gegenwart. Luis Antonio de Villena, der auf dieses Phänomen hingewiesen und es in einem seiner Bücher definiert hat, ist der Auffassung, dass diese poetische Tendenz eines ›klassisch-antiken Zuschnitts‹ in den 80er Jahren und bei der Generation der neuesten Lyriker vorherrschend gewesen ist und dass ihr die meisten Autoren gefolgt sind.[40] Man mag eine solche Auffassung für übertrieben halten, dennoch lässt sich die Präsenz antikisierender Themen und Ambientierungen bei den Dichtern der 80er und 90er Jahre leicht feststellen. Wenn die Dichter der *novísimos* griechische Themen verwendeten, so taten sie es im Sinne ihres *culturalismo* und gebrauchten sie als stilistischen Schmuck in »Gedichten, die nicht an das Ich glaubten, die danach strebten, alles Bekenntnishafte im Gedicht auszulöschen und die jede Form von Innerlichkeit verachteten«.[41] Was diese Dinge angeht, so hat, wie Villena zu recht feststellt, um 1980 ein tiefer Wandel stattgefunden. Der Rekurs auf die Tradition der antiken Klassik findet bei Autoren eine umfangreiche Zustimmung und manifestiert sich bei ihnen in vielfältigen Formen:

> Es wäre nicht richtig, wollte man meinen, die Interpretation dieser [sc. klassischen] Tradition sei monolithisch. Sie setzt bei allen Autoren eine Poesie der Erfahrung voraus, ein kommunikatives, rationalistisches Gedicht, [...] die Freude am geschliffenen Werk, am formalen Schmuck [...] sowie immer

auch die bewußte Suche nach klassischen Themen, die mit ihrem metaphysischem Anstrich vom Alltäglichen bis zum Melancholischen reichen.[42]

Dieser Typus einer hellenisierenden Lyrik drückt die »Sehnsucht nach der Fülle einer verlorenen Kultur« aus,

> die Sehnsucht nach dem Heidentum, das verstanden wird als mythische Liebe zum Leben, als Leidenschaft, offene Moral, Verlangen nach Schönheit oder Erneuerung (sogar nach Zerstörung) des gegenwärtigen bürgerlichen Lebens, wie es das katholische bzw. das protestantische Christentum geschaffen hat.[43]

Bei diesem Vorgehen folgen die Autoren einer ruhmreichen Tradition, die von Keats, Shelley, Hölderlin, den Autoren der Renaissance, vielen Parnassiens, von Carducci, Unamuno und vielen anderen mehr verkörpert wird. Im Zentrum der mythischen Evokationen bei den Lyrikern der Gegenwart befinden sich jedoch Welt und Leben der Postmoderne. Die mythischen Anspielungen sind einfache Metaphern, um heutige menschliche Erfahrungen auszudrücken. In einem kurzen Essay über den *Ulysses* von James Joyce hat T.S. Eliot sehr klar den tieferen Sinn erkannt, den die griechischen Mythen in der Feder eines modernen Autors erhalten. Joyce versuche, so Eliot, mit dem Gebrauch des Mythos »lediglich ein Mittel zu entdecken, um die ungeheure Fülle von Flüchtigem und Anarchischem, das die Gegenwartsgeschichte darstellt, unter Kontrolle zu bekommen, es zu gliedern und ihm eine Form und eine Bedeutung zu geben«.[44]

Um dieses Phänomen eines Klassizismus, das sich in zahlreichen Gedichten findet, verständlicher zu machen, seien hier einige Beispiele angeführt. María Sanz (*Sevilla 1956) zeigt außerordentlichen Scharfsinn, echte Raffinesse und hohe dichterische Qualität, wenn sie Lyrik persönlicher Erfahrung unter der Maske eines hellenischen Themas von großer Sinnlichkeit schreibt. Genau darin liegt der postmoderne und ausgesprochen exquisite Hauch ihrer Lyrik. In dem Gedichtband *Aves de paso* (1991) versetzt die Autorin in dem Gedicht »Argonauta« ihre eigene erotische Erfahrung in ein griechisches Umfeld und spricht mit der Stimme einer schönen Göttin, die in Gestalt einer Marmorstatue das Vergnügen der Gesellschaft eines jungen Seemannes genießt. Es handelt sich um eine Lyrik mit durchaus intimen Tönen, die zart und außerordentlich suggestiv ist. Zugleich ist sie jedoch auch von Bildungsgut geprägt und ausgesprochen erfüllt von Leben.[45] María Sanz kann ihr sehnsuchtsvolles und heidnisches Streben nach Schönheit nicht hinter dem Schleier und dem Genuss ihrer ganz persönlich intimen Erfahrung verbergen. Die Stimme, die man in einem vollkommenen dramatischen Monolog hört, ist nicht die Stimme von María Sanz, es ist die Stimme von Aphrodite, die Frau und Göttin zugleich ist, die sich an eine sinnliche und erotische Erfahrung mit einem jungen Seemann erinnert, der sich der Statue (dem Körper der Frau?) nähert. Das Gedicht bringt eine wirkliche Liebeserfahrung zum Ausdruck, die sich in einem schmucken hellenischen Rahmen vollzieht.

Für diese gewiss postmoderne Art des Gedichtverständnisses bieten auch Ana Rossettis *Indicios vehementes* (1985) ein hervorragendes Beispiel. Die Lyrikerin stammt aus Cádiz; sie hat unter anderem das Gedicht »Diotima zu ihrem überaus eifrigen Schüler« geschrieben. Auch hier versetzt uns die Erzählstimme einer inbrünstigen und leidenschaftlichen Frau in eine antik-heidnische Atmosphäre. Es ist die Stimme der Priesterin Diotima von Mantineia, die die Lehrerin des Sokrates gewesen ist und die – gleichgültig ob sie nun Wirklichkeit oder bloße Fiktion war – durch das *Gastmahl* Platons, wo sie Sokrates ihre Liebestheorien darlegt, zu einer der einflussreichsten Denkerinnen aller Zeiten wurde. In dem erwähnten Gedicht lädt sie in einer prunkvollen Szenerie von erlesenen Möbeln und Stoffen, einem wiederbelebten köstlichen Modernismus, ihren Geliebten dazu ein, ihren Körper in all seiner Schönheit zu entdecken. Das hellenische Umfeld ist kulturalistischer Prunk und ein originelles Verfahren zur Darbietung einer verfeinerten Erotik. Der Kern des Gedichts ist jedoch die sinnliche und erotische Erfahrung einer Frau in unserer heutigen Welt, auch wenn diese Erfahrung in einem vollkommenen dramatischen Dialog aus der Perspektive und mit der lyrischen Stimme der griechischen Vestalin Diotima berichtet wird.

An diesem Punkt unserer Darlegungen gilt es, auf ein wichtiges Faktum hinzuweisen. In den beiden Gedichten zeigt sich die feministische ›Selbstbewusstwerdung‹ zweier Frauen der Postmoderne, deren Schreibweise mit den Konstanten der herkömmlichen männlichen erotischen Literatur bricht. Der weibliche Körper hört hier auf, das bloße Objekt des Vergnügens eines anderen zu sein. Er selbst genießt vielmehr in sehr aktiver Form die erotische Erfahrung. »Die Blickrichtung des Textes zeigt, wie hier die Tradition der [sc. männlichen] erotischen Literatur überwunden wird, deren Tendenz die passive Verdinglichung des weiblichen Körpers durch die Brille des männlichen Betrachters ist«.[46] Bei María Sanz und Ana Rossetti ist es gerade umgekehrt. Hier ist die Frau die aktive Kraft, die das erotische Geschehen weckt, die es ermutigt, leitet und genießt.

Bei all diesen Dichterinnen und Dichtern ist, wie wir gesehen haben, der dramatische Monolog oder die Verwendung einer lyrischen Stimme, die nicht identisch ist mit der Stimme des Dichters, ein häufig verwandtes poetologisches Verfahren. Der reale Seher-Dichter erfindet sich eine fiktive poetische Person, die häufig eine Maske seiner selbst ist, mit deren Stimme er seine eigene Geschichte, seine Weltsicht, seine Ideale, sein Begehren und seine Ängste zum Ausdruck bringt. Der Leser nimmt die Erfahrungen so wahr, wie sie die poetische Stimme erlebt, die das Geschehen aus ihrer eigenen Perspektive und aufgrund ihrer eigenen Erfahrungen im Kontext ihrer persönlichen Interessen berichtet, wodurch sie die Sympathien und das wohlwollende Verständnis des Lesers erweckt.[47] Das Gedicht »El insomnio de Jovellanos«, das ich im vorliegenden Band vorstelle, ist ein gutes Beispiel für dieses poetische Verfahren.

Weitere Strömungen in der Lyrik der Gegenwart

In der Lyrik der jüngsten Vergangenheit findet sich recht häufig eine Tendenz zur Wiederaufnahme und Neugestaltung von Themen aus früheren Epochen der spanischen Lyrik, sei es aus der Romantik, der Postromantik oder vom Ende des 19. Jahrhunderts. Bisweilen sind aber auch die Werke und Einstellungen der Avantgardisten Gegenstand dieser Experimente. Schließlich sind auch der hispanische Modernismus und seine Texte ein wichtiges Experimentierfeld für dergleichen Versuche. So finden sich Versuche, den alten modernistischen Glanz wiederzubeleben. In Gedichten der neuesten Lyrik kann man daher die exquisite Raffinesse und die Ausdrucksmittel, die glänzenden Formen und klingenden Metren des Modernismus bewundern; dennoch wird dieser imitierte modernistische Stil stets mit einem ironischen und spöttischen Stil parodiert. Sein erlesener Ästhetizismus wird ebenso ins Lächerliche gezogen wie sein sentimentaler Ton, der nach langen Jahrzehnten der Vulgarisierung zu einem abgegriffenen Topos geworden ist.

In diesen Kontexten werden Gedichte geschrieben, die einen Kult (bisweilen aber auch eine Distanzierung) gegenüber den poetischen Formen der verehrungswürdigen Meister zeigen. Mit »El autor amonesta a un amigo« (»Der Dichter ermahnt einen Freund«) schreibt Carlos Marzal (*1961) Gedichte, die an die Satire von Horaz erinnern, wie sie von Dichtern des 17. Jahrhunderts verfasst wurden, wenngleich Marzal diese in seinen eigenen Texten mit neuer Sensibilität und Vitalität füllt. In einem ganz anderen Gedicht bringt der gleiche Autor dem großen modernistischen Dichter Manuel Machado eine Huldigung dar, indem er eine Sprache voller Stierkampf-Begriffe und mit einem andalusischen Grundton wählt und in reichen Alexandrinern schreibt, die durch Paarreim verbunden sind und die sich durch große Kunstfertigkeit und Wohlklang auszeichnen:

> La crítica, tan crítica, tan lista, me ha indicado
> Que soy nieto cercano de don Manuel Machado.
> (»Media verónica para don Manuel Machado«)[48]

In ganz ähnlicher Weise nähert sich Javier Salvago mit »Variaciones sobre un tema de Manuel Machado« dem Sevillaner Modernisten mit einem Gedicht in langen Alexandrinern, in dem er die Lyrik der *novísimos* und anderer Dichter seiner Zeit geistvoll parodiert. Auch Luis García Montero greift auf den wohlklingenden Alexandriner mit seinem Paarreim und seinem sensorischen Reichtum zurück. Dies geschieht jedoch bei ihm, wie das Gedicht »Nocturno« zeigt, um die postmoderne Welt der Motorräder, der Verkehrsampeln, der ledernen Miniröcke und der zahllosen Neonlichter in den Stadtvierteln mit überbordendem Nachtleben zu besingen. In anderen Fällen folgt García Montero den Spuren Rubén Daríos und paraphrasiert in seinen Versen die *Cancionero*-Lyrik des 15. Jahrhunderts, indem er Strophen im Stil von Jorge Manrique verfasst, die stark geprägt sind von einem bitteren Humor und von einer Kritik an der postmodernen Volkskultur.

Andere Dichter gefallen sich darin, den Ton der Lyrik der Dekadenz und der *Bohème* des ausgehenden 19. Jahrhunderts wieder aufleben zu lassen. So zeigt Felipe Benítez Reyes in seinen ersten Büchern (wie in *Los vanos mundos*) eine große Nähe zum Langvers, zur Musikalität, zum Wortschatz und zu den Motiven des Modernismus. Sicher lässt sich die Auffassung vertreten, dass die damalige *Bohème* den heutigen Autoren dieser Gruppe die Lust am nächtlichen, sich bis in die Morgenstunden hinziehenden Durchstreifen von Bars und Kneipen vermittelt hat, wenn sie, von dieser Welt in Bann geschlagen, etwa »den himmlisches Schlamm des Nachtlebens« preisen. So lässt sich auch José A. Mesa Toré in seinem Gedichtband *El amigo imaginario* von der dekadenten Lyrik der *Bohème* inspirieren, wo man durch Kneipen und Gassen zieht. Seine Gedichte rufen die typischen Gemeinplätze der *Bohème* des 19. Jahrhunderts wieder in Erinnerung, wenn auch mit einem neuen Ton und mit deutlich aktualisierenden Elementen. Das Beschwören des Nachtlebens ist das am häufigsten angeführte Thema der so genannten *poesía de la experiencia* und ist zugleich dasjenige, das von den Gegnern dieser Dichtung am meisten angegriffen wird. Es ist allerdings auch festzustellen, dass dieses generelle Thema bei etlichen dieser Autoren ganz eigene Töne und Nuancen von großer Originalität besitzt.

In diesem intertextuellen Spiel werden bisweilen gerade einige der bekanntesten Dichter Gegenstand dieser Form des lyrischen Erinnerns, in dem sich nicht selten die Verehrung für die großen Meister mit einer alles vernichtenden Ironie verbindet. So gibt es einige Bücher, die dieses ›ironische Spiel‹ bereits in ihren Titeln zeigen. Bei Javier Salvago etwa, der mit *La destrucción o el humor* ironisch an das bekannte Buch – *La destrucción o el amor* – des Nobelpreisträgers Vicente Aleixandre erinnert, oder Jon Juaristi, der in seinem Gedicht »La casada infiel« zum Lorca-*Pastiche* greift und der in seinem Buch *Diario de un poeta recién cansado* den Titel des bekannten Buchs von Juan Ramón Jiménez – *Diario de un poeta recién casado* – ludisch umformt.[49]

Der ›Symbolismus‹ und ›Impressionismus‹ vom Ende des 19. Jahrhunderts erhalten neues Leben und neue Nuancen bei Dichtern wie Amparo Amorós und ihrem feinfühligen impressionistischen Erfassen von Lichtern und Farben oder bei Javier Salvago, Andrés Trapiello, Juan Manuel Bonet und Álvaro García.

Auch die surrealistische Bewegung hat eine Wiedergeburt im so genannten *neosurrealismo* erfahren, der starke Impulse durch die Dichtung von Blanca Andreu erhielt. Die Autorin wirkte stark auf ihre Zeitgenossen mit der 1981 in Madrid bei Rialp erfolgten Veröffentlichung ihres Bandes *De una niña de provincias que se vino a vivir en un Chagall*. Sie verwendet einen langen, unregelmäßigen Vers, der sich keinen Reim- oder rhythmischen Schemata unterwirft. Das Buch erregte bei der Kritik und beim Lesepublikum großes Aufsehen. Man sah in ihm ein geradezu revolutionäres Werk, das sich eine autonome Sprache schafft, in der halluzinierende Bilder in einem schwindelerregenden Rhythmus aufeinander folgen. Benjamín Prado ging so weit zu sagen, dass dieses Buch »die Richtung der spanischen Lyrik radikal geändert hat«.[50] Zutreffend ist auf jeden Fall, dass das Buch innerhalb weniger Jahre mehrere Auflagen erhielt und dass es einer Lyrik surrealistischer Prägung mit reimlosen Versen und irrationalen Bildern erneutes Ansehen verlieh, der dann zahlreiche Dichter, insbesondere aber Dichterinnen gefolgt sind. So erfindet Almudena Guzmán einen naiven, neuen Stil mit einem bekenntnishaften Grundton und reimlosem Vers, der gewagte Bilder surrealistischen Zuschnitts in einer erotischen Lyrik von großer Originalität verwendet. Auch Luisa Castro, Amalia Iglesias, Concha García und Juana Castro haben sich in diesem Typus von surrealistischem Irrationalismus besonders hervorgetan, der aber durchaus auch von männlichen Autoren wie Luis Miguel Rabanal, César Antonio Molina, José Carlón, Juan Carlos Mestre, Fernando Bertrán, Ángel Muñoz Petisme und anderen mehr gepflegt wird.

Über die hier skizzierten Tendenzen hinaus wurde auch der Begriff einer ›neuen epischen Lyrik‹ in die Debatte geworfen. Ihr Anliegen ist es, zu dem Ursprünglichsten und zu den tiefsten Wurzeln des Gemeinwesens vorzudringen und das menschliche Zusammengehörigkeitsgefühl zum Ausdruck zu bringen. In der Nachfolge von Antonio Gamoneda sind unter diesen Dichtern vor allem Julio Llamazares mit dem Gedichtband *La lentitud de los bueyes* (1979) und Julio Martínez Mesanza hervorgetreten. Letzterer hat sich in seinem Buch *Europa* völlig auf dieses weitgehend epische Genus konzentriert. In vollkommenen Elfsilblern besingt er die Helden, Gestalten und Völker der europäischen und asiatischen Frühgeschichte. Neben dem Loblied auf ein heroisches Ethos zeigt er bisweilen allerdings auch ein gewisses Verständnis für die Probleme der Schwachen, der Besiegten und sogar der Verräter.[51]

Eine wiederum andere Form von Bewusstsein der Lebenswirklichkeit zeigt sich im Kontext der *otra sentimentalidad* bei jenen Autoren, die im Rückgriff auf Antonio Machado feststellen, dass »die Existenz einer neuen Lyrik unmöglich ist, ohne dass diese zugleich und mit aller Deutlichkeit eine neue Moral zum Ausdruck bringt [...]. Dabei ist es nicht nötig, dass die Gedichte ein politisches, persönliches oder erotisches Thema haben«.[52] Der Bannstrahl, den die *novísimos* gegen eine sozialkritische Thematik geschleudert hatten, ist mittlerweile aufgehoben. Seit einiger Zeit ist in der Dichtung wieder eine größere Sensibilität für das Soziale deutlich spürbar. Es ist sogar eine *poesía cívica y de protesta* (›Bürger- und Protestlyrik‹) entstanden. Sie wird von einer Reihe von Autoren gepflegt, darunter von Jon Juaristi angesichts des Terrorismus der ETA, von Jorge Riechmann mit einer besonders kritischen Haltung und Einstellung gegenüber dem Krieg, von Juan Carlos Suñén, für den die Dichtung eine grenzüberschreitende Kraft ist, oder Roger Wolfe, bei dem sich Elemente des so genannten ›schmutzigen Realismus‹ (*realismo sucio*), des *dirty realism* zeigen.

Schließlich sei noch auf ein spezielles Phänomen der neuesten spanischen Lyrik hingewiesen. Auch wenn es sich dabei um keine literarische Richtung im eigentlichen Sinn handelt, ist es doch angebracht, auf eine sehr markante Erscheinung in der spanischen Gegenwartslyrik hinzuweisen: in den 80er und 90er Jahren haben auffallend viele Frauen eine bemerkenswert große Anzahl von Gedichtbänden veröffentlicht. Diese Autorinnen wurden sich bewusst, dass es für sie darum ging, Zugang zu einem breiten Lesepublikum zu erhalten. Ein Mittel auf dem Weg zu diesem Ziel war die Veröffentlichung von einigen spezifischen Anthologien. So gab Ramón Buenaventura 1985 den Band *Las diosas blancas. Antología de la joven poesía española escrita por mujeres* heraus, in dem eine große Anzahl von Lyrikerinnen von herausragender Bedeutung dem Publikum vorgestellt werden. 1997 veröffentlichten Noni Benegas und Jesús Munárriz den wichtigen Band *Ellas tienen la palabra. Dos décadas de poesía española*. Viele dieser weiblichen Stimmen besitzen einen kraftvollen und originellen Ausdruck. Manche folgen mehr oder minder den verschiedenen Tendenzen in der Lyrik des jeweiligen Augenblicks; andere beziehen dagegen ausgesprochen innovative und subversive Positionen. Außer Ana Rossetti – eine der besten und originellsten erotischen Dichterinnen voller Sinnlichkeit und Hedonismus – sind hier María Victoria Atencia, Amparo Amorós, Rosa Romojaro, Fanny Rubio, María del Carmen Pallarés, Concha García, María Sanz, Almudena Guzmán, Andrea Luca, Luisa Castro, Juana Castro, Amalia Iglesias, Olvido García Valdés, Isla Correyero, Aurora Luque, Amalia Bautista und viele andere mehr zu nennen. Einigen von ihnen ist es in außerordentlich überzeugender Weise gelungen, die überkommenen literarischen Themen mit großer Frische und Originalität neu aufzuwerfen. José María Parreño hat die durch und durch neue Kraft dieser Lyrik hervorgehoben, »deren Besonderheit der Ausdruck einer Sensibilität ist, die sich von der unterscheidet, die wir bisher als typisch weiblich angesehen haben; sie tritt vielmehr mit einer Kraft und aus der Perspektive eines lyrischen Ich auf, die wirklich gänzlich ungewohnt sind«.[53]

Bei der Suche nach den großen Tendenzen in der Lyrik der 80er und 90er Jahre des 20. Jahrhunderts hat Pedro Provencio vor allem zwei große Strömungen herausgestellt, zwei Strömungen, die sich in deutlichem Gegensatz zueinander befinden. Auf der einen Seite steht die ›Lyrik der Alltagserfahrung‹, die »nicht nur das romantische Ich verwirft, sondern auch das der Avantgarde«. An ihrer Spitze steht García Montero.[54] Auf der anderen Seite findet sich die Lyrik derer, die dem Geist der Avantgarde folgen; an ihrer Spitze steht Jorge Riechmann, der alle anderen überragt.[55] Diese zweite Richtung entwickelte sich seit 1993 parallel und im Gegensatz zur ›realistischen Richtung‹ der ›Lyrik der Alltagserfahrung‹. Die Autoren dieser Richtung nennen sich selbst die *poetas de la diferencia* (›die Autoren der Abweichung‹); sie sehen sich im Gegensatz zu einer angeblich ›offiziellen Literatur‹ oder zu dem, was sie die ›geklonten Dichter‹ nennen. Diese Strömung rühmt sich ihrer Unabhängigkeit und veröffentlichte verschiedene Anthologien in einer aggressiven, bitteren Sprache, die gegen die ›herrschende Tendenz‹ gerichtet ist. Durchaus ernst zu nehmen und vernünftig ist jedoch auf jeden Fall Antonio Ortega mit seiner Anthologie *La prueba del nueve*. In ihr veröffentlicht er neun Lyriker, die nach seinen Worten »eine nicht dogmatische Wahrnehmung der Tradition und der Modernität haben«, die glauben, dass die Avantgarde der Kunst bedeutsame formale und konzeptuelle Neuerungen gebracht hat, die »uns zu einer kritischen Reflexion über die Wirklichkeit einladen«.[56] Die Dichterinnen und Dichter, die er in die Anthologie aufgenommen hat, sind Miguel Casado, Juan Carlos Suñén, Jorge Riechmann, Esperanza López Parada, Vicente Valero, Olvido García Valdés, Miguel Suárez, Ildefonso Rodríguez und Concha García.

Ricardo Virtanen hat sich ausführlich mit dieser *poesía de la diferencia* befasst und zu ihrer Bedeutung festgestellt:

Wenn wir unter den *poetas de la diferencia* diejenigen verstehen, die im Gegensatz zu den ›figurativen‹ Dichtern stehen, so läßt sich feststellen, daß diese Gruppe in der Dekade [der 90er] verschiedene Ästhetiken entwickelt hat: *esencialismo, imaginismo, simbolismo, alegoría, metafísica* und andere mehr. Innerhalb der beiden Richtungen, die gegenwärtig nebeneinander bestehen – die figurative Lyrik und die abstrakte Lyrik –, meint der zweite Terminus nicht das, was er in der Malerei bedeutet, die absolute Abkoppelung von der Realität, sondern eine Opposition zur Lyrik des Alltäglichen der so genannten *figurativos* und ihrer ›klaren Linie‹.[57]

Der allerneueste Lyriktypus ist ein Produkt unserer Zeit und ist daher zutiefst von deren soziologischem, kulturellem und künstlerischem Kontext geprägt. Wenn sich dieser Typus durch irgend ein gemeinsames Charakteristikum auszeichnet, dann durch das des Pluralismus und der jeweils individuellen Diversität. José Olivio Jiménez hat daher völlig zu Recht festgestellt: es ist durchaus möglich, auf der gleichen Seite einer Literaturzeitschrift der letzten Jahre neben vollkommen klassischen Sonetten Gedichte von extrem experimentellem Charakter zu lesen, einen hermetischen Text neben einem anderen in Umgangssprache, »ein essentialistisches Minimalgedicht neben einer ausführlichen und halb narrativen lyrischen Komposition«.[58] Andererseits werden auch durchaus und mit Vergnügen Moden der Vergangenheit wieder aufgenommen, und es werden – fast immer aus einer ironischen und skeptischen Perspektive – Ausdrucksmittel des Modernismus, der Avantgarde und des Surrealismus neu verwandt, so wie es auch die *novísimos* bereits getan haben.

Mit der neuesten Lyrik geht ein ein oder zwei Jahrzehnte andauernder Zyklus der Faszination für alles Ferne, Exotische und Fremde zu Ende. Die Dichter der letzten Dekaden – obwohl es auch da Ausnahmen gibt – schätzen wieder die heimischen dichterischen Werte – im Gegensatz zu dem Gefallen an allem Fremden, den Castellet bei den *novísimos* festgestellt hatte, welche es gewohnt waren, ferne Länder zu entdecken und zu bereisen: das Hollywood von Pere Gimferrer in *La muerte en Beverly Hills*, das Italien von Antonio Colinas in *Sepulcro en Tarquinia* oder das England, Frankreich und Italien der Paläste, Gärten und Statuen von Guillermo Carnero und die arabischen und orientalischen Länder von Luis Antonio de Villena. Die allerjüngste spanische Lyrik, die so außerordentlich reich an Szenarien und offen selbst für ferne Moden ist, verachtet die heimische spanische literarische Tradition nicht und sieht einige ihrer am meisten bewunderten Vorbilder in spanischen Autoren, in Cernuda, Gil-Albert, Biedma, in Brines und González, Stimmen, die ihnen und den Erfahrungen ihrer Lebenswelt nahe stehen.

Abschließend lässt sich sicher sagen, dass der charakteristischste Zug der Lyrik der letzten 15 Jahre der Triumph des Individualismus und die dichterische Auseinandersetzung mit der Alltagswelt gewesen ist, einer Welt, die vor allem in der Gestalt des städtischen Lebens in die Lyrik hereinbricht: »die Leuchtreklame, die städtische Architektur, das Design der Autos, die Kleidermoden und die Schminke sind zu den neuen *topoi* der urbanen Poesie geworden«, Gemeinplätze, die in die »Kategorie ästhetischer Objekte« erhoben worden sind.[59] Die Lyrik der Gegenwart hat die Ideale der *novísimos* überwunden und pflegt vieles, was diese verachtet haben: die Feier des Alltäglichen, die Narrativität, den Rückgriff auf die Anekdote, das Evozieren einer gemeinen und trivialen Welt, persönliche Gefühle und einen gemäßigten *culturalismo*, der im Dienst der persönlichen Erfahrung des Dichters steht. Diese neue Lyrik zeigt aber eine große Anzahl von Tendenzen, zu denen die *poesía cívica* und der *realismo sucio* ebenso gehören wie die ›Lyrik der *intrahistoria*‹ oder die ›intellektualistische oder metaphysische Richtung‹, auf die Antonio Ortega in seinem Buch *La prueba del nueve* eingeht. Selbstverständlich gibt es noch verschiedene andere Richtungen und Namen, die es ebenfalls verdienten, hier genannt zu werden. Die jüngste Lyrik ist offen für Horizonte ohne Grenzen, sie verweigert sich dem Unmittelbaren und Naheliegenden nicht, sie meidet alles Preziöse und schreckt nicht vor der – eventuell schmutzigen – Umgangssprache zurück, obwohl sie durchaus auch Gehobenes, Elegantes und Auserwähltes zu verwenden versteht und bei alledem zurückgreift auf den Ruhm der alten Meister wie Quevedo, Neruda, Hernández oder die Gebrüder Antonio und Manuel Machado.

Deutsche Fassung: Manfred Tietz

I. Verzeichnis der Werke

Anthologien

Benegas, Noni/ Munárriz, Jesús: *Ellas tienen la palabra. Dos décadas de poesía española*. Madrid: Hiperión 1997.

Buenaventura, Ramón: *Las diosas blancas. Antología de la joven poesía española escrita por mujeres*. Madrid: Hiperión 1985.

Cano Ballesta, Juan: *Poesía española reciente (1980-2000)*. Madrid: Cátedra 2001.

Castellet, José María: *Nueve novísimos poetas españoles*. Barcelona: Barral 1970.

El último tercio del siglo (1968-1998). Antología consultada de la poesía española. Madrid: Visor 1998.

García Martín, José Luis (Hg.): *La generación de los ochenta*. Valencia: Mestral 1988.

García Martín, José Luis: *La poesía figurativa. Crónica parcial de quince años de poesía española*. Sevilla: Renacimiento 1992.

García Martín, José Luis: *La generación del 99*. Oviedo: Nobel 1999.

García Moral, Concepción/ Pereda, Rosa María: *Joven poesía española. Antología*. Madrid: Cátedra 1980.

García-Posada, Miguel: *La nueva poesía (1975-1992)*. (Páginas de Biblioteca Clásica bajo la dirección de Francisco Rico, Bd. 10). Barcelona: Crítica 1996.

Giuliani, Alfredo: *I novissimi. Poesie per gli anni '60*. Torino: Einaudi 1960.

López, Julio: *Poesía épica española (1950-80): antología*. Madrid: Libertarias 1982.

Ortega, Antonio: *La prueba del nueve (Antología poética)*. Madrid: Cátedra 1994.

Provencio, Pedro: *Poéticas españolas contemporáneas. La generación del 70*. Madrid: Hiperión 1988.

Ribes, Francisco: *Poesía última. Selección*. Madrid: Taurus 1963.

Ugalde, Sharon Keefe: *Conversaciones y poemas. La nueva poesía femenina española en castellano*. Madrid: Siglo XXI 1991.

Vela, Rubén: *Ocho poetas españoles. Generación del realismo social*. Buenos Aires: Dead Weight 1965.

Villena, Luis Antonio de: *Postnovísimos*. Madrid: Visor 1986.

Villena, Luis Antonio de: *Fin de Siglo. El sesgo clásico en la última poesía española. Antología*. Madrid: Visor 1992.

Virtanen, Ricardo: *Hitos y señas (1966-1996). Antología crítica de poesía en castellano (27 propuestas para principios de siglo)*. Madrid: Laberinto 2001.

Ausgaben einzelner Autoren

Benítez Reyes, Felipe: *Los vanos mundos: 1982-1984*. Granada: Excma. Diputación Provincial de Granada 1985.

Carnero, Guillermo: *Dibujo de la muerte. Obra poética*. Madrid: Cátedra 1998.

Colinas, Antonio: *Sepulcro en Tarquinia*. León: Institución Fray Bernardino de Sahagún 1975.

Gallego, Vicente: *La luz, de otra manera*. Madrid: Visor 1988.

García, Dionisia: *Diario abierto*. Madrid: Trieste 1989.

García Baena, Pablo: *Antes que el tiempo acabe*. Madrid: Cultura Hispánica 1978.

García Montero, Luis: *Diario cómplice*. Madrid: Hiperión 1988.

Gimferrer, Pedro: *Arde el mar*. Barcelona: El Bardo 1966.

Gimferrer, Pedro: *La muerte en Beverly Hills*. Madrid: Ciencia Nueva 1968.

Jover, José Luis: *Retrato de autor*. Valencia: Pre-Textos 1982.

Juaristi, Jon: *Diario de un poeta recién cansado*. Pamplona: Pamiela 1985.

Llamazares, Julio: *La lentitud de los bueyes*. Madrid: Hiperión 1988.

Marzal, Carlos: *Los países nocturnos*. Barcelona: Tusquets 1996.

Mesa Toré, José Antonio: *El amigo imaginario*. Madrid: Visor 1991.

Riechmann, Jorge: *Poesía practicable: apuntes sobre poesía. 1984-88*. Madrid: Hiperión 1990.

Rossetti, Ana: *Indicios vehementes (Poesía 1979-1984)*. Madrid: Hiperión 1986.

Salas, Ada: *Variaciones en blanco*. Madrid: Hiperión 1994.

Salvago, Javier: *Variaciones y reincidencias*. Madrid: Visor 1985.

Sánchez Rosillo, Eloy: *Páginas de un diario*. Barcelona: Los Libros de la Frontera 1981.

Sánchez Rosillo, Eloy: *Elegías*. Madrid: Trieste 1984.

Sánchez Rosillo, Eloy: *Autorretratos*. Barcelona: 62 1989.

Sanz, María: *Aves de paso*. Soria: Diputación Provincial de Soria 1991.

Siles, Jaime: *Música de agua*. Madrid: Visor 1983.

Siles, Jaime: *Columnae*. Madrid: Visor 1987.

II. Kritische Literatur

Amorós Moltó, Amparo: »¡Los novísimos y cierra España! Reflexión crítica sobre algunos fenómenos estéticos que configuran la poesía de los años ochenta «, in: *Ínsula* 512-513 (1989), S. 63-67.

Amorós Moltó, Amparo: *La palabra del silencio (La función del silencio en la poesía española a partir de 1969)*. Madrid: Universidad Complutense 1991.

Bagué Quílez, Luis: *Poesía en pie de paz. Modos del compromiso hacia el tercer milenio*. Valencia: Pre-Textos 2006.

Calles, Juan María: »Una nueva sentimentalidad en la poesía española contemporánea«, in: *España Contemporánea* 4 (1991), S. 85-96.

Candau, Antonio: »Jorge Riechmann y la metamorfosis de la experiencia«, in: *España Contemporánea* 13 (2000), S. 7-36.

Cano Ballesta, Juan: »Poesía de la experiencia y mitos helénicos«, in: *Ínsula* 620-621 (1995), S. 16-18.

Cano Ballesta, Juan: *Nuevas voces y viejas escuelas en la poesía española (1970-2005)*. Granada: Editorial Atrio 2007.

Cañas, Dionisio: »El sujeto poético posmoderno«, in: *Ínsula* 512-513 (1989), S. 53.

Ciplijauskaité, Biruté (Hg.): *Novísimos, Postnovísimos, Clásicos. La Poesía de los 80 en España*. Madrid: Orígenes 1990.

Díez de Revenga, Francisco Javier: »¿Qué es la poesía hoy?«, in: *República de las Letras* 37 (1993), S. 103-107.

Di Pinto, Mario/ Calabró, Giovanna: *La Poesia Spagnola Oggi: Una Generazione dopo l'altra*. Atti del Colloquio su la Poesia Spagnola oggi, Napoli, 12-14 dicembre 1991. Napoli: Vittorio Pironti 1995.

d'Ors, Miguel: *En busca del público perdido (Aproximación a la última poesía española joven, 1975-1993)*. Granada: Impredisur 1994.

Eliot, Thomas Stearns: »Ulysses, order and myth«, in: *The Dial* LXXV (1923), S. 483.

García Montero, Luis/ Egea, Javier/ Salvador, Álvaro: *La otra sentimentalidad*. Granada: Don Quijote 1983.

García Montero, Luis: *Confesiones poéticas*. Granada: Excma. Diputación Provincial, Maillot Amarillo 1993.

Jiménez, José Olivio: »Fifty years of Contemporary Spanish Poetry«, in: *Studies in 20th Century Literature (Contemporary Spanish Poetry)* 16 (1992), S. 15-41.

Jiménez Millán, Antonio »Un engaño menor. Las generaciones literarias«, in Mario Di Pinto/ Giovanna Calabró: *La Poesia Spagnola Oggi: Una Generazione dopo l'altra*. Napoli: Vittorio Pironti 1995, S. 33-60.

Jongh, Elena M. de: »Hacia una estética ›postnovísima‹: neoculturalismo, metapoesía e intimismo«, in: *Hispania* 74 (1991), S. 841-847.

Langbaum, Robert: *The Poetry of Experience. The Dramatic Monologue in Modern Literary Tradition*. New York: Norton 1963.

Lanz, Juan José: »Primera etapa de una generación. Notas para la definición de un espacio poético, 1977-1982«, in: *Ínsula* 565 (1994), S. 3-6.

Lanz, Juan José: »La joven poesía española. Notas para una periodización«, in: *Hispanic Review* 66 (1998), S. 261- 287.

Lanz, Juan José: *La poesía durante la trasición y la generación de la democracia*. Madrid: Devenir Ensayo 2007.

Le Bigot, Claude: »Janus polycéphale ou le discours postmoderne de la poésie espagnole contemporaine«, in Georges Tyras (Hg.): *Postmodernité et écriture narrative dans l'Espagne contemporaine*. Grenoble: CERHIUS 1996, S. 289-305.

Le Bigot, Claude (Hg.): *Les polyphonies poétiques. Formes et territoires de la poésie contemporaine en langues romanes*. Rennes: Presses Universitaires de Rennes 2003.

Lentzen, Manfred: »Lyrische Kleinformen. Zum Haiku and zu Haiku-ähnlichen Texten in der modernen spanischen Dichtung«, in: *Iberoromania* 45 (1997), S. 67-80.

López, Ignacio Javier: »Persistencia de la estética ›novísima‹: *Divisibilidad indefinida* (1979-1989)«, in Nicasio Salvador Miguel (Hg.): *Letras de la España contemporánea. Homenaje a José Luis Varela*. Alcalá de Henares: Centro de Estudios Cervantinos 1995, S. 223-233.

Mainer, José-Carlos: »Poesía lírica, placer privado«, in ders. (Hg.): *De postguerra (1951-1990)*. Barcelona: Crítica 1994, S. 161-170.

Mayhew, Jonathan: *The Poetics of Selfconsciousness. Twentieth-Century Spanish Poetry*. Lewisburg: Bucknell University Press 1994.

Naharro-Calderón, José María: »Cuerpos con duende en la poesía de Ana Rossetti y Mercedes Escolano«, in: *España Contemporánea* 7 (1994), S. 83-95.

Parreño, José María: »Mi generación vista desde dentro (Algunas indiscreciones sobre la poesía española actual)«, in: *Revista de Occidente* 143 (1993), S. 131-142.

Prado, Benjamín: »Poesía última: los dulces ochentas«, in: *El Urogallo* 12 (1987), S. 22-30.

Provencio, Pedro: »Las últimas tendencias de la lírica española«, in: *Cuadernos Hispanoamericanos* 531 (1994), S. 31-54.

Sánchez Zamarreño, Antonio: »Claves de la actual rehumanización poética«, in: *Ínsula* 512-513 (1989), S. 59-60.

Siles, Jaime: »Dinámica poética de la última década«, in: *Revista de Occidente* 122-123 (1991), S. 149-169.

Siles, Jaime: »Ultimísima poesía española escrita en castellano: rasgos distintivos de un discurso en proceso y ensayo de una posible sistematización«, in Biruté Ciplijauskaité (Hg.): *Novísimos, Postnovísimos, Clásicos. La Poesía de los 80 en España*. Madrid: Orígenes 1990, S. 141-167.

Tietz, Manfred (Hg.): *Die spanische Lyrik der Moderne. Einzelinterpretationen.* Frankfurt: Vervuert 1990.

III. Anmerkungen

1   Vgl. die Anthologie von Alfredo Giuliani (1960).
2   José María Castellet (1970:13). In diesem Überblicksartikel, der sich auch an nicht speziell hispanistisch interessierte Leserinnen und Leser wendet, sind – anders als dies bei den Gedichtinterpretationen der Fall ist – auch die Zitate der spanischsprachigen kritischen Literatur ins Deutsche übersetzt.
3   José María Castellet (1970:18).
4   Es ist verschiedentlich darauf hingewiesen worden, dass diese literarische Strömung von Seiten der Verlage direkt gefördert wurde. Dazu schreibt Amparo Amorós Moltó (1989:63-67): »Der Bruch, den die *novísimos* vollzogen haben, ist ganz vorrangig ästhetischer und deutlich formaler Art. Sie vollzogen ihn von Katalonien, genauer gesagt von der Neustadt Barcelonas aus und – dies gilt es nicht zu vergessen – mit starker Unterstützung von seiten der Kritiker und der Verleger«.
5   Vgl. die Interpretation des Gedichts von José Manuel López de Abiada: »Pedro Gimferrer. Oda a Venecia ante el mar de los teatros«, in Manfred Tietz (1990:340-351).
6   Dieser Mode folgten weitere Dichter, darunter Guillermo Carnero mit »Muerte en Venecia« (*Dibujo de la muerte*, 1998), Antonio Colinas mit »Encuentro con Ezra Pound« (*Sepulcro en Tarquinia*, 1975) und Pablo García Baena mit »Venecia« (*Antes que el tiempo acabe*, 1978).
7   Pedro Provencio (1988:177).

8   Pedro Provencio (1988:69).
9   Pedro Provencio (1988:135-140).
10 Miguel d'Ors (1994:17-19).
11 Dennoch gebe ich gerne zu, dass dieses Bestreben nur zu vorläufigen Ergebnissen geführt hat. Ich gebe auch zu, dass ich mich gezwungen sehe, eine höchst anfechtbare Terminologie zu verwenden und eine Auswahl von Namen und Tendenzen vorzunehmen, die die Kritik bislang weder eindeutig definiert noch akzeptiert hat.
12 Auch Elena M. de Jongh stellt fest, dass die neuen Autoren lediglich eine bereits bekannte »tendencia neocultural, conceptista o metapoética« fortsetzen. Elena M. de Jongh (1991:841).
13 Zitiert bei Francisco J. Díez de Revenga (1993:105).
14 Jonathan Mayhew (1994:131).
15 Jaime Siles (1991:152).
16 Juan José Lanz (1994:4).
17 José Olivio Jiménez (1992:33-34).
18 So die Feststellung von José-Carlos Mainer in: *El último tercio del siglo (1968-1998). Antología consultada*, S. 28.
19 José Luis Jover (1982:47).
20 Manfred Lentzen (1997:67-80).
21 Vgl. die gut dokumentierte und solide Darstellung von Amparo Amorós Moltó (1991).
22 Juan José Lanz (1994:5).
23 José-Carlos Mainer (1994:162).
24 José María Parreño (1993:136, 139, 141).
25 Ricardo Virtanen (2001:196).
26 Juan María Calles (1991:89).
27 Juan María Calles (1991:93).
28 Juan María Calles (1991:94).
29 Luis García Montero (1993:185).
30 Luis García Montero (1993:187).
31 Luis García Montero (1993:186).
32 Miguel d'Ors (1994:59).
33 Juan José Lanz (1998:227-278).
34 Robert Langbaum 1963.
35 Robert Langbaum (1963:16).
36 Pedro Provencio (1988:214-215).
37 Pedro Provencio (1988:218).
38 Antonio Sánchez Zamarreño (1984:59).
39 Ricardo Virtanen (2001:197).
40 Luis Antonio de Villena (1992:9).
41 Luis Antonio de Villena (1992:12).
42 Luis Antonio de Villena (1992:14).

43 Luis Antonio de Villena (1992:15-16).
44 Thomas Stearns Eliot (1923:483).
45 Das Gedicht und ein interessantes Interview mit María Sanz finden sich bei Sharon Keefe Ugalde (1991:201-217).
46 José María Naharro-Calderón (1994:87).
47 Eine ausführliche und klare Beschreibung dessen, was ein dramatischer Monolog und seine Funktion sind, findet sich bei Robert Langbaum (1963:75-82; 231-235).
48 »Die Kritik, die ach so kritische, die kluge, hat mir nachgewiesen, / daß ich ein engverwandter Enkel bin von Manuel Machado.« (»Eine halbe *verónica* [Stierkampffigur] für Manuel Machado«).
49 Auf dieses Verfahren haben Kritiker wie José Luis García Martín (1988:23-24) und Antonio Jiménez Millán (1995:50-51) hingewiesen.
50 Benjamín Prado (1987:25).
51 Julio López hat 1982 eine kleine Anthologie mit dem Titel *Poesía épica* veröffentlicht, in der er allerdings diesen Gattungsbegriff sehr weit und wenig präzise fasst und infolge dessen auch Autoren aufnimmt, die eher am Rande dieser Gattung stehen.
52 Luis García Montero (1993:188).
53 José María Parreño (1993:135).
54 Pedro Provencio (1994:38).
55 Pedro Provencio (1994:45-46).
56 Antonio Ortega (1994:9-10).
57 Ricardo Virtanen (2001:206).
58 José Olivio Jiménez (1992:36).
59 Claude Le Bigot (1996:304).

Rosamna Pardellas Velay

Blanca Andreu. Escucha, escúchame

Escucha, escúchame, nada de vidrios verdes o doscientos días de
[historia, o de libros
abiertos como heridas abiertas, o de lunas de Jonia y cosas así,
sino sólo beber yedra mala, y zarzas, y erizadas anémonas pare-
[cidas a flores.

Escucha, dime, siempre fue de ese modo,
5 algo falta y hay que ponerle un nombre,
creer en la poesía, y en la intolerancia de la poesía, y decir *niña*
o decir *nube, adelfa,*
sufrimiento,
decir *desesperada vena sola*, cosas así, casi reliquias, casi lejos.

10 Y no es únicamente por el órgano tiempo que cesa y no cesa, por
[lo crecido, para lo sonriente,
para mi soledad hecha esquina, hecha torre, hecha leve notario,
[hecha párvula muerta,
sino porque no hay forma más violenta de alejarse.*

Hör zu, hör mir zu, nichts von grünen Gläsern oder zweihundert Tagen Geschichte, oder von Büchern / offen wie offene Wunden oder von Ioniens Monden und solchen Dingen, / sondern nur vom bitteren Efeu trinken, und von Dornen und stachligen Seeanemonen, die wie Blumen sind.
Hör zu, sag mir, es ist immer so gewesen, / es fehlt etwas und man muss ihm einen Namen geben, / an die Poesie glauben und an die Intoleranz der Poesie, und *Mädchen* sagen / oder *Wolke, Oleander,* / *Leiden* sagen, / *verzweifelte einsame Ader*, solche Dinge, Reliquien fast, fast weit weg.
Und dem ist nicht nur so wegen des Organs ›Zeit‹, die aufhört und doch nicht aufhört, weil schon so viel gewachsen ist, für das Liebliche, / für meine Einsamkeit, die zur Ecke geworden ist, zum Turm, zum subtilen Notar, zum toten kleinen Mädchen, / sondern weil es keine heftigere Form, sich zu entfernen, gibt.[1]

I

Die Wirkung, die das erste Buch von Blanca Andreu (*A Coruña, 1959) in den literarischen Kreisen der 80er Jahre bei seinem Erscheinen hervorrief, war ebenso groß wie überraschend. Die junge Autorin, die gerade erst 21 Jahre alt geworden war, als der Gedichtband *De una niña de provincias que se vino a vivir en un Chagall* 1981 erschien, war bis dahin gänzlich unbekannt. Die Auszeichnung mit dem angesehenen *Premio Adonais* für junge Lyriker kam überraschend und brach gewissermaßen mit den Parametern der zeitgenössischen spanischen Lyrik, was Andreu selbst mehr oder minder bewusst mit dem Zitat von Ray Bradbury, das den Band eröffnet, vorausgesagt hatte.[2] Zu dem jugendlichen Alter der Autorin kam die provozierende Grundhaltung ihrer Texte hinzu. In ihnen greift Andreu eine Reihe von Themen auf, die in der damaligen spanischen Gesellschaft noch weitgehend tabuisiert waren, die aber während der so genannten *movida*, der kulturellen und künstlerischen ›Revolution‹ der achtziger Jahre mit ihren Epizentren Madrid und Vigo, populär wurde. Diese Themen – darunter ein offener Umgang mit Sexualität und Drogenkonsum – wurden im damaligen gesellschaftlichen Kontext als außerordentlich modern angesehen. Blanca Andreu behandelte diese Themen überdies mit den Verfahren einer provozierenden (neo-)surrealistischen Ästhetik, die allerdings bereits von einigen Autoren aus der Gruppe der so genannten *novísimos*, darunter insbesondere von Antonio Martínez Sarrión (*1939),[3] gepflegt worden war. All dies erklärt die Skandalwirkung des Buches, die zweifelsohne dazu führte, dass in der Folge insbesondere Lyrikerinnen den Stil Blanca Andreus nachahmten.[4]

Die in diesem Band verwendete neosurrealistische Ästhetik basiert zum einen auf Traumbildern, die den Leser anregen und provozieren und die als Träger eines Denkens jenseits der Gesetze der Logik funktionieren. Andererseits folgt sie den Gesetzen des Unterbewussten, in dem die Vergangenheit mit den Traumata der Kindheit an die Oberfläche tritt und eine neue, bislang unbewusste, durch den Drogenrausch sichtbar gemachte Realität zum Ausdruck kommt. Diese Inhalte und Formen werden vermittelt durch ein lyrisches Ich, dessen Konturen sich weitgehend auflösen, das seinen eigenen Zusammenbruch als ständige Bedrohung vor Augen hat und das sich aus dieser Situation nur durch Drogen und Dichtung retten kann. Dabei werden die Drogen als Möglichkeit zur Evasion, aber auch als eine Form der Selbstzerstörung gesehen, während die Dichtung als künstlerischer Schaffensprozess den einzigen und letzten Widerstand gegen eine Außenwelt darstellt, die sich ihrerseits unabdingbar selbst zerstört.[5]

Nach dem in vielerlei Hinsicht provozierenden Band *De una niña de provincias que se vino a vivir en un Chagall* veröffentlichte die Autorin 1982 eine Reihe von Gedichten unter dem Titel *Báculo de Babel*, für die sie – wiederum recht überraschend – den *Premio Mundial de Poesía Mística Fernando Rielo* erhielt. Die Texte dieses Bandes setzen die surrealistische Grundausrichtung der Autorin zwar fort, doch zeigt sich in ihnen die menschliche Existenz in einer deutlich optimistischeren Sicht. Symbolhaft dafür ist das Bild des Engels, das sich hier mehrfach findet, sowie die Erwähnung des Monats Mai als Zeichen einer stets wiederkehrenden Erneuerung und eines Kontrasts zum Nihilismus des vorangegangenen Buches. Das Thema des künstlerischen Schaffens und des Schreibens behält auch hier seinen zentralen Platz ebenso wie die Thematik der Verschmelzung von Kunst und Leben, von Leben und dichterischem Wort. Das dritte Buch Andreus trägt den Titel *Elphistone*. Es erschien 1988 und belegt einen deutlichen künstlerischen Reifungsprozess der Autorin. In diesem Gedichtband experimentiert Blanca Andreu mit der Faszination der Worte, indem sie ein und dasselbe Gedicht in jeweils verschiedenen Variationen durchspielt. Elphistone ist ein Piratenkapitän, eine Verkörperung des Bösen, in die verschiedene Mythen eingegangen sind, darunter der Mythos vom Fliegenden Holländer, das Gespensterschiff Richard Wagners, der *Ancient Mariner* von Samuel Taylor Coleridge (1772-1834), die keltischen Könige bei William Butler Yeats (1865-1939) und die bekannte Gestalt des Piraten aus einem der berühmtesten Gedichte der spanischen Lyrik, der »Canción del pirata« von José de Espronceda (1808-1842). Aus all diesen Elementen schafft die Autorin in den wenigen Texten dieses Bandes eine beeindruckende Gestalt, die Wahrheit und Schönheit zugleich verkörpert.

1994 gab Andreu ihre sämtlichen, bis dahin veröffentlichten Gedichte unter dem Titel *El sueño oscuro. Poesía reunida 1980-1989* noch einmal heraus. Auch dieser Titel spiegelt die negative Grundtendenz ihrer frühen Texte. Darüber hinaus zeigt der schmale, auf 181 Seiten recht großzügig gesetzte Band, dass das bei seinem ersten Erscheinen bereits so erfolgreiche lyrische Werk der Autorin keineswegs ausufernde Formen angenommen hatte.

Nach recht langem Schweigen hat Andreu 2002 einen neuen Gedichtband mit dem Titel *La tierra transparente* vorgelegt, für den ihr in Mataró der *Premio Internacional Laureà Mela 2001* verliehen wurde. Es handelt sich hierbei um ein sehr intimes, offenes und thematisch weit gefächertes Buch, in dem sich unter anderem Gedichte finden, die Liebe und Tod in Form kurzer Elegien behandeln, die aber auch Motive der arabisch-andalusischen Lyrik und des biblischen Hohenlieds aufnehmen. Daneben enthält es Gedichte mehr experimentellen Zuschnitts und solche, die an die kurzen Formen der japanischen *haiku* erinnern, oder Gedichte, die sich in Sprache und Form der Prosa nähern.[6]

II

Das Gedicht »Escucha, escúchame«[7] ist ein überzeugender Beleg dafür, dass Blanca Andreu mit Entschiedenheit eine Ästhetik des Neosurrealismus vertritt. Der beständige Bezug auf eine imaginäre Traumwelt dient der Autorin als Mittel zur Evasion aus einer als gänzlich unbedeutend empfundenen Wirklichkeit und als ein Ausbrechen aus der quälenden Realität von Geschichte, Zeit und Sprache. Weitere, eher formale Elemente dieser neosurrealistischen Ästhetik sind die fragmentarische Form, ein – zumindest äußerlich – unzusammenhängender Gedankengang, ein bruchstückhafter Satzbau und Bilder, die – obwohl sie der wenig logischen Welt der Träume entstammen – doch noch einen deutlich symbolischen und damit einen mehr oder minder rationalen Charakter besitzen. All dies sind Charakteristika eines Surrealismus, wie er sich bereits vor dem Bürgerkrieg bei Federico García Lorca (1898-1936) und seinem *Poeta en Nueva York* findet.[8] Dazu gehört auch die Abkehr von der herkömmlichen metrischen Struktur der spanischen Lyrik, die sich im Gebrauch von reimlosen Versen mit unregelmäßigen Versmaßen manifestiert.

Die zwölf Verse des vorliegenden Gedichts sind in drei Strophen von drei, sechs und drei Versen gegliedert. Ihr Thema sind die Konflikte und Widersprüche zwischen Leben und Dichtung, wie sie das lyrische Ich wahrnimmt und die es als seinen eigenen Grundkonflikt empfindet. In der ersten Strophe wird ein erstes Stadium dieses Konflikts dargestellt: das lyrische Ich scheitert bei seinem Versuch, Dichtung und Leben zu identifizieren. Einer naiven Sicht der Dinge, für die Kunst und Leben eins sind, wird eine andere, komplexere Dichtungsauffassung gegenübergestellt, auf die mit den am Ende der Strophe genannten »Blumen« ein erster Hinweis gegeben wird. Es sind dies natürlich die »Blumen des Bösen« Baudelaires, in dessen Nachfolge sich Blanca Andreu mit ihrer Sicht einer grundsätzlichen Diskrepanz zwischen Dichtung und Leben sieht.[9]

Der einleitende, an den anonymen Leser gerichtete Imperativ »Escucha, escúchame« (V. 1), der jedoch unbeantwortet bleibt, verweist auf die grundsätzliche Einsamkeit des lyrischen Ich, das in geradezu paradoxer Weise mit dem Medium der Dichtung gegen eben diese Einsamkeit ankämpft. Durch die Anrede eines vermeintlichen Gesprächspartners versucht das lyrische Ich den Leser – aber auch sich selbst – über seine Einsamkeit hinwegzutäuschen. Damit übernimmt das Gedicht die Form des in der neuesten spanischen Lyrik so häufig anzutreffenden ›dramatischen Monologs‹. In ihm denkt das Ich darüber nach, welche Funktion der Dichtung in einem Leben zukommt, das sich, so die Grundauffassung der Autorin, langsam, jedoch unabwendbar auf eine Katastrophe zubewegt. Die ersten Worte des Gedichts – »Escucha, escúchame« oder »Escucha, dime« (V. 4) – sind in dieser Situation nichts anderes als ein Ausdruck der Einsamkeit, ein verzweifelter Schrei gegen die Leere, in der das Ich lebt.[10] Dieses Ich ist in sich widersprüchlich. Einerseits appelliert es an ein nicht existierendes Du, von dem es abhängig ist und dem es vertrauen möchte, das aber letztlich nichts anderes ist als sein eigenes Ich; andererseits artikuliert es sein Verlangen in geradezu verzweifelter Form, fast wie einen Befehl. So scheinen die Imperative »escucha, escúchame«, »dime« und die vergleichbaren Formen »nada de…« (V. 1), »hay que…« (V. 5) zwar eine gewisse Stärke zu signalisieren, hinter ihnen verbirgt sich aber tatsächlich die ganze Macht der Verzweiflung. Zugleich stellen diese Imperative aber auch einen Hilfeschrei dar, der Schwäche offenbart. Im weiteren Text weist das lyrische Ich eine Reihe von Dingen zurück, die ihm falsche Lösungen für seine deutlich signalisierte Grundverzweiflung zu sein scheinen: die »vidrios verdes« (V. 1), den täuschenden, illusionierenden Blick, der die Wirklichkeit durch ›grüne Gläser‹ oder, anders gesagt, durch eine ›rosarote Brille‹ betrachtet;[11] die »doscientos días de historia« (V. 1), die Evasion in eine angeblich bessere Vergangenheit; und die »libros abiertos como heridas abiertas« (V. 1-2), die Flucht in eine illusionäre, melancholisch-masochistische Dichtung. Schließlich werden noch »las lunas de Jonia y cosas así« (V. 2) angeführt, die auf die lange abendländische Tradition der klassischen Dichtung verweisen, deren Musen ihren Sitz auf dem Helikon im griechischen Ionien hatten. Die knappe, gleichsam wegwerfende Wendung in V. 2 »y cosas así« (›und solches Zeug‹) macht deutlich, dass die Autorin all diese Formen des traditionellen Dichtens grundsätzlich verwirft und ihr durchaus selbstbewusst eine eigene Art des Schreibens entgegenstellt.

Das Ich, das hier spricht, ist ein hypersensibles, reizbares, für alle Fragen der Ästhetik empfindsames Ich. Es ist außerdem ein junges Ich, mit einem naiven Sinn für die Kunst, die es in einer früheren Phase erfolglos mit dem Leben gleichzusetzen versucht hat. Nachdem es sein Scheitern erkannt hat, bleibt ihm jetzt nur die schmerzhafte Desillusion, der Bruch mit einer Vorstellung von der Dichtung als dem verklärenden Schönen: es sind dies die »fleurs du mal«, die Blumen des Bösen, im Sinn des französischen Antiromantikers und Symbolisten Charles Baudelaire (1821-1867), des Vaters aller modernen europäischen Lyrik.[12] Mit Baudelaire verbindet das sprechende Ich auch jene Hypersensibilität, die nicht nur für ihn charakteristisch war, sondern auch für die von ihm inspirierten Dichter des *Fin de Siècle*, jene französischen *poètes maudits*, zu denen neben Baudelaire selbst oder Paul Verlaine (1844-1896) vor allem Arthur Rimbaud (1854-1891) zu rechnen ist, den Blanca Andreu in ihrem ersten Lyrikband mehrfach namentlich zitiert.[13] Ihre geistige Nähe zu den französischen *poètes maudits* zeigt sich vor allem in ihrer Lust an der tabubrechenden Provokation.[14] Wie Baudelaire oder Rimbaud befasst sich auch Blanca Andreu mit der Welt der Drogen und der Sexualität, mit der dunklen Seite der Welt, dem Unbewussten, dem Tellurisch-Irdischen. Wie bei Rimbaud finden sich auch bei ihr ständige Bezugnahmen auf die Vorstellungen von ›Abgrund‹ und ›Todessehnsucht‹.

Diese überspannte Sensibilität des lyrischen Ich führt in der Lyrik Andreus zu einer Empfindung von unablässigem Schmerz, aus der sich der Wunsch nach einer Vernichtung und Zerstörung des eigenen Ich ergibt. Dieser Schmerz seinerseits ist ambivalent. Zum einen hängt der Wunsch nach Selbstzerstörung, den Andreu in ihren Gedichten immer wieder thematisiert, damit zusammen, dass sie sich selbst als etwas Unbekanntes erfährt, eine Erfahrung, die sich für sie nur im Tod lösen kann: »En las caballerizas del mar, el mar se ahoga con su métrica / ardiente, / [...], / y alguien desde muy lejos abdicando, andando desde lejos a / morir entre lejanas ramas empapadas [...].«[15] Die Autorin nimmt überall den Zerfall der Welt, in der sie lebt, wahr, was sie mit der überraschenden Wendung vom ›ertrinkenden Meer‹ umschreibt. Sie sieht allenthalben das unmittelbar bevorstehende Ende, die endgültige Katastrophe.[16] Zum anderen veranlasst sie die ständige Leiderfahrung dazu, nach einer Alternative zu suchen, die es ihr erlaubt, einer Welt zu entfliehen, die sie als derart bedrückend empfindet. Diese Alternative bietet sich ihr in Gestalt der Drogen an, mit deren Hilfe sie sich zwar kurzfristig dem Druck der negativen Außenwelt entziehen kann, die aber zugleich die Einsamkeit, in der sich das lyrische Ich befindet, noch steigern.[17]

So erweisen sich auch die Drogen als Medaille mit zwei Seiten. Einerseits bieten sie die für das Individuum positive Möglichkeit zur Flucht aus der Hölle der Einsamkeit, die Möglichkeit, sich der Außenwelt unmittelbar auszusetzen und keine verklärenden ›Gläser‹ zwischen dem Ich und der Welt zuzulassen. Andreu verwendet für diese Situation das Bild vom »beber yedra« (V. 3). Mit dem Efeu wird eindeutig auf die Welt der Drogen verwiesen.[18] Im spanischen Sprachgebrauch steht auch eine negative und in ihren Effekten durchaus den Drogen vergleichbare Wirkung im Vordergrund. So heißt es im *Diccionario de la lengua española* de la Real Academia: »Aunque la hiedra no es una parásita verdadera, daña y ahoga con su espeso follaje a los árboles por los que trepa«. Auf Drogen angespielt wird auch mit den »anémonas parecidas a flores« (V. 3). Die hier gemeinten Seeanemonen enthalten ein Analgetikum, das in jene ›künstlichen Paradiese‹ entführt, von denen Baudelaire in der französischen Lyrik als erster gesprochen hat. Natürlich sind die Drogen weder bei Baudelaire noch bei Andreu ein Ziel an sich: sie sind ein Mittel zum Eindringen in die Welt der *fleurs du mal*, der Zugang zur Welt jenseits der Zweckrationalität, zur Welt der Träume und der unbewussten Ströme des Onirischen.

Andererseits ist sich das Ich jedoch auch der Schädlichkeit der Drogen und der Gefahren der Träume bewusst. Zwar will es »Efeu« trinken, weiß aber um dessen Bösartigkeit, es ist »yedra mala« (V. 3). Ebenso weisen die Dornen und die ausdrücklich als stachlig bezeichneten Seeanemonen auf den schädlichen und aggressiven Charakter dieser Rauschmittel hin.[19] Diese negative Note wird nochmals unterstrichen mit dem Hinweis auf die »zarzas« (V. 3), die natürlich als einfaches Dorngestrüpp verstanden werden können, die aber auch, insbesondere in Anbetracht der Bekanntheit des Referenztextes, eine Anspielung auf eines der pessimistischen Gedichte von Gustavo Adolfo Bécquer sein könnten. In der *Rima LXVI* (»¿De dónde vengo?«) heißt es: »los despojos de un alma hecha jirones / en las zarzas [!] agudas, te dirán el camino / que conduce a mi cuna.« Das Ich weiß also sehr wohl, dass sein Versuch, mit Hilfe der Drogen aus der Hölle zu fliehen, zum Sturz in eine neue Hölle werden kann:

> extraño no contarte que el cianuro Cioran viene sobre las diez,
> o viene Rilke el poeta
> a decirme que sí, que de veras tú pasas a mi sangre
> pero de qué nos sirve.
> Veneno y sombra extraña, extraño no decirlo, de metales muy fríos
> y faltos de latido:
> [...]
> en verdad yo me bebo la infancia del coñac,
> bebo las locas ramas virginales,
> bebo mis venas que se adormecen para querer morir.[20]

Die Drogen sind eine Form der Selbstzerstörung, die die Lebenseinstellung der Generation von Blanca Andreu prägte: Jugendliche, die dem existentiellen Ekel, der sie lähmt, zu entfliehen versuchen und die nach einem Ausweg aus dem nichtssagenden Leben ihrer Gegenwart suchen. Sie empfinden die plötzlich über sie hereinbrechende Freiheit, mit der sie nach den langen Jahren der Diktatur nicht umzugehen wissen, als erdrückend und verwirklichen ihren Traum von Freiheit mit einer Flucht in die Welt der Drogen.[21] Zu diesem Zeitpunkt war Blanca Andreu mit ihren – dem Leser zwar in den Details nur schwer erschließbaren, von ihrer Grundstimmung her aber leicht nachvollziehbaren – Gedichten zur typischen Repräsentantin des negativen Zeitgefühls der 80er Jahre, des so genannten *desencanto* geworden:

> Ay, bostezamos ante tazas de azul de metileno,
> aspiramos con aire distante el amoníaco,
> nos hastiamos frente al alto sonido de vitriolo,
> nos coronamos de veronal,
> pues no encontramos hoja más aguda.[22]

Die Droge, die in der realen Welterfahrung der spanischen Jugend der Zeit eine so große Rolle spielte, hat in der Welt der Dichtung Andreus und ihrem Lyrikband *De una niña de provincias* eine Funktion, die in enger Beziehung zu dieser Dichtung selbst steht: sie versetzt in einen tranceartigen Zustand, der das künstlerische Schaffen begünstigt. Hierauf beruht die enge Verknüpfung der Droge mit dem Surrealismus. Sie schafft eine imaginäre Traumwelt, in der das Irrationale und das Nichtlogische stimuliert werden und in der die Bilder nicht die Vehikel des Denkens, sondern Folge eines visionären, halluzinatorischen Seelenzustandes sind. Dies erklärt auch, wieso das Mädchen aus der Provinz ›in einem Chagall zu leben kam‹, wie es im zweiten Teil des Titels heißt. Denn trotz der Behauptungen, die Blanca Andreu in einem Interview mit Sharon K. Ugalde[23] aufgestellt hat, in dessen Verlauf sie davon spricht, dass der Titel des Bandes rein zufällig zustande gekommen sei, ist die Wahl Marc Chagalls und seiner Bilder sicherlich kein Zufall, was auch bereits Sylvia Sherno dargestellt hat.[24] Die irrealen und beängstigenden Landschaften, die Pferde, die Figur des Engels, das ›russische‹ Mädchen, das in vielen ihrer Gedichte erscheint, sind Elemente, die das Werk Blanca Andreus mit den Bildern des russischen Künstlers gemein hat.[25] Darüber hinaus weist der Titel – wie der Gedichtband insgesamt – autobiographische Züge auf, die diese Interpretation stützen: Blanca Andreu selbst ist zweifelsohne auch jene »niña de provincias«, die aus der galicischen Provinz in das Zentrum, nach Madrid, gegangen ist, um dort in einer neuen, einer ›Kunstwelt‹ zu leben.

III

Die zweite Strophe des Gedichts thematisiert eine der ganz zentralen Fragen im lyrischen Werk von Blanca Andreu: die Frage nach der dichterischen Sprache. Diese Frage ist für Blanca Andreu so wichtig, weil sie weiß, dass ihr ganzes, immer wieder beschworenes Leiden seinen letztendlichen Ursprung in dem Wunsch und in dem Bedürfnis hat, sich im Medium der Sprache künstlerisch auszudrücken. Aus diesem Anliegen ergeben sich für sie eine Reihe ganz konkreter, doch sehr weitreichender Fragen. So stellt sich zunächst einmal die Frage nach dem Wesen der dichterischen Sprache überhaupt, aber auch das grundsätzliche Problem, ob die Sprache wirklich in der Lage ist, Realität und Träume wiederzugeben. Es kann sich darüber hinaus aber auch die Frage stellen, ob die Sprache über eine bloße Abbildfunktion hinaus selbst ein Mittel der Erkenntnis ist, ob sie etwa zu früheren, tieferen Schichten des Daseins zurückführen kann, die heute verloren sind. Schließlich stellt sich die Frage, ob ›Wirklichkeit‹ für den Menschen überhaupt nur innerhalb der Grenzen von Sprache existiert oder aber ob nicht gerade umgekehrt der sprachlichen ›Textwirklichkeit‹ überhaupt keine Wirklichkeit innewohnt. Es bedarf keines besonderen Hinweises, dass sich Blanca Andreu mit diesen Fragen in die lange Tradition der Sprachskepsis einordnet, die, wie unter anderem Hugo Friedrich hervorgehoben hat, die Dichtung und die poetologische Reflexion des gesamten 20. Jahrhunderts durchzieht.

»Escucha, dime, siempre fue de este modo, / algo falta y hay que ponerle un nombre« (V. 4-5). In diesen beiden Versen findet sich im Kern die ganze hier angedeutete Problematik von Dichtung und Sprache, die für Andreu, das sei hervorgehoben, keine bloß theoretische, sondern stets eine existentielle Frage gewesen ist. Für Blanca Andreu ist Dichtung keine Nebenbeschäftigung oder ein bloßes ästhetisches Spiel, wie bei manchem der *novísimos* ihrer unmittelbaren Vorgängergeneration, sondern ein essentieller Aspekt ihrer alltäglichen Existenz.[26] Das dichterische Schaffen ist für sie ein unumgängliches, vitales Bedürfnis: »algo falta y hay que ponerle un nombre«. Erst das Bezeichnen erschafft für den Menschen die Welt:

Hundiré mis manos aquí, en este mar que no existe,
[…].
Hundiré mis manos en noche que no existe sobre un mar que no existe,
mi garganta entre anzuelos de la flora marítima,
en agua ebria y en buques como pájaros,
en aquello que no será posible.[27]

Diese ›Sprachwelt‹, die für den Menschen so wichtig ist, weil sie seine Erfahrungen enthält, unterscheidet sich aber von der Realität der Dinge. Die Sprache ist für Andreu eine ›andere‹, eine ›alternative‹ Wirklichkeit, in der alles Platz findet: nicht nur die äußere Wirklichkeit, sondern auch die anderen, inneren Welten, die Imagination, die Phantasie, der Traum, mit einem Wort von Blanca Andreu »lo que inexiste«.[28]

Diese ›andere Wirklichkeit‹ hat Vorrang vor der realen äußeren Welt. Denn die Sprache verleiht den Dingen poetische Substanz; die ›andere Wirklichkeit‹ verkörpert eine autonome, mehr oder weniger hermetische Welt, und genau deshalb muss man, wie es in V. 6 heißt, »an die Dichtung, an die Intoleranz der Dichtung«, an ihre Unbedingtheit, glauben.

Trotz dieser prinzipiellen Hochschätzung der Sprache ist sich Blanca Andreu aber auch der inhärenten Unzulänglichkeit der Sprache bewusst. Sie weiß, dass sie das, was sie fühlt und was sie eigentlich mitteilen will, nicht wirklich auszudrücken vermag. Sie spürt die Diskrepanz zwischen Poesie und Leben, zwischen Wunsch und Wirklichkeit. Sie weiß daher auch, dass die Dichtung, wie sie es recht ambivalent ausdrückt, »intolerant« ist und dass sie zum Gebrauch von Konventionen und Gepflogenheiten zwingt. Diese Konventionen stehen zwar seit den Ursprüngen der Sprache fest, haben aber für uns im Laufe der

Jahrhunderte ihren ursprünglichen Sinn verloren. Was uns von diesen ursprünglichen sprachlichen Phänomenen geblieben ist, sind Reste; Relikte oder Reliquien (V. 9), die dem heutigen Individuum so fremd und fern sind wie ein manuelinischer Kreuzgang der Spätgotik – »claustro manuelino de la palabra gótica / [...] el lenguaje escultor que nos ha herido pronunciando el / idioma de la piedra«[29] – und die doch gelegentlich ihre ursprüngliche Funktion wieder übernehmen können: die Funktion des Bezeichnens, damit die Dinge zu jener für das Individuum so wichtigen Form des »inexistir« gelangen. Aus diesem Grund gilt es, die Dinge trotz aller Sprachskepsis zu benennen, »decir *niña* / o decir *nube, adelfa,* / *sufrimiento,* / decir *desesperada vena sola,* cosas así, casi reliquias, / casi lejos« (V. 6-9).

Diese »reliquias«, die Reste einer früher besseren Sprache, sind aber in der Sicht Andreus bisweilen noch durchaus funktionsfähig. Mit einigen dieser sprachlichen Konventionen vermag die Dichterin noch all das in Worte zu fassen und auszudrücken, was sie will, was sie fühlt, was sie ist oder was sie war und worum es ihr mit ihrem künstlerischen Schaffen wirklich geht. In einem Prozess der ›Steigerung‹ – dem wesentlichen rhetorischen Mittel dieses Gedichtes – werden dem Leser über eine Reihe von Assoziationen die Empfindungen des lyrischen Ich vermittelt. Das Wort »niña« verweist auf die – noch ungebrochene – Kindheit; der Terminus Wolke (»nube«, V. 7) evoziert Schlaf und Träume (»estar en las nubes« meint im Spanischen die Tagträume). Auch der Oleander – »adelfa« (V. 7), ein schon bei den *novísimos* häufig zu findendes Wort – wird mit dem Träumen und einem gefährlichen Verlangen in Verbindung gebracht: die Oleanderblüte ist zwar schön, sie ist aber auch giftig und wird so mit dem Komplex der Drogen in Verbindung gebracht, was eine erneute Anspielung auf die – bei Andreu durchaus allgegenwärtigen – »Blumen des Bösen« darstellt. Die beiden restlichen, im Gedicht gleichfalls kursiv gesetzten Termini dieser Strophe drücken das Befinden des lyrischen Ich unmittelbar aus: Leid und Schmerz, »sufrimiento« (V. 8) und verzweifelte Einsamkeit, »desesperada vena sola« (V. 9), verzweifelt einsame Vene, die die Droge über die Spritze aufnimmt. Zwar sollen die Drogen die Flucht aus Schmerz und Einsamkeit ermöglichen, doch sind gerade sie es, die dann zur Ursache dafür werden, dass Einsamkeit und Verzweiflung fortdauern.

Die bisherigen Ausführungen zur zweiten Strophe haben gezeigt, dass die Frage nach dem Wesen und der Funktion der Sprache in dem Gedichtband *De una niña de provincias que se vino a vivir en un Chagall* eine durchgehende und grundsätzliche Rolle spielt. In unmittelbarem Zusammenhang mit dieser Sprachauffassung steht auch das Verständnis von Dichtung, das sich in diesen Texten findet. Für Blanca Andreu ist Dichtung gleichzusetzen mit dem Erschaffen der Wirklichkeit. Für sie als Dichterin ist das wirklich, was einen Namen hat. Der Ort, an dem die Sprache heutzutage noch diese magische und schöpferische Kraft entfalten kann, ist für Andreu die Lyrik. In dieser Sicht war die Sprache in ihren Ursprüngen das Schöpferische und damit die Übermittlerin der Wirklichkeit und des Wahren, denn einst stimmten die Worte und das von ihnen Bezeichnete noch überein. Die Sprache befand sich seinerzeit noch im Zustand der Unschuld. Im Laufe der Jahrhunderte ging ihre schöpferische Kraft jedoch verloren.

Andreu ist nun der Auffassung, dass die Sprache diese Kraft wiedererlangen sollte und auch könnte. Deshalb gilt es, an die Dichtung zu glauben, auch wenn sie in den Augen der rationalistischen Zeitgenossen ein bloßes Relikt der Vergangenheit zu sein scheint. Blanca Andreu ist von der Kraft der Dichtung überzeugt. Sie ist sogar der Auffassung, dass sich Schrecken und Tragik der menschlichen Existenz, die für sie so evident sind, aufgrund der Kraft des Wortes in ein ›ästhetisch Schönes‹, in ein Kunstwerk, zu verwandeln vermögen. Es kann kein Zweifel bestehen, dass Dichtung für Blanca Andreu ›Heilung‹ bedeutet. Nicht minder evident ist für sie, dass Dichtung auch eine Verneinung der negativen Wirklichkeit darstellt. Sie löst die vordergründige Wirklichkeit auf, überwindet die Welt der sinnlichen Wahrnehmung und dringt in die archaische Welt der Poesie ein. Oder, um in ihren Bildern zu bleiben, die Dichtung vermag zu jenen giftigen Seeanemonen zu gelangen, die schönen Blumen gleichen. So ist die Dichtung eine schöpferische Lüge, Fiktion, ein Zustand der Abwesenheit wie der Traum:

> Duermo, pájaro vivo, pájaro de Babilonia y pájaro vienés,
> pájaro acunado en Siena,
> pájaro de Las Californias, duermo,
> y la poesía huye de mí como de una frase acabada.
> Duermo,
> pájaro,
> sábana,
> palabra esdrújula,
> para acabar con los venenos raros.[30]

Der Dichtung Andreus liegt so, auf ganz verschiedenen Ebenen, das Anliegen zugrunde, Klarheit über das eigene Ich und seine Situation in der Welt zu erhalten. Eine Möglichkeit, zu dieser Klarheit zu gelangen, ist die Reflexion über die eigene Kindheit. Dieser Versuch wird in *De una niña de provincias que se vino a vivir en un Chagall* in sehr intensiver und ständig wiederholter Form gemacht.[31] Der Ansatz bei der Kindheit ergibt sich hier sicher auch aus der Tatsache, dass es sich bei diesem Buch um ein sehr frühes Werk handelt, das noch in unmittelbarer zeitlicher Nähe zum Kindsein geschrieben wurde. Doch findet sich der Wunsch, das eigene Ich zu definieren, auch in den späteren Gedichten Andreus. Dort manifestiert er sich als Auseinandersetzung zwischen Vergangenheit, Gegenwart und Zukunft: »Así, en pretérito pluscuamperfecto y futuro absoluto / voy hablando del trozo de universo que yo era, / [...] o bien de lo que quise«.[32] Um sich selbst zu erkennen, geht Andreu von ihrer Kindheit aus, die, wie sie ausführlich darlegt, für sie eine schreckliche Vergangenheit ist, die sie nicht vergessen kann und die ihre Dichtung mit den Traumata ›des Mädchens aus der Provinz‹ füllt. Ein besonders obsessiv behandelter und negativ besetzter Ort ist für sie die Schule, wo sie sich völlig unverstanden und ausgegrenzt fühlte:

Colegio: *niña que bebía los pomelos*
directamente en los labios de la noche,
que juraba acostarse con el miedo en la cama de nadie,
que juraba que el miedo
la había violado hasta doscientos hijos.[33]

Gegenüber dem Ideal des bürgerlichen, gehorsamen Kindes und jungen Mädchens, wie es in Wirklichkeit niemals existiert hat, ist das ›russische‹ Mädchen, wie sich Andreu in zahlreichen Gedichten nennt, etwas ›Pervertiertes‹, ein Eindringling in eine Welt, die nicht die ihre ist. In der Schule gehört dieses Mädchen zwar dazu, es bleibt aber letztlich fremd. Die Schule ihrerseits übt dem Mädchen gegenüber Zwang aus und vergiftet seine Träume. Dem Adjektiv ›russisch‹ kommt dabei eine doppelte Bedeutung zu: zum einen ist Russland natürlich das Herkunftsland Chagalls, zum anderen galten Russland und die Russen zur Franco-Zeit als die Inkarnation der kommunistischen Gefahr und als das ›Reich des Bösen‹, das den völligen Gegensatz zu dem bildete, wie die frankistische, religiös geprägte Welt ihre eigene Jugend sehen wollte:

Niña de greyes delicadamente doradas,
niña obsesión de la cigüeña virgen
con mechones de plumas de damasco
que salpicaban muerte,
[...].
Niña que obedeció al autillo apóstol
[...].
Niña de inexistente concierto,
niña de crueles sonatinas y malévolos libros de Tom Wolfe,
[...].
Niña pluscuamperfecta, niña que nunca fuimos,
[...].[34]

In der ironischen Zurückweisung der Welt der tradierten Religion zeigt sich nochmals die Nähe Andreus zu den *poètes maudits*. Mit ihnen teilt sie ihren erbitterten Antiklerikalismus und ihre Abkehr von den überkommenen Wertvorstellungen, die sie als sinnentleert und in höchstem Maß heuchlerisch ansieht. Ironisch spielt sie in den zitierten Versen auf die »zärtlich vergoldeten Herden« der bürgerlichen Mädchen an, auf die obsessive Vorstellung der Kirche vom »jungfräulichen Storch«, mit dem natürlich Maria – die Mutter und Jungfrau – gemeint ist. Zugleich wird aber mit den »Bündeln von damastenen Federn« auch auf den nutzlosen Reichtum der Kirche hingewiesen. Diese Bündel ihrerseits sind ein Zeichen für die Welt des Todes, die so eng mit der des Religiösen verbunden ist. Das Mädchen, von dem hier gesprochen wird, ist zunächst durchaus den religiösen Lehren gefolgt. Es wird deshalb in einem leicht durchschaubaren Wortspiel als »pluscuamperfecta«, als die »mehr als Vollkommene«, bezeichnet, was aber auch als die »mehr als Vergangene« gelesen werden kann. Diesem

›vollkommenen‹, aber ›vergangenen‹ Mädchen steht jetzt ein anderes Mädchen gegenüber. Von ihm heißt es, dass es den provozierenden amerikanischen Erfolgsautor Tom Wolfe liest, den Verfasser von *The Pump House Gang, The Electric Kool-Aid Acid Test* und *The Purple Decades: a Reader*,[35] ein grausames und gehässiges Kind.

Der in dieser Strophe insgesamt allenthalben deutlich spürbare Antiklerikalismus stellt im Übrigen ein weiteres Bindeglied zwischen Blanca Andreu und der surrealistischen Bewegung dar. Auch bei Salvador Dalí, Federico García Lorca oder Luis Buñuel gehört – bei aller Faszination dieser Autoren durch die Welt des Religiösen – der Antiklerikalismus zu den unverzichtbaren Grundeinstellungen.

IV

Die dritte Strophe des Gedichts projiziert das in der ersten Strophe angesprochene Thema der Beziehungen zwischen Leben und Dichtung auf die Ebene und das Thema der nun intensiv angesprochenen Zeit. Die Zeit ist die Ursache dafür, dass das – erträumte – Paradies der Kindheit zwischenzeitlich verschwunden ist. Der Faktor Zeit ist für jede Selbsterkenntnis zweifelsohne von grundlegender Bedeutung. Doch hat auch die Zeit für Blanca Andreu etwas Ambivalentes. Zwar lässt das Kind im Laufe des Heranwachsens den Schmerz seiner frühen traumatischen Erlebnisse hinter sich. Aber das Erwachsenwerden hat auch zur Folge, dass das Kind allmählich die Gabe der Phantasie verliert, was es selbst mit wehmütigem Schmerz empfindet. Diesen Schmerz findet man auch in anderen Gedichten:

> Duermo, espíritu del pupitre,
> alma de la avispa párvula,
> pómulo de la niña rusa que intrépida habitaba entre pingüinos vivos y
> [animales de luto
> [...].
> Pero duermo también las brechas en la frente,
> duermo el ahogo y el liquen malo,
> duermo la sábana de arsénico que envenena las camas de los colegios feos
> que es tóxica a los peces que volaban
> en los mares de almohada.[36]

Vergangenheit und Zukunft ist der ständige Verweis auf Zerstörung und Ende gemein. Wenn die Vergangenheit die Trostlosigkeit der Kindheit meint, so bedeutet die Zukunft die unmittelbar bevorstehende Zerstörung. Zwischen diesen beiden Polen erlebt die Dichterin, wie sie in den Gedichten von *De una niña de provincias* ständig wiederholt, die Gegenwart ihres eigenen Verfalls. Trotz des jugendlichen Alters der Autorin findet sich in ihnen immer wieder das Thema des Todes, sei es in Verbindung mit sexuellen Erfahrungen oder sei es mit

Überlegungen über das Dichtertum oder existenziellen Vorstellungen: »Quise la muerte para una sábana díscola, para el poeta y su bisturí, / [...]. Quise la muerte para unos ojos sin norte, [...].«[37]

In enger Verbindung mit dieser Thematik zeigen die Gedichte Andreus in vielfältiger Form eine tiefe Abscheu und ein Misstrauen gegenüber der Gesellschaft, in der sie lebt. In diesen individuellen Gefühlen äußert sich zugleich die tiefgehende Enttäuschung ihrer ganzen Generation, jener *desencanto*, der sich immer wieder in der zeitgenössischen Lyrik, im Roman und im Film gespiegelt findet. Der *desencanto* beinhaltet auch das Gefühl für den eigenen unaufhaltsamen Zerfall. Dementsprechend finden sich in den Gedichten immer wieder Anspielungen auf ›Zerfall‹ und ›Zerstörung‹ des Ich: dies geschieht mit Worten wie »desconocimiento«, »extrañamiento«, »desmayo«, »desfallecer«, »existencialismo«, »morir«. Diese Wörter verweisen mit großer Eindeutigkeit auf eines der meist gelesenen Bücher der Zeit, auf die *Nausée* von Jean-Paul Sartre (1905-1980), das in Spanien aufgrund der frankistischen Zensur weit später als in Deutschland rezipiert wurde:

> y nos desfallecemos entre sexos cerrados como libros cerrados,
> pero desfallecemos,
> yo me desmayo,
> tú te desvaneces,
> él siente un ligero mareo sin llegar a la náusea
> escrita o no escrita.[38]

In dieser Situation des existentiellen Überdrusses, wie ihn Sartre beschrieben hat, kommen der Dichtung im Hinblick auf das schreibende Individuum zwei Funktionen zu.[39] Zum einen stellt die Dichtung wie die Drogen einen Rettungsanker dar, der es ermöglicht, aus der alltäglichen Existenz zu fliehen und diese nur noch aus der Ferne wahrzunehmen. Zum anderen bedeutet die Bereitschaft zum Dichten aber auch die Bereitschaft, sich mit dem eigenen Ich zu befassen, den Abgrund der eigenen Existenz und die Gefahr des unmittelbar bevorstehenden Todes ins Auge zu fassen, wie John C. Wilcox feststellt: »this persona *maldita* is conscious of imprending disaster, but before she drowns [...] she wants to produce ›cinco poemas‹ which will be ›un destello terrestre en mi tránsito‹.«[40] So bleibt vor dem endgültigen Untergang immer noch der – wenn auch nicht sehr langfristige – Ausweg des künstlerischen Schaffens. Und selbst wenn Blanca Andreu das Dichten mit dem Bild der Wunde und der Verletzung beschreibt, so glaubt sie doch an das Dichten: es hilft ihr zu überleben und sich der realen Welt zu entziehen.

Um diese Funktion der Dichtung kreisen die Aussagen und Bilder der vorliegenden dritten Strophe des Gedichts. Die Begründung für die Notwendigkeit der Dichtung wird in zwei klar gegliederten, doch in chaotisch surrealistischer Manier bebilderten syntaktischen Blöcken gegeben: in den Versen, die einsetzen mit »Y no es únicamente [...]« (V. 10) sowie in dem Schlussvers des Gedichts »sino porque no hay forma [...]« (V. 12). Als erstes wird die Zeit angegeben, »el órgano tiempo« (V. 10), die als ein wenig sinnhaftes ständiges Kommen und Gehen (»cesa y no cesa« V. 10) erscheint. Als weiterer Grund wird die zwischenzeitlich angewachsene Vergangenheit und Lebenserfahrung angeführt (»por lo crecido« V. 10). Dann wird hinzugefügt, dass die Dichtung auch auf ein Ziel gerichtet ist. Sie vermittelt zumindest die Illusion einer lächelnden Zukunft (»para lo sonriente« V. 10) und sie ist hilfreich für die – als unüberwindbar erfahrene – Einsamkeit des lyrischen Ich. Diese Einsamkeit wird in vierfacher Hinsicht charakterisiert. Sie bedeutet Ausgrenzung (»hecha esquina« V. 11) sowie Isolierung und Eingeschlossensein (»hecha torre« V. 11). Sie meint die Unfähigkeit, das Geschehene zu erinnern und mitzuteilen, wie es eigentlich die Aufgabe eines Notars wäre (»leve notario« V. 11). Sie manifestiert sich schließlich in dem völligen Bruch mit dem Kind, das das lyrische Ich einst in der Provinz gewesen ist. Es ist endgültig tot und hat nichts mehr gemein mit der »niña de provincias que se vino a vivir en un Chagall« und mit den Werten der Gesellschaft, in der diese »párvula« einst lebte.

Die Hauptaufgabe der Dichtung wird aber im Schlussvers des Gedichts zusammengefasst, der damit eine aphoristische Funktion erhält, genauso wie der Schlussvers eines Sonetts. Die Dichtung hilft dem lyrischen Ich zu überleben, sich den Konflikten der Vergangenheit und den illusionären Verlockungen der Zukunft zu entziehen; sie ist kreative Evasion, »no hay forma más violenta de alejarse« (V. 12). Die Welt der Dichtung, die nicht existierende Realität, wird zu einem Paradies und Zufluchtsort, zu dem sich das Kind zurückziehen kann und die – wie der Titel des Gedichtbandes besagt – die Form eines Bildes von Chagall anzunehmen vermag. Das junge Mädchen, die »niña« des Titels, das den Unterschied zwischen Kunst und Leben erkannt hat, entscheidet sich nunmehr für die irrealere und gleichzeitig kompliziertere Alternative, es entfernt sich »violentamente« aus der Alltagsrealität hin zu dem Chagall-Bild.

In Anbetracht dieser positiven Sicht der Dichtung sollte aber nicht übersehen werden, dass der künstlerische Schaffensprozess hier wie in vielen anderen Gedichten bei Blanca Andreu mit der Einnahme von Gift oder mit dem Bild des blutsaugenden Vampirs verglichen wird. Das künstlerische Schaffen wird als eine Art prometheischer Akt gesehen, als eine Selbstaufopferung, die nur deshalb nicht wirklich vollzogen wird, weil das Schreiben selbst Flucht und Evasion ermöglicht. Dennoch vergleicht Blanca Andreu in einem ihrer Gedichte die Verse mit Schwertern, die die Vorstellung des Opferns nahelegen: »hundiré las hojas ávidas y el verso vertical que nació espada, / la tinta de helecho virgen, las sílabas furtivas que iban diciendo: sálvame, / y el amor como un vino escrito.«[41]

V

Formal steht »Escucha, escúchame« in der Nachfolge der surrealistischen Dichtung. Zumindest in der äußeren Struktur fehlt dem Gedicht eine leicht nachvollziehbare logische Konsistenz. Es ist aufgebaut als eine Welt des imaginären und fragmentierten Unterbewussten. Wie dies auch bei vielen anderen Gedichten Andreus der Fall ist, wirken die verwandten Bilder für den Leser zunächst abweisend und wenig verständlich. Sie scheinen untereinander keinen logischen Zusammenhang zu haben und schaffen eine Art chaotischer Traumwelt, die allerdings für das lyrische Ich durchaus bedeutungsvoll ist. Verbunden mit dieser Traumwelt ist als erstes dieser Bilder die Nacht als Ort des Imaginären, wo die äußere Realität im Schlaf versinkt und der Dichter sich dem Träumen, dem Phantasieren, dem eigentlichen Schaffensprozess hingeben kann. Die Nacht ist jenes Dunkel, das der schöpferischen Erleuchtung vorausgeht; sie ist der Moment des Entstehens der ›anderen Realität‹: »Los labios impacientes de la noche te sanan mientras abren el olor de la piedra / [...] es tu hora la noche«.[42] Die Nacht und das künstlerische Schaffen sind aber auch der Moment des Opfers, der Hingebung, die Stunde des Todes.

Ein zweiter Bildbereich entstammt der Natur. Diese stellt sich in den Gedichten Blanca Andreus grundsätzlich ambivalent als Paradies und Hölle dar. Einerseits übt die natürliche Welt eine positive Faszination aus; andererseits vermag sie aber auch, obsessiv und bedrückend zu wirken. Grundsätzlich zeigen ihre Gedichte immer wieder die Kraft des Tellurischen, die verbunden ist mit der Macht des Blutes und der Sexualität und mit allem, was mit der Körperlichkeit zu tun hat. So heißt es etwa in einem der Prosagedichte aus *Báculo de Babel*: »Sangro de veras sangro luz que se escapa y es en mí donde las cabalgaduras se reúnen para arrancar con orlados cascos ancas de piedra atesorada la asesina vegetación del tomillo y las llamas de mayo.«[43] Efeu, Dornen, Anemonen, Oleander bilden zusammen mit zahlreichen ähnlichen Elementen und Bildern der Natur eine Landschaft, die sich in eine Anti-Landschaft, ein rein literarisches, antimimetisches Konstrukt verwandelt. Neben der Welt der Pflanzen erscheint auch die der Tiere in den Gedichten Andreus. Der Mensch fühlt sich in ihrer Gegenwart nicht wohl und vermag es nicht, sich wirklich in ihre Welt einzufügen.[44] In den Gedichten von Blanca Andreu findet sich eine große Anzahl von Insekten, Vögeln, Pferden und Meerestieren. Sie rufen im lyrischen Ich das Gefühl von Überdruss und Einsamkeit hervor und erinnern an den Tod:

> Extraño el grito de los chacales mártires
> y los pequeños búhos en santidad,
> el amor y su óxido y el pato que se escapa del estanque,
> la oca ebria con su aureola de alcohol,
> [...].[45]

Die hier evozierte Tierwelt erinnert an Bilder in den *Chants de Maldoror* von Lautréamont (1846-1870) und im Werk von García Lorca. Das Pferd zum Beispiel ist ein symbolisches Zeichen, das sich sowohl bei Lorca wie auch bei Andreu findet. Es findet sich im Übrigen auch in einigen Bildern Chagalls, darunter solch bekannten wie *Das Mädchen auf dem Pferd, Das Pferd mit dem Mond, Das rote Pferd, Das blaue Pferd* u.a.m., wobei das Pferd stets eine zentrale Position einnimmt und von Bildelementen voller Sinnlichkeit begleitet wird wie dem Mädchen mit nackten Brüsten auf dem Pferderücken oder dem eng umschlungenen Paar neben dem roten Pferd. Wie bei Lorca symbolisiert das Pferd auch bei

Andreu die Macht der Triebe, die Leidenschaften und das Tellurische, wobei es eindeutig auf das männliche Geschlecht verweist. Durch die Aufnahme solcher Bildelemente wird das Gedicht zum Schauplatz einer privaten Mythologie aus Erinnerungen, Obsessionen und Vorstellungen, die sich aus Erfahrungen und aus Träumen speist. Es ist eine Bildfläche, auf die das lyrische Ich die Eingebungen seiner Phantasie projiziert. Sicher nicht zufällig setzt der ganze Gedichtzyklus von der *Niña de provincias* mit den folgenden beiden Versen ein: »Di que querías ser caballo esbelto, nombre / de algún caballo mítico«.[46] Auch in den »Cinco poemas para abdicar« spricht das lyrische Ich von »mi último caballo, oro, sobre asfalto celeste y hule astral de abril« und schließt das Gedicht mit der folgenden Strophe:

> El quinto [sc. poema] para mi caballo,
> para cuando ya estemos sucediendo
> como dos estaciones
> o dos días iguales.[47]

Wie im Bild des Pferdes angedeutet finden sich neben den beständigen Verweisen auf die Kindheit und auf die Drogen in den Gedichten Andreus auch vielfältige Bezugnahmen auf Themen und Bilder der Sexualität. Allerdings wird diese Sexualität nirgends präzisiert. Wie die Bilder aus der Welt der Pflanzen und Tiere werden auch sie chaotisch, unlogisch und wie vom Unterbewussten diktiert in ungeordneten Abfolgen präsentiert. Es handelt sich – wie im Surrealismus üblich – um eine ambivalente Sexualität mit zahlreichen androgynen Elementen. Die diesbezügliche Bilderwelt reicht von Tieren, die als Symbole des Asexuellen gelten (Kraken, Seeanemonen, Amöben, Polypen, Einhörner), bis hin zum direkten Verweis auf die Schönheit der Hermaphroditen,[48] mit denen sowohl in *De una niña de provincias* als auch *Báculo de Babel* die Engel in Verbindung gebracht werden. In Anbetracht dieses breiten Spektrums an Themen und Bildern scheint die Auffassung unzutreffend, Blanca Andreu vertrete in ihren Gedichten eine weibliche oder gar eine feministische Sicht der Sexualität, wie dies Ugalde (1991), Newton (1995) oder Wilcox (1997) behaupten. Wilcox vertritt sogar die Auffassung, Andreu vermittele eine ›fragmentierte Deutung‹ des Weiblichen und zeichne sich durch eine »gynocritical vision« aus. Seiner Meinung nach unterzieht Andreu die tradierten literarischen Stereotypen des Weiblichen einer Revision und frage sogar, ob nicht die Rolle einiger – gemeinhin positiv verstandener – ›Vorläuferinnen‹ im Grunde negativ gewesen sein könnte. Als Beleg führt er die Anspielungen auf Virginia in »Cinco poemas para abdicar« an, wobei mit diesem Namen sowohl die Römerin Virginia[49] als auch die englische Autorin Virginia Woolf (1882-1941) gemeint sein kann. Außerdem weist er darauf hin, dass Andreu in *De una niña de provincias* auch Shakespeares Ophelia mehrmals anführt. Zu beiden Gestalten, Virginia und Ophelia, bemerkt Candelas Newton:

> [...] ambas figuras femeninas son para Andreu la representación de una identidad no representada y, por tanto, consumida en su propia alienación.

A Ofelia nadie la ve porque en las aguas de su yo-espejo se refleja todo excepto el espejo mismo. El nombre de Virginia sugiere la mujer cuya sexualidad ha sido elidida, bien por haber sido fijada en una virginidad que anula su sexualidad, bien por elegir una práctica sexual no convencional. La alienación de Ofelia [...] y la eliminación de Virginia son casos paralelos: ambos representan la ausencia de lo femenino [...].[50]

Es ist allerdings nicht nachvollziehbar, warum, wie Newton hier behauptet, die Jungfräulichkeit die Sexualität annullieren, noch warum eine nicht konventionelle sexuelle Praxis die Sexualität auslöschen und zur Selbstentfremdung der Frau führen soll. Unklar ist auch, inwiefern die Anspielung auf Virginia Woolf – bzw. auf deren Roman *Orlando* (1928)[51] – ein Hinweis auf weibliche Selbstentfremdung sein soll. Es handelt sich bei Newtons Sicht wohl eher um eine sexistische Deutung, die im Übrigen von Andreu selbst explizit abgelehnt worden ist.[52]

Erotik und Sexualität spielen im Gegenteil eine zentrale Rolle in der Lyrik Andreus, allerdings ohne dass die Sexualität je genauer beschrieben wird. Es wird vielmehr bewusst mit der Provokation des Unbestimmten, des Nicht-Definierten gespielt. Dies ist wohl auch der Grund für die Anspielung auf Virginia Wolfes Roman *Orlando*. Das Androgyne öffnet der Konnotation und – was im Fall von Andreu noch wichtiger ist – der Provokation größere künstlerische Möglichkeiten als das ›Unzweideutige‹. Dieses ist der Welt der Träume näher und erstreckt sich auf alle Lebewesen. So heißt es in »Cinco poemas para abdicar«:

Cinco poemas como cinco frutos cifrados
o como cinco velas para la travesía:
el primero hacia aquella a la que nadie ve en la vaga velada del lago:
un resquicio de abril para Virginia, porque amó a las mujeres.[53]

Hier zeigt sich Lesbisches und Androgynes zugleich: Virginia wird als Frau dargestellt, die Frauen liebt. Es wird aber auch an die Gestalt des Orlando erinnert, eines Mannes, der in eine Frau verwandelt wurde.

Es wäre allerdings grundsätzlich falsch zu meinen, Andreu sei ohne jede Differenzierung als feministische Autorin einzuordnen, der es nur darum ginge, ihre angeblichen feministischen Vorläuferinnen, ihre vielbeschworenen ›abuelas literarias‹, zu zitieren. In der Tat wird in ihren Gedichten eine größere Anzahl von Autorinnen angeführt. Aber gleiches gilt auch für die männlichen Autoren, was sich, wie gezeigt wurde, keineswegs auf Rilke und Baudelaire beschränkt.[54] Doch werden alle Namen sowohl der weiblichen wie auch der männlicher Autoren keineswegs nur als bloßes Bildungsgut zitiert, wie dies bei einigen Autoren der Vorgängergeneration, etwa bei Pere Gimferrer (*1945) oder Guillermo Carnero (*1947), der Fall gewesen ist. Blanca Andreu ist vielmehr mit den zitierten Autoren vertraut, und zwischen ihnen und ihr gibt es konkrete biographische und literarische Bezugspunkte.

Zur Klärung der literarhistorischen Position Andreus sei nochmals auf ihre Auseinandersetzung mit der Ophelia-Gestalt eingegangen. Wilcox ist der Auffassung, Blanca Andreu habe sich mit der Ophelia Shakespeares befaßt, um in feministischer Absicht gegen das Bild anzugehen, das dieser Gestalt in der abendländischen Kultur zugeschriebenen worden ist. So behauptet er, Andreu gebe der Ophelia-Episode ein völlig neues Ende und lasse sie Künstlerin werden, bevor sie stirbt. Auch diese Interpretation ist fraglich. Andreu bedient sich der Gestalt der Ophelia nicht, um abstrakte feministische Forderungen wie die nach Gleichberechtigung zu erheben. Die tragische Gestalt der Ophelia dient ihr vielmehr dazu, eine Reihe von Themen zu behandeln, die auch für ihr eigenes Werk von Bedeutung sind: das Thema der früh geopferten Unschuld, die sich sowohl mit der »niña rusa« als auch mit der »párvula muerta« in Verbindung bringen läßt; Ophelias Wahnsinn, in dem Blanca Andreu ihr Besessensein von der Dichtung gespiegelt sieht; schließlich Ophelias Tod, in dem Andreu eine Parallele zu ihrer eigenen Obsession durch den Gedanken von einer unmittelbar bevorstehenden Katastrophe und zu ihren selbstzerstörerischen Zwangsvorstellungen sieht. Aufgrund dieser Parallelen verschränkt Blanca Andreu auf sehr ambivalente Weise die Gestalt der Ophelia mit ihren eigenen Erfahrungen. Diese ganz eigene Gestalt der Ophelia erinnert überdies an die von Chagall gemalten Bräute, die dem Betrachter seiner Bilder wie in völliger Erstarrung dargestellt erscheinen:[55] »y cómo apoderarse de algas y catedrales y de la lágrima de luz y terciopelo de la virgen Virginia que alienta los silencios, / que ondea disfrazada de Ofelia por los lagos.«[56]

Generell gilt, dass Blanca Andreu keineswegs, wie ihre feministischen Interpretinnen und Interpreten meinen, lediglich die weibliche Erotik erkunden will und sich dabei etwa des Ophelia-Motivs bedient. Sie versucht vielmehr jene universelle Erotik darzustellen, die nach ihrer Auffassung in der realen Welt allgegenwärtig ist und die in ihrer literarischen Welt eines der grundlegenden Gesetze des Handelns ist. In ihrer Lyrik findet sich aber keine glückliche Verwirklichung der Liebe. Oft wird die Liebe bei Andreu in Zusammenhang mit anderen ›verbotenen‹ Handlungen dargestellt. Auch ist sie so gut wie immer mit Tod und Schmerz verbunden. Es handelt sich in den Texten Andreus um keine hedonistische Sicht des Erotischen. Liebe, Erotik und Sexualität sind für sie eine weitere Form jener Qual auf dem unausweichlichen Weg in die unabwendbare Katastrophe, eine Vorstellung, die sich auch bei Bécquer findet. Für Andreu gleicht die Liebe einer Wunde. Und wenn diese Wunde eine andere Wunde berührt, so führt das nicht zur Ekstase, sondern zu noch größerem Schmerz:

> Sé bien que busco encima de mis heridas
> el escorpión de oro de tus heridas.
> Sé bien que encima de mis heridas sólo habita
> la imagen encalada de mi muerte.[57]

Diese Sicht einer frustrierten, nicht verwirklichten Liebe findet sich vor allem in den ersten Gedichten ihres Lyrikbandes. Sie resultiert aus dem Versagen des lyrischen Ich, das seine Zwangsvorstellungen auf seine Liebesbeziehungen projiziert. Die Vorstellung von der letztendlichen Katastrophe, von der sich das lyrische Ich nicht zu lösen vermag, bringt eine Fülle von Bildern mit sich, die von Gewalt, Verstümmelung, Zerstörung und Unglück geprägt sind, wie auch das folgende Bild eines verstümmelten Vogels: »Pájaro degollado por las astronomías ay pájaro sajado gótico agonizante.«[58]

All diese Gedichte versuchen die Katastrophe widerzuspiegeln, von der das lyrische Ich meint, sie stehe unmittelbar bevor. Das Damoklesschwert, das unablässig über seinem Kopf schwebt, bestimmt alle Aspekte seiner Existenz und damit auch seine Sicht der Liebe. So heißt es in den letzten Versen von *De una niña de provincias*:

> Diré a la vida que te recuerde,
> que me recuerde,
> ahora,
> cuando me alzo con cuerdas capilares y bucles
> hasta el desastre de mi cabeza,
> hasta el desastre de mis veinte años,
> hasta el desastre, luz quebrantahuesos.[59]

Das – selbst in diesem Textfragment deutlich spürbare – kubistisch anmutende Aufstapeln von Bildern einer Tragödie wird von einem schwindelerregenden Rhythmus begleitet. Das scheinbar chaotische Aufzählen von unablässig aufeinander folgenden Metaphern evoziert das Gefühl der unmittelbaren Bedrohung, so dass sich der Leser unweigerlich in jenem Gefühl des nahen Weltendes verstrickt sieht, das die Autorin in den Texten ihres ersten Gedichtbands allenthalben vermittelt.[60]

VI

Die für die Darstellung dieses Gefühls charakteristische Wortfülle bestimmt die meisten Gedichte der beiden Sammlungen *De una niña de provincias* und *Báculo de Babel*. Im ersten dieser beiden Bücher betonen die zahlreichen Epitheta, die endlosen Aufzählungen, Wiederholungen und Analogien, wie wichtig für Blanca Andreu eine freie und unabhängige Verwendung der Sprache ist. Die Überfülle der Wörter und Bilder belegt überdies den ›konvulsivischen‹ Charakter ihrer Texte, der damit ästhetische Vorstellungen des Surrealismus verwirklicht.[61] Auch weitere Techniken, die in den beiden Lyrikbänden Verwendung finden, entstammen dem Surrealismus: das – angeblich – ›automatische Schreiben‹, der ›Bewusstseinsstrom‹, die Collage, die Filmtechniken des raschen Schnitts oder das Überblenden von Bildern. Im zweiten der beiden Bücher kommen zu diesen Techniken noch die Möglichkeiten der lyrischen Prosa hinzu.

Sowohl *Báculo de Babel* als auch das folgende Buch, *Elphistone*, belegen die ästhetisch-künstlerische Entwicklung der Autorin: in ihnen ist das frühere zentrale Bemühen der Autorin, ihre eigene Identität zu definieren, aufgegeben;

auch die frühere Verwendung einer großen Fülle von Bildungselementen ist stark reduziert und die einstige Überfülle von Bildern verkehrt sich vor allem in *Elphistone* in ein nüchternes Streben nach Klarheit. Nachdem Blanca Andreu 1994 ihre Gedichte in einer Anthologie mit dem Titel *El sueño oscuro. Poesía reunida 1980-1989* veröffentlicht hatte, hat sie erst 2002 wieder einen Lyrikband herausgebracht. Er trägt den sicher programmatisch gemeinten Titel *La tierra transparente*. In den kurzen Gedichten des Bandes zeigen sich nüchterne Klarheit und eine Stimmung der Innerlichkeit. Das Hauptthema ist allerdings weiterhin die Liebe in ihren vielfältigen Erscheinungsformen und in ihrem Scheitern sowie die enge Verbindung zwischen Liebe und Tod. So hat sich die Lyrik Blanca Andreus zwar entschieden und vielfach weiterentwickelt; dennoch ist sie ihren frühen Themen, denen die Zwanzigjährige ihre Skandalerfolge verdankte, nicht grundsätzlich untreu geworden.

Übersetzung aus dem Spanischen: Claire-Marie Jeske und Manfred Tietz

I. Verzeichnis der lyrischen Werke von Blanca Andreu

De una niña de provincias que se vino a vivir en un Chagall. Madrid: Hiperión 1981.

Báculo de Babel. Madrid: Hiperión 1983.

Elphistone. Madrid: Visor 1988.

»Poética« in: [*Cuaderno dedicado a*] *Blanca Andreu*. Málaga: Centro Cultural de la Generación del 27 / Diputación Provincial de Málaga 1988a [ohne Paginierung].

El sueño oscuro. Poesía reunida 1980-1989. Madrid: Hiperión 1994.

La tierra transparente. Madrid: Sial 2002.

II. Kritische Literatur

Benegas, Noni/ Munárriz, Jesús: *Ellas tienen la palabra. Dos décadas de poesía española*. Madrid: Hiperión 1997.

Buenaventura, Ramón: *Las diosas blancas. Antología de la joven poesía española escrita por mujeres*. Madrid: Hiperión [2]1986.

Delgado, Teresa (Hg.): *ZAS. Schnitte durch die spanische Lyrik 1945-1990*. München: Kirchheim 1994.

Dreymüller, Cecilia: »Blanca Andreu«, in dies.: *Die Lippen des Mondes. Spanische Lyrikerinnen der Gegenwart (1950-1990)*. Wilhelmsfeld: Egert 1996, S. 164-169.

Lanz, Juan José: »La poesía de Blanca Andreu«, in: *Zurgai* (Juli 1997), S. 72-76.

Llamazares, Julio (u.a.): »Blanca Andreu y los surrealismos«, in Darío Villanueva u.a. (Hg.): *Los nuevos nombres: 1975-1990*. (*Historia y crítica de la literatura española* al cuidado de Francisco Rico, Bd. 9). Barcelona: Crítica 1992, S. 223-229.

Miró, Emilio: »Dos premios para dos nuevas voces: Blanca Andreu y Ana Rosetti«, in: *Ínsula* 418 (1981), S. 6.

Newton, Candelas: »La reflexión sobre el signo en la poesía de Blanca Andreu«, in: *Letras peninsulares* 2.2 (1989), S. 193-209.

Newton, Candelas: »Un interlocutor eclipsado: El discurso femenino en la poesía española actual«, in Adelaida López de Martínez (Hg.): *Discurso femenino actual*. San Juan: Universidad de Puerto Rico 1995, S. 161-177.

Pardellas Velay, Rosamna: »Blanca Andreu: *La tierra transparente*, Madrid 2002«, in: *Hispanorama* 98 (2002), S. 135-136.

Pardellas Velay, Rosamna: »Crítica civil y poesía novísima: el caso de Aníbal Núñez«, in Pere Joan Tous/ Gero Arnscheidt (Hg.): *Una de las dos Españas. Representaciones de un conflicto identitario en la historia y las literaturas hispánicas. Estudios reunidos en homenaje a Manfred Tietz*. Frankfurt am Main/ Madrid: Vervuert/ Iberoamericana 2007, S. 191-218.

Pardellas Vellay, Rosamna: »Baudelaire y la poesía española de los 70. ¿Un intento fallido?«, in José Morales Saravia (Hg.): *Un Baudelaire hispánico. Caminos receptivos de la modernidad literaria*. Lima: Editorial San Marcos 2009a, 287-315.

Pardellas Vellay, Rosamna: *El arte como obsesión. La obra poética de Aníbal Núñez en el contexto de la poesía española de los años 70 y 80*. Madrid: Verbum 2009b.

Sánchez Pascual, Ángel: »Die Stimme der Poesie ist weiblich. Aspekte zeitgenössischer spanischer Lyrik von Frauen«, in Christine Bierbach/ Andrea Rössler (Hg.): *Nicht Muse, nicht Heldin. Schriftstellerinnen in Spanien seit 1975*. Berlin: Tranvia 1992, S. 205-221.

Sherno, Sylvia: »Blanca Andreu: Recovering the Lost Language«, in: *Hispania* 77 (1994), S. 384-393.

Sherno, Sylvia: »Between Water and Fire: Blanca Andreu's Dream Landscapes«, in: *Revista Hispánica Moderna* XLVII (1994), S. 533-542.

Ugalde, Sharon Keefe: *Conversaciones y poemas: La nueva poesía femenina española en castellano*. Madrid: Siglo XXI 1991.

Ugalde, Sharon Keefe: »The Feminization of Female Figures in Spanish Women's Poetry of the 1980s«, in: *Studies in 20th Century Literature* 16 (1992), S. 165-184.

Ugalde, Sharon Keefe: »El proceso evolutivo de la nueva poesía femenina española: Interacción con la tradición femenina«, in: *Revista de Estudios Hispánicos* XXVIII.1 (1994), S. 79-94.

Umbral, Francisco: »Prólogo«, in Blanca Andreu: *De una niña de provincias que se vino a vivir en un Chagall*. Madrid: Hiperión ⁵1986, S. 7-10.

Wilcox, John C.: »Blanca Andreu: A ›poeta maldita‹ of the 1980s«, in: *Siglo XX / Twentieth Century* 7 (1989-1990), S. 29-34.

Wilcox, John C.: »Visión y revisión en algunas poetas contemporáneas: Amparo Amorós, Blanca Andreu, Luisa Castro y Almudena Guzmán«, in Biruté Ciplijauskaité (Hg.): *Novísimos, postnovísimos, clásicos. La poesía de los 80 en España*. Madrid: Orígenes 1990, S. 95-115.

Wilcox, John C.: *Women Poets of Spain, 1860-1990. Toward a Gynocentric Vision*. Urbana and Chicago: University of Illinois Press 1997, S. 273-323.

III. Anmerkungen

* Das Gedicht stammt aus dem ersten Lyrikband von Blanca Andreu: *De una niña de provincias que se vino a vivir en un Chagall*. Madrid: Hiperión 1981. Dieser und die weiteren Texte Andreus werden im Folgenden zitiert nach der Ausgabe *El sueño oscuro. Poesía reunida 1980-1989*. Madrid: Hiperión 1994 (hier 1994:26).

1 Übersetzung des Gedichts von Manfred Tietz.
2 »– ¡Eh – gritó Will –, la gente corre como si ya hubiese llegado la tormenta! – ¡Llegó – gritó Jim –, la tormenta somos nosotros!« Blanca Andreu (1994:15).
3 Zur Wiederbelebung des Surrealismus zu Anfang der siebziger Jahre in der neuesten Poesie vgl. Pilar Yagüe López: *La poesía en los 70. Los novísimos, referencia de una época*. Universidade da Coruña: Servicio de Publicacións 1997.
4 Der Erfolg von Blanca Andreu findet ein deutliches Echo u.a. bei Luisa Castro, Amalia Iglesias, Concha García, Almudena Guzmán. Das heißt aber nicht, dass es sich dabei um ein ausschließlich weibliches Phänomen handelt: die irrationalistische Tendenz ihrer Lyrik findet sich auch bei César Antonio Molina, Juan Carlos Mestre und anderen.
5 Zur surrealistischen Ästhetik vgl. u.a. René Passeron (Hg.): *Lexikon des Surrealimus*. Köln: von Nottbeck 1977 [aus dem Französischen von Anneliese Gregorovius-Kappès: *Encyclopédie du Surréalisme*. Paris: Somogy 1975]; Adam Biro/ René Passeron (Hg.): *Dictionnaire général du surréalisme et de ses environs*. Paris/ Fribourg: Presses Universitaires de France/ Office du Livre 1982; Jean Paul Clébert: *Dictionnaire du surréalisme*. Paris: Seuil 1996; Maurice Nadeau: *Geschichte des Surrealismus*. Reinbeck bei Hamburg: Rowohlt 1997 [aus dem Französischen: *Histoire du Surréalisme*. Paris: Éd. du Seuil 1945]; René Passeron: *Le surréalisme*. Paris: Terrail 2001. Im spani-

schen Bereich vgl. Octavio Paz: *La búsqueda del comienzo: escritos sobre el surrealismo*. Madrid: Fundamentos ²1983 (¹1974); Víctor García de la Concha (Hg.): *El surrealismo*. Madrid: Taurus 1982; Jesús García Gallego (Hg.): *Surrealismo. El ojo soluble*. Monográfico de *Litoral* 174-175-176 (1987); Ángel Pariente: *Diccionario temático del surrealismo*. Madrid: Alianza 1996.

6   Vgl. die Besprechung des Bandes durch die Verfasserin in *Hispanorama* 98 (2002), S. 135-136.

7   Die Gedichte Andreus haben in aller Regel keinen Titel. Damit fehlt ihnen bewusst ein wichtiges Element der ›Lektüreanleitung‹ für den Leser. Auf die einzelnen Texte wird im Folgenden mit dem Zitat der Anfangszeile des Gedichts verwiesen.

8   Der Neosurrealismus kommt in Spanien in den 70er und 80er Jahren stark in Mode. Der eigentliche Surrealismus, der in Spanien etwa mit García Lorca, Luis Cernuda, Vicente Aleixandre, Salvador Dalí oder Luis Buñuel ein erhebliches Echo gefunden hatte, war durch den Bürgerkrieg und das Denken des Frankismus marginalisiert worden. Auch die antifrankistische, auf politische Wirkung abgestellte Lyrik des *realismo social* war – sieht man einmal vom *postismo* der 40er Jahre ab – nicht geeignet, dem Surrealismus wieder Raum zu bieten. Gleiches gilt, wenn auch aus anderen Gründen und mit nicht unwesentlichen Einschränkungen, für die ästhetisierende Lyrik der *novísimos*. Zu Lorcas Lyrik, insbesondere auch zu seinem Surrealismus vgl. die Interpretationen von Horst Rogmann: »Federico García Lorca. Muerto de amor. La Aurora«, in Manfred Tietz (Hg.): *Die spanische Lyrik der Moderne. Einzelinterpretationen*. Frankfurt am Main: Vervuert 1990, S. 183-196.

9   Auf diese Weise wird Baudelaire und seine Poetik ein anerkanntes ästhetisches Modell, während die Autoren der vorherigen Generation ihn als »poeta antológico, del que se saquea un par de versos, descontextualizándolos«, sehen. Vgl. Rosamna Pardellas Vellay (2009a:297).

10 Auch die Serie der elegischen Gedichte mit dem Titel »El libro de Juan« beginnt in dem Gedichtband *La tierra transparente* mit den Worten: »Escucha, amigo mío«. Hier wie dort unterstreichen sie die Einsamkeit des lyrischen Ich.

11 Zweifelsohne bezieht sie sich hier auf das bekannte spanische Sprichwort »nada es verdad ni es mentira, todo es según el color del cristal con que se mira«, das mit der traditionell in der spanischen Lyrik Zuversicht symbolisierenden Farbe Grün in Verbindung gebracht wird. Hierbei handelt es sich um eine ausnahmslos positive Weltsicht, die jedoch von vornherein verneint wird.

12 Zu dieser Einordnung vgl. Hugo Friedrich: *Die Struktur der modernen Lyrik*. Reinbek bei Hamburg: Rowohlt 1956 u.ö.

13 Das geschieht schon im dritten Gedicht des Bandes: »Amor mío, mira mi boca de vitriolo / y mi garganta de cicuta jónica, / mira la perdiz de ala rota

que carece de casa y muere / por los desiertos de tomillo de Rimbaud« (S. 20). In dem Gedicht »Septiembre«, das den Selbstmord thematisiert, wird ebenfalls auf Rimbaud verwiesen: »Septiembre es esta muerte inacentuada, / es la urraca suicida [...] / o acaso la hoja azul de tu pañuelo / que desgarró la noche con seda y guillotina, / su turbante alunado con versos de Rimbaud, [...]« (S. 53).

14 Vgl. den Artikel von John C. Wilcox (1989-1990:29-34), der schon im Titel die Verbindung zu den *poètes maudits* herstellt. An anderer Stelle vergleicht Wilcox (1997:305-306) die Hypersensibilität Andreus mit der Neurasthenie von Juan Ramón Jiménez (1881-1958) in seiner modernistischen Phase. Als Beleg führt er an, dass sich beide Autoren aus der Perspektive ihres eigenen Todes betrachten.

15 »En las cuadras del mar«, S. 70-71.

16 Sylvia Sherno (1994:533) nennt dies »a sense of impending catastrophe, that threatens«. Candelas Newton (1989:207) will darin einen Hinweis auf den Verfall des Körpers sehen, der nach ihrer Auffassung als Verfall der westlichen Kultur interpretiert werden könnte. Dies scheint jedoch eine überzogene Interpretation zu sein. Wie es scheint, ist Blanca Andreu ganz mit dem eigenen Schmerz und ihrem eigenen Verfall beschäftigt und versucht nicht, aus der Perspektive der gesamten Menschheit zu sprechen. Sie will niemanden retten, keine Heilslehre verkünden, sondern nur ihren eigenen Untergang vermitteln.

17 Der Katalog an Drogen, den Blanca Andreu in den Gedichten von *De una niña de provincias* anführt, ist von beeindruckender Länge: Marihuana, Schierling, Zyanid, Veronal, Ammoniak, Methylen, Opium, Amphetamine, Barbiturate und Arsen.

18 Zur Bedeutung von Efeu vgl. *Paulys Realencyclopädie der classischen Altertumswissenschaft*. Neue Bearbeitung. Unter Mitwirkung zahlreicher Fachgenossen. Hg. von Georg Wissowa. Zehnter Halbband: *Donatio bis Ephoroi*. Stuttgart: Alfred Druckenmüller (1905ff.) 1958 und *Handwörterbuch des deutschen Aberglaubens*. Hg. unter besonderer Mitwirkung von E. Hoffmann-Krayer und Mitarbeit zahlreicher Fachgenossen von Hanns Bächtold-Stäubli. Band II. Berlin/ Leipzig: Walter de Gruyter 1929-1930. Bereits im alten Ägypten war das Efeu dem Totengott Osiris heilig; bei den Griechen und Römern gehörte es in den Bereich von Dionysos und Bacchus, der Götter des Rauschs und der Ekstase. Auch die neuzeitliche volkstümliche Medizin schreibt dem Efeu eine Medizinalwirkung zu, die durchaus positiv ist. In der westlichen Kultur wird Efeu jedoch als negativ angesehen, (u.a. bringt Efeu im Volksmund Unglück in der Ehe, Tod oder Unfruchtbarkeit).

19 Die Dornen(hecken) mit ihren spitzen Stacheln sind zweifelsohne ›bösartige‹ Gewächse. Hinsichtlich der Anemonen ist festzustellen: es gibt zwar auch ›Land-Anemonen‹ – die im Übrigen giftig sind, was letztlich auch eine kohärente Interpretation ergäbe. Andreu meint hier aber wohl die Seeanemo-

ne, die ihr als Frau, die an der Küste geboren wurde und dort länger gelebt hat, besser vertraut war. Die Seeanemone besitzt Fangarme, um sich an andere Tiere anzuheften, die sie, wenn sie kleiner sind als sie selbst, verschlingt, oder mit denen sie, wenn sie größer sind als sie selbst, parasitär lebt. Auf die zahlreichen Fangarme der Seeanemone bezieht sich das Adjektiv »erizada« (V. 3).

20 »Extraño no decirlo y hablar hidras pensadas«, S. 39.
21 Was Andreu hier bereits 1981 in der Lyrik zum Ausdruck bringt, sollte sich in Theater und Roman erst später niederschlagen, wie das Theaterstück von José Luis Alonso de Santos *Bajarse al moro* (1985), sowie die *Historias del Kronen* von José Ángel Mañas (1994) und deren erfolgreiche Verfilmungen durch Fernando Colomo (1988) und Montxo Armendáriz (1995) eindrucksvoll belegen.
22 »Hasta nosotros la infancia de los metales raros«, S. 23-24. Der letzte zitierte Vers ist die Replik auf das Motto von Saint-John Perse, das dem Gedicht vorangestellt ist: »Corónate, juventud, de una hoja más aguda«.
23 (1991:249-258).
24 (1994a:534).
25 Eine detaillierte Untersuchung zum Leben und Werk von Marc Chagall bietet Franz Meyer: *Marc Chagall. Leben und Werk*. Köln: DuMont Schauberg ²1968.
26 Für die *novísimos* kann Dichtung nicht retten –weder die Welt noch das Individuum–, sie ist funktionslos geworden: »los poetas jóvenes [...] hacen visible la autonomía del decir: la poesía no sirve para nada [...]«. Dagegen ist sie für Blanca Andreu Erlösung. Vgl. Rosamna Pardellas Velay [2009b:128].
27 »Hundiré mis manos aquí, en este mar que no existe«, S. 67.
28 In dem Gedicht »He aquí la gesta de la noche« verwendet sie diese Formel, S. 40.
29 »Agosto, agosto, la vaga reverencia del tintero demiurgo«, S. 49.
30 »Duermo, pájaro vivo, pájaro de Babilonia y pájaro vienés«, S. 31. In diesen Versen zeigt sich einmal mehr der starke Einfluss, den García Lorca auf Blanca Andreu ausgeübt hat. Auf sein Gedicht »Vals vienés« verweist nicht nur der »pájaro vienés«; auf dieses Gedicht geht auch die dreigliedrige Struktur des vorliegenden Textes von Andreu zurück, die sich auch in Lorcas »Vals en las ramas« oder in der »Fábula de los tres amigos« findet.
31 Einige Jahre nach der Veröffentlichung des Buches hat die Autorin festgestellt, »[que] el escritor en el primer libro siempre acude a lo más cercano, que es su infancia, eso de pagar la infancia con un libro«. Sharon K. Ugalde (1991:250).
32 »Así, en pretérito pluscuamperfecto y futuro absoluto«, S. 30.
33 »Vendrá sin las estrellas lácteas«, S. 21-22.
34 »Para Olga«, S. 72.

35	Die beiden ersten Bücher erschienen 1968, das letzte 1982; die erfolgreichen spanischen Übersetzungen erschienen mit den folgenden Titeln: *La banda de la casa de la bomba y otras crónicas de la era pop* (Barcelona: Anagrama 1975), *Gaseosa de ácido eléctrico* (Madrid: Júcar 1978) und *Los años del desmadre: crónicas de los 70* (Barcelona: Anagrama 1989). Tom Wolfes *Electric Kool-Aid Acid Test* galt als das wichtigste literarische Werk der *Hippie*-Bewegung.
36	»Duermo, espíritu del pupitre«, S. 42.
37	»Maggio«, S. 47.
38	»Hasta nosotros la infancia de los metales raros«, S. 23.
39	Blanca Andreu selbst spricht von »la doble naturaleza de la poesía« (1988a: ohne Seitenangabe).
40	(1989-90:32).
41	»Hundiré mis manos aquí, en este mar que no existe«, S. 67.
42	»Los labios impacientes de la noche«, S. 27.
43	»Báculo de Babel«, S. 94.
44	Wilcox ist der Auffassung, »her poems are primitive in the way that Henri Rousseau's canvases are primitive: landscape dominates and intimidates the human figure« (1989-1990:30).
45	»He aquí la gesta de la noche«, S. 40.
46	»Di que querías ser caballo esbelto, nombre«, S. 17.
47	»Cinco poemas para abdicar«, S. 38.
48	»Hasta nosotros la infancia de los metales raros«, S. 24.
49	Die junge Römerin Virginia hatte (im 5. Jahrhundert v. Chr.) aufgrund ihrer Schönheit die Begierde des Appius Claudius erregt, und dessen Eroberungsversuchen widerstanden. Als sich Appius Claudius ihrer bemächtigen wollte, tötete sie ihr Vater, um sie vor einer Entehrung zu bewahren. Dieses Geschehen hatte einen Volksaufstand und das Ende der Herrschaft der Patrizier zur Folge. Virginia gilt als Symbol der Jungfräulichkeit. Die Gestalt der Virginia findet sich erneut in *La tierra transparente* im Gedicht »Vals de Virginia« (2002:41), in dem sowohl auf die *virgo prudens* als auch auf den Samt modernistischen Nachklangs angespielt wird.
50	(1995: 172-173).
51	Der Roman erzählt die Geschichte des sechzehnjährigen Orlando, der, obwohl er insgesamt nur 36 Jahre alt werden soll, nicht nur in vier verschiedenen Jahrhunderten lebt, sondern der sich überdies in seinem dreißigsten Lebensjahr nach einem tiefen siebentägigen Schlaf in eine Frau verwandelt. Er akzeptiert diese Umwandlung ohne jede Überraschtheit oder Trauma. Am Ende des Romans ist Orlando eine empfindsame Dichterin des 20. Jahrhunderts.
52	Hier einige Fragmente aus dem Interview, das Ugalde mit Blanca Andreu geführt hat (1991:248-250):

Pregunta: »¿Es tu búsqueda del poder de la palabra, de alguna forma, una reivindicación del silencio en el que ha vivido la mujer?«
Repuesta: »Es que yo no me considero, ni me he considerado nunca, exactamente una mujer. Entonces, no creo que esté reivindicando eso, por lo menos conscientemente. Es un papel – el de la mujer – que he rechazado siempre. [...] El mundo de las mujeres me interesa mucho, pero me interesa por lo que tiene de distinto a lo que es mi persona y mi mundo.«
Im weiteren Verlauf des Interviews heißt es dann in Bezug auf »Cinco poemas para abdicar«:
Pregunta: »¿Es un homenaje a Virginia Woolf?«
Respuesta: »En aquel tiempo yo la leía mucho, me fascinaba. Ahora ya no la leo, pero en su día me gustó mucho *Orlando*, sobre todo, porque también trataba de un problema de alguien que era a la vez hombre y mujer.«
P.: »¿Crees que el *boom* actual de la poesía femenina en España beneficiará o perjudicará a la poesía de la mujer?«
R.: »[...] Está bien para las futuras mujeres que sepan que, si quieren, si tienen deseos, pueden escribir poesía y pueden publicar. Pero en sí, para la poesía no me parece beneficioso, porque para escribir no hace falta ni ser hombre, ni ser mujer. Hace falta tener un don, buscar la conexión con ese algo que tiene que ver con los sueños, o con los dioses. El ser hombre o mujer me parece algo totalmente lateral. Como la poesía femenina es una moda, me parece perjudicial [...].«
P.: »Según lo que acabas de contar, parece que rechazas el concepto de una estética femenina.«
R.: »Eso es como decir que toda estética general es un tópico, o sea, una estética de los fontaneros, o de los gordos, o de los morenos. Si alguien es poeta, es porque está solo y por su individualidad y porque busca algo que es único, que sólo le pertenece a él.«

53 »Cinco poemas para abdicar«, S. 35.
54 Insbesondere der deutsche Lyriker Rainer Maria Rilke (1875-1926), den Andreu bei mehr als einer Gelegenheit als »Rilke, el poeta« apostrophiert, wird im vorliegenden Gedichtband öfter genannt. Im fünften Gedicht des Buches heißt es sogar: »Y viniera a morir aquí, [...] mientras Rainer María ya no es tan joven como en la página 38, no es ni siquiera un joven muerto, un infante difunto sin pavana« (23). Hier findet ganz offensichtlich eine bewusste Verschmelzung von Kunst und Leben, von Gelesenem, Gewusstem und wirklich Erfahrenem statt. Andreu zitiert außerdem die folgenden Autoren, Komponisten, Maler und Philosophen: Marc Chagall, Arthur Rimbaud, Tom Wolfe, Cesare Pavese, Saint-John Perse, Johann Sebastian Bach, Wolfgang Amadeus Mozart, Virginia Woolf, Émile Michèle Cioran, Federico García Lorca, Charles Baudelaire, William Shakespeare, Garcilaso de la Vega, Vergil, Francisco de Quevedo, Juan Ramón Jiménez.

55 Es sei hier auf einige Bilder Chagalls verwiesen, auf denen die weiblichen Figuren durch die Luft zu »wehen« scheinen, als würden sie vom Winde weggetrieben, wobei ihr Gesichtsausdruck völlig unbewegt ist. Dieses Motiv findet sich auf Bildern wie *Der Spaziergang*, *La Tour Eiffel* oder *Über der Stadt*.
56 »Y quisimos dormir el sueño bárbaro«, S. 52.
57 »Cinco poemas para abdicar«, S. 37.
58 »Pájaro degollado [...]«, S. 61.
59 »Para Olga«, S. 74-75.
60 Blanca Andreu hat in einem Interview einmal angemerkt, dass die Überfülle von Bildern und das Wuchern von Adjektiven, dieses ganze Wortgewitter ihres ersten Gedichtbandes, das den Leser bisweilen schwindlig macht, nichts anderes ist als ein bloßer »Wortschwall«, wie er der Jugend eigen ist und der in der Regel in den späteren Werken allmählich getilgt wird. Trotzdem findet sich bei ihr auch weiterhin ein ausgesprochen wortreiches Experimentieren mit der Sprache, insbesondere in *Elphistone*, wo die Autorin sehr nachdrücklich Möglichkeiten der Sprache auslotet. In dem Gedicht »Cinerario« etwa variiert sie mehrfach das Thema »Ahora me pregunto qué sería de aquel fuego / y de su noche, la ceniza«, »Ahora me pregunto qué fue de aquellos fuegos / y de su norte, la ceniza« und »Ahora me pregunto qué será de aquel fuego / y su sepulcro, la ceniza« (S. 135-139).
61 Blanca Andreu macht sich die Maxime von Bretons *Nadja* (1928) zu eigen: »La beauté sera CONVULSIVE ou ne sera pas«. Vgl. André Breton: *Œuvres complètes I*. Édition établie par Marguerite Bonnet avec, pour ce volume, la collaboration de Philippe Bernier, Étienne-Alain Hubert et José Pierre. Paris: Gallimard 1988, S. 753. Der inkohärente Diskurs der Werke Andreus lenkt die Aufmerksamkeit auf sich selbst; er verlangt einen ›aktiven Leser‹, der sich unablässig seine eigene Interpretation des Textes erarbeiten muss.

Jon Kortazar

Bernardo Atxaga. Trikuarena

Esnatu da trikua habi hosto lehorrez egindakoan
eta dakizkien hitz guztiak ekartzen ditu gogora;
gutxi gora behera, aditzak barne, hogeitazazpi hitz.

Eta gero pentsatzen du: Amaitu da negua,
5   Ni trikua naiz, Bi sapelaits gora dabiltza hegaletan;
Marraskilo, Zizare, Zomorro, Armiarma, Igel,
Zein putzu edo zulotan izkutatzen zarete?
Hor dago erreka. Hau da nire erresuma, Goseak nago.

Eta berriro dio: Hau da nire erresuma, Goseak nago,
10   Marraskilo, Zizare, Zomorro, Armiarma, Igel,
Zein putzu edo zulotan izkutatzen zarete?

Ordea bertan gelditzen da bera ere hosto lehor balitz,
artean ez baita eguerdia baino, lege zahar batek
galerazi egiten baitizkio eguzkia, zerua eta sapelaitsak.

15   Baina gaua dator, joan dira sapelaitsak, eta trikuak,
Marraskilo, Zizare, Zomorro, Armiarma, Igel,
Erreka utzi eta mendiaren pendizari ekiten dio,
seguru bere arantzetaz nola egon baitzitekeen
Gerlari bat bere eskutuaz, Espartan edo Corinton;

20   Eta bapatean, zeharkatu egiten du
belardiaren eta kamio berriaren arteko muga,
Zure eta nire denboran sartzen da pauso bakar batez;
Eta nola bere hiztegi unibertsala ez den
azkeneko zazpi mila urteotan berritu,
25   Ez ditu ezagutzen gure automobilaren argiak,
Ez da ohartzen bere heriotzaren hurbiltasunaz ere.*

Der Igel
Der Igel erwacht schließlich in seinem Nest aus trockenen Blättern, / und es kommen ihm ins Gedächtnis alle Wörter seiner Sprache, / die, zählt man die Ver-

ben mit, mehr oder weniger siebenundzwanzig sind.
Und dann denkt er: Der Winter ist vorbei, / Ich bin ein Igel, zwei Adler kreisen über mir; / Frosch, Schnecke, Spinne, Wurm, Insekt, / In welchem Teil des Berges versteckt ihr euch? / Hier ist der Fluß, Es ist mein Gebiet, Ich habe Hunger.
Und wieder denkt er: Es ist mein Gebiet, Ich habe Hunger, / Frosch, Schnecke, Spinne, Wurm, Insekt, / In welchem Teil des Berges versteckt ihr euch?
Dennoch bleibt er ruhig, als wäre er nur ein weiteres trockenes Blatt, / weil es noch Mittag ist, und ein altes Gesetz / ihm die Adler, die Sonne und die blauen Himmel verbietet.
Aber mit dem Einbruch der Nacht verschwinden die Adler, und der Igel, / Frosch, Schnecke, Spinne, Wurm, Insekt, / läßt den Fluß hinter sich und wandert über den Rücken des Berges hinauf, / so sicher seiner Stacheln, wie ein Krieger sein konnte / seines Schildes, in Sparta oder Korinth.
Und auf einmal überquert er die Grenze, die Linie, / die Erde und Pflanzen von der neuen Straße scheidet, / mit einem einzigen Schritt tritt er ein, in deine und meine Zeit; / und da sein Universalwörterbuch / weder verbessert noch erweitert wurde / in diesen letzten siebentausend Jahren, / erkennt er nicht die Scheinwerfer unseres Wagens und bemerkt nicht einmal, daß er sterben wird.[1]

I

Innerhalb der Geschichte der baskischen Lyrik stellen Person und Werk von Bernardo Atxaga (*Asteasu, Guipúzcoa, 1951) einen besonderen Moment dar. Die Bedeutung seiner Dichtung beruht auf der Tatsache, dass es ihr gelang, die poetischen Strömungen, in denen die baskische Lyrik recht zäh verankert war, grundlegend zu revolutionieren.

Will man den Verlauf der baskischen Lyrik im 20. Jahrhundert skizzieren, dann ist im Sinne eines allgemeinen Überblicks unbedingt zu erwähnen, dass sich die baskische Lyrik in einer ersten Phase von einer zu Gemeinplätzen herabgesunkenen Romantik, die der Ausgestaltung eines nationalistischen Denkens und dem Ausdruck des persönlichen Gefühls diente, hin zu einem etwas verspäteten Modernismus entwickelt hat, der – ausgehend von den Grundideen des Symbolismus (indirekter Ausdruck, Betroffensein vom Vergehen der Zeit und vom Gedanken des Todes, Interesse an der Musikalität des Gedichts) – eine poetische Welt darstellte, die zur Zeit der zweiten spanischen Republik (1932-1939) mit den Werken von Xavier de Lizardi (Pseudonym von José María de Aguirre, 1896-1933) und von Lauaxeta (Pseudonym von Esteban de Urkiaga, 1905-1937) als einer der Höhepunkte des literarischen Schaffens in baskischer Sprache angesehen wurde. Xavier de Lizardi stellte in *Bihotz begietan* (»Im Herzen und in den Augen«) anhand einer Lektüre der Landschaft des Baskenlandes sein Betroffensein vom Tod dar. Dabei folgte er einem Modernismus im Stil von Juan Ramón Jiménez, der die Metaphern und die Symbole des dichterischen Schaffens im unmittelbaren Umfeld der Dichter sucht. Lauaxeta entschied sich für eine baskische Lyrik, die der damaligen europäischen Lyrik näherstand. Sein Tod – er wurde im Bürgerkrieg erschossen – beendete eine verheißungsvolle literarische Karriere, wie seine beiden veröffentlichten Werke *Bide barrijak* (»Neue Wege«, 1931, und *Arrats Beran* »Abenddämmerungen«, 1935) eindrucksvoll belegen.

An die Stelle dieser beiden Autoren traten im Laufe der Zeit bloße Epigonen, die den ursprünglichen Idealismus durch rasch vergehende Visionen, die echten Neuheiten durch bloße Gemeinplätze und eine Identifizierung der Lyrik mit den geistigen Grundlagen des konservativen baskischen Nationalismus ersetzen. Ihnen gegenüber entwickelte sich in einer zweiten Phase des Bruchs in den 50er und 60er Jahren eine Neuorientierung der Lyrik. Sie basierte zum einen auf dem Nihilismus Nietzsches, der sich im Werk von Jon Mirande (*1925-†Paris 1972) wiederfindet, zum anderen auf der seinerzeitigen sozialkritischen Lyrik in kastilischer Sprache (*poesía social*), deren bedeutendster baskischer Repräsentant Gabriel Aresti (*1933-†Bilbao 1975) ist. Aresti veröffentlichte die folgenden drei Lyrikbände, die den Stil und die Bilderwelt des Baskenlandes veränderten und eine klar definierte Ästhetik schufen: *Harri eta Herri* (»Stein und Volk«, 1964), *Euskal Harria* (»Baskischer Stein«, 1967) und *Harrizko herri hau* (»Dieses Volk aus Stein«, 1971). Die Identifikation des baskischen Volkes mit dem Stein verwies in einem Metapherngefüge auf den Widerstand der Basken gegenüber dem Frankismus. Sie verwies auch auf das essayistische Werk des baskischen Bildhauers Jorge Oteiza, der in den baskischen Megalithdenkmälern eine Synthese von primitiver Ursprache und avantgardistischer Sprache sah. Schließlich verwies sie auf die Ausformung einer Bilderwelt, die dem Volk seine Sprache wiedergab, wobei gleichzeitig eine scharfsinnige Kritik an der baskischen Gesellschaft vorgetragen wurde, die bequem angepasst in einer korrupten Gesellschaft lebte, die vom *status quo* begünstigt wurde, den der Diktator Francisco Franco geschaffen hatte. Das poetische Werk Arestis gebrauchte ein volkstümliches literarisches Register, das der puristischen baskischen Sprache, wie sie die Symbolisten verwendeten, frontal entgegengesetzt war. Doch wenn das Werk von Aresti heute noch ausgesprochen lebendig ist, so verdankt es dies nicht nur seiner Bedeutung für die Bildwelt der Basken oder seiner mutigen Kritik am baskischen Establishment der Zeit, sondern auch genuin literarischen Werten, insbesondere seinem Humor und seiner Ironie, die der Lyrik Arestis eine Tiefe verleihen, die die Kunstform der so genannten *poesía social* weit übertrifft.

In diesem historischen Moment tritt das dichterische Werk Atxagas zu Tage. Sein Lyrikband *Etiopía* (1978) gestaltet eine Bildwelt, die der von Aresti entgegengesetzt ist, auch wenn Atxaga diesen stets als einen seiner Meister anerkannt hat, der seine ersten Texte veröffentlichte und ihn in seiner literarischen Laufbahn ermutigte. Wenn aber die metaphorische Achse, auf der das Werk von Aresti beruht, das Bild des Steins ist, so verweist der Name ›Äthiopien‹ auf den Sand, d.h. auf den Stein, der sich aufgelöst hat. Bereits im Titel seines Werks stellt sich Atxaga so bestimmten Vorstellungen der *poesía social* (und weniger der Arestis) entgegen: Sand statt Stein, Avantgarde-Literatur statt sozialkritischer Dichtung, eine Lyrik des neuen, bahnbrechenden Bildes statt einer Lyrik der Alltagssprache. Darüber hinaus ist der Titel *Etiopía* ein Wortspiel mit ›utopía‹: die Utopie, die hinter der sozialkritischen Lyrik stand, ist jetzt zu einer ›etiopía‹ geworden, das heißt zu einer Anti-Utopie, in einem Land des Sandes und nicht der Gärten, des Hungers und des Krieges (nur wenige Jahre vor der

Veröffenlichung des Buchs verwüstete ein Krieg Äthiopien) und nicht des Glücks.

Wenn man in der Literatur von ›Entwicklung‹ sprechen könnte, dann würde der Weg, den wir beschrieben haben – Romantik, Symbolismus, sozialkritische Literatur, Avantgarde – einige Streckenabschnitte beschreiben, die die baskische Lyrik des 20. Jahrhunderts durchlaufen hat.

II

Das hier ausgewählte Gedicht »Trikuarena« (»Der Igel«) stellt allerdings einen anders gelagerten Fall in der lyrischen Produktion von Atxaga dar. Nach der durchaus erfolgreichen Veröffentlichung von *Etiopía* – der Band wurde in wenigen Jahren mehrfach aufgelegt – wurden in Übereinstimmung mit Tendenzen, die sich am Ende der 80er Jahre ebenso für die spanische Literatur abzeichneten, auch in Hinsicht auf das Baskische Fragen nach der Lesbarkeit von Literatur aufgeworfen, nach der unvermeidlichen Annäherung an den Leser, nach der Notwendigkeit eines lesernahen, klar umrissenen, rasch verständlichen Schreibens. In diesem Sinn hat Atxaga eine doppelsträngige Ästhetik entworfen. Die Avantgarde-Ästhetik seines Erstlingswerks *Zintateaz* (»Über die Stadt«, 1976) und von *Etiopía* (1978) entsprach dem, was er in jenen Jahren in seinem kulturellen Umfeld in Bilbao sah. Damals war das kulturelle Leben einer Zensur unterworfen, die hart gegen die sozialkritische Lyrik vorging, weil sie verständlich war und das Lesepublikum erreichte, und die sich andererseits den avantgardistischen Werken gegenüber wohlwollend verhielt, unter dem Vorwand, dass sie niemand verstand. Atxaga war allerdings immer der Auffassung, dass der Geist der Avantgarde und der Erneuerung sich stets mit einer Ästhetik der ›Pop-Art‹ verbinden müsste, das heißt mit einer Ästhetik des Volkstümlichen, die das Lesepublikum tatsächlich erreicht und es auch bei der Stange hält.

In den Sommerkursen der Universität des Baskenlandes kündete Atxaga 1990 eine Kehrtwende in seiner Lyrik an, eine Abkehr von der avantgardistischsten und am wenigsten verständlichen Tendenz seiner Dichtung.

Im Grunde war diese Wende jedoch nicht unvorhersehbar. In den Gedichten von *Etiopía* gab es neben der dadaistischen, surrealistischen und expressionistischen Tendenz auch eine Richtung der Darstellung, die von der volkstümlichen baskischen Lyrik und von den Balladen herkam und die eine Gruppe von Gedichten bildete, die durchaus leicht verständlich waren. Der angebliche poetische Paradigmawechsel Atxagas lässt sich also auch als die Verstärkung einer bereits vorhandenen Tendenz verstehen, die in der mündlichen volkstümlichen Lyrik, und besonders in den Balladen, eine Quelle für die Überprüfung seiner ästhetischen Prinzipien sah.

Das Gedicht »Trikuarena« (das sich auch als »Igel-Ballade« übersetzen lässt) entspricht diesem neuen Dichtungsverständnis des Autors, dessen markantester Ausdruck sich in der Ausgabe von *Poemas & híbridos* (1990) findet, einem Buch, das Atxagas Lyrik übersetzte und seine Dichtung dem spanischsprachigen Publikum vorstellte. Diese Übersetzung und Auswahl nahm eine Reihe von Gedichten aus *Etiopia* auf, die dem neuen Dichtungsverständnis des Autors entsprachen. Aus diesem Grund blieben andererseits viele Texte dieses Buchs ausgeschlossen; es wurden aber auch neue Gedichte aufgenommen, die der geänderten Sicht der Dinge entsprechend verfasst worden waren. »Trikuarena« kann deshalb als ein Gedicht angesehen werden, das die neue Ästhetik zum ersten Mal systematisch in die Tat umsetzt.

»Trikuarena« wurde so zu einem ersten Schritt bei der Suche nach einer neuen Dichtungssprache, die im volkstümlichen Lied und in der frühen baskischen Lyrik den Ursprung einer intensiven Kommunikation mit dem Leser sieht.

Wie leicht ersichtlich, ist der Anlass des Gedichts die Erzählung eines knappen, intensiven und tragischen Geschehens, das die Zeitspanne umfasst, in der ein Igel vom Winterschlaf erwacht und noch am gleichen Tag von einem Auto überfahren wird und stirbt. Am Anfang des Gedichts steht das Erwachen des Igels, der sich selbst wahrnimmt und benennt: »Esnatu da trikua habi hosto kehorrez egindakoan«. (»Der Igel erwacht schließlich in seinem Nest aus trockenen Blättern«). »Eta gero pentsatzen du: Amaitu da negua, / Ni trikua naiz« (»Und dann denkt er: Der Winter ist vorbei, / Ich bin ein Igel«).

Vom ersten Augenblick des Gedichts an vermischen sich Existenz und Sprache in einer für die Persönlichkeit bestimmenden Instanz. Der einleitende Moment des Gedichts und des Geschehens ist der Augenblick, in dem alle Wörter, aus dem das Wörterbuch der Sprache des Igels besteht, erinnert werden und »die, zählt man die Verben mit, mehr oder weniger siebenundzwanzig sind.« Es gibt keinen Igel ohne diese Sprache, ohne diese siebenundzwanzig Wörter, die sein eigen sind und seiner Welt den Namen geben, einer Welt aus Natur, einer in sich geschlossenen, alten Welt, die klar umschriebene Grenzen hat (»Hor dago erreka, Hau da nire erresuma« (»Hier ist der Fluss, Es ist mein Gebiet«) und alte Gesetze, die von jeher geachtet wurden: »lege zahar batek / galerazi egiten baitizkio eguzkia, zerua eta sapelaitsak« (»und ein altes Gesetz ihm die Adler, die Sonne und die blauen Himmel verbietet«). Aber in dem Augenblick, in dem der Igel eine bestimmte Linie überquert, eine neue und unbekannte Linie, die durchaus die Moderne symbolisieren könnte, in dem Augenblick, in dem er den Rand der neuen Landstraße überquert, wird er von einem Auto, von der Maschine, angefahren:

Eta bapatean, zeharkatu egiten du
belardiaren eta kamio berriaren arteko muga,
Zure eta nire denboran sartzen da pauso bakar batez

(»Und auf einmal überquert er die Grenze, die Linie, / die Erde und Pflanzen von der neuen Straße scheidet, / mit einem einzigen Schritt tritt er ein, in deine und meine Zeit«).

Diese Verse sind von grundlegender Bedeutung für den Aufbau des Gedichts und für die Konstruktion seines Sinns: in ihnen wird nicht nur eine räumliche, sondern auch eine zeitliche Grenze überschritten (»Zure eta nire denboran sartzen da«; »er tritt ein in deine Zeit und in die meine«), eine Zeit, die in gleicher Weise dem lyrischen Ich wie dem impliziten Leser (dies ist doch zweifelsohne das »du« des Textes) zugeordnet ist. So wie der Igel in das neue Gebiet hineingegangen ist, so ist auch der empirische Leser aufgefordert, in die fiktionale Welt des Textes einzutreten und in dem gleichen Auto mitzufahren, in dem sich auch das lyrische Ich befindet: »ez ditu ezagutzen gure automobilaren argiak« (»erkennt er nicht die Scheinwerfer unseres Wagens«). Dieser Wechsel in der Technik der Erzählstimme und im Appell an den impliziten Leser hebt auch den räumlichen und zeitlichen Wechsel hervor, der zum tragischen Tod des Igels führt, dessen Wörterverzeichnis seit siebentausend Jahren nicht ergänzt worden ist, und dem es deshalb schwer fällt, den zwischenzeitlich erfolgten kulturellen Wandel zu erkennen und sich seines Sterbens bewusst zu werden.

Dieses Gedicht ist häufig als eine Allegorie der baskischen Sprache interpretiert worden, einer Sprache, die sich modernisieren, die sich korrigieren und ihr Wörterbuch ergänzen sollte, um die Moderne angemessen ausdrücken zu können. Es ist dies natürlich eine von verschiedenen möglichen Interpretationen. Dabei handelt es sich aber nach meinem Verständnis um eine Interpretation, die das Bedeutungspotential des Gedichts einengt, denn dieses Gedicht zielt letztlich auf die enge Verbindung, die in ganz allgemeiner und universeller Form zwischen Sprache und Persönlichkeit, zwischen Sprache und Sein besteht. Nach meiner Auffassung handelt es sich bei diesem Gedicht weniger um eine Art Prophetie im Hinblick auf die Zukunft der baskischen Sprache als vielmehr um eine Vorstellung davon, wie Existenz und Sprache miteinander verbunden sind, wie man sich die enge Verbindung von Sprache und Denken vorzustellen hat, so dass es kein Bewusstsein gäbe, das hier metonymisch als Bewusstsein des Todes dargestellt wird, wenn es keine Sprache gäbe.

Allerdings sollte man auch nicht das Pathos aus den Augen lassen, das am Ende des Gedichts aufkommt und das jenem Ausdruck von Tragik entspricht, den Atxaga in seinen Erzählungen zeigt. Tatsächlich ist ja eines der Grundthemen seiner literarischen Werke die Gestalt des Antihelden, der in der Welt verlorenen Persönlichkeit, deren tragischer Tod auf die Emotionen des Lesers abzielt.

Der Aufbau des Gedichts hebt diesen letzten Augenblick hervor, diese plötzliche Offenbarung, diesen überraschenden Wandel von Raum, Zeit und Welt: dieser plötzliche Übergang von Raum und Zeit, den der Igel beim Eingang in die moderne Welt vollzieht.

Der Kontrast zwischen Natur und Kultur wird unterstrichen durch den Rückgriff auf zwei verschiedene Formen von Zeit: einerseits die kreisförmige, immer wiederkehrende Zeit der Natur, die sich in Wiederholungen manifestiert, und andererseits die lineare Zeit der Moderne. Dies zeigt sich auch in der Struktur des Gedichts, das Elemente der Wiederholung mit syntaktischen und rhythmischen Wechseln verbindet.

Die für den Aufbau des Gedichts grundlegenden Elemente sind die Verwendung des Polysyndetons und die verschiedenen Strophenlängen. Schon beim ersten, noch ganz oberflächlichen Hinschauen stellt der Leser fest, dass die Strophen zwei und drei des Gedichts mit beiordnenden Konjunktionen (*conjunciones copulativas*) beginnen: »Eta gero pentsatzen du« (»Und dann denkt er«); »Eta berriro dio« (»Und wieder denkt er«).

Die vierte und fünfte Strophe wiederholen – als Synonyme – eine Adversativkonjunktion, wobei die zweite den Gegensatz stärker ausdrückt, ein Gegensatz, der auch dadurch noch unterstrichen wird, dass der Igel, der sich bis dahin ruhig verhielt, nunmehr in Bewegung gerät: »Ordea bertan gelditzen da« (»Dennoch bleibt er ruhig«); »Baina gaua dator« (»Aber mit dem Einbruch der Nacht«). Dieses Adversativpronomen verweist auf die erste Bewegung des Tiers und das lyrische Ich kontrastiert so sein Ruhen in den Strophen 1-4 mit seiner Bewegung in Strophe 5: »pendizari ekiten dio« (»wandert er [...] den Berg hinauf«). Der Rhythmus verstärkt sich in der sechsten und letzten Strophe, in der der Autor wieder das Polysyndeton spielerisch verwendet: »Eta bapatean« (»Und auf einmal«); »Eta nola bere hiztegi unibertsala« (»Und da sein Universalwörterbuch«). Dies zielt jedoch nicht auf eine bloße Wiederholung einzelner Elemente, sondern auf eine Intensivierung, wie dies auch in dem Parallelismus am Ende des Gedichts der Fall ist: »ez ditu ezagutzen / [...] / ez da ohartzen« (»erkennt er nicht / [...] / und bemerkt nicht einmal«).

Es finden sich aber auch Wortwiederholungen im ersten Teil des Gedichts, so die Aufzählung der siebenundzwanzig Wörter, die der Igel kennt. Sie finden sich in den Versen 3, 4 und 5 der zweiten Strophe und dann erneut, wenn auch in anderer Abfolge in der dritten Strophe. Hier sei die erste Abfolge zitiert:

Marraskilo, Zizare, Zomorro, Armiarma, Igel,
Zein putzu edo zulotan izkutatzen zarete?
Hor dago erreka. Hau da nire erresuma, Goseak nago.

(»Frosch, Schnecke, Spinne, Wurm, Insekt, / In welchem Teil des Berges versteckt ihr euch? / Hier ist der Fluss, Es ist mein Gebiet, Ich habe Hunger.«)

Der erste dieser drei Verse wird in der fünften Strophe wiederholt. Diese Wiederholungen bilden in ihrer rhythmisch kreisenden Struktur eine Art von Refrain. Diese stilistischen Verfahren nähern das Gedicht zum einen dem Lied an, zum anderen einer frühen Form von Lyrik, aus der der vorliegende Text hervorgeht; darüber hinaus nähern sie es aber auch der mündlichen Dichtung an, von der einige rhetorische Ausdrucksformen übernommen werden.

Die Struktur des Gedichts wird durch die Länge der Strophen bestimmt und den wechselseitigen Bezug der Verszahlen der Strophen untereinander:
Strophe 1: 3 Verse
Strophe 2: 5 Verse
Strophe 3: 3 Verse
Strophe 4: 3 Verse
Strophe 5: 5 Verse
Strophe 6: 7 Verse

Diese Strophenstruktur ergibt eine Gliederung des Gedichts in zwei Teile: der erste Teil hat die Abfolge 3/5/3, der zweite die Abfolge 3/5/3+4. Dieses Schema verdeutlicht die Sonderstellung der sechsten Strophe. Strukturen wie diese, die symmetrische Abfolgen zeigen, sind in den Texten von Atxaga außerordentlich häufig. Er gibt solchen parallelen Strukturen den Vorzug, weil sie einem Grundkontrast in seinen Texten entsprechen: der Opposition von Dauer und Bewegung, dem Kontrast von Räumen und Zeiten, von Sprachen, die alle auf einer Grundopposition beruhen, dem Gegensatz von Natur und Kultur.

Die Kenner der mündlich tradierten Literatur betonen, die rhetorischen Verfahren dieses Literaturtyps zielten darauf ab, dass die Texte leichter im Gedächtnis behalten werden können. Daher sind Verfahren wie die Wiederholung, der Parallelismus, der Gegensatz, die Musikalität von Sätzen mit Alliterationen und die Dreierstruktur die stilistischen Grundprinzipien aller mündlichen ›Texte‹. Letztlich finden sich alle diese Verfahren auch im vorliegenden Gedicht. Einige von ihnen sind in der obigen Analyse der Textkonstitution und der Textstruktur bereits herausgestellt worden. So haben wir etwa gezeigt, wie parallele Elemente miteinander verwoben wurden, um die Gegensätze von Natur und Kultur, Modernem und Altem darzustellen.

In den Texten von Atxaga kommt der Alliteration als einem der am häufigsten verwandten Verfahren eine große Bedeutung zu. Die Alliteration kann ›horizontal‹ sein und tritt dann in einem Vers auf; sie kann aber auch ›vertikal‹ sein; dann lässt sich durch das ganze Gedicht hindurch ein Basiselement von Alliterationen verfolgen, das dem Gedicht sozusagen eine musikalische Einheit verleiht. Diese ›vertikale‹ Alliteration wird durch die Wiederholungen im Text verstärkt: »hosto lehorra« (»trockenes Blatt«) in Vers 1 und 12; »sapelaitzak« (»Adler«) in Vers 5 und 14; die Abfolge von Insekten und Fröschen in Vers 6, 10 und 16. Aus der Anordnung dieser Wiederholungen ergibt sich eine musikalische Struktur, die ganz bewusst in den Aufbau des Gedichts eingearbeitet ist.

Die symmetrische Grundstruktur des Gedichts wird durch ein Dreierprinzip ergänzt, eine Wiederholung von jeweils drei Elementen, die sich im vorliegenden Gedicht häufig findet. Sie erstreckt sich vom Aufbau der Strophen aus drei Versen bis zur Wiederholung von drei Elementen mit jeweils gleicher syntaktischer Funktion wie in folgendem Fall: »galerazi egiten baitizkio eguzkia, zerua eta sapelaitsak« (»weil es [...] ihm die Adler, die Sonne und die blauen Himmel verbietet«).

Was die rhetorischen Verfahren der mündlichen Dichtung aufzeigen, ist keine bloße Stilübung. Es geht dabei um mehr, um den Nachweis einer Poetik, die in ihrer Grundkonzeption und ausgehend von einer ›volksnahen‹ und ›populären‹ Perspektive die tatsächliche Nähe zum Leser sucht. Bernardo Atxaga hat kürzlich hervorgehoben, dass sein ganzes Werk letztlich ›Pop-Art‹, das heißt in einem bestimmten Sinn ›populär‹ sein will, und dass er daher mit volkstümlichen Materialien arbeitet, die dem Leser als solche erkennbar sind.

Im Text des vorliegenden Gedichts finden sich allerdings auch einige Hinweise auf Elemente aus Atxagas früherer avantgardistischer Etappe. Dies ist der Fall bei einigen der hier verwandten Bilder. Hinsichtlich des Stils ist der Vergleich ein besonders charakteristisches Element. In unserem Gedicht finden sich dafür zwei Fälle, wobei beide in eine Konditionalkonstruktion eingebettet sind: »bera ere hosto lehor balitz« (»als wäre er nur ein weiteres trockenes Blatt«); »seguru bere arantzetaz nola egon baitzitekeen / Gerlari bat bere eskutuaz, Espartan edo Corinton« (»lässt den Fluss hinter sich und wandert über den Rücken des Berges hinauf, / so sicher seiner Stacheln, wie ein Krieger sein konnte«).

Der Verweis auf Sparta und einen Soldaten mit Schild findet sich bereits in einem früheren Werk Atxagas:

Hautsiak
Hiztegi liliputiarra
Espartako eskuta herdoildua

(»Verbrochen / das Lilliputt-Wörterbuch / und verrostet das Schwer Spartas«).

Schließlich sollte auf die Ironie verwiesen werden, die den Text an zwei Schlüsselstellen charakterisiert. Zunächst geht es dabei um die genaue Zahl der Wörter, die das Wortverzeichnis des Igels umfasst. Es umfasse, so heißt es, »mehr oder weniger siebenundzwanzig« Wörter. Diese genaue Zahlenangabe steht in ironischem Kontrast zum Zweifel des lyrischen Ich. Im weiteren Text wird dann übrigens mit dieser Zahl gespielt: es wird ein Monolog des Igels konstruiert, der »mehr oder weniger« siebenundzwanzig Wörter umfasst. Aber auch das Bild des Igels selbst wird ironisiert: er ist stolz auf den Schutz seiner Stacheln, aber ebenso wie Sparta und Korinth bewahrt auch ihn dieses Schild nicht vor seinem Geschick.

Übersetzung aus dem Spanischen: Manfred Tietz

I. Verzeichnis der Werke von Bernardo Atxaga

Lyrik

Etiopía. Bilbao: Biblioteca Pott 1978.

Poemas & híbridos. Selección y versiones del propio autor (1974-1989). Madrid: Visor 1990.

Nueva Etiopía. Madrid: El Europeo 1996.

Erzählende Literatur

Ziutateaz. San Sebastián: Kriselu 1976.

Bi anai. San Sebastián: Erein 1985 (*Dos hermanos*. Traducción del autor. Barcelona: Círculo de lectores 1996).

Obabakoak: San Sebastián: Erein 1988 (*Obabakoak*. Traducción del autor. Barcelona: Ediciones B 1997).

Gizona bere bakardadean: Pamplona: Pamiela 1993. (*El hombre solo*. Traducción del autor. Barcelona: Círculo de lectores 1994).

Zeru horiek. San Sebastián: Erein 1995.

Tres declaraciones. Bilbao: Ikeritz 1997.

II. Kritische Literatur

Kortazar, Jon: *Literatura vasca. Siglo XX*. Bilbao: Iparragirre ²1993-1994.

Kortazar, Jon: *La pluma y la tierra. Poesía vasca contemporánea (1978-1995)*. Zaragoza: Las Tres Sorores 1999.

Lanz, Juan José (1993): *La luz inextinguible. Ensayos sobre literatura vasca actual*. Madrid: Siglo XXI, S. 80-93.

III. Anmerkungen

*   Zitiert nach Javier Gómez-Montero: *Territorios de la poesía. Territorien der Lyrik in Spanien*. Berlin: Tranvía. 2001, S. 44-45.

1   Übersetzung aus dem Baskischen von Manfred Bös in Javier Gómez-Montero: *Territorios de la poesía*, S. 53-54.

Mechthild Albert

Felipe Benítez Reyes. El artificio

Un punto de partida, alguna idea
transformada en un ritmo, un decorado
abstracto vagamente o bien simbólico:
el jardín arrasado, la terraza
que el otoño recubre de hojas muertas.
Quizás una estación de tren, aunque mejor
un mar en su abandono:

*Gaviotas en la playa, pero quién
las ve, y adónde volarán.*

                     Y la insistencia
en la imagen simbólica
de la playa invernal: un viento bronco,
y las olas que llegan como garras
a la orilla.

O el tema del jardín:
un espacio de sombra con sonido
de caracol insomne. Un escenario
propicio a la elegía.

Unas palabras,
convertidas en música, que basten
para que aquí se citen gaviotas,
y barcos pesarosos en la línea
del horizonte, y trenes
que cruzan las ciudades como torres
decapitadas.

                     Aquí
Se cita un ángel ciego y un paisaje
Y un reloj pensativo.

                     Y aquí tiene
Su lugar la mañana de oro lánguido,

la tarde y su caída
hacia un mundo invisible, la noche
con toda su leyenda de pecado y de magia.

Siempre habrá sitio aquí para la luna,
para el triunfante sol, para esas nubes
del crepúsculo desangrado: metáfora
del tiempo que camina hacia su fin.

La música de un verso es un viaje
por la memoria.

       Y suena
a instrumento sombrío.

       De tal modo
que siempre sus palabras van heridas
de música de muerte:

Gaviotas en la playa...

       O bien ese jardín:
*Todo es de nieve y sombra,
todo glacial y oscuro.*

El viento arrastra un verso
tras otro, en esta soledad. Arrastra
papeles y hojas secas
y un sombrero de copa
del que alguien extrae
mágicamente un verso
final:
    Una luz abatida en esta playa.

Y hay un lugar en él para la niebla,
y un cauce para el mar,
y un buque que se aleja y va sin rumbo.

En cualquier verso tiene
su veneno el suicida,
su refugio el que huye
del hielo del olvido.

	Puede
	cada verso nombrar desde su engaño
	el engaño que alienta en cada vida:
	un lugar de ficción, un espejismo,
60	un decorado que
	se desmorona, polvoriento, si se toca.
	Pero es sorprendente comprobar
	que las viejas palabras ya gastadas,
	la cansina retórica, la música
65	silenciosa del verso, en ocasiones
	nos hieren en lo hondo al recordarnos
	que somos la memoria
	del tiempo fugitivo,
	ese tiempo que huye y se refugia
70	– como un niño asustado de lo oscuro –
	detrás de unas palabras que no son
	más que un simple ejercicio de escritura.*

Der Kunstgriff
Ein Ausgangspunkt, irgendeine Idee, / verwandelt in einen Rhythmus, ein Dekor / von vager Abstraktheit oder auch Symbolik: / der verfallene Garten, die Terrasse, / die der Herbst mit welkem Laub bedeckt. / Vielleicht ein Bahnhof, aber besser noch / ein verlassenes Meer:
Möwen am Strand, aber wer / sieht sie, und wohin werden sie fliegen.
Und das Beharren / auf dem symbolischen Bild / des winterlichen Strandes: ein rauer Wind, / und die Wellen, die wie Krallen sich nähern / dem Ufer.
Oder das Thema des Gartens: / ein Raum aus Schatten mit dem Klang / einer schlaflosen Muschel. Ein Szenario, / wie geschaffen für eine Elegie.
Einige Worte, / verwandelt in Musik, die genügen sollen, / um hier Möwen zu evozieren, / und betrübte Schiffe am / Horizont, und Züge, / die die Städte durchkreuzen wie enthauptete / Türme.
Hier / wird ein blinder Engel evoziert und eine Landschaft / Und eine nachdenkliche Uhr.
Und hier findet / seinen Platz der Morgen aus mattem Gold, / der Abend und sein Hinübergleiten / in eine unsichtbare Welt, die Nacht / und ihre Legende von Sünde und Magie.
Immer wird hier Raum sein für den Mond, / für die triumphierende Sonne, für diese Wolken / der blutleeren Dämmerung: Metapher / der Zeit, die ihrem Ende entgegenschreitet.
Die Musik eines Verses ist eine Reise / durch die Erinnerung.
Und er klingt / nach einem düsteren Instrument.

Auf solche Weise, / dass seine Worte stets verletzt sind / von Todesmusik.
Möwen am Strand...
Oder dieser Garten: / *Alles ist aus Schnee und Schatten, / alles eisig und dunkel.*
Der Wind reißt einen Vers / nach dem anderen fort, in dieser Einsamkeit. Er reißt mit sich / Papiere und trockene Blätter / und einen Zylinder, / aus dem jemand auf magische Weise / einen Schlussvers / zieht:
Ein trübsinniges Licht an diesem Strand.
Und es gibt einen Platz in ihm für den Nebel, / und ein Bett für das Meer, / und ein Schiff, das sich entfernt, ohne Ziel.
In jedem Vers findet / sein Gift der Selbstmörder, / seine Zuflucht wer vor dem Frost / des Vergessens flieht.
Es kann / jeder Vers aus seinem Trug heraus benennen / den Trug, der jedem Leben innewohnt: / ein Ort der Fiktion, ein Blendwerk, / ein Dekor, das / zu Staub zerfällt, wenn man es berührt.
Aber es ist erstaunlich festzustellen, / dass die alten Worte, schon verbraucht, / die müde Rhetorik, die stille / Musik des Verses uns gelegentlich / im Innersten verletzen, weil sie uns daran erinnern, / dass wir das Gedächtnis sind / der flüchtigen Zeit, / dieser Zeit, die flieht und Schutz sucht / – wie ein Kind, das vor dem Dunkel erschrickt – / hinter einigen Worten, die nichts weiter sind / als eine simple Schreibübung.[1]

Bei dem vorliegenden Gedicht »El artificio«, das zu der Sammlung *Sombras particulares* aus dem Jahre 1992 gehört, handelt es sich um Metapoesie, entsprechend der Überzeugung des Autors, »que se escribe poesía para *describir* la poesía y que, por lo mismo, todo poema cifra una concepción de ella«.[2] Die Komposition reflektiert das Werden eines Gedichts vom Aufkeimen der ersten Ideen bis zu dessen Rezeption. Eingelassen in das Gedicht sind einige kursiv markierte Verse, Fragmente jener Gedichte zweiten Grades, deren Entstehung der Dichter beschreibt. Das Versmaß oszilliert in gewollter Unregelmäßigkeit zwischen Elf- und Siebensilbern, mit gelegentlichen Ausnahmen und Zeilensprüngen. Die Strophen unterschiedlichen Umfangs fügen sich zu fünf Sinneinheiten, deren Aussage im Folgenden referiert und kommentiert werden soll.

(1) Der Anfang des Gedichtes situiert uns am Anfang des kreativen Prozesses: Wir sehen den Dichter bei der Arbeit, auf der Suche nach einem »Ausgangspunkt«. Bereits in dieser ersten Phase sollten sich in den Gedanken Inhalt und Rhythmus, Bild und Form miteinander verknüpfen: »alguna idea / transformada en un ritmo«. Der Poet entwirft drei symbolträchtige Szenarien, Räume der Vergänglichkeit, deren gemeinsamer Nenner eine elegische Grundhaltung ist. Zum einen den Bahnhof mit seinen richtungslosen Zügen, eine Idee, die er im Folgenden nicht weiter ausführt. Zum anderen den winterlichen Strand, bevölkert von Möwen, deren Woher und Wohin niemand kennt. Dieses Bild veranlasst ihn zu einer ersten ›Klangprobe‹, zwei Versen, die eine *mise en abyme* darstellen: »*Gaviotas en la playa, pero quién / las ve, y adónde volarán.*« Schließlich skizziert Benítez Reyes einen herbstlichen Garten, bedeckt von welkem Laub, ein Dekor, das er mit dem Kommentar versieht: »Un escenario / propicio a la elegía«, der

auf die Elegie als die von ihm bevorzugte lyrische Gattung verweist. Beide Schauplätze sind von einem Geräusch erfüllt, dem Windesbrausen am Strand bzw. dem Muschelrauschen im Garten (Hintergrundgeräusch der Erinnerung, welches zugleich eine Verbindung zur Meeresmetaphorik herstellt), wodurch die für das lyrische Sprechen charakteristische Verbindung von Bild und Klang veranschaulicht wird: »Unas palabras, / convertidas en música«.

(2) Dichten meint also Metamorphose – Verwandlung von Gedanken und Bildern in Rhythmus, von Worten in Musik – und Kreation, denn die Musik gewordenen Worte schaffen eine eigene Welt, in der Möwen und Schiffe, Züge und Städte einander begegnen. Benítez Reyes präsentiert hier die skeptisch-desillusionierte, postmoderne Variante des schöpferischen Dichterwortes. Das doppeldeutige Verb »citar« impliziert den der Postmoderne eigenen Gestus des Zitats.[3] Das Spiel mit toten Allegorien wird vor allem in den folgenden Versen deutlich, die an ein Dalí-Tableau erinnern und auf Raum, Zeit und Sinnfrage als Grundbedingungen menschlicher Existenz abheben: »Aquí / se cita un ángel ciego y un paisaje / y un reloj pensativo.« Zugleich bezeichnet »citar« die Differenz zwischen der Wirklichkeit und ihrem Reflex in der Sprache der Lyrik.[4] Im Hier und Jetzt des Textes (vgl. das reiterative »aquí« in »aquí tiene su lugar« und »Siempre habrá sitio aquí«) entspannt sich ein artifizieller Raum, der die Zeit und deren Vergehen zur Sprache bringt, wie es die beiden Strophen veranschaulichen, welche die Tageszeiten spiegeln. Der im Gedicht geschaffene künstliche Kosmos ist kulturell geprägt: »la mañana de oro lánguido« lässt sich als modernistische Reminiszenz identifizieren, die Nacht ist mit ihrer »leyenda de pecado y de magia« befrachtet, während die Wolken vor der Abendröte unweigerlich als Metapher gelesen werden: »metáfora / del tiempo que camina hacia su fin«.

(3) Der Mittelteil des Gedichts kehrt zum Aspekt der Musikalität und zur *mise en abyme* zurück. Der Thematisierung der Musik entspricht das rhythmisch bewegte Metrum, das zwischen Sieben- und Elfsilbern mit Zeilensprüngen oszilliert. Der elegische Ton, der eingangs durch das dekadente Szenario angeklungen war, verstärkt sich hier, indem der Poet den Klang der Dichtung grundsätzlich als Ausdruck der Vergänglichkeit deutet. Dass die Musikalität des Verses den Worten das Gepräge einer »música de muerte«[5] verleiht, belegt er an den Textfragmenten, welche die *mise en abyme* fortführen: *Gaviotas en la playa...*, bzw. *Todo es de nieve y sombra, / todo glacial y oscuro.*[6] In einer Art Engführung vermischen sich nun die beiden referentiellen Ebenen, Wirklichkeit und Dichtung: der Wind treibt nicht nur welke Blätter, sondern auch die mit Versen beschriebenen Papiere davon, sowie einen Zylinder, aus dem eine Zauberhand den Schlussvers zieht: *Una luz abatida en esta playa*. Spätestens angesichts dieses magischen Tricks erhellt sich der Titel, und es wird deutlich, dass es sich bei der Dichtung um einen *artificio* handelt. Die eingangs erwähnte Rezeptur (man nehme ein bedeutungsschweres Dekor und einen elegischen Rhythmus) sowie der Zitatcharakter der poetischen ›Wirklichkeit‹ haben diese Folgerung sukzessive aufgebaut.

(4) Im Bewusstsein, dass Dichtung ein artifizielles Konstrukt ist, greift Teil IV zunächst einige Isotopien aus Teil I und II auf – das Gedicht schafft einen künstlichen Raum, in dem Platz ist für ausgewählte Wirklichkeitspartikel – um

dann auf Rezeption und Funktion zu sprechen zu kommen. Das Gedicht bedient die Bedürfnisse unterschiedlicher Rezipienten: der Selbstmörder findet darin sein Gift ebenso wie der Unbehauste das Refugium der Erinnerung. In einer dialektischen Verschränkung, die an die barocke Logik von *engaño* und *desengaño* erinnert, vermag das Gedicht gerade aufgrund seiner Artifizialität und Falschheit den Trug im Leben eines jeden zu artikulieren. Explizit wird Lyrik als Fiktion und Illusion bezeichnet, als eine künstliche Kulisse, die bei der geringsten Berührung zu Staub zerfällt. Mit dieser Entzauberung schließt sich der Kreis des Gedichts: das Dekor, das eingangs aufgebaut worden war, bricht in sich zusammen.

(5) Der Epilog bringt jedoch eine Wende, indem er den Akzent von der Produktion auf die Rezeption des Gedichts verlagert. Ungeachtet seiner abgegriffenen Bestandteile – der verbrauchten Worte, der müden Rhetorik und der stillen Musik der Verse – vermag das poetische ›Machwerk‹ eine tiefgreifende Wirkung zu erzielen. Denn trotz der soeben bloßgelegten Mechanik, die den handwerklich-rationalen Aspekt des Sprachkunstwerks ausmacht, bewirkt dieses, gelegentlich, einen emotionalen Effekt. Es berührt und verletzt uns, indem es uns die Flüchtigkeit der (Lebens-)Zeit vor Augen führt.[7] Hier kommt plötzlich eine Person ins Spiel – das kollektive Wir der *conditio humana* – während bisher nur von der Dingwelt und allenfalls, in Teil IV, von einem typisierten Rezipienten (*el suicida*, *el que huye*) die Rede war. Das lyrische Ich wird dagegen ausgespart, ja geradezu peinlich vermieden, denn als Produzent des Gedichts tritt es hinter dem Automatismus der artifiziösen Mechanik zurück, ganz im Einklang mit der in »La dama en su nube« geäußerten Absage an eine »práctica de la poesía« als »desahogo sentimental de personas enamoradizas«.[8] Am Ende des Gedichts allerdings tritt das Ich im Wir in Erscheinung – der Dichter als Rezipient, eingeschrieben in die Gemeinschaft der Leser. Der hohe Stellenwert, den Benítez Reyes der Rezeption einräumt, wird deutlich angesichts seiner Erklärung, er verfüge nicht über eine abstrakte Poetik, sondern vielmehr über eine Summe ästhetischer Eindrücke:

> Poesía es la sensación que puede producir un buen poema. Y, como al parecer, un concepto general se deriva de una serie de evidencias, el concepto de poesía que cada uno tuviese tendría por tanto que derivarse de los poemas que a cada cual le hayan gustado...[9]

Die Rezeptionsästhetik gerät damit zur Grundlage jeder Produktionsästhetik, wie denn auch die emotionale Wirkung auf den Leser den Prüfstein eines jeden Gedichts darstellt. Die Basis für die als Verletzung begriffene Wirkästhetik des Gedichts ist die Zeit, Substanz der Poesie wie alles Menschlichen. Die Zeit flüchtet sich hinter die Worte, denen sie zugleich das Siegel des Todes aufdrückt – »siempre sus palabras van heridas de muerte« – und die uns ihrerseits im Bewusstsein unserer Vergänglichkeit treffen: »nos hieren en lo hondo al recordarnos / que somos la memoria / del tiempo fugitivo«. Was sich mit einem abschließenden Bescheidenheitstopos als »simple ejercicio de escritura« ausgibt, erweist sich als komplexes Gebilde aus handwerklicher Kunstfertigkeit und emotionaler

Tiefenwirkung, Trug und Wahrheit, das der Ästhetik der klassischen Moderne als einer Zeit-Kunst verpflichtet ist. Der Titel »El artificio«, mit »Der Kunstgriff« nur äußerst approximativ wiedergegeben, enthält viele Bedeutungsschattierungen, darunter die der Artifizialität und Kunstfertigkeit, welche den Kunstcharakter des Kunstwerks ausmachen.

»El artificio« und die Poetik von Benítez Reyes

Die in dem Gedicht »El artificio« dargelegte poetologische Konzeption entspricht in ihren Grundzügen der Poetik, die Benítez Reyes in den drei Aufsätzen entwirft, welche er dem Band *Paraísos y mundos* voranstellt: »Sobre la tradición« (1992) enthält ein Bekenntnis zu den für die *poesía de la experiencia* konstitutiven »modelos ideales«, nämlich »Cernuda, Borges, Pessoa, Leopardi, Brines, Eliot, Gil de Biedma o Manuel Machado«.[10] Ausführliche Überlegungen entwickelt Benítez Reyes in dem Essay »La dama en su nube« (1988),[11] dessen Titel auf die allegorische Darstellung und das traditionelle Verständnis der Poesie anspielt.[12] In »La dificultad de la poesía« (1992) schließlich setzt er der von den *novísimos* gepflegten hermetischen Lyrik seine eigene, in »El artificio« illustrierte Überzeugung entgegen, wonach das Gedicht eine »unidad de lenguaje, de tono y de sentido« anstrebt, deren einziges Ziel es ist, »de conmover de algún modo al lector«.[13] Die lyrische Komposition, vergleichbar einer perfekten Uhr, deren Ticken kaum vernehmbar ist, bildet

> un artefacto transparente en que no se advierte la manufactura ni el ruido de su mecanismo. Porque los buenos poemas, como los buenos relojes, parecen carecer de tictac... a menos que nos los acerquemos al oído. A menos, en fin, que analicemos concienzudamente su funcionamiento, destripando un reloj o desmenuzando unos versos, tanto da. De ese modo aparecerá al desnudo el entramado técnico: el lado de artificio, de truco, de habilidad. Pero la verdadera poesía que puede contener un poema no respeta necesariamente una proporción directa con la mayor o menor complejidad de su entramado técnico, sino con la capacidad de funcionamiento de ese entramado técnico.[14]

Bezogen auf »El artificio« heißt dies: indem er das Fabrizieren eines Gedichts beschreibt, legt Benítez Reyes den »entramado técnico« bloß; in der letzten Strophe, dem ›Epilog‹ dagegen spricht er dessen »capacidad de funcionamiento« an, die emotionale Wirkung, die den »efecto poético«[15] ausmacht. Drei Aspekte also umfasst das Dichten: den technischen ›Trick‹, den diesen eskamotierenden Stil und die ästhetisch-affektive Wirkung. Literarizität meint grundsätzlich »artificio«, denn jedes bewusste Schreiben[16] bedeutet einen »artificio«, der in paradoxaler Beziehung zur Natürlichkeit steht: »naturalidad, efecto que en literatura sólo se consigue a través de ciertas maneras de tratar, y trabajar, el artificio«.[17] Gegen die Illusion vom spontanen Schreiben behauptet Benítez Reyes: »la literatura no plantea problemas de frescura, sino más bien de todo lo contrario: de artificio«, weshalb er sich und seinesgleichen als »correctores de estilo vitalicios de nuestras propias páginas« versteht[18] und seine Gedichte ständigen Korrekturen unterwirft.[19] Die Funktion des Stils ist es, das Artefakt zu verhüllen, die Künstlichkeit dialektisch aufzuheben in einer artifziellen, doch möglichst natürlich wirkenden Sprache, wie sie für die zeitgenössische Lyrik charakteristisch ist.[20] Auf exemplarische Weise gelingt dies Jaime Gil de Biedma, dessen lyrische Sprache auf einem »artificio retórico de complejidad endiablada« beruht, dem »tono coloquial«.[21] Gil de Biedma überwindet den plumpen »artificio retórico« und die »maravillosa truculencia« des Gedichts als ›Machwerk‹ durch jenen potenzierten »artificio« einer individuellen Stimme: »ese otro artificio, ese último truco magistral: la ficción de una voz que sea el soporte mismo del poema. [...] Una voz modulada en verso, no un lenguaje versificado.«[22] Eben diese authentische Stimme macht den persönlichen Stil aus.[23] Inwieweit die bei Gil de Biedma erkannte »voz poética«[24] den Inbegriff eines dichterischen Ideals darstellt, wird an dem Gedicht »Voces« deutlich, das ebenso wie »El artificio« die ästhetische Wirkung des Gedichts als Verletzung bezeichnet, die an unsere Vergänglichkeit rührt: »La palabra que de pronto es pasado, / de repente memoria, de improviso nos hiere«.[25] In dem Essay »La dama en su nube« unterstreicht Benítez Reyes die emotionale Wirkung der Lyrik auf den Leser:

> A un artista creo que habría que pedirle que como mucho nos emocione – que nos provoque esa sensación física que se suele expresar como placer intelectual o estético – no que necesariamente nos sorprenda.[26]

Das ästhetische Empfinden des Rezipienten impliziert zum einen eine intellektuelle Komponente, die dem Charakter des Dichtens als einem »ejercicio de la inteligencia«[27] entspricht. Zum anderen enthält es eine affektive, geradezu physische Reaktion, die Vergnügen (»placer«) oder Verletzung bedeuten kann. Während er die auf Überraschung abzielende Effektästhetik der *novísimos* ablehnt, sieht Felipe Benítez das eigentlich Überraschende der zeitgenössischen Lyrik in deren affektiver Wirkung und gibt sich damit als Vertreter der *nueva sensibilidad* zu erkennen: »el hecho de que unos versos puedan emocionar tal vez sea la mejor sorpresa que puede esperar un lector de poesía contemporánea«.[28] Wenn er die emotionale Betroffenheit, die es auslöst, zum zentralen Qualitätsmerkmal eines Gedichtes erhebt, beruft sich Benítez Reyes auf keinen geringeren als Thomas Stearns Eliot, der ihn nachhaltig beeinflusst hat und den er mit den Worten zitiert: »si un poema nos emociona, ha significado algo, quizás algo importante, para nosotros; si no nos emociona, como poema carece entonces de sentido«.[29] In dieser emotionalen Wirkung liegt das Geheimnis des Poetischen, der »efecto misterioso« des Gedichts.[30]

Die in »El artificio« artikulierte Poetik, wonach sich kunstfertige Mechanik durch den Zauber eines persönlichen Stils zu einem harmonischen Ganzen fügt, dem eine zwingende Ordnung[31] wie auch eine tiefgehende emotionale Wirkmächtigkeit innewohnt, gilt nicht nur für Lyrik oder Literatur, sondern für das Kunstwerk überhaupt.[32] Dass es sich um ein Grundkonzept der Ästhetik handelt, verdeutlicht folgende Beobachtung anlässlich einer Monet-Ausstellung: »Y, definitivamente, sí: el arte puede ser sentimiento, inteligencia conmovida, pensamiento emocionado. [...] el arte, si no *complica* el ánimo, se queda en arte del artificio, en artesanía, en despojo de la inteligencia. En decorado.«[33] Kunst als eine qualitativ neue Synthese aus Kunstfertigkeit und Handwerk, Intellekt und Gefühl, als »inteligencia conmovida, pensamiento emocionado« – dieses Credo ist nicht zuletzt als Bekenntnis zur Ästhetik der *otra sentimentalidad* zu verstehen.

Das Werk des Lyrikers Felipe Benítez Reyes

Das ausgewählte Gedicht »El artificio« ist insofern charakteristisch für Benítez Reyes, als wir hier die poetologische Reflexion, die elegische Grundstimmung und die Dimension der Zeitlichkeit sowie die symbolische Wirklichkeitsdeutung finden, die sein gesamtes lyrisches Werk durchziehen.[34] Noch vor Vollendung seines zwanzigsten Lebensjahres veröffentlicht der am 25. Februar 1960 in Rota (Provinz Cádiz) geborene Felipe Benítez Reyes seinen ersten Gedichtband, *Estancia en la heredad* (1979). Ihn wird er später als eine Sammlung von »poemas adolescentes« abtun, »es decir, de poemas tendentes a la vaguedad conceptual y a la gravedad en el tono«.[35] Es folgt *Paraíso manuscrito* (1982), das er retrospektiv ebenfalls als Jugendwerk charakterisiert, gekennzeichnet von »una pudorosa pureza y un cierto regusto por los efectos patéticos«.[36] *Los vanos mundos* (1985) bedeutet einen klaren Einschnitt, da der Dichter sich hier vom Autobiographismus distanziert, d.h. von jener ›abergläubischen‹ Überzeugung, »según la cual el poeta ha de dejar su vida en el papel«. Er begreift seine Dichtung jetzt als »género de ficción«, nicht mehr als Bekenntnislyrik.[37] Erstmals offenbaren sich hier, laut Miguel García-Posada, »las cualidades distintivas del autor: precisión expresiva, sensualidad verbal, ironía y distanciamiento frente a la experiencia poetizada«.[38] Eine erste Zusammenstellung seines Frühwerks, *Poesía (1979-1987)*, versehen mit einem Vorwort von Luis García Montero, wird im Jahre 1992 bei Hiperión publiziert. Während der Autor in seinen späteren Anthologien kaum noch auf die Gedichtbände *Personajes secundarios* (1988) und *Japonerías* (1989) zurückkommt, finden die unter dem selbstironischen Titel *Pruebas de autor* (1989) erschienenen Gedichte ebenso wie Beispiele aus *La mala compañía* (1989) und *Sombras particulares* (1992) Berücksichtigung in der Auswahl *Paraísos y mundos* (1996). *La mala compañía* (1989) verdient dabei besonders hervorgehoben zu werden, da Benítez Reyes hier ein neues Register anschlägt und neue Themen erschließt, ambientiert »en brillantes escenografías urbanas«.[39] Die »schlechte Gesellschaft« lässt sich zum einen realiter verstehen im Kontext des Nachtlebens, das hier, durchsetzt mit Elementen der *novela negra*, als Inbegriff eines intensiveren Lebens figuriert, welches mit der bisher dominanten Attitüde elegischer Abgelebtheit kontrastiert. Zum anderen ist damit metaphorisch die Nachtseite gemeint, die »›mala compañía‹ de los sueños: las visiones que dañan, los episodios extraños de la imaginación«.[40] Im Jahre 1994 erscheint mit *Vidas improbables* eine Sammlung von Gedichten fiktiver Lyriker, die sich an den Heteronymen Antonio Machados und Fernando Pessoas orientieren.[41] Nach *El equipaje abierto* (1996) markiert *Escaparate de venenos* (2000) eine verstärkte Hinwendung zur gesellschaftlichen Realität, die Felipe Benítez Reyes als pessimistischer Moralist kritisch beleuchtet, womit er seiner Einschätzung als »poeta realista« gerecht wird.[42]

Felipe Benítez Reyes im Kontext der Generation von 1980

Felipe Benítez Reyes gehört der so genannten *generación de los 80* an, deren Repräsentanten zunächst auch als *postnovísimos* bezeichnet werden, da sie sich von den intellektualistischen *novísimos* und deren Gestus des radikalen Bruchs abwenden, um ausdrücklich wieder auf die Tradition Bezug zu nehmen.[43] Welche Bedeutung der Rezeption bestimmter Autoren der Generation von 1927, der 50er sowie selbst der 70er Jahre, neben den beiden Klassikern T.S. Eliot und W.H. Auden, für die Herausbildung einer eigenen Ästhetik zukommt, wird deutlich, wenn man die unter dem Titel *Gente del siglo* versammelten Essays aus den Jahren 1982-1996 durchsieht. Während Felipe Benítez Reyes nicht die geringste Sympathie für Jorge Guillén empfindet, verehrt er Luis Cernuda, hierin charakteristisch für die Generation von 1980. Insbesondere schätzt er seinen unprätentiösen Stil und seine exemplarische Haltung gegenüber der Dichtung, die er praktiziere als »testimonio moral de una vida«,[44] bzw. als »razón esencial de una vida«,[45] wenn nicht gar als »el poder mágico que nos consuela de la vida«.[46] Jaime Gil de Biedma, bedeutender Repräsentant der Generation von 1950, der für die jungen Lyriker der 80er Jahre geradezu epochemachende Bedeutung besitzt,[47] verkörpert für Benítez Reyes, wie bereits gesehen, modellhaft die Verschränkung von Artifizialität und Natürlichkeit. Eine gewisse Affinität verbindet Benítez Reyes außerdem mit Juan Luis Panero, einem ›Abweichler‹ der *novísimos*, dessen dichterische Intention er als »alumbramiento emocional de algunos aspectos existenciales« charakterisiert, wodurch er eine deutliche Nähe zu seiner eigenen, in »El artificio« formulierten Poetik herstellt.[48] Zeitlich und konzeptionell noch näher stehen ihm Javier Salvago[49] und Carlos Marzal,[50] die beide im Umfeld des Verlages Renacimiento und der gleichnamigen von Benítez Reyes edierten Zeitschrift zu verorten sind. Besondere Wertschätzung schenkt er Juan Lamillar, dessen *culturalismo* er, in klarer Abgrenzung vom ›exhibitionistischen‹ Bildungsfetischismus der *novísimos*, mit einiger Sympathie beschreibt als »una concepción del poema como recreación emocional de un mundo leído (la propia literatura), visto (la pintura) y oído (la música)«.[51] Mit dem drei Jahre älteren Lamillar verbinden Benítez Reyes wesentliche Elemente seiner Poetik,[52] so etwa die postmoderne Befindlichkeit, die symbolische Deutung sinnlich wahrgenommener Wirklichkeitspartikel[53] oder die vom *Modernismo* beeinflusste elegische Thematisierung der Zeitlichkeit,[54] die dazu führt, Dichtung zu definieren als »ese minucioso dibujo del tiempo que huye«.

Als Herausgeber und Mitarbeiter zahlreicher Literaturzeitschriften, wie z.B. *Fin de Siglo*, *Renacimiento* oder *El libro andaluz*, übt Benítez Reyes maßgeblichen Einfluss aus, um dem von ihm vertretenen lyrischen Paradigma zum Durchbruch zu verhelfen, was ihm mit so nachhaltigem Erfolg gelungen ist, dass sich inzwischen die kritischen Stimmen mehren.[55] In seinen Anfängen gefördert von Abelardo Linares und Luis García Montero,[56] siedelt sich Felipe Benítez Reyes im Umfeld der beiden tendenziell konvergierenden Strömungen an, die als *la otra sentimentalidad* – Benítez Reyes spricht gelegentlich auch von *nueva sentimentalidad*[57] – und als *poesía de la experiencia* bezeichnet werden.[58] Das Konzept der ›otra sentimentalidad‹, ein Begriff aus Antonio Machados *Juan de Mairena*, geht auf die gleichnamige Anthologie von Álvaro Salvador, Javier Egea und Luis García Montero[59] und ein entsprechendes Manifest in *El País* aus dem Jahre 1983 zurück. Geprägt von der internationalen Postmoderne ebenso wie von den marxistischen Prämissen des dialektischen Materialismus, fordern diese Autoren angesichts des gesellschaftlichen Wandels, der sich seit 1975 in Spanien vollzogen hat, »una poesía también otra que esté a la altura de las nuevas circunstancias de su tiempo«,[60] um der veränderten Sensibilität in einer neuen dichterischen Form Ausdruck zu geben. Der Dichtung kommt in diesem Prozess die Schlüsselfunktion zu, als »mediadora entre historia personal y colectiva, entre la formación social y los sentimientos íntimos« zu operieren.[61] Zwei Hauptmerkmale charakterisieren das neue, von *la otra sentimentalidad* verfochtene Verständnis von Lyrik: »1.º La recuperación para el discurso poético de una postura crítica, en cierto modo ética, con referencias ideológicas y sociales, y 2.º La defensa de la poesía como mentira, como ficción [...].«[62] Dagegen wird die *poesía de la experiencia* als nahezu neoromantisch introvertiert gekennzeichnet, angesiedelt im Bereich von »intimidad«, »autobiografía« und »subjetividad«.[63] Nach Form und Inhalt lässt sie sich wie folgt beschreiben:

> Intimismo, subjetividad, biografismo y reflexión existencial, servidas en un tono predominantemente meditativo con parquedad intencional de recursos y voluntario apagamiento de excesivos brillos retóricos, mediante un vocabulario coloquial, en endecasílabos o alejandrinos (predominantemente) de rima libre, que alternan con heptasílabos, o bien en estrofas clásicas. Sus grandes temas son consecuentemente el amor y el paso del tiempo, [...] incluidos de lleno en el ámbito que les es más propio: la cotidianidad o los lugares habituales frecuentados a diario o en la vida normal.[64]

Dass die Grenzen zwischen *poesía de la experiencia* und *la otra sentimentalidad* fließend sind, beweist Felipe Benítez Reyes nicht zuletzt mit dem Gedicht »El artificio«, das in Form und Aussage einerseits geradezu klischeehaft der obigen Charakterisierung der *poesía de la experiencia* entspricht, andererseits jedoch bereits im Titel der laut Amorós für die *otra sentimentalidad* typischen Überzeugung Ausdruck gibt, wonach das Gedicht »mentira, simulacro, ficción« sei.[65] Die Ästhetik der *otra sentimentalidad* und der *poesía de la experiencia* berühren sich ebenfalls im Urteil García Monteros, der die Lyrik von Benítez Reyes, trotz seiner Neigung zum Intimismus, im Hinblick auf die Dialektik von individuellem und gesellschaftlichem Empfinden würdigt und deren soziale Relevanz betont.[66] Mit der Definition, die Felipe Benítez Reyes selbst von der *poesía de la experiencia* gibt – sie sei »la expresión del recuerdo de la sensación de una experiencia«[67]– schließt sich der Kreis seiner Poetik wie oben dargestellt. Denn die Lyrik, die seitens des Dichters dem »Empfinden einer Erfahrung« entspringt, löst ihrerseits beim Leser eine bestimmte Empfindung aus (vgl. »herir«).[68]

Wichtige Beiträge zur zeitgenössischen Lyrik im Allgemeinen und zur *poesía de la experiencia* im Besonderen stammen nicht selten von Dichterkollegen. Zeitlich angesiedelt zwischen der noch etwas undifferenzierten Einführung Julia Barellas in ihre Anthologie aus dem Jahre 1987 und dem bereits zitierten, kurzen aber aufschlussreichen Beitrag von Amparo Amorós (1989), ist insbesondere die mit einer ebenso erhellenden wie kritischen Einführung versehene Anthologie von José Luis García Martín (1988) hervorzuheben.[69] Neben der kenntnisreichen Skizzierung literatursoziologischer Rahmenbedingungen und informativen Kurzporträts der ausgewählten Autoren stellt García Martín einige künstlerische Grundzüge der Generation von 1980 heraus: Die Anknüpfung an ausgewählte Lyriker der Generationen von 1927, 1950 und 1970 (»Acerca del continuismo«) artikuliere sich nicht selten als ironische Intertextualität mit metapoetischem Gehalt (»Entre el pastiche y la ironía«). Zu den verschiedenen Strömungen zählen der Neosurrealismus, der Minimalismus, bzw. die »poesía del silencio«, sowie die »nueva épica«. Felipe Benítez Reyes ließe sich mit folgenden Tendenzen assoziieren: einerseits mit der Wiederkehr des Realismus, etwa bei Luis García Montero und Jon Juaristi, andererseits mit der von Cernuda und Brines beeinflussten »poesía elegíaca y metafísica« sowie mit der als »Simbolismo/Impresionismo« bezeichneten »escuela de Trieste«, der u.a. Andrés Trapiello und Juan Manuel Bonet angehören. Ein sehr gehaltvoller Beitrag zur »Dinámica poética de la última década« stammt von dem Lyriker und Literaturwissenschaftler Jaime Siles (1991). Abgesehen von der bereits erwähnten »relectura de la tradición y revisión de las nóminas generacionales« (d.h. Ablehnung der *novísimos* und Aneignung der 50er) hebt er die wachsende Bedeutung der Poetinnen hervor. Als konstitutive Merkmale des neuen lyrischen Paradigmas nennt und erläutert er die folgenden Aspekte, die in ihrer Mehrzahl auch auf Benítez Reyes zutreffen: Rückkehr zur Metrik,[70] Verwendung der Umgangssprache,[71] Rückbesinnung auf die Epik, Neigung zur Elegie,[72] Humor, Pastiche und Ironie, städtischer Kontext, Betonung des Individuell-Intimen, Bevorzugung der Perzeption gegenüber der Repräsentation,[73] Wandel im referentiellen System und schließlich eine Poetik, die auf drei Schlüsselbegriffen beruht, nämlich »emoción, percepción y experiencia«.[74] Fünf Jahre später (1996) stützt Miguel García-Posada seine Ausführungen weitgehend auf Jaime Siles und José Luis García Martín, nennt aber doch z.T. andere Kriterien oder setzt andere Prioritäten.[75] Primäre Merkmale der neuen spanischen Lyrik, die einer »poética [...] de corte temporalizado, realista, histórico« gehorcht, sind für ihn eine veränderte Haltung gegenüber der Sprache und der dichterischen Tradition sowie eine »cosmovisión temporalizada«. Abgesehen von den bekannten Elementen erwähnt er u.a die Tendenz zur Fiktionalisierung des lyrischen Ich, wozu auch die Heteronyme der *Vidas improbables* zu rechnen wären, während der elegische Grundton aus seiner Perspektive eine politische Konnotation erhält, wenn er ihn als Thematisierung des *desencanto* bezeichnet.

Begleitet von Analysen und Bestandsaufnahmen[76] scheint die Jahrtausendwende den Niedergang der Generation von 1980 zu markieren. Unter dem Titel »Última poesía española: por el sentido común al aburrimiento« stimmt beispielsweise der Lyriker Miguel d'Ors (*1946) den Abgesang auf diese postmoderne Dichtung an, deren Leistung er durchaus anerkennt, habe sie doch »desacralizado saludablemente la figura del poeta y la propia actividad poética, para integrarlas en la normalidad del ›mundo real‹«.[77] Der historische Stellenwert der jungen Lyriker zwischen Ende der 70er und Mitte der 90er Jahre liegt ihm zufolge in der »recuperación del sentido clásico«.[78] Aufgrund dieser Rückbesinnung auf die Tradition zeichne sich die *poesía de la experiencia*, bzw. »poesía sensata«, durch einen fatalen »desdén de la originalidad« aus.[79] Zum dominanten Paradigma geworden, tendiere sie des weiteren zur »institucionalización y fosilización« und stünde daher im Einklang mit dem herrschenden »conservadurismo político y económico«.[80] In seiner gezielten Abrechnung mit dem Kreis um García Montero und Benítez Reyes diagnostiziert d'Ors des weiteren, die zur Mode verkommene *poesía de la experiencia* kranke an einer selbstzerstörerischen »banalización«, an »rutina y epigonismo« und bringe deshalb nur noch mechanische Produkte hervor – ironischerweise eben das, was Felipe Benítez Reyes in »El artificio« zu überwinden angetreten war. Viele der jungen Dichter schrieben zwar gut, aber bar jeder individuellen Note – »sus poemas, de puro mecánicos, resultan con frecuencia demasiado parecidos« – so dass d'Ors die Generation von 1980 dem Untergang weiht: »la ›poesía de la experiencia‹ tiene, ya eco más que voz, todo el aspecto de ser una especie en extinción«. Gegen die Übermacht dieser Schule rege sich im Übrigen, seit Anfang der 90er Jahre, wachsender Widerstand, der sich in einem »Salón de Independientes« sowie ›oppositionellen‹ Anthologien und Zeitschriften formiere und sich in Gestalt einer so genannten »poesía no clónica« oder »poesía de la diferencia« artikuliere. Nach Triumph und Niedergang der *poesía de la experiencia* ist die spanische Lyrik zur Jahrtausendwende, Miguel d'Ors zufolge, in einer noch unbestimmten Übergangsphase begriffen:

> En suma: a las puertas del nuevo 98, la situación de la joven poesía española podría calificarse de interregno: la corriente dominante desde los últimos setenta ›ya no‹, pero una alternativa válida, por desgracia, ›todavía no‹. ¿De dónde vendrá la necesaria renovación? La respuesta, en el siglo XXI.

I. Verzeichnis der Werke von Felipe Benítez Reyes

Lyrische Werke
Estancia en la heredad. Rota: Pandero 1979.
Paraíso manuscrito. Sevilla: Calle del Aire 1982.
Los vanos mundos. Granada: Maillot Amarillo 1985.
Personajes secundarios. Málaga: Plaza de la Marina 1988.

Japonerías. Torrelavega: Scriptum 1989a.
Pruebas de autor. Sevilla: Renacimiento 1989b.
La mala compañía. Valencia: Mestral 1989c.
Poesía (1979-1987). Madrid: Hiperión, 1992a.
Sombras particulares. Madrid: Visor 1992b.
Vidas improbables. Madrid: Visor 1994a; XVI Premio ›Ciudad de Melilla‹.
Paraísos y mundos. Madrid: Hiperión 1996a.
El equipaje abierto. Barcelona: Tusquets 1996b.
Escaparate de venenos. Barcelona: Tusquets 2000.
Trama de niebla. Barcelona: Tusquets 2003.
Diez vernissages. Salamanca: C.E.L.Y.A. 2005.

Erzählprosa
Chistera de duende. Barcelona: Seix Barral 1991a.
Tratándose de ustedes. Barcelona: Seix Barral 1992c.
Un mundo peligroso. Madrid: Tiflos 1994; Valencia: Pre-Textos ^{2}1994b.
La propiedad del paraíso. Barcelona: Planeta 1995a.
Humo. Barcelona: Planeta 1995b.
Impares, fila 13 (in Zusammenarbeit mit Luis García Montero). Barcelona: Planeta 1996c.
Maneras de perder. Barcelona: Tusquets 1997a.
El novio del mundo. Barcelona: Tusquets 1998.
Lo que viene después de lo peor. Barcelona: Planeta 1998 (novela joven, 4).
El pensamiento de los monstruos. Barcelona: Tusquets 2002.
Don Quijote y Don Juan, muñecos místicos. Málaga: Centro Cultural de la generación del 27 2005.
Los libros errantes. Madrid: Anaya 2006 (Espacio de la lectura, 5).

Essays
Rafael de Paula. Valencia: Quites 1987.
Cuaderno de ruta de Ronda. Ronda: Ceder 1990.
Bazar de ingenios. Granada: Caja General de Ahorros 1991b.
La maleta del náufrago. Sevilla: Renacimiento 1992d.
Palco de sombra. Sevilla: Renacimiento 1996.
Gente del siglo. Oviedo: Nobel 1997b.
El ocaso y el oriente. Málaga: Arguval 2000.

El papel de envoltorio. Sevilla: Renacimiento 2001.

Vermischtes

»Ecuación de tiempo«, in: *Litoral* 229-230 (2001).

Preise

Premio Luis Cernuda; Premio Fundación Loewe; Premio Ojo Crítico de Radio Nacional; Premio Internacional Ciudad de Melilla; Premio Nacional de Literatura; Premio Nacional de la Crítica.

II. Kritische Literatur

Amorós Moltó, Amparo: »Los novísimos y cierra España! Reflexión crítica sobre algunos fenómenos estéticos que configuran la poesía de los años ochenta«, in: *Ínsula* 512-513 (1989), S. 63-67.

Barella, Julia (Hg.): *Después de la modernidad. Poesía española en sus distintas lenguas literarias.* Barcelona: Anthropos 1987.

Barella, Julia: »De los novísimos a la poesía de los 90«, in: *Matices*; <http://www.matices.de/20/20knovis.htm> (6.5.2002).

Debicki, Andrew P. (Hg.): *Contemporary Spanish Poetry: 1939-1990*, special issue of *Studies in Twentieth Century Literature* 16.1 (1992), S. 5-184.

Debicki, Andrew P.: *Historia de la poesía española del siglo XX. Desde la modernidad hasta el presente.* Madrid: Gredos 1997.

d'Ors, Miguel: »Ultima poesía española: por el sentido común al aburrimiento«, in: *Nueva Revista*; <http://www.spanish-books.net/writings/ensayos/i_dors1.htm> (14.5.2002).

El último tercio del siglo (1968-1998): antología consultada de la poesía española. Madrid: Visor 1999.

García Martín, José Luis (Hg.): *La generación de los ochenta.* Valencia: Mestral 1988.

García Martín, José Luis: »La poesía«, in Darío Villanueva u. a. (Hg.): *Los nuevos nombres: 1975-1990.* (*Historia y crítica de la literatura española* al cuidado de Francisco Rico, Bd. 9). Barcelona: Crítica 1992, S. 94-156.

García Montero, Luis: »El oficio como ética«, in ders.: *La casa del jacobino.* Madrid: Hiperión 2003, S. 41-68.

García-Posada, Miguel: *La nueva poesía (1975-1992).* (Páginas de Biblioteca Clásica bajo la dirección de Francisco Rico, Bd. 10). Barcelona: Crítica 1996.

Geist, Anthony/ Muñoz, Luis: »Poesía de la experiencia/experiencia de la poesía«, Seattle 1998; <http://usuarios.multimania.es/garciamontero/articulo1.htm> (24.02.2010).

Lanz, Juan José: »La última poesía española: un recuento«, in: *El Urogallo* 48 (1991), S. 61-65.

López Guil, Itzíar: »Felipe Benítez Reyes: ›Reacciones en cadena‹«, in Peter Fröhlicher/ Georges Güntert/ Rita Catrina Imboden/ Itzíar López Guil (Hg.): *Cien años de poesía. 72 poemas españoles del siglo XX: estructuras poéticas y pautas críticas*. Berlin u.a.: Peter Lang 2001, S. 785-796.

Molina Campos, Enrique: »La poesía de la experiencia y su tradición«, in: *Hora de poesía* 59-60 (1988), S. 41-47.

Montesa Peydró, Salvador (Hg.): *Poetas en el 2000: modernidad y transvanguardia*. Málaga: Publicaciones del Congreso de Literatura Española Contemporánea 2001.

Rouger, Roque: »Felipe Benítez Reyes: Ecuación de tiempo, Litoral, Málaga 2001« (Rezension), in: *Lecturas*; <http://www.bestcom.org/liberlect/lecturas-013.html> (24.02.2010).

Siles, Jaime: »Ultimísima poesía española escrita en castellano: rasgos distintivos de un discurso en proceso y ensayo de una posible sistematización« in Biruté Ciplijauskaité (Hg.): *Novísimos, Postnovísimos, Clásicos: La poesía de los 80 en España*. Madrid: Orígenes 1990, S. 141-167; nahezu wortgleicher Neuabdruck unter dem Titel »Dinámica poética de la última década«, in: *Revista de Occidente* 122-123 (1991), S. 149-169.

Villena, Luis Antonio de: *10 menos 30: La ruptura interior en la poesía de la experiencia*. Valencia: Pre-Textos 1997.

III. Anmerkungen

*   Zitiert nach Felipe Benítez Reyes: *Paraísos y mundos*. Madrid: Hiperión ²1998, S. 139-141.

1   Deutsche Übersetzung von Mechthild Albert. Für kompetenten Rat bei der Übersetzung sei Astrid Böhringer und Juan Ramón García Ober gedankt.
2   »Otra poética (en menos de un año)«, in José Luis García Martín (1988: 200).
3   Deshalb wurde »citar« mit »evozieren« statt mit »auftauchen lassen« oder sonstigen Varianten wiedergegeben.
4   Diese Aussage steht quer zu der ansonsten bei Benítez Reyes und den Dichtern seiner Generation zu beobachtenden Hinwendung zur Wirklichkeit, die bei Roger Wolfe bis zum *realismo sucio* reicht.

5   »Herir« wurde, trotz gewichtiger Vorbehalte, wörtlich übersetzt, um die Isotopie mit dem rezeptionsästhetischen »herir« in Teil V zu erhalten, das ebenfalls Symptom der Vergänglichkeit ist.
6   Früh schon figurieren der nachsommerliche Strand und der winterlich erstarrte Garten bei Benítez Reyes als Bilder der Vergänglichkeit; vgl. »Playa en octubre« und »El invierno« (in *Paraíso manuscrito*), »Elogio de la naturaleza« und »Nolugar« (in *Los vanos mundos*), »Tormenta de verano« (in *Pruebas de autor*), »Las sombras del verano« (in *La mala compañía*), »Septiembre« (in *Sombras particulares*).
7   Auch hier wurde für eine wörtliche Übersetzung von »herir« optiert (statt beispielsweise »tief berühren«) mit Rücksicht auf Gedichte wie »La intrusa« (in *Pruebas de autor*), wo die Erinnerung das lyrische Ich nachts heimsucht und es verletzt, oder »La herida, el dolor« (in *Escaparate de venenos*), dessen Titel die Schmerzen meint, die das Leben dem Menschen aufgrund der Zeitlichkeit der *conditio humana* zufügt.
8   »La dama en su nube«, in Felipe Benítez Reyes (1991b:52).
9   »La dama en su nube«, in Felipe Benítez Reyes (1991b:41-42).
10   »Sobre la tradición«, in Felipe Benítez Reyes (1996a:19).
11   Hier zitiert nach der Erstveröffentlichung in *Bazar de ingenios* (1988).
12   Vgl. »La dama en su nube«, in Felipe Benítez Reyes (1991b:42): »›Se suele representar a la poesía como una dama velada, lánguida, tendida sobre una nube. La tal dama tiene una voz musical y sólo dice mentiras.‹ Desde que Cocteau escribió esto, hace casi ya 70 años, de esa representación no ha cambiado ni la forma de la nube. Prueba de ello es que no creo que haya un solo poeta cabal que no se ruborice al ser presentado como tal poeta, y no digamos si median micrófonos.«
14   »La dificultad de la poesía«, in Felipe Benítez Reyes (1996a:28).
15   Diesen Begriff verwendet er u.a. in *Gente del Siglo*, Felipe Benítez Reyes (1997b:51, 222).
16   Und damit ist selbst das Verfassen eines Tagebuchs gemeint, vgl.: »Un diario: otro artificio«, in Felipe Benítez Reyes (1992d:15).
17   Felipe Benítez Reyes (1992d:13).
18   Felipe Benítez Reyes (1992d:55, 54).
19   Zu seiner »conciencia autocrítica« vgl. José Luis García Martín (1988:41-42).
20   Vgl. die folgende Aussage in »Desencuentro con Jorge Guillén«, in Felipe Benítez Reyes (1997b:72): »el mayor logro de la conciencia poética contemporánea radica en la aceptación de la posibilidad de un estilo que llegue a adoptar – hasta donde sea prudente – una apariencia de invisibilidad – esa engañosa apariencia cuyo fin no consiste en mostrar a los lectores la orgullosa posesión de un estilo, sino en disimular la fatalidad de tener que ser dueño de un estilo.«

21	»Sobre Jaime Gil de Biedma«, in Felipe Benítez Reyes (1997b:156); vgl. das Bekenntnis in »Otra poética«, in José Luis García Martín (1988:200- 201): »suelo preferir los poemas en que escasean las metáforas; siento predilección por aquellos otros que afectan un tono coloquial, tan artificioso.«
22	»Gil de Biedma: La muerte como argumento fracasado«, in Felipe Benítez Reyes (1997b:159).
23	Vgl. »La dama en su nube«, in Felipe Benítez Reyes (1991b:44): »La poesía, como todo arte, se ejerce desde un carácter, y cada uno es el que es. (Por eso casi nadie es Garcilaso, es Darío o es Leopardi.) Se escribe, en fin, como esencialmente se es, y según se es.«
24	»Gil de Biedma: La muerte como argumento fracasado«, in Felipe Benítez Reyes (1997b:159).
25	Felipe Benítez Reyes (1996a:166).
26	»La dama en su nube«, in Felipe Benítez Reyes (1991b:47).
27	»La dama en su nube«, in Felipe Benítez Reyes (1991b:52); vgl. auch die Aussage in »Otra *poética*«, in José Luis García Martín (1988:201): »me parece imprescindible que un poema se asiente sobre el más abstracto de los sentidos: el sentido común... «.
28	»El secreto poeta Alberto García Ulecia«, in Felipe Benítez Reyes (1997b: 174).
29	»Periferias de T.S. Eliot«, in Felipe Benítez Reyes (1997b:56).
30	»La dama en su nube«, in Felipe Benítez Reyes (1991b:46).
31	Vgl. »La dama en su nube«, in Felipe Benítez Reyes (1991b:45): »Los muchos elementos, en fin, que conforman un poema es preferible que resulten siempre oportunos y que comparezcan ante el lector con un aire de fatalidad: ›Esto es así porque no podía ser de otra manera mejor‹. El mérito del estilo consiste en provocar este espejismo.«
32	Vgl. z.B. die Anmerkung zu einem Gemälde von Whistler, *Nocturne in blue-green*, »que podía haberse quedado en truco y que es, sin embargo, magia«, in Felipe Benítez Reyes (1992d:26).
33	Felipe Benítez Reyes (1992d:25).
34	Das erzählerische Werk soll hier keine Berücksichtigung finden, wird aber im Werkverzeichnis aufgeführt.
35	Felipe Benítez Reyes: »Una poética que no lo es«, zitiert nach José Luis García Martín (1988:41).
36	José Luis García Martín (1988:41).
37	José Luis García Martín (1988:41).
38	Miguel García-Posada (1996:199).
39	Miguel García-Posada (1996:199).
40	Miguel García-Posada (1996:199).
41	Näheres hierzu vgl. Itzíar López Guil (2001:785-796).
42	Roque Rouger (2001).

43 Vgl. »La dama en su nube«, in Felipe Benítez Reyes (1991b:47): »Parece ineludible que un poeta sea original, *él mismo* en fin, desde una tradición.«
44 »Cernuda, a vuelapluma«, in Felipe Benítez Reyes (1997b:106).
45 Felipe Benítez Reyes (1997b:109).
46 Felipe Benítez Reyes (1997b:108).
47 Vgl. »Sobre Jaime Gil de Biedma«, in Felipe Benítez Reyes (1997b:157): »no deja de resultar curioso que la poesía de Jaime Gil de Biedma – tan de su generación, por lo demás – se lea hoy con igual o mayor gusto que ayer y que sean precisamente los jóvenes quienes la ensalcen con más apasionamiento.«
48 »Los juegos con la muerte de Juan Luis Panero«, in Felipe Benítez Reyes (1997b:185).
49 Das Gedicht »Al cumplir 23 años« aus *Los vanos mundos* (1982-1984) dürfte eine Replik auf das im vorliegenden Band von Claude Le Bigot besprochene »Al cumplir los treinta« von Javier Salvago darstellen.
50 »La fiesta de Carlos Marzal« und »Carlos Marzal viaja a los países nocturnos«, in Felipe Benítez Reyes (1997b:254-257); vgl. im vorliegenden Band den Beitrag von José Antonio Pérez Bowie.
51 »Juan Lamillar en su paisaje infinito«, in Felipe Benítez Reyes (1997b: 239-240).
52 Diese Affinität lässt sich bis in Details verfolgen, vgl. »El paisaje infinito« bei Felipe Benítez Reyes (1997b:240) und »El artificio«.
53 Vgl Felipe Benítez Reyes (1997b:240-241).
54 Vgl. Felipe Benítez Reyes (1997b:242): »En su obra poética, coherente y rigurosa, Juan Lamillar ha ido elevando ese ›muro contra la muerte‹ que ya estaba cimentado en su primer libro. Ese muro está hecho de acertadas palabras y de laberínticas visiones, de emoción y de ensueño, de fantasmas extraños y de fantasmas íntimos reconocidos en los libros ajenos, de dudas sombrías y de luminosas certezas. De lo que está hecha, en suma, la poesía, ese minucioso dibujo del tiempo que huye.«
55 Vgl. Roque Rouger (2001) und Miguel d'Ors (2002); bereits 1989 moniert Amparo Amorós: »Hay una voluntad decidida y manifiesta de imponer esta tendencia estética desde estas editoriales y revistas que convierte las mismas en cotos cerrados para todos los otros tipos de poéticas y lugares de habitual denostación – en críticas más o menos fundamentadas pero frecuentemente parciales – de libros o autores que no pertenezcan a esta Santa Cofradía.« Amparo Amorós Moltó (1989:65).
56 Vgl. im vorliegenden Band den Beitrag von Juan Cano Ballesta.
57 Diesen Begriff kommentiert Benítez Reyes in »La perfecta edad de Javier Salvago«, in Felipe Benítez Reyes (1997b:221): »Últimamente se habla con insistencia de una ›nueva sentimentalidad‹, supongo que como alternativa al irracionalismo culturalista característico de la etapa *novísima*. Bien. Salvago es, desde sus inicios, un poeta estrictamente *sentimental*, que ni siquiera des-

deña recursos folletinescos – inteligentemente malversados – para su poesía.«

58 Gravierende Unterschiede zwischen der ›otra sentimentalidad‹ und der ›poesía de la experiencia‹, zumindest zu Beginn ihrer Entwicklung, bemerken José Luis García Martín (1988:18) und Amparo Amorós Moltó (1989:63). Inzwischen begreift man die ›poesía de la experiencia‹ als Oberbegriff, zu deren Erscheinungsformen bzw. Varianten die ›otra sentimentalidad‹ gehört; vgl. Miguel García-Posada (1996:25-27).
59 Granada: Editorial Don Quijote 1983; Amparo Amorós Moltó (1989:63) führt den Begriff auf Antonio Machados *Juan de Mairena* zurück.
60 Anthony Geist/ Luis Muñoz (1998:1).
61 Anthony Geist/ Luis Muñoz (1998:3-4).
62 Amparo Amorós Moltó (1989:63).
63 Enrique Molina Campos (1988:42).
64 Amparo Amorós Moltó (1989:65).
65 Anthony Geist/ Luis Muñoz (1998:3).
66 Vgl. Luis García Montero, Vorwort zu Felipe Benítez Reyes (1992a:24), zitiert (1992a:4): »Escribir poesía seguirá siendo útil en la medida en que los versos hablen de la realidad, sean capaces de nombrar el mundo de las experiencias comunes, que es el mundo de las experiencias personales, con un lenguaje colectivo, única manera de acceder a un lenguaje propio.«
67 Felipe Benítez Reyes (1992d:42).
68 Dass diese emotionale Grundlage im Laufe der Zeit schwankt, macht die Beobachtung deutlich, die Felipe Benítez Reyes in seiner »Otra poética«, in José Luis García Martín (1988:200) aus dem Jahre 1988 anstellt: »Resulta curioso cómo, y con qué urgencia, un poema puede dejar de ser poema – es decir, algo capaz de sugerir alguna sensación – para quien lo redacta«.
69 Vgl. auch José Luis García Martín (1992:94-156).
70 Im Klappentext zu *Gente del siglo* bekennt sich Benítez Reyes auf ironische Weise zu dieser Wiederaufwertung der Form: »Sé medir de manera rutinaria tres o cuatro tipos de verso sin necesidad de contar sílabas con dedos titubeantes […].«
71 Vgl. jenen »tono coloquial, tan artificioso«, auf den er sich sowohl in »Otra poética« (in José Luis García Martín 1988:201) als auch in »El artificio« und in den beiden genannten Aufsätzen zu Jaime Gil de Biedma beruft.
72 Vgl. »El artificio« mit dem Vers »Un escenario / propicio a la elegía«.
73 Vgl. in »El artificio« das ironische »se cita« zur Bezeichnung der mimetischen Funktion.
74 Jaime Siles (1991:149).
75 Für das Folgende siehe Miguel García-Posada (1996:15-16).
76 Vgl. Luis Antonio de Villena (1997) und Salvador Montesa Peydró (2001); vgl. insbesondere die Beiträge von José Luis García Martín: »Grupos, tendencias y generaciones en la última poesía española: algunas reflexiones so-

bre un falso problema«, S. 111-127; Luis Antonio de Villena: »Estilos en la generación del 80«, S. 163-172; Eugenio Maqueda: »La poesía de la experiencia: orígenes y teoría«, S. 317-327.
77 Miguel d'Ors (2002).
78 Miguel d'Ors (2002:2): »Entiendo por tal cosa no sólo el voluntario encadenamiento a la tradición, tanto en los aspectos temáticos como formales, sino también la concepción humanista de la poesía, la confianza en el poder comunicativo del lenguaje y del arte, la simultánea conciencia de sus límites, la serena aceptación de éstos, la sobriedad y contención expresivas y el equilibrio entre el contenido y la forma, entre los elementos intelectuales, emocionales y sensibles, y entre la realidad objetiva y subjetiva.«
79 Miguel d'Ors (2002:3).
80 Hier und im Folgenden Miguel d'Ors (2002:4).

Ignacio Javier López

Guillermo Carnero. Pie para un retrato de Valery Larbaud

       Felices la Duquesa Isabel Feodórovna,
       el Gran Duque Demetrio y Mitka Rubinstein
       y el Metropolitano Vladimiro.
       Baudelaire gritaba *Vive les barricades!*
5   con ojos de fotófobo y poeta maldito
       – rosada escarapela de seda natural –
       y nunca se encontraron los restos de Ducasse.
       »Ninguna de las clases privilegiadas tiene fe
       ni en su misión personal ni en sus derechos« (Bakunin).
10   La Göttliche Isadora – sus jóvenes
       danzantes de Donatello,
       blanco, azul y guirnalda de frutas
       y sus cuarenta niños pintados por Gainsborough –
       arengaba a los estudiantes en Sieges Allee: *»Mirad*
15   *esto no es arte. No. ¡Son visiones del Kaiser!«*
       (Kopanos acabó en hermosa ruina).
       »Tomábamos tierra a las 4 en Montreux,
       el barco iba repleto de champagne...«
                          y luego,
       Salud para el nuevo mundo Isadora pensó
20   que bailaría Lenin en su Escuela, desnudo
       bajo flotantes tules
                  Oh La Danza
                              Felices
       el Príncipe Yussúpov y Gregorio Efimóvich
       y los que lo arrojaron por el puente.*

Bildunterschrift für ein Portrait von Valery Larbaud
Glücklich die Herzogin Isabella Feodorovna, / der Großfürst Demetrius und Mitka Rubinstein / und der Metropolit Wladimir. / Baudelaire schrie *Vive les barricades!* / Mit Augen eines lichtscheuen *poète maudit* / – rosa Kokarde aus Naturseide – / und nie wurden die sterblichen Überreste von Ducasse gefunden. / *»Keine der privilegierten Klassen glaubt / an ihre persönliche Mission noch an ihre Rechte«* (Bakunin). / Die *göttliche* Isadora – ihre jungen Donatello-Tänzer, / Weiß, blau und Früchtegirlande / und ihre vierzig von Gainsborough gemalten Kinder – / hielt eine Ansprache vor den Studenten in der Siegesallee: *»Schaut, /*

das ist keine Kunst. Nein. Das sind Visionen von Kaiser Wilhelm!« / (Kopanos endete als schöne Ruine). / *»Wir landeten um 4 in Montreux, / das Boot war voller Champagner* ... « und dann, / ein Prosit auf die Neue Welt, Isadora dachte, / dass Lenin in ihrer Schule tanzen würde, / nackt unter flatterndem Tüll – *Ach Der Tanz* – Glücklich / der Fürst Jusuppov und Gregor Efimovich / und die, die ihn von der Brücke geworfen haben.[1]

Guillermo Carnero Rabat wurde 1947 in Valencia geboren. Nach dem Abitur nahm er an der Universität Barcelona das Studium der Wirtschaftswissenschaften und der Philosophie auf. Später kehrte er in seine Geburtsstadt Valencia zurück und promovierte dort 1972 mit einer philologischen Arbeit. Von 1976 bis 1979 war er an der Universität Valencia Professor für spanische Literatur. Gegenwärtig hat er an der Universität Alicante einen Lehrstuhl für spanische Literatur inne. Carnero ist Spezialist für Fragen der spanischen Aufklärung und hat auf diesem Gebiet einschlägige Arbeiten verfasst. Als Hochschullehrer ist er nicht nur in Spanien sondern auch an verschiedenen ausländischen Universitäten tätig gewesen, darunter an der Università di Macerata (Italien) sowie an den amerikanischen Universitäten in Berkeley, Virginia und Harvard.

Die Dichter der 70er Jahre

Carnero gehört als Lyriker zur so genannten ›Generation der 70er Jahre‹. Es handelt sich dabei um Autoren, die ihre ersten Gedichte zwischen 1965 und 1970 veröffentlicht haben. Während seiner Studienjahre in Barcelona freundete sich Carnero mit zwei bedeutenden katalanischen Lyrikern an, Ana María Moix und Pere Gimferrer, die beide zu eben dieser Generation gehören. Carnero hatte ein gleiches Interesse an der Lyrik wie sie und teilte mit ihnen ein Verständnis von Dichtung, das sich in erheblichem Maß von dem unterschied, was im damaligen Nachkriegsspanien dichterische Praxis und Mode war. Die Gedichtbände *Arde el mar*, den Gimferrer 1966 veröffentlichte,[2] und Carneros *Dibujo de la muerte* aus dem Jahre 1967 werden in aller Regel genannt, wenn es darum geht, das Erscheinen einer ganz neuen Strömung unter den spanischen Autoren der 60er Jahre zu belegen.

In der Frühphase der ›Generation der 70er Jahre‹ gilt es zwei Phasen zu unterscheiden. Die eine umfasst den Zeitraum der Veröffentlichung der ersten Bücher der Autoren dieser Generation, die andere den Zeitraum der Wirkung, die diese Bücher in der Welt der spanischen Lyrik in den 60er Jahren ausübten. Die erste Phase entspricht in etwa den Jahren 1966 bis 1968. Es handelt sich um eine Phase des Aufbruchs, in der eine Reihe Bücher voller Neuerungen aus der Feder bis dahin unbekannter Autoren auf den Markt kommen, die dem damals vorherrschenden literarischen Geschmack entgegenstehen. Dies trifft für *Arde el mar* (1966) und *La muerte en Beverly Hills* (1968) von Pere Gimferrer zu, für *Dibujo de la muerte* (1967) von Carnero, *Una educación sentimental* (1967) von Manuel Vázquez Montalbán, *Teatro de operaciones* (1967) von Antonio Martínez Sarrión, *Tigres en el jardín* (1968) von Antonio Carvajal, *Los pasos perdidos* (1968) von Marcos Ricardo Barnatán und schließlich auch für *Cepo para nutria* (1968) von Félix de Azúa.[3] Auf diese erste Phase des abrupten Hereinbrechens eines neuen Dichtens folgte eine zweite Phase der Konsolidierung, die in etwa den Jahren 1969-1971 entspricht. Während dieser Jahre erschienen unter anderem Bücher wie *Preludios a una noche total* (1969) von Antonio Colinas, *Génesis de la luz* (1969) von Jaime Siles,[4] *Así se fundó Canaby Street* (1970) von Leopoldo María Panero, *Los retratos* (1971) von Luis Alberto de Cuenca und *Sublime solarium* (1971) von Luis Antonio de Villena.[5]

Da davon ausgegangen wird, dass diese Autoren Angehörige ein und derselben Generation sind, hat die Kritik versucht, sie unter einem Begriff oder Schlagwort zusammenzufassen. Außer der heute verbreiteten Bezeichnung ›Dichter der 70er Jahre‹ oder ›Generation der 70er‹ hört man auch immer wieder Bezeichnungen wie ›Generation von 68‹, mit der eine Verbindung zu der studentischen Revolution des Pariser Mai von 1968 hergestellt wird. Es wurde aber auch von den ›novísimos‹ gesprochen (José M. Castellet), von den ›Venezianern‹ (Marcos Ricardo Barnatán), der ›marginalisierten Generation‹ (Carlos Bousoño) oder der ›Generation der Sprache‹ (Luis Alberto de Cuenca). Heutzutage ist man mehrheitlich der Auffassung, dass alle diese Bezeichnungen wenig zutreffend sind, im Übrigen auch die Bezeichnung ›novísimos‹, die selbst Carnero verschiedentlich gebraucht hat. Alle genannten Bezeichnungen, dies scheint heute Konsens zu sein, beziehen sich jeweils nur auf eine spezielle Tendenz innerhalb eines umfassenderen Ganzen.[6] Doch trotz aller real existierenden Unterschiede lässt sich feststellen, dass die ›Dichter der 70er‹ über eine Anzahl gemeinsamer Züge verfügen, die es erlauben, die Autoren als Angehörige nur einer Gruppe anzusehen.

Eine Reaktion gegen den Realismus

Der Grundzug, der all diese Autoren verbindet, ist die Ablehnung der im Spanien der Nachbürgerkriegszeit vorherrschenden Formen, Lyrik zu schreiben, und insbesondere die Ablehnung des Realismus und damit der *poesía social*. Wenn hier von ›vorherrschenden‹ Formen der ›Lyrikproduktion‹ die Rede ist, so bezieht sich dies auf ein Verständnis der Lyrik, wie es in Spanien seit dem Ende des Bürgerkriegs im Vordergrund gestanden hat und das den Bruch mit den Avantgarde-Bewegungen der Vorbürgerkriegszeit voraussetzt.[7] Dabei hat es im Einzelfall natürlich Ausnahmen gegeben. Der Vollständigkeit halber wäre es eigentlich erforderlich, die verschiedenen Strömungen und Tendenzen innerhalb der Nachkriegslyrik zu beschreiben. Da dies aber schon aus Platzgründen nicht möglich ist, bleibt es im Hinblick auf eine größere Klarheit der Darstellung bei recht groben Verallgemeinerungen, die viele Details unberücksichtigt lassen.

Für die Vertreter der Hauptströmung der Nachbürgerkriegsdichtung, die gesellschaftskritischen Dichter des *realismo social*, legitimiert sich die Dichtung aus ihrem ethischen Anliegen. Dieses Anliegen geht dem Gedicht voraus und hat im Grunde mit dem Gedicht als Kunstwerk nichts zu tun. Das Gedicht (und der

Dichter) beziehen ihre Rechtfertigung aus ihrer Beteiligung an einem gesellschaftlichen Anliegen, der Befreiung des Menschen aus den gesellschaftlichen und politischen Zwängen der Zeit. Die Ästhetik, der die Autoren dabei folgen, ist die des Realismus. Das einzelne Gedicht wird als ein Dokument verstanden, das Zeugnis ablegen soll von der Wirklichkeit und den gesellschaftlichen und menschlichen Bedingungen, unter denen gerade die Ärmeren und Benachteiligten der Gesellschaft leben. Dieser Ansatz stellt einen tiefen Bruch mit dem ästhetischen Erbe der Avantgarden der 20er und 30er Jahre des 20. Jahrhunderts dar. Gedichte wie »La poesía es un arma cargada de futuro« von Gabriel Celaya oder »Para un esteta« von José Hierro sind gute Beispiele für die von *poetas sociales* vertretenen Auffassungen.[8] Die Entwicklung, die Blas de Otero von seinem ersten Buch – *Ángel fieramente humano* – mit seiner noch ganz privaten und existentiellen, allgemein menschlichen Ausrichtung hin zu dem stark von gesellschaftskritischen Anliegen geprägten Gedichtband *Con la inmensa mayoría* vollzog, ist ein gutes Beispiel für den Übergang von einer individualistischen Lyrik eines lyrischen Subjekts, die die existentiellen Ängste des Ich zum Ausdruck bringt, hin zu dem gemeinschaftlichen Subjekt einer *poesía social*, die nicht mehr die privaten Interessen des einzelnen Individuums, sondern die einer Gruppe in ihrem politischen Kontext berücksichtigt. Die *Antología consultada de la joven poesía española* von Francisco Ribes aus dem Jahre 1952 und Castellets Anthologie *Veinte años de poesía española* von 1960 (die 1966 unter dem Titel *Un cuarto de siglo de poesía española* erneut aufgelegt wurde) stellen die Referenzpunkte dieser literarischen Bewegung dar, deren Grundzug eine realistische Ästhetik ist.

Wie bereits angedeutet hat es aber auch schon unter den Vertretern der *poesía social* Autoren gegeben, die sich gegen die Ästhetik des Realismus gewandt haben. In diesem Zusammenhang ist der Umgang zu sehen, den Guillermo Carnero während seiner Studentenzeit in Barcelona mit Jaime Gil de Biedma und Carlos Barral hatte. Beide gehören zur Dichtergeneration vor Carnero und beide hatten bereits ihr Unbehagen gegenüber den vorherrschenden Formen der *poesía social* gezeigt. Die Freundschaft mit diesen Autoren und der deutlich spürbare Einfluss von Biedma erklären die Charakteristika einiger Gedichte, die Carnero unmittelbar im Anschluss an die der Veröffentlichung von *Dibujo de la Muerte* im Jahre 1967 geschrieben hat. Insgesamt sollte sich Carnero in seinen weiteren Lyrikbänden (*El Sueño de Escipión*, 1971; *Variaciones y figuras sobre un tema de La Bruyère*, 1974; *El Azar Objetivo*, 1975; *Ensayo de una teoría de la visión*, 1979; *Divisibilidad indefinida*, 1990; *Jardín inglés*, 1999) aber in eine ganz eigene Richtung weiterentwickeln: hin zu einer selbstreflexiven Lyrik mit deutlichen metapoetischen Zügen, in denen immer wieder Überlegungen zum Wesen der Dichtung angestellt werden. Diese poetologischen Überlegungen verknüpft Carnero häufig mit einem grundsätzlicheren Nachdenken über das Wesen der menschlichen Existenz und ihre Zeitlichkeit.[9]

Guillermo Carnero hat seine Ablehnung der Grundsätze der *poesía social*, wie sie sich in der spanischen Nachkriegszeit herausgebildet hatte, wiederholt und mit großer Deutlichkeit zum Ausdruck gebracht. Entsprechende Äußerungen lassen sich bereits früh bei ihm finden, insbesondere in der Poetik, die er einer

Auswahl seiner Gedichte vorausschickt, die Martín Pardo 1970 in eine Anthologie aufgenommen hat.[10] In dieser Poetik erklärt Carnero, was er unter einem Gedicht versteht. Ein Gedicht ist für ihn ein in sich schlüssiges System, das alle Elemente zu seiner Interpretation und seinem Verständnis in sich selbst enthält. Es bedarf zu seinem Verständnis keines Bezugs auf eine außerliterarische Wirklichkeit. Außerdem übt sich der Dichter in einem Gedicht, wie Carnero es versteht, in der Form des indirekten Ausdrucks. Er folgt dabei dem symbolistischen Erbe. In diesem Zusammenhang verweist Carnero ausdrücklich auf seine Vorliebe für die französische symbolistische Lyrik und hier insbesondere für die Dichtung von Stéphane Mallarmé (1842-1898). Im Gegensatz zur von narrativ-anekdotischen Elementen und Alltagsphänomenen bestimmten Welt der *poesía social* findet sich in der ganz anderen Dichtung Carneros eine Welt voller reicher und komplexer kultureller Bezüge. Nicht ohne Grund wurde zu ihrer Charakterisierung der Terminus ›culturalismo‹ verwandt. Aus dieser Dichtung sind nicht nur die anekdotischen Elemente verbannt, sondern auch andere Charakteristika der *poesía social* wie der Dialogstil, alles Narrative und eine Sprachverwendung, die sich an der Alltagssprache orientiert.

Anders als die ›realistische Lyrik‹ evoziert die Dichtung der 70er Jahre eine preziöse Welt auserwählter Szenarien. Sie eröffnet dem Leser eine Welt neuer, bislang fremder, bisweilen außergewöhnlicher Erfahrungen. Es handelt sich um Szenarien aus der historischen und kulturellen Tradition. Besonders beliebt sind die italienische Renaissance, insbesondere Venedig; das Frankreich der *Belle Époque,* vor allem die Pariser Welt der *Bohème* an der Wende vom 19. zum 20. Jahrhundert; schließlich das künstlerisch außerordentlich reiche Erbe des spanischen Barock. Was die Bauform des Gedichtes angeht, so verschwindet die Darstellung in der ersten Person, dem ›Ich‹ der Romantiker, das lange Zeit nur noch zum Ausdruck von persönlichen Gefühlen und Problemen des einzelnen Individuums gedient hatte. Stattdessen greifen diese neuen Dichter auf die Vorstellung und das Verfahren des ›objective correlative‹ (›correlato objetivo‹) zurück, wie dies T. S. Eliot (1888-1965) entwickelte und wie es die Autoren der ›Generation der 70er Jahre‹ über Cernuda, Aleixandre und die Dichter der Avantgarde rezipierten.

Von einem ›objective correlate‹, einer ›objektiven Entsprechung‹, spricht man, wenn in einem Gedicht das lyrische Ich nicht in eigenem Namen und über seine eigene Befindlichkeit spricht, sondern wenn dazu auf eine reale historische Gestalt, einen bestimmten Gegenstand, eine Situation in der Geschichte der abendländischen Kultur oder aber auch auf ein fiktives Wesen oder Geschehen zurückgegriffen wird, um über den Weg der Analogie und die Verfahren der Anspielung bestimmte Vorstellungen und Empfindungen, die dem Dichter am Herzen liegen, zum Ausdruck zu bringen. T.S. Eliot hatte dieses seinerzeit neue Verfahren (»objective correlative«) folgendermaßen formuliert: »a set of objects, a situation, a chain of events which shall be the formular of that *particular* emotion; such that when the external facts, which must terminate in sensory experience, are given, the emotion is immediately evoked«.[11] Die Verwendung solcher ›gegenständlicher Entsprechungen‹ und das Sprechen in ›historischen Rollen‹, wie es sich in der Eliot-Nachfolge bei etlichen der Dichter der ›Generation der 70er‹ findet, ist auch ein Charakteristikum der Lyrik Carneros und der anderen Angehörigen seiner Generation. Bei dieser Art Dichtung, die auch als ›dramatischer Monolog‹ bezeichnet wird, handelt es sich um ein indirektes Sprechen; der Dichter leiht einer historischen oder einer eigens erfundenen Gestalt seine Stimme und diese Gestalt bringt dann ihre eigene Welt mit in das Gedicht.

Noch ein letztes: während die Lyrik der Nachkriegszeit durch formale Nachlässigkeit und die Verwendung narrativer Strukturen gekennzeichnet war, gebrauchen die Dichter der 70er Jahre ein breites und höchst artifiziell verwendetes Register formaler Elemente. Darüber hinaus benutzen diese Autoren – abgesehen von einigen wenigen wie Antonio Carvajal und seiner Verwendung des Sonetts – ganz überwiegend die Form des »verso libre«,[12] d.h. eine reimlose, unstrophische Form, die auf das Vorbild einiger Lyriker aus der Vorkriegszeit zurückgeht, insbesondere auf den Nobelpreisträger Vicente Aleixandre[13] und Luis Cernuda.[14]

Ein frühes repräsentatives Gedicht

All die bisher angeführten Charakteristika der Lyrik der ›Generation der 70er‹ finden sich auch in Carneros Gedicht »Pie para un retrato de Valery Larbaud«. Der – im Spanischen erklärungsbedürftige – Titel »Pie para un retrato…« bezieht sich auf eine – früher bei Gemälden nicht unübliche – Bildunterschrift, in der die Darstellung des Bildes noch einmal in erklärende Worte gefasst wird. Das Gedicht von Carnero verweist auf ein – selbstverständlich fiktives – Porträt des französischen Schriftstellers Valery Larbaud (1881-1957), eines reichen Intellektuellen und Kosmopoliten, der zahlreiche Reisen unternahm, unter anderem nach Spanien und Russland. Er ist der Verfasser eigener Romane, darunter *Fermina Márquez* (1911), und der Übersetzer von Joyce *Ulysses* ins Französische. Den Hintergrund seines turbulenten und für seine Epoche charakteristischen Lebens und Werks bildet das Europa des kulturell, politisch und intellektuell so außerordentlich bewegten *Fin de Siècle*, der mit so viel Hoffnungen und Enttäuschungen verbundenen Wende vom 19. zum 20. Jahrhundert, sowie der darauf folgenden kulturell innovativen *Belle Époque*. Unter dem Vorwand, ein Porträt des für das gesellschaftliche und geistige Leben dieser Epoche so charakteristischen Valery Larbaud zu bieten, nennt das Gedicht eine Anzahl von zeitgeschichtlichen Ereignissen, denen allen gemeinsam ist, dass sie sich zwischen zwei Revolutionen von welthistorischer Bedeutung situieren lassen, die Pariser Revolution von 1848 und die Revolution der russischen Bolschewiken von 1917. Innerhalb dieses Zeitrahmens werden verschiedene historische Persönlichkeiten angeführt, die während dieser Phase der Freiheit und der Künstlerbohème gelebt und gewirkt haben. Es handelt sich um eine Periode tiefen Wandels, die mit dem Revolutionstraum von der Mitte des 19. Jahrhunderts einsetzt und mit dem ungeheuren Blutbad des 1. Weltkriegs endet.

Das Gedicht selbst hat die Form einer Kollage. Es setzt sich aus Zitaten zusammen, die Texten der im Gedicht genannten historischen Personen entnommen sind. Dies ist zum Beispiel der Fall bei dem Zitat in Vers 8-9, das auf ein

Werk des russischen Anarchisten und Revolutionärs Michail A. Bakunin (1814-1876), seinem Bekenntnis gegenüber Zar Nikolaus I., zurückgeht. Historisch sind auch die Zitate und die entsprechenden Episoden aus der Autobiographie der nordamerikanischen Tänzerin Isadora Duncan (1878-1927), der Schöpferin des ›natürlichen‹, von den Fesseln des klassischen Balletts befreiten Ausdruckstanzes. In Zusammenhang mit Isadora Duncan werden auch das von ihr geplante, dann aber nicht verwirklichte ›Museum für Tanz‹ von Kopanos erwähnt sowie ihre rauschenden nächtlichen Feste in Montreux. Auf diese Art und Weise wird in Carneros Gedicht insgesamt auf ihr Leben Bezug genommen, das voller künstlerischen Experimentierens und Propagierens war und das die Duncan in einer besonders vitalen und eleganten Epoche der europäischen Kunst verbrachte.[15] Das Gedicht enthält noch ein weiteres historisch belegtes Zitat, den Ausruf *Vive les barricades*. Dieser Ausruf gehört in die Zeit der Revolution von 1848. Er wird hier – der Legende nach zu Recht – dem ersten der französischen *poètes maudits*, dem symbolistischen Dichter Charles Baudelaire (1821-1867), in den Mund gelegt.[16] Schließlich erwähnt das Gedicht auch noch den Komplott, der mit der Ermordung von Gregórij Efimovic (1864/5-1916) endete, der unter dem Namen Rasputin bekannter ist. Rasputin wirkte ab 1907 am Zarenhof als angeblicher Wunderheiler, Wahrsager und faktischer Berater des letzten russischen Zaren, bis er von dem Fürsten Yusúpov und einigen Mittätern (Wladimir Puríshkevic, Sukhotín und den Großfürsten Dimitrij Pavlovic) ermordet und sein Leichnam in die Wolga geworfen wurde. Der Tod von Rasputin stellt einen unumkehrbaren Tiefpunkt im politischen System des Zarentums dar.[17]

Das Gedicht von Carnero, das evidentermaßen eine Kollage ist, verwendet dementsprechend die Ich-Form nicht. Die in ihm evozierte historische Epoche von 1848 bis 1916 fungiert als das ›objective correlative‹ für die Situation oder Empfindung, die der Autor in seinem Gedicht auf indirekte Weise zum Ausdruck bringen will. Dabei bleibt das lyrische Subjekt hinter einer Maske verborgen; zugleich bleibt dabei auch ein sonst wahrscheinlicher Ausbruch der Gefühle unter Kontrolle. Der Dichter evoziert im Text eine geschichtliche Periode, die sich zwischen zwei Revolutionen erstreckt, d.h. einen Zeitraum, der sich in ständigem Wechsel befindet. Damit suggeriert er dem Leser ein Gefühl der Flüchtigkeit der menschlichen Zeit und insbesondere das Gefühl der ›Gebrechlichkeit‹ der subjektiven, individuellen Zeit. Der zeitliche Rahmen des Gedichts stellt eine Alternative zur Flüchtigkeit der Zeit dar: die Kunstwerke, auf die im Text angespielt wird, sind von längerer Dauer als die Subjekte, die sie geschaffen haben. Die geschichtlichen Gestalten erweisen sich als durchaus dauerhaft, aber nicht aufgrund ihres Lebens, das einer zeitlichen Begrenzung unterworfen ist, sondern aufgrund der von ihnen vollbrachten historisch bedeutsamen Leistung – sei es eine Revolution, seien es Tanz, Dichtung oder aber auch Verbrechen.

Aber diese – allzu positiv klingende – erste Schlussfolgerung beinhaltet ihren eigenen Kontrapunkt in Form einer dramatischen, leicht melancholisch gefärbten Ironie. Sie bezieht sich auf das menschliche Geschick insgesamt, auf sein Ausgeliefertsein an den unausweichlichen Tod. In dem Gedicht Carneros bewegen sich die von ihm angeführten Gestalten in einem Universum, das keine moralischen Bedenken kennt, in dem die Frivolität des Lebens den Vorrang hat vor dem Nachlassen und dem Verfall des Lebens. Der Tod der realen Protagonisten – und ihr Wiederauftreten im historischen Diskurs – macht deutlich, dass das Leben der realen Subjekte begrenzter ist als ihr späteres symbolisches Leben im Diskurs der Geschichte. Dies belegt das zitierte Buch Bakunins ebenso wie die Autobiographie von Duncan oder die von Yussúpov. Die alles umspannende Ironie ist ein charakteristischer Zug des lyrischen Stils von Carnero. Ihm geht es um das Evozieren von künstlerischen Bildern, insoweit wie sie zu den menschlichen Erlebnissen, die sie motivieren, in Beziehung stehen. Im Unterschied zu anderen Mitgliedern seiner Generation, für die die Beziehung zwischen der Literatur einerseits und dem Leben andererseits eine vorwiegend intellektuelle Obsession ist, öffnet sich diese Vision bei Carnero immer zum konkreten Erleben: ihm geht es darum, das jeweilige Erlebnis, das die künstlerische Erfahrung ausgelöst hat, in Dichtung umzusetzen. Es ist gerade der flüchtige Charakter des Erlebens, der zu der letzten Einsicht in den Sieg der Flucht, der Zeit und des Todes führt.

Carneros Gedicht vermittelt dem Leser so die Einsicht in den Triumph des Todes als den endgültigen Beschluss aller menschlichen Bemühungen. Sieht man die Dinge aus dieser Perspektive, dann zielt das Gedicht wahrhaftig auf eine Ironie größter Reichweite. Das Gedicht stellt sich dann als Totentanz dar, ganz in der Tradition der einschlägigen literarischen Gattung, die sich in der europäischen Literatur seit dem 14. Jahrhundert entwickelt hat und die von Künstlern des 19. und 20. Jahrhunderts wieder aufgenommen wurde, wie zum Beispiel in solchen Schauergeschichten Edgar A. Poes wie *The Masque of the red Death* (1842) oder in Filmen wie *Das siebte Siegel* von Ingmar Bergman. In dem vorliegenden Gedicht von Carnero werden zweifelsohne Totentänze vorgeführt, in denen die Protagonisten (Isadora Duncan, Isidore Ducasse, genannt Lautréamont (1846-1870), Bakunin, Rasputin u.a.m.) sich in einer in Auflösung begriffenen Welt bewegen, deren zeitlichen Rahmen die bereits angesprochenen historischen Revolutionsperioden bilden. Die Tatsache, dass es sich bei diesen Gestalten um tatsächliche historische und damit auch bereits vergangene Figuren handelt, lässt ihr ruheloses Umgetriebensein in den glücklichen Zeiten der revolutionären Utopie, der Künstlerbohème und der *Belle Époque* umso tragischer erscheinen. Das Gedicht beginnt und endet mit dem Wort »felices« (»Felices la Duquesa [...]«; »Felices / el Príncipe [...]«, V. 1 und 21). Innerhalb dieser Klammer wird der Mythos des Goldenen Zeitalters in dramatischer und zugleich ironischer Weise beschworen. Dem Leser wird es kaum möglich sein, bei der ersten Verwendung der Formulierung »Felices [...]« nicht an die Rede Don Quijotes über das Goldene Zeitalter[18] zu denken, auf das in symbolischer Weise auch die Erwähnung der *Belle Époque* verweist. Wie im *Quijote*, wo die mythische Zeit des Goldenen Zeitalters als längst vergangen und als für die Gestalten des Romans völlig unerreichbar dargestellt wird, handelt es sich auch in dem Gedicht von Carnero um eine vergangene Zeit, zu der weder das lyrische Ich noch der Leser Zugang haben. Für beide handelt es sich um eine bereits definitiv vergangene Zeit. Hervorzuheben ist allerdings die Ironie, die Carnero über die Idealvorstellung des Goldenen Zeitalters ausbreitet, eine Ironie, die vom Anfang des Gedichtes an mit dem Tod in Verbindung gebracht ist.

Rein formal nimmt das vorliegende Gedicht Verfahren auf, die sich auch in anderen Texten des ersten Gedichtbandes, *Dibujo de la muerte*, von Carnero finden. Wie das Gedicht »Capricho en Aranjuez« besitzt es eine Kreisstruktur. Wie erwähnt beginnt und endet »Pie para un retrato de Valery Larbaud« mit einer Parallelkonstruktion und dem Wort »Felices«. Carnero hatte eine solche formelhafte Struktur bereits in dem Gedicht »Capricho de Aranjuez« verwendet. Dieses Gedicht beginnt und endet mit ein und demselben Vers: »Raso amarillo a cambio de vida«.[19] In beiden Gedichten hat die Wiederholung von Textelementen die gleiche Funktion: die wiederholten Textteile bilden ein in sich geschlossenes Element, das in sich ruht und von der Außenwelt abgeschlossen ist. Daher wird im Titel der beiden Gedichte auch von »capricho« und »retrato« gesprochen. Diese Abkapselung des Gedichtes in sich selbst ist übrigens ein wichtiger Hinweis auf Carneros Verständnis von lyrischer Dichtung. Ganz im Gegensatz zu den Auffassungen der Autoren des *realismo social* spricht für ihn die Dichtung nicht von der (alltäglichen) Realität; für ihn geht die Dichtung vielmehr von einer eigenen, in sich geschlossenen Wirklichkeit aus, die nichts über die Objektwelt auszusagen vermag. Andererseits verwendet Carnero hier wie auch in anderen Gedichten des Bandes *Dibujo de la muerte*, zum Beispiel in »El movimiento continuo«, eine Fabel- oder Allegoriestruktur, aufgrund derer eine Reihe von Gestalten eine ›Fabel‹ erleben, die von der Realität getrennt ist. Unabhängig von den konkreten Träumen der auftretenden Gestalten und unabhängig von der Sorglosigkeit, mit der sie sich in ihren historischen oder erfundenen Kontexten bewegen, führt das Gedicht zum Nachdenken über den Triumph des Todes als dem unausweichlichen Ende aller menschlichen Geschicke. Darauf verweist in metaphorischer Weise auch der zeitliche Rahmen des vorliegenden Gedichts, der auf zwei Revolutionen mit ganz unterschiedlichen Vorzeichen verweist: das utopische Anliegen der Pariser Revolution von 1848, das in der militärischen Niederschlagung der Revolutionäre endet (wenngleich Baudelaire den Geist der Revolution am Leben hält) macht den Weg frei für den blutigen Sieg der sowjetischen Revolution, in der das ursprüngliche utopische Vorgehen seine völlige Niederlage zu erleben scheint.

III

Abschließend sei festgestellt, dass das Nachdenken über den Tod, das sich in »Pie para un retrato de Valery Larbaud« findet, charakteristisch für die gesamte Dichtung von Guillermo Carnero ist. Bezeichnenderweise führte bereits sein erster Gedichtband den Titel *Dibujo de la muerte* (»Skizze des Todes«), der dann später für die Gesamtausgabe seiner Gedichte verwendet wurde. Dem sei noch eine generelle Bemerkung zum Dichtungsverständnis von Carnero hinzugefügt. Für Carnero ist das Verhältnis von Text und Realität nicht bloß ein mit den Mitteln des Verstandes letztlich lösbares, nur intellektuelles Problem. Für ihn spielt bei der Frage nach dem Verhältnis zwischen Realität und Text die Frage der Zeit eine fundamentale Rolle. Grundsätzlich geht das Erleben, von dem das Gedicht spricht, diesem voraus und ist daher dem Schreiben an sich unzugänglich, außer in der Form eines nachträglichen bloßen Erinnerns, das aber genau genommen das Erleben selbst nicht zu erfassen vermag. Ein Gutteil der späteren lyrischen Produktion des Dichters, auf die immer als ›Metapoesie‹ verwiesen wird, geht vom Bewusstsein dieses Scheiterns aus. Bei Carnero beschränkt sich das Gedicht daher letztlich immer wieder auf die Reflexion über die Begrenzungen bei dem Versuch, sich dem Leben selbst zu nähern. Wie die Interpretation gezeigt hat, findet sich diese Reflexion im Keim bereits in Carneros ersten Gedichten – und zwar in Form eines pessimistischen Nachdenkens über den Tod als dem letztendlichen Ziel allen menschlichen Tuns.

Das hier vorgestellte Gedicht ist aber auch ein gutes Beispiel für die formalen Modelle, wie sie die Dichter der ›Generation der 70er‹ bevorzugt haben. Konzipiert als Kollage, in der fremde Texte neu- und umgeschrieben werden, versetzt das Gedicht den Leser in eine andere, zurückliegende Welt aus der kulturellen Vergangenheit, die dazu dient, über das Verfahren der Analogie eine Ahnung vom emotionalen Befinden des Dichters zu vermitteln. Die Gestalten in den Gedichten fungieren als ›objective correlative‹ des Autors, der auf die Ich-Form verzichtet, um einen romantischen Überschwang an Gefühlen zu vermeiden, und es vorzieht, den Ausdruck seiner Empfindungen in fremden Texten zu spiegeln.

Übersetzung ins Deutsche: Manfred Tietz

I. Lyrische Werke von Guillermo Carnero

Dibujo de la muerte. Málaga: Librería Anticuaria El Guadalhorce 1967.

El sueño de Escipión. Madrid: Alberto Corazón 1971.

Variaciones y figuras sobre un tema de La Bruyère. Madrid: Alberto Corazón 1974.

El Azar Objetivo. Madrid: Mauricio d'Ors 1975.

Ensayo de una teoría de la visión. Pamplona: Peralta 1979.

Divisibilidad indefinida. Sevilla: Renacimiento 1990.

Dibujo de la muerte. Obra poética. Edición de Ignacio Javier López. Madrid: Cátedra 1998.

Verano inglés. Barcelona: Tusquets 1999.

Espejo de gran niebla. Barcelona: Tusquets 2002.

Fuente de Médicis. Madrid Visor 2006.

II. Kritische Literatur

Amusco, Alejandro: »La ficción del lenguaje«, in: *El Ciervo* 269 (1975), S. 28-29.

Bayo, Emilio: *La poesía española en las antologías*. Lérida: Universidad 1994.

Bousoño, Carlos: »La poesía de Guillermo Carnero«, in ders.: *Ensayo de una teoría de la visión*. Madrid: Hiperión 1979, S. 9-68.

Cano Ballesta, Juan: *Las estrategias de la imaginación*. Madrid: Siglo XXI 1994.

Capecchi, Luisa: »Guillermo Carnero«, in: *Cuadernos Hispanoamericanos* 379 (1982), S. 217-219.

Casado, Miguel: »Líneas de los novísimos«, in: *Revista de Occidente* 86-87 (1988), S. 204-224.

Castellet, José M.: *Nueve novísimos poetas españoles*. Barcelona: Seix Barral 1970.

Christie, Catherine R.: *Poetry and Doubt in the Work of José Ángel Valente and Guillermo Carnero*. Lewiston: Mellen University Press 1996.

Debicki, Andrew P.: *Spanish Poetry of the Twenteeth Century*. Lexington: University of Kentucky Press 1994.

Ferrari, Marta B. *La coartada metapoética*. Mar del Plata: Martín 2001.

Jiménez, José Olivio: *Diez años de poesía española*. Madrid: Rialp 1998.

Kruger-Robbins, Hill: *Frames of Referents. The Postmodern Poetry of Guillermo Carnero*. Lewisburg: Bucknell University Press 1997.

Lanz, Juan José: *La llama en el laberinto*. Mérida: Regional de Extremadura 1994.

López, Ignacio Javier: »Ironía, distancia y evolución en Guillermo Carnero«, in: *Ínsula* 408 (1980), S. 1, 10.

Mayhew, Jonathan: *The Poetics of Self-Consciousness*. Lewisburg: Bucknell University Press 1994.

Molina Foix, Vicente: »Guillermo Carnero«, in: *Cuadernos Hispanoamericanos* 214 (1967), S. 233-239.

Moral, Concepción del/ Pereda, Rosa María: *Joven poesía española*. Madrid: Cátedra 1980.

Palomero, Maria Pepa: *Poetas de los 70*. Madrid: Hiperión 1987.

Prieto de Paula, Ángel Luis: *Musa del 68*. Madrid: Hiperión 1996.

Pritchett, Kay: *Four Postmodern Poets of Spain*. Fayetteville: University of Arkansas 1991.

Provencio, Pedro: *Poéticas españolas contemporáneas*. Madrid: Hiperión 1988.

Ramos, Juan Luis: »Meditaciones sobre las contrariedades del azar«, in: *Ideologies and Literature* 1 (1985) S. 207-217.

Sánchez Torre, Leopoldo: *La poesía en el espejo del poema*. Oviedo: Departamento de Filología Española 1993.

Scarano, Laura: »La poesía de Guillermo Carnero«, in: *Anales de la Literatura Española Contemporánea* 16 (1991), S. 321-335.

Siebenmann, Gustav: *Los estilos poéticos en España desde 1900*. Madrid: Gredos 1973.

Simón, César: »Fracaso y triunfo del lenguaje de Guillermo Carnero«, in: *Papeles de Son Armadans* 249 (1976), S. 249-263.

Yagüe López, Pilar: *La poesía de los setenta*. A Coruña: Universidade da Coruña, Servicio de Publicacións 1997.

III. Anmerkungen

* Zitiert nach Guillermo Carnero (1967:168).

1   Deutsche Übersetzung des Gedichts: Manfred Tietz.
2   Vgl. die Charakterisierung dieses Gedichtbandes von Gimferrer durch José Manuel López de Abiada in seiner Interpretation des programmatischen Gedichts »Oda a Venecia ante el mar de los teatros«, in Manfred Tietz (Hg.): *Spanische Lyrik der Moderne. Einzelinterpretationen*. Frankfurt am Main: Vervuert 1990, S. 340-351.
3   Alle Texte werden hier nach der am leichtesten zugänglichen Ausgabe zitiert, die in aller Regel auch die neueste ist. Sie enthält häufig – und meistens unter einem neuen Titel – eine Sammlung verschiedener Bücher des jeweiligen Autors. Es sei daher verwiesen auf: Pere Gimferrer: *Poemas* (Madrid: Visor 2000), Guillermo Carnero (1998), Manuel Vázquez Montalbán: *Una educación sentimental. Praga* (Edición de Manuel Rico. Madrid: Cátedra 2001), Antonio Martínez Carrión: *El centro inaccesible* (Madrid: Hiperión 1981), Antonio Carvajal: *Extravagante jerarquía* (Madrid: Hiperión 1983), Marcos Ricardo Barnatán: *Techo del templo* (Madrid: Huerga 1999), Félix de Azúa: *Poesía* (Madrid: Hiperión 1989).
4   Vgl. die Interpretation des Gedichtes »Música del Agua« von Hans Hinterhäuser, in Manfred Tietz (Hg.): *Spanische Lyrik der Moderne*, S. 433-439
5   Antonio Colinas: *Poesía* (Madrid: Visor 1984), Jaime Siles: *Poesía* (Madrid: Visor 1982), Leopoldo María Panero: *Poesía* (Madrid: Visor 1993), Luis Alberto Cuenca: *Poesía* (Sevilla: Renacimiento 1990), Luis Antonio Villena: *Poesía* (Madrid: Visor 1983).
6   Vgl. José M. Castellet (1970), Carlos Bousoño (1979:9-68), von Barnatán vgl. den Aufsatz »La polémica de Venecia«, in: *Ínsula* 508 (1989), S. 15-16, von Cuenca »La generación del lenguaje«, in: *Poesía* 5-6 (1979-1980), S. 245-251, von Ignacio Prat die *Estudios sobre poesía española contemporánea* (Madrid: Taurus) sowie Julia Barella: »La renovación veneciana«, in: *Estudios Humanísticos* 5 (1983), S. 69-76.

7	Zur Entwicklung der Lyrik seit dem Ende des Bürgerkriegs vgl. den Aufsatz von Bert Hofmann: »José Agustín Goytisolo. Los celestiales«, in Manfred Tietz (Hg.): *Die spanische Lyrik der Moderne*, S. 303-318.
8	Gabriel Celaya: *Poesía urgente*. Buenos Aires: Losada 1960, S. 49-50; José Hierro: *Cuanto sé de mí*. Barcelona: Seix Barral 1974, S. 229. Zu Gabriel Celaya vgl. den Aufsatz von Christoph Strosetzki: »Gabriel Celaya. La poesía es un arma cargada de futuro«, in Manfred Tietz (Hg.): *Die spanische Lyrik der Moderne*, S. 292-302. Zur *poesía social* vgl. Siegfried Jüttner: »Blas de Otero. Cuando digo«, in Manfred Tietz (Hg.): *Die spanische Lyrik der Moderne*, S. 352-370.
9	Das lyrische Werk, das Carnero bis 1990 veröffentlich hat, findet sich in dem Band *Dibujo de la muerte. Obra poética*. Madrid: Cátedra 1998. Danach hat er noch den Gedichtband *Verano inglés* veröffentlicht (Barcelona: Tusquets 2000).
10	Martín Pardo: *Nueva poesía española*. Madrid: Scorpio 1970; Madrid: Hiperión [2]1990.
11	Thomas S. Eliot: *The Sacred Wood*. London: Methuen 1960 ([1]1920), S. 100.
12	Vgl. Rudolf Baehr: *Spanische Verslehre auf historischer Grundlage*. Tübingen: Max Niemeyer 1962, S. 45f.
13	Vgl. Marion Hartmann: »Vicente Aleixandre. El poeta«, in Manfred Tietz (Hg.): *Die spanische Lyrik der Moderne*, S. 251-262.
14	Vgl. Manfred Tietz :»Luis Cernuda. Hacia la tierra«, in ders. (Hg.): *Die spanische Lyrik der Moderne,* S. 263-280.
15	Zu den Textzitaten und Anspielungen vgl. Isadora Duncan: *My life*. London: V. Gollanz 1928, S. 125, 185, 189, 191 und 376.
16	Zu Baudelaire und den *poète maudits* vgl. Albert-Marie Schmidt: *La literatura simbolista*. Buenos Aires: Eudeba 1966.
17	Vgl. Félix Yusupof: *El esplendor perdido*. Barcelona: Caralt 1954.
18	Vgl. den *discurso de la edad dorada*, in Miguel de Cervantes: *El ingenioso hidalgo don Quijote de la Mancha*. I, 11. Edición del Instituto Cervantes dirigida por Francisco Rico con la colaboración de Joaquín Forradellas. Estudio preliminar de Fernando Lázaro Carreter. Barcelona: Crítica/ Instituto Cervantes 1998, S. 121-123.
19	Guillermo Carnero (1967:137).

Sieghild Bogumil-Notz

Luisa Castro.
Estoy cargando o descargando sustancias explosivas

      Oirás un ronco batir de alas, que alguien
      en dirección contraria
      parte.
      Aventajados pájaros te indicarán la ruta migratoria.
5   Se retiran las hordas del desierto hacia tiempos
      mejores.

      Tú, que podrías estudiar de cerca los hábitos
      del artillero
      y orientarte sin peligro entre los bancos de niebla,
10   te salvarás también.

      Abandonarás el barco
      tras el camino recto.*

Ich lade oder entlade explosive Substanzen
Du wirst ein dunkles Flügelschlagen hören, denn jemand / bricht in die entgegengesetzte Richtung / auf. / Privilegierte Vögel werden dir die Wanderroute zeigen. / Horden aus der Wüste ziehen sich zurück gen bessere Zeiten.
Du, die von nahem die Gewohnheiten des Artilleristen / studieren / und dich gefahrlos zwischen den Nebelbänken orientieren könntest, / wirst dich auch retten.
Du wirst den Kahn verlassen / hinter dem geraden Weg.

I

Luisa Castro wurde 1966 in Foz (Lugo) in Galicien geboren. Sie gehört der jungen spanischen poetischen Generation an, von der Ángel Sánchez Pascual sagt, ihr hervorstechendstes Merkmal sei es, dass sie »mit weiblicher Stimme spricht«.[1] Nach einem Philologiestudium in Santiago de Compostela und einem Abschluss in Linguistik an der *Universidad Complutense* in Madrid studiert sie Filmwissenschaft an der *Columbia University* in New York. Über Barcelona kehrt sie nach Santiago de Compostela zurück, wo sie zur Zeit lebt. 1984 veröffentlicht sie ihren ersten Gedichtband *Odisea definitiva. Obra póstuma*, dem der Band *Los versos del eunuco* folgt, für den sie 1986 den angesehenen *Premio Hi-*

perión erhält. Die Ausgabe der Gedichte erscheint 1987; bereits 1992 liegen sie in der dritten Auflage vor. 1988 erscheint der Gedichtband *Baleas e baleas* in galicischer Sprache, den Luisa Castro 1992 in einer spanischen Fassung unter dem Titel *Ballenas* veröffentlicht. 1988 erhält sie für ihren Gedichtband *Los hábitos del artillero* einen bedeutenden Literaturpreis, den *Premio Rey Juan Carlos de Poesía*. Die Veröffentlichung erfolgt zwei Jahre später. 1997 erscheint ihr Gedichtband *De mí haré una estatua ecuestre*; 2004 fasste sie ihre bis dahin erschienenen Gedichte unter dem Titel *Señales con una sola bandera: poesía reunida 1984-1997* zusammen; 2005 folgt ihr bislang letzter Gedichtband *Amor mi señor*. Außerdem liegen bereits mehrere Romane von der Autorin vor: *El somier* (1990), mit dem sie in die Endauswahl für den *Premio Heralde de novela* gelangt; *La fiebre amarilla* (1994) und *El secreto de la lejía* (2001), für den die Autorin den *Premio Azorín* erhält. Mit dem *Diario de los años apresudas* (1998) gibt sie einen Rückblick auf ihre Jahre in Madrid. Nach *Viajes con mi padre* (2003) erscheint 2006 ihr bislang letzter Roman *La segunda mujer*.

Während die Romanautorin ohne Umschweife in schnellem Rhythmus und einfachen Worten gemäß ihrer Überzeugung, dass die schlichtesten Alltagsdinge und Geschehnisse bereits das Geheimnis enthalten, erzählt, verändern sich Ton, Rhythmus, Syntax und Vokabular in den Gedichten und lassen diese teilweise nur schwer verständlich, ja sogar dunkel erscheinen. Zwar geht es auch hier um die einfachen Dinge aus ihrem unmittelbaren Erlebniskreis, vor allem ihrer Kindheit, jedoch enthebt sie die Kontextualisierung den Gesetzen der ›mono-logischen‹, monolithischen Sprache der Erwachsenen. So wird denn auch in den wenigen wissenschaftlichen Gedichtanalysen, die es bisher gibt, in Anlehnung an Foucault, Lacan, Derrida und Cixous verschiedentlich auf psychoanalytische Denkmuster zurückgegriffen, um den so genannten kindlichen Diskurs oder aber auch den Körperdiskurs in Luisa Castros Poesie zu erklären. Denn auch das Körperbewusstsein tritt in ihrer Dichtung rekurrent auf. Juan Varela-Portas de Orduña sieht in der »relación de la subjetividad con el cuerpo« das Hauptthema der *Versos del eunuco*.[2] Das Gedicht »Una virgen se debate pulsando con martillos / el cuerpo inquebrantable«,[3] das dem Gedichtband entstammt, ist für ihn in dieser Hinsicht exemplarisch. Die Autorin entscheidet sich gegen ihre *conditio feminina*, gegen »la consideración de la mujer como espíritu«[4] und für ihren Körper als Identitätsstifter. Damit gerät sie jedoch in einen durch die Gesellschaft verursachten Zwiespalt, da der Körper zugleich als Ort »de la lucha social, de la docilidad impuesta por el poder« unwiderruflich fremd ist. Auf diesen zwei ideologischen Grundlinien baut sich der Text als »grito« und Manifestation des ›Schmerzes‹, »dolor«, der »insatisfacción« und des »odio« auf, worin wiederum die einzige Möglichkeit des Protests gegen die Unterwerfung des Körpers und die Niederlage als Bedingung des persönlichen Aufstiegs in der Hörigkeit besteht.

Wenn diese Analyse den Text auch zu sehr auf seine Signifikatsebene, die den Ambivalenzen der Wörter nicht Rechnung trägt, reduziert und das Ergebnis darum nicht überzeugen kann, besteht kein Zweifel daran, dass Luisa Castros Dichtung aus der Auflehnung des nach Freiheit und Entfaltung strebenden Individuums gegen die Verfremdungs- und Kastrationsmechanismen der oppressiven

Gesellschaft lebt. Ángel Sánchez Pascual bezeichnet die Dichterin als »vielleicht die radikalste Feministin unter den zeitgenössischen Dichterinnen«[5] in Spanien. Dabei ist jedoch zu berücksichtigen, dass sich die Autorin selbst in einem Interview nicht als feministische Lyrikerin, sondern einfach als Lyrikerin sieht.[6] Die hier vorgestellte exemplarische Gedichtanalyse wird denn auch in der Tat zeigen, dass die Revolte nicht nur in einem feministischen Kontext steht, sondern sich allgemein gegen die den Menschen einengende soziale Bedingtheit, aber auch gegen die *conditio humana* generell richtet. Juan Varela-Portas de Orduña ist vor allem aber auch zuzustimmen, wenn er auf den Text als »grito«, auf die sich darin äußernde Unzufriedenheit und den »odio« verweist. Das Wort »odio« ist so rekurrent, dass es als ein Schlüsselbegriff dieser Dichtung anzusehen ist. Der Gestus der Gedichte erinnert an den siebzehnjährigen Arthur Rimbaud (1854-1891), der in zwei berühmten Gedichten aus dem Jahre 1871 (»Ce qu'on dit au poète à propos des fleurs« und »Le bateau ivre«[7]) die konventionelle Poesie niederschmettert und fordert, nach Neuland zu suchen. In eben derselben Weise kündigt die damals gleichfalls erst siebzehnjährige Dichterin in ihrem ersten veröffentlichten Gedichtband *Odisea definitiva. Libro póstumo* ihre Revolte an, erhebt sich gegen die seit mythischen Zeiten andauernde Marginalisierung der Frau, klagt in dem zwei Jahre später erschienenen Band *Los versos del eunuco* in ironisch-spielerischer, aber sehr herausfordernder Weise den Phallokratismus der Gesellschaft an und eröffnet dabei ebenfalls neue Wege des poetischen Schreibens, deren Neuheit, so sagt die Autorin, derzeit nur von wenigen ermessen werden kann.[8]

Iria Sobrino Freire stellt den Kindheitsdiskurs in der galicischen Fassung von *Ballenas* in den Rahmen der Sprache der ›Wildheit‹, »salvaxe«, den sie ebenfalls als einen der Poesie verpflichteten Gegendiskurs gegen die logozentristische Welt versteht, die von Konventionen geprägt ist.[9] Auch sie hebt die immanente Unmöglichkeit eines solchen *regressus ad originem*, eines solchen Regresses zum Ursprung, hervor, da das Bild der Kindheit immer nur die ungenaue Konstruktion der Erwachsenen und damit eine Fiktion der Natürlichkeit darstellt.[10] Der Bauch des Walfisches oder die schottische Inselgruppe Kilda als ideale Orte der Kindheit[11] müssen daher auf der Wunschebene bleiben.

Wie oben erwähnt, schwingen diese Sinnzuweisungen mehr oder weniger sichtbar an der Oberfläche mit. Aber die Aussage der Gedichte darauf zu reduzieren, bedeutet, die Vielschichtigkeit des poetischen Sprechens von Luisa Castro aufzuheben und dessen Neuheit zu eskamotieren. Denn was als Bild der Kindheit erscheint, gehört vielleicht gar nicht zu ihrer Autobiographie. Ihr Leben spielte sich in jenen Augenblicken vielleicht an einem anderen Ort, in anderen Gedanken und mit anderen Gefühlen ab.[12] Diese Bemerkung der Autorin lässt in aller Schärfe die Subjektproblematik als eine zentrale Frage in ihrer Dichtung aufleuchten. Sie lenkt den Blick unmittelbar auf die Bedeutung des Signifikantengefüges der Gedichte, welche die Signifikatsebene der Aussage bedingt.

Die Frage, wer schreibt oder spricht, drängt sich bei der Lektüre der Gedichte in der Tat auf. Das Subjekt scheint nicht fassbar, es wechselt laufend die Gestalt, findet sich im Anderen wie der Eunuch, wenn er wagt, »escalar la dura arquitectura de mi sangre«.[13] Wie Franz Kafka so könnte auch Luisa Castro von sich sagen: »»Ich habe Erfahrung, und es ist nicht scherzend gemeint, wenn ich sage, dass es eine Seekrankheit auf festem Lande ist«.[14] Die schwankende Natur der Erfahrung ist ihr mit dem deutschen Erzähler gemeinsam. Sie wirft unmittelbar weitere Fragen auf, jene nach dem Ort, an dem das sprechende Subjekt angesiedelt ist, nach seiner Zeit und schließlich nach der Qualität des Sprechaktes, des Wortes selbst.

Die Analyse des Gedichts »Estoy cargando o descargando sustancias explosivas« aus dem Band *Los hábitos del artillero* wird diesen Fragen in exemplarischer Weise nachgehen.

II

Bei »Estoy cargando o descargando sustancias explosivas« handelt es sich um das Titelgedicht, das an vorletzter Stelle des gesamten Bandes und damit auch des vierten Zyklus, der ihn beschließt, steht. Das Poem kann als eines der vielen Beispiele für den in Vers 9 evozierten ›Nebel‹ stehen, der den Leser allenthalben in den Gedichten von Luisa Castro umgibt. Auch hier bleiben viele Fragen zunächst offen: Wer ist das Ich, das im Titel erscheint, wer das in der Folge auftretende Du? Wer spricht letztlich? Und von welchem Ort aus? Wie ist das nur im Titel und einmal im Poem selbst (V. 5) unterbrochene Futur zu verstehen, und welcher Sinn kommt dem damit offensichtlich gezielt eingesetzten Präsens zu? Schließlich stellt sich die Frage, ob und wie in der Folge der Bilder eine mögliche Sinnkonsistenz zu ermitteln ist. Kurz, das gesamte Gedicht ist von Fragezeichen umgeben und damit exemplarisch für das poetische Schreiben von Luisa Castro. Ihre eigenen Kommentare, die sie in Interviews bereitwillig liefert, verdichten die Fragen eher noch, als dass sie Antworten oder auch nur Orientierungshilfen geben. So beschreibt sie den gesamten Band und die einzelnen Zyklen wie folgt:

> Creo que en el fondo lo que anima *Los hábitos del artillero*, del primer poema hasta el último, es una única intención, que es la intención que quizá recoge muy bien la cita que pongo de Konrad Lorenz al principio, la idea que nada parece lo que es y quizá la paloma, que es el símbolo por excelencia de la paz, puede devorar como nadie a su presa. Creo que todos los poemas están animados por un tono muy acechante. Y si estudias un poco la distribución de los poemas, son cuatro partes, el principio remite a la infancia, el segundo, de »la cacería«, remite a un mundo más metafórico de la pérdida de la orientación, el tercero, de »código internacional«, habla ya en un tono más ético, pero también se intensifica el sentido de acechanza y, al final, hay una pequeña conclusión en forma de coloquio de quien pretendía ser, o quien quería ser, o quien soñaba ser, y se concluye que lo único que importa es que alguien escuche tus sueños o que alguien dé calidad a tus sueños.[15]

Dieser Kommentar wirft insofern noch weitere Fragen auf, als die Zyklen in der Buchausgabe anders aufgeteilt sind. In der Tat verweist der erste Zyklus »El reino submarino« mit seinen drei Gedichten auf die Kindheit; noch stärker ist dies der Fall im zweiten Zyklus, der nicht den Titel »Die Jagd« trägt, sondern »Los alimentos«. Im dritten Zyklus »La cacería« tritt der Begriff des Belauerns tatsächlich wiederholt auf, und auch die Thematik der Orientierungslosigkeit kann ausgemacht werden. Das »coloquio« im vierten – »Señales con una sola bandera« betitelten – Zyklus könnte man allenfalls auf das hier vorliegende vorletzte und das letzte Gedicht beziehen, in denen dem Ich ein Du gegenübergestellt wird.

Auch das dem vierten Zyklus als einzigem in diesem Buch mitgegebene, in Strophenform gefasste Zitat aus dem mittelalterlichen Rhodischen Seerecht[16] gibt keinen Hinweis für eine Sinnerschließung:

Los objetos de valor
Deben ser declarados al capitán,
de lo contrario no se admitirán
reclamaciones por su pérdida.

(»Die Wertgegenstände / müssen dem Kapitän gemeldet werden / andernfalls können im Verlustfall / keine Ansprüche geltend gemacht werden.«)

Sicherlich, die Idee der Wertzuweisung schwingt im vorliegenden Gedicht konnotativ mit, dennoch bedeutet dieses Zitat keine unmittelbare Hilfestellung und ist selbst erst interpretationsbedürftig.

Der Leser ist in seiner Sinnsuche auf sich gestellt und muss sich allein auf das Gedicht verlassen. Mit dem Titel erhält er jedoch bereits einen ersten Lektürehinweis. Die Konjunktion ›oder‹ weist darauf hin, dass es Alternativen zu einer Setzung gibt. Es gilt eine Aussage, aber auch deren Gegenteil, und noch genauer: das eine *ist* das andere, und sei es sein Gegenteil. Das heißt mit anderen Worten: es gibt nicht nur eine Wahrheit. Poetologisch gesprochen wird damit ein vielschichtiges Sprechen begründet, auf dem sich die Sinnkohärenz der scheinbar disparaten Bilder des Gedichts aufbaut. Diese Hypothese findet im Verlauf des Poems ihre Bestätigung. Ein Flügelschlag ist zu hören, zu hören ist aber auch, dass ›jemand‹ – die Gegenwart eines Menschen wird angezeigt – in eine entgegengesetzte Richtung aufbricht. Die syntaktische Kontraktion impliziert, dass eines das andere ist. Zugleich wird die Idee eines Chaos angedeutet. Vogelwelt und Mensch sind in Bewegung geraten, gleichsam aufgescheucht, und jeder schlägt auf seiner Flucht, die mit Vers 10 angedeutet wird, eine andere Richtung ein. Die Präsenz des Menschen stellt unmittelbar den Bezug zum Ich des Titels her. In dem Pronomen wird seine Gegenwart grammatikalisch explizit ausgedrückt. Der ›dumpfe‹ Laut des Flügelschlags wird dadurch aber konnotativ mit dem Entladen einer explosiven Substanz in Verbindung gebracht, und es stellt sich beim Leser das Bild ein, dass das Ich der Auslöser dieser Explosion und der dumpfe Laut *de facto* der Explosionslaut ist. Rhetorisch gesprochen handelt es sich hier um eine *hypallage adiectivi*, ein Versetzen des Adjektivs vom *verbum proprium* auf das Flügelschlagen, wodurch Explosion und Flügelschlag ebenfalls in eine identische Nähe gebracht werden, was die Sinnverwirrung, oder auch – mit einem Blick auf Arthur Rimbaud gesagt – die Verwirrung der Sinne, und das ausgelöste Chaos noch steigert. Nach seinem Akt entfernt sich das Ich, was sich grammatikalisch in dem Unbekanntheit indizierenden, anonymen »alguien« ausdrückt.

In der Verwirrung bewahren gewisse Vögel ihre feste Route, die damit ›privilegierte‹, weil wissende Geschöpfe sind und den Weg, die Richtung anzeigen können, jedoch nicht das Ziel. Ein Ziel gibt es in diesem Gedicht nicht, wie der Schluss zeigen wird. Es ist in der Poesie von Luisa Castro grundsätzlich nicht vorhanden. Vögel und Mensch gehen in dem vorliegenden Poem vielmehr in der Bewegung auf.

Der Flügelschlag, der ein einziges Geräusch, das Geräusch eines einzelnen Vogels vermuten lässt, ist im Folgenden nicht nur mit mehreren der bewunderungswürdigen Vögel in Verbindung zu setzen, sondern geradezu mit ganzen Schwärmen. Denn während der eine Flügelschlag auf die ›privilegierten Vögel‹, also die Eins auf den in ihr enthaltenen Plural verweist, wird der Plural durch Vers 5 noch erweitert, ganze Vogelschwärme fliegen auf. Das Bild des durch den dumpfen Explosionslaut allgemeinen Aufgescheuchtseins wird dadurch noch intensiviert.

Da sich die Wüstenhorden von den positiv konnotierten Zugvögeln durch die negative Konnotation, die dem Bild der Horde anhaftet, unterscheiden, mag in der Vorstellung des Lesers leicht das Bild der sich über dem Chaos richtungsweisend erhebenden Zugvögel entstehen lassen. Dieses Bild trägt jedoch nicht der Vielschichtigkeit des poetischen Sprechens von Luisa Castro Rechnung. Erst der Blick auf die Polyvalenz lässt in den nicht näher bezeichneten ›Horden‹ tatsächlich Vogelschwärme erkennen, und erst die Berücksichtigung der Polyvalenz kann das auffällige Präsens, das hier in der Mitte des Gedichts erscheint, erklären. Es steht in offensichtlichem Bezug zum Titel. Jedoch ist das poetische Subjekt an dieser Stelle verschwunden. Es gibt nur eine neutral konstatierende Stimme, die an den Rückzug des Titel-Ich im »alguien« erinnert, dessen Stimme nun wie im Off-Modus von fern tönt. Sie stellt fest, dass durch die konnotierte Explosion *tabula rasa* gemacht wird. Scharenweise ziehen sich die ›Horden‹ der Wüste zurück, beziehungsweise sie ziehen sich aus der Wüste zurück. Die syntaktische Ambivalenz indiziert, dass der Ort auch die Eigenschaft jener Lebewesen ist. Mit der Bewegung hin zu den ›besseren Zeiten‹, zu denen sie sich zurückziehen, verändern sich damit aber zugleich auch Ort und Eigenschaft. Die andere Zeit bedingt einen anderen Ort, der ein anderes Subjekt erscheinen lässt. Erst diese Idee einer zukünftigen Transformation erlaubt es, eine Verbindung zwischen den ›Horden‹ und den Vögeln herzustellen. Sie lässt darüber hinaus auf die ›privilegierten Vögel‹ schließen, die bereits in dieser Zukunft angekommen sind, wie das Verb »indicarán« zeigt. Aus dem Chaos oder der wüstenhaften Leere – eines ist wiederum auch das andere – geht eine neue Ordnung hervor, und die ›Horden‹ haben sich in der Art der ›privilegierten Vögel‹ formiert, während sich aus dem Präsens das Futur generiert hat. Das heißt im Blick auf den Titel formuliert: das Gedicht lädt sich mit einer neuen explosiven Logik auf.

Diese findet im Gebrauch des Präsens ihren grammatikalischen Ausdruck. Wie das Verb »retiran« indiziert, ist die Vergangenheit, die im Rückzug impliziert ist, in der Gegenwart aufgehoben, während sich über dem Regress das Präsens der Zukunft öffnet. Die Anachronie bleibt jedoch nur auf der semantischen Ebene angedeutet, grammatikalisch wird der Blick zurück ausgespart, denn was Vergangenheit ist, war einmal aus dem Präsens entstandenes Futur. Es geht Luisa Castro um den Bezug von Gegenwart und Zukunft, wobei sie eine Aufwertung der Zukunft vornimmt.[17] Die Gegenwart des Poems markiert lediglich das auslösende Moment des Gedichts, das selbst in der Zukunft spricht und damit dort auch angesiedelt ist. Dieses ist der neue Schritt, den die Autorin in literaturhistorischer Hinsicht vollzieht. Während sich in der Geschichte der Literatur die Dichtung seit jeher in der Gegenwart erfüllt hat – auch Paul Celan unterstrich, dass das Gedicht Gegenwart und damit zugleich Präsenz eines Menschen ist –, hat diese Zeitstufe für Luisa Castro nur einen auslösenden Wert, das Gedicht selbst vollzieht sich im Futur. Das Futur aber ist mit derselben Unmittelbarkeit, Gegenwärtigkeit und Gegenwart behaftet,[18] wie sie der Leser von der Gegenwärtigkeit des Gedichts her kennt. Das bedeutet, dass die Zukunft Gegenwartscharakter besitzt. Im Blick auf die Vielschichtigkeit des poetischen Sprechens von Luisa Castro kann die Gleichung aufgestellt werden: die Zukunft ist die Gegenwart des Gedichts. Sie spiegelt wider, was die Dinge im Durchgang durch die Zeit sind und was sie zu sein haben. Es handelt sich bei diesem Blick in die Zukunft nach Aussage der Autorin jedoch nicht um Visionen einer Dichterin, an die sie nicht glaubt, sondern »se trata de una operación intelectual, entrever lo que puede ocurrir, con las claves que tienes del presente«.[19]

Der zweite Teil des Gedichts besteht in der metapoetischen Selbstreflexion des poetischen Subjekts. Vom sicheren Posten in dem anfänglichen Chaos aus, das die Wirkung von Nebel hat, der jede klare Sicht verhindert, verwehrt es sich den Blick auf die Gewohnheiten des Artilleristen. Mit diesem Bild wird einerseits noch einmal der Auslöser des Gedichts evoziert und andererseits sowohl dem Titel-Ich als auch dem »alguien« eine konkrete Gestalt verliehen. Die Gefahrlosigkeit, in der sie sich in dieser Situation trotz deren Undurchschaubarkeit befindet, lässt im Bild des Nebels die Idee der chaotischen, sinnleeren alltäglichen Lebenswelt konnotieren, in der sich der Mensch jedoch bequem eingerichtet hat. Alles ist ihm hier zur Gewohnheit geworden, wie das Titelbild sagt, und er fühlt sich scheinbar auf sicherem Grund. Die Illusion dieser Vorstellung und die implizite Kritik der Dichterin an der schlechten Realität sind offensichtlich, und es wird unmittelbar einsichtig, warum das poetische Subjekt kein Interesse an der Betrachtung seiner Ausgangsposition hat. Nicht nur das Alltagsleben, sondern auch die das Gedicht auslösende Technik des Schreibens sind mit dem Einsetzen des Gedichts schon der Vergangenheit übergeben, und das Präsens hat sich bereits zur Zukunft hin verwandelt. Das Gedicht, verstanden als Schuss, versetzt das Chaos unmittelbar in eine zukünftige natürliche Ordnung, der Bahn der Zugvögel gleich, und ein Blick zurück käme einem Rückschritt gleich.

III

Luisa Castro verteidigt mit dieser Auffassung kein Geschichtsvergessen. Dies beweist schon allein ihr feministisches und sozialkritisches Engagement, das in den erwähnten Kritiken aufgezeigt wurde. Darüber hinaus ist sie aber auch von einem Geschichtsbewusstsein geprägt, das sie in die Tiefen der menschlichen Seele führt. Dafür steht ebenfalls ihre gesamte Dichtung mit ihrem Regress in die frühe Kindheit, in die Natur und Tierwelt, oder in Bereiche, die mit der Vorstellung von Tiefenschichten verbunden sind, sei es des Meeres, des Waldes oder des Hauses, denen gegenüber sie noch tiefer angesiedelt ist – »así os miré desde abajo […] /, siempre desde el lugar / donde se esconden las más pequeñas criaturas«[20] – oder es steht auch ihre Annäherung an die in der Poesie noch unverbrauchte Welt der Haustiere dagegen – »acercaré mi oído al aliento / de las vacas«.[21] Der Regress führt die Dichterin, die »con hojas y aves«[22] träumt und sich mit den Tieren vereint fühlt – »en el vientre de las ballenas sólo vivo yo«[23] – bis in die Frühzeit der Erdgeschichte zurück, der Epoche einer »génesis secundaria«.[24] Luisa Castro stimmt kein Lob des Vergessens an, vielmehr schärft sie durch ihre Dichtung das Bewusstsein für die futurische Aufgeladenheit der Gegenwart, durch die diese unmittelbar zur Vergangenheit wird. Die Vergangenheit wird von der futurischen Kraft des Präsens gleichsam aufgezehrt und ist damit im wörtlichen Sinne der Rede nicht mehr wert.[25] Luisa Castro nimmt nicht noch einmal die Suche nach der verlorenen Zeit auf, ihre poetische Bewegung entspricht auch nicht jener des Benjaminschen Geschichtsengels, in dessen Rücken sich während seines Fortschreitens die Trümmer der Geschichte häufen, vielmehr versammelt sie die Zeiten in der futurischen Schusssicherheit der Gegenwart, um sich mit einem Handstreich – mit dem Strich einer Hand – das heißt mit einem Wort, einer Formulierung, auf einen zukünftigen Weg zu projizieren.

Die Autorin gebraucht für das eingeforderte konzentrierte poetische Sprechen die Rimbaudsche ›Formel‹,[26] den Begriff der ›Sentenz‹, und erklärt diese wie folgt: »en el sentido de una frase con una carga fuerte de significado que no admite ningún tipo de apelación, una forma de expresión definitiva.«[27] An einer anderen Stelle spricht sie vom »impacto de la palabra aislada«. Die an die Celansche Forderung des präzisen Sprechens erinnernde Sentenz[28] ist für sie zutiefst poetisch, denn hier konzentriert sich das Sprechen ohne Schmuck und Umschweife auf die Formulierung der zentralen Idee der Aussage. In dem Gedichtband *Los hábitos del artillero* sieht sie diese Forderung eingelöst, und auch der diesem folgende Gedichtband *De mí haré una estatua ecuestre* (1997) zeichnet sich durch das sentenzhafte Sprechen aus. Das hier exemplarisch analysierte Gedicht kann auch in diesem Fall stellvertretend als Beweis dienen. Sinnbeladen schreitet es von Versinsel zu Versinsel voran, geradlinig auf das Ziel zu, um Raum zu schaffen, an dem sich das poetische Subjekt freisetzen kann. Der letzte Vers des Poems zeigt jedoch, dass sich seine Freisetzung letztlich nicht im Gedicht erfüllt, dieses führt nur in die Richtung des Ziels. Die Freiheit erlebt es ›hinter‹ dem geraden Weg, jenseits des Gedichts im Bereich des Unaussprechbaren.

Das auffällige kriegerische Bild lässt jedoch noch weitere Rückschlüsse zu, zum einen auf die Größe der Gefahr. Ihr entspricht das Mittel der Abwehr. Der Krieg ist ein rekurrentes Thema in Luisa Castros Dichtung. So stark sind die Habitualisierung und der Sog der Bequemlichkeit in der Sinnlosigkeit des Alltags, dass nur noch das äußerste Mittel, die Kriegserklärung, die radikale Zerstörung, davor bewahren kann. Der Aufschrei der Gegenwehr in der äußersten Not, der seit dem ersten Gedichtband das Schreiben von Luisa Castro charakterisiert,[29] ist selbst auch in diesem zuversichtlichen Gedicht, in dem sich das poetische Subjekt schon auf der anderen Seite der ›besseren‹ Zukunft befindet, zu hören. Zu dieser Bequemlichkeit gehört zum anderen auch jener poetische Akt, der sich nur in der Selbstbetrachtung seiner Vorgehensweisen, anders ausgedrückt, in der Autoreferentialität genügt. Luisa Castro fordert dem gegenüber eine Poesie, die sich mit ihrer notwendigen Selbstreflexion zu ihrer Verantwortung gegenüber der Realität, die es zu schaffen gilt, bekennt. Das aber bedeutet, dass das poetische Subjekt das sichere Boot verlassen muss. Von der Gefahr her, sich durch das bequeme Wegsehen vereinnahmen zu lassen, erklärt sich denn auch das Bild der Rettung in Vers 10.

IV

Bisher wurde die Frage nach dem poetischen Subjekt, das im Gedicht spricht, ausgespart. Sie spitzt sich zunächst auf das Problem des Verhältnisses von Titel-Ich und folgendem Du zu. In den bisherigen Ausführungen drängte sich die Antwort bereits auf. In einem Sprechen, in dem eine Setzung auch schon immer eine andere impliziert, trägt das Ich auch schon immer das Du in sich. Um es mit den Worten Rimbauds[30] zu formulieren: Ich ist für Luisa Castro selbstverständlich ein anderer. In dem Gedicht aus dem zweiten Zyklus desselben Bandes, das den Titel »Nadie« trägt, spricht sie die Alterität in der Identität am Schluss *expressis verbis* aus: »Mi cuerpo, sutil súbitamente, / bailará por toda la casa / la danza de otra.« (»Mein Körper, plötzlich unbemerkt, / wird durch das ganze Haus / den Tanz einer anderen tanzen«).

Das Bild des Körpers lässt in aller Deutlichkeit augenscheinlich werden, dass der beziehungsweise die andere in einer anderen Gestalt erscheint, die, wie es bei Paul Celan heißt, auch ihre eigene Zeit mitbringt.[31] Das Du ist demnach das Ich auf der Zeitstufe des Futurs. Auch die poetische Logik hat ihr System. In Vers 1-3 des Gedichts wird die Veränderung des Ich in sein Gegenteil angedeutet. Die intertextuelle Lektüre lässt jedoch erahnen, dass das poetische Subjekt selbst als Du letztlich auch keinen Bestand hat. Der dünne Körper in den zitierten Versen lenkt den Blick auf die Haltlosigkeit des Du, die durch die neutrale, unpersönliche Art des Sprechens hervorgerufen wird und der das Futur zusätzlich Vorschub leistet.

Es stellt sich die Frage, ob das Du im hier analysierten Gedicht tatsächlich mit sich selbst spricht. Die Art und Weise der Rede lässt vielmehr an eine unpersönliche, objektive Beschreibung der Situation oder gar an eine an das Du gerichtete Berichterstattung eines ganz anderen Sprechers denken. Das Gedicht »El irresponsable« aus dem Gedichtband *De mí haré una estatua ecuestre*, der die Frage nach dem poetischen Subjekt und dem Schreibakt zum zentralen Thema erhebt, bestätigt diese Hypothese. Es beginnt mit der Evokation von zwei Figuren, die nur in der Ziffer Zwei oder dem Pronomen ›wir‹ erscheinen. Sie kehren von einer je verschiedenen »travesía« zurück, und die Frage stellt sich, ob die Reise Erfolg hatte, welches der bessere Weg war, und wer als erster wagen würde zu sprechen. Die intertextuelle Lektüre lässt in den ›beiden‹ das plurale Subjekt erkennen, was sich durch die spätere Herauskristallisierung des mit sich selbst dialogisierenden Du, das das Ich bedingt, bestätigt findet. Intertextuell gelesen, erhellt sich auch die Art der beiden Wege, die im Gedicht »El irresponsable« nicht näher bezeichnet werden. Der eine Weg ist der gewohnte gerade Weg des ›Artilleristen‹, aus dem das Ich als Du ausschert, der andere eben jener andere von den Vögeln angezeigte Weg des Du. Sprechen aber wird keiner der beiden: »Nadie, sólo este papel. Las palabras escritas para que nadie / pueda hablar por nosotros, ni nosotros mismos.[32]« (»Niemand, nur dieses Papier. Die geschriebenen Worte, damit niemand / für uns sprechen kann, noch nicht einmal wir selbst.«). Und etwas später heißt es: »Pero alguien habla por nosotros entre nosotros. Alguien como / un desconocido que intercede sin saber nuestros nombres.« (»Aber es ist jemand unter uns, der für uns spricht. Jemand wie / ein Unbekannter, der sich einmischt, ohne unsere Namen zu kennen.«)

Er wird an anderer Stelle in dem langen Gedicht als ein anonymer Zeuge bezeichnet: »un testigo anónimo cuya cara no debemos conocer nunca« (»ein anonymer Zeuge, dessen Gesicht wir niemals kennenlernen dürfen«).

Die Zitate geben deutlich zu erkennen, dass in der Tat auch das Du nicht spricht, vielmehr wird ein drittes abwesendes Subjekt in der namenlosen Ferne als Subjekt der Aussage (*énonciation*) erkennbar. Die zwei Abschlussverse des hier analysierten Gedichts deuten den Ort an, von dem aus es spricht. Es befindet sich jenseits des geraden Wegs, jenseits des sicheren Bootes, nämlich an jenem Ort, auf den der Vogelzug gerichtet ist, der aber wie der Sprecher selbst unbekannt und ungenannt bleiben *muss*, da er im Bereich der Namenlosigkeit, des Schweigens angesiedelt ist, zu dem das Gedicht sich lediglich hinbewegen kann. Jedoch gibt es einen Zeugen für ihn. Die Verwandlungen des Subjekts vom Ich zum Du, zum »alguien« und zur unpersönlichen Stimme lassen anschaulich werden, dass es sich schließlich selbst zu jenem namenlosen ›Zeugen‹ hin verwandelt hat. Durch die Worte des Gedichts scheint es hindurch als Subjekt, das behaftet ist mit den Eigenschaften seines Ortes und Zeugnis ablegt von der metonymischen Hinfälligkeit der Sprache und der gleichzeitigen authentischen Gültigkeit seiner Bilder.

I. Verzeichnis der poetischen Werke von Luisa Castro

Odisea definitiva. Libro póstumo. Madrid: Arnao 1984 (zweite überarbeitete Auflage 1986).

Los versos del eunuco. Madrid: Hiperión 1986 (^{3}1992; Poesía Hiperión).
Ballenas – Baleas e baleas. Madrid: Hiperión 1992 (Poesía Hiperión).
Los hábitos del artillero. Madrid: Visor 1990 (Visor de poesía).
De mí haré una estatua ecuestre. Madrid: Hiperión 1997 (Poesía Hiperión).
Baleas e baleas/ Ballenas/ Wale. Poemas/ Gedichte galicisch-spanisch-deutsch. Übertragung von Juana und Tobias Burghardt. Türich: temart/ Lyrikedition 2004.
Señales con una sola bandera: poesía reunida 1984-1997. Madrid: Hiperión 2004.
A mi señor. Barcelona: Tusquets 2005.

II. Kritische Literatur

Sánchez Pascual, Ángel: »Die Stimme der Poesie ist weiblich. Aspekte zeitgenössischer spanischer Lyrik von Frauen«, in Christine Bierbach/ Andrea Rössler (Hg.): *Nicht Muse, nicht Heldin. Schriftstellerinnen in Spanien seit 1975*. Berlin: tranvía 1992, S. 205-221.

Sobrino Freire, Iria: »O imposible (contra)discurso da anteriodade. A representación da infanzia en *Baleas e baleas*, de Luisa Castro«, in Anxo Abuín González/ Juan Casas Rigall/ José Manuel González Herrán (Hg.): *Homenaje a Benito Varela Jácome*. Santiago de Compostela: Universidad de Santiago de Compostela 2001, S. 553-563.

Ugalde, Sharon Keefe : »Conversación con Luisa Castro«, in dies.: *Conversaciones y poemas. La nueva poesía feminina española en castellano*. Madrid: Siglo Veintiuno 1991, S. 281-293.

Varela-Portas de Orduña, Juan: »Luisa Castro: Una virgen se debate pulsando...«, in Peter Fröhlicher/ Georges Güntert/ Rita Catrina Imboden u.a. (Hg.): *Cien años de poesía. 72 poemas españoles del siglo XX: estructuras poéticas y pautas críticas*. Bern: Peter Lang 2001, S. 809-825.

III. Anmerkungen

*   Zitiert nach Luisa Castro (1990:53).

1   Ángel Sánchez Pascual (1992:205).
2   Juan Varela-Portas de Orduña (2001:816).
3   Zum Folgenden vgl. ebd. S. 819 ff.
4   Diese und die folgenden Zitate ebd. S. 825.
5   Ángel Sánchez Pascual (1992:216).

6   Sharon Keefe Ugalde (1991:292).
7   Rimbaud, Arthur: *Œuvres complètes*. Edition établie, présentée et annotée par Antoine Adam. Paris: Gallimard 1972 (Bibliothèque de la Pléiade), S. 55-60 und S. 66-69.
8   Sharon Keefe Ugalde (1991:292).
9   Iria Sobrino Freire (2001:557).
10 Ebd., S. 558.
11 Vgl. die Gedichte »Es estrecha la arena« und »Cuando estemos juntos en el limbo de los niños sin bautizar« aus dem Gedichtband *Ballenas*.
12 Sharon Keefe Ugalde (1991:286).
13 Vgl. das Gedicht »Si el eunuco se enfría en mis rodillas« aus dem Gedichtband *Los versos del eunuco*, S. 33 (zitiert nach der 3. Auflage von 1992).
14 Zitiert nach Walter Benjamin: »Franz Kafka«, in: Walter Benjamin: *Gesammelte Schriften* II,2. Hg. von Rolf Tiedemann und Hermann Schweppenhäuser. Frankfurt am Main: Suhrkamp 1980 (Werkausgabe 5), S. 428.
15 Sharon Keefe Ugalde (1991:285).
16 Das Rhodische Seerecht »ist ein nach dem einst seebeherrschenden Rhodos benanntes und vielleicht dort kodifiziertes Gewohnheitsrecht, ein Standesbrauchtum der Seehandel treibenden Bevölkerung der Mittelmeerländer und anerkanntes subsidiares Reichsrecht des röm. klass. und justinian. Rechts.« Norbert Angermann u.a. (Hg.): *Lexikon des Mittelalters*. Bd. VII. München: Lexma 1995, S. 1687; s.v. Seerecht.
17 In einem Interview mit Antonia Ortega Urbano formuliert Luisa Castro ihre Zukunftsbegeisterung wie folgt: »El futuro par mí es algo maravilloso, es todo lo que aún no he leído, lo que aún no sé.«; <http://www.literaturas.com/v010/sec0309/entrevistas/ent0309-02.htm> (09.09.04).
18 Juan Varela-Portas de Orduña spricht von der »comunicación directa e intuitiva con el sujeto lector«, die er zu Recht Luisa Castros Sprache in Bildern zuschreibt; vgl. ders. (2001:825); vgl. dazu auch Iria Sobrino Freire (2001:558).
19 Sharon Keefe Ugalde (1991:283f).
20 »Los reyes del amanecer V«, in: Luisa Castro (1997:24).
21 »La casa«, in: Luisa Castro (1990:17).
22 »Visión de Cibeles«, in: Luisa Castro (1997:41).
23 »Es estrecha la arena«, in: Luisa Castro (1992:53).
24 »Génesis secundaria, hipostática, elocuente«, in: Luisa Castro (1986:37).
25 Bezugnehmend auf das Wort »temprano« sagt sie in dem Gespräch mit Sharon Keefe Ugalde: »viene a aclarar lo que es el presente de ahora, que era el futuro entonces y refleja la urgencia de que las cosas sean lo que tienen que ser a través del tiempo«, in: Sharon Keefe Ugalde (1991:283f).
26 Vgl. dazu den Schluss des Gedichts »Vagabond« in den *Illuminations*: »moi pressé de trouver le lieu et la formule« (»ich, in Eile, den Ort und die Formel zu finden«. Arthur Rimbaud: *Œuvres complètes*, S. 137.

27 Sharon Keefe Ugalde (1991:287f); das folgende Zitat, ebd. S. 286; siehe dort auch zum Folgenden.
28 Vgl. dazu Celans »Antwort auf eine Umfrage der Librairie Flinker, Paris (1958)«: »Dieser Sprache geht es, bei aller unabdingbaren Vielstelligkeit des Ausdruck, um Präzision.« Paul Celan: *Gesammelte Werke in fünf Bänden*. Dritter Band: *Gedichte III, Prosa, Rede*. Hg. von Beda Allemann und Stefan Reichert unter Mitwirkung von Rolf Bücher. Frankfurt am Main: Suhrkamp 1983, S. 167.
29 Es wurde oben schon darauf hingewiesen, dass auch Juan Varela-Portas de Orduña den Text als Schrei beschreibt. Jedoch engt er den Blick des Protestes ein auf den feministischen Kampf gegen die auferlegte Ordnung. In dem vorliegenden Gedicht wird jedoch deutlich, dass die Kampfansage gegen jedwede Einschränkung des Menschen durch das Leben generell in seiner je spezifischen sozio-historischen Konkretisation gerichtet ist.
30 »Je est un autre.« (»Ich ist ein anderer.«): Brief Rimbauds an Georges Izambard vom 13. Mai 1871. Arthur Rimbaud: *Œuvres complètes*, S. 249.
31 Celan, Paul: *Gesammelte Werke in fünf Bänden*, Bd. III, S. 198-199.
32 Luisa Castro (1997:65).

Manfred Tietz

Antonio Colinas.
Juan de la Cruz sestea en el pinar de Almorox

            Primero, lo derrumbó el cansancio del camino,
            la hoguera del sol en las cumbres.
            Luego, lo despertó la pureza del aire
            y, al entreabrir los ojos, observó allá en lo alto
5   un vuelo de cigüeñas.
            Más tarde, la plegaria se abrió paso en su mente
            como el agua se va abriendo paso
            entre dos surcos ásperos.

            (Hace años pasó por estas mismas sierras.
10   Entonces era invierno.
            Con un cordel de esparto le llevaban
            atadas las muñecas,
            y los ojos vendados,
            ¡pero él cómo sentía el olor de la nieve!)

15   Ahora, cuánto estío.
            lo adormecen los grillos, las cigarras,
            y ya no siente apenas el cuerpo entre los pinos.
            Y, sin embargo, qué real la tierra
            y qué mansa la piedra que tiene por almohada,
20   esta tumba de olvido en el pinar de la persecución.
            ¡Qué bien comprende el mundo en esta paz sublime!

            Esperará a la noche
            para sentir de nuevo la sed de los caminos,
            esa honda sed del no saber sabiendo.
25   Para encontrar la senda extraviada
            se adentrarán sus ojos en lo oscuro
            como en maraña de espinos.*

Juan de la Cruz ruht um die Mittagszeit im Pinienwald von Almorox
Zunächst sank er zu Boden, ermüdet vom langen Weg / und von der Hitze der
Sonne auf den Berghöhen. / Dann aber weckte ihn die reine Luft, / und als er die

Augen wieder ein wenig öffnete, sah er hoch oben am Himmel / einen Schwarm von Störchen. / Später bahnte sich in seinem Geist ein Gebet seinen Weg, / so wie Wasser sich seinen Weg bahnt / zwischen zwei groben Furchen.
(Vor Jahren war er durch die gleichen Berge gekommen. / Damals war es Winter. / An einem groben Strick führten sie ihn, / die Hände gefesselt / und die Augen verbunden, / aber wie empfand er den Wohlgeruch des Schnees!)
Jetzt aber, welch großer Sommer! / Die Grillen, die Zikaden machen ihn schläfrig, / und unter den Pinien spürt er kaum seinen Körper noch. / Und dennoch, wie gegenwärtig ist die Erde / und wie sanft der Stein, den er als Kopfkissen benutzt, / dieses Grab des Vergessens in dem Pinienwald der Verfolgung. / Wie gut versteht er die Welt in diesem erhabenen Frieden!
Er wird jetzt auf die Nacht warten, / um erneut das heftige Verlangen nach weiteren Wegen zu spüren, / den großen Durst nach dem ›nicht wissenden Wissen‹. / Um den abgelegenen Pfad zu finden, / werden seine Augen ins Dunkel eindringen / wie in ein Dornengestrüpp.

Eine symbolträchtige Vita

Antonio Colinas, der als Lyriker von seinem Lebensalter her zur Generation der *novísimos* gehört, ihnen gegenüber jedoch aufgrund seines Selbstverständnisses als Dichter eine Sonderstellung einnimmt, wurde am 30. Januar 1946 in La Bañeza in der Provinz León im nördlichen Altkastilien geboren. Noch sehr jung zog er 1961 ins andalusische Córdoba, wo er während der folgenden drei Jahre seine Schulbildung fortsetzte und das Abitur ablegte. Aus seiner späteren autobiografischen Sicht, die zur symbolträchtigen Interpretation des eigenen Lebensweges tendiert, hat er diesen Wechsel vom feuchtkalten Norden in den trockenheißen Süden als einen bedeutsamen Wechsel zwischen zwei Polen, gleichsam als ein Ein- und ein Ausatmen, als die Ergänzung und Harmonisierung eines Gegensatzpaares gedeutet. In Córdoba erfolgte seine erste Initiation in die Welt des Dichtens, die sich in dem Bildungsroman *Un año en el sur* spiegelt, den er 1969 zu schreiben begann, der aber erst 1985 veröffentlicht wurde. Um sein Leben nicht sofort ausschließlich unter das Zeichen der Literatur zu stellen und um sich zunächst mit der Alltagswelt auseinanderzusetzen, nahm Antonio Colinas 1964 in Madrid ein Studium der Agrarwissenschaften und der Geschichte auf, begann aber gleichzeitig, ermuntert von solch bedeutenden Lyrikern wie Vicente Aleixandre (1898-1984)[1], José Hierro (1922-2002) sowie dem renommierten Kritiker und Sekretär der Zeitschrift *Ínsula* José Luis Cano (*1912)[2], mit dem Schreiben von Gedichten. Eine erste Sammlung erschien 1968 mit dem Titel *Preludios a una noche total*. Dieser Band eröffnete eine Reihe von in aller Regel recht schmalen Gedichtbänden, deren Zahl zwischenzeitlich auf fast zwei Dutzend angewachsen ist.

Den zunächst eingeschlagenen beruflichen, eher naturwissenschaftlichen Weg verfolgte Colinas nicht weiter. Zu Beginn der 70er Jahre änderte er seine gesamte Lebensplanung in Richtung auf das Leben eines Literaten, der von seiner Feder leben will und leben kann. Anfang 1971 nahm er das Angebot, in Italien als Spanischlektor zu arbeiten, an und war vier Jahre lang in dieser Funktion an den Universitäten Mailand und Bergamo tätig. Für ihn wurden dies geistig außerordentlich fruchtbare Jahre, in denen er sich mit der italienischen und der römischen antiken Literatur intensiv auseinandersetzte, sich gründlich mit Leben und Werk des größten italienischen Romantikers, Giacomo Leopardi (1798-1837), befasste und den Grundstein für ein umfassendes Übersetzungswerk aus dem Italienischen legte, das ihn zugleich zu einem respektierten Italianisten machte.[3] Daneben verfasste er eigene Lyrik, insbesondere *Sepulcro en Tarquinia*, ein Werk, das 1975 erschien und das als das Haupt- und Schlüsselwerk seiner frühen Lyrik gilt.

Die tief greifenden Bildungseinflüsse, die Colinas während dieses Zeitraums erfuhr, waren für ihn Anlass, in seiner autobiographischen Rückschau sein Leben in zwei Epochen zu untergliedern: die Zeit vor und die nach seinem Italienaufenthalt. Die Rückkehr in das Madrid der Spätphase des Frankismus war während der Jahre 1974-1977 nicht von einem konkreten politischem Aktivismus und einem möglichen Rückfall in die Dichtungstradition der *poesía social* geprägt, sondern von einer generelleren Krise, einem profunden, aus der Modernismuskritik der europäischen Romantik gespeisten Zweifel an der materialistischen Orientierung der damaligen spanischen Gesellschaft und von der Sorge um den weltweiten ökologischen Niedergang. Die Enttäuschung über eine Moderne, die ganz an den Werten des Rationalismus und der Technik orientiert ist, führte ihn zur Rückbesinnung auf die intakte Welt seiner Kindheit mit ihrer in Spanien eher seltenen großen Nähe zu einer – romantisch gedeuteten – Natur, die sich in seinem gesamten lyrischen Werk finden lässt. Diese Phase der Enttäuschung ist verbunden mit einer mehrjährigen Unfähigkeit zur literarischen Produktion, die sich erst löst, als er 1976 für *Sepulcro en Tarquinia* den angesehenen *Premio de la Crítica* erhält, der seine Selbstzweifel ausräumt und ihn in seinem eigenen dichterischen Weg bestätigt. Dennoch sieht er seinen Ort nicht in der hektischen Literatenwelt von Madrid, wo – ebenso wie in Barcelona – die Weichen für Anerkennung und literarisches Fortkommen gestellt werden. Daher nimmt er Ende 1977 seinen Wohnsitz auf Ibiza, wo er 21 Jahre lang leben und als Dichter, Essayist, Romancier und Kritiker arbeiten sollte, Jahre, besonders die zwischen 1977 und 1980, die er als die glücklichsten seines Lebens bezeichnet hat.

Das Leben auf der vom Tourismus und dem Materialismus der Moderne seinerzeit noch wenig berührten Insel, die er als heiteres mittelmeerisches Gegenbild zur rauen nordkastilischen Meseta seiner Geburt erfuhr, erschien Antonio Colinas als ein Reflex des ›Goldenen Zeitalters‹, wo er sich – trotz recht intensiver literarischer und journalistischer Arbeit zum Broterwerb jenseits bloßer Tagesaktualität und eines unmittelbaren politischen Engagements – der Ausarbeitung jenes anspruchsvollen geistigen, stark mystisch-religiös geprägten Universums widmen konnte, das seinem Denken und seiner Lyrik in der Folgezeit zugrunde liegen und das ihn sehr deutlich von den meisten Autoren seiner eigenen und der Folgegeneration abheben sollte. 1982 wurde Colinas ein weiteres sehr deutliches Zeichen offizieller Anerkennung zuteil: er erhielt den *Premio Na-*

cional de Literatura in Anerkennung seines lyrischen Werks, das im gleichen Jahr erstmals in einer Gesamtausgabe erschien.[4]

1998 verließ Colinas Ibiza; er lebt seitdem wieder in Kastilien, zeitweise in Salamanca, das er bewusst als Alternative zur politischen und literarischen Metropole Madrid gewählt hat. In Anerkennung seiner literarischen Verdienste erhielt er in der gegenwärtig stark regionalistisch geprägten Literaturszene Spaniens 1999 den *Premio de las Letras de Castilla y León*, der ihn nach seinem langen Aufenthalt in der Welt des mediterranen Südens faktisch und symbolisch wieder in den poetischen Norden Spaniens integriert. Als Autor mit einer breiten öffentlichen Anerkennung wurde Colinas immer wieder in der auswärtigen Kulturpolitik Spaniens berücksichtigt. So hat er verschiedentlich – etwa in den Jahren 1991, 1993, 1996 – auch Deutschland besucht. Diese Reisen haben – weit mehr als bei jedem anderen spanischen Lyriker der Gegenwart – sehr konkrete Spuren in seinem Werk hinterlassen.[5] Dies wäre allerdings sicherlich nicht in gleichem Maß geschehen, wenn Colinas sich nicht immer wieder (und trotz fehlender Deutschkenntnisse) mit der – ins Spanische übersetzten – deutschsprachigen Literatur auseinander gesetzt hätte, insbesondere mit Goethe, Hölderlin[6], dem Romantiker Novalis[7] und mit Rilke[8] sowie mit Philosophen wie Schopenhauer, Nietzsche, Heidegger und Adorno. Diese ›germanophilen‹ Lektüren verstärken in der ansonsten weit mehr auf England, die USA und Frankreich ausgerichteten spanischen Kultur der Gegenwart das eigenständige Profil von Antonio Colinas.

Lyrik als Dechiffrieren einer tieferen Wirklichkeit

Begonnen hat Colinas sein lyrisches Schaffen in jener von den Literarhistorikern vielfach beschriebenen Phase des Spätfrankismus, in der es gerade auch den politisch engagierten spanischen Lyrikern immer deutlicher wurde, dass es mehr als problematisch gewesen war, die Lyrik – in Gestalt der an die breiten Massen gerichteten, ästhetisch daher bewusst anspruchslos gehaltenen, gesellschaftskritischen *poesía social*[9] – als politisches Kampfinstrument verwenden zu wollen, und in der eben diese Autoren feststellen mussten, dass die mit dieser Lyrik verbundenen gut gemeinten Absichten nur zu einer Banalisierung der Dichtung und aufgrund der fehlenden ästhetischen Innovation zu einer weitgehenden kulturellen und politischen Wirkungslosigkeit geführt hatten.[10] In den späten 60er Jahren des 20. Jahrhunderts trat eine ganze Generation von jungen Dichtern – die dritte Lyrikergeneration der Nachbürgerkriegszeit – gegen die *poesía social* an, um deren angeblichen oder tatsächlichen Utilitarismus zu überwinden und um eine ästhetisch innovative Lyrik zu schaffen, die, wie sie es in ihren polemischen Abgrenzungen formulierten, den übel riechenden ›Kohl‹ der *poesía social* durch eine edle ›Lyrik des duftenden Sandelholzes‹ für eine gebildete, an kulturell Erlesenem interessierte Minderheit ersetzen sollte.[11] Bekanntlich hat der Literaturkritiker José María Castellet in seiner berühmten, kanonbildenden Anthologie eine Reihe dieser Autoren als die *novísimos*, die allerneuesten und damit die zukünftig maßgeblichen, bezeichnet.[12] Mit diesem Schlagwort wurden schon bald –

zu Unrecht, wie sich in Anbetracht der verschiedenen Stilrichtungen und Dichterindividualitäten gezeigt hat[13] – alle Autoren jener dritten Generation von Lyrikern nach dem Bürgerkrieg bezeichnet. Den Lyriker Colinas hat Castellet – halb zu Recht und halb zu Unrecht, wenn man an seine Auswahlkriterien denkt – nicht in seine Anthologie aufgenommen. Dennoch kann kein Zweifel bestehen, dass Colinas grundsätzlich sehr wohl zur dritten, stark innovativen Generation der Nachkriegslyriker gehört und dass auch er einen deutlichen Bruch mit der *poesía social* vollzogen hat, von deren politischer Sicht der Lyrik ihn sein gesamtes Literaturverständnis trennt.

Colinas selbst lehnt allerdings – nicht nur was seine Person angeht – dieses wie jedes andere Generationenschema ab; er ist sicher mit einem gewissen Recht der Auffassung, dass es letztlich nur einzelne Dichterpersönlichkeiten gibt – mit ihrem jeweils ganz eigenen Anliegen und ihrer eigenen Stimme. Dennoch weiß er natürlich, dass auch er gewissen historischen Ausgangsbedingungen unterliegt. Insofern rechnet er sich selbst den *novísimos* zu, bezeichnet sich aber, wie auch Jaime Siles und Antonio Carvajal, als einen »novísimo atípico«[14] und betont, dass er, wie alle *novísimos*, von dem Streben geprägt wurde, eine sprachlich, thematisch und künstlerisch anspruchsvollere Dichtung als die der *poesía social* zu schaffen. Colinas hebt aber zugleich hervor, dass er seinerseits in der Lyrik der *novísimos* zu viel Unverbindliches und Oberflächliches, zuviel bloßes Prunken und Spielen mit den kulturellen Traditionen und mit den Elementen der verschiedensten Gegenwartskulturen vom Film über das Fernsehen bis zur Pop-Musik sieht, was er als funktionslosen Gebrauch von »elementos culturales« und exzessiven »culturalismo« verwirft.[15] Gegenüber einem solchen Dichtungsverständnis vertritt Antonio Colinas eine weit ernsthaftere, philosophisch und religiös fundierte Auffassung von Lyrik, deren Engagement sich allerdings nicht auf die Politik, sondern auf eine Auseinandersetzung mit den geistigen und spirituellen Grundvorstellungen des Menschseins bezieht. Mit diesem seinem anspruchsvollen, mit großer Ernsthaftigkeit und weitgehend ohne jede – die eigene Position infrage stellende – Ironie vorgebrachten Dichtungsverständnis sieht Colinas sich in der Nachfolge von Antonio Machado (1875-1939), den die typischen *novísimos* als einen dem Nützlichkeitsdenken verpflichteten Vorläufer der *poesía social* ablehnen,[16] sowie von Luis Cernuda (1902-1963), dem die bittere Erfahrung des Exils und die Kenntnis außerspanischer, insbesondere englischer Autoren den Weg zu einer existentiellen Lyrikauffassung gewiesen hatten.[17] Zwar teilt Colinas mit den Autoren seiner Altersgruppe den Anspruch, dass Lyrik auch ein sprachlich-ästhetisches Phänomen ist – d.h. »poesía del lenguaje« – sowie ein Medium der Erkenntnis – d.h. »poesía del conocimiento«. Dennoch unterscheidet er sich von ihnen allen, wenn er die Lyrik darüber hinaus in immer stärkerem Maß als eine »poesía meditativa« versteht[18], die sich im Sinne einer María Zambrano (1904-1991) oder eines Juan de la Cruz (1542-1591) sehr konkret als ein das Mysterium der menschlichen Existenz umkreisendes, religiös-mystisches Phänomen sieht, als einen letztlich sehr anspruchsvollen ›modo de ser y estar en el mundo‹, wie er es verschiedentlich formuliert hat. Dichtung ist für ihn wie die Philosophie und die Religion und wie die anderen Künste auch ein herausgehobenes, wenn nicht das schlechthinnige Medium der Selbsterfahrung des Menschen, der Reflexion des Menschen über sich selbst, über den Kosmos (der sich für Colinas in der Natur, im ›medio ambiente‹, als etwas Vollkommenes und Göttliches manifestiert), über die Beziehung zwischen Welt und Mensch sowie über den Sinn allen Menschseins. Aufgrund dieses umfassenden Lyrikverständnisses ist Antonio Colinas sicher nicht zu Unrecht als ein (neo-)romantischer Autor bezeichnet worden,[19] wenngleich er selbst diese Bezeichnung eher ablehnt, wohl weil sie ihn zeitlich zu sehr auf eine Phase des abendländischen Denkens und Dichtens einschränkt, während er seine Weltsicht und sein Dichtungsverständnis in einer viel längeren und breiteren Tradition von Lao Tse über die Vorsokratiker, die muslimische Mystik des Sufismus und ihre christliche Entsprechung bei Teresa de Jesús, vor allem aber bei Juan de la Cruz und, theoretisch reflektiert, bei den deutschen Romantikern wie Novalis und Hölderlin oder bei María Zambrano verankert sieht.[20] Ihnen allen gemeinsam ist die Vorstellung, dass es jenseits der bloßen Oberfläche der Wirklichkeit, die allen Menschen unmittelbar zugänglich ist, eine andere, eine zweite, tiefere Wirklichkeit gibt, die Colinas immer wieder als eine »segunda realidad« und als Geheimnis – »misterio« oder »enigma« – bezeichnet, das sich nur mit einem tieferen, nicht rational eingegrenzten Denken, einer »razón poética«[21], erschließen lässt und zu der zunächst der Traum Zugänge ermöglicht, die dann die Dichtung, soweit sie denn wirkliche Dichtung in seinem Sinne ist, weiter erschließt:

> La Poesía, para Colinas, es ante todo ›una vía de conocimiento‹ de esta realidad enigmática, un medio de profundización en ›aquel misterio de la existencia‹. En este sentido, la palabra poética no tiene otra misión que la de abrirnos el camino de acceso al Enigma que encierra lo real, la de revelarnos esa segunda realidad.[22]

Oder wie es Colinas selbst etwas abstrakter formuliert: »[La Poesía es] el hilo conductor que une la armonía del Ser con la armonía del Todo«[23], »aquel vehículo que pone en sintonía al hombre con el resto del Cosmos, aquel capaz de lograr la unión y comunión de lo disperso.«[24]

Sein religiös-metaphysisches – aber zumindest lange Zeit keineswegs konfessionell oder auch nur christlich gebundenes – Dichtungsverständnis, das einer Sicht der Dichtung als bloßem handwerklichen Tun radikal entgegensteht und das von der Kritik bisweilen mit wenig Verständnis oder offener Ablehnung aufgenommen wurde und wird,[25] hat Colinas in seiner lyrischen Praxis und in der theoretischen Reflexion erst allmählich entwickelt. Es findet sich zwar in Ansätzen bereits in seinem ersten Lyrikband *Preludios a una noche total* von 1969, theoretisch voll entfaltet ist es jedoch erst in dem Essay über »El sentido primero de la palabra poética«[26] und in dem Prosaband »Tratado de armonía« (1992). Es liegt jedoch auf jeden Fall der Dichtungspraxis in jenen drei Gedichtbänden – *Los silencios de fuego* (1992), *Libro de la mansedumbre* (1997) und *Tiempo y abismo* (2002) – zugrunde, die nach Colinas' Auffassung eine Trilogie bilden und in deren thematischen Rahmen auch das Gedicht »Juan de la Cruz sestea en el pinar de Almorox« gehört.[27]

Der Mystiker Juan de la Cruz: Ein Rollengedicht

Der Gedichtband *El libro de la mansedumbre*, in dem das hier vorzustellende Gedicht enthalten ist, umfasst drei Sektionen: *Aunque es de noche* (11-32), *Manantial de la luz* (33-68) und *La tumba negra* (69-91) mit jeweils 9 und 15 Gedichten sowie als Abschluss einem einzigen langen Gedicht in der dritten Sektion. Die erste Sektion thematisiert zwar das Phänomen der – hier bedrückenden und dunklen – Nachterfahrung, vermittelt aber zugleich die Hoffnung auf Erfüllung und Licht. Die zweite Sektion gibt Beispiele der Erfahrung von Helligkeit, Licht und erfülltem Leben, die Colinas gegenüber der Zerrissenheit und der Revolte des Menschen in der Welt der Moderne mit dem Begriff der ›mansedumbre‹ umschreibt, einer gelassenen Hinnahme, die aus dem Bewusstsein erwächst, in einem vollkommenen Kosmos zu existieren. Die dritte Sektion stellt schließlich den kompositorischen – negativen – Kontrapunkt dar: das sehr lange, teils narrative, teils traktathaft-prosaische Gedicht evoziert anhand der Namen von Weimar und Buchenwald einerseits den positiven Pol einer geglückten Existenz und andererseits den negativen Pol einer bedrückenden Realität von hoffnungsloser Dunkelheit und Tod. Das Gedicht »Juan de la Cruz sestea en el pinar de Almorox« ist der sechste Text der zweiten, vom Lebensgefühl her weitaus positiveren Sektion, deren letztes Gedicht programmatisch »Fe de vida« (wörtlich ›Lebensnachweis‹, freier ›Bekenntnis zum Leben‹) betitelt ist.

Bei einer ersten, noch ganz allgemeinen Lektüre liest sich der Text von »Juan de la Cruz sestea en el pinar de Almorox« wie ein Naturgedicht im Stil von Antonio Machado oder Luis Cernuda. Der Schauplatz des narrativ angelegten Gedichts ist ein noch heute existierender großer Pinienwald in der Nähe des neukastilischen Dorfes Almorox, das in den Ausläufern der Sierra de Gredos zwischen Madrid und Toledo an einem der Wege liegt, die nach Andalusien führen. Was die ›Inszenierung‹ des Textes angeht, so zeigt es eine gewisse Nähe zu den bei den *(post-)novísimos* beliebten ›Rollengedichten‹, in denen das lyrische Ich mit einer historisch realen Figur gleichgesetzt wird und aus deren Perspektive spricht.[28] Es wird so der Verdacht eines autobiographischen Sprechens ausgeräumt, dem jeder Text der postromantischen Erlebnislyrik ausgesetzt ist. Colinas verwendet allerdings nicht die in diesen Rollengedichten häufig anzutreffende Ich-Form; er lässt über Juan de la Cruz in der dritten Person aus der Perspektive eines allwissenden lyrischen Subjekts sprechen.[29]

Der Autor greift im vorliegenden Gedicht auf die Gestalt von Juan de la Cruz (1542-1591) zurück, den neben Teresa de Ávila (1515-1582) bedeutendsten Repräsentanten der spanischen Mystik des *Siglo de Oro*, der darüber hinaus sicher zu Recht als der wahrscheinlich bedeutendste spanische Lyriker des 16. Jahrhunderts, wenn nicht der ganzen spanischen Literatur insgesamt angesehen wird.[30] Erwähnungen von Juan de Cruz finden sich bei Colinas schon lange vor dem *Libro de la mansedumbre*, das im Titel einen der zentralen Begriffe im Denken von Juan de la Cruz – »mansedumbre«, »manso« – anführt. In ganz besonders intensiver Form hat er sich mit Juan de la Cruz im *Tratado de armonía* befasst, dessen zweiter Teil ausschließlich diesem Mystiker und Lyriker, insbesondere dem Zeichen- und Deutungssystem seiner Bildsprache, gewidmet ist: »Tratado de signos (Homenaje a san Juan de la Cruz)«.[31]

Um das vorliegende, recht kurze Gedicht (Colinas tendiert ansonsten durchaus dazu, längere lyrische Texte zu verfassen) grundsätzlich verstehen zu können, ist es nötig, einige Fakten seines realen Hintergrunds in Erinnerung zu rufen. Es sind dies Elemente aus dem Leben von Juan de la Cruz.[32] Der spätere Mönch, Autor und Heilige wurde 1542 als Juan de Yepes y Álvarez als Kind armer Eltern in der altkastilischen Provinz Ávila geboren. Er verlor früh den Vater, konnte jedoch eine der erst neu eingerichteten Jesuitenschulen besuchen, wo er als begabter Schüler auffiel. Wie Tausende seiner Altersgenossen wählte er im spanischen *Siglo de Oro*[33] als ›Beruf‹ das Mönchstum. Mit 21 Jahren trat er in den – damals noch nicht reformierten männlichen – Zweig des Karmeliterordens[34] ein und studierte in Salamanca Theologie. Mit 25 Jahren begegnete er Teresa de Ávila, der Ordensreformerin und Mystikerin, die ihn dazu bewegte, in den von ihr reformierten Zweig des Karmeliterordens einzutreten. Er nahm den Ordensnamen Juan de la Cruz an und bezog mit einigen Gefährten am 28. November 1568 das erste reformierte Männerkonvent der so genannten Unbeschuhten Karmeliter in Duruelo in der Provinz Ávila. Diese kleine, aber sehr aktive Gemeinschaft bemühte sich, den Karmeliterorden insgesamt zu reformieren, was auf heftigste Widerstände der weiterhin Beschuhten traf, bis sich diese durch eine Trennung von den neuen Unbeschuhten, d.h. reformierten Karmelitern lösten. Zwischenzeitlich kam es jedoch zu gewalttätigen Auseinandersetzungen zwischen den beiden Ordenszweigen, in deren Mittelpunkt Juan de la Cruz stand. Es ist dies die Vorgeschichte dessen, was im vorliegenden Gedicht thematisiert wird. Das Gedicht erwähnt, dass Juan de la Cruz den Pinienwald von Almorox zweimal – unter ganz verschiedenen Umständen – durchquert hat. Die erste Durchquerung fand statt, als Juan de la Cruz von seinen eigenen Unbeschuhten Ordensbrüdern festgenommen worden war und sie (die im Text des Gedichts nicht näher erwähnt werden) ihn nach Toledo brachten, wo sie ihn dann unter demütigendsten und qualvollen Umständen gefangen halten sollten. Die gewaltsame Gefangennahme, das Verbringen des Gefangenen von Ávila nach Toledo durch die Sierra de Gredos und damit die Durchquerung des Pinienwaldes von Almorox ist auf den Dezember 1577 zu datieren.[35]

Die zweite im Gedicht erwähnte Durchquerung des Pinienwaldes von Almorox ist chronologisch weniger genau einzuordnen, sie liegt auf jeden Fall lange Zeit nach seiner viel beschriebenen Flucht aus dem Gefängnis in Toledo (1578).[36] Nachdem es Juan de la Cruz in der Folge gelungen war, die päpstliche Bestätigung für seine Ordensreform zu erlangen und den Zweig der Beschuhten von den Unbeschuhten Karmelitern zu trennen, hatte er den Schwerpunkt seines weiteren Lebens und seine Reformtätigkeit nach Andalusien verlegt, besonders nach Baeza und Granada. Er reiste jedoch mehrfach in verschiedenen hohen Ordensfunktionen immer wieder zwischen Andalusien und Kastilien hin und her, bevor er tödlich erkrankt 1591 in einem Kloster seines Ordens in Úbeda starb. Auf eine seiner verschiedenen (Fuß-)Reisen zwischen Kastilien und Andalusien, die ihn über Almorox führten, bezieht sich der vorliegende Text.

›Profane‹ und ›mystische‹ Lektüre

Der recht einfach und relativ frei gegliederte Text des Gedichts – er umfasst vier Strophen verschiedener Länge (mit jeweils 8, 6, 7 und 6 Versen), die ihrerseits aus unregelmäßig angeordneten reimlosen Versen bestehen, in denen allerdings eine Tendenz zu regelmäßigen 7- und 11-Silbern deutlich erkennbar ist[37] – enthält einen kurzen, zumindest teilweise eher narrativen als lyrischen Bericht, der, was die Strophen 1 bis 3 angeht, zumindest über weite Strecken unmittelbar verständlich zu sein scheint: ermüdet vom langen Fußmarsch durch die Berge und in der glühenden Sommerhitze kommt Juan de la Cruz im schattenspendenden Pinienwald von Almorox an, sinkt zu Boden und verfällt in tiefen Schlaf. Als er wieder aufwacht, spürt er die frische Luft des Bergwalds und sieht hoch am Himmel Störche vorüberziehen. Die zweite Strophe ist – durch Klammern markiert – eine Rückblende, die den gefesselten Gefangenen mit verbundenen Augen mitten in Winter und Schnee bei seiner früheren Durchquerung des Pinienwaldes zeigt. Die dritte Strophe kehrt in die Gegenwart und in den Sommer zurück; sie scheint von einer Erfahrung tiefen Friedens und des Glücks zu berichten. Am wenigsten erschließt sich dann die vierte und letzte Strophe: sie weist – mit zwei Verben im Futur – aus der Gegenwart der Mittagshitze auf den kühlen Abend voraus und teilt in einer – dem Leser sicher nicht ganz unmittelbar verständlichen – Aussage mit, dass Juan de la Cruz in der Nacht sich erneut auf den Weg machen und tiefer in den Wald vordringen wird.

In seiner hier bislang nachgezeichneten Oberfläche scheint das Gedicht lediglich jene beiden oben erläuterten Episoden aus dem Leben von Juan de la Cruz einander gegenüber zu stellen, von denen die eine als bedrückend, die andere als beglückend charakterisiert wird. Das Gedicht enthält jedoch eine Reihe von Hinweisen, die es nicht erlauben, bei diesem oberflächlichen Verständnis stehen zu bleiben. Insbesondere die 4. Strophe enthält Elemente, die auf Möglichkeit und Notwendigkeit eines tieferen Verständnisses hinweisen. Dies gilt in ganz speziellen Maß nicht nur für die Erwähnung der Nacht (V. 22) und des abgelegenen Pfades (V. 25), sondern auch für die paradoxe Formulierung vom »no saber sabiendo« (V. 24), dem ›nicht wissenden Wissen‹, eine Formulierung, die den – informierten – Leser ins Zentrum jenes mystischen Denkens verweist, in dem Antonio Colinas die notwendige Alternative zum Zweckrationalismus und zur technologie- und wissenschaftsorientierten Welt der Moderne sieht.

Ausgehend von dieser nicht mehr unmittelbar einsichtigen Passage ist der Text einer zweiten Lektüre zu unterziehen. Dabei ist der narrative Wortlaut nicht mehr entscheidend. Die einzelnen Aussagen sind als Zeichen zu verstehen, die auf eine zweite, tiefere Ebene verweisen. Denn, wie es Colinas immer wieder formuliert, gibt es ›eine Realität jenseits der Realität‹, die sich in der Mystik und ihrer sekulären Version, in der Dichtung, erschließt.

Das vorliegende Gedicht unternimmt es, anhand der Gestalt von Juan de la Cruz dem Leser eine solche mystische Erfahrung näher zu bringen, auch wenn diese Erfahrung, wie alle Mystiker betonen, letztlich nicht in Sprache gefasst werden kann. Die Mystiker greifen daher immer wieder auf Bilder und Vergleiche zurück, um trotzdem einen Eindruck von ihrem Erleben zu vermitteln. Juan de la Cruz zieht dabei vor allem zwei Bildkomplexe heran. Zum einen greift er, um die *unio mystica*, die höchste Gotteserfahrung im Diesseits,[38] zu kommunizieren, auf die Hochzeitsmetapher, insbesondere auf die erotische Bilderwelt des alttestamentarischen *Hohen Liedes* zurück, in dem die Liebende den Geliebten sucht, um sich schließlich mit ihm in einer von Schönheit erfüllten, abgeschiedenen Welt zu vereinigen. Diese Suche steht für den beschwerlichen und liebenden Weg der Seele zu Gott – oder weniger personal und weniger theologisch-religiös ausgedrückt – zu einer höheren Form des Seins und der Erkenntnis der Wirklichkeit. Zum anderen wählt Juan de la Cruz zur Charakterisierung dieses Weges das Bild vom Besteigen eines Berges (den er konkret als den *Monte Carmelo* bezeichnet)[39] und dem immer tieferen Eindringen in die Dunkelheit der Nacht und damit in Bereiche, die bislang dem Licht der – oberflächlichen – Erkenntnis und des rationalen Wissens verschlossen waren. Dieser Aufstieg und dieses Eindringen in das bislang Unbekannte sind eng verbunden mit einem wachsenden Alleinsein und einem Sich-Lösen von der Welt – ein Vorgang, den die Mystiker als Reinigung (*purgatio*) von allem Irdischen bezeichnen.[40] Es sind dies gegensätzliche Empfindungen, die in einem Paradoxon als zugleich schmerz- und glückhaft, als Erfahrung von Dunkelheit und Licht, als ›wissende Unwissenheit‹ oder ›unwissendes Wissen‹ beschrieben und gedeutet werden.

Die Lektüre des Gedichts zeigt mit großer Eindeutigkeit, dass Colinas die in den Gedichten von Juan de la Cruz so bestimmende erste Bilderwelt der Erotik weder hier noch an anderer Stelle wirklich aufnimmt. Er gebraucht weit mehr das Bild des Aufstiegs, verstanden als ein immer tieferes Eindringen in Nacht und Dunkelheit, das aber dennoch zu einer größeren Nähe und Erkenntnis des »verborgenen Gottes« führt. Dementsprechend schätzt Colinas besonders eines der wohl früheren Gedichte von Juan de la Cruz, in dem dieser – ganz ohne die Erotik der Brautmystik des *Hohen Liedes* – die mystische Erfahrung als eine Zunahme von Erkenntnis, als ein Eindringen in ein tieferes Verständnis der Wirklichkeit dargestellt hat. Daher sei hier dieses – in der altspanischen Form der *glosa* verfasste – Gedicht angeführt und kurz kommentiert:

»Coplas hechas sobre un éxtasis de harta contemplación«

Entréme donde no supe.
y quedéme no sabiendo,
toda sciencia transcendiendo.

    Yo no supe dónde entraba,
5 pero, cuando allí me vi,
    sin saber dónde me estaba,
    grandes cosas entendí;
    no diré lo que sentí,
    que me quedé no sabiendo,
10 *toda sciencia trascendiendo.*

De paz y de piedad

era la sciencia perfecta,
en profunda soledad
entendida (vía recta);
15 era cosa tan secreta,
que me quedé balbuciendo,
toda sciencia trascendiendo.

Estaba tan embebido,
tan absorto y enajenado,
20 que se quedó mi sentido
de todo sentir privado,
y el espíritu dotado
de un entender no entendiendo,
toda sciencia trascendiendo.

25 El que allí llega de vero
de sí mismo desfallesce;
cuanto sabía de primero
mucho baxo le paresce,
y su sciencia tanto crece,
30 que se queda no sabiendo,
toda sciencia trascendiendo.

Cuanto más alto se sube,
tanto menos se entendía,
que es la tenebrosa nube
35 que a la noche esclarecía;
por eso quien la sabía
queda siempre no sabiendo,
toda sciencia trascendiendo.

Este saber no sabiendo
40 es de tan alto poder,
que los sabios arguyendo
jamás le pueden vencer,
que no llega su saber
a no entender entendiendo,
45 *toda sciencia trascendiendo.*

Y es de tan alta excelencia
aqueste summo saber,
que no hay facultad ni sciencia
que le puedan emprender;
50 quien no supiere vencer
con un no saber sabiendo,
irá siempre trascendiendo.

> Y si lo queréis oír,
> consiste esta summa sciencia
> 55 en un subido sentir
> de la divinal Esencia;
> es obra de su clemencia
> hacer quedar no entendiendo,
> *toda sciencia trascendiendo.*[41]

Das Gedicht versucht die Erfahrungen – das lyrische Ich spricht von einem transrationalen Empfinden (»sentir«, V. 8 und V. 55, wo dieses Empfinden als über die Alltagserfahrung hinausgehend (»subido«) charakterisiert wird) – zu beschreiben, die der Mystiker in der Ekstase macht, wenn seine Seele ›außer sich gerät‹,[42] um mit Gott eins zu werden, den Juan de la Cruz hier abstrakt als »divinal Esencia«, als göttliches Sein (V. 56), bezeichnet. Dabei erlangt die Seele ein hohes Wissen (»grandes cosas entendí«, V. 7; »summo saber« und »summa sciencia«, V. 47, 54), das inhaltlich aber nicht näher spezifiziert wird; es wird im Gegenteil in eine paradoxe Formulierung gefasst: Es handelt sich um ein »saber no sabiendo« (V. 39, 51), ein »no entender entendiendo« (V. 24, 44), ein (mystisches) Wissen um das Wesen Gottes, das über alles menschliche Wissen hinausgeht, wie der Refrain am Ende jeder Strophe stark insistierend wiederholt (»toda sciencia trascendiendo«), ein Wissen, das jenseits aller Wissenschaften (»facultad ni sciencia«, V. 48) liegt, rational nicht fassbar und daher auch sprachlich nicht wirklich wiederzugeben ist.

Der intertextuelle Bezug zwischen diesem Gedicht von Juan de la Cruz und dem Gedicht von Colinas ist unmittelbar einsichtig. Colinas wiederholt dessen – alltagssprachlich ungewöhnliche, doch eben typisch mystische – Formulierung vom »saber no sabiendo« (V. 24) und gibt damit einen Hinweis, dass sein Text – wie der seines Vorbilds Juan de la Cruz – einer ›mystischen Lektüre‹ nicht nur unterzogen werden darf, sondern unterzogen werden muss, um ihn in angemessener Weise zu verstehen.

Die ›mystische‹ Dimension des Gedichts

Diese Vorüberlegungen erlauben es jetzt, zu Colinas Gedicht »Juan de la Cruz sestea en el pinar de Almorox« zurückzukehren und die oben geforderte zweite, ›mystische‹ Lektüre zumindest in Umrissen durchzuführen. Am Anfang des Gedichts steht, wie bereits dargelegt, der scheinbar gänzlich realistische Hinweis darauf, dass Juan de la Cruz ermüdet vom langen Weg und von der Hitze des Tages in dem hoch gelegenen Pinienwald einschläft, eine ›siesta‹ hält, dann jedoch von der reinen Luft wieder aufwacht und oben am Himmel Störche vorüberziehen sieht. Störche finden sich zweifelsohne in der südkastilischen Gegend von Almorox. Bei Colinas, der im Laufe seiner dichterischen Produktion immer stärker mit einem reduzierten, symbolischen, häufig als Chiffre verwendeten Bildmaterial arbeitet,[43] genügt es aber nicht, sich mit einer solchen ›realistischen

Deutung‹ zufrieden zu geben. Störche finden bereits in der Bibel Erwähnung und wurden in der traditionellen allegorischen Bibeldeutung seit den Kirchenvätern als Zeichen der – menschlichen und göttlichen – Fürsorge verstanden, glaubte man doch beobachtet zu haben, dass die kräftigen Jungtiere bei den weiten Flügen ihre geschwächten Eltern auf dem Rücken trugen.[44] Dieses Bild, dessen Kenntnis bei dem belesenen Antonio Colinas vorausgesetzt werden kann, will – nicht nur bei Juan de la Cruz – den Eindruck von einem wohl geordneten und sinnhaften Kosmos vermitteln, der Sicherheit und Geborgenheit garantiert.

In analoger Weise sind auch die weiteren Textelemente des Gedichts zu deuten und zu verstehen. Juan de la Cruz hat unter Mühen die Gipfel des Pinienwaldes von Almorox erreicht. Dort macht er die Erfahrung von Licht, Wärme und Reinheit der Luft. Im Sinne der Mystik kann dieser rein physische Aufstieg gedeutet werden als der geistige Aufstieg der Seele zu Gott, den Juan de la Cruz in der *Subida del Monte Carmelo*, dem ›Aufstieg zum Berg Karmel‹, in lyrischer Form und ausführlichen Kommentaren beschrieben hat.[45] Bei diesem Aufstieg befreit und reinigt sich die Seele von allem, was sie wie die Begierden, Leidenschaften und Sünden an das Irdische fesselt. Sie wird so bereit, sich dem Göttlichen zu öffnen, das dann in ihr zu wirken beginnt. Im vorliegenden Text zeigt sich dieses Wirken darin, dass sich in Juan de la Cruz ein feierliches Dank- und Bittgebet (»plegaria«, V. 7) wie ein Quell reinen Wassers – eine weitere religiös zu interpretierende Chiffre[46] – Bahn bricht. Voraussetzung für dieses Geschehen sind die Einsamkeit (›soledad‹) und die Abkehr von allem Irdischen – jenes von Juan de la Cruz in vielen Texten so häufig beschworene Nichts (›nada‹), das zugleich ein Alles ist. Diese beiden Elemente werden im Gedichttext von Colinas nicht eigens benannt; sie werden jedoch dadurch in Szene gesetzt und ›vergegenwärtigt‹, dass Juan de la Cruz völlig allein in Erscheinung tritt.

Dieses Allein- und Einsamsein wird nicht als das Fehlen von irgendwelchen Personen und Dingen, sondern als eine Erfahrung von Glück und ›mansedumbre‹ vermittelt. Dies wird in der zweite Strophe nochmals unterstrichen, in der in deutlichem Kontrast zum vorgehenden Text an das Leid erinnert wird, das Juan de la Cruz einst an der gleichen Stelle erfahren hatte, im Winter und in der Kälte, der Freiheit beraubt und daran gehindert, die Schönheit der Welt wahrzunehmen, wenngleich sich – in paradoxer, typisch mystischer Weise – das Leiden doch noch in etwas Positives, den ›Wohlgeruch des Schnees‹, verkehrte.

Die dritte Strophe evoziert wiederum eine Glückserfahrung und deutet sie im Sinne der Mystik, wenn auch ohne Rekurs auf die von den Mystikern und auch von Juan de la Cruz verwendete einschlägige Terminologie. Die Mystiker deuten gemeinhin den Weg der Seele zu Gott als eine Abfolge von drei Stufen. Zunächst hat die aktive, vom Menschen selbst zu vollbringende asketische Reinigung (*purgatio*) zu erfolgen, um so die Voraussetzung für eine Begegnung mit der höheren Wirklichkeit zu schaffen. Es folgt dann die passive, von Gott ausgehende, vom Menschen selbst nicht mehr aus eigener Kraft erreichbare Erleuchtung (*illuminatio*), in der die Seele eine höhere Form des Wissens erlangt, um dann schließlich in der dritten, der vollkommensten Stufe, zur Vereinigung, der *unio mystica*, mit dem Göttlichen zu gelangen, die Juan de la Cruz, wie bereits erwähnt, in seinen Gedichten mit dem Bild der Hochzeit und der liebenden Vereinigung verständlich zu machen versucht.[47] Der helle Sommertag (»cuánto estío«, V. 15) ist zweifelsohne ein Verweis auf die Lichtfülle der *illuminatio*, der ›Erleuchtung‹. In diesem Sinne mystisch zu lesen ist auch der Hinweis, Juan de la Cruz versinke in Schlaf, er spüre seinen Körper fast nicht mehr (V. 16-17) und falle in ein vollkommenes Vergessen wie in ein Grab (»tumba de olvido«, V. 20). Es sind dies eindeutige Merkmale des – bereits angesprochenen – Phänomens der Ekstase, in dem die Seele den Körper verlässt, sich und die Welt vergisst,[48] um sich ganz einer anderen, höheren Wirklichkeit – in christlicher Sicht, um sich Gott – hinzugeben.[49]

Diese ekstatische Erfahrung, dieses ›Außer-sich-Sein‹, hat für Juan de la Cruz – und Antonio Colinas – jedoch, anders als bei vielen Mystikern, keine Weltverachtung und -abkehr zur Folge. Die Erfahrung der Ekstase führt vielmehr zu einer vertieften Erfahrung von Welt und Natur (»qué real la tierra«, V. 18), wobei diese Erfahrung die üblichen Formen der Wahrnehmung in einer der für die Mystik typischen Paradoxien völlig umkehrt: »qué mansa la piedra que tiene por almohada« (V. 19): der harte Stein erscheint als ›sanft‹, bedeutungsvoll, als Zeichen kosmischer Dauer.[50] Dem Mystiker eröffnet sich so jenseits der oberflächlichen alltäglichen Wahrnehmung ein neues, vertieftes Verständnis der Wirklichkeit: »¡Qué bien comprende el mundo en esta paz sublime!« (V. 22). Es ist dies, wie es Colinas immer wieder dargelegt hat, die Erfahrung des vollkommenen Kosmos, als einer alles umfassenden Harmonie von konkretem Einzelnen und abstraktem Ganzen, von sichtbarer und unsichtbarer Wirklichkeit, von Systole und Diastole, von Ein- und Ausatmen, wie er dies in den Sprachen der verschiedensten mystischen Traditionen formuliert.[51]

Mit diesem Hinweis auf Harmonie und Frieden als Ausdruck eines vertieften Weltverständnisses hätte das Gedicht eigentlich schließen können. Colinas hat ihm jedoch noch eine Strophe hinzugefügt, in dem noch einmal eine der zentralen Vorstellungen von Juan de la Cruz aufgenommen wird: das bereits mehrfach angesprochene Bild von der dunklen Nacht, der »noche oscura« – ein Bild, das den Eindruck der allzu leicht erreichbaren Harmonie entschieden relativiert.[52]

Während die gegenwartsbezogenen Strophen 1 und 3 die Eindrücke von überströmendem Licht, Helligkeit und Wärme evozieren und Strophe 2 an eine kalte und schmerzvolle Vergangenheit erinnert, verweist die 4. und letzte Strophe des Gedichts auf ein zukünftiges Geschehen, in dessen Zentrum die Komplexe von Nacht (V. 22) und Dunkelheit (V. 26) stehen. Auch hier ist der Bezug auf die Erfahrungen und Texte des Mystikers eindeutig. Bei allen positiven und faszinierenden Erfahrungen, die mit dem Aufstieg der Seele zu Gott hin zu mehr Licht und Liebe verbunden sind, hat Juan de la Cruz selbst diesen Weg ganz vorrangig als einen Weg der Erfahrung von Leid und des entsagungsvollen Vordringens in die wachsende Dunkelheit des Unbekannten, in das völlig Andere und Fremde beschrieben. Strophe 4 zeigt so, dass Juan de la Cruz trotz der zuvor beschriebenen beglückenden ekstatischen Erfahrungen von dem Ziel der *unio mystica* noch (oder bereits wieder) getrennt ist und weiter nach ihr streben muss. Getrieben von diesem Bewusstsein (einem als unstillbar bezeichneten Durst, dem »sed de los caminos«, V. 24) wird der von Colinas imaginierte Juan de la Cruz den Ort seiner Glückserfahrung wieder verlassen und weiter in das Dunkel des Waldes eindringen,[53] um schließlich an sein angestrebtes Ziel zu gelangen, das einerseits immer wieder mit dem Bild der liebenden Vereinigung beschrieben,[54] das aber andererseits auch, wie in dem Gedicht *Entréme donde no supe*, viel nüchterner als besondere Form des Erkennens als »no saber sabiendo« definiert wird. Colinas nimmt dies in direktem Zitat auf (V. 24). Um zu signalisieren, dass dieses ›Wissen‹ nicht auf den alltäglichen Wegen des rationalen Denkens erreicht werden kann, spricht der Text des Gedichtes von einer »senda extraviada« (V. 25),[55] von dem fernen, abgelegenen Weg der mystischen Erfahrung. Die Suche nach diesem vollkommenen, göttlich eingegebenen Wissen ist jedoch, wie die Mystiker auch wiederum betonen, zunächst und vor allem eine schmerzhafte Erfahrung, für deren sprachliche Umsetzung Antonio Colinas auf das – biblische – Bild vom Dornengestrüpp[56] zurückgreift, mit dem er das Gedicht abschließt.

Das hier am Ende des Gedichtes so nachdrücklich evozierte Bild der Nacht gehört in der Dichtung von Colinas zu den allgegenwärtigen Symbolen und Chiffren – und dies bereits lange vor seiner intensiven Auseinandersetzung mit Juan de la Cruz. Das Thema der Nacht ist in der Lyrik von Colinas bereits seit ihren Anfängen geradezu obsessiv präsent. In dieser Frühphase hat er sich allerdings zunächst von den (deutschen) Romantikern, insbesondere von Novalis und dessen *Hymnen an die Nacht* (1800), inspirieren lassen. Für sie waren Nacht und Traum die Königswege, um – bei ihrem Versuch, die Aufklärung und ihre Rationalität zu überwinden – zu jener ›zweiten, tieferen Realität und Erkenntnis‹ vorzudringen, die bei Colinas immer wieder als das letzte Ziel aller Dichtung thematisiert wird. Für ihn ist die Nacht »la gran reveladora de todo lo que el hombre ignora. Es como un gran signo que nos indica que el hombre es otra cosa.«[57]

Würde und Funktion der Lyrik in der Welt der Moderne

Das hier vorgestellte Rollengedicht ist, so lässt sich abschließend formulieren, ganz zweifelsohne eine Hommage von Antonio Colinas an den ihm geistesverwandten Mystiker und Lyriker Juan de la Cruz. Es ist, wie der Autor angibt, im Zusammenhang mit den Feiern zu dessen 450. Geburtstag (1992) bzw. 400. Todesjahr (1991) entstanden, in deren Vorfeld Colinas die historischen Stätten, an denen Juan de la Cruz gelebt hatte, besuchte und sich nochmals intensiv mit seinem Werk auseinandersetzte. Obwohl sich Colinas hier der christlichen Mystik stärker nähert, als dies in seinem früheren philosophisch-poetologischen Überlegungen der Fall gewesen ist, sieht er in Juan de la Cruz doch nur einen spezifischen (spanischen) Fall einer universellen Mystik, wie sie sich grundsätzlich auch im Buddhismus, im Taoismus oder im Islam findet. So hatte sich Colinas bereits früh auch mit der muslimischen Mystik des Sufismus beschäftigt. Dies scheint auch der Grund zu sein, warum er im Titel des Gedichts den Ortsnamen Almorox anführt, auf den hier bislang kein Bezug genommen wurde. Dieser Name ist auch für den Nicht-Spezialisten auf Anhieb als ›arabisch‹ zu identifizieren.[58] Colinas weist mit ihm nochmals nachdrücklich über den Rahmen einer bloß nationalen, spanischen und katholischen Hommage hinaus. Jenseits aller

Verehrung für den Mystiker Juan de la Cruz ist aber dieses Gedicht zugleich auch als ein Glaubensbekenntnis des Lyrikers Colinas zu verstehen. Es illustriert anhand des Mystikers und Lyrikers Juan de la Cruz, dass die Dichtung wie die Mystik – und in der Moderne vielleicht nur noch die Dichtung – in die tiefere Realität der Welt einzudringen und dem Menschen die Sinnhaftigkeit seiner Existenz zu erschließen vermag.[59]

In Anbetracht dieses positiven und anspruchsvollen Verständnisses von Lyrik erstaunt es sicher nicht, dass Antonio Colinas in Interviews und in Essays wiederholt Adorno widerspricht, der in der Zeit unmittelbar nach dem Zweiten Weltkrieg die These vertreten hatte, nach Auschwitz, nach dem ungeheuren Geschehen des Holocausts, sei es nicht mehr möglich, Lyrik zu schreiben, was vielfach so verstanden wurde, als habe er besonders die Lyrik als nicht mehr ernstzunehmende literarische Gattung, als wirkungsloses, bloß formales Spiel abqualifizieren wollen. Colinas ist demgegenüber der Auffassung, dass die Lyrik, gerade weil es Auschwitz gegeben hat, für die Menschheit unverzichtbar geworden ist, weil sie das Medium ist, in dem die Würde des Menschen und seine kosmische Bestimmung am besten thematisiert und am nachdrücklichsten zum Ausdruck gebracht werden kann. So hat er denn im *Tratado de armonía* festgestellt: »[...] qué hermoso es creer aún en la fuerza y eternidad de la poesía. Parafraseando a Adorno, sería más correcto decir: ›Después de Auschwitz – afortunadamente nos queda la poesía.‹«[60]

Dass nicht alle Kritiker und Dichterkollegen bereit sein mögen, Antonio Colinas bei diesem anspruchsvollen, neoromantisch und mystisch fundierten Verständnis der Lyrik als einer Form ›säkularisierter Mystik‹ zu folgen, mag nicht überraschen. Es ist sicherlich nicht jedermanns Sache, sich in einer konfliktreichen und bisweilen wenig sinnhaft erscheinenden Welt zu einer Lyrik zu bekennen, in der Mensch und Welt unter dem »signo de lo sagrado« und einer letztendlichen, allumfassenden Harmonie stehen und in der die vorherrschende Sprechhaltung die des feierlichen Preisens, der »celebración«, ist.[61] Doch wie auch immer man eine solche Auffassung beurteilen mag, es kann keinen Zweifel daran geben, dass Antonio Colinas seit nunmehr vier Jahrzehnten aufgrund seiner umfassenden Produktion als Lyriker (aber auch als Essayist und Übersetzer) »una voz poética singular en el panorama de la poesía actual«[62] darstellt und damit eine feste, wenn auch nicht unumstrittene Größe im spanischen Literatur- und Kulturbetrieb der Gegenwart ist.

I. Verzeichnis der Werke von Antonio Colinas

Lyrische Werke

Poemas de la tierra y de la sangre. León: Diputación Provincial 1969.

Preludios a una noche total. Madrid: Rialp 1969 (Adonais).

Truenos y flautas en un templo. San Sebastián: Caja de Guipúzcoa 1972.

Sepulcro en Tarquinia. León: Diputación Provincial 1975.

Astrolabio. Madrid: A. Corazón 1979 (Visor de Poesía, 103).

En lo oscuro. Rota: Cuadernos de Cera 1981.

Sepulcro en Tarquinia (poema). Con 6 dibujos de Monserrat Ramoneda. Prólogo de Juan Manuel Rozas. Barcelona: Galería Amagatotis l982.

Poesía, 1967-1980. Madrid: Visor 1982 (^{2}1984) (Visor de Poesía, 149, 193).

Noche más allá de la noche: Madrid: Visor 1983 (Visor de Poesía, 161).

La viña salvaje. Córdoba: Antorcha de Paja l985.

Jardín de Orfeo. Madrid: Visor 1988 (Visor de Poesía, 217).

Los silencios de fuego. Barcelona: Tusquets 1992 (Marginales).

El río de sombra. Poesía, 1967-1990. Madrid: Visor 1994 (Visor de Poesía, 309).

Libro de la mansedumbre. Barcelona: Tusquets, 1997 (Nuevos textos sagrados, 155).

Amor que enciende más amor. Barcelona: Plaza & Janés 1999.

El río de sombra. Treinta años de poesía, 1967-1997. Madrid: Visor 1999 (Visor de Poesía, 408).

La hora interior. Antología poética. 1967-2001. Valladolid : Junta de Castilla y León. Consejería de Educación y Cultura 2002.

Tiempo y abismo. Barcelona: Tusquets 2002 (Nuevos textos sagrados, 203).

Desiertos de la luz. Barcelona: Tusquets 2008 (Marginales, 248).

Romane und Erzählungen

Un año en el Sur (Para una educación estética). Madrid: Trieste 1985 (Barcelona: Seix Barral ^{2}1990)

Larga carta a Francesca. Barcelona: Seix Barral 1986; (^{2}1989).

Días en Petavonium. Barcelona: Tusquets 1994

El crujido de la luz. León: Edilesa 1999 (Libros de La Candamia, 5).

Leyendo en las piedras. Madrid: Siruela 2006

Biografien, Essays

Leopardi. Gijón: Júcar 1974 (^{2}1985) (Los poetas).

Viaje a los monasterios de España. Barcelona: Planeta 1976, (^{2}2003).

Vicente Aleixandre y su obra. Barcelona: Dopesa 1977 (Barcelona: Barcanova ^{2}1982).

Poetas italianos contemporáneos. Edición bilingüe. Madrid: Editora Nacional 1978.

Orillas del Órbigo. León: Edición del Teleno 1980 (^{2}1989).

La llamada de los árboles (con 30 ilustraciones). Barcelona: Elfos 1988.

Hacia el infinito naufragio. Una biografía de Giacomo Leopardi. Barcelona: Tusquets 1988 (Andanzas, 79).

Pere Alemany: la música de los signos. Barcelona: Àmbit 1989.

El sentido primero de la palabra poética. Madrid/ México: Fondo de Cultura Económica 1989 (Sombras del Origen) (Madrid: Siruela ^{2}2008).

»Autopercepción intelectual de un proceso histórico. El arte de escribir: mi experiencia personal«, in: *Anthropos* 105 (Barcelona 1990), S. 20-38.

Tratado de armonía. Barcelona: Tusquets 1990 (^{2}1992) (Marginales, 113).

Ibiza, la nave de piedra (con fotografías de Toni Pomar). Barcelona: Editorial Lunwerg 1990.

Mitología clásica (con grabados de los siglos XVIII y XIX). Madrid: Álbum 1994.

Rafael Alberti en Ibiza. Seis semanas del verano de 1936. Barcelona: Tusquets 1995 (Andanzas, 232).

Escritores y pintores de Ibiza. Ibiza: Consell Insular 1995.

El Grand Tour (con grabados de los siglos XVIII y XIX). Madrid: Álbum 1995.

Antonio Colinas en casa. Antología de verso y prosa. Edición de Leopoldo Martínez. La Bañeza (León): El Adelanto Bañezano 1996.

Sobre la Vida Nueva. Oviedo: Ediciones Nobel 1996.

»Una aproximación a San Juan de la Cruz, seguida de algunas curiosidades«, in ders.: *Sobre la Vida Nueva.* Oviedo: Nobel 1996, S. 145-176.

Nuevo Tratado de Armonía. Barcelona: Tusquets 1999 (Marginales, 182).

Übersetzungen und Herausgaben

Leopardi, Giacomo: *Antología poética.* Gijón: Júcar 1974.

Sanguineti, Edoardo: *Wirrwarr.* Madrid: Visor 1975 (^{2}1985).

Pasolini, Pier Paolo: *Las cenizas de Gramsci.* Madrid: Visor 1975 (^{2}1985).

Poetas italianos contemporáneos. Madrid: Editora Nacional 1978.

Leopardi, Giacomo: *Poesía y Prosa.* Madrid: Alfaguara 1979.

Levi, Carlo: *Cristo se paró en Éboli.* Madrid: Alfaguara 1980 (Barcelona: Plaza & Janés ^{2}1982).

Salgari, Emilio: *La Montaña de luz.* Madrid: Alianza 1982.

Salgari, Emilio: *El corsario negro.* Madrid: Alianza 1983.

Wilkock, Juan Rodolfo: *El estereoscopio de los soñadores.* Barcelona: Seix Barral 1984.

Collodi, Carlo: *Pinocho.* Barcelona: Bruguera 1986.

»Narcis Comadira«, »Francesc Parcerisas«, in: *Poetas catalanes de hoy.* Selección de Poesía Española. Barcelona: Plaza & Janés, 1986.

Gimferrer, Pere: *El Vendaval.* Barcelona: Edicions 62 1989.

Tomasi di Lampedusa, Giuseppe: *Stendhal*. Madrid: Trieste 1989 (Barcelona: Península ³1996).

Villangómez Llobet, Maria: *Caminos y días*. Edición bilingüe. Madrid: Visor 1990.

Salgari, Emilio: *Los tigres de Mompracem*. Madrid: Alianza 1991.

Quasimodo, Salvatore: *Poesías completas*. Granada: La Veleta 1991.

Tàpies Barba, Antoni: *Matèria dels astres*. Edición bilingüe. Barcelona: Edicions 62 1992.

Roca Pineda, Antoni: *Somni en groc*. Traducción bilingüe, catalán-italiano. Ibiza: Galería Karl Van der Voort 1994.

Leopardi, Giacomo: *Obras*. Estudio previo y edición revisada. Barcelona: Círculo de Lectores 1997.

Antología esencial de la poesía italiana. De San Francisco a Alfonso Gatto. Madrid: Espasa Calpe 1999.

Juan Ramón Jiménez: *Antología poética. Selección e introducción*. Madrid: Alianza 2002.

Rafael Alberti: *Los bosques que regresan. Antología poética. 1924-1988*. Selección y prólogo de Antonio Colinas. Barcelona: Galaxia Gutenberg 2002.

II. Kritische Literatur

Alonso Gutiérrez, Luis Miguel: »La originalidad creadora de Antonio Colinas«, in Antonio Colinas et alii: *El viaje hacia el centro*, S. 71-90.

Alonso, Luis Miguel: *El corazón desmemoriado. Claves poéticas de Antonio Colinas*. León: Diputación de León 1990.

Alonso, Luis Miguel: *Antonio Colinas, un clásico del siglo XXI*. León: Universidad de León 2000.

Anthropos, 105 (1990). Sondernummer: *Antonio Colinas. Armonía órfica, una poética de la fusión*.

Anthropos. Suplemento 21 (1990): *Antonio Colinas. Antología poética y otros escritos*. Selección de textos, documentos y homenaje.

Barajón, Jesús María: »El irracionalismo poético en la lírica de Antonio Colinas«, in Antonio Colinas et alii: *El viaje hacia el centro*, S. 179-185.

Binns, Niall: »Antonio Colinas. Meditación en el simposio«, in Peter Fröhlicher/ Georges Güntert/ Rita Catarina Imboden/ Itzíar López Guil (Hg.): *Cien años de poesía*, S. 659-666.

Brines, Francisco: »Presentación de Antonio Colinas«, in Antonio Colinas et alii: *El viaje hacia el centro*, S. 187-190.

Calleja Medel, Gilda: »El poeta como traductor«, in Antonio Colinas et alii: *El viaje hacia el centro*, S. 263-277.

Cano, José Luis: »La poesía de *Astrolabio*«, in Antonio Colinas et alii: *El viaje hacia el centro*, S. 195-199.

Colinas et alii: *El viaje hacia el centro. La poesía de Antonio Colinas*. Madrid: Calambur 1997 (Colección »El solitario y sus amigos«).

Delgado Batista, Yolanda: »Antonio Colinas o el poeta tranquilo. La poesía es una grieta a través de la cual se ve la realidad«, in: *Espéculo* 20 (2002). http://www.ucm.es/info/especulo/numero20/colinas.html

Díez de Revenga, Francisco Javier: »Antonio Colinas: tiempo en jardines«, in Antonio Colinas et alii: *El viaje hacia el centro*, S. 229-236.

Doncel, Diego: »Sobre *Tratado de armonía*«, in Antonio Colinas et alii: *El viaje hacia el centro*, S. 245-251.

Fröhlicher, Peter/ Güntert, Georges/ Imboden, Rita Catarina / López Guil, Itzíar (Hg.): *Cien años de poesía. 72 poemas españoles del siglo XX: estructuras poéticos y pautas críticas*. Bern u.a.: Peter Lang 2001.

García Gual, Carlos: »Paisajes clásicos y presencias helénicas en *Noche más allá de la noche*«, in Antonio Colinas et alii: *El viaje hacia el centro*, S. 201-209.

Gómez Blesa, Mercedes: »Zambrano-Colinas: mysterium fascinans«, in Antonio Colinas et alii: *El viaje hacia el centro*, S. 129-139.

Huerta Calvo, Javier: »Comentario de un poema de Antonio Colinas (*Noche más allá de la noche*, Canto X), in Antonio Colinas et alii: *El viaje hacia el centro*, S. 211-228.

Iravedra Valea, Araceli: »Antonio Machado en la poesía de Antonio Colinas: noticia de una disidencia«, in: *Revista Hispánica Moderna* 56 (2003), 169-193.

Jiménez, José Olivio: »La poesía de Antonio Colinas«, in Antonio Colinas: *Poesía (1967-1981)*. Prólogo de José Olivio Jiménez. Madrid: Visor 1984, S. 9-49.

Lanz, Juan José: »La joven poesía española. Notas para una periodización«, in: *Hispanic Review* 66 (1998), S. 261-287.

Llamazares, Julio: »La poesía de Antonio Colinas«, in Antonio Colinas et alii: *El viaje hacia el centro*, S. 103-109.

López Andrada, Alejandro: »El roce mágico de la naturaleza (Preludios a una noche total)«, in Antonio Colinas et alii: *El viaje hacia el centro*, S. 175-178.

López Castro, Armando: »Antonio Colinas, la palabra lugar de la revelación«, in ders.: *Voces y memoria. Poetas leoneses del siglo XX*. Valladolid: Junta de Castilla y León 1999, S. 191-236.

Martínez Fernández, José Enrique: »La voz del Renacimiento en la obra de Antonio Colinas: tradición y actualidad«, in Antonio Colinas et alii: *El viaje hacia el centro*, S. 91-102.

Martínez García, F.: »Antonio Colinas«, in: *Historia de la Literatura Leonesa*. Madrid: Everest 1983, S. 1084-1113.

Moliner, Luis: »La palabra abierta (›Invierno tardío‹)«, in Antonio Colinas et alii: *El viaje hacia el centro*, S. 141-149.

Moliner, Luis: »Variaciones sobre el centro. (Sobre la poesía de Antonio Colinas)«, in: *Anthropos* 105 (1990), S. 45-56.

Navarro Durán, Rosa: »Luz y armonía en *Los silencios de fuego*«, in Antonio Colinas et alii: *El viaje hacia el centro*, S. 253-259.

Polo, Milagros: *Antonio Colinas*, in dies.: *Cuarteto y fuga para un espacio desierto*. Madrid: Ediciones Libertarias 1995, S. 181-221.

Provencio, Pedro: »La Generación del 70 (II). Los antinovísimos y la cultura de consumo«, in: *Cuadernos Hispanoamericanos* 524 (1994), S. 99-115.

Provencio, Pedro: *Poéticas españolas contemporáneas. La generación del 70*. Madrid: Hiperión 1988.

Puerto, José Luis: »Antonio Colinas: la poesía como itinerario de purificación«, in: *Cuadernos Hispanoamericanos* 506 (1996), S. 59-84; auch in Antonio Colinas et alii: *El viaje hacia el centro*, S. 41-70.

Puerto, José Luis: »Conversación con Antonio Colinas«, in Antonio Colinas et alii: *El viaje hacia el centro*, S. 157-171.

Romero Tobar, Leonardo: »Antonio Colinas. Palabras de Mozart a Salieri«, in Peter Fröhlicher/ Georges Güntert/ Rita Catarina Imboden/ Itzíar López Guil (Hg.): *Cien años de poesía*, S. 647-657.

Rupérez, Ángel: »Enemigos pequeños«, in Antonio Colinas et alii: *El viaje hacia el centro*, S. 111-115.

Santiago Bolaños, María Fernanda: »Antonio Colinas: Fuego que emerge de las ruinas del templo«, in Antonio Colinas et alii: *El viaje hacia el centro*, S. 117-128.

Satz, Mario: »Los paisajes de Colinas«, in Antonio Colinas et alii: *El viaje hacia el centro*, S. 151-153.

Sepúlveda, Jesús: »Notas de lectura de Jardín de Orfeo de Antonio Colinas«, in Antonio Colinas et alii: *El viaje hacia el centro*, S. 237-243.

Tietz, Manfred (Hg.): *Die spanische Lyrik der Moderne. Einzelinterpretationen*. Frankfurt am Main: Vervuert 1990.

Tietz, Manfred (Hg.): *Die spanische Lyrik von den Anfängen bis 1870. Einzelinterpretationen*. Frankfurt am Main: Vervuert 1997.

Trabanco, Nieves (Hg.): *Diálogos sobre poesía española. José María Valverde, Antonio Colinas, Rafael Argullol, Antoni Marí y Jaime Siles en el Göttinger Hain*. Madrid: Iberoamericana/ Frankfurt am Main: Vervuert 1994.

III. Anmerkungen

* *Libro de la mansedumbre*. Barcelona: Tusquets 1997 (Nuevos textos sagrados), S. 45-46. Das Gedicht ist – nach Colinas eigener Angabe S. 93 – Guillermo Urbizu (*1946) gewidmet, einem stark religiös orientierten Lyriker und Journalisten aus seinem Freundeskreis.

1   Vgl. Colinas' Nachruf auf den Dichter: »El silencio de Vicente Aleixandre«, in Antonio Colinas: *El sentido primero de la palabra*. México/ Madrid/ Buenos Aires: Fondo de Cultura Económica 1989, S. 166-174.
2   José Luis Cano nahm Antonio Colinas schon 1974 in seine Anthologie *Lírica española de hoy* (Madrid: Cátedra 1974) auf und machte so den erst 28-jährigen Colinas einem breiten Publikum bekannt.
3   Als Anerkennung erhielt er 1999 von italienischer Seite den *Premio Internazionale Carlo Betocchi*, dessen Namensgeber (1899-1986) ein religiös orientierter italienischer Lyriker gewesen ist. 2005 wurde Colinas der Übersetzerpreis des italienischen Außenministeriums für seine Übertragung des lyrischen Gesamtwerks des italienischen Nobelpreisträgers Salvatore Quasimodo (1901-1968) verliehen.
4   *Poesía, 1967-1980*. Prólogo de José Olivio Jiménez. Madrid: Visor 1982 (^{2}1984); eine erweiterte Neuauflage erschien unter dem Titel *El Río de Sombra. Poesía, 1967-1990*. Madrid: Visor 1993; der Band enthält den Prolog von Ovidio Jiménez nicht mehr.
5   Zum lyrischen Reflex dieser Reise vgl. u.a. die Gedichte »En Bonn, aquel anochecer« und »Medianoche en el Harz«, in: *Los silencios de fuego*, S. 29-33, sowie das während einer Deutschlandreise in Halle begonnene und auf Ibiza abgeschlossene Langgedicht »La tumba negra«, das eine lange Kritik an der zweckrationalistischen und technisierten Welt der Moderne enthält. (*Libro de la mansedumbre*, S. 69-91).
6   Vgl. das Gedicht »Invocación a Hölderlin« in *Preludios a una noche total* (1969), dem ersten von Colinas veröffentlichten Gedichtband. *Poesía*, ^{2}1984, S. 87-88.
7   Vgl. das Gedicht »Novalis« in dem gleichfalls frühen Gedichtband *Sepulcro en Tarquinia* (1975). *Poesía*, ^{2}1984, S. 124.
8   Vgl. u.a. die neueren »Variaciones sobre dos temas de Rilke: I. Lamento de la Magdalena; II. Isla« in: *Tiempo y abismo*, S. 61-65.
9   Zum Neuansatz der zunächst durchaus gerechtfertigten *poesía social* vgl. Bert Hofmann: »José Agustín Goytisolo. Los celestiales«, in Manfred Tietz (Hg.) (1990:303-318).
10 Zu den gelungenen Beispielen aus dem breiten Spektrum der *poesía social* etwa bei Gabriel Celaya (1911-1991) und Blas de Otero (1916-1979) vgl. die Beiträge von Siegfried Jüttner (»Blas de Otero. Cuando digo«) und Thomas

M. Scheerer (»Jaime Gil de Biedma. Apología y petición«) in Manfred Tietz (Hg.) (1990:352-370 und 371-383).

11 Zur Interpretation eines der grundlegende Gedichte der *novísimos* vgl. José Luis López Abiada: »Pedro Gimferrer. Oda a Venecia ante el mar de los teatros«, in Manfred Tietz (Hg.) (1990:340-351).

12 *Nueve novísimos poetas españoles.* Barcelona: Barral 1970.

13 Zur Problematik des Generationenbegriffs *novísimos* und derenAbgrenzung gegenüber der Folgegeneration seit Mitte der 80er Jahre, den so genannten *postnovísimos*, vgl. Lanz (1998:261-287). Für Lanz steht außer Zweifel, dass sich hinter dem eine Einheit vortäuschenden Begriff *novísimos* eine »pluralidad de estéticas« verbirgt (1998:269).

14 So in dem »Coloquio con Colinas«, in Nieves Trabanco (1994:56).

15 »Coloquio con Colinas«, in Nieves Trabanco (1994:57).

16 Araceli Iravedra Valea (2003:169-193) betont allerdings, dass sich Colinas vor allem auf die frühen Texte und das noch vom eher irrationalistischen Modernismus geprägte Dichtungsverständnis bei Machado bezieht und dass er den gesellschaftskritischen »Machado noventaochista«, den Autor der *Campos de Castilla*, den auch die *poetas sociales* außerordentlich schätzten und propagierten, weit weniger berücksichtigt hat.

17 Vgl. Manfred Tietz: »Luis Cernuda. Hacia la tierra«, in ders. (Hg.) (1990: 263-280).

18 Ángel Rupérez (1997:112).

19 Auf die Frage, ob er ein »neorromántico« sei, stellt Colinas mit einem Seitenhieb auf den spanischen Literaturbetrieb fest: »No en un sentido estricto, aunque cuando apareció *Preludios a una noche total*, en la solapa del libro pusieron que era un libro ›neorromántico‹. Entonces sucedió lo que suele suceder siempre con esas críticas que llamanos ›de solapa‹. Luego, otros críticos han repetido lo de neorromántico, incluso con cierta ironía.« »Coloquio con Colinas«, in Nieves Trabanco (1964:55)

20 Colinas hat sich keineswegs nur emotional für dieses ›mystische Dichtungsverständnis‹ entschieden; er hat sich vielmehr auch intensiv mit Religionswissenschaftlern und -psychologen wie Walther F. Otto (1874-1958), Helmuth von Glasenapp (1891-1963) und C.G. Jung (1875-1961) auseinandergesetzt.

21 Den Begriff entwickelt María Zambrano in ihrem Hauptwerk *Claros de Bosque.* Barcelona 1977 (^{2}1986). Zum positiven Verhältnis von Antonio Colinas zu María Zambrano vgl. Mercedes Gómez Blesa (1997:129-139).

22 Mercedes Gómez Blesa (1997:135).

23 Antonio Colinas: *El sentido primero de la palabra poética.* México/ Madrid: Fondo de Cultura Económica 1989, S. 21.

24 Mercedes Gómez Blesa (1997:137).

25 Während Colinas, wie die Ausgaben seiner Dichtungen in renommierten Verlagen wie Tusquets und Visor belegen, durchaus ein Lesepublikum ge-

funden hat, lehnt ein Kritiker wie Pedro Provencio seine Dichtungstheorie ebenso vehement ab wie auch die Dichtungen selbst. Vgl. die negative Kritik an den poetologischen Äußerungen von Colinas als bloße Pose und Flucht in einen »deliberado anacronismo ideológico« in der Anthologie von Pedro Provencio (1988:133). Nicht weniger negativ ist die Kritik an Colinas' Gedichten in einem Aufsatz des gleichen Verfassers (1994: 99-115). In diesem kritischen Beitrag wirft Provencio nicht nur Antonio Colinas, sondern auch Pere Gimferrer und Jaime Siles poetisches Unvermögen vor und stellt alle drei Autoren als bloße Promotionprodukte einer mächtigen Verlagslobby dar.

Einer solchen fundamentalistischen Abwertung ist entgegenzuhalten, dass Antonio Colinas nicht nur in der Frühphase seines Schaffens von der Kritik im allgemeinen durchaus positiv wahrgenommen wurde, sondern dass auch spätere einschlägige Anthologien seine Lyrik immer wieder berücksichtigen. Dies ist zum Beispiel der Fall bei Fanny Rubio/ José Luis Falcó (*Poesía española contemporánea. 1939-1980*. Madrid: Alhambra 1981); bei José Luis García Martín (*Treinta años de poesía española. 1965-1995*. Sevilla/ Granada: Renacimiento/ Comares 1996), Juan José Lanz (*Antología de la poesía española. 1960-1975*. Madrid: Austral 1997), José Francisco Ruiz Casanova (*Antología Cátedra de Poesía de las Letras hispánicas*. Madrid: Cátedra ^{2}1998) oder Eduardo Milán/ Andrés Sánchez Robayna/ José Ángel Valente/ Blanca Varela (*Antología de poesía en lengua española (1950-2000)*. Selección y prólogo de Eduardo Milán [...]. Madrid: Galaxia Gutenberg/ Círculo de lectores 2002). Es trifft allerdings auch zu, dass Colinas in anderen bedeutenden Anthologien nicht berücksichtigt ist. Dies ist der Fall bei Miguel García-Posada (*La nueva poesía (1975-1992)*. Barcelona: Crítica 1996), bei Francisco Rico (*Mil años de poesía española. Antología comentada*. Con la colaboración de José María Micó, Guillermo Serés y Juan Rodríguez. Barcelona: Planeta 1996) oder Juan Cano Ballesta (*Poesía española reciente. 1980-2000*. Madrid: Cátedra ^{2}2002).

26 In dem gleichnamigen Essay-Band (1989:13-32).
27 *Libro de la mansedumbre*, S. 45-46.
28 Vgl. im vorliegenden Band den Beitrag von Juan Cano Ballesta zur Gestalt des Aufklärers Jovellanos bei Luis García Montero.
29 Die Ich-Form verwendet Colinas in einem anderen seiner Rollengedichte: »Giacomo Casanova acepta el cargo de bibliotecario que le ofrece, en Bohemia, el conde Waldstein«. *Poesía* (1984:122).
30 Zur Dichtung dieser beiden Autoren vgl. die Artikel von Rogelio García Mateo/ Manfred Tietz: »Teresa de Avila: Vivo sin vivir en mí«, in Manfred Tietz (Hg.) (1997:271-286) und André Stoll: »San Juan de la Cruz. En una noche oscura«, in Manfred Tietz (Hg.) (1997:325-335).
31 *Tratado de armonía*. Barcelona: Tusquets ^{2}1992, S. 101-138.

32 Die Fakten seiner Vita finden sich in der umfangreichen Einführung der folgenden Werkausgabe: Crisógono de Jesús O.C.D/ Matías del Niño Jesús, O.C.D/ Lucinio del SS. Sacramento O.C.D. (Hg.): *Vida y Obras completas de San Juan de la Cruz*. Madrid: La Editorial Católica ⁵1965 (BAC, 15). Neben den zahlreichen eher hagiographischen Arbeiten zu Juan de la Cruz, die hier nicht zur Debatte stehen, sei auf die neuere literarhistorische Arbeit von Bernhard Teuber verwiesen: *Sacrificium litterae. Allegorische Rede und mystische Erfahrung in der Dichtung des heiligen Johannes vom Kreuz*. München: Fink 2003.

33 Dass dieses ›Goldene Zeitalter‹ in seiner historischen Realität eher als eine ›edad conflictiva‹ (Américo Castro) zu sehen ist, belegt auch der konfliktreiche Lebensweg von Juan de la Cruz. Es scheint nicht ausgeschlossen, dass dieser einen neuchristlich-muslimischen Hintergrund hatte, worauf, wie es auch Antonio Colinas sieht, seine mystische Frömmigkeit hinzuweisen scheint. Diese wiederum war wohl einer der Anlässe für die Angriffe des altchristlichen Ordenszweigs der traditionellen Beschuhten Karmeliter auf Juan de la Cruz und seine Reformbemühungen.

34 Einen Überblick über die Geschichte des Ordens und die außerordentlich großen Spannungen innerhalb desselben im 16. und 17. Jahrhunderts gibt Gerda von Brockhusen (Giovanna della Croce) in dem Beitrag »Karmeliten«, in: Peter Dinzelbacher/ James Leser Hogg (Hg.): *Kulturgeschichte der christlichen Orden in Einzeldarstellungen*. Stuttgart: Kröner 1997, S. 242-274.

35 Zu den ordensinternen Streitigkeiten und Gewalttätigkeiten, den Details der Festnahme und des Verbringens des gefangenen Juan de la Cruz nach Toledo (nicht zu Fuß, wie es im Gedicht heißt, sondern auf einem »buen macho« reitend) vgl. *Vida y Obras*, insbesondere S. 113-120.

36 Vgl. die Thematisierung dieser Flucht in dem Gedichtfragment von José Hierro »Yepes Cocktail«.

37 In dem Gedicht finden sich zur Hälfte auch ›unregelmäßige‹ Verse mit 8, 9, 12, 13, 14 und 16 Silben. Insgesamt zeigt das Gedicht eine Tendenz, die von Garcilaso de la Vega erstmals verwendete *lira* zu variieren, eine Strophe, die auch Juan de la Cruz in ihrer regelmäßigen Form (a_7, b_{11}, a_7, b_7, b_{11}) in seinen großen Gedichten *Noche oscura*, *Cántico espiritual* und *Llama de amor viva* verwandt hat. Das Gedicht lässt sich aufgrund seiner unregelmäßigen Strophenstruktur aber auch in der Nachfolge der Form der freien *silva* sehen.

38 Zum Begriff der *unio* und ihrer sprachlich-metaphorischen Darstellungsversuchen in den verschiedenen mystischen Strömungen vgl. Peter Dinzelbacher (Hg.): *Wörterbuch der Mystik*. Stuttgart: Kröner 1989, S. 503b-506a.

39 Juan de la Cruz hat diesen Aufstieg in einer handschriftlich erhaltenen Skizze dargestellt, in der er die spirituelle Bedeutung der einzelnen Phasen und die sie begleitenden Phänomene benennt (*Vida y Obras*, S. 362); diese Skizze gibt Colinas im *Tratado de armonía* (S. 118) wieder. Die Skizze hat Diego de

Astor 1618 in die detaillierte Zeichnung einer ›mystischen Landschaft‹ umgesetzt, die in vielen Werkausgaben zu finden ist (*Vida y Obras*, S. 998).
40 Dinzelbacher: *Wörterbuch der Mystik*, S. 35b-37a.
41 *Vida y Obras*, 941-942. Colinas schreibt im *Tratado de armonía* (S. 125-126) über dieses Gedicht von Juan de la Cruz: »El poema ›Sobre un éxtasis de harta contemplación‹ es el menos estudiado y valorado de sus textos. Algunos incluso, como Dámaso Alonso, le atribuyen un valor puramente fónico, de literatura de refranero. A mi entender es el más sintético, acabado y profunde de sus poemas. Si hay momentos en los que la poesía llega a ser algo más que poesía – sin anular a ésta en el texto – éste es uno de ellos. No conozco en toda la literatura mística universal un poema que de manera más rotunda resuma la totalidad de la experiencia mística. Y, por supuesto, con una enorme carga fónica, es decir, *órfica*. Bastaría por sí mismo para salvar toda su obra. Poema-plegaria por excelencia; palabra-extravío que se funde al pronunciarla y llega a ese raro ideal de convertir la palabra en música. Fuego que no quema. Y dicho todo ello sintiendo y razonando a la vez, con una sencillez extrema, libre de las connotaciones del *Cántico*. Leyendo este humilde poema también nostoros entramos donde *no sabemos* para saberlo todo.«
42 ›Außer-Sich-Sein‹ ist die Grundbedeutung des Wortes Ekstase. Zur Bedeutung der Ekstase im mystischen Denken vgl. Peter Dinzelbacher: *Wörterbuch der Mystik*, S. 132a-134a.
43 Ganz im Sinne von Goethe und den deutschen Romantikern, die Colinas immer wieder zitiert, stellt er im *Tratado de armonía* (S. 75) mit einem *Faust*-Zitat fest: »›¡Ah, todo es símbolo y analogía. / El viento y esta noche tan fría / son otra cosa que noche y viento!‹ También esta línea de árboles son otra cosa que árboles.« Auch José Luis Puerto (1996:75-76) verweist auf die »recurrencia de elementos como la piedra, la noche, la música, el aire, la sombra, el fuego, el agua, el silencio, el vacío, las ruinas, el corazón, el sueño, las palomas, los caballos, el bosque, el huerto, las zarzales , la sangre, la carne, el invierno, la historia... «. Ein etwas sehr mechanisches Inventar von ›Gegenständen‹ und ihren ›Bedeutungen‹ in der Lyrik von Colinas findet sich bei Luis Miguel Alonso (1990).
44 Arthur Henkel/ Albrecht Schöne (Hg.): *Emblemata. Handbuch zur Sinnbildkunst des XVI. und XVII. Jahrhunderts*. Stuttgart u.a.: Henkel 1996, Sp. 799-800. Zur biblischen Tiersymbolik vgl. auch http://members.aon.at/veitschegger/texte/tiersymbole.htm.
45 *Vida y Obras*, S. 363-538.
46 Der Text verweist auf Joa 4, 13-14, wo das Wasser ein Zeichen des ewigen Lebens ist. Zugleich bildet das Wasser den Gegensatz zu den ›Trockenheiten‹ (»sequedades«), der Erfahrung der Gottesferne, die Juan de la Cruz immer wieder beschrieben hat. Diese ›Trockenheit‹ korreliert mit dem in Stro-

phe 4 genannten ›Durst‹. Vgl. das Stichwort »Trockenheit« bei Peter Dinzelbacher (Hg.): *Wörterbuch der Mystik*, S. 502b-503a.

47 Zu dieser Stufenfolge vgl. das Stichwort »Aufstiegsschemata« bei Peter Dinzelbacher (Hg.): *Wörterbuch der Mystik,* S. 35b-37b.

48 Vgl. die *Letrilla* mit dem Titel »Suma de perfección«: »Olvido de lo criado,/ memoria del Criador,/ atención a lo interior/ y estarse amando con Amado.« *Vida y Obras*: S. 947.

49 Vgl. die Beschreibung der Ekstase als nicht nur mystisches Phänomen bei Peter Dinzelbacher (Hg.): *Wörterbuch der Mystik*, S. 132a-134a.

50 In der plurivalenten, symbolhaften Sprache der Lyrik von Colinas werden dem Wort ›Stein‹ eine Vielzahl von Bedeutungen zugeordnet. So bedeutet ›Stein‹ eine »energía indestructible«, »algo que contiene el secreto de las cosas« (Yolanda Delgado Batista, 2000:6), sowie »la eternidad, la intemporalidad, lo sagrado, el misterio, la historia, la firmeza el odio y el amor, la divinidad« (José Luis Puerto, 1996:79).

51 *Tratado de armonía*, passim.

52 Vgl. den Gedichttext der »Noche oscura« in: *Vida y obras*, S. 539 und bei Teuber: *Sacrificium litterae*. Beiheft: B. Ioannis a Cruce: *Carmina mytica poetica. Hispanice et Germanice [...]*. München: Fink 2003, S. 6-9 sowie die Interpretation bei Bernhard Teuber: *Sacrificium litterae*, S. 139-205.

53 Auch der Wald hat in dem sprachlichen System von Colinas einen festgeschriebenen Symbol-, bzw. Chiffrencharakter. Er stellt »[el] límite entre lo humano y lo divino« dar. Antonio Colinas: »Autopercepción intelectual«, S. 35.

54 Bernhard Teuber hat detailreich und überzeugend aufgezeigt, mit welchen komplexen, z.T. sehr direkten, wenn auch sprachlich und gedanklich häufig nur schwer aufschlüsselbaren Verfahren und intertextuellen Bezügen Juan de la Cruz die erotische Bildwelt der *unio mystica* gestaltet hat.

55 Der *Diccionario de Autoridades* definiert »extraviar« als »sacar fuera del camino [sc. normal]«. Es besteht zweifelsohne ein intertextueller Bezug zwischen der »senda extraviada« bei Colinas und der »escondida / senda, por donde han ido / los pocos sabios que en el mundo han sido« in der Ode »*Vida retirada*«, V. 3-5) von Fray Luis de León.

56 In *Exodus* 3, 3 wird berichtet, dass sich Gott Moses in einem brennenden Dornbusch (lat. rubus) offenart hat. Der spanische Bibeltext gibt das lateinische Wort gewöhnlich mit »zarza« wieder. Das von Colinas hier gebrauchte Wort »espinos« kann als eine Kontamination mit der Bezeichnung der Dornenkrone Christi (»corona de espinas«) als Zeichen des Leidens (Mt 27, 29; Mk 15, 178; Joa 19, 2 und 5) verstanden werden.

57 Yolanda Delgado Batista (2002:6). Dort heißt es auch: »La noche es uno de los símbolos más constantes (sc. en la poesía de Colinas). La noche como la fuente de lo misterioso, la noche que lo contiene todo, [...].«

58 Als Etymon wird ein arabisches *al murug* mit der Bedeutung ›Wiese‹ angegeben.
59 Zum Verständnis der Dichtung bei Colinas stellt Mercedes Gómez Blesa (1997:135) mit Hinweis auf die von Colinas vielfach zitierte María Zambrano (1904-1991) fest, die wie er die Philosophie, eine religiös fundierte Weltsicht und die Dichtung verbinden wollte: »[Colinas], al igual que Zambrano, otorga a la palabra poética el papel de adentrarse en ›una segunda realidad‹, una realidad escondida tras la aparente lógica de los hechos y que sigue ejerciendo un poder fascinador en el hombre. El poeta guiado por tal fascinación nos descubre, bajo la superficie cutánea de lo real, un sustrato más profundo del Ser, una capa más honda de existencia, todo un magma de vida circulando por las ruinas de la historia. Su palabra anhela retrotraerse ›al útero del tiempo, / o lo húmedo oscuro donde anida la luz‹ [*Silencios de fuego*, 42], para rescatar de las sombras esta realidad velada y oculta, esta forma hermética de existencia. La Poesía, para Colinas, es ante todo ›una vía de conocimiento de esta realidad enigmática, un medio de profundización en ›aquel misterio de la existencia‹. En este sentido, la palabra poética no tiene otra misión que la de abrirnos el camino de acceso al Enigma que encierra lo real, la de revelarnos esta segunda realidad.« Im selben Interview heißt es (S. 4) sehr bildhaft: »La poesía es una grieta a través de la cual se ve la realidad, es sólo una rendija que nos comunica una realidad que no es la cotidiana.«
60 S. 89. Es sei daran erinnert, dass der viel zitierte Satz Adornos aus dem Aufsatz »Kulturkritik und Gesellschaft« (1951) eigentlich lautete: »[...] nach Auschwitz ein Gedicht zu schreiben, ist barbarisch«. Zur Kontextualisierung dieses Satzes in der generellen Kulturkritik Adornos, die weit über die Lyrik hinaus generell jede Form von herkömmlicher Dichtung und Kunst auf ihre Legitimation und Wirkungsmöglichkeiten hin befragen wollte, sowie zu den Reaktionen deutschsprachiger Autoren auf diese Thesen vgl. die Textsammlung (und die Einleitung von Petra Kiedaisch): *Lyrik nach Auschwitz? Adorno und die Dichter*. Stuttgart: Reclam 1995.
61 José Luis Puerto (1996: 62).
62 Javier Huerta Calvo (1997: 211).

José Manuel López de Abiada · Javier Letrán

Luis Alberto de Cuenca. La malcasada

Me dices que Juan Luis no te comprende
que sólo piensa en sus computadoras
y que no te hace caso por las noches.
Me dices que tus hijos no te sirven,
5   que sólo dan problemas, que se aburren
de todo y que estás harta de aguantarlos.
Me dices que tus padres están viejos,
que se han vuelto tacaños y egoístas
y ya no eres su niña como antes.
10 Me dices que has cumplido treinta y cinco
y que no es fácil empezar de nuevo,
que los únicos hombres con que tratas
son colegas de Juan en IBM
y no te gustan los ejecutivos.
15 Y yo, ¿qué es lo que pinto en esta historia?
¿Qué quieres que haga yo? ¿Que mate a alguien?
¿Que dé un golpe de estado libertario?
Te quise como un loco. No lo niego.
Pero eso fue hace mucho, cuando el mundo
20 era una reluciente madrugada
que no quisiste compartir conmigo.
La nostalgia es un burdo pasatiempo.
Vuelve a ser la que fuiste. Ve a un gimnasio,
píntate más, alisa tus arrugas
25 y ponte ropa sexy, no seas tonta,
que a lo mejor Juan Luis vuelve a mimarte,
y tus hijos se van a un campamento,
y tus padres se mueren.*

Die an der Ehe leidet
Du sagst, Juan Luis hat keinen Draht zu dir. / Nur mit den Rechnern ist er noch verdrahtet. / Nachts, sagst du, legt er sich nicht mehr zu dir. / Von deinen Kindern wird rein nichts erwartet, / wenn sie was bringen, sind es bloß Probleme, / du hast sie satt, weil ihnen immer fad ist. / Die Eltern, sagst du, werden alte Knacker, / bei ihnen herrschen Geiz und Eigennutz, / du bist nicht mehr wie

einst ihr liebes Kind. / Du sagst mir, dass du fünfunddreißig bist / und dass ein Neubeginn dir äußerst schwer fällt. / Du kennst ja keinen andern als Juan Luis / und die Kollegen, die er hat bei IBM. / Doch Führungskräfte sind halt nicht dein Bier. / Was soll denn ich in dieser tristen Story? / Verlangst du, dass ich einem von den Kerlen / den Kragen umdreh', einen Staatsstreich plane? / Ich war in dich vernarrt. Ich geb' es zu. / Das ist jetzt ewig her. Die Welt war damals / ein heller Sonnenaufgang, Frühlingsmorgen, / den du mit mir jedoch nicht teilen wolltest. / Die Sehnsucht ist ein schlechter Zeitvertreib. / Sei wieder, wer du warst und treib Gymnastik. / Und schmink' dich schön. Und glätte deine Falten. / Zieh dir ein sexy Kleid an. Tu nicht blöd. / Juan Luis wird dich vielleicht auf Händen tragen, / wenn deine Kinder in die Ferien fahren / und deine Eltern sterben.[1]

Werk und Kritik

Über Luis Alberto de Cuenca, geboren in Madrid am 29. Dezember 1950, sagt der Kritiker Miguel García-Posada, seine frühen Gedichtbände seien »ein leidenschaftliches Bekenntnis zum Kulturalismus«. Mit *La caja de plata* (»Die Silberschachtel«) setzt dann die Entwicklung zu »einer Art von Trans-Kulturalismus« ein. »Ironie, Humor und die Verfremdung des Gedichtmaterials, aber auch die Betonung des Existenziellen, konfrontieren uns im Leseakt mit einem neuen Wert- und Beziehungssystem.«[2]

In der Lyrik von Cuenca, einem profilierten Vertreter der 68er Generation (aus der »zweiten Welle der Novísimos«[3]), sind in der Tat zwei deutlich von einander abgesetzte Perioden auszumachen. Der Wendepunkt tritt 1985, im Erscheinungsjahr von *La caja de plata*, ein. Damals wurde das Buch mit dem Kritikerpreis (*Premio nacional de la crítica*) ausgezeichnet. Seither steht Cuencas Name auf der Liste der Unverzichtbaren, die in keiner der späteren Lyrikanthologien fehlen dürfen, unabhängig vom jeweils gewählten Schwerpunkt. Er wird zum poetischen Leitbild einer Gruppe von spanischen Junglyrikern. Lehnten sich seine vor 1985 erschienen Gedichtsammlungen noch relativ stark an die *novísimos* und andere, damals vorherrschende Strömungen an, so stehen in *La caja de plata* und den folgenden Büchern Bilder, Metaphern und prägnante Bonmots mehr im Hintergrund. Was hier zählt, ist das Ganze. Der Teil dient dem Text zu. Auch Mythen, vormals ständige Begleiter der inneren Befindlichkeit von Cuencas lyrischen Protagonisten, sind jetzt selten geworden. Im Einflussbereich einer ›Dichtung der Großstadt‹ finden sie höchstens noch Platz an der Seite der urbanen Motive, neben Anspielungen auf die Freunde und Geliebten. Aus der Mischung von Namen, Andeutungen, Mythen schiebt sich plötzlich und kraftvoll die Thematik von Liebe, Tod und Freundschaft in den Vordergrund. Liebe und Tod werden ironisiert, aber freundlich, mit eher distanzierter Höflichkeit, behandelt. Die Freundschaft dagegen erhält ein elektrisierendes, fast überschießend herzliches Profil: Freunde sind gute Kumpel.

Diese Weiterentwicklung, ja Richtungsänderung von Cuencas Poetik ist keine Ausnahme, die hier die Regel bestätigt. Sie verläuft parallel zum allgemeinen Orientierungswechsel der jungen spanischen Lyrik der 80er Jahre. Dass dieser bei Cuenca am radikalsten durchschlägt, wurde mit der Verleihung des Kritikerpreises (*Premio nacional de la crítica*) zum Teil auch honoriert. García-Posada hat recht, wenn er sagt: »Die an und für sich schon sehr interessante frühe Lyrik Luis Alberto de Cuencas aus der Perspektive seiner reifen Arbeiten wieder zu lesen, ist eine seltsame Erfahrung. Aus dem Lesen wird ein wirksames Gegenlesen, als hätten wir es hier mit den Bild-Negativen zu tun.«[4]

Cuencas poetischer Werdegang beginnt mit *Los retratos* (1971) (»Die Bildnisse«). Der Autor wollte diesen Band aber nicht in die beiden bisher veröffentlichten Ausgaben seines lyrischen ›Gesamtwerks‹ aufnehmen, die 1990 bzw. 1998 erschienen. *Los retratos* entstand in einem Moment, in dem sich die Jugend offen gegen die *poesía social,* die politisch engagierte ›soziale Lyrik‹ aussprach und sich zum Teil recht polemisch von ihr distanzierte. In den frühen 70er Jahren verstärken sich die kulturalistischen Tendenzen in einem der Zweige des neuen Ästhetizismus, der sich zwischen 1965 und 1970 abzuzeichnen beginnt. 1972 erscheint Cuencas zweiter Gedichtband *Elsinore*, in dem der Kulturalismus einen Höhepunkt erreicht.

Nach Luis Martínez de Mingo geben in den Gedichten von Cuenca hauptsächlich Alexandriner und Elfsilber den Ton an. *La caja de plata* hat seines Erachtens einen nachhaltigen Einfluss auf die spanische Nachwuchslyrik ausgeübt. Cuencas spätere Werke *El otro sueño* (»Der andere Traum«), *El hacha y la rosa* (»Die Axt und die Rose«) und *Por fuertes y fronteras* (»Über Wehrbauten und Grenzen«) sind ihm Bestätigung genug für eine Entwicklung, die der Lyrik dieses Autors ihr unverwechselbares literarisches Profil gibt.[5]

Wechsel in der Ästhetik der novísimos

Jaime Siles[6] hat einen wichtigen Artikel über den Wechsel geschrieben, der sich in den 80er Jahren in der Ästhetik der *novísimos* vollzieht. Er verläuft in mehreren Phasen:

a) Niedergang;
b) Rückgriff auf die Umgangssprache des Alltags;
c) Wiederkehr von Humor, Parodie und Pastiche;
d) emotionale Betonung des Individuellen, Intimen;
e) Abschwächung emphatischer Momente im Darstellungssystem, bei gleichzeitiger Stärkung des Wahrnehmungssystems;
f) Umstrukturierungen im Referenzsystem.

Eine neue Gefahr: das ›*Superfrauen-Syndrom*‹

Nach Ansicht von Experten sieht sich die Frau der so genannten ersten Welt seit den 60er Jahren des 20. Jahrhunderts einer neuen Gefahr ausgesetzt: dem ›Superfrauen-Syndrom‹. Der Hauptgrund der Störung ist in einer Art von Vollkommenheitswahn zu orten, der Hausfrau und Fachfrau gleicherweise heimsucht. Es kann sich in einer Vielzahl von Symptomen äußern: Schmerzempfindungen, Schlaflosigkeit, Migräne oder Stress. Anwärterinnen auf das Syndrom sind die Perfektionistinnen, die immer alles selber machen, die besser als alle anderen sein wollen, und das vierundzwanzig Stunden am Tag, auch wenn niemand von ihnen solche Opfer verlangt.

Das neue soziale Phänomen hat sich zunächst schleichend, in aller Stille entwickelt, inzwischen aber alarmierende Ausmaße erreicht. Es wird zur Gefahr. Mütter, Haus- und Ehefrauen sind ihr nicht weniger ausgesetzt als die Frau im Beruf. Kinderlose packt es weniger schlimm als Frauen, die kleine Kinder, kranke Familienangehörige und dazu noch den Haushalt betreuen sollen. In solchen Fällen scheint das Syndrom fast vorprogrammiert. Können Betroffene den Teufelskreis überhaupt durchbrechen, bevor sie auf der Strecke bleiben?

Hoffnung auf Besserung

Die namenlose Protagonistin von Cuencas Gedicht ergreift selbst die Initiative. Sie wagt es, bei einer verflossenen Liebe anzuklopfen. Ihr Wagnis ist, mehr als ein Abenteuer, ein Schritt in die richtige Richtung, um sich von den erdrückenden Gefühlen zu entlasten, nicht mehr ›ihre Frau zu stehen‹. Sie hofft auf Besserung, wenn sie sich ›dem anderen‹ anvertraut. Offensichtlich bringt sie es nicht mehr fertig, dem ungeschriebenen weiblichen Ehrenkodex nachzuleben: Sie will ihren Mann verlassen, weil ihm nur noch seine Computer wichtig sind, d.h. seine eigenen Angelegenheiten. Seine Frau und ihre Probleme lassen ihn kalt. Sie hat sich innerlich entfernt von ihren Kindern, die nur Schwierigkeiten machen. Sie fallen ihr auf die Nerven, weil sie mit sich selber nichts anzufangen wissen, es langweilt sie einfach alles. Auch zu ihren Eltern geht sie auf Distanz, weil sie ›alt‹, geizig und egoistisch geworden sind. Sie fühlt sich von ihnen vernachlässigt, ist nicht mehr »wie einst ihr liebes Kind«.

Die Frau ist enttäuscht und verbittert, vielleicht nicht einmal so sehr, weil ihre ›Lieben‹ konsumorientiert und alles andere als zartbesaitet sind, sondern eher deshalb, weil sie von Eltern, Mann und Kindern so wenig emotionale Bestätigung für all das erhält, was sie ihnen gibt. Vermutlich hat sie – nicht zu Unrecht – das Gefühl, ihre Angehörigen hielten das alles für selbstverständlich und wüssten nicht einmal zu schätzen, was sie als Mutter, Ehefrau und Tochter für sie tut. Ein weiteres Übel ist in ihren Augen die Mühsal des Neuanfangs, mit dem sich eine 35-jährige Frau konfrontiert sieht. *Tempus fugit*. Andererseits erfüllen sich hier auch die restlichen zwei der »fünf Regeln« des weiblichen Ehrenkodex nicht:[7]

a) Aus Sorge um die Familie hat sie sich selber aufgerieben und vernachlässigt;
b) sie steht nicht über der Situation. Es misslingt ihr, sie zu meistern.

Der Ex-Freund, dem sie ihr Leben ›beichtet‹, sieht sich veranlasst, auf dieses ›Scheitern‹ und seine ›Gründe‹ mit dem (mehr oder weniger) gut gemeinten Ratschlag zu antworten: »Sei wieder, wer du warst und treib Gymnastik. / Und schmink' dich schön. Und glätte deine Falten. / Zieh dir ein sexy Kleid an. Tu nicht blöd.« (V. 23-25)

Hommage an Gil de Biedma

Ironischer Ton, Verfremdungstechnik und Rückgriff auf die gesprochene Sprache sind hier so deutlich, dass sie nicht eigens betont werden müssen. Weniger offensichtlich ist die subtile Hommage an Gil de Biedma, die den Text vom Anfang bis zum Ende durchzieht. Cuenca hatte dabei vor allem ein satirisches Gedicht von Gil de Biedma vor Augen, das seinerseits eine Hommage an Espronceda darstellt. Im Folgenden wird es wiedergeben:

A una dama muy joven, separada

En un año que has estado
casada, pechos hermosos,
amargas encontraste
las flores del matrimonio.

Y una buena mañana
la dulce libertad
elegiste impaciente,
como un escolar.

Hoy vestida de corsario
en los bares se te ve
con seis amantes por banda
– Isabel, niña Isabel –,

sobre un taburete erguida,
radiante, despeinada
por un viento sólo tuyo,
presidiendo la farra.

De quién, al fin de una noche,
no te habrás enamorado
por quererte enamorar!
Y todos me lo han contado.

¿No has aprendido, inocente,
que en tercera persona
los bellos sentimientos

son historias peligrosas?

Que la sinceridad
con que te has entregado
no la comprenden ellos,
niña Isabel. Ten cuidado.

Porque estamos en España.
Porque son uno y lo mismo
los memos de tus amantes,
el bestia de tu marido.

(»An eine junge Dame, getrennt vom Mann«
Vor einem Jahr das Jawort. / Schöne Brust. Vorm Altar. / Oh weh, wie bitter war / Das Bouquet deiner Ehe. // An einem Morgen helle / Wählst du in süßer Eil / Die Freiheit auf die Schnelle, / entfernst dich wie ein Pfeil. // Kostümiert als Kosar / Seemannsgang in die Bar / und im Schlepptau sechs Kerle, / Isabell', rohe Perle. // Hoch auf dem Hocker strahlst du, / hältst die Kumpane in Schach. / Windstoß im Haar, Admiral du. Der Wind ist in dir. Gib Acht. // Nacht für Nacht auserwählt / hast du die Liebe geliebt. / Und jeder, den du liebtest, / hat's mir nachher erzählt. // Verstehst du nicht, Mädchen? / In der dritten Person / ist die schönste Emotion / ein gefährliches Märchen. // Du hast dich ganz gegeben, / s'will keinem in den Sinn. / Die wissen nichts vom Leben. / Gib dich keinem mehr hin. // In Spanien, Isabell', / gibt's keinen Unterschied / zwischen den Deppen fürs Bett / und deiner Bestie von Mannsbild.[8])

Hypertextuelle Lyrik

Die »Malcasada« gehört zu einer Art von Literatur, die auf das Aufbrechen und Umschreiben bekannter Formen setzt. Technisch betrachtet sind hier typische Verfahren der Postmoderne nachzuweisen, die sich gegen das Originalitätskonzept der »Moderne« auflehnen.

Cuencas Lyrik kann vor allem ab *La caja de plata* als hypertextuell im Sinn von Genette eingestuft werden. Seine Gedichte benützen häufig Texte früherer Autoren als Basis und werden damit zu Palimpsesten. Dieses Faktum erlaubt es, seine Lyrik als postmodern zu betrachten, ähnlich wie es Formen von Architektur gibt, die Stilelemente anderer architektonischer Epochen benützen und aufbrechen, um daraus etwas Neues zu machen. Das schöpferische Subjekt in der Kunst verweigert sich einem grundlegenden Zug der bisher gültigen Form von Subjektivität: Dem von der Renaissance an ungebrochenen Streben nach Originalität, das auch nichts Anderes ist als ein weiterer Aspekt der Dialektik zwischen Alt und Neu, jenes typischen Kennzeichens der Moderne.[9] Der Verzicht auf Originalität (oder besser, auf ein bestimmtes Konzept der Originalität) führt aber nicht zu einer unkritischen Übernahme von Traditionen. Der postmoderne Autor benützt Tradiertes, um es ironisch und parodistisch zu verfremden. Er geht mit einer spielerischen, entmythisierenden Haltung darauf zu, verschmäht es aber nicht, zu Überraschungseffekten zu greifen. So macht er den Leser zum Kritiker und Komplizen.

Eine Beschwörung der Naivität

Die »Malcasada« von Cuenca ist nicht nur ein Prototyp für das Gedicht als Bruch und Umschrift bekannter Formen. Gleichzeitig stellt sie auch eine Beschwörung der Naivität dar. Umberto Eco hat eine gut geeignete Erklärung für ähnliche Phänomene, die hier ebenfalls gilt:

> Die postmoderne Haltung erscheint mir wie die eines Mannes, der eine kluge und sehr belesene Frau liebt und daher weiß, daß er ihr nicht sagen kann: »Ich liebe dich inniglich«, weil er weiß, daß sie weiß (und daß sie weiß, daß er weiß), daß genau diese Worte schon, sagen wir, von Liala [italienische Bestsellerautorin, die eine gewisse Ähnlichkeit mit Corín Tellado aufweist] geschrieben worden sind. Es gibt jedoch eine Lösung. Er kann ihr sagen: »Wie jetzt Liala sagen würde: Ich liebe dich inniglich.« In diesem Moment, nachdem er die falsche Unschuld vermieden hat, nachdem er klar zum Ausdruck gebracht hat, daß man nicht mehr unschuldig reden kann, hat er gleichwohl der Frau gesagt, was er ihr sagen wollte, nämlich daß er sie liebe, aber daß er sie in einer Zeit der verlorenen Unschuld liebe. Wenn sie das Spiel mitmacht, hat sie in gleicher Weise eine Liebeserklärung entgegen genommen. Keiner der beiden Gesprächspartner braucht sich naiv zu fühlen, beide akzeptieren die Herausforderung der Vergangenheit, des längst schon Gesagten, das man nicht einfach wegwischen kann, beide spielen bewußt und mit Vergnügen das Spiel der Ironie... Aber beiden ist es gelungen, noch einmal von Liebe zu reden.[10]

Das hypertextuelle Verfahren, das Cuenca in der »Malcasada« benutzt, nennt Genette »burleske Travestie« des Hypotexts. Dabei fungiert das neue Gedicht als Umschrift eines hochliterarischen Texts, dessen Handlung aufrecht erhalten wird. Inhalt und Dynamik (seine *inventio* und *dispositio*) bleiben unangetastet. Was sich ändert, ist die *elocutio*, d.h. der Stil ist ganz anders. Hier hält die gesprochene Sprache Einzug.[11]

Diese Art von Stilwechsel, bei dem die Register des Hypotexts einer subtilen Transformation unterzogen werden, führt zum Umprogrammieren des klassischen Texts. Er wird zeitlich und geographisch ins Heute übertragen, was zu degradierungs- und parodisierungs-ähnlichen Prozeduren führt, ohne dass dabei vergessen würde, dass der klassische Ausgangstext für das Überleben des Hypertexts grundlegend ist. Der Hypotext dient dem Hypertext als Fundament.

Cuencas »Malcasada« ist nicht bloß eine Umschrift des traditionellen Themas der ›unglücklich Verheirateten‹. Es evoziert auch das Klima von Gil de Biedmas satirischem Gedicht, das seinerseits eine Transgression der Romanzen mit diesem Motiv darstellt. Was sich von Gil de Biedma zu Cuenca ändert, ist der Grad der Transgression. Gil de Biedmas Gedicht erschien 1966 mitten in der Diktatur, zu einer Zeit, als die Macht der Kirche noch groß und Scheidungen undenkbar waren. Selbst die ›Trennung von Tisch und Bett‹ hatte damals mehr von einer Odyssee als von einer juristischen Routine an sich. Die Transgression zeigt sich bei Gil de Biedma bereits im Titel. Hier heißt es: »getrennt vom Mann«. Erst recht wird sie spürbar, wenn Ausdrücke fallen wie: »amargas encontraste / las flores del matrimonio« (»Oh weh, wie bitter war / das Bouquet deiner Ehe«); »la dulce libertad / elegiste impaciente« (»wählst du in süßer Eil / die Freiheit auf die Schnelle«); »con seis amantes por banda« (»im Schlepptau mit sechs Kerlen«); oder »presidiendo la farra« (»hältst die Kumpane in Schach«). Die Stimme des Erzählers in Gil de Biedmas Gedicht gehört einer anderen marginalisierten Figur jener Jahre: dem Homosexuellen. Dessen Meinung über die spanischen Lebe- und Ehemänner könnte nicht drastischer ausfallen. Er hält sie für »Deppen«, beziehungsweise für »Bestien«. Juan José Lanz gibt mehrere mögliche Hypotexte zu diesem Gedicht an, drei anonyme Texte und einen von Juan de Timoneda, von denen noch die Rede sein wird.

Campoamor als Referent

Auch zwischen Cuencas Gedicht und einigen Texten Campoamors besteht eine Affinität, zumindest im Ton. Vor einigen Jahren gab Cuenca (1998) eine Anthologie mit den *Hundert besten Gedichten in spanischer Sprache* heraus: *Las cien mejores poesías en lengua española*. Darin hat auch ein ausführliches narratives Gedicht von Campoamor Aufnahme gefunden: »El tren expreso« (»Der Expresszug«). In einer kurzen Einleitung zum Gedicht bemerkt Cuenca: »Die Lyrik Campoamors gefiel Cernuda und gefällt vielen heutigen Lyrikern. [...] Vollgespickt mit denkwürdigen Orten (*loci memorabiles*), auf halbem Weg zwischen Verserzählung und lyrischem Ton, weiß uns ›Der Expresszug‹ vieles zu sagen, kommuniziert mit uns, rührt uns innerlich an. Und das ist in der Lyrik sehr wichtig.«[12] Außerdem finden wir im XIII. Kapitel von Ramón de Campoamors Poetik (es heißt »Die Natürlichkeit in der Kunst«) eine klare Formulierung der Prinzipien, die diesem ästhetischen Positionswechsel zugrunde liegen:

> Sobald sich die Gattung der *Doloras* etabliert hatte [...], nahm ich mir vor, der Richtung, die sie am meisten bekämpft hat, den Beweis zu erbringen, daß nicht nur die im Geist dieser Schule geschriebenen Werke hohl und leer sind, sondern auch die offizielle poetische Sprache, die sie benützt, pure Konvention ist, falsch im Ton und gekünstelt, und daß es erforderlich wäre, sie durch eine andere zu ersetzen, die von der gesprochenen Durchschnittssprache nicht abweicht.[13]

Cuencas Intention, ein Gedicht wie die »Malcasada« zu schreiben, hat also einiges mit der Grundhaltung Campoamors zu tun, der in erster Linie bemüht war, die Grenzen des lyrischen Genres zu erweitern.

Der bewusst gewählte Ton des ›Opus minor‹, der ab *La caja de plata* in der Lyrik von Cuenca durchbricht, führt auch zur Wahl von Themen, die dem Alltag des Dichters entstammen. Das Anekdotenhafte wird dabei nicht ausgeschlossen sondern gesucht, ähnlich wie bei den klassischen Epigrammen, mit denen die Gedichte von Cuenca manches gemeinsam haben. Die Anekdote ist ein Verfahren mehr, um den Versen Profil zu geben, sie lebendig und wahrscheinlich klingen zu lassen. Bezeichnend ist der Rückgriff auf Syntax und Lexikon der gebildeten Mittelschicht, durchmischt mit ›gelehrten Wörtern‹ (den größten Teil davon machen kulturell kodierte Ausdrücke und Epitheta aus, die auf eine lange ›poetische Tradition‹ zurückblicken). Auf diese Weise unterstreicht Cuenca den ›künstlichen‹ Charakter des poetischen Diskurses, was mit der spielerischen Haltung der ganzen postmodernen Lyrik übereinstimmt.

Humor hat Vorrang

Zur Kombination des Umgangssprachlichen mit dem Erhabenen kommt, als typisches Merkmal gesucht niedrigen Stils, der Rückgriff auf den Humor. In seiner treffenden Kritik zum Erscheinen von *La caja de plata* schreibt Masoliver Ródenas: »Die Lebensfreude, der Humor, die glasklare Vitalität seiner Bilder sind ein Gegenmittel, um den feierlichen Ernst zu kompensieren, diesen feierlichen Ernst, der sich ins Herz unserer kulturellen Tradition geschlichen hat.«[14] Wirklich paradox ist, dass in einer Literatur wie der spanischen, die den *Lazarillo de Tormes,* den *Quijote* oder *La Regenta* hervorgebracht hat, der Humor nach wie vor als eher zweitrangig eingestuft wird, selbst im Roman und in der Erzählung. Es gehört zu Cuencas großen Verdiensten, dass er ganz auf den Humor setzt, der in seinem Weltbild eine tragende Rolle spielt. Wenn der Humor in dieser Lyrik Vorrang erhält, so deshalb, weil Cuenca als Humorist versucht, einerseits den Humor poetisch aufzuwerten, ihm einen würdigen Platz in der Literatur zu geben. Andererseits aber wird deutlich, dass er dadurch der Lyrik den sakralen Charakter zu nehmen sucht, den sie in unserer Kultur zum Teil noch hat. Damit wertet er auch das Immanente, an der Oberfläche Liegende auf und erbringt den Beweis, dass solche Elemente gültige Katalysatoren der poetischen Emotion sein können.

Struktur, Inhalt, Stil und Versmaß

Inhaltlich gesehen gliedert sich das Gedicht – ein dramatischer Monolog – in drei Teile. Der erste (V. 1-14) ist eine lakonische Zusammenfassung der Probleme, denen sich die »Malcasada« gegenüber sieht. Sie hat sie in dieser Form einem Ex-Freund erzählt, von dem sie sich Rat und Hilfe erhofft. Ein solches Kondensat entspricht ziemlich genau dem, was in Erinnerung bleibt, wenn ein

Freund oder eine Freundin uns ihr Herz ausschütten und wir unsere Gedanken zu ordnen versuchen, um eine brauchbare Antwort zu geben, so dass unser Gegenüber auch das Gefühl hat, ernst genommen zu werden. Auf diese Weise erfahren wir über den Gesprächspartner von den ehelichen und familiären Kalamitäten der weiblichen Protagonistin. Das Gedicht stützt sich durchweg auf die gesprochene Sprache, pflegt einen legeren Konversationsstil. Diesen Eindruck verstärken noch die anaphorische Wiederholung der Formel »Me dices que« in den Versen 1, 4, 7 und 10 und typische Wendungen aus der gesprochenen Sprache, wie »no te hace caso por las noches« (V. 3, wiedergegeben mit »nachts, sagst du, legt er sich nicht mehr zu dir«), oder »estás harta de aguantarlos« (V. 6: »du hast sie satt, weil...«), »no es fácil empezar de nuevo« (V. 11: »Und dass ein Neubeginn dir äußerst schwer fällt«).

Der zweite Teil des Gedichts (V. 15-22) besteht vor allem aus den Reaktionen des Gesprächspartners auf das, was ihm seine frühere Geliebte sagt, deshalb auch der Wechsel von der zweiten grammatischen Person zur ersten. Anstelle des *Du* dominiert hier das *Ich*. Die Reaktion des Ex-Liebhabers ist aber alles andere als beruhigend und verständnisvoll für seine unglückliche ›Freundin‹. (Wie bereits erwähnt, spielt er eher die Rolle des Beichtvaters als die des Geliebten). Zugleich zeigt sich, dass die alte Wunde, einmal von ihr verschmäht worden zu sein, nach wie vor nicht ganz verheilt ist.

Der letzte Teil des Gedichts (V. 23-28) enthält ein zynisches, pragmatisches Verhaltensrezept, das der ehemalige Freund seiner in seelische Nöte geratenen Gesprächspartnerin verordnet. Er distanziert sich damit völlig von ihr und ihrem möglichen Schicksal. Seine Reaktion ist eine Art von Rache für den Korb, den er früher einmal von ihr bekommen hat. Die Härte seiner Antwort wird noch betont durch den siebensilbigen Schlußvers, der in starkem Kontrast zu den vorausgegangenen 27 Hendekasyllaben steht.

Postmoderne Umschrift eines traditionellen Themas

Wie 1987 von Luis Alberto de Cuenca zu erwarten, ist die »Malcasada« eine postmoderne Umschrift des traditionellen Themas der »Mal maridada«. Juan José Lanz hat (vermutlich ganz zu recht) vier mögliche Hypotexte zu diesem Gedicht[15] angeführt. Die ersten drei sind anonyme Romanzen, der vierte stammt von Juan de Timoneda. Wir zitieren die in Frage kommenden Passagen:

1. ROMANCE DE LA BELLA MAL MARIDADA
   – »La bella mal maridada,
   de las lindas que yo vi,
   véote triste, enojada,
   la verdad dila tú a mí.
   Si has de tomar amores,
   vida, no dejes a mí,
   que a tu marido, señora,
   con otra mujer lo vi,

y besando y abrazando
mucho mal dice de ti,
y juraba y perjuraba
que te había de ferir.«
Allí habló la señora,
allí habló, dijo así:
– »Sáquesme tú, el caballero,
y sacásesme de aquí,
por las tierras donde fueres
bien te sabré yo servir.«
Ellos en aquesto estando,
su marido veislo aquí.[16]

(Romanze von der Schönen, die unglücklich verheiratet ist
»Die Leiden schlimmer Ehe / Seh ich dich still ertragen. / Du bist so traurig, Schöne, / kannst mir die Wahrheit sagen. / Willst du Liebe, mein Leben? / So wende dich an mich. / Dein Gatte, voller Häme / Küsst andre, nur nicht dich. / Er treibt es mit so mancher / Und spricht sehr schlecht von dir.« / Da fing sie an zu reden: / »Ach, führ' mich fort von hier, / in weit entfernte Länder, / dann dien' ich nur noch dir.« / Und so verblieben die beiden. / Und der Gatte blieb hier.)

2. ABAJA los ojos, casada,
   no mates a quien te miraba.

   Casada, pechos hermosos,
   abaja tus ojos graciosos.
   No mates a quien te miraba:
   abaja los ojos, casada.[17]

(Du bist gebunden. Senk den Blick, / töte nicht den, der dich ansieht. // Schöne Brust im Band der Ehe. / Senk den Blick voll Lebenslust. / Töte nicht den, der dich ansieht. / Du bist gebunden. Senk den Blick.)

3. MIRABA la mar
   la mal casada,
   que miraba la mar
   cómo es ancha y larga.

   Descuidos agenos
   y propios gemidos
   tienen sus sentidos
   de pesares llenos.
   Con ojos serenos

la mal casada,
que miraba la mar
cómo es ancha y larga.

Muy ancho es el mar
que miran sus ojos,
aunque a sus enojos
bien puede igualar.
Mas por se alegrar
la mal casada,
que miraba la mar
cómo es ancha y larga.[18]

(Sie sah aufs Meer hinaus, / litt an der Ehe. / Sie sah das weite Meer, / es kennt kein Ende. // Des anderen Fernsein, / die eigenen Schmerzen / betrüben den Sinn. / Alle Ruhe ist hin. // Die an der Ehe litt / Sah kristallklaren Blicks / hinaus aufs weite Meer. / Es kennt kein Ende.)

4. SOY garridica
y vivo penada
por ser mal casada.

Yo soy, no repunto,
hermosa sin cuento,
amada de uno,
querida de ciento.
No tengo contento
ni valgo ya nada
por ser mal casada.

Con estos cabellos
de bel parecer
haría con ellos
los hombres perder.
Quien los puede haber
no los tiene en nada
por ser mal casada.[19]

(Ein Wirbelwind, / leb' ich gestraft / mit meinem schlechten Mann. // Ich bin – und klage nicht – / die Allerschönste. / Von einem verehrt, / von hundert begehrt, / bin ich nichts mehr wert, / denn mein Herz ist gestraft / mit einem schlechten Mann. // Mein herrliches Haar, / schön anzusehn, / könnte noch manchem Herrn / den Kopf verdrehn. / Wer's haben kann, / dem ist es nichts wert, / hab' einen schlechten Mann.)

Vom Ernst zur Parodie

Lanz hat in diesen Texten thematische Aspekte nachgewiesen, die auch im Gedicht von Luis Alberto de Cuenca auftauchen: »Das Unbehagen über den Ehestand, die Sehnsucht nach einer vergangenen Beziehung, die sich im Ansprechpartner lyrisch verkörpert, die Unzufriedenheit mit dem gegenwärtigen Leben, die Vernachlässigung durch den Ehemann, den seine Tätigkeiten gefangen nehmen (im dritten Gedicht ist der Gatte ein Seemann), das Anklopfen beim früheren Geliebten, damit er zur alten Liebe zurückkehrt, der Durst nach Freiheit, usw.«[20]

Der ernste Ton der volkstümlichen Lyrik kippt im zeitgenössischen Gedicht oft ins Parodistische, nimmt gern humorvolle Züge an. Die Frauen des Mittelalters und der Renaissance standen ohne jede Perspektive vor einem Scherbenhaufen, wenn ihre Ehen scheiterten, im Unterschied zu den heutigen Frauen der Großstadtkultur. Die postmoderne Protagonistin von Cuencas Gedicht hat die Möglichkeit, ein neues Leben zu beginnen, obwohl ihr Ex-Freund das nicht für wahrscheinlich hält und offensichtlich auch gar nicht wünscht.

Trotz des humoristischen Tons, der mitunter ins Zynische rutscht, zeigt das Gedicht sehr präzise auf, wo uns der Schuh drückt. Soziale Zwänge und der Einfluss der Medien treiben heute die Stadtfrau um die vierzig in eine Krise. Diese Verse oberflächlich zu nennen wäre verfehlt. Ihr Tiefgang liegt im diagnostischen Blick, mit dem ein Dichter, der wirkliches Talent hat, die Wirklichkeit entlarvt, ohne darauf zu verzichten, unterhaltsam zu schreiben.

Unterhaltsam schreiben heißt für Cuenca, im leichten, flotten Plauderton die komplexen, tiefgehenden Probleme aufzugreifen, vor die uns eine Gesellschaft im raschen Wandel gestellt hat. Seine Lyrik wirkt dann nicht selten frivol. Gerade dieser legere Ton, diese Eindeutigkeit, mit denen er die Dinge beim Namen nennt, macht sein Werk auch für jene erreichbar, die sonst nicht gerade zu den Gedichtlesern zählen. Trotz der Existenzangst, die auf Schritt und Tritt in dieser Dichtung zu spüren ist, wird vom Leser keine absolute Gefolgschaft verlangt. Er darf die Lektüre im Bewusstsein beenden, dass hier das alte Axiom von Rabelais immer noch gilt: Ehre die Heiterkeit durch dein Lächeln.[21] Das erklärt auch, warum die Kritik sich hier in so seltener Einmütigkeit äußert, vor allem von *La caja de plata* an. Jordi Gracia sagt in seiner langen Einführung in die Lyrik: Luis Alberto de Cuenca »gehört zu den bestuntersuchten Autoren, über die es am meisten qualitativ hochstehende Studien gibt [...]. Wir wohnen der schamlosen Selbstentblößung einer poetischen Figur bei, die ihre Achtung vor den Klassikern verdeckt und versteckt, diese dauernd manipuliert, um sie dann in einen modernen Alltag ohne emotionale und erotische Hemmungen zu verpflanzen, mit einem Schuss Streitbarkeit und Neuromantik versetzt, sicherlich auch in der eingestandenen Nachfolge eines satirischen Klassikers.«[22]

Übersetzung aus dem Spanischen: Angelika Theile-Becker

I. Verzeichnis der Werke von Luis Alberto de Cuenca

Lyrische Werke

Los retratos. Madrid: Azur 1971.

Elsinore. Madrid: Azur 1972.

Scholia. Barcelona: Antoni Bosch 1978.

Necrofilia. Madrid: Cuadernillos de Madrid 1983.

Breviora. Torrelavega: Cuadernos de Adal 1984.

La caja de plata. Sevilla: Renacimiento 1985. [Premio Nacional de la Crítica]

Seis poemas de amor. Málaga: Newman 1986.

El otro sueño. Sevilla: Renacimiento 1987.

Poemas. Oviedo: Biblioteca de Asturias 1988.

Amour fou e altre poesie. Antología bilingüe italiano/ español a cargo de Emilio Coco. Bari: Levante 1989.

Poesía (1970-1989). Sevilla: Renacimiento 1990.

Los mundos y los días. Poesía 1972-1998. Madrid: Visor 1998.

Sin miedo ni esperanza. Madrid: Visor 2002.

El puente de la espada. Poemas inéditos. Presentación Ángel Pina Ruiz. Con 6 serigrafías originales de Eduardo Úrculo. Prólogo de Arturo Pérez-Reverte. Murcia: Ahora 2002.

Andere Werke

Floresta española de varia caballería. Madrid: Editorial Nacional 1975.

Necesidad del mito. Barcelona: Planeta 1976.

Eurípides: Tragedias, III. Madrid: Gredos 1979 (in Zusammenarbeit mit Miguel Ángel Elvira).

Calímaco: Himnos, epigramas y fragmentos. Madrid: Gredos 1980 (in Zusammenarbeit mit Máximo Brioso).

Antología de la poesía latina. Madrid: Alianza 1981 (in Zusammenarbeit mit Antonio Alvar).

Guillermo de Aquitania: Poesía completa. Madrid: Siruela 1983.

Las Mil y Una Noches según Galland. Madrid: Siruela 1985.

Ramon Llull: Libro de la orden de caballería. Madrid: Alianza 1986.

Los Lais de María de Francia. Madrid: Siruela 1987.

II. Kritische Literatur

Alvar, Manuel: »Las perlas más tristes que conozco«, in: *Blanco y Negro*, 24.5.1992, S. 14 [über *Poesía (1970-1989)*].

Baena, Enrique: »La interpretación de la vida es alegórica: *El hacha y la rosa* de Luis Alberto de Cuenca«, in: *Ínsula* 577 (1995), S. 17-19.

Conde Guerri, María José: »La singularidad poética de Luis Alberto de Cuenca«, in: *Cuadernos Hispanoamericanos* 492 (1991), S. 128-134.

Cuenca, Luis Alberto de: »La brisa de la calle«, in Juan Pedro Aparicio (Hg.): *Sociedad y nueva creación*. Madrid: Fundación Germán Sánchez Ruipérez 1990, S. 103-107.

Cuenca, Luis Alberto de: »La generación del lenguaje«, in: *Poesía. Revista ilustrada de información poética* 5-6 (1979-1980), S. 245-251.

Dadson, Trevor J.: »Art and the distancing of grief: Luis Alberto de Cuenca's *La caja de plata* and its golden-age antecedents«, in: *Revista Hispánica Moderna* 50 (1997), S. 363-381.

Díaz de Castro, Francisco J.: »La rama de oro«, in: *Cuadernos Hispanoamericanos* 555 (1996), S. 145-148. [Über *Por fuertes y fronteras*]

Gaitán, José/ Torés, Alberto: »Entrevista a Luis Alberto de Cuenca: *La brisa de la calle*«, in: *Canente* 8 (1990), S. 200-206.

García-Posada, Miguel: »De vírgenes, diosas y linajes. Nuevos textos poéticos de Luis Alberto de Cuenca y Andrés Trapiello«, in: *El País*, 30.4.1994, S. 12 [über *El hacha y la rosa*].

Gómez-Montero, Javier: »Poética de la postmodernidad y praxis de la parodia en *Poesía (1970-1989)* de Luis Alberto de Cuenca«, in Túa Blesa u.a. (Hg.): *Actas del IX Simposio de la Sociedad española de Literatura General y Comparada*, Zaragoza, 18-21. November 1992. Bd. 2: *La parodia. El viaje imaginario*. Zaragoza: Universidad de Zaragoza/ Banco Zaragozano/ Sociedad española de Literatura General y Comparada 1994, S. 133-151.

Gutiérrez Carbajo, Francisco: »La escritura ›en su punto‹ de Luis Alberto de Cuenca«, in: *Cuadernos Hispanoamericanos* 537 (1995), S. 130-134.

Gutiérrez Carbajo, Francisco: »La forma y el color de las palabras: algunos ejemplos de la poesía española contemporánea«, in: *Studi ispanici* (2000), S. 217-229.

Lanz, Juan José: *La poesía de Luis Alberto de Cuenca*. Córdoba: Trayectoria de Navegantes 1991 [in dieser Monographie nennt Lanz alle Artikel und Besprechungen, die über das lyrische Werk von Luis Alberto de Cuenca erschienen sind: S. 71-75]

Lanz, Juan José: »En la Biblioteca de Babel: algunos aspectos de intertextualidad en la poesía última de Luis Alberto de Cuenca«, in Trevor J. Dadson/ Derek

W. Flitter (Hg.): *Ludismo e intertextualidad en la lírica española moderna*. Birmingham: The University of Birmingham Press 1998, S. 136-167.

Martínez de Mingo, Luis: »La difícil facilidad de un poeta sobrado«, in: *Ínsula* 595-596 (1996), S. 25-26.

Martínez de Mingo, Luis: Kommentar des Gedichts »La malcasada«, in José Manuel López de Abiada/ Luis Martínez de Mingo/ Javier Pérez Escohotado (Hg.): *Poemas memorables. Antología consultada y comentada (1939-1999)*. Madrid: Castalia 1999, S. 252-256.

Martínez Mesanza, Julio: »Nuevos poemas de Luis Alberto de Cuenca«, in: *Nueva Revista de Política, Cultura y Arte* 34 (1994), S. 137-140. [Über *El hacha y la rosa*]

Masoliver Ródenas, Juan Antonio: »Luis Alberto de Cuenca: historia de un egocidio«, in: *Hora de poesía* 43 (1986), S. 75-80.

Miró, Emilio: »Desde el culturalismo y la metapoesía: Luis Alberto de Cuenca y Jorge Urrutia«, in: *Ínsula* 468 (1985), S. 6.

Provencio, Pedro: »La Generación del 70 (II). Los antinovísimos y la cultura de consumo«, in: *Cuadernos Hispanoamericanos* 524 (1994), S. 99-115.

III. Anmerkungen

* Zitiert nach Luis Alberto de Cuenca (1987).

1 Diese und alle folgenden Gedicht-Übersetzungen ins Deutsche stammen von Angelika Theile-Becker.

2 In Miguel García-Posada (Hg.): *La nueva poesía (1975-1992)*. (Fernando Gómez Redondo u.a. (Hg.): *Poesía española*. Bd. 10). Barcelona: Crítica 1996, S. 69.

3 Da die Poetik der *Novísimos* hier nicht behandelt wird, soll aus der Einführung von Carlos Bousoño in die ›poesía novísima‹ von Guillermo Carnero zitiert werden. (Meines Erachtens ist Carnero der bedeutendste Vertreter dieser Tendenz). Bousoño äußert sich wie folgt über den ›Ästhetizismus‹ von *Dibujo de la muerte* (1967): »Die zitierten Objekte sind immer ›schön‹: prunkvolle Stoffe (Brokate, Samt und Seide, Tüll); prunkvolle Zeiten (die Renaissance, das 18. Jahrhundert); kostbare Schätze (Gold, Silber, Gemmen, Rubine, Diamanten, Achate, Onyx, Jade, Elfenbein, Marmor, Sandelholz, Mahagoni); kostbarer Dekors (Säulen, Terrassen, Ziergärten, Kerzenständer, Weihrauchkessel, Kelche, Vorhänge, Architrave); ein unglaublicher Farbenreichtum mit hohem Evokationspotenzial (Purpur, Karmin, Schneeweiß, Lila, Gold- und Blau-Töne, sogar das gelehrte ›Azur‹); gehobene Ausdrücke, sei es, weil sie der Welt der Kunst entstammen (Spinett, Klaviere, Harfen, Oboen), der literarischen Tradition angehören (Seerosen, Rosen,

Oleander, Weiden, Magnolien, Lorbeeren, Eschen), Traumwelten in Erinnerung rufen (Arkadien, Citerior) oder an die Mythologie erinnern (Kentauren, Nymphen). Darüber hinaus lässt sich der Dichter explizit oder implizit von den Künsten inspirieren (Literatur, Bildhauerei, Malerei, Architektur, Musik), schöpft nicht direkt aus dem Leben; das geschieht jedoch nicht, weil er dieses *geringschätzen* würde, wie das bei den Ästhetizisten des 19. Jahrhunderts der Fall war, sondern aus dem Gefühl heraus, die Wirklichkeit entziehe sich unserer Erkenntnis, ihre Erfahrung durch das Subjekt habe keinerlei Möglichkeit, sich auszudrücken. Denn dieses sieht sich in repressiven sozialen Schemata gefangen, deren Hauptfunktion die Kontrolle und Steuerung, aber auch das Verdecken von Realität ist. Davon betroffen werden sowohl die äußere Wirklichkeit: Welt und Natur, als auch die innere: Gedanken, Gefühle, Instinkte. Beschreibungen (die sich jetzt häufen) sind Gemälden entnommen oder verweisen auf Malereien (Watteau, Giorgione, Iacobo Guarana).« Guillermo Carnero: *Ensayo de una teoría de la visión (Poesía 1966-1977)*. Estudio preliminar de Carlos Bousoño. Madrid: Hiperión 1979, S. 34-35.

4   Miguel García-Posada (Hg.): *La nueva poesía (1975-1992)*, S. 69.

5   Luis Martínez de Mingo in der bio-bibliografischen Notiz zu Luis Alberto de Cuenca, die seinem Kommentar zum Gedicht »La Malcasada« vorausgeht. (1999:247).

6   Jaime Siles: »Ultimísima poesía española escrita en castellano: rasgos distintivos de un discurso en proceso y ensayo de una posible sistematización«, in Jaime Siles u.a.: *La poesía nueva en el mundo hispánico. Últimos años.* Madrid: Visor 1994, S. 7-32 (hier: S. 8)

7   Das folgende Zitat ist einem Handbuch entnommen, in dem sich hin und wieder auch Gemeinplätze bis hart an die Grenze zur »Populärwissenschaft« tummeln. Viel gelesen und diskutiert, zeigt es jedoch einen Trend in der Allgemeinbefindlichkeit auf und verdient es schon deshalb, hier aufgeführt zu werden: Claudia Bepko/ Jo-Ann Krestan: *Das Superfrauen-Syndrom.* Frankfurt am Main: Wolfgang Krüger Verlag 1991, S. 23: »Wir glauben, daß der Kern des Codex der weiblichen Pflichten im wesentlichen aus fünf Regeln besteht:
SEI ATTRAKTIV: Eine Frau ist so gut wie sie aussieht.
SEI EINE DAME: Eine Frau verliert nie die Selbstbeherrschung.
SEI SELBSTLOS UND IMMER FÜR ANDERE DA: Eine Frau ist zum Geben geboren.
LEISTE BEZIEHUNGSARBEIT: Eine Frau ist von Kopf bis Fuß auf Liebe eingestellt.

8   Jaime Gil de Biedma: »A una dama muy joven, separada« [aus: *Moralidades* (1966)], in ders: *Las personas del verbo.* Barcelona: Seix Barral 1982, S. 105.

9   Josep Picó: »Introducción«, in ders. (Hg.): *Modernidad y Postmodernidad.* Madrid: Alianza 1988, S. 13-50 (hier: S. 26).
10 Umberto Eco: *Nachschrift zum* Namen der Rose. München: dtv 1983, S. 78-79.
11 Gérard Genette: *Palimpsestos. La literatura en segundo grado.* Übersetzung aus dem Französischen Celia Fernández Prieto. Madrid: Taurus 1989, S. 75.
12 Luis Alberto de Cuenca: *Las cien mejores poesías de la lengua castellana.* Madrid: Espasa 1998, S. 259. (Die Behauptung Cuencas ist nicht ganz korrekt. Cernuda war mehr an der Poetik, als an der Lyrik von Campoamor interessiert).
13 Ramón de Campoamor: *Poética.* Hg. von José Luis García Martín. Gijón: Libros del Pexe/ Universos 1995, S. 166. Die erste Auflage der *Poética* erschien 1883, bei der Verlagsbuchhandlung Victoriano Suárez.
14 Juan Antonio Masoliver Ródenas (1986:79).
15 Juan José Lanz (1998:154-158).
16 Dámaso Alonso/ José Manuel Blecua: *Antología de la poesía española. Lírica de tipo tradicional.* Madrid: Gredos 1964, S. 14.
17 Dámaso Alonso/ José Manuel Blecua: *Antología de la poesía española*, S. 45.
18 Dámaso Alonso/ José Manuel Blecua: *Antología de la poesía española*, S. 85.
19 Dámaso Alonso/ José Manuel Blecua: *Antología de la poesía española*, S. 171-172.
20 Juan José Lanz (1998:155).
21 »Pource que rire est le propre de l'homme. / Vivez joyeux«: mit diesen Worten hat Rabelais das *De partibus animalium* von Aristoteles (X 9) umschrieben und der guten alten Tradition Tribut gezollt, von der die *risibilitas* als wesentliche intrinsische Qualität menschlichen Tuns betrachtet wird. François Rabelais: *Gargantua.* R. Calder/ M.A. Screech (Hg.). Genève: Droz 1970, S. 7.
22 Jordi Gracia: »La poesía«, in ders. (Hg.): *Los nuevos nombres: 1975-2000.* Primer suplemento. (*Historia y crítica de la literatura española* al cuidado de Francisco Rico, Bd. 9,1). Barcelona: Crítica 2000, S. 111-112.

Jesús G. Maestro

Ramiro Fonte. Os nenos de Europa

Estes nenos que xogan ó balón
Xunto ás mortas ruínas dunha casa
Bombardeada;
Alleos á convulsa paisaxe que os circunda,
Ignorantes do que pasou na guerra,
Son os nenos de Europa.

Estes nenos que xulgan, con ledicia,
A perfección do branco trasatlántico
Que aparece no porto,
Porque non saben o que significan
Certas palabras
Como lonxe, decenios ou periplos,
Son os nenos de Europa.

Estes nenos que amosan
As cifras tatuadas nos seus brazos;
Viúvos para sempre da tristura
Porque eles xa cruzaron a fronteira
Das terras habitadas soamente
Polos desesperados, e volveron
Nos lentos trens,
Son os nenos de Europa.

Estes nenos que xogan
Ás escondidas,
Entre as tumbas sen nomes
Dun frío camposanto suburbial
E, cando cae a noite,
Regresan fatigados ás súas casas
E despois se acubillan nun cuarto de madeira
E non queren manchar
A almofada de lágrimas, tamén
Son os nenos de Europa.

Ningún outro país puideron darnos.

           Ningún máis verdadeiro
           Nin menos doloroso recibimos:

35   Durmimos e soñamos
           Sobre a mesma almofada que eles foron tecendo
           Con ese fío escuro dos seus soños.

           Tódalas noites
           Conciliamos o sono
40   Sobre o tremor do mundo,
           Sobre vellos temores aceptados.

           Somos os fillos raros deses nenos.*

Europas Kinder
Die Kinder, die dort Ball spielen / neben den toten Ruinen eines / bombardierten Hauses; / fern von der friedlosen Welt, die sie umgibt, / ohne Wissen um das, was im Krieg geschah, / das sind Europas Kinder.
Die Kinder, die mit Freude sehen / die Vollkommenheit des weißen Ozeandampfers, / der im Hafen auftaucht, / weil sie nicht wissen, was / bestimmte Wörter bedeuten, / Wörter wie fern, Jahrzehnte oder Reiserouten, / das sind Europas Kinder.
Die Kinder, die die / Zahlen vorweisen, die auf ihre Arme tätowiert sind, / für immer verwaist von der Trauer, / denn sie haben schon die Grenze überschritten / zu jenen Ländern, die nur bewohnt sind / von den Verzweifelten und denen die heimkehrten, / in langsamen Zügen, / das sind Europas Kinder.
Die Kinder, die / heimlich / zwischen den namenlosen Gräbern / eines kalten Vorstadtfriedhofs spielen, / und die, wenn es Abend wird, müde heimkehren / und die sich in einem Holzverschlag zusammenkauern / und die das Kopfkissen nicht / mit ihren Tränen tränken wollen, auch das sind Europas Kinder.
Kein anderes Land konnten sie uns geben. / Keines, das wahrer / und weniger schmerzvoll wäre, haben wir empfangen:
Wir schlafen und träumen, / auf eben jenem Kopfkissen, das sie im Lauf der Zeiten webten / aus den dunklen Fäden ihrer Träume.
Jede Nacht / sinken wir in den Schlaf / auf dem Schaudern der Welt, / auf alten, hingenommenen Ängsten.
Wir sind die sonderbaren Söhne dieser Kinder.[1]

I

Ramiro Fonte wurde 1957 in Pontedeume in der Provinz A Coruña im Norden Galiciens geboren; der Tod riss ihn am 11. Oktober 2008 in Barcelona mitten aus dem Leben, ohne dass es ihm vergönnt war, sein umfangreiches literarisches

Werk zu vollenden. Dennoch war und ist er zweifelsohne einer der besten Autoren der galicischen Gegenwartsliteratur. Dies gilt für sein Werk als Essayist, als Erzähler und in ganz besonderem Maß als Lyriker.

Von seinen essayistischen Arbeiten ist vor allem das literaturkritische Werk *As bandeiras do corsario: sobre poesía e poetas* hervorzuheben, das Interpretationen zu einer großen Zahl von berühmten Lyrikern des 20. Jahrhunderts enthält. Es sind dies im Wesentlichen Autoren, mit denen sich Ramiro Fonte identifiziert oder für die er aus den verschiedensten Gründen ein besonderes Interesse hegt. Diesem Werk kommt aus zwei Gründen eine besondere Bedeutung für das dichterische Schaffen des Autors zu. Zum einen informiert es in direkter Weise über Fontes Auffassung vom literarischen Schaffensprozess und über sein Interesse, den gegenwärtigen lyrischen Diskurs vor dem Hintergrund der Tradition der Weltliteratur zu verstehen. Zum anderen stellt dieser Essay einen beachtlichen Beitrag zur vergleichenden Geschichte der Lyrik im 20. Jahrhundert und zu deren charakteristischen Merkmalen dar. Es sind dies unter anderem die Krise der postromantischen Subjektivität, der Komplexe des ›Ich‹, die Spaltungen des modernen Subjekts, die Behinderungen der schöpferischen Freiheit zu Zeiten der verschiedenen politischen Totalitarismen in Europa sowie die Herausforderungen, die sich dem modernen Dichter bei der Überwindung eines nihilistischen Diskurses stellen. Fontes Interpretationen befassen sich mit Texten von Georg Trakl, Osip Mandelstam, Fernando Pessoa, Ezra Pound, César Vallejo, T. S. Eliot, Luis Cernuda, Pablo Neruda, René Char, Jaroslav Seifert, Vladimir Holan, Paul Celan, Pier Paolo Pasolini und Derek Walcott. Dieses Buch ist zweifelsohne von großer Wichtigkeit für das Verständnis der Lyrik des 20. Jahrhunderts insgesamt und für die Interpretation der Lyrik von Ramiro Fonte insbesondere. Es zeigt eine essayistische Literaturkritik, wie sie sich auch bei Octavio Paz findet, mit dessen *Cuadrivio*, *Itinerario* oder *La otra voz* sich *As bandeiras do corsario* durchaus vergleichen lassen.

Was Fontes narratives Werk angeht, so sind hier seine drei Romane *Os leopardos da lúa*,[2] *As regras do xogo*[3] und *Aves de paso*[4] ebenso zu nennen wie einige kürzere Erzählungen, darunter insbesondere die aus dem Sammelband *Catro novelas sentimentais*.[5] Die meisten seiner Erzähltexte spielen in Galicien. Dabei nimmt die Stadt Santiago de Compostela eine privilegierte Stellung ein. *As regras do xogo* stellt Fontes Beitrag zur Gattung des Kriminalromans dar. Der größte Teil seines literarischen Schaffens gehört jedoch ganz zweifelsohne in den Bereich der Lyrik, mit der er sich seit frühester Jugend und ohne Unterbrechung bis zu seinem Tod befasst hat. Als seine bedeutendsten Werke sind zu nennen: *Pensar na tempestade* (1986), *Pasa un segredo* (1988), *Luz do mediodía* (1995), *O cazador de libros* (1997), *Mínima moralidade* (1997) und *Capitán Inverno* (1999).

II

Ramiro Fonte ist sicherlich derjenige unter den galicischen Lyrikern, der die besten und umfassendsten Kenntnisse von Autoren und Strömungen anderer Literaturen hat, seien es solche der Pyrenäenhalbinsel, seien es solche des restlichen Europas. Unter den ihm bereits geographisch nahe stehenden Autoren sind die Namen von portugiesischen, kastilischen, katalanischen und baskischen Autoren zu nennen, etwa die von Luis García Montero, Luis Miguel Nava, Joan Margarit, Jon Juaristi, Felipe Benítez Reyes, Alex Susanna und Pere Rovira.

1977 gehörte Fonte zu den Gründungsmitgliedern der Dichtergruppe *Cravo fondo*. Mit diesem Namen bezeichnete sich in Santiago de Compostela eine Generation von Lyrikern, deren Anliegen eine Erneuerung der galicischen Literatur war. Tatsächlich gelang es ihr, die engen Grenzen und die Dürftigkeiten der galicischen Lyrik jener Jahre zu überwinden. Der Name der Gruppe wurde zum Titel einer Anthologie dieser Dichtergruppe. Ramiro Fonte steuerte eine Anzahl von Texten bei, in denen sich eine Reihe von Themen finden, die sich über die Jahre hinweg in seiner Dichtung gehalten haben. Dazu gehören Themen wie der Abschied von einem geliebten Wesen, der Schmerz und die Erinnerung eines unabänderlichen Verlusts, die von der Allgegenwart des Todes überwältigte oder bedrohte menschliche Existenz, vor allem aber eine ganz persönliche, auch formal hervorragend durchkonstruierte Welt der Meeresmetaphorik – der Anblick des Meeres, die Schiffe und Häfen, die Seevögel und Strände, das Reisen und die Städte am Meer.

Neben dem Meer ist im essayistischen und lyrischen Werk von Ramiro Fonte auch die Stadt ein besonders bedeutsames und immer wieder zu findendes Motiv und ein häufig verwandtes Szenarium. Es ist sicher kein Zufall, dass sein erster Gedichtband unter dem Titel *As cidades da nada* (1983; »Die Städte des Nichts«) erschien. Der Band zeugt von der großen Belesenheit des Autors; er enthält eine Fülle von intertextuellen Bezügen zum Denken und zur Dichtung von Pessoa, Rilke, Cavalcanti, Rubén Darío, Cavafis, Hölderlin, Aurelio Aguirre, Bacon, Mozart und Aristoteles. Schon diese Gedichtsammlung aus dem Jahre 1983 situiert Fonte in einen universellen kulturellen Kontext, den der Autor auch in der Folgezeit nie aufgeben sollte. Erhalten bleibt weiterhin auch die Metaphorik und Bildwelt des Meeres; sie wird sogar noch verstärkt, wobei pessimistische und sogar tragische Töne in den Vordergrund treten wie das Thema des Abschieds, der Wehmut, der Enttäuschungen und Geheimnisse sowie der Einsamkeit. Mit dieser Ausrichtung nähert sich die Lyrik Fontes zweifelsohne jener, in der kastilischen Dichtung der Gegenwart häufig zu findenden *poesía de la experiencia*, einer Dichtung, die auf der individuellen (Alltags-)Erfahrung beruht und die an und für sich in der galicischen Gegenwartslyrik wenig gepflegt wird. Parallel zu dieser thematischen Entwicklung zeigt sich eine verstärkte Auseinandersetzung mit Fragen der Form, die den Autor zu einer größeren metrischen Strenge führt, die sich insbesondere in der Verwendung von formstrengen Elf- und Siebensilblern sowie von Alexandrinern manifestiert. Nur ein Jahr später, 1984, veröffentlicht Fonte mit *Designium* einen Gedichtband, in dem der *culturalismo*, die Verwendung von Bildungselementen, wie sie sich in *As cidades da nada* in hohem Maße finden, hinter einen unmittelbareren Ausdruck von Subjektivität zurücktritt. Hinweise auf Persönliches, ein biographischer Diskurs und der Vorrang des Ich sind die hervorstechenden Elemente seiner neuen Art des Dichtens.

1986 erscheint der Band *Pensar na tempestade* (»Denken im Sturm«), der zwei der bedeutendsten Literaturpreise Galiciens erhält, den *Premio de la Crítica de Galicia* und den *Premio Losada Diéguez*. Hinsichtlich der Form bleibt in diesem Band das Interesse an metrischer Präzision und Musikalität bestehen. Inhaltlich bildet die Seefahrtmetaphorik des Sturms den gemeinsamen Bezugspunkt der Gedichte. Sie stellt das aufgewühlte Szenarium dar, das als Referenz- und Interpretationsrahmen für eine sehr weit getriebene Fiktionalisierung des Ich dient, das sich vor ihm auf vielfältige Weise offenbart und zugleich hinter Masken verbirgt. In *Pensar na tempestade* nimmt Fontes Lyrik eines der großen Themen der abendländischen Dichtung des 20. Jahrhunderts auf: die Fragmentierung des Subjekts, das seine Persönlichkeit in verschiedene Identitäten auflöst. Dieses Thema behandelt der Autor auf der Basis seiner Lektüre von Fernando Pessoa, mit dem er die großen Themen der modernen Dichtung teilt, insbesondere das Thema des ›Verfallens des Subjekts‹, das Thema des ›Anderen‹ und das der ›Multiplizität‹. Der heutige Mensch kann sich nicht mehr anhand der romantischen Vorstellung des autonomen Ich definieren und darstellen. Die Fragmentierung des empirischen *Ich*, die für die Literatur des 20. Jahrhunderts und insbesondere für die lyrische Dichtung der ersten Jahrzehnte nach der Jahrhundertwende so bezeichnend ist, hat auch die Zerstörung des romantischen ›Subjekts‹ zur Folge, aus denen sich die schöpferischen Kräfte des Dichters speisten. Der Modernismus gab den Welten der Illusion den Vorzug vor den Welten der Realität. Pessoa dagegen fußt auf der symbolistischen Tradition Baudelaires, die die Entromantisierung der modernen Lyrik fortführt. Ausgehend von seiner eigenen Sicht der ›Lyrik der Erfahrung‹ schließt sich Ramiro Fonte dieser Dichtungsauffassung an und entscheidet sich, wie er es in einem Gedicht formuliert, für die lyrische Beschreibung jenes »rostro que nos mira desde o espello«[6] (»Gesichts, das uns aus dem Spiegel heraus betrachtet«). Im gleichen Gedicht, in dem sich dieses metaphorische Bild von der Spaltung der Persönlichkeit und einer Doppelwahrnehmung der eigenen Person findet, spiegelt sich wenige Verse zuvor auch die Synthese multipler Personen in nur einem tragischen und daher menschlichen Herzen: »Se morremos no corazón de Eurídice / Foi por vivir no corazón de Orfeo« (»Wenn wir im Herzen von Euridike sterben / so geschah dies, weil wir im Herzen von Orpheus gelebt haben«).[7]

Im Verlauf der 90er Jahre gibt Fonte verschiedene Arbeiten in Druck, von denen zwei mit bedeutenden Literaturpreisen ausgezeichnet wurden: *Adeus Norte* (*Premio Esquío* 1991), *Luz do mediodía* (1995), *O cazador de libros* (1997) und *Mínima moralidade* (*Premio de Poesía Miguel González Garcés*, 1997). Die Thematik der Gedichte aus dem Band *Luz do mediodía* bewegt sich zwischen den Polen Einheit und Vielfalt, zwischen Lokalem und Universellem, wobei alle Themen und Formen einen mehr oder minder direkten Bezug zur städtischen Welt haben, zu Salzburg, Wien, Budapest, zu Belgien, zur Schweiz, zu Wales oder zu Prag. Als Kontrast zu dieser städtischen Welt finden sich aber überraschend bukolische Bezüge mit volkstümlichen Figuren, Themen und Szenarien, die eng mit Galicien verbunden sind. So gewinnt auch die bedeutende Gestalt der großen galicischen Schriftstellerin Rosalía de Castro in Fontes Dichtung immer mehr an Gewicht. Ein Beispiel von außerordentlicher dichterischer Kraft ist diesbezüglich das Gedicht »A derradeira rosa« (»Die letzte Rose«).

In dem Band *O cazador de libros* (»Der Bücherjäger«) findet sich das gesamte Themeninventar der Lyrik von Ramiro Fonte wieder. Die Verwendung von Assonanzen ist dabei allerdings eine Neuerung von besonderem Interesse. In diesem Band ist die Stadt der vorherrschende Protagonist, und dies bereits in den einleitenden Gedichten wie z. B. in »A Cidade« (»Die Stadt«), in der der Leser ebenso die Stadt Vigo wie das Erleben des Autoren bei der Betrachtung der städtischen Einsamkeit wiedererkennt: »A cidade que queres contigo terá un porto / Polo que xa pasaron, hai anos, os bos tempos [...]« (»Die Stadt, die Du für Dich haben willst, wird einen Hafen haben, / für den, schon seit Jahren, die guten Jahre vergangen sind [...]«). Die Vergangenheit wird mit Sehnsucht betrachtet, wahrscheinlich war ja für manche Stadt jede frühere Zeit die bessere. Eine Welt des *Fin de Siècle* ist in diesem Gedichtband spürbar, die die Vergangenheit nicht nur in Erinnerung ruft, sondern sie auch scharf kritisiert. Die Stadt ist die privilegierte Bühne einer sich in der Krise befindlichen Welt, die von einer persönlichen lyrischen Stimmung durchdrungen ist, und in der das Erleben vor allem Skepsis, Enttäuschung und letztlich auch das Scheitern der gesellschaftlichen Ideale zum Ausdruck bringt.

>   Como un libro que non chegamos a acabar,
>   Xa non conseguirás lerlle tódalas páxinas,
>   Pero é fermoso o feito de así descoñecela,
>   Decatarte que nunca has pisar certa praza.[8]

(»Wie ein Buch, das wir nicht beenden können, / So wirst du nicht alle seine Seiten lesen können; / aber schön ist die Tatsache, dass du sie auf diese Weise nicht kennst, / dass dir bewusst ist, dass du einen bestimmten Platz nie betreten wirst.«)

Mit seiner Sicht der Stadt als der vorrangigen Bühne eines lyrischen Diskurses, in der die menschliche Erfahrung entscheidend ist, ist Ramiro Fonte natürlich nicht allein. Mit seiner Auffassung, dass sich in den Städten der intensivste Ausdruck von menschlicher Vitalität und Kulturen finden lässt, steht er der Lyrik von Osip Mandelstam, Fernando Pessoa und César Vallejo ausgesprochen nahe. Für Fonte ist Mandelstam vor allem deshalb ein Lyriker der Gegenwart, weil er wie wenige andere die Zerrissenheit des Dichters in der modernen Gesellschaft verkörpert und weil er in seinem lyrischen Werk das Scheitern und den Fall der großen Wahrheiten darstellt. Paradoxerweise bewundert und preist Mandelstam gerade von seiner Position der Moderne aus die Tradition der klassischen Kultur: dies lässt sich auch für Ramiro Fonte sagen. Dem ist aber noch etwas hinzuzufügen. Man hat häufig eine enge Verbindung zwischen Baudelaire und Paris hergestellt, zwischen Dickens und London, zwischen Whitman und New York, zwischen dem literarischen Werk eines Autors und einer bestimmten Stadt. Für Mandelstam lässt sich dies im Hinblick auf Sankt Petersburg sagen. Für Mandelstam bedeutete der Verlust dieser Stadt den Verlust einer ganzen Tradition mit all ihren Obsessionen und ihren Offenbarungen. In seiner Lyrik bedeutet die Sehnsucht nach Sankt Petersburg zugleich die Sehnsucht nach einer verlorengegangenen Kultur und Zivilisation. Auch bei Pessoa findet sich häufig das Motiv der Stadt in der Funktion des Szenariums für die große Masse und den ständigen Wandel: in der Masse fließt alles und vergeht alles; was bleibt, ist nur der beständige Rhythmus des Wandels. In einem gewissen Maß ist die Stadt ein Labyrinth, in dem der Dichter lediglich ein Passant mehr in der Masse der anderen ist. In ihr hat das Subjekt nicht die Identität des Dichters, der individuellen Person, und es braucht sie auch nicht; es ist nicht mehr das romantische Subjekt. Der Dichter braucht nur noch Heteronyme, das heißt die Gesellschaft anderer Dichter. Es ist dies die Forderung nach einer komplementären Wirklichkeit – ›komplementär‹, wie dies Antonio Machado sagt, dem Ramiro Fonte in seinen Gedichten folgt – das heißt eine doppelte, zweifache Natur, die tatsächlich existierende und die poetische. Es gilt nicht zu übersehen, dass es eines der charakteristischen lyrischen Merkmale von Ramiro Fonte ist, dass er ein Interpret des Lebens der Stadt ist, ein Dichter, der die Einsamkeit der Städte erforscht. Der Leser kann diesbezüglich die Erfahrung der Stadt Vigo bestätigen. In dieser Hinsicht ist Fonte ein Dichter, der ganz in der Tradition Baudelaires steht: die Stadt, die Metropole ist kein Ort des Heils, kein neues Paradies, das an die Stelle der Landschaft und der Natur bei den Romantikern treten könnte; sie ist das Szenarium intensiver Erlebnisse, einzigartiger, teils glücklicher, teils trauriger Erfahrungen.

>   A cidade que queres, así unha flor amable
>   Esfollará os seus días como se murchos pétalos,
>   Algúns serán de vida; outros virán de morte;
>   Uns mancharán de luz; e outros de tebra, negros.

(»Die Stadt, wie du sie willst, wie eine liebenswürdige Blume, / wird ihre Tage entblättern wie welke Blütenblätter, / einige werden Blätter des Lebens, andere Blätter des Todes sein; / die einen werden Flecken von Licht, die anderen, schwarze, von Finsternis sein.«)

Formal gesehen entspricht *Mínima moralidade* dem, was *O cazador de libros* vom referentiellen Standpunkt aus darstellt.[9] Beide Bände sind von wesentlicher Bedeutung für das Verständnis der Lyrik von Ramiro Fonte: der erste der beiden Bände verkörpert vor allem die Form, der zweite vorrangig die referentielle Welt, die Themen, die Motive, die Obsessionen des Autors. *Mínima moralidade* enthält vielleicht die besten Gedichte des Autors in reimlosen Versen (*versos libres*); *O cazador de libros* enthält wahrscheinlich die besten Verse des Autors mit Assonanz. Beide Bände werden – oder wurden zumindest zu einem gewissen Zeitpunkt – von Fonte als bloße Kapitel von umfassenderen, auf eine Totalität ausgerichteten Gedichtzyklen angesehen, an denen zu arbeiten er wohl bis zu seinem Tod nicht aufgehört hat.

III

Das Gedicht, das hier vorgestellt wird, ist dem Band *Mínima moralidade* entnommen. Es gehört zweifelsohne zu den besten Gedichten, die Ramiro Fonte verfasst hat. Der Titel des Gedichts lautet »Os nenos de Europa«; es wurde Anfang 1997 verfasst und ist eines seiner charakteristischsten Gedichte.

Fragen wir zunächst nach den Protagonisten des Gedichts und prüfen wir, wie sie konstruiert wurden und welche Funktion ihnen in dem Gedicht zukommt. Bereits vom Titel her ist klar, dass dieses Gedicht den ›Kindern‹ Europas gewidmet ist. Die weitere Lektüre verdeutlicht, dass das weitere Geschehen des Gedichts in enger Verbindung zur Kindheit steht, wobei Kindheit hier verstanden wird als der universelle Prototyp aller menschlichen Erfahrung. Das Erleben der Kinder wird anhand einer Reihe von höchst wahrscheinlichen Bildern in der unmittelbaren Gegenwart der Leser in Europa, im Europa des 20. Jahrhunderts, situiert. Bei den meisten Erfahrungen, die in dem Gedicht thematisiert werden, handelt es sich um tragische, zutiefst menschliche Erfahrungen, die in ihrer Gesamtheit die historische Identität Europas im 20. Jahrhundert bestimmt haben: Emigration, Krieg, Holocaust, Nachkriegszeit und unsere unmittelbare Gegenwart, die als unausweichliche Folge einer tragischen und traumatischen Vergangenheit dargestellt wird, die ganze Generationen von Menschen verstümmelt hat.

Sicherlich ist es nicht zufällig, dass der kollektive, anonyme und schwache Protagonist dieses Gedichts ebenso universell wie auch konkret ist: die Kinder. Doch endet hier nicht die Charakterisierung der Kinder: sie vertreten nicht nur den verletzlichsten und schwächsten Teil der Menschheit, sondern auch die naivste und unschuldigste Form des Lebens. ›Europas Kinder‹, wie sie das Gedicht nennt, sind zugleich die Gesamtheit der Menschen in ihren schwächsten, verletzlichsten und tragischsten Momenten ihrer noch unschuldigen Existenz.

In formaler und inhaltlicher Hinsicht zeigt das Gedicht eine Struktur, in der sich zwei Hauptteile unterscheiden lassen. Der erste Teil (V. 1-31) besteht aus vier Strophen, die sich thematisch auf vier tragische Erfahrungen beziehen – auf den Krieg, die Emigration, den Holocaust und die Nachkriegszeit.

Diese vier Erfahrungen zeigen sich im Bild der Ruinen der Vergangenheit. Sie sind das Ergebnis einer Welt kriegerischer Auseinandersetzungen. In der Folge zeigt der Autor, wie sich diese Welt erholt und zum Besseren wendet. Der zweite Teil des Gedichts (V. 32-42) belegt, wie die Ängste und Befürchtungen über die Generationen und Zeiten hinweg andauern. Die vier ersten Strophen des Gedichts, die in reimlosen, doch deutlich rhythmisierten Versen verfasst sind, zeigen eine anschwellende Intensität, die sich als geometrische Progression bezeichnen lässt, werden doch den jeweiligen Strophen ein, zwei und schließlich drei Verse hinzugefügt. Dieser anschwellenden Intensität der Form entspricht eine Steigerung der Inhalte.

In einem ersten Bild wird dem Leser ein Kriegsszenarium vorgestellt, in dem einige Kinder, denen die Vergangenheit fremd ist und die von den Tragödien dieser Vergangenheit nichts wissen, Ball spielen. Es handelt sich um das sehr (neo-)realistische Porträt einer Generation von Europäern, ein Bild, das umgeben ist von Zeichen, die ausschließlich auf die traurige Erfahrung des Krieges verweisen: »mortas ruínas«, »unha casa bombardeada«, »o que pasou na guerra«. Den Verlust des historischen Bewusstseins, die Gleichgültigkeit der Menschen gegenüber dem Schmerz ihrer Mitmenschen, das Nicht-Wissen schrecklicher Ereignisse, all dies sind Erfahrungen, die der Dichter in der Generationenfolge hervorheben will. Die zweite Strophe des Gedichts, die das zweite lyrische Bild enthält, zeigt die gleiche Dramatik und Gleichgültigkeit. Es handelt sich hier um die Emigration, die in Galicien zu allen Zeiten – außer in den beiden letzten Jahrzehnten – ein außerordentlich häufiges Phänomen gewesen ist. Sprachlich zeigt sich die Armut an Empfindungen und Erfahrungen in einer Armut an Wörtern. Der große Überseedampfer ist bewundernswert nur für den, der nicht weiß, was die Wörter »Ferne«, »Jahrzehnte« und »Reiseroute« bedeuten, Wörter, die zu früheren Zeiten das Leben ganzer Familien und Generationen bestimmten. Das dritte der Bilder ist vielleicht das tragischste von allen; es enthält einen direkten Hinweis auf den Holocaust: »Estes nenos que amosan / As cifras tatuadas nos seus brazos«.[10] Anders als bei den vorhergehenden Bildern ist angesichts der Deportation, der Verzweiflung, dem Verbrechen und der Vernichtung keine Gleichgültigkeit und kein Vergessen möglich. Die Erfahrung des menschlichen Schmerzes erreicht hier ihren Höhepunkt. Das vierte Bild des ersten Gedichtteils gibt die Kriegserfahrung wieder: die Kinder wachsen mühsam heran in einer mittellosen Welt, in der sie nur sehr geringe Hoffnungen auf gesellschaftlichen Erfolg haben. Es erübrigt sich darauf hinzuweisen, dass Spanien nach dem Zweiten Weltkrieg nicht die gleiche Nachkriegszeit wie andere westeuropäische Länder gekannt hat. Die Kinder in Spanien spielen »ás escondidas«, heimlich, in einem Szenarium der Repression, der Einschränkungen, das todbringend, unheimlich und gleichgültig zugleich ist: »Entre as tumbas sen nomes / Dun frío camposanto suburbial«. Die Natur bestätigt die Erfahrung von Schmerz und Leid in Einsamkeit: Nacht, Kälte, Müdigkeit, Kopfkissen voll verdrängter und unvermeidlicher Tränen, Einsamkeit und Schweigen bestimmen die Jugend von ›Europas Kindern‹.[11] Nach dieser Skizze der Welt der Kinder in Europa erfolgt der Urteilsspruch der Söhne und Töchter dieser Kinder. Sie und wir: sie, die Kinder, haben uns, ihren Söhnen und Töchtern, ein Europa hinterlassen, das – zumindest in einigen seiner Gebiete – vielleicht nicht weniger schmerzvoll und unbefriedet ist als das, das sie kannten, denn die Grausamkeit des Krieges und die Unterdrückung mancher Völker haben noch immer nicht aufgehört zu existieren.

Die Lebenserfahrung, die dieses Gedicht von Ramiro Fonte ausdrückt, scheint über eine fundamental nihilistische Grundstimmung nicht hinauszugehen. Der Mensch ist letztendlich eine verletzliches, schwaches, und vielfach vielleicht auch unschuldiges Wesen, genauso wie ein Kind, und keine metaphysische oder transzendente Instanz tritt in Erscheinung, um ihm zu helfen. Der Mensch ist allein in der Welt, und er allein ist der einzige Todfeind der Gattung, zu der er selbst gehört. Die tragische und zugleich doch auch erlösende Lektüre dieses Gedichtes ist eine Bestätigung dafür, dass jedes leidende Wesen zugleich ein unschuldiges Wesen ist.

In diesem Gedicht von Ramiro Fonte ist ganz zweifelsohne eine starke Präsenz der Dichtung von Autoren wie Trakl, Eliot, Mandelstam oder Vallejo zu spüren. Wie Georg Trakl sieht Ramiro Fonte in der Erfahrung des Krieges ein

Szenarium, in dem sich geistig kranke Massen begegnen, die das Ergebnis zerfallener Zivilisationen sind. Die Erfahrung der Emigration, die eine bestimmte Form der Verbannung ist, erinnert in der Lyrik Fontes an die Behandlung des Themas, wie sie sich in Osip Mandelstams *Tristia* findet, die den gleichen Titel wie das Werk Ovids tragen, eines Dichters, der das Erleben der Verbannung zur Literatur werden ließ. All dies zeigt, dass Ramiro Fonte seine Wurzeln durchaus in der *poesía de la experiencia* hat und weit entfernt ist von einer ›reinen‹, unengagierten, objektiven und gleichgültigen Dichtung. Auch die Lyrik von Vallejo ist – zumindest so wie Fonte sie liest – eine *poesía de la experiencia*, in der der peruanische Autor genauso wie Fonte die Sichtweise des empirischen Ich ins Zentrum jedes einzelnen seiner Gedichte stellt. Andererseits ist auch die Bedeutung von T.S. Eliot für die Lyrik von Fonte unstrittig. Eliot hatte sich bemüht, alle Spuren der Subjektivität aus seiner Dichtung zu tilgen. Fonte schließt sich diesem Bemühen durchaus an und versucht, alle lyrische Subjektivität zu überwinden. Er bemüht sich um eine rationale Kontrolle der Lyrik und versucht stets, von der Erfahrung auszugehen. Weil dem so ist, charakterisiert sich Fontes Lyrik durch antiromantische und antisentimentale Elemente. Ausgehend von Autoren wie Trakl, Eliot, Vallejo und Mandelstam stellt Fonte in seiner Lyrik eine leere und unfruchtbare Welt dar, in der Ruinen und Bruchstücke an eine tragische Zeit erinnern. Fonte steht dem Nihilismus nicht völlig fern. Wir fahren fort mit einer Lebenserfahrung einer Welt, die ohne Götter ist, die aber ein Bewusstsein ihrer transzendenten Verantwortungen hat.

IV

Eine genaue Analyse der formalen Elemente des Gedicht »Os nenos de Europa« vermag die bisherige inhaltliche Interpretation zu bestätigen. Der reimlose Vers (*verso libre*) ist eines der wichtigsten poetischen Mittel im vorliegenden Gedicht. Der *verso libre* der spanischen Dichtung kennt weder eine bestimmte Festlegung der Versakzente oder der Silbenzahl, noch eine genaue Strophenstruktur oder den Reim. Er kennt nur ein einziges Prinzip, das Prinzip des Rhythmus. In der Gegenwartslyrik grenzt sich der *verso libre* deutlich vom Blankvers (*verso blanco*) ab: während dieser außer dem Reim weiterhin alle Kennzeichen einer regelmäßigen Metrik (feste Silbenzahl, einheitliche Strophen, festgelegte Akzentuierungen, vorgegebenen Wortrhythmus) hat, kennt der *verso libre* nur jeweils freien Rhythmus.

Ramiro Fonte hat sich in »Os nenos de Europa« für die Verwendung eines freien Rhythmus entschieden, wobei er den einzelnen Versen allerdings durchaus traditionelle Versformen zugrunde legt: 11-Silber (*endecasílabos*; 20), 7-Silber (*heptasílabos*; 14), 5-Silber (*pentasílabos*; 5) und 14-Silber (*tetradecasílabos*; 3). Die Verteilung dieser Verse auf die acht unregelmäßigen Strophen des Gedichts zeigt das folgende Schema, in dem jede Zahl auf einen Vers verweist. Aus dem Schema ergibt sich, dass nur die 11- und 7-Silber in allen Strophen zu finden sind – mit wenigstens einem und höchsten fünf Versen pro Zeile.

endecasílabos:	1, 2, 5	*heptasílabos*:	6
	7, 8, 10, 12		9, 13
	15, 16, 17, 18, 19		14, 21
	25, 27, 30		22, 24, 26, 29, 31
	32, 34		33
	37		35
	41		39
	42		40
pentasílabos:	3	*Tetradecasílabos*:	4
	11		28
	20		36
	23		
	38		

Die rhythmischen Akzentuierungen in den einzelnen Versen gehen aus dem nächsten Schema hervor, wobei die unbetonten Silben mit einem ›-‹, die betonten mit einem ›o‹ markiert werden:

1	o-o--o---o-		-o---o---o-
	--o--o-o-o-		-o---o---o-
	---o-		----o---o-
	-o---o--o---o-	20	-o-o-
5	--o----o-o-		o-o-o-
	o-o--o-		o-o--o-
			---o-
	o-o--o---o-		--o--o-
	---o-o---o-	25	-o---o---o-
	--o--o-		---o-o-
10	--oo-----o-		-o---o---o-
	o--o-		--o--o--o---o-
	--o--o---o-		--o--o-
	o-o--o-	30	--o--o---o-
			o-o--o-
	o-o--o-		
15	-o---o--o-		-o---o-o-o-
	-o---o---o-		-oo--o-

	-o---o---o-		o--o-
			--o--o-
35	-o---o-	40	---o-o-
	--o-o-o-o--o-		--o--o---o-
	-o-o-o---o-		
		42	o--o-o-o-o-

Der *verso libre* konzentriert die Ausdrucksseite des Gedichts ganz auf die lautlich rhythmische Seite. Einzelne Einheiten, Verse, Bilder, syntaktische Einheiten werden dadurch in eine stark markierte rhythmische Abfolge gebracht. So entsteht eine Einheit, ein dreifacher Parallelismus aus dem Rhythmus des Gedankens, dem Rhythmus des Verses und dem Rhythmus des gesamten Gedichts. Dabei spielt das Prinzip der Wiederholung eine wichtige Rolle. Syntaktische, semantische und pragmatische Einheiten bilden innerhalb des Gedichts ein System sich wiederholender Abfolgen. Dabei bewahrt jedoch jeder einzelne Vers seinen jeweils ganz eigenen Rhythmus, so dass die Gefahr eines bloßen Dahinfließens metrisch und rhythmisch völlig gleicher Verse gebannt ist, das nur allzu leicht die Aufmerksamkeit des Lesers zerstreut.

In der – bei näherem Hinsehen sehr komplexen – rhythmischen Gliederung des Gedichts findet sich seine Inhaltsseite gespiegelt. Die vier ersten Strophen, die thematisch eine Einheit bilden, enden alle mit einem Siebensilber (»Son os nenos de Europa« [o-o--o-]) mit dem Akzent auf der ersten, der dritten und der sechsten Silbe. Es ist dies eine rhythmische Gliederung, wie ihn die herkömmliche spanische Metrik bislang nicht gekannt hat.[12] Die beiden ersten Strophen des Gedichts verwenden jeweils in ihrem ersten Vers einen 11-Silber mit dem Akzent auf der ersten, dritten, sechsten und zehnten Silbe (»Estes nenos que xogan ó balón« und »Estos nenos que xulgan, con ledicia«), was die folgende rhythmische Struktur ergibt: o-o--o---o-, die gleichfalls mit allen herkömmlichen Akzentuierungen des 11-Silbers bricht.[13] Demgegenüber beginnen die dritte und die vierte Strophe mit einem 7-Silber (»Estes nenos que amosan« und »Estes nenos que xogan«), dessen rhythmische Struktur [o-o--o-] mit den Schlussversen in den vier ersten Strophen (»Son os nenos de Europa«) übereinstimmt.

Der erste Teil des Gedichts endet in einer ausdrucksstarken Metapher (»almofada de lágrimas«, die dann im zweiten Teil noch weiter entwickelt werden soll), bevor hier noch einmal refrainartig der Vers »Son os nenos de Europa« aufgenommen wird. Der zweite Teil des Gedichts setzt in Vers 32 mit einer neuen Rhythmik ein. Die in den Strophen 1-4 vorhandenen Parallelismen in der Versabfolge sind hier nicht mehr gegeben. Die einzelnen Strophen bestehen weitgehend aus jeweils verschiedenen Versmaßen. Dieser rhythmische Wechsel ist mit einem inhaltlichen Wechsel verbunden. Das lyrische Ich, das bislang völlig hinter den in der dritten Person genannten »nenos de Europa« verborgen war, tritt hier – in der grammatikalischen Form des Wir – sehr nachdrücklich in Erscheinung (»recibimos«, »durmimos e soñamos«, »conciliamos«, »somos«) und identifiziert sich schließlich im Schlussvers des Gedichts mit den vorher aus der Distanz beschriebenen Kindern: »Somos os fillos raros deses nenos.«

Was die lautliche Ebene angeht, so sei darauf hingewiesen, dass die Anfangsverse des zweiten Teils, die Verse 32-34, in markanter Weise die hohen und geschlossenen [i]- und [u]-Laute verwenden, die zweifelsohne dazu dienen, Angst und Schmerz des lyrischen Ich zum Ausdruck zu bringen, das sich nunmehr mit dem Erleben der Kinder identifiziert. Wenn sich der Rhythmus und die Lautung dieses Gedichtes direkt in Musik umsetzen ließe, so fänden sie sicherlich in der Musik von Gustav Mahler ihren treffendsten Ausdruck. Das Gedicht lässt den Leser unmittelbar an die ersten Takte aus »Vom Jammer der Erde« von Mahlers Symphonie *Das Lied von der Erde* denken, in der sich eine ganze Ästhetik des Schmerzes aus der Perspektive des *Fin de Siècle* manifestiert, die die gesamte Dichtung von Ramiro Fonte stark beeinflusst hat:

> Ningún outro país puideron darnos.
> Ningún máis verdadeiro
> Nin menos doloroso recibimos.

Die dramatische Intensität dieser Verse scheint sich gegen Ende des Gedichts weitgehend aufzulösen in einer großen Anzahl von eher ruhig wirkenden Nasalen und Sibilanten, die überdies ein repetitives Element enthalten: »Durmimos e soñamos / Sobre a mesma almofada que eles foron tecendo [...].« Sicherlich ist es kein Zufall, dass es sich bei dem letzten dieser Verse wiederum um einen 11-Silber handelt, der das rhythmische Schema aller vorausgegangenen 11-Silber durchbricht, die ausgewogen und langsam erscheinen [-o---o---o-] und die eine Nähe zum traditionellen *endecasílabo heroico*[14] aufweisen, wie er sich in vier Versen der 2. Strophe findet. Das Gedicht endet mit einem 11-Silber, der mit der Identifizierung von *nosostros* und *ellos* sowie einem stakkatohaften Rhythmus [»SO-mos-os-FI-llos-RA-ros-DES-tes-NE-nos«: o--o-o-o-o-] einen deutlichen Schlusspunkt setzt.

Das Gedicht bietet keinerlei Hinweise auf Sprecher oder Vermittler zwischen Dichter und Welt. Lediglich am Schluss des Textes scheint sich das Ich des Dichters mit einem jener Söhne der ›Kinder Europas‹ zu identifizieren, den Erben ihrer Ängste und Albträume. Dies geschieht in der kollektiven und undifferenzierten Form eines umfassenden Plurals, »wir«: »Somos os fillos raros deses nenos« – »Wir sind die sonderbaren Söhne dieser Kinder«.

Das hier vorgestellte Gedicht ist weniger eine Metapher als ein in Bewegung befindliches Bild, das Bild eines sich wiederholenden, generationenübergreifenden Themas, das sich bis in die unmittelbare Gegenwart fortentwickelt, in der der Dichter schreibt und lebt. Das Gedicht ist die Geschichte eines tragischen Bildes von den Kindern Europas, das der Dichter Ramiro Fonte mit den Mitteln der Sprache allen Lesern von Lyrik verständlich und zugänglich macht.

Übersetzung aus dem Spanischen: Manfred Tietz

I. Verzeichnis der lyrischen Werke von Ramiro Fonte

Einzelausgaben
Cravo fondo. Santiago de Compostela: Follas Novas 1977.
As cidades da nada. Ferrol: Sociedad de Cultura Valle-Inclán 1983.
Designium. Vigo: Xerais 1984.
Pensar na tempestade. Santiago de Compostela: Sotelo Blanco 1986.
Pasa un segredo. Vigo: Xerais, 1988.
Adeus Norte. Ferrol: Sociedad de Cultura Valle-Inclán 1991 (X Premio Esquío de Poesía; spanische Übersetzung von Xavier Rodríguez Baixeras: *Adiós Norte*. Sevilla: Renacimiento 1992).
Luz do mediodía. A Coruña: Espiral Mayor 1995a.
Ámbito dos pasos. (Antología poética). Selección, introducción y edición de Luciano Rodríguez. Pontedeume: Concello de Pontedeume 1996.
O cazador de libros. Poemas complementarios. Santiago de Compostela: Sotelo Blanco 1997a.
Mínima moralidade. A Coruña: Deputación Provincial da Coruña 1997b (Premio de Poesía Miguel González Garcés).
Capitán Inverno. Vigo: Xerais 1999 (Spanische Übersetzung von Xavier R. Baixeras: *Capitán Invierno*. Valencia: Pre-Textos 2002).
A rocha dos proscritos. Poemas complementarios. Pontevedra: Deputación Provincial de Pontevedra 2001.

Anthologien
Escolma poética. Granada: Diputación Provincial de Granada 1991.
Antoloxía consultada da poesía galega 1976-2000. Lugo: Tris-Tram 2003.

Essayistik
As bandeiras do corsario: sobre poesía e poetas. Vigo: Nigra 1995b.

II. Kritische Literatur

García-Posada, Miguel: (Rezension zu Ramiro Fonte:) »A rocha dos proscritos«, in: *ABC Cultural*,12.01.2002, S. 8.
López Casanova, Arcadio: »Notas para unha lectura de *Pensar na tempestade*«, in Ramiro Fonte: *Pensar na tempestade*. Santiago de Compostela: Sotelo Blanco 1986, S. 13-28.

Rodríguez, Luciano: »Ramiro Fonte, escenarios poéticos«, in ders.: *Ámbito dos pasos. (Antología poética)*. Pontedeume: Concello de Pontedeume 1996, S. 9-19.

Vilavedra, Dolores: *Historia da literatura galega*. Vigo: Galaxia 1999.

III. Anmerkungen

*   Vom Autor überarbeitete Fassung des Gedichts, in Ramiro Fonte (1997: 51-52).
1   Deutsche Übersetzung: Manfred Tietz. Spanische Übersetzung unter dem Titel »Los niños de Europa«, in Ramiro Fonte (2002:50-51).
2   Vigo: Galaxia 1993. (»Die Leoparden des Mondes«).
3   Vilaboa: do Cumio 1990. (»Die Spielregeln«).
4   Vigo: Xerais 1990. (»Die Zugvögel«).
5   Vigo: Xerais 1988. (»Vier sentimentale Novellen«).
6   Vgl. das Gedicht »Ó lector«, in Ramiro Fonte (1997:27).
7   »Ó lector«, S. 26.
8   »A Cidade«, in Ramiro Fonte (1997:13). Diese Verse verweisen recht eindeutig auf die existentialistische Unruhe von Dichtern wie Jorge Luis Borges, den Fonte las und bewunderte. In dem Gedicht »Las cosas« schreibt Borges: »[...] que no leerán los pocos días / que me quedan [...].« Jorge Luis Borges: *Elogio de la sombra* (1969), in ders.: *Obras completas*. Bd. 3. Barcelona: Emecé 1983, S. 370.
9   »*Mínima moralidade* é un conxunto de poemas que, case enteiramente, conforman un capítulo dun libro máis estenso, no que levo traballando varios anos e que se titularía *Capitán Inverno*.« (»*Mínima moralidade* ist eine Sammlung von Gedichten, die fast alle ein Kapitel innerhalb eines größeren Buches bilden, an dem ich seit einigen Jahren arbeite und das den Titel *Kapitän Winter* tragen wird«). Ramiro Fonte (1997:7): »Dúas palabras do autor«. Tatsächlich wurde der Gedichtband *Capitán Inverno* 1999, nur zwei Jahre nach dieser Feststellung, veröffentlicht.
10 Der Verweis auf den Holocaust ist keineswegs zufällig. Im Vorwort zu *Mínima moralidade*, dem Band, in dem das Gedicht »Os nenos de Europa« zum ersten Mal erschien, hat Fonte festgestellt: »Se non se dacatou xa, direille [ó lector] que o título obedece a unha homenaxe explícita a un tipo de libros de reflexións e, máis en concreto, ó que o filósofo Theodor Adorno titulou como *Minima moralia* para afondar nas culpas da cultura alemana durante o nazismo e nos anos da segunda guerra mundial, tratando de salvar as súas palabras. Se cadra o menor título poida manter unha relación de seria ironía cos libros de máximas. Fronte ás máximas dos moralistas, eu preferín optar aquí polas mínimas moralidades que encerran os poemas.« (»Falls der Leser

es noch nicht selbst gemerkt hat, so sage ich ihm jetzt, dass der Titel eine ausdrückliche Huldigung gegenüber einem Typus von anspruchsvollen philosophischen Büchern ist, konkret gegenüber dem Buch, dem der Philosoph Theodor Adorno den Titel *Minima moralia* gegeben hat und in dem er den Vergehen der deutschen Kultur während der Nazizeit und in den Jahren während des Zweiten Weltkriegs nachspürt, und dass ich versuche, seine Gedanken wieder aufzunehmen. Vielleicht enthält der Titel ja auch eine Beziehung ernsthafter Ironie in Bezug auf manche Aphorismensammlungen. Gegenüber den großen Maximen der Moralisten habe ich die minimalistischen moralischen Formulierungen vorgezogen, die sich in den Gedichten finden.«) Ramiro Fonte (1997:8).

11 Fonte bewundert das Phänomen der Einsamkeit bei den Dichtern. In diesem Kontext verweist er besonders auf Antonio Machado, Fernando Pessoa und Friedrich Hölderlin. In Bezug auf diesen letzteren schreibt er 1995: »A poesia de Hölderlin foi tamén a dos grandes solitarios, non tivo continuidade, desapareceu durante todo o século XIX e unicamente a partir da reivindicación de Dilthey e da lectura de Heidegger situouse como un dos discursos poéticos más visitados polos lectores do noso século.« (»Die Lyrik Hölderlins war auch die der großen Einzelgänger. Sie wurde jedoch nicht fortgesetzt. Sie verschwand fast während des ganzen 19. Jahrhunderts und erst seit ihrer Wiederentdeckung durch Dilthey und der Lektüre Heideggers wurde diese Lyrik zu einer der meist gelesenen dichterischen Texte unseres Jahrhunderts.«) Ramiro Fonte (1995b:52).

12 Vgl. die Ausführungen bei Rudolf Baehr: *Spanische Verslehre auf historischer Grundlage*. Tübingen: Niemeyer 1962, S. 56-60.

13 Zum spanischen 11-Silber, der traditionellerweise nur drei Akzente trägt, vgl. Rudolf Baehr: *Spanische Verslehre*, S. 87-104.

14 Rudolf Baehr führt das folgende Beispiel an: »Revuelto con el ansia el rojo velo«. *Spanische Verslehre*, S. 89.

Juan Cano Ballesta

Luis García Montero. El insomnio de Jovellanos

Castillo de Bellver, 1 de abril de 1808

Porque sé que los sueños se corrompen,
he dejado los sueños.
El mar sigue moviéndose en la orilla.

Pasan las estaciones como huellas sin rumbo,
la luz inútil del invierno,
los veranos inútiles.
Pasa también mi sombra, se sucede
por el castillo solitario,
como la huella negra que los años y el viento
han dejado en los muros.
Estaciones, recuerdos de mi vida,
viene el mar y nos borra.

El mar sigue moviéndose en la noche,
cuando es sólo murmullo repetido,
una intuición lejana que se encierra en los ojos
y esconde en el silencio de mi celda
todas las cosas juntas,
la cobardía, el sueño, la nostalgia,
lo que vuelve a la orilla después de los naufragios.

Al filo de la luz, cuando amanece,
busco en el mar
y el mar es una espada
y de mis ojos salen
los barcos que han nacido de mis noches.
Unos van hacia España,
reino de las hogueras y las supersticiones,
pasado sin futuro
que duele todavía en manos del presente.

El invierno es el tiempo de la meditación.

30   Otros barcos navegan a las costas de Francia,
        allí donde los sueños se corrompen
        como una flor pisada,
        donde la libertad
        fue la rosa de todos los patíbulos
35   y la fruta más bella se hizo amarga en la boca.

        El verano es el tiempo de la meditación.

        Y el mar sigue moviéndose. Yo busco
        un tiempo mío entre dos olas,
        ese mundo flexible de la orilla,
40   que retiene los pasos un momento,
        nada más que un momento,
        entre la realidad y sus fronteras.

        Lo sé,
        meditaciones tristes de cautivo...
45   No sabría negarlo.
        Prisionero y enfermo, derrotado,
        lloro la ausencia de mi patria,
        de mis pocos amigos,
        de todo lo que amaba el corazón.

50   En el mismo horizonte
        del que surgen los días y la luz
        que acaricia los pinos y calienta mi celda,
        surgen también la noche y los naufragios.
        Mis días y mis noches son el tiempo
55   de la meditación.

        Porque sé que los sueños se corrompen
        he dejado los sueños,
        pero cierro los ojos y el mar sigue moviéndose
        y con él mi deseo
60   y puedo imaginarme
        mi libertad, las costas del Cantábrico,
        los pasos que se alargan en la playa
        o la conversación de dos amigos.

        Allí,
65   rozadas por el agua,

escribiré mis huellas en la arena.
Van a durar muy poco, ya lo sé,
nada más que un momento.

70 El mar nos cubrirá,
pero han de ser las huellas de un hombre más feliz
en un país más libre.*

Jovellanos, um den Schlaf gebracht

Schloss Bellver, 1. April 1808

Weil ich weiß, dass die Träume dem Verderben anheim gegeben sind, / habe ich das Träumen aufgegeben. / Am Ufer kommt und geht unablässig das Meer.
Es vergehen die Jahreszeiten wie ziellose Spuren, / das nutzlose Licht des Winters, / die nutzlosen Sommer. / Es vergeht auch mein Schatten, er durchstreift / das einsame Schloss, / wie die schwarzen Spuren, die die Jahre und der Wind / auf den Mauern hinterlassen haben. / Jahreszeiten, Erinnerungen meines Lebens, / es kommt das Meer und löscht uns aus.
In der Nacht kommt und geht das Meer weiter, / auch wenn es nur ein ständig wiederholtes Gemurmel ist, / ein fernes Ahnen, das in den Augen verbleibt / und das im Schweigen meiner Zelle / alle Dinge verbirgt, / die Feigheit, das Träumen, die Sehnsucht, / das, was ans Ufer zurückkehrt nach den Schiffbrüchen.
Beim ersten Lichtstreifen, wenn es Tag wird, / halte ich Ausschau über das Meer / und das Meer ist ein Schwert / und aus meinen Augen kommen / die Schiffe, die aus meinen Nächten geboren wurden. / Die einen fahren nach Spanien, / ins Reich der Scheiterhaufen und des Aberglaubens, / Vergangenheit ohne Zukunft, / die noch schmerzt in den Händen der Gegenwart.
Der Winter ist die Zeit des Grübelns.
Andere Schiffe fahren nach den Küsten Frankreichs, / dorthin wo die Träume dem Verderben anheim fallen / wie eine zertretene Blume, / dort wo die Freiheit / die Rose der Schafotts wurde, / und wo die schönste Frucht bitter wurde im Mund.
Der Sommer ist die Zeit des Grübelns.
Und das Meer kommt und geht weiter. Ich suche / eine Zeit für mich zwischen zwei Wellen, / jene wechselnde Welt des Ufers, / die die Schritte einen Moment zurückhält, / nur einen Moment / zwischen der Wirklichkeit und ihren Grenzen.
Ich weiß es, / das sind traurige Grübeleien eines Gefangenen... / Ich könnte es nicht leugnen. / Gefangen und krank, völlig besiegt, / beweine ich die Abwesenheit meines Vaterlands, / die meiner wenigen Freunde, all dessen, was das Herz liebte.
Vom gleichen Horizont, / von dem die Tage und das Licht heraufziehen, / das die Pinien umschmeichelt und meine Zelle erwärmt, / kommen auch die Nacht und die Schiffbrüche herauf. / Meine Tage und meine Nächte sind die Zeit / des Grübelns.
Weil ich weiß, dass die Träume dem Verderben anheim fallen, / habe ich das

Träumen aufgegeben, / aber auch wenn ich die Augen schließe, kommt und geht das Meer weiter / und mit ihm mein Sehnen / und ich vermag mir vorzustellen / meine Freiheit, die Küsten des kantabrischen Meers, / die Schritte, die sich hinziehen am Strand, / die Unterhaltung zweier Freunde.
Dort, / vom Wasser leicht berührt, / will ich meine Spuren in den Sand schreiben. / Nur sehr kurz werden sie dauern, das weiß ich durchaus, / nur einen einzigen Augenblick.
Das Meer wird uns überspülen, / aber es sollen die Spuren eines glücklicheren Menschen sein / in einem freieren Land.[1]

Luis García Montero wurde 1958 in Granada geboren; er ist Universitätsprofessor in seiner Heimatstadt und hat Essays und Erzählprosa verfasst. Hervorgetreten ist er jedoch besonders als Lyriker. Er gehört zweifelsohne zu den Autoren, die die größte Wirkung auf die Dichtung der beiden letzten Jahrzehnte ausgeübt haben und am markantesten aus der Fülle der zeitgenössischen Lyriker herausragen. Er hat nicht nur eine Reihe von wichtigen Büchern veröffentlicht, wie *Diario cómplice* (1987), *Las flores del frío* (1991) oder *Habitaciones separadas* (1994),[2] sondern er hat auch – zum Teil zusammen mit anderen, zum Teil allein – eine ganze Dichtungstheorie ausgearbeitet, die zugleich deutlich machen will, was er als die Tendenzen und die künstlerischen Geschmacksrichtungen innerhalb seiner Generation ansieht.

Die formale und ästhetische Revolution der Dichtergruppe der *novísimos*,[3] die jede Art von sozialkritischer und engagierter Lyrik als vulgär und trivial verwarf und die Verwendung der Umgangssprache in der Dichtung aufgab, hatte Ende der 60er Jahren eine kraftvolle Erneuerung der Lyrik bewirkt. Mit dieser Revolution hatten sich in weiten Bereichen der Lyrik der so genannte *culturalismo* durchgesetzt, ein systematischer Rückgriff auf Bildungselemente, ein gewisser Ästhetizismus und Hedonismus, die Metapoesie, ein schmuckvolles und ausgewähltes Vokabular und vieles andere mehr. Lyriker wie Luis García Montero und viele andere der Folgegeneration überwanden diese Ästhetik der *novísimos* und bemühten sich, Kunst und Leben wieder aneinander anzunähern. Dabei griffen sie ebenso auf Autoren der 50er Jahre wie Jaime Gil de Biedma, Claudio Rodríguez oder Francisco Brines zurück, wie sie auch versuchten, eine neue, ihrer eigenen Zeit angemessene Dichtungssprache zu schaffen. Zusammen mit Álvaro Salvador und Javier Egea veröffentlichte García Montero 1983 den Band *La otra sentimentalidad*, eine Art Manifest und Lyrikanthologie, die eine Kontroverse hervorrief, die die Zeitgenossen veranlasste, sich mit einigen Grundsatzfragen der damaligen Lyrik auseinanderzusetzen. In diesem kurzen Essay macht García Montero den Versuch, die »mitología tradicional del género (lo poético como el lenguaje de la sinceridad)« infrage zu stellen und sich von den »encantos de la ingenuidad« loszusagen. Dem setzt er ein Verständnis der Lyrik als bewusster Erfindung und als Inszenierung entgegen: »el poema es también una puesta en escena, un pequeño teatro para un solo espectador que necesita de sus propias reglas, de sus propios trucos en las representaciones«.[4] Das hier vorgestellte Gedicht entspricht in jeder Hinsicht dieser Vorstellung vom dichterischen Schaffen als bewusster Erfindung.

Die Lyrik von García Montero will keineswegs nur die Analyse der subjektiven Gefühle des Autors sein. Der Dichter soll sich vielmehr von seinen eigenen Gefühlen distanzieren und sie analysieren, indem er sich in fremde Situationen versetzt:

> Cuando la poesía olvida el fantasma de los sentimientos propios se convierte en un instrumento objetivo para analizarlos (quiero decir, para empezar a conocerlos.) Entonces es posible romper con los afectos, volver sobre los lugares sagrados como si fueran simples escenarios, utilizar sus símbolos hasta convertirlos en metáforas de nuestra historia.[5]

Im vorliegenden Gedicht hat die Erinnerung an den spanischen Aufklärer Jovellanos (1744-1811) den Charakter eines Symbols, anhand dessen der Dichter seinen Gefühlen Ausdruck verleiht und dem Leser dabei eine Metapher »unserer [sc. der spanischen] Geschichte« bietet. Das Gedicht stellt zugleich ein – wenn auch nur indirektes – Aufbegehren gegen die apolitische Grundhaltung dar, die nach dem Triumph der *novísimos* für die Lyrik bestimmend war: »bastantes escritores vuelven a estar cansados hoy de esa paz octaviana impuesta, despolitizada, que procura poner a la poesía más allá del bien y, sobre todo, mucho, muchísimo más del mal.«[6]

Die Lyrik hat nicht mehr den Charakter von unmittelbarer Spontaneität oder von Herzensergüssen. Sie ist vielmehr Konstruktion, genaue Ausarbeitung und bewusste dichterische Erfindung. Im vorliegenden Gedicht wird der spezifische Seelenzustand der historischen Gestalt von Jovellanos in einem entscheidenden Augenblick seines Lebens und der Geschichte Spaniens rekonstruiert.

Das Gedicht »El insomnio de Jovellanos« muss im Gesamtzusammenhang des Bandes *Habitaciones separadas* (1994), dem es entnommen ist, gesehen werden. Dieser Band gehört zweifelsohne zu den besten Bücher des Autors. In diesem Werk durchleuchtet García Montero die Erfahrungen, die man in einer »vida de habitaciones separadas« macht, sei es als Reisender oder als Wanderer, für den »la vida se refugiará en una habitación que no es la suya, sutil metáfora que define unas circunstancias históricas y personales marcadas por el fin de las grandes utopías«.[7] Das Buch ist die tiefgründige Offenbarung eines Menschen, der sich seine lyrische Stimme schafft und der lernt, »en otra edad, en otro amor, en otro tiempo«[8] zu leben, ohne dabei darauf zu verzichten, seine eigenen gegenwärtigen Erfahrungen erneut zu durchleben und so besser zu verstehen. Der Dichter bewegt sich so durchaus lustvoll zwischen Vergangenheit und Gegenwart hin und her, wie auch die Gedichte »Unas cartas de amor« und »Garcilaso 1991« zeigen. In letzterem Gedicht verbindet er eine Liebesbegegnung in einem Hotelzimmer während des Golfkrieges (»junto a Bagdad herida por el fuego«) mit einem Vers von Garcilaso (»Mi alma os ha cortado a su medida«). Das Gedicht kontrastiert in einem geschickten intertextuellen Spiel Erfahrungen der höfischen Liebe mit den Erfahrungen des heutigen Menschen »que se inventa un amor« (»Garcilaso 1991«). Es verbindet die persönliche gegenwärtige Situation mit Geschehen aus vergangenen Epochen.

Dieses Bewusstsein um die historische Zeit ist es, was dem Gedicht »El insomnio de Jovellanos« seine ganze Sinnfülle verleiht. Das Gedicht situiert den ›um den Schlaf gebrachten‹ Jovellanos örtlich und zeitlich sehr genau: er befindet sich, wie der Untertitel angibt, im Schloss und Staatsgefängnis Bellver in der Nähe von Palma de Mallorca und zwar am 1. April 1808. Der aufgeklärte Minister Jovellanos war am 13. März 1801 nach nur neunmonatiger Amtszeit als Justizminister (1797-1798) unter Karl IV. verhaftet worden. Es waren verleumderische Anklagen gegen ihn erhoben worden, vielleicht sogar bei der Inquisition. Seine Papiere wurden beschlagnahmt, er selbst wurde über León, Barcelona und Palma de Mallorca in das Karthäuserkloster von Valldemosa verbracht. Am 5. Mai 1802 wurde er ins Schloss Bellver verlegt,[9] wo er unter strengen Haftbedingungen lebte und zumindest zeitweise auf Befehl des Generalkapitäns der Insel selbst auf Papier, Tinte und Feder verzichten musste. Diese Situation änderte sich erst, als vom 17. bis 19. März 1808 der so genannte *motín de Aranjuez* erfolgte. Dieser Aufstand war gegen den Premierminister Godoy gerichtet, den das empörte Volk während der Wirren misshandelte und vor den Thronfolger, den Prinzen von Asturien, schleppte. In dieser Situation dankte Karl IV. zugunsten seines Sohnes ab, der als Ferdinand VII. den Thron bestieg.

Als erstes machte Ferdinand VII. einige Unrechtstaten der Vorgängerregierung rückgängig; so verfügte er auch, dass Jovellanos in Freiheit gesetzt wurde. Am 22. März unterzeichnete Ferdinand VII. die entsprechende Verfügung.[10] Darauf begab sich am 5. April 1808 der Generalkapitän der Insel in eigener Person zum Schloss Bellver, um Jovellanos die Freilassung mitzuteilen und ihm die königliche Verfügung zu überreichen.[11] Das Geschehen des Gedichts ist somit in den letzten Tagen der Verbannung von Jovellanos zu situieren; es steht außerdem in Verbindung mit den schwerwiegenden Ereignissen, die zu diesem Zeitpunkt in Spanien stattfinden, das damals von einer napoleonischen Invasion bedroht war. Als Jovellanos wenig später von Mallorca auf das spanische Festland zurückgekehrt war und wieder ins politische Leben eingriff, entschied er sich zur Teilnahme an der *Junta Central*, die den Kampf gegen die französische Invasion aufnahm. Das lyrische Ich des vorliegenden Gedichts kann man sich durchaus – wenn auch vielleicht ein wenig älter – so vorstellen, wie Goya Jovellanos in dem bekannten Porträt von 1798 gemalt hat, das sich heute im Prado-Museum befindet. In diesem Porträt zeigt sich nach den Worten eines Kunstkritikers, »el carácter íntimo, la dulce melancolía, la frustración del ideal ilustrado, el tono poético.«[12] Auf diesem Bild hat Jovellanos in einer Geste des Nachdenkens den Kopf auf die linke Hand gestützt, während sein Blick fest auf die ihm gegenüber liegende Wirklichkeit fixiert ist.

II

Was die in diesem Gedicht verwandten stilistischen Mittel angeht, so ist an erster Stelle der dramatische Monolog zu nennen. Dieser besteht in der Verwendung einer lyrischen Stimme, die von der des Dichters verschieden ist. Dieser erfindet für sich eine historische oder fiktive Gestalt, die zum Protagonisten und Sprecher des Textes wird. Diese Gestalt »*prorrumpe* en el monólogo como la soprano prorrumpe en un aria, de manera brusca, sorprendente, con una dignidad casi litúrgica«.[13] Und der Leser nimmt die Erfahrungen so wahr, wie sie dieses lyrische Ich erlebt, das seine Situation beschreibt und das Geschehen aus seiner Perspektive, von seinem Wünschen und Hoffen her erzählt. Es handelt sich dabei nach den Worten von Miguel d'Ors um ein »Gedicht mit einer historischen Gestalt«,[14] in dem der Dichter seine subjektive Befindlichkeit auf eine historisch bekannte Gestalt projiziert, die allerdings auch eine Figur aus dem Bereich der Legenden oder des Mythos hätte sein können. Die Technik des dramatischen Monologs schafft eine ›Poesie des Einfühlens‹ (*poesía de simpatía*); sie versucht, den Leser in das Umfeld und das Leben der historischen Gestalt einzuführen, die ihrerseits, wenn sie ihre Geschichte aus ihrer eigenen Perspektive erzählt, das Wohlwollen des Lesers gewinnt.[15]

Der dramatische Monolog kann als Maske zum Verbergen der eigenen Intimität dienen und zum Vermeiden des Bekenntnischarakters der herkömmlichen Lyrik. Robert Langbaum hat darauf hingewiesen, dass der Monolog bei Browning und Tennyson als eine Gegenreaktion auf den Bekenntnisstil der Romantiker in die Lyrik eingeführt wurde.[16] Trotzdem lässt es sich nicht vermeiden, dass das Gedicht bisweilen Vorstellungen und Sichtweisen des Dichters durchscheinen lässt. So ist es evident, dass sich Luis García Montero mit Jovellanos Freiheitssehnsucht identifiziert und mit dessen Sicht Spaniens als dem Land des Aberglaubens, der Scheiterhaufen der Inquisition und des allzu starken Haftens an der Tradition (V. 27-28).

Im vorliegenden Gedicht hören wir die Stimme von Gaspar Melchor de Jovellanos. Im Titel des Gedichts und in der darauf folgenden Vorbemerkung wird der Leser an einen bestimmten Ort und in einen genauen historischen Augenblick im Leben dieses bedeutenden spanischen Aufklärers versetzt, der als Schriftsteller, Lyriker, Dramatiker und Essayist in Erscheinung getreten ist, der 1744 in Gijón geboren wurde und 1811 in Vega (Asturien) starb. Jovellanos war ein Förderer des Gedankenguts der Aufklärung, der es unternahm, in Spanien ernsthafte Reformen in der Wirtschaft, im Erziehungswesen, im Rechtssystem und im Bereich des Unterhaltungs- und Schauspielwesens einzuleiten. Das Gedicht kreist um seine Gedanken und Gefühle wenige Tage bevor er erfuhr, dass er am 5. April 1808 aufgrund eines Dekrets des neuen Königs, Ferdinands VII., seine Freiheit wiedererlangte. Die Stimme, die man das ganze Gedicht über hört, ist somit nicht die Stimme von Luis García Montero, sondern die jener berühmten historischen Gestalt, die in einem nachdenklichen und nostalgischen Monolog über ihre Situation als Gefangener und Verbannter sowie über die Geschicke Spaniens nachsinnt. Als Vertreter der Aufklärung kann Jovellanos nicht umhin, die Ungeheuerlichkeiten und Gewalttätigkeiten der Inquisition (»das Reich der Scheiterhaufen«) anzuklagen, die er am eigenen Leib erfahren musste. Ebenso weist er nachdrücklich auf das Phänomen des Aberglaubens hin, das die Aufklärer mit so großem Nachdruck verurteilten, sowie auf die übermäßige Last der

Vergangenheit, die für Spanien eine Zukunft des Fortschritts und des Wohlstands behindert:

> Unos [barcos] van hacia España,
> reino de las hogueras y las supersticiones,
> pasado sin futuro
> que duele todavía en manos del presente (V. 25-28).

Das Gedicht wird so – in Übereinstimmung mit der Poetik von Luis García Montero – zu einer Inszenierung, zu einem ›kleinen Theater‹, auf dem die historische Persönlichkeit agiert und sich dem Leser in einem langen Monolog offenbart.

In den V. 30-35 skizziert der Dichter die Haltung und die Überlegungen von Jovellanos im Hinblick auf die französische Revolution. Als unerschrockener Politiker und Aufklärer war Jovellanos generell gesehen ein Kenner und begeisterter Anhänger der fortschrittlichen Ideen der *Encyclopédie* von d'Alembert und Diderot sowie der französischen Aufklärung insgesamt. Als die napoleonischen Heere unter dem Vorwand einer Besetzung Portugals in Spanien eindrangen, versuchten die *afrancesados*, die einen Triumph der revolutionären Ideen in Spanien unter der Herrschaft von José Bonaparte erhofften, Jovellanos ebenso für ihre Partei zu gewinnen wie der König selbst, der ihn zum Innenminister ernannte. Doch der reife Staatsmann Jovellanos entschloss sich letztendlich für die Sache der spanischen Patrioten.[17] Vermutlich war sein Glaube an die Ideen der französischen Revolution angesichts der Ausschreitungen und des Blutbads, das sie hervorgerufen hatten, erschüttert worden:

> Otros barcos navegan a las costas de Francia,
> Allí donde los sueños se corrompen
> Como una flor pisada,
> Donde la libertad
> Fue la rosa de todos los patíbulos
> Y la fruta más bella se hizo amarga en la boca (V. 30-35).

III

Ein Blick auf die formalen Elemente des Gedichts zeigt, dass dieses in Versen ohne jeden Reim (Blankverse) geschrieben ist, die jedoch mit einer außerordentlichen Musikalität und einem starken rhythmischen Empfinden dahinfließen. Von V. 3 an rufen das Meer und die sich wiederholende Bewegung der Wellen, die der Gefangene betrachtet und hört, im Innern des Lesers ein entsprechendes rhythmisches Gefühl hervor, das sich durch die Verse zieht, die ständig auf das Meer, die Wellen, die Schiffe, die Schiffbrüche und die Strände anspielen:

> El mar sigue moviéndose en la orilla (V. 3)

El mar sigue moviéndose en la noche... (V. 13)
Y el mar sigue moviéndose... (V. 37)
Pero cierro los ojos y el mar sigue moviéndose... (V. 58)

Gleiches gilt für die V. 12, 19, 21, 22, 24, 30, 38, 61, 65, 69.

Der häufige Gebrauch von Elf- und Siebensilbern in freier Kombination oder in festem Wechsel ermöglicht es dem Sprecher, das Dahinströmen der Wörter in Übereinstimmung mit dem genauen Ausdruck seiner Überlegungen zu bringen. Wir haben es hier jedoch nicht mit der – zuerst von Garcilaso de la Vega verwandten – Strophenform der *silva* zu tun, da hier jede Form von Reim fehlt und sich im Übrigen auch zahlreiche Neun- und Vierzehnsilber finden. Das Gedicht versucht einfach, jede strophische Form und sonstige metrische Normen zu vermeiden, auch wenn es insgesamt überwiegend in recht einheitliche Sequenzen von 9, 7, 9, 6, 6, 7, 6, 8 und 5 Versen untergliedert ist. Sequenzen von jeweils drei Versen eröffnen und schließen das Gedicht. Die erste der Dreiersequenzen (V. 1-3) führt die zentralen Themen ein: die Träume und die Desillusionierung, darüber hinaus die rhythmische Bewegung der Wellen, die dann die ganze Struktur des Gedichts bestimmt. Die zweite Dreiersequenz (V. 69-71) schließt das Gedicht mit einem doppelten Bekenntnis. Einerseits das Eingeständnis der menschlichen Endlichkeit und Vergänglichkeit (»El mar nos cubrirá«), andererseits das Bekenntnis zur Hoffnung auf Glück und Freiheit für den Protagonisten und für Spanien. In dem Gedicht finden sich auch zwei Verse in der Form unabhängiger Sequenzen aus einem einzigen Vers. Damit soll zweifelsohne ihr besonderer Inhalt – das Nachsinnen – hervorgehoben werden, der das Zentrum und die eigentliche Essenz des Gedichtes ist: »El invierno es el tiempo de la meditación« (V. 29), »El verano es el tiempo de la meditación« (V. 36).

Das Gedicht in seiner Gesamtheit besitzt einen Zusammenhalt und eine einheitliche Struktur, die auf dem Dahinströmen der semantischen Sequenzen (der Gedanken) beruhen sowie auf der Wiederholung syntaktischer Einheiten, die zum Teil als Parallelismen, zum Teil als Anaphern erscheinen, die ineinander verschlungen sind. Das Bewusstsein um die Vergänglichkeit zum Beispiel erhält besondere Ausdruckskraft durch den Gebrauch der Figur der Anapher und die Verwendung eines eindrucksvollen Schlussverses, der die Gefühlsintensität in ein *crescendo* fasst:

Pasan las estaciones...
Pasa también mi sombra...
Viene el mar y nos borra (V. 4-12).

Unos van hacia... (V. 25)
Otros navegan a... (V. 30)

Lo sé... (V. 43)
Porque sé (V. 56)
Ya lo sé (V. 67)

In anderen Sequenzen korrespondieren die syntaktischen Einheiten miteinander und verbinden so die Bewegungen der Wellen mit den Gefühlen, den Sehnsüchten und den Freiheitsphantasien, die dem lyrischen Ich geradezu obsessiv ein ums andere Mal in den Sinn kommen. Das Enjambement am Ende von V. 60 (»Y puedo imaginarme / mi libertad ...«) ist ganz darauf ausgerichtet, die Träume von Freiheit, Heimatliebe und Freundschaft zu verstärken (V. 60-63). Die sich wiederholenden Gedanken und das ständige Kommen und Gehen der Wellen schaffen insgesamt einen stark emotionalen Rhythmus:

> Pero cierro los ojos y el mar sigue moviéndose
> y con él mi deseo
> y puedo imaginarme //
> mi libertad, las costas del Cantábrico,
> los pasos que se alargan en la playa
> o la conversación de dos amigos (V. 58-63).

Es findet sich allenthalben eine reiterative Abfolge von Gedanken, die durchtränkt sind von Trauer, Heimweh und Desillusion, die dem Gedicht Zusammenhalt und einen einheitlichen Tenor verleihen. Bisweilen gelingt es dem Autor in dem ansonsten realistisch formulierten Gedicht mit einem irrationalen Hauch die gewöhnlichsten und trivialsten Wörter mit einem poetischen Schein zu umgeben, zum Beispiel dort, wo er von den »barcos que han nacido de mis noches« spricht (V. 24). Gewöhnliche Gegenstände werden lyrisch verklärt wie »la flor pisada« (V. 32) im Zusammenhang mit den Freiheitsträumen oder die »rosa de todos los patíbulos« (V. 34) und »la fruta más bella [que se hizo amarga en la boca]« (V. 35), sprachliche Wendungen, mit denen das Korrumpieren der Ideale der Revolution zum Ausdruck gebracht wird. Was seine imaginativen Verfahren und seine Beziehungen zu für ihn vorbildlichen Autoren angeht, ist García Montero unter anderem auch ein Bewunderer einer Reihe von Dichtern aus den 50er Jahren und nähert sich dem der Umgangssprache nahe stehendem Sprachstil und Tenor, den Dichter wie Jaime Gil de Biedma, Ángel González, Caballero Bonald und andere der so genannten *poetas sociales* so häufig verwandt haben.[18]

IV

Das Bekenntnis des Aufklärers Jovellanos, das hier in der ersten Person vorgetragen wird, dreht sich um drei zentrale Themen: 1. die Zerstörung der Träume im Kontakt mit der Wirklichkeit, 2. das Meer (die Zeit) und 3. das ständige Nachsinnen und Grübeln des Verbannten.

    1. Die Träume des Dichters, die in der praktischen Realität zerstört worden sind, sind für das lyrische Ich Anlass zu Desillusion und Enttäuschung. Das große Beispiel für solche Fortschrittsträume, die die Menschen selbst dem Verderben anheim gegeben haben, war für Jovellanos die Französische Revolution. In ihr ist der idealistische Kampf für Freiheit, Gleichheit und Gerechtigkeit verkommen zur Ungeheuerlichkeit der Guillotine und zur Ermordung Tausender von

Mitbürgern (V. 30-35). Diese Überlegung, die ganz im Zentrum des Gedichts steht, wird zwar in den V. 56-57 erneut aufgenommen, doch vermag sie nicht, in Jovellanos die Hoffnung auf Freiheit und auf ein Ende seiner Verbannung gänzlich zu ersticken (V. 60-63).
2. Das insistierende Wiederholen der Worte »El mar sigue moviéndose« (V. 3, 13, 37, 58) steigert sich in den Schlussversen zur Androhung eines völligen Scheiterns (»El mar nos cubrirá«, V. 69). Dennoch wird selbst hier nicht endgültig auf einen letzten Traum, den Traum von staatlicher Freiheit und individuellem Glück, verzichtet: »pero han de ser las huellas de un hombre feliz en un país más libre« (V. 70-71). Das Meer mit seinem »murmullo repetido« (V. 13-14), dem unablässigen Schlagen der Wellen, zeigt, wie dem Verbannten die Zeit nutzlos verrinnt (V. 37-38; 58). Im Bild des Meers symbolisiert sich das Entschwinden der Stunden, das Gefühl von der generellen Flüchtigkeit der Zeit, das das ganze Gedicht durchzieht, und dessen sich das lyrische Ich völlig bewusst ist:

> escribiré mis huellas en la arena.
> Van a durar muy poco, ya lo sé,
> Nada más que un momento (V. 66-68).

3. Jovellanos, der Essayist und grosse Staatsmann, verbringt die langen Stunden seiner Verbannung mit unablässigem Nachsinnen und Grübeln, wie im Gedicht immer wieder hervorgehoben wird:

> El invierno es el tiempo de la meditación (V. 29)[19]
> El verano es el tiempo de la meditación (V. 36)
> Mis días y mis noches son el tiempo
> de la meditación (V. 54-55).

Dieses Nachsinnen und Grübeln aber sind »meditaciones tristes de cautivo«:

> No sabría negarlo.
> Prisionero y enfermo, derrotado,
> Lloro la ausencia de mi patria,
> de mis pocos amigos,
> de todo lo que amaba el corazón (V. 44-29).

Die drei hier untereinander verschränkten Themen durchziehen und durchkreuzen das ganze Gedicht. Darüber hinaus verleihen auch das Gefühl von Trauer und Heimweh, das Nachsinnen des lyrischen Ich und das Bewusstsein des Verbanntseins dem Text Zusammenhalt und innere Struktur.

Abschließend ist festzuhalten, dass die Sprache des Gedichts zwar durchaus der gehobenen Stilebene angehört, dass sie jedoch weder die kulturalistischen Bestrebungen noch das Preziösentum oder die Tendenzen zum dekorativen

Prunk im Stil der *novísimos* teilt. Der Dichter, der all dies überwunden hat, versteht es, einen leisen Ton, der fast an ein vertrautes Zwiegespräch erinnert, mit einer einfachen Sprachverwendung und außerordentlich klaren Versen zu verbinden. Auf diese Art schafft er es, die angemessene Atmosphäre und einen hohen Grad an lyrischem Empfinden hervorzurufen.

Das hier vorgestellte Gedicht, das ganz in einem historischen Moment des beginnenden 19. Jahrhunderts verwurzelt ist, ist allerdings recht isoliert vom Rest des Gedichtbandes, in dem es veröffentlicht wurde: dort ist ansonsten die Rede von Autobahnen, Telefonen, Flugzeugen und Flughäfen, Taxis, Hotels, Fernsehapparaten und den Wolkenkratzern von Manhattan. Der Band spiegelt die blendende und verworrene Welt der postmodernen Stadt, angesichts derer der Dichter nicht das überraschte Staunen der Avantgardisten empfindet, sondern ein komplexes und unbestimmtes Gefühl, eine Mischung aus Faszination und Skepsis. Davon ist im vorliegenden Gedicht nur die Haltung des Unbestimmten und des Zweifels geblieben, in der Enttäuschung und Desillusion deutlich zu spüren sind.[20]

Das vorliegende Gedicht ist ein Musterbeispiel für die Verwendung des dramatischen Monologs in der neuesten Lyrik, der allerdings schon zuvor von den *novísimos* als poetisches Verfahren verwandt wurde, um das Gedicht in die entrückten Welten der Nostalgie und der Schönheit zu versetzen. García Montero verwendet dagegen diese Form, um in ihr in Übereinstimmung mit seinen poetischen Auffassungen die Erfahrungen aus dem Leben eines berühmten Verbannten zu analysieren und um eine Verbindung zu jenen politischen und historischen Themen herzustellen, mit denen sich die Dichter der 50er Jahre in solch außerordentlichem Maß befasst haben. Aus diesem Grund lässt sich denn durchaus feststellen, dass ein gewisser Realismus das Kennzeichen dieser Dichtung ist: »Se entiende, pues, que *el poema de la experiencia* contiene una gran carga de realismo, dentro de una ficcionalidad expresa.«[21] Das Gedicht »El insomnio de Jovellanos« zeigt deutlich eines der charakteristischen Elemente der Lyrik von Luis García Montero: ein historisches, soziales und ethisches Bewusstsein in enger Verbindung mit dem Gespür für das innere Erleben und einer hohen Wertschätzung der persönlichen Erfahrung. Luis García Montero ist der Repräsentant einer wichtigen Strömung innerhalb der zeitgenössischen spanischen Lyrik, der *poesía de la experiencia*, der so genannten ›Lyrik der Alltagserfahrung‹.[22]

Übersetzung aus dem Spanischen: Manfred Tietz

I. Verzeichnis der lyrischen Werke von Luis García Montero

Y ahora ya eres dueño del puente de Brooklyn. Granada: Zumaya 1980.
Tristia (1979-1981). Melilla: Ayuntamiento 1982 (Colección Rusadir). [In Zusammenarbeit mit Álvaro Salvador unter dem Pseudonym ›Álvaro Montero‹.]
El jardín extranjero. Madrid: Adonais 1983.

Diario cómplice. Madrid: Hiperión 1987.
Las flores del frío. Madrid: Hiperión 1991.
Habitaciones separadas. Madrid: Visor 1994a.
Además. Madrid: Hiperión 1994b. [Enthält die Gedichtbände *Y ahora ya eres dueño del puente de Brooklyn*, *En pie de paz* und *Rimado de ciudad*.]
Casi cien poemas. Antología (1980-1995). Madrid: Hiperión 1997.
Completamente viernes (1994-1997). Barcelona: Tusquets 1998.
Poesía (1980-2005). Barcelona: Tusquets 2006.

II. Kritische Literatur

Andújar Almansa, José: »La construcción de los sentimientos en la poesía de Luis García Montero«, in Darío Villanueva u.a. (Hg.): *Los nuevos nombres*: 1975-1990. (*Historia y crítica de la literatura española* al cuidado de Francisco Rico, Bd. 9). Barcelona: Crítica 1992, S. 203-207.

Bermúdez, Silvia: »Cansancio y suicidio de la subjetividad: la modalidad elegíaca de Luis García Montero«, in dies.: *Las dinámicas del deseo. Subjetividad y lenguaje en la poesía española contemporánea.* Madrid: Libertarias 1997, S. 129-158.

Cano Ballesta, Juan: *Poesía española reciente (1980-2000).* Madrid: Cátedra 2001.

Cano Ballesta, Juan: *Nuevas voces y viejas escuelas en la poesía española (1970-2005).* Granada: Editorial Atrio 2007.

Caso González, José Miguel: *Vida y obra de Jovellanos.* Bd. II. Oviedo: Caja de Asturias 1993.

Complicidades 217-218 (1998). *Litoral: Luis García Montero.* [Sonderheft mit Beiträgen von 25 Autoren].

d'Ors, Miguel: *En busca del público perdido. Aproximación a la última poesía española joven (1975-1993).* Granada: Impredisur 1994.

García Montero, Luis: *Confesiones poéticas.* Granada: Diputación Provincial 1993.

García-Posada, Miguel: »Los sueños de un realista. Un brillante libro de García Montero [*Habitaciones separadas*]«, in: *El País, Babelia* 9.7.1994, S. 15.

Gracia, Jordi (Hg.): *Los nuevos nombres*: 1975-2000. Primer suplemento. (*Historia y crítica de la literatura española* al cuidado de Francisco Rico, Bd. 9,1). Barcelona: Crítica 2000.

Jiménez Heffernan, Julián: »Introducción«, in Robert Langbaum: *La poesía de la experiencia. El monólogo dramático en la tradición literaria moderna*. Granada: Comares 1996, S. 17-45.

Jovellanos, Gaspar Melchor de: *Obras completas*. Bd. IV. *Correspondencia (Abril, 1801 - Septiembre, 1808)*. Hg. José Miguel Caso González. Oviedo: Instituto Feijoo de Estudios del siglo XVIII 1988.

Langbaum, Robert: *The Poetry of Experience. The Dramatic Monologue in Modern Literary Tradition*. New York: Norton and Co 1963.

Mainer, José-Carlos: »›Con los cuellos alzados y fumando‹: Notas para una poética realista«, in Luis García Montero: *Casi cien poemas, Antología 1980-1995*. Madrid: Hiperión 1997, S. 9-29.

Meléndez Valdés, Juan: *Obras en verso*, Bd. II. Hg. von Juan H.R. Polt und Jorge Demerson. Oviedo: Centro de estudios del siglo XVIII 1983.

Novo, Yolanda: »Luis García Montero o la complicidad de la escritura poética«, in: *Ínsula* 487 (1987), S. 18.

Virtanen, Ricardo: *Hitos y señas (1966-1996). Antología crítica de poesía en castellano*. Madrid: Laberinto 2001.

III. Anmerkungen

* Zitiert nach Luis García Montero (1994a:72-74).
1 Übersetzung des Gedichts: Manfred Tietz.
2 Das weit umfangreichere lyrische Werk des Autors ist in der Bibliographie dieses Beitrags verzeichnet.
3 Als Programmgedicht der *novísimos* gilt die »Oda a Venecia ante el mar de los teatros« aus dem Band *Arde el mar* von Pere Gimferrer aus dem Jahre 1966. Zur Interpretation dieses Gedichtes vgl. José Manuel López de Abiada: »Pedro Gimferrer. Oda a Venecia ante el mar de los teatros«, in Manfred Tietz (Hg.): *Die spanische Lyrik der Moderne. Einzelinterpretationen*. Frankfurt am Main: Vervuert 1990, S. 340-351.
4 Luis García Montero (1993:186-187).
5 Luis García Montero (1993:187-188).
6 Luis García Montero: »Estética y compromiso« (1984), in ders. (1993:195-196). Später hat er erneut den »entramado artificial de la literatura, su poderosa realidad de pasiones construídas« und ihr Verständis als »simulacro de la realidad« hervorgehoben (1993:221, 222).
7 Miguel García-Posada (1994:15).
8 Luis García Montero (1994a:12).
9 José Miguel Caso González (1993:526).

10 Das Dekret ist von José Antonio Caballero in Aranjuez am 22. März 1808 unterzeichnet worden. Hier sein Wortlaut: »Excmo. Sr: El Rey nuestro Señor don Fernando VII se ha servido alzar a V.E. el arresto que sufre en ese castillo de Bellver, y S.M. permite a V.E. que pueda venir a la corte. Lo que de real orden comunico a V.E. para su inteligencia y satisfacción. Dios guarde a V.E. muchos años. El Marqués Caballero.« Es ist bekannt, dass Jovellanos diese Nachricht schon am 4. April erhalten hat, wie einem Brief zu entnehmen ist, den er an Bárbara Salas de Verí richtete: »Muy señora mía: Mejor noticia no pudiera venir por mejor mano. Resta ver si la orden viene cual mi inocencia necesita [...]. Jovellanos.« Gaspar Melchor de Jovellanos (1988: 496-500).

11 José Miguel Caso González (1993:555).

12 So die Ausführungen von Javier González Santos: »Jovellanos por Goya. Precisiones históricas e iconográficas sobre dos conocidos retratos«, in: *Boletín del Museo del Prado* XIII (1992), S. 49-52. Zitat bei José Miguel Caso González (1993:470).

13 Julián Jiménez Heffernan (1996:26).

14 Miguel d'Ors (1994:82).

15 Robert Langbaum (1963:79, 232).

16 Robert Langbaum (1963:79).

17 José Miguel Caso González (1993:557-561).

18 In den *Confesiones poéticas* stellt Luis García Montero seine Kenntnis dieser Dichter und seine Sympathie für ihr Werk unter Beweis. Er widmet ihnen dort eine Reihe von Untersuchungen. In ihnen hebt er verschiedentlich die Verwendung eines »vocabulario riguroso encuadrado en un tono de conversación« (107) und »el protagonismo de un personaje moral cómplice y tierno« hervor sowie »la preocupación histórica por la entidad y las situaciones históricas de la poesía« (107) oder die »concepción histórica de la intimidad« bei Ángel González (117). An anderer Stelle spricht er vom »sentido teatral« der Lyrik bei Gil de Biedma oder er weist darauf hin, dass Caballero Bonald »conjuga vida y elaboración poética, coloquialismo y acentuada personalidad de lengua« (127). In all diesen Fällen hebt er ganz aus seiner Sicht Aspekte im literarischen Schaffen dieser Autoren hervor, die eine gewisse Übereinstimmung mit seiner eignen Dichtung (und insbesondere mit dem hier vorgestellten Gedicht) haben.

19 Dieser Vers ist der Titel einer der *Odas filosóficas* von Juan Meléndez Valdés aus dem Jahr 1797 (Meléndez Valdés 1983:848-851). Meléndez Valdés, der gleichfalls zur aufgeklärten Elite Spaniens gehörte und unter Karl IV. hohe Staatsämter inne hatte, war ein enger Freund von Jovellanos und gehörte wie dieser in jüngeren Jahren dem Dichterkreis von Salamanca an, zu dem ein weiterer spanischer Aufklärer, José Cadalso, zählte. Zur Dichtung von Meléndez und zu seiner engen Beziehung zu Jovellanos vgl. Pere Joan i Tous: »Juan Meléndez Valdés. A Jovino: El melancólico«, in Manfred Tietz

(Hg.): *Die spanische Lyrik von den Anfängen bis 1870*: *Einzelinterpretationen*. Frankfurt am Main: Vervuert 1997, S. 551-601.
20 Vgl. dazu Miguel García Posada: »Uno de los mayores poemas del libro, el extraordinario *El insomnio de Jovellanos*, ilustra la situación [de *Habitaciones separadas*], con la noble figura del gran ilustrado, quien, preso en Bellver, en otro cambio de siglo, y doblemente combatido por el oscurantismo y por la corrupción de los sueños de progreso, no se resigna a perder el horizonte de la libertad« (Miguel García Posada 1994:15).
21 Ricardo Virtanen (2001: 171).
22 Eine genauere Definition dieses Begriffs findet sich bei Juan Cano Ballesta (2001:41-49).

Maria Grazia Profeti

Clara Janés. Planto

Nota III

Para llorar su ausencia irrevocable
A la ausencia de amor sufrida por mi cuerpo
Recurro
– oh cerco de vacío –
que es próximo a la muerte el desamor.

Planto

DONDE LA HIJA SE LAMENTA AL PADRE
DE LA AUSENCIA DEL AMOR Y A LA VEZ
SE DUELE DE SU MUERTE

1

Dejadme en la noche
y el viento
y el la
mento
que crece en
la voz

La noche blanca
ardiente y canto
que en mi la pena
al negro guarda
y guarda al cuerpo
bajo tierra el ala

[Vertonung]

2

Al alba ya no viene
al alba de lágrimas

                    ajena le detiene
25   Su forma a él
                    Ajena
                    En lagrimas

                    [Vertonung]

                            3

                    Ah!
                    ah!
30   donde está mi cuerpo
                    cuerpo de amor
                    cuerpo en dos

                    No tengo piernas ni brazos
                    el vacío yo aposento

35   No tengo ojos ni labios
                    Sino lugares extraños

                    Y sin tu fuego!
                    Ah!
                    Ay el silencio!

                    [Vertonung]

                            4

40   Ausente presente
                    lleno el cuerpo
                    de muerte
                    Eh ah
                    presente
45   el cuerpo
                    de muerte

                    [Vertonung]

                            5

                    Ah!

[Vertonung]

6

Nadie
levanta
la mortaja
del alma

Ah!
Ay amor!

[Vertonung]

7

Aquel señor
Que en la tierra
se quedó
oh tierra amada

Sin dulce oscuro
Noche blanca

La noche de ojos grandes
Donde verse el
corazón

[Vertonung]

8

Rostros tuyos
Sobre el campo
Por las aves
Son hurtados

levantados
al olvido
dando verde
inútil

brazo

[Vertonung]

9

Río en mar
es tu nombre
es corriente
75   con la nada

Ya la yedra
Se desnuda
De tu sombra
murmurada

80   murmurada
murmurada
las espigas
en la entraña
murmuradas
85   las coronas
se deshacen
tierra de carne
en la nada

[Vertonung]

10

Mi árbol del alma

[Vertonung]

11

90   Ah!

[Vertonung]

12

	Uh!
	Uh!
	damunt de tu la pols
	damunt de tu la calç
95	damunt de tu el silenci
	damunt de tu el meu plany

Uh!

damunt de tu la pols
damunt de tu la calç
damunt de tu el silenci
damunt de tu el meu plany

Uh!

[Vertonung]*

Nota III
Um sein unwiderrufliches Fehlen zu beweinen, / beziehe ich mich / auf die Abwesenheit von Liebe, die mein Körper erfahren hat / – ach, Hof von Leere – denn nahe beim Tod [ist] das Fehlen von Liebe.
Totenklage
IN DER DIE TOCHTER DEM VATER GEGENÜBER / DAS FEHLEN DER LIEBE BEKLAGT UND ZUGLEICH / IHREN SCHMERZ ÜBER SEINEN TOD ZUM AUSDRUCK BRINGT.
1. Lasst mich [allein] mit der Nacht / und dem Wind / und der Kla- / ge, / die in der Stimme / anschwillt // Die durchwachte / (vor Schmerz) brennende Nacht / und ich singe (klagend) / dass in mir der Kummer weiter seine Trauer trägt / und der Flügel den Körper / weiter unter der Erde bewahrt
2. Bei der Morgendämmerung kommt er nicht mehr / bei der Morgendämmerung voll Tränen / fremd hält ihn seine Gestalt zurück / fremd / in Tränen //
3. Ach! / Ach! / Wo ist mein Körper / liebender Körper / Körper aus zweien // Ich habe weder Beine noch Arme / die Leere beherberge ich // Ich habe weder Augen noch Lippen / sondern ferne Orte // Und ohne dein Feuer! Ach / weh dem Schweigen!
4. Abwesend gegenwärtig / der Körper voll / von Tod / Weh ach / gegenwärtig / der tote Körper //
5. Ach!
6. Niemand / nimmt / das Leichentuch / von der Seele // Ach / weh mir Liebe //
7. Jener [große] Mann / der auf Erden / blieb / oh geliebte Erde // Ohne süßes Dunkel / schlaflose Nacht // Die Nacht mit großen Augen // wo sich zu sehen vermag / das Herz
8. Deine Gesichtszüge werden / draußen / weggetragen / von den Vögeln // weggebracht / ins Vergessen / tot / nutzloser / Arm
9. Fluss im Meer [der Zeit] / ist dein Name / ist Strom / im Nichts // Schon entblößt sich / das Efeu // von deinem [nur noch] gemurmelten Schatten // gemurmelt / gemurmelt / die Ähren / im Innern / gemurmelt / die Kränze / lösen sich auf / Erde aus Fleisch / ins Nichts
10. Mein Baum der Seele

11. Ach!
12. Weh! / Weh! / Über dir Staub / über dir der Kalk / über dir das Schweigen / über dir meine Klage // Weh!¹

I

Im Jahre 1983 beendete Clara Janés den Gedichtzyklus *Vivir*, an dessen Schluss »Planto« steht. Es handelt sich dabei um ein Werk aus 12 Teilen oder Strophen, denen eine »Nota« vorausgeht und das von einer Musikpartitur begleitet wird. Das Gedicht ist dem Tod ihres Vaters gewidmet, der ein bedeutender katalanischer Verleger war. Er starb 1959, mehr als 20 Jahre vor der Entstehung des Textes.

Clara Janés, die 1940 geboren wurde, zählte sich zu jener Generation von Dichtern aus dem Zeitraum von 1939-1953, die sich selbst als ›Marginalisierte‹ bezeichneten. In der Folgezeit löste sie sich jedoch von ihr und ging in ihrer Lyrik eigene Wege, die insbesondere auch von Begegnungen mit Lyrikern und Autoren geprägt wurden, die nicht nur spanischer Herkunft waren.

Die Welt ihrer Kindheit hat sie in dem Memoirenband *Jardín y laberinto* (1990) ins Gedächtnis gerufen. Es war eine in künstlerischer Hinsicht ausgesprochen reiche Welt. Ihre Mutter spielte Cembalo und einer der Freunde ihres Elternhauses war der katalanische Musiker Frederic Mompou, über den Clara Janés später viel schreiben sollte. Die junge Clara nimmt früh an der Universität von Barcelona ein Philologiestudium auf und lernt im Laufe dieses Studiums alle Repräsentanten der großen spanischen Lyrik kennen: neben den *Jarchas* insbesondere Garcilaso de la Vega, san Juan de la Cruz, Góngora, Quevedo, die Autoren der 27er Generation, vor allem García Lorca und Jorge Guillén. 1960 geht sie nach Pamplona und setzt dort ihr Studium fort. Auf die existentielle Unruhe dieser Zeit reagiert sie mit dem Gedichtband *Las estrellas vencidas* (1964), in dem sich allerdings noch die Stadt Barcelona gespiegelt findet. Im Jahr 1973 erscheint der Band *Límite humano*, in dem der Einfluss von Blas de Otero (1916-1979)² zu spüren ist. Die Nähe der Thematik ihrer Gedichte zu der in den Texten Oteros hat sie viel später, 1986, in dem Vortrag »Blas de Otero, su trayectoria y mi trayectoria del vacío a la vida« ausdrücklich anerkannt.

Aus einer Phase langen Schweigens als Lyrikerin hat sich Clara Janés durch die Entdeckung des tschechischen Dichters Vladimir Holan befreit, dessen Buch *Una noche con Hamlet* sie 1971 liest und das für sie zum Auslöser für den Gedichtband *En busca de Cordelia y poemas rumanos* (1975) wurde. Im zweiten Teil dieses Bandes findet sich die Darstellung einer Rumänienreise, die sie 1972 unternahm. Die Lyrik Holans, die eine surrealistische Grundtendenz zeigt und von Visionen seiner Innenwelt bestimmt wird, ist vom Gedanken des Todes beherrscht, der für ihn zugleich die Quelle des Lebens darstellt. Diese Dichtung findet bei Clara Janés ein außerordentlich starkes Echo. Sie übernimmt einige seiner surrealistischen und symbolistischen Tendenzen und verfasst selbst eine visionäre Lyrik voller Nachtgedanken, die ihren Niederschlag in dem zwischen 1973 und 1979 verfassten *Libro de alienaciones* findet. Im zweiten Teil dieses

Buches erscheinen Themen wie die Erfahrung des Scheiterns des Begehrens, des Mangels an Liebe, der Einsamkeit und die Erfahrung des Todes sowohl im Hinblick auf den Vater, als auch die Mutter, den Ehemann, den geliebten Dichter und weitere Freunde. Zur selben Zeit schreibt sie den Gedichtband *Kampa* (1986), dessen Titel auf den Namen der Insel bei Prag zurückgeht, auf der Holan gelebt hat. Die Sammlung ist ein Hymnus auf die Liebe und auf das neu erwachte Leben. Sicher nicht zufällig hat María Zambrano in ihrer Rezension dieses Gedichtbandes von einer »voz abismática«, einer abgrundtiefen Stimme, gesprochen.

In dieser Schaffensperiode lässt sich bei Clara Janés auch der Einfluss von Juan Eduardo Cirlot (1916-1972) feststellen, dessen Werk sie 1975 für sich entdeckt hatte und der der Gegenstand der Examensarbeit gewesen ist, die sie an der Sorbonne mit dem Titel *Cirlot et le surréalisme* eingereicht hatte. 1981 stellte sie eine Anthologie der Gedichte von Cirlot zusammen, in deren Einleitung sie auf die sprachlichen suggestiven Verfahren und auf die Experimente hinweist, die sich bei Cirlot mit einer Rezeption von Blake, Hölderlin, Novalis und Nerval verbinden.

II

Zu diesem Zeitpunkt ihrer Auseinandersetzung mit Cirlot verfasst Clara Janés die Bände *Eros* (1981) und *Vivir*, zwei Gedichtsammlungen, die dem Begehren, der Liebe als kosmischer Kraft, der Ekstase der Vereinigung und zugleich dem Thema der Abwesenheit als Todeserfahrung (*thanatos*) grundlegende Bedeutung einräumen. Jetzt vermag die Autorin endlich, ihrem Schmerz über den bereits lange zurückliegenden Tod ihres Vaters lyrische Form zu geben. Dies geschieht in dem oben angeführten Gedicht »Planto«. Ihren Schmerz stellt sie konzentriert in knappen Worten dar, die vom Thema des Schweigens durchdrungen sind und die sich hinsichtlich ihres dichterischen Ausdrucks in einer langen und ausdrucksstarken spanischen literarischen Tradition von Klagegedichten befinden.[3]

Diese Tradition geht natürlich auf die *Coplas por la muerte de su padre* von Jorge Manrique (um 1440-1479) zurück, die jedem Spanischsprechenden vertraut sind.[4] Hier sei nur daran erinnert, dass Jorge Manrique geistesgeschichtlich zwischen dem *contemptus mundi* des Mittelalters und der Selbstbehauptung des Individuums in der Renaissance zu situieren ist und seine *Coplas* den Leser mit großer Eindringlichkeit auffordern, über die Flüchtigkeit der Zeit nachzudenken:

> Nuestras vidas son los ríos
> Que van a dar en el mar,
>   Que es el morir;
> Allí van los señoríos
> Derechos a se acabar
>   y consumir;
> allí, los ríos caudales,
> allí, los otros, medianos;

> y más chicos;
> allegados, son iguales
> los que biven por sus manos
>   y los ricos.[5]

Aber, so stellt Manrique fest, auch wenn alles vergeht – die Schönheit, die Kraft und die großen Adelsgeschlechter –, so bleibt doch eines gleichsam ewig: der Ruhm, der bedeutende Name und der herausragende Ruf, den sich der Einzelne durch seine (Waffen-) Taten und guten Werke erwirbt:

> Aquel de buenos abrigo
> amado por virtuoso
>   de la gente,
> el maestre don Rodrigo
> Manrique, tanto famoso
>   y tan valiente
> sus grandes hechos y claros
> no cumple que no los alabe,
>   pues los vieron
> […].
>
> Amigo de sus amigos;
> ¡qué señor para criados
>   y parientes!
> ¡Qué enemigo de enemigos!
> ¡Qué maestro de esforzados
>   y valientes!
> ¡Qué seso para discretos!
> ¡Qué gracia para donosos!
>   ¡Qué razón!
> ¡Qué benigno a los subjetos!
> Y a los bravos y dañoso
>   ¡un león![6]

Als Jahrhunderte später Federico García Lorca (1898-1936) ein Klagelied über den Tod des großen Stierkämpfers Ignacio Sánchez Mejías verfasste, zitierte er für den Leser, dem die *Coplas* natürlich vertraut waren, Passagen des Gedichts von Manrique kurz an, um ihnen dann eine Reihe eigener und charakteristischer Züge hinzuzufügen. Der charakteristischste dieser Züge ist die Anwesenheit des unbelebten Körpers, der im dritten Teil des *Llanto* beklagt wird:

> ¡Qué gran torero en la plaza!
> ¡Qué buen serrano en la sierra!
> ¡Qué blando con las espigas!
> ¡Qué duro con las espuelas!

¡Qué tierno con el rocío!
¡Qué deslumbrante en la feria!
¡Qué tremendo con las últimas
banderillas de tinieblas![7]

Ähnlich wie Lorca nimmt auch Clara Janés in ihren Gedichten Traditionen auf, überdeckt sie jedoch gleich wieder und zitiert Texte an, um sofort über sie hinauszugehen. So ist der eigentliche Schlüssel ihres Klagelieds das Schweigen (»silencio«, V. 39) als Mangel und Abwesenheit. In enger Beziehung damit steht die erste Metapher des »Planto«, die der Nacht (Str. 1), die nur durch die »Morgendämmerung der tröstenden Tränen« (Str. 2) unterbrochen werden kann. Der Körper des betrauerten Toten ist nicht, wie bei Lorca, lediglich »lleno [...] de la muerte«, er ist vielmehr ganz und gar abwesend (»ausente«, Str. 4); noch deutlicher markiert ist die Abwesenheit der Seele, das aber heißt der Liebe (Str. 6).

Janés hebt dieses grundsätzliche Gefühl der Abwesenheit gleich zweimal hervor, zum einen in der *Nota* und zum anderen im Titel des Gedichts. Mehr noch als der Tod wird das Fehlen der Liebe beklagt, das der vom Vater nicht geliebte Körper der Tochter noch stärker empfindet als ihre Seele. So ist der »Körper« in Str. 3 sowohl der nicht geliebte Körper der Tochter als auch der leblose Körper des Vaters (»cuerpo en dos«, V. 32). Das metaphorische Feuer (»sin tu fuego«, V. 37) verweist sowohl auf die einst der Tochter verweigerte Liebe als auch auf das verlorene Leben des Vaters, die nunmehr beide unwiederbringlich geworden sind. Als Ergebnis bleiben nur Klage und Schweigen: »Ah! / Ay el silencio!« (V. 38-39)

Vor diesem letztlichen Schweigen erhalten die knappen und in ihrer Wirkung wohl berechneten Wörter und ohne Interpunktion ineinander übergehenden Satzfragmente eine geradezu orphische Bedeutung. Die Klage des lyrischen Ich gleicht den Rufen der professionellen Klageweiber (»Ah, Ah ... Ah, Ay«, Str. 3; »Eh ah«, Str. 4); später, in Strophe 5, erscheint dieses Klagen nochmals (V. 47), allerdings in abgewandelter Form. Erst nach diesem tiefen Klagen und Seufzen kann der Name der Liebe – »amor« (V. 53) – ohne Umschweife ausgesprochen und in ein System von nur angedeuteten und nicht zu Ende geführten Zitaten und literarischen Reminiszenzen übergegangen werden: In Strophe 7 finden sich Anspielungen auf Jorge Manrique (»Aquel señor«, V. 54) und García Lorca (»que en la tierra se quedó«, V. 55-56; »la noche de ojos grandes«, V. 60), die in Strophe 9 erneut erfolgen: »río en mar« (V. 72) verweist auf Manrique, die Fügung mit »yedra« (V. 76) und »espigas« (V. 82) auf Lorca.

Das unvermittelt einsetzende Aufseufzen in Strophe 10 bezieht sich ganz auf den Vater (»mi árbol del alma«, V. 89), der in der Metapher vom stützenden und schützenden Baum angesprochen wird. In Strophe 11 folgt eine erneute Klage, die dann in Strophe 12 an ihr endgültiges Ziel gelangt. Bis hierher dienten die Fragmentierung und das Anzitieren der spanischsprachigen literarischen Tradition als eines der Register der lyrischen Darstellung. Der Bezug auf das Sprechen und den Rhythmus der Klageweiber erfolgt in der dem Text des Gedichts beigegebenen Partitur (die auf die Musik verweist, die im Leben von Clara Janés seit ihrer frühen Kindheit allgegenwärtig war) und in der auffälligen Trennung des Wortes »la/ mento« (V. 12-13), das auf zwei Verszeilen verteilt wird. Am Ende geht das Gedicht dann – völlig überraschend, aber doch durch und durch verständlich – ins Katalanische über, in die Sprache, die Clara Janés in ihrer Kindheit mit ihrem Vater teilte. Dieses Katalanische breitet sich nun über das Schweigen (»silenci«, V. 95) des Vaters. Was seinerzeit ein Schweigen fehlender Liebe, des »desamor« (V. 5) von Vater und Tochter war, ist nun ein endgültiges Schweigen, das sich in der Klage (»plany«, V. 96) der Tochter nur noch im Seufzen, in einem dreimaligen »Uh« (V. 91, 92, 97), artikuliert.

III

Der Band *Vivir* (1983) mit seinem hier vorgestellten Schlussgedicht »Planto« ist ein Endpunkt in der dichterischen Entwicklung von Clara Janés. Die Bedeutung, die diesem Band für ihr dichterisches Schaffen zukommt, erhielt mit der Verleihung des Literaturpreises *Ciudad de Barcelona* eine entsprechende öffentliche Anerkennung. Nachdem sich die Lyrikerin in diesem Band mit dem Tod auseinandergesetzt hatte, war sie reif genug geworden, um sich ganz neuen Themen und Sichtweisen zuzuwenden. In der Folge strebte sie nach Erfüllung und Kommunion mit dem Kosmos, der Schöpfung. Dieses Streben manifestiert sich etwa in den Gedichtbänden *Fósiles* (1987) und *Lapidario* (1988) in einer umfassenden Liebe zu den verschiedensten Formen der Materie. Der Neuanfang zeigt sich auch in einer ganz auf das Wesentliche konzentrierten Auffassung und Verwendung von Sprache, die sich mit einer intensiven Auseinandersetzung mit der lateinischen Epigrammatik und den *Emblemata* von Alciatus verbindet (*Emblemas*, 1991). Zu diesem Zeitpunkt beginnt Janés auch, sich anhand der hethischen, sumerischen und orientalischen Mythologie mit dem Thema des Eros auseinanderzusetzen. Diese Beschäftigung ermöglicht ihr schließlich eine Wiederentdeckung der spanischen Mystik in einem Buch, das Juan de la Cruz gewidmet ist (*Hacia el alba*, 1992).

Diese verhaltene Stimme der Dichtung von Clara Janés, die sich durch das Schweigen hindurch ihre eigene Bahn bricht, die auf der Suche nach sich selbst ist und sich dabei in der intertextuellen Anspielung der dichterischen Worte ihrer Vorgänger bedient, lässt sich nach meiner Auffassung keineswegs auf ein ›feministisches Schreiben‹ reduzieren, wie man es bisweilen aus ihren Versen herauslesen wollte. Ihre Freundschaft mit María Zambrano (1904-1991) oder Rosa Chacel (1898-1994) beruht keineswegs nur auf einer geschlechtsbedingten feministischen Übereinstimmung zwischen diesen drei bedeutenden Autorinnen, sondern auf einer gemeinsamen, mystisch orientierten intellektuellen Sicht der Welt und der Sprache. Mariarosa Scaramuzza Vidoni hat diese Sicht der Dinge im Hinblick auf Clara Janés wie folgt formuliert:

> Um die neuere lyrische Produktion von Clara Janés zu verstehen, muß man sich unbedingt auf die Sprache der Mystik, insbesondere die des Sufismus besinnen, der sie häufig Bilder entnimmt, die sie in eine transparente lyri-

sche Sprache verwandelt. Ganz wichtig ist dabei die Vorstellung einer imaginativen Welt, die das Zwischenstück und die Vermittlung zwischen der sinnlich erfahrbaren und der rein intellektuellen Welt der Seelen im Himmel darstellt. Hier kommt das geistige Vermögen der aktiven und wahrhaften Einbildungskraft zum Tragen, die die mystischen Visionen hervorbringt.[8]

Dies ist die thematische und literarische Welt, die in jüngsten Texten von Clara Janés, wie zum Beispiel in *Hacia el alba* (1992), *Diván del ópalo de fuego* (1996) und *Arcángel de sombra* (1999) zum Ausdruck kommt. Um sie bis zur Höhe der mystischen Vision zu führen, war es unabdingbar, zunächst die tiefgreifende Erfahrung des Todes zu machen. Bei Clara Janés erfolgte sie in der Betrachtung über den Tod des von ihr am meisten geliebten Wesens, ihres Vaters.

Deutsche Fassung: Manfred Tietz

I. Verzeichnis der Schriften von Clara Janés

Lyrische Texte

Las estrellas vencidas. Madrid: Agora 1964.

Límite humano. Madrid: Oriens 1973.

En busca de Cordelia y Poemas rumanos. Salamanca: Alamo 1975.

Libro de alienaciones. Madrid: Ayuso 1980.

Eros. Madrid: Hiperión 1981.

Vivir. Madrid: Hiperión 1983.

Kampa: poesía, música, voz. Madrid: Hiperión 1986.

Fósiles. Barcelona: Z.I.P. 1987.

Lapidario. Madrid: Hiperión 1988.

Creciente fértil. Madrid: Hiperión 1988.

Emblemas. Madrid: Caballo Griego para la Poesía 1991.

Vivir el fuego. Zaragoza: Olifante 1993.

Rosas de fuego. Madrid: Cátedra 1996.

Diván del ópalo de fuego. Murcia: Editora Regional de Murcia 1996.

La indetenible quietud. Barcelona: Boza Editores 1998.

Cajón de sastre. Málaga: Centro Cultural de la Generación del 27 1999.

El libro de los pájaros. Valencia: Pre-textos 1999.

Arcángel de sombra. Madrid: Visor 1999.

Y queda el negro. Pollença: Galería Mayor 2000.

Anthologien
Antología personal (1959-1979). Madrid: Rialp 1979.
Rosa rubea. Poemas de Clara Janés. Selección e introducción de Mariarosa Scaramuzza Vidoni. Roma: Bulzoni 1995.
Acecho del alba. Madrid: Huerga & Fierro 1999.

Plaquettes
Poesis perennis. Madrid: El perro asirio 1988.
Rodin (5 haikus), in: *Pirámide* 1990. Mérida: Escuela taller de Exco. Ayuntamiento.
Esbozos. Avilés: Per/versiones poéticas 1990.
Veneno. Valladolid: Veneno 66 1990.
Hacia el alba. Madrid: El perro asirio 1991.
Nudos de noche (Supplement zur Zeitschrift *Menú*). Cuenca: 1994.
Parallassi. Traducción de C. Greppi. Milano: En plein Officina 1999.

Prosa. Erzählungen
Espejismos. Madrid: Edimundo 1992 [überarbeitete Ausgabe von *Desintegración*. Madrid: Eucar 1969].
Los caballos del sueño. Barcelona: Anagrama 1989.
El hombre de Adén. Barcelona: Anagrama 1991.
Espejos de Agua. Vitoria: Basaría 1997.
Jardín y laberinto. Madrid: Debate 1990.

Teatro
Luz de oscura llama. Madrid: Ministerio de Cultura 1991 [Opernlibretto].

Essais, Biographien u.a.
La vida callada de Federico Mompou. Barcelona: Ariel 1975.
Federico Mompou. Vida, textos, documentos. Madrid: Fundación Banco Exterior 1987.
Cartas a Adriana. Madrid: Sarpe 1976.
Sendas de Rumanía. Barcelona: Plaza & Janés 1981.
Cirlot, el no mundo y la poesía imaginal. Madrid: Huerga & Fierro 1996.
La palabra y el secreto. Madrid: Huerga & Fierro 1999.

II. Kritische Literatur

Allegra, Giovanni: »Amore e umanesimo di C. Janés«, in: *Uomini e libri* (Juni-Juli 1980), S. 38

Álvarez, Manuel: »Clara Janés, una pluma femenina«, in: *Nuestro tiempo* 184 (1969), S. 413-418.

Brooks, Zelda: »Apples from Eden. Poems of Clara Janés«, in Juana Alcira Arancibia (Hg.): *VII Simposio Internacional de Literatura: literatura femenina contemporánea*. Northridge: California State University 1990.

Caballero Bonald, José Manuel: »Clara Janés«, in: *Cuaderno el centro cultural de la generación del '27*. Málaga: Diputación 1989, S. 1-2.

Ciocchini, Héctor: »Emblemas de Clara Janés«, in: *Ínsula* 562 (1993), S. 21.

Ciplijauskaité, Biruté: »La renovación de la voz lírica«, in: *Zurgai* (Dezember 1991), S. 38-43.

Ciplijauskaité, Biruté: *Novísimos, postnovísimos, clásicos: la poesía de los ochenta en España*. Madrid: Orígenes 1991.

García Ortega, Adolfo: »Clara Janés, una pasión literaria«, in: *Ínsula* 483 (1986), S. 8.

Miró, Emilio: »Clara Janés: la perfección de la materia«, in: *Ínsula* 503 (1988), S. 23.

Montmany, Mercé: »Espejos de agua de Clara Janés«, in: *Rey Lagarto* 11 (2000), S. 15.

Palomo, María del Pilar: *La poesía en el siglo XX (desde 1939)*. Madrid: Taurus 1988, S. 148-149.

Pardo, Jesús: »Una escritora mediterránea«, in: *Rey Lagarto* 11 (2000), S. 10.

Parra, Antonio: »Poesía y razón: Clara Janés«, in: *Rey Lagarto* 11 (2000), S. 17.

Peñalver, Soren: »El interior de la palabra«, in: *Rey Lagarto* 11 (2000), S. 11.

Ramond, Michèle: »L'Endymioné. Sur l'obsession romantique du Maître«, in Jean-Claude Chevalier: *Mélanges offerts à Maurice Molho*. Bd. II. Paris: Édition Hispanique 1988, S. 5-18.

Ramond, Michèle: »La anapoiesis de Clara: sobre un caso de ruptura con la función metafórica«, in Gilles Luquet (Hg.): *Actualités de la recherche en linguistique hispanique*. Limoges: Presses Universitaires de Limoges 1992, S.189-198.

Ramond, Michèle: »La metonimia vital y siempre viva«, in Milagros Ezquerro/ Eva Golluscio de Montoya/ Michèle Ramond: *Manual de análisis textual*. Toulouse: France-Iberie Recherche 1987, 173-186.

Ramond, Michèle: »Le champ du signe«, in Henriette Bessis: *Espaces. Séminaire d'études littéraires*. Toulouse: Presses Universitaires du Mirail 1988, S. 195-208.

Rodríguez Sánchez, Julio José: »Clara Janés«, in: *Rey Lagarto* (3.12.1989), S. 5-6.

Scaramuzza Vidoni, Marirosa: »Encuentro con Clara Janés«, in: *Quaderni di Letterature Iberiche e Iberoamericane* 11-12 (1990), S. 111-118.

Scaramuzza Vidoni, Marirosa: »La senda poética de Clara Janés«, in: *Rey Lagarto* 11 (2000); S. 4-5.

Scaramuzza Vidoni, Marirosa: »Matéria y poesia: il *Lapidario* di Clara Janés«, in: *Quaderni di Letterature Iberiche e Iberoamericane* 9-10 (1989), S. 129-136.

Suñén, Juan Carlos: »Matrimonio del cielo y de la tierra«, in: *Ínsula* 547-548 (1992), S. 29.

Ugalde, Sharon Keefe: »Huellas de mujer en la poesía de Clara Janés«, in: *Anales de la literatura española contemporánea* 18 (1993), S. 193-209.

Ugalde, Sharon Keefe: »La subjetividad desde ›lo otro‹ en la poesía de María Sanz, María Victoria Atencia y Clara Janés«, in: *Revista Canadiense de Estudios Hispánicos* 14 (1990), S. 511-523.

Vydrová, Hedvyka: »La voluntad oculta de ser«, in: *Rey Lagarto* 11 (2000), S. 16.

Wilcox, John C.: »Clara Janés: hacia su poemario de los años ochenta«, in Antonio Vilanova (Hg.): *Actas del X Congreso de la Asociación Internacional de Hispanistas.* Barcelona: PPU 1992, S. 353-361.

Zambrano, María: »La voz abismática«, in: *Diario* 16 (7. Dezember 1986).

Ein Verzeichnis der unveröffentlichten Dissertationen und Examensarbeiten über Clara Janés findet sich in: *Rey Lagarto* 11 (2000), S. 38.

III. Anmerkungen

*   Zitiert nach Clara Janés (1983:61-76).
Aus Raumgründen werden die Vertonungen hier nicht wiedergegeben; sie befinden sich in der zitierten Ausgabe des spanischen Textes.

1   Deutsche Übersetzung: Manfred Tietz.
2   Zu diesem Autor vgl. den Beitrag von Siegfried Lüttner: »Blas de Otero. Cuando digo«, in Manfred Tietz (Hg.): *Die spanische Lyrik der Moderne. Einzelinterpretationen.* Frankfurt am Main: Vervuert 1990, S. 352-370.
3   Der nun folgende Kommentar von »Planto« wurde erstmals in italienischer Sprache in dem Band *In forma di parole* VIII (1987), S. 51-86 veröffentlicht. Der Aufsatz enthält auch eine italienische Übersetzung von »Planto«.
4   Zur Übersetzung, Interpretation und geistesgeschichtlichen Situierung der *Coplas* vgl. Manfred Tietz: »Jorge Manrique. Las Coplas a la muerte de su Padre«, in ders. (Hg): *Die spanische Lyrik von den Anfängen bis 1870*, S. 169-207.

5   Zitiert nach der Ausgabe von Jorge Manrique: *Poesía*. Edición de Vicente Beltrán. Barcelona: Crítica 1993, S. 150.
6   Jorge Manrique: *Poesía*, S. 165-166.
7   Federico García Lorca: »Llanto por Ignacio Sánchez Mejías«, in ders.: *Obras completas*. Madrid: Aguilar [17]1972, S. 541.
8   Mariarosa Scaramuzza Vidoni: *Rosa Rubrea. Poemas de Clara Janés*. Roma: Bulzoni 1995, S. 20. Der Band untersucht den allmählichen Werdegang der Dichterin Clara Janés und beschreibt die »inhaltlichen Isotopien, die Themen und Materialien der Einbildungskraft, die die Konstruktion ihrer Werke bestimmt« (S. 21).

Juan José Lanz

Diego Jesús Jiménez. Color solo

¿Cómo, entonces,
salir de aquí, intentar la aventura
de salir de este tiempo
de desolación?
5   El verde claro
que nos trae la alegría y la esperanza, no como el del musgo
[o el de las botellas,
llenos de incertidumbre y de sollozos, o el verde ya oxidado
del tiempo; ni tan siquiera el de la manzana o el del oleaje
porque no tienen ojos ni cintura. Ni los verdes del puerto,
[porque están en silencio; ni aquellos
10   que nos dicen adiós desde las estaciones o desde la ventana.
Ni el de los cuarteles o el de las casullas
porque jamás dan flor. Yo digo el verde de la infancia
que no nos deja solos nunca, y vive y sueña
y morirá con nosotros; o el de ese vestido
15   que lo levanta el aire a nuestro paso, y nos mira y acepta
[desde
su inocencia infantil; no el de ese otro
que anda desde la amanecida en bata
y nos ve con recelo; ni ese que está siempre
con los ojos en blanco; ni el que se santigua
20   porque no tiene fe.
         Yo hablo del verde que está solo
y que es aventura, del verde de los mares
porque no tiene rumbo, del que nace en los sueños
porque no nos olvida.
25   Hablo del verde
que nos mira a los ojos
y jamás siente miedo.
         Zurbarán lo pintaba
con racimos de uvas y en mesas florecientes. Yo lo recojo
[ahora
30   del juego de esos niños que están ahí, en las sombras, cerca
[de casa.
Toco ese verde

```
                que se encoge de hombros
                porque es inocente, y sus pechos me miran
                ligeros como gestos, tiemblan
    35          de amor
                    bajo las estrellas.*
```

Farbe allein
Wie also / soll man von hier entkommen, wie das Abenteuer versuchen, / dieser Zeit der Trostlosigkeit / zu entkommen? // Das helle Grün, / das uns Freude und Hoffnung bringt, nicht wie das Moos- oder Flaschengrün, / das voller Unsicherheiten und Seufzer ist, oder das durch die Zeit bereits oxidierte Grün; / nicht einmal das Grün des Apfels oder des Wellengangs; / weil sie weder Augen noch Taille haben. Nicht die Grüntöne des Hafens, weil sie in ruhigen Schweigen verharren; nicht jene, / die uns ›auf Wiedersehen‹ sagen vom Bahnhof oder vom Fenster aus. / Auch nicht das Grün der Kasernen oder der Messgewänder, / weil sie nie zur Blüte kommen. Ich spreche vom Grün der Kindheit, / das uns nie allein lässt und mit uns lebt und träumt / und mit uns sterben wird; oder das dieses Kleides, / das das Wehen der Luft aufbauscht, wenn wir vorübergehen, und das uns ansieht und annimmt / von seiner kindlichen Unschuld her; nicht jener dort, / der von Tagesanbruch an im Morgenrock einhergeht / und uns misstrauisch ansieht; noch der, der immer / die Augen verdreht; noch der, der sich bekreuzigt, / weil er keinen Glauben hat. // Ich spreche von dem Grün, das allein ist / und das das Abenteuer meint, vom Grün der Meere, / weil es keinen festen Kurs hat, von dem, das in den Träumen entsteht, / weil es uns nicht vergisst. // Ich spreche von dem Grün, / das uns in die Augen sieht / und niemals Angst verspürt. // Zurbarán malte es / mit Weintrauben und auf Tischen voller Blüten. Ich nehme es jetzt / vom Spiel der Kinder, die dort im Schatten nah beim Haus sind. // Ich berühre dieses Grün, / das mit den Achseln zuckt, / weil es unschuldig ist, und seine Brüste sehen mich an, / leicht wie Gebärden, sie zittern / vor Liebe // unter den Sternen.[1]

Diego Jesús Jiménez und seine Auffassung von Dichtung

Innerhalb der ›Dichtergeneration von 1968‹ ist Diego Jesús Jiménez (*Madrid 1942) zweifelsohne einer der bedeutendsten Lyriker. Sein dichterisches Schaffen setzte 1961 mit *Grito con carne y lluvia* (1961) ein; es folgten weitere Versuche mit *La valija* (1963) und *Ámbitos de entonces* (1963). Mit dem Gedichtband *La ciudad* (1965), für den Jiménez 1964 den *Premio Adonáis* erhielt, kristallisierte sich jedoch erst sein eigener Stil wirklich heraus. Diesen Stil charakterisiert eine Poetik, die sich sowohl vom zeitlich vorhergehenden *realismo social* unterscheidet als auch von dem späteren *culturalismo* der *novísimos*. Dem Verständnis von Dichtung liegt die Auffassung zugrunde, dass die Lyrik im Schaffensprozess die Realität vorwegnimmt, sie antizipiert. Einen ersten Höhepunkt des lyrischen

Werks von Jiménez stellt der Band *Coro de ánimas* (1968) dar, für den er den *Premio Nacional de Literatura* erhielt. In diesem Band wird die ästhetische Konzeption fortgesetzt, die mit *La ciudad* einsetzte. Sie ist bestimmt durch eine irrational anmutende Ausdrucksweise, einen barocken Grundimpuls und eine radikale Sicht des Todes. Die hoch formalisierten Ästhetiken, die in den 70er Jahren das Lesepublikum faszinierten, ließen Jiménez in eine lange Phase des Schweigens versinken, die er erst 1976 mit *Fiesta en la oscuridad* überwinden konnte. Die Kritik überging allerdings diesen Gedichtband, obwohl dessen radikaler Sprachduktus einen weit entschiedeneren ästhetischen Neuanfang darstellt als alles, was damals den Beifall des Publikums fand. Eine erneut einsetzende lange Phase des Schweigens und des Nachdenkens über das dichterische Tun brach er erst 1990 mit *Bajorrelieve*. Dieser Band leitet eine neue Periode in seinem Schaffen ein. Ihr sind auch der schmale, doch reich illustrierte Band *Interminable imagen* (1996) und die Gedichtsammlung *Itinerario para náufragos* (1996) zuzurechnen. Für *Itinerario para náufragos* erhielt Jiménez eine Reihe von Literaturpreisen, darunter den *Premio Nacional de Poesía,* den *Premio de la Crítica* und den *Premio Jaime Gil de Biedma*.

Für Diego Jesús Jiménez ist die Dichtung weder eine Form der Erkenntnis (*poesía del conocimiento*) noch Ausdruck des sozialen Engagements (*poesía social*). Schreiben ist für ihn ein Vorwegnehmen, ein Antizipieren: »el poeta se anticipa a la realidad, ofreciéndonos una realidad contenida en el propio poema, que la realidad jamás nos daría.«[2] In diesem Dichtungsverständnis finden sich Auffassungen, die auf die Phänomenologie des Philosophen Nicolai Hartmann (1882-1950) zurückgehen. Sie beinhalten auch Elemente eines philomarxistischen Dichtungsverständnisses. Beides hat Jiménez wahrscheinlich aus Arnold Hausers (1892-1978) *Sozialgeschichte der Kunst und Literatur* übernommen. Auf Hartmanns Sicht der Dichtung verweisen Formulierungen wie diese: »Entiendo, pues, la poesía como una forma de creación a través de un lenguaje capaz de transustanciarse, desde su propio contenido, para devenir como pura materia del espíritu a la que la vida se une de modo inseparable.«[3] Demnach ist die Dichtung kein Erkennen, kein Enthüllen, sondern Vision und Imagination. Sie ist verbunden mit der Welt des Geheimnisvollen, des Traums und des Magischen. In ihr verschmelzen Leben und Sprache. Im Schaffensprozess werden die Grenzen des Wirklichen überschritten, um es auszuweiten, um es zu antizipieren und um es zu überwinden. Daher wird der Vorgang des Dichtens nicht als Erkenntnisprozess verstanden, in dem das Bewusstsein die äußere Realität oder sich selbst zum Gegenstand der Reflexion macht. Das Dichten ist aber auch kein Reflex der Wirklichkeit in einem individuellen Bewusstsein. Es handelt sich vielmehr um den Versuch, in einer dialektischen Sicht der Welt über das unmittelbar Sichtbare hinauszugehen (»trascender lo aparente desde una cosmovisión dialéctica«[4]). Dabei wird eben jene Wirklichkeit überwunden, von der der Schaffensprozess ausgeht. Die Sprache erlangt so einen performativen Charakter,[5] aus dem sich die gesellschaftliche Funktion der Kunst ableitet, die darin besteht, im Sprechen und daraus folgend im Dichten Utopien zu entwerfen.

Für Diego Jesús Jiménez, wie für Abel Salazar[6], ist die Poesie nichts anderes als eine Suche in der Welt des Geheimnisvollen: »lo que no conocemos podemos llegar a conocerlo; lo misterioso, sin embargo, al intentar penetrarlo, se difumina«.[7] Diese Suche ist ein intuitiver Vorgang, wie er sich auch im Traum manifestiert. Die Aufgabe der Poesie ist es nicht, die Realität zu erkennen, sondern träumend ihre Geheimnisse zu erfahren: »La realidad no es nada / si no puede soñarse«, sollte er in *Fiesta en la oscuridad* schreiben. In *Bajorrelieve* hatte er Ähnliches hinsichtlich des Traums festgestellt; der Traum sei die einzige Welt, die dem Dichter wirklich zugänglich und die daher der eigentliche Gegenstand des Dichtens ist. »No en el conocimiento de las cosas se halla / la verdad de un poema«, sondern »[en] razonar la sintaxis / de un sueño, rescatar los vocablos / de su existencia muerta« (»Aceptación del sueño«). Das Bewusstsein des Dichters verändert jedoch die Welt des Traums und verwandelt sie in eine höhere und erweiterte Wirklichkeit. Dies geschieht im eigentlichen Schaffensprozess, der im Kunstwerk eine neue Wirklichkeit hervorbringt.

»Color solo« – *eine Interpretation*

Das vorliegende Gedicht findet sich im ersten Teil von *Bajorrelieve*. Es wurde allerdings schon zuvor mit einigen wenigen Varianten in der Anthologie *Poesía del 60. Cinco poetas referentes* (Madrid: Endymion 1990) von Hector Carrión veröffentlicht. Die erste Fassung des Gedichts stammt aus dem Jahre 1987, aus einer Zeit, in der Jiménez die letzten Texte des Gedichtbandes verfasste, den er 1976 während der politisch bewegten Jahren des Übergangs zur Demokratie, der *transición democrática* nach Francos Tod im Jahre 1975, begonnen hatte. Es ist wichtig, den Entstehungszeitraum von *Bajorrelieve* im Auge zu behalten, denn in diesem Gedichtband zeigt sich von Anfang bis Ende das klare Bewusstsein, einen historischen Moment zu durchleben. Dieses Bewusstsein ist Teil der persönlichen Erinnerung des Dichters geworden und fügt sich nahtlos in sein Dichtungsverständnis ein.[8] Die Grundprinzipien der Poetik von Diego Jesús Jiménez stellen zugleich die Voraussetzungen für das Verständnis des Textes dar.

Um den vorliegenden Text zu verstehen, ist es nicht nötig, lange nach Vorläufern zu suchen. Hinsichtlich der ›chromatischen Passion‹, dem Insistieren auf der Farbe Grün, das sich in diesem Gedicht findet, lässt sich allerdings der Gedichtband *A la pintura* von Rafael Alberti anführen.[9] In ihm findet sich ein Gedicht mit dem Titel »Verde«, aber auch ein Sonett mit dem Titel »Al color« und ein Gedicht »Zurbarán«. Außerdem kann man auf die monochromatische Malerei von Kasimir S. Malewitsch (1878-1935) zwischen den Weltkriegen und auf die Bildexperimente mit nur einer Farbe und der Farbfeldmalerei bei Mark Rothko (1903-1970) nach dem II. Weltkrieg verweisen. So lässt sich das Gedicht von Jiménez genauer in den Kontext der Malerei und der Kunstreflexion jener Zeit situieren, die ihn bei seinen Überlegungen zu den Grenzen des künstlerischen Schaffens, dem Wirklichkeitsbezug des Kunstgegenstands und zu den Möglichkeiten seiner Verquickung mit dem Wirklichen anregten. Darüber hinaus ist die chromatische Besessenheit jedoch ein charakteristisches Merkmal der Lyrik von Diego Jesús Jiménez von ihren Anfängen an. Diese Farbbesessenheit entspricht seiner Vorliebe für die bildenden Künste. Sie findet sich bereits in den Gedichten von *Grito con carne y lluvia*. In dem Gedicht »Color solo« kommt sie dann zur vollen Entfaltung.[10] Doch schon in dem Gedicht »Ronda del agua (III)« aus *La ciudad* (1965) wird im Zusammenhang mit dem Fluss Júcar die Farbe ›Grün‹ evoziert. Sie steht für ein Erinnern, das auf die Landschaft projiziert und in ihr zur Realität wird:

> Verdes sus aguas, sus cazuelas
> tempranas, sus bóvedas, sus arcos
> de mucho mundo, de muchas horas
> en su vuelo.
>   Verdes sus faldas,
> sus encajes, el aire
> del pinar. Era verde su amor
> entre tanta serrana.

Aber erst in dem Gedichtband *Fiesta en la oscuridad* (1976) erhalten die Elemente aus dem Bereich der Malerei eine vertiefte Dimension und eine grundlegende Bedeutung für den dichterischen Schaffensprozess. In diesem Band erscheint die Farbe ›Grün‹ als etwas Rettendes, allerdings noch in isolierter Form und erst als Vorahnung auf die ›einzige Farbe‹, »color solo«, in dem mehr als zehn Jahre später geschriebenen Gedicht gleichen Titels. In »La lágrima de San Pedro de *El Greco*« (III) heißt es:

> Sólo
> era el color; el luminoso
> cepo del verde, que una mano sin trampa
> tendió ante nuestro humilde paso. Tocad ahora, ved cómo crece el noble
> gesto del gris en cenicienta retirada, y
> ved cómo el ocre
> tardo del hábito hiere o perdona, salva o maldice, nuestra más honda pasión
> hacia el pecado.

In *Bajorrelieve* bekommen die verschiedenen Grüntöne dann weitere Nuancen und Bedeutungen. Sie verweisen allerdings immer noch auf die Kindheit, wie in »Crepúsculo en las aguas del Júcar« (»Ciega profundidad celeste, abismo, verde / prado sobre el que aún, la bondadosa mentira de la infancia / nos salva.«) oder sie erinnern an Vergangenes, wobei dieses Erinnern allerdings über die bloß persönliche Erinnerung hinausgeht, wie dies in dem Gedicht »Bajorrelieve (V)« der Fall ist (»Teñidos por el tiempo / de un verde mineral, llaman los cuernos a la caza / de una especie nacida para su sacrificio«).

Manuel Rico hat gezeigt, dass in »Color solo« die sinnliche Wahrnehmung der Farbe »Grün« sowie die in diesem Ton eingefärbte Kindheitserinnerung die beiden Wege sind, auf denen man der Gegenwart als einer Zeit des Verzweifelns zu entkommen vermag und dass mit dieser Farbe *das Leben* mit all seinen Licht- und Schattenseiten sich wieder seinen Weg bahnt.[11] So öffnet der Text eine Gesamtschau, einen umfassenden Raum, in dem das Leben pulsiert. Es ist Freude und Hoffnung (»el verde claro / que nos trae la alegría y la esperanza«, V. 5-6), Kindheit (»el verde de la infancia«, V. 12), Alleinsein und Abenteuer (»el verde que está solo / y que es aventura«, V. 21-22). Dieses »Abenteuer« ist in der Lyrik von Jiménez eng mit dem »canto«, dem Gesang, verbunden, wie in »Tiempo desdoblado«, einem Gedicht, das mit »Color solo« in enger Verbindung steht. »Grün« ist aber auch die rettende Farbe in der Kunst; so das Grün der Stillleben Zurbaráns, in denen aufgrund der realistischen und zugleich kontemplativen Grundhaltung des Künstlers selbst die alltäglichsten Dinge Gegenstand der Kunst werden: »Zurbarán lo [sc. das Grün] pintaba / con racimos de uvas y en mesas florecientes« (V. 28-29). Auf diese Weise findet die Frage, mit der das Gedicht beginnt, ihre Antwort im Text selbst, aber nicht nur weil der Text auf eine Frage von existentieller Bedeutung antwortet, sondern weil das Gedicht selbst die Antwort ist. Wie also, so fragt das Gedicht in den ersten Versen, lässt sich der Zeit des Verzweifelns entkommen (»¿Cómo, entonces, / [...] salir de este tiempo / de desolación?«, V.1-3) fragt das Gedicht in den ersten Versen. Die Antwort, die es gibt, ist der Verweis auf die Kunst, auf die mit der Nennung des »hellen Grüns« (»verde claro«) in der rhetorischen Figur der Synekdoche verwiesen wird. Der rettende Ausweg ist die Kunst, das dichterische Schreiben, das immer »Abenteuer« ist (»intentar la aventura«, V. 2; »Yo hablo del verde que está solo / y que es aventura«, V. 21-22), aber auch »kindliche Unschuld« (»inocencia infantil«, V. 16), so wie das Schreiben von Lyrik ein Gestalten mit Hilfe einer gegenüber dem Alltagsgebrauch erneuertern Sprache ist und das Gestalten eines Bewusstseins von Welt, das einerseits zu Erinnerung geworden ist und das andererseits ein Vorwegnehmen im Traum, der wesentlichsten Form der Intuition, darstellt. Es ist dies ein lyrisches Schreiben, das im Vorgang des Gestaltens jene beschränkte Welt, von der es ausgeht, ausweitet und überwindet und in dem die Utopie, die alles Schreiben darstellt, immer wieder aktualisiert wird. Das Schreiben erweist sich so als ein Prozess, als ein intuitives Suchen und Durchforschen des Geheimnisvollen und Verborgenen im Bereich des Träumens, als ein Abenteuer, dessen Ergebnis dann der Text des Gedichtes ist. Aus dieser Analogie von Schreiben und Abenteuer ergeben sich symbolische Entsprechungen. Dem Schreiben als Abenteuer entspricht das Grün der Meere, das keinen festen Kurs hat (»el verde de los mares [que] no tiene rumbo«, V. 22-23), dem Grün des Seegangs, der weder eindeutige Sicht noch festen Halt kennt (»del oleaje [que] no tiene ojos ni cintura«, V. 8-9) oder den still ruhenden Grüntönungen des Hafens (»los verdes del puerto, [que] están en silencio«, V. 9), dem Grün, das in den Träumen und ihrem Erinnern entsteht (»que nace en los sueños / porque no nos olvida«, V. 23-24), jenem Grün, das lebt und träumt und das mit uns sterben wird (»[...] vive y sueña / y morirá con nosotros«, V. 13-14).

Aus diesen Analogien ergibt sich die äußere Gestaltung des Textes. Er geht von der Eingangsfrage und einer intuitiven Antwort aus und stellt sich dann in Parallelismen dar, die in der Form von Anaphern vorgebracht werden (»Yo digo« V. 12, »Yo hablo« V. 21), und dabei das sinnlich Fassbare, die Farbe »Grün«, den künstlerischen Schaffensprozess, das lyrische Schreiben, den Text als Resultat (»Yo lo recojo«, V. 29); »Toco ese verde«, V. 31) einbezieht. Als die Zeit der Trostlosigkeit und des Verzweifelns (»tiempo de desolación«, V. 3-4) wird das Hier und Jetzt (»aquí«, V. 2) bezeichnet. Sie ist zugleich aber auch die Zeit des Schreibens. Das lyrische Ich, das im Text nicht nur spricht (»digo«, »hablo«), sondern auch handelt (»toco«, »recojo«), verschmilzt mit Hilfe der ihm eigenen Sprache das – zum Text gewordene – Leben mit dem Traum, mit dem Begehren, mit der »reinen Materie des Geistes« (»la pura materia del espíritu«[12]). Dies geschieht in einem Schaffensprozess, der einen neuen Raum der Wirklichkeit eröffnet. Dies zeigt sich an den deiktischen Partikeln, die im vorliegenden Gedicht verwandt werden. Der Text setzt mit einem »Hier« (»*aquí*«) und dem Verweis auf »diese Zeit des trostlosen Verzweifelns« (»*este* tiempo de desolación«) ein und spricht am Ende vom »Spiel *jener* Kinder die *dort* im Schatten sind, nahe beim Haus«. Im Vorgang des Schreibens konstruiert der Text seine reale Wirklichkeit und die Sprache bekommt einen performativen Charakter. Sie wirkt auf die Realität ein, deren Teil sie ist, und verwandelt sie in einem dialektischen Prozess. Auf diesen Prozess des Einbeziehens und der Umwandlung der Wirklichkeit wird in den Schlussversen des Gedichts symbolisch angespielt. Das »helle Grün« des Gedichtanfangs wird – durchaus ironisch – zu einer Person (»se encoge de hombros«), zu einer Frau (»sus pechos tiemblan de amor«). Es ist dies auf die gleiche Weise eine lediglich textbedingte Realität wie das grammatikalische »Ich« der sprachlichen Äußerung, ein »*ich*«, von dem es bei Roland Barthes heißt, »der *Autor* [ist] immer nur derjenige, der schreibt, genauso wie *ich* niemand anderes ist als derjenige, der *ich* sagt«[13]. Es ist »Geschriebenes« (»escritura«) und als solches ein Gegenstand.

»Color solo« wird so zu Dichtung über Dichtung, zu einem Meta-Gedicht, das seinen eigenen Entstehungsprozess aufzeigt und das die Grenzen seiner Sprache in der Meta-Sprache festlegt. Wenn nach Barthes die Aussage, eine Farbe sei *hell*, bereits eine Metapher ist, die das Bewusstsein um eine Beziehung (zu *dunkel*) voraussetzt, dann lässt sich etwas Analoges von »Color Solo« sagen. Im Grunde wird hier etwas Unmögliches versucht: die Definition einer »Farbe allein«, ohne Bezug auf andere Farben oder einen Gegenstand. Dementsprechend ist das »Alleinsein« (»soledad«) dieser Farbe zu verstehen als eine Reduktion auf ihr eigentliches Wesen und zugleich als eine Verwandlung der Sprache in etwas Geistiges. Diese Verwandlung bezieht Jiménez auf den Vorgang des Malens bei Francisco de Zurbarán (1598-1664): »Zurbarán lo pintaba / con racimos de uvas y en mesas florecientes« (V. 27-28). In den Werkverzeichnissen dieses Hofmalers Philipps IV. findet sich aber, anders als man vielleicht annehmen könnte, kein Stillleben, das die beiden Elemente, die das Gedicht nennt, zusammen darstellt. Es handelt sich daher nicht um eine Anspielung auf ein konkretes Stillleben, sondern um eine Anspielung auf den Vorgang des Malens, der künstlerischen Arbeit, der Verwandlung der alltäglichsten Dinge in gemalte Wirklichkeit. Die Präposition »con« verweist daher nicht auf etwas Inhaltliches, sondern auf einen Vorgang, auf ein Mittel oder Instrument: Zurbarán malte das Grün seiner Stillleben in der Farbe der Trauben. Man könnte vielleicht sogar so weit gehen zu meinen, dass er dabei Trauben verwendete, um die Farbe zu gewinnen. Dann wäre dieser Hinweis nicht bloß eine gelungene kulturalistische Wendung. Im Grunde geht es hier um den Verweis darauf, wie Wirklichkeit und Sprache im

Prozess des Schreibens eine neue Wirklichkeit erschaffen. Damit stellt sich »Color solo« als ein Meta-Gedicht dar, in dem das individuelle Gedächtnis eines Einzelnen mit dem kollektiven historischen Gedächtnis einer Sprache verschmilzt und in dem die konkrete Ausgangswirklichkeit überwunden ist. Von dieser Sicht der Dinge aus lässt sich feststellen, dass sich in »Color solo« die drei Grundthemen wiederfinden, die den ganzen Gedichtband *Bajorrelieve* durchziehen: die Reflexion über Gedächtnis und Zeit, die Reflexion über den künstlerische Schaffensprozess und schließlich die Analyse der Geschichte von einer kritisch dialektischen Position aus.[14] Das Gedicht »Color solo« ist damit sicher eines der repräsentativsten und der besten Gedichte in *Bajorrelieve* und zugleich ein guter Beleg für die Entwicklung des Schreibens bei Diego Jesús Jiménez.

Mit dem Begriff »desolación« (V. 4) ist jene Phase der Verzweiflung und Trostlosigkeit gemeint, in der das Gedicht »Color solo« verfasst wird, ein Gedicht, das sich aus dieser Situatiion ergibt und sie doch zugleich verwandelt. Diese »desolación« steht in enger Verbindung mit der Einsamkeit und dem Alleinsein (»soledad«) des Hellgrüns (»verde claro que está solo«), von dem V. 21 spricht, sowie mit den zahlreichen Verneinungen, die die erste Gedichthälfte bestimmen. Diese Trostlosigkeit ergibt sich aus der Unmöglichkeit, an der Wirklichkeit, am dahinfließenden Leben, teilzuhaben. Es fehlt ihr an einer festen zeitlichen und räumlichen Verankerung in der Vergangenheit. Die »desolación« ergibt sich so aus einem doppelte Exil, das aber im Prozess des Schreibens überwunden wird, in dem die Sprache die Erinnerung an das Vergangene mit der Utopie des Zukünftigen verbindet. Zugleich bezeichnet Jiménez das Schreiben aber auch als absolute Gegenwart, die auf ihre zukünftige Wirkung hin ausgerichtet ist. Der Akt des Schreibens selbst wird im Gedicht mehrfach mit dem »Abenteuer«, mit einem Geschehen, in Verbindung gebracht. Eine Rückkehr zur ursprünglichen Unschuld ist ebenso wenig möglich wie die Vergegenwärtigung einer utopischen Zukunft. Auf diese beiden Vorstellungen verweisen die Begriffe von Kindheit und Traum. Alle Elemente der Symbolik des vorliegenden Textes (»sueño«, »infancia« und »aventura«) verweisen so auf eine der thematischen Achsen sowohl dieses Gedichtes als auch der ganzen Sammlung *Bajorrelieve*: es sind dies die Vorstellung von der Erinnerung als Intuition, die Analyse der Geschichte auf der Grundlage einer dialektisch-utopischen Position und das Nachdenken über den künstlerischen Schaffensprozess. So beinhaltet das vorliegende Gedicht die Vorstellung eines Ausweges aus dem grundsätzlichen Dilemma, eine Vorstellung, die Schreiben und Leben in einer Utopie zusammenführt. Sie ergibt sich im Prozess des Schreibens und hebt die gegenteilige Vorstellung einer umfassenden Ungewissheit (»incertidumbre«, V. 7) auf. Genau diese Idee findet sich auch am Anfang des zweiten Teils von »Lugar de la palabra«, einem der bedeutsamsten Gedichte des Bandes *Itinerario para náufragos* (1996), wo es heißt: »Comienza / paradójicamente desde una carencia de lenguaje la escritura poética« (›paradoxerweise nimmt das poetische Schreiben seinen Ausgang von einem Mangel an Sprache‹). Und in der Tat ist es dieses Fehlen von Sprache, wie in »Color solo« festgestellt wird (ein Fehlen, auf das der Gedichtanfang mit dem »tiempo de desolación« verweist), das als Ursprung des Gedichtes thematisiert wird. Von ihm geht das »Abenteuer« des Schreibens als einem intuitivem Prozess aus, der dann allmählich in der Sprache seine bedeutungsvolle Materialität entfaltet. Dabei handelt es sich nicht um das gleiche Phänomen wie bei der Sprache der Mystiker, die grundsätzlich nicht in der Lage ist, die religiösen Erfahrungen, die über den menschlichen Verstand hinausgehen, in Worte zu fassen. Es handelt sich auch nicht um eine Sprache, die nicht in der Lage wäre, jenen »himno gigante y extraño« auszudrücken, von der Gustavo Adolfo Bécquer im Hinblick auf die Lyrik spricht.[15] Wir haben es in den Gedichten von Jiménez vielmehr mit einer Sprache zu tun, die ohne jeden Ehrgeiz, Erkenntnisse zu erschließen, einfach Aussagen trifft, die im Vorgang des Sprechens zu existieren beginnen und die ausgehend von jenem ›Fehlen und Mangel an Sprache‹ ein ›lyrisches Schreiben‹ hervorbringen, das als solches eine Realität darstellt, eben weil es Sprache ist. Es handelt sich also, mit einem linguistischen Terminus gesprochen, um ein performatives Schreiben, in dem allein durch die Sprache eine Wirklichkeit entsteht und jene Utopie hervorgebracht wird, auf die sie grundsätzlich abzielt.

Die Vorstellung von einem Schreiben als Abenteuer findet sich, wie jetzt bereits mehrfach dargelegt, in *Bajorrelieve* immer wieder. Sie findet sich besonders explizit in den Gedichten »Tiempo desolado I« (»aventura y canto«) und in »Bajorrelieve (IV)«, wo es heißt »Acaso, sea un sueño piadoso la aventura / de recorrer estas imágenes con cierta dignidad«, sowie an zwei Stellen in »Color solo«. Das dichterische Schreiben als Abenteuer ist eine Suche in der Welt des Geheimnisvollen mit Hilfe der instinktiven und intuitiven, noch nicht oder nicht mehr rationalen Wahrnehmung. Es führt allerdings nicht zur Entdeckung von Wahrheiten außerhalb der Texte, in dem sich die Sprache als Schreiben manifestiert.[16] Es bringt jedoch mit sich, dass die Grenzen jener Welt des Geheimnisvollen, die der eigentliche Gegenstand von Dichtung ist, immer weiter hinausgeschoben werden. So stellte Jiménez in einem Interview fest: »Lo que hace que algo se transforme en poesía es precisamente el misterio.« (›Das, was etwas zur Dichtung macht, ist eben das Geheimnisvolle.‹). Das poetische Schreiben ist demnach nicht die sprachliche Ausgestaltung bereits vorgegebener, aber noch verborgener ›Bedeutung‹, es beinhaltet auch kein Offenbaren oder Erkennen mittels der Sprache. Es ist lediglich die ständige Annäherung an eine ›Bedeutung‹, die niemals endgültig entdeckt werden kann, weil sie außerhalb der Sprache gar nicht existiert. Es ist das immer tiefere Eindringen in die Welt des Geheimnisvollen, das sich nie endgültig offenbart, sondern in immer größere Ferne rückt. So gesehen ist das poetische Schreiben ein Vorgang, in dem aufgrund einer gleichsam magischen Fähigkeit die Welt der Alltagswahrnehmungen ständig ausgedehnt und erweitert sowie das Unbekannt-Geheimnisvolle antizipiert wird.

Aus dieser Sicht der Dinge ergibt sich die bedeutsame Rolle, die in »Color solo« dem Blick als dem Symbol für die Suche in der Welt des Geheimnisvollen zukommt. Auf den Blick wird mit Ausdrücken wie »ojos«, »nos ve«, »nos mira«, etc. verwiesen. Hinsichtlich der Vorstellung vom poetischen Schreiben als einem Abenteuer in der Welt des Geheimnisvollen sei auf einen Brief des Autors vom 19. November 1990 an Luis García Jambrina verwiesen, in dem er von *Bajorrelieve* spricht:

En la oscuridad. Desde la oscuridad. La vida misma con su permanente misterio, las infinitas conexiones que poseen las cosas aparentemente más dispersas, las imágenes que han ido disolviéndose en el tiempo hasta formar, también, parte de esa oscuridad que a pesar de contener lo desconocido – quizá deba ser así – llega a emocionarnos. En la oscuridad es el instinto, lo sensorial e intuitivo – esa ›clara iluminación de los sentidos‹ (»Poema en Altamira«) – lo que te conduce, lo que te va guiando hacia la aventura de plantear el misterio a través del arte.[17]

Eben diese Sicht der Dinge ist die Grundlage für das Gedicht und für ein Schreiben, das auf dem Prinzip der ›Konnotation‹ beruht, das immer wieder jene ›unendlichen Bezüge, die zwischen den scheinbar unterschiedlichsten Dingen bestehen‹, herstellt. Die Bezüge zwischen den einzelnen ganz verschiedenen Elementen werden nicht von der Vernunft, sondern vom Instinkt und über die Sinne hergestellt. Dabei fehlt es aber auch dem Instinkt nicht an Logik und Struktur. Es ist jenes intuitiv erfasste »verde claro«, ›das helle Grün‹, das im Verlauf des Sprechens in ganz neue Verbindungen gebracht und präzisiert wird, Verbindungen, die auf dem Prinzip der inhaltlichen und formalen Nähe beruhen, auf Vergleichen (»como el del musgo o el de las botellas«, V. 6), auf einer überraschenden sprachlichen Kombination (»los verdes del puerto« V. 9, »el verde de la infancia«, V. 12) oder auf dem Prinzip der Synekdoche (das Grün »de los cuarteles o el de las casullas«, V. 11). Diese Bezüge werden in besonderem Maße durch zwei Elemente hergestellt, die die Struktur des vorliegenden Gedichtes bestimmen. Dies ist einerseits die kontinuierliche semantische Übertragung, die zu Übereinstimmungen und Personifizierung führen; andererseits zeigt sich dieses Herstellen in der Konstruktion der Sätze, die durch Anaphern und Parataxe gekennzeichnet ist, wodurch ausdrucksstarke Parallelismen entstehen. Diese beiden sprachlichen Elemente gehen zweifelsohne auf die rein phänomenologische Sicht der Dinge zurück, die, wie wir gesehen haben, das poetische Schreibens von Diego Jesús Jiménez in ganz beosnderem Maß auszeichnet.

Formale Analyse

Das vorliegende Gedicht »Color solo« zeichnet sich durch eine klare, vom Autor ganz bewusst konzipierte formale Struktur aus. Sie soll im Folgenden anhand rhetorischer und linguistischer Konzepte beschrieben werden. Die parataktische Anordnung der Redeteile nach der Eingangsfrage des Gedichts zeigt dessen parallelistischen Aufbau bereits an, der durch das anaphorische Wiederholen einzelner Redeteile unterstrichen wird. Diesem Prinzip entsprechend folgen auf eine erste syntaktische Einheit (V. 1-4), in der das Verb im Infinitiv erscheint, verschiedene Sätze mit einer parallelen Struktur, die sowohl das Subjekt (in pronominaler Form) zusammen mit dem Verb an den Anfang des jeweiligen Satzes stellen, wobei sich eine Intensivierung und Steigerung (*gradatio*) im Bereich der Verben feststellen lässt: »yo digo«, »yo hablo«, »hablo«, »yo lo recojo«, »toco«. Diese syntaktische Struktur wird nur in einem einzigen Satz abgewandelt, in dem die dritte Person verwendet wird: »Zurbarán lo pintaba / con racimos de uvas y en mesas florecientes«, V. 28-29). Dieser Satz ist auch in anderer Hinsicht herausgehoben. Er spielt in symbolischer Weise auf das künstlerische Schaffen an und bildet zugleich den Übergang zum Schlussteil des Gedichtes.

Ausgehend von dieser syntaktischen Gliederung lässt sich eine Dreiteilung des Gedichtes vornehmen: (1) ein Einleitungsteil, in dem die Grundfrage des Textes gestellt wird; (2) der Hauptteil mit der Entwicklung und Ausgestaltung des Textes sowie (3) der Schlussteil mit seiner Verbindung von Sagen und Tun, der metaphorischen Darstellung des Schreibvorgangs. Der Hauptteil des Gedichtes lässt sich wiederum als Abfolge von drei verschiedenen Phasen verstehen: eine erste prädikative Phase und zwei weitere enunziative Phasen. Wie noch zu zeigen sein wird, sind diese Teile eng miteinander verbunden. Zum einen durch den parallelistischen Aufbau des Textes, der es erlaubt, Korrelationen und chiastische Bezüge herzustellen, zum anderen aufgrund verschiedener Isotopien, die die Einheit des Textes von der semantischen Ebene her unterstreichen. Insgesamt stellt die Abfolge der drei Teile des Gedichts eine Steigerung im Hinblick auf die Thematik und die Beschreibung des Textgegenstandes dar. In einem gewissen – wenn auch zugegebenermaßen nur recht entfernten – Sinn verweist der Text mit dieser Struktur auf die so genannten *poemas de definición*, wie sie sich in charakteristischer Weise in der Lyrik des *Siglo de Oro* finden. So lässt sich der Hauptteil des Textes als eine *amplificatio* im barocken Sinn verstehen. Das einleitende »verde claro« (›helles Grün‹) wird im weiteren Text ausführlicher bestimmt, wobei diese Bestimmung allerdings nicht außerhalb des Schreibprozesses, sondern in ihm selbst verwirklicht wird. Die parallelistische Strukturierung des Textes stellt sich dabei als die angemessenste Art und Weise dar, um den reiterativ-intensivierenden Sinn, der der *amplificatio* zugrunde liegt, konkret zu vermitteln. Die Struktur der ersten Satzperiode weist Synonymenpaare auf, die durch die anaphorische Wiederholung der negativen Kopula (»ni«) betont werden, wobei es möglich ist, die einzelnen Paare wiederum einander zuzuordnen. So findet das Synonymenpaar, das von den abstrakten, positiv besetzten Begriffen »la alegría y la esperanza« gebildet wird, seine Entsprechung in den – in Form eines Chiasmus angeordneten – gegenteiligen Begriffen »[de] incertidumbre y [de] sollozos« (V. 7). Diese abstrakten Begriffe wiederum finden ihre Entsprechung in dem Wortpaar, das aus »musgo« und »las botellas« gebildet ist. Auch die Fügung vom Textanfang – »el verde claro« – hat ihre formale und semantische Entsprechung in »el verde ya oxidado / del tiempo« (V. 7-8). Diese Korrelation lässt sich auch noch für den nächsten Satz fortführen, wo die bipolare Charakterisierung »no tienen ojos ni cintura« (V. 9) in Bezug gesetzt wird zu dem disjunktivem Wortpaar »el de la manzana o el del oleaje« (V. 8). Dementsprechend lässt sich der Text des Gedichts folgendermaßen strukturieren:

```
el verde claro (+)
alegría      /esperanza (+)
musgo        /botellas (-)
sollozos     /incertidumbre (-)
el verde ya oxidado del tiempo (-)
```

manzana   /oleaje (-)
ojos   /cintura (-)

Die auffällige Wiederholung der negativen Kopula »ni« im Gedicht hat nicht nur Auswirkungen auf die parallele Strukturierung des Textes. Sie unterstreicht auch dessen zunächst negative Aussage, spricht er doch von einer ›Zeit der Trostlosigkeit‹ (V. 3-4). Zugleich wird das Fehlen der Sprache betont, wenn im Folgesatz von »silencio« gesprochen wird. So entsteht eine eng miteinander verknüpfte Abfolge von vier Aussagen, die auch rhythmisch und durch weitere syntaktische Elemente eng mit einander verbunden sind: (1) »ni tan siquiera el de la manzana o el del oleaje / porque no tienen ojos ni cintura« (V. 8-9); (2) »ni los verdes del puerto, / porque están en silencio« (V. 9); (3) »ni aquellos que nos dicen adiós desde las estaciones o desde la ventana« (V. 9-10) (4) »ni el de los cuarteles o el de las casullas / porque jamás dan flor« (V. 11-12).

Diese erste Annäherung an eine Definition des ›hellen Grün‹ in der ersten Phase des Hauptteils des Gedichtes (V. 5-12) arbeitet mit negativen Bestimmungen, die in enger Beziehung sowohl zum »tiempo de desolación« stehen, aus dem der Text im Abenteuer des Schreibens entfliehen will, als auch zum ›Mangel an Sprache‹, von dem, wie dargestellt, das ›poetische Schreiben‹ ausgeht. Die zweite Annäherung in der zweiten Phase des Textes setzt mit der absoluten Aussage »Yo digo« (V. 12) ein, in der das Grün positiv definiert wird, wobei dieses »yo« nur ein grammatikalisches ›Subjekt‹ und keine tatsächliche Person ist. Die Aussage, die dieses Ich trifft, ist keine objektive Definition, sie ist jenes ins Unbestimmte gehende ›Abenteuer‹. Es bleibt ein Geheimnis, das seinen endgültigen Sinn nicht enthüllt. Sprachlich wird auch hier wieder mit Anaphern und – insgesamt fünf – Parallelismen gearbeitet. Sie sind als Polysyndeton verbunden, das zunächst drei Verbalformen (»*y* vive *y* sueña *y* morirá«, V. 13-14) und dann eine weitere Gruppen umfasst (»*y* nos mira *y* acepta« V. 15, »*y* nos ve«, V. 18). Auf semantischer Ebene verweist die Verknüpfung dieser Verse, die auf Shakespeare anspielen, auf einige Zeilen des Gedichts »Espacio para un sueño« (»No sabes ya si vives, / o si sueñas o has muerto y no te has dado cuenta«) aus *Itinerario para náufragos*. Formal und inhaltlich verweisen sie auf barocke Vorformen, in deren Tradition das poetische Schreiben von Diego Jesús Jiménez eindeutig steht. Die sprachlichen Fügungen »el de ese [vestido] que« (V. 14-15) und »el de ese [otro] que« (V. 16-17) sind weitere Beispiele für die Parallelismen, mit denen der Verfasser arbeitet, und die sich im Übrigen auch in den Fügungen »ni ese que« (V. 18) und »ni el que« (V. 19) finden. Unter semantischen Gesichtspunkten hat ›das Grün der Kindheit‹ aus V. 12 seine Entsprechung in der ›kindlichen Unschuld‹ in V. 16. Das Grün »de ese *vestido* que lo levanta el aire« (V. 14-15) hat seinen Bezugspunkt im Grün »que anda desde la amanecida en bata« (V. 17). Die Verben des Sehens, die mit einer beiordnenden Konjunktion verbunden sind (»*y* nos mira«, »*y* nos ve«) haben ihre semantische Entsprechung in »los ojos en blanco« (V. 19), die sowohl auf den vorhergehenden Abschnitt (»no tienen ojos«, V. 9) zurück-, als auch auf den folgenden (»nos mira a los ojos«, V. 26) vorausverweist. Auf die gleiche Weise findet das Grün der ›Messgewänder‹ (V. 11) seine Entsprechung in dem Grün, ›das sich bekreuzigt, weil es keinen Glauben hat« (19-20). Die dritte Phase dieses Textteils setzt mit V. 21 ein. Auch hier spricht das »yo« aus dem vorhergehenden Teil, das aber jetzt gleichsam eine Erklärung und Generalisierung bietet, die nunmehr aber eindeutig positiv sind. Auch hier finden sich wieder Parallelismen, die den Textzusammenhalt sicherstellen. Es handelt sich um zwei parallele Serien, die sich folgendermaßen schematisieren lassen: (1) Yo hablo [...] que está solo [...] del verde [...] que es aventura [...] del verde de los mares [...] porque no tiene rumbo [...] del que nace en los sueños [...] porque no nos olvida (V. 21-24); (2) Hablo [...] que nos mira [...] del verde [...] jamás siente miedo (V. 25-27). Auf semantischer Ebene finden sich in diesen Parallelismen jene drei Grundkonzepte, die das lyrische Schreiben von Diego Jesús Jiménez definieren und den metapoetischen Sinn des Textes legitimieren: Erinnerung, Abenteuer und Traum. Sie verweisen hier auf die Begriffe von Sicherheit und Mut. Die Einsamkeit des »verde que está solo« in V. 21 hat keine negative Konnotation, wie dies vielleicht im ersten Moment zu sein scheint. Das Gegenteil ist der Fall, und dies, weil diese Einsamkeit Abenteuer ist (»no tiene rumbo«, V. 23), weil es sich hier um eine solidarische Gemeinschaft handelt (»nos mira«, V. 26), weil es die Erinnerung an den Ursprung ist (»no nos olvida«, V. 24), weil es der Traum vom Geheimnis des Lebens ist und auf den Mut verweist (»jamás siente miedo«, V. 27). Jetzt gibt es keine Einsamkeit und keine Abgeschiedenheit mehr in der »tiempo de desolación«, kein kosmisches Verwaistsein, sondern solidarische Rettung, die Etablierung der Kunst in die Realität, die Verwirklichung der Utopie im lyrischen Gedicht.

Der Prozess des lyrischen Schreibens kann sich jetzt auch auf andere künstlerische Verfahren und Vorgehensweisen beziehen – so auf die Malerei Zurbaráns (V. 28). Das poetische Schreiben erhält materielle Gestalt und Wirkungskraft und das poetische Subjekt kann nunmehr zum Handeln, vom »yo digo« und »yo hablo« (V. 12 und 21) zum »yo recojo« und »toco« (V. 29 und 31), übergehen. Damit gewinnt es Gestalt als tatsächlich handelnde Person. Das Grün ist nicht mehr das Negative des »tiempo de desolación«, sondern das Positive der ursprünglichen Unschuld des Spiels der Kinder, das Grün, das mit den Schultern zuckt, weil es unschuldig ist (V. 32 und 33). Wenn es heißt, dass die Kinder ›im Schatten‹ spielen, so verweist dies auf das Geheimnis, das das poetische Schreiben verhüllt, ein Geheimnis, das der Prozess des Schreibens selbst nie offenbart, in das er aber immer tiefer eindringt, um neue Schatten und noch größere Geheimnisse zu entdecken. Wenn ›dieses Grün‹ (V. 31) sich symbolisch in eine Person verwandelt, die ›Schultern‹ und ›Brüste‹ hat (V. 32 und 33), dann erfolgt dies, weil der Text sich in etwas Reales verwandelt hat und weil das ›Abenteuer‹ des Schreibens zum Schreiben des ›Abenteuers‹ geworden ist, zu einem metapoetischen Prozess. Der »tiempo de desolación« des Gedichtanfangs, das kosmische Verwaistsein, das für einen großen Teil der Lyrik von Diego Jesús Jiménez in *Bajorrelieve* charakteristisch ist,[18] wird hier zu einem solidarischen Gestus, zur Utopie, die in eben diesem Moment zur Realität, zur universellen Liebe wird: »amor / bajo las estrellas« (V. 35-36).

Formal ergibt sich die strukturelle Einheit des Schlussteils des Gedichtes (V. 28-36) wiederum aus der Verwendung syntaktischer Parallelismen, die drei verschiedene Handlungen bezeichnen, aber letztlich auf ein Gleiches hinzielen: »Zurbarán lo pintaba« (V. 28); »Yo lo recojo« (29); »(yo) toco« (31). Das Malen Zurbaráns entspricht dem Schreiben des ›Ich‹. In beidem vollzieht sich ein Umwandlungsprozess »desde su propio contenido, para devenir como pura materia del espíritu a la que la vida se une de modo inseparable«[19]. Die Vorstellung der ›Unschuld‹, die (zusammen mit dem ›Abenteuer‹ und dem ›Traum‹) als eine der Bedeutungsachsen das ganze Gedicht strukturiert, erscheint zunächst als die nicht mögliche Rückkehr zum Ursprung, als Besitzverlust. Dann erscheint sie aber auch als Utopie, im ›Spiel der Kinder‹ (V. 30) und in gewisser Weise zumindest in angedeuteter Form in den ›Tischen voller Blüten‹ (V. 29) (hier sei daran erinnert, dass das Grün der Kasernen und der Messgewänder keine Blumen kennt, V. 11-12) sowie in den ›Unschuldigen‹ des Textendes. Auf die Unschuld verweist generell das Thema der Kindheit, so »el verde de la infancia« in V. 12, und die »inocencia infantil« in V. 16. Die semantische Rekurrenz dieses Themas trägt ebenso zur Einheit des Textes des vorliegenden Gedichtes bei wie die formale Parallelstruktur der Aussagen. Diese Struktur gibt dem Gedicht, das in freien Versen geschrieben ist, einen starken metrischen und klanglichen Zusammenhang.

Boris Viktorovic Tomaševskij hat darauf hingewiesen, dass der grundsätzliche ›rhythmische Impuls‹ eines Textes sogar den so genannten ›freien Vers‹ bestimmt, der dadurch nur noch eine recht relative Freiheit besitzt. Osip Brik hat außerdem auf die enge Verbindung von poetischem Rhythmus und Syntax hingewiesen.[20] Die Autoren aus der Prager Schule schließlich verwiesen in ihren Thesen von 1929 darauf, dass ›die Abfolge der Wörter eine grundlegende Funktion in der poetischen Sprache erfüllt‹; Roman Jakobson hat dann die poetische Funktion der Sprache mit dem Begriff der Rekurrenz gefasst.[21] Von diesen Vorstellungen ausgehend hat Fernando Lázaro Carreter festgestellt, dass die Wiederholung zu den wesentlichen Elementen gerade auch des so genannten ›freien Verses‹ – um den es sich im vorliegenden Gedicht handelt – gehört und diese Wiederholung geradezu dessen konstitutives Element ist.[22] Wie oben dargelegt wurde, stellt der syntaktische Parallelismus eines der rekurrenten Strukturelemente von »Color solo« dar. Wenn Anapher und syntaktischer Parallelismus einen Rhythmus hervorrufen, der sich durch Fluktuation, durch eine Vor- und Rückbewegung auszeichnet, dann ruft das Phänomen der Wiederholung oder der variierenden Wiederholung, ein Moment der Spannung im vorliegenden Gedicht hervor, das auf dem Altar einer wirklichkeitsnahen, wenn nicht sogar realistischen Diktion (die Lyrik von Jiménez ist auch als ›realistischer Irrationalismus‹ bezeichnet worden[23]) einen großen Teil der am unmittelbarsten wahrnehmbaren phonologischen Wiederholungen (Reim, Alliterationen, regelmäßiges Versmaß u.ä.m.) geopfert hat. Das Gedicht fußt stattdessen auf einem syntaktischen Rhythmus, der auf der Wiederholung von Parallelstrukturen und auf einem Versrhythmus beruht, der auf die Verwendung von sieben- und elfsilbigen Versschlüssen zurückgeht. Zusammen mit der verschiedenen Länge der Verse betonen die Enjambements und die Anordnung der Verse einige der poetischen Elemente und die Satzfolge, die in einigen Fällen nicht mit der Versstruktur übereinstimmt. Dennoch soll dadurch der klare Versrhythmus keineswegs aufgehoben werden, was faktisch dann auch nicht der Fall ist.

Von den ersten Versen an zeigt sich ein vorherrschender Rhythmus von Sieben- und Elfsilbern, sowie gelegentlich auch von Neunsilbern, die allerdings mit Hilfe von Enjambements verschoben werden und größere metrische Einheiten bilden, ein Vorgang, der, wie es Jiménez selbst betont hat, seit dem 1965 veröffentlichten Gedichtband *La ciudad* ein Merkmal seiner Lyrik ist.[24] Obwohl zu Beginn des Textes Elf- und Siebensilber mit dem Acht- und dem Sechssilber kombiniert werden, setzt sich doch schon bald ein sieben-, bzw elfsilbiger Rhythmus durch, wobei auch ganz neue Kombinationen entstehen: 11 + 14 (= 7 + 7), 11 + 7, (3) + 11 + 7 (mit einer unbetonten Silbe am Versanfang), 11 + 14 (= 7 + 7) + 3, etc. Es fehlen weder Alexandriner in der Kombination 8 + 6 Silben (»y morirá con nosotros [8]; o el de ese vestido [6]«, V. 14), noch Kombinationen von 11 + 9 Silben (»que lo levanta el aire a nuestro paso [11], y nos mira y acepta desde [9]«, V. 15), aber diese sind, wie das Enjambement im zweiten Fall zeigt, das Ergebnis des Versuchs, die Parallelität von Metrum und syntaktischem Rhythmus aufzubrechen, um so eine Spannung zwischen der Bedeutungsebene und der Klangform des Textes entstehen zu lassen, eine Spannung, die jedes poetische Schreiben auszeichnet und die das Ergebnis eines wohlüberlegten Schaffensprozesses ist. Die interne Gliederung und Anordnung der Verse zielt in einigen Fällen darauf ab, mit einer Zäsur den vom Metrum vorgegebenen Rhythmus (»[...] de desolación? // El verde claro [...]«; »[...] de amor // bajo las estrellas.«) beizubehalten. In anderen Fällen zeigt sie die Zäsur zwischen zwei Halbversen an (»Y jamás siente miedo. / Zurabarán lo pintaba«). Manchmal soll mit ihr aber auch keinerlei rhythmische Strukturierung und Pause markiert werden (»porque no nos olvida. // Hablo del verde«, V. 24-25; hier bedarf es sogar einer Synalöphe zwischen »olvida. Hablo«, um einen korrekten Elfsilbler zu bilden). Es findet sich sogar der Fall, dass der vorherige Vers in der nächsten Zeile fortgeführt werden muss, um den angestrebten Rhythmus beizubehalten (»porque no tiene fe. / Yo hablo del verde que está solo«, V. 20-21). Zusammenfassend lässt sich sicher sagen, dass alle diese Elemente dazu dienen, die künstlerische Einheit des Textes zu unterstreichen.

Diese Einheit zeigt sich noch einmal mit besonderer Deutlichkeit in der durchgehenden Personifizierung des ›hellen Grün‹. Diese vollzieht sich in zwei Abfolgen, die den Verlauf des Textes deutlich bestimmen. Zum einen erfolgt die Personifizierung anhand von Merkmalen, die nur auf den Menschen zutreffen, und zum anderen anhand von Tätigkeiten, wie sie für lebendige Wesen typisch sind. So heißt es im ersten Fall zunächst, das Grün habe weder ›Augen noch Taille‹; bis es am Ende des Textes eine reale Körperlichkeit erlangt: es besitzt ›Schultern‹ (menschliches Merkmal) und ›Brüste‹ (weibliches Merkmal). Im zweiten Fall werden dem ›hellen Grün‹ dann verschiedene Tätigkeiten zugeschrieben, die sich wie folgt unterscheiden lassen. Es finden sich zunächst Tätigkeiten, anhand derer das personifizierte ›helle Grün‹ mit einem ›uns‹ in Verbindung gebracht wird, in dem sich zwei Textfiguren mischen, das sprechende ›Ich‹ und ein ›Du‹, das den Leser einbezieht (»nos trae«, V. 6; »nos dicen adiós«, V. 10; »no nos deja solos«, V. 13; »nos mira«, V. 15; »no nos olvida«, V. 24; »me miran«, V. 33). Daneben lassen sich Tätigkeiten nachweisen, von denen einige auf Menschen bezogen sind (»anda [...] en bata«,V. 17; »se santigua«, V. 19), während andere nur für bestimmte andere lebendige Wesen zutreffen (»jamás dan flor«, V. 12) oder aber für beide gelten können (»están en silencio«, V. 9; »vive y sueña y morirá«, V. 13-14; »está siempre con los ojos en blanco«, V. 18-19; »está solo«, V. 21; »jamás siente miedo«, V. 27).

Aufgrund dieser sprachlichen Elemente bewegt sich das Gedicht ganz allmählich darauf hin, das »helle Grün« zunächst als Person im allgemeinen und dann spezieller als weibliche Person erscheinen zu lassen, wobei es auch als Tier und als Pflanze in Erscheinung tritt. Diese drei Verwandlungen machen aus dem »hellen Grün« auf jeden Fall ein wie auch immer geartetes lebendiges Wesen, das ganz zweifelsohne eine tiefere, eine allegorische Bedeutungsebene besitzt.

Das ›helle Grün‹, von dem das Gedicht spricht, verweist somit keineswegs nur auf eine Farbe. Im Verlauf des Gedichts wird es auf drei tiefere Bedeutungsachsen hin projeziert, denen im vorliegenden Text eine grundlegende Bedeutung zukommt. Es sind dies die Vorstellungen von ›Traum‹, ›Abenteuer‹ und ›Unschuld‹. Diese Vorstellungen verweisen ihrerseits auf drei Grundideen, von denen Diego Jesús Jiménez' künstlerisches Schaffen in der ganzen Gedichtsammlung *Bajorrelieve* und speziell in »Color solo« bestimmt ist: das Nachdenken über das Erinnern und über die Zeit, das Nachdenken über das Tun des Künstlers sowie die Analyse der Geschichte aus einer kritischen und dialektischen Position heraus. Die allmähliche Konstruktion einer Bedeutung und eines Sinns, die der Text in seinem definitorisch-amplifizierenden Prozess vollzieht, hat eine ständige Verschiebung auf andere Sinnebenen zur Folge. Auch der Vorgang, in dem im Text das »helle Grün« zum Lebewesen wird, hat eine Bedeutungsverschiebung im Gefolge. Er verweist ganz zweifelsohne auf das künstlerischen Schaffen. Dieser Vorgang des Verlebendigens, der am Ende des Gedichts in die Personifizierung des ›hellen Grüns‹ mündet, hat seine Entsprechung im Vorgang des Schreibens, der Konstruktion und der Materialisierung des Textes, der auf eine Sprache verweist, die als Handlung verstanden wird und die den Text als eine reale Aktualisierung jener Utopie versteht, die im Denken von Jiménez eine solch große Rolle spielt. Das Gedicht stellt ein Erweitern der Wirklichkeit mit den Mitteln der Sprache dar, es verwandelt sie und bringt sie in die alltägliche Realität ein, ein Vorgang, aus dem paradoxerweise das ethische Engagement des Dichtens hervorgeht. Der Prozess des Ermöglichens von Leben für das ›helle Grün‹, der auf semantischer Ebene die Ausarbeitung des Gedichts stützt, hat eine Bedeutungsverschiebung im Gefolge und verweist mit deutlichen Anspielungen auf den künstlerischen Schaffensprozess. Im Akt des Nennens wird die im wirklichen Leben unerreichbare Utopie in der Sprache, im Gedicht realisiert, das so seine ethische Dimension erhält.

Deutsche Fassung: Sina Schmidt und Manfred Tietz

I. Verzeichnis der lyrischen Werke von Diego Jesús Jiménez

Grito con carne y lluvia. Cuenca: Minerva 1961.
La valija. Bilbao: Alrededor de la Mesa 1963.
Ámbitos de entonces. Palencia: Rocamador 1963.
La ciudad. Madrid: Rialp 1965.
Coro de ánimas. Madrid: Biblioteca Nueva 1968.
Fiesta en la oscuridad. Madrid: Dagur 1976.
Poesía. Prólogo de María Pilar Palomo. Barcelona: Anthropos 1990a.
Bajorrelieve. Huelva: Diputación Provincial de Huelva 1990b.
Interminable imagen. Dibujos de Juan Carlos Mestre. Villafranca del Bierzo: Junta de Castilla y León – Ayuntamiento de Villafranca del Bierzo 1996 (Colección Calle del Agua).
Itinerario para náufragos. Madrid: Visor 1996.
Bajorrelieve. Prólogo de Manuel Rico. Valencia: 7 i Mig ^{2}1998.
Poemas del Júcar. Cuenca: Ediciones Artesanas 1998.
Iluminación de los sentidos (antología). Estudio previo de Manuel Rico. Madrid: Hiperión 2001.
Bajorrelieve. Itinerario para náufragos. Edición de Juan José Lanz. Madrid: Cátedra 2001 (Letras hispánicas, 506).

II. Kritische Literatur

Alfaro, Rafael: *Una llamada al misterio. 4 poetas, hoy.* Barcelona: Don Bosco 1975 (Cuadernos "edebé").
Carrión, Héctor (Hg.): *Poesía del 60. Cinco poetas preferentes.* Madrid: Endymion 1990.
Casado, Miguel: »Diego Jesús Jiménez: Húmedo y seco«, in: *El Urogallo* 60 (Mai 1991), S. 69-70.
Domínguez Rey, Antonio: »Razón coral de una evidencia cósmica: Diego Jesús Jiménez«, in ders.: *Novema versus povema. (Pautas líricas del 60).* Madrid: Torre Manrique 1987, S. 167-181.
García Jambrina, Luis: »La realidad soñada de Diego Jesús Jiménez«, in: *Ínsula* 534 (Juni 1991), S. 13.
García Jambrina, Luis: »¿Poetas de los sesenta o poetas ›descolgados‹?«, in: *Ínsula* 543 (März 1992), S. 7-9.
Jiménez, Diego Jesús: »Algunas reflexiones sobre la poesía en la última década del siglo. (Poesía y Anticipación)«, in Claudio Rodríguez/ Luis Alberto de

Cuenca (Hg.): *Propuestas poéticas para fin de siglo [...]*. Madrid: Fundación Banesto 1993, S. 17-44.

Lanz, Juan José: *La llama en el laberinto. Poesía y poética en la generación del 68*. Mérida: Editora Regional de Extremadura 1994.

Lanz, Juan José (Hg.): *Antología de la poesía española 1960-1975*. Madrid: Espasa-Calpe 1997.

Lanz, Juan José: »La palabra en el tiempo de Diego Jesús Jiménez«, in: *Ínsula* 607 (Juli 1997), S. 12-16.

Lanz, Juan José: *Introducción al estudio de la generación poética de 1968. Elementos para la elaboración de un marco histórico-crítico en el período 1962-1977*. Bilbao: Universidad del País Vasco 2000.

Lanz, Juan José: »Una poética de la anticipación: la poesía de Diego Jesús Jiménez«, in: *Hispanic Research Journal* 3, 1 (2002), S. 3-29.

Martínez Ruiz, Florencio: »Diego Jesús Jiménez en su gran momento lírico«, in: *El Día de Cuenca*, 9-XII-1990, S. 10-11.

Molina Damiani, Juan Manuel: *El irracionalismo realista de Diego Jesús Jiménez: materia de vida y experiencia de poesía* (maschinenschriftliche Fassung vom Autor zur Verfügung gestellt).

Molina Damiani, Juan Manuel: »La poesía como tabla de salvación: apuntes críticos y bibliográficos para el estudio de la obra poética de Diego Jesús Jiménez en el marco de la lírica española del último tercio de este siglo«, in: *Boletín del Instituto de Estudios Giennenses* 163 (Januar-März 1997), S. 55-96.

Molina Damiani, Juan Manuel: »*Itinerario para náufragos:* El realismo de Diego Jesús Jiménez«, in: *República de las letras* 52 (Juli 1997), S. 113-122.

Molina Damiani, Juan Manuel: »*Bajorrelieve:* piedra de toque«, in: *La Manzana Poética* (Córdoba) 1 (Herbst 1999), S. 15-18.

Prieto de Paula, Ángel L: *Musa del 68. Claves para una generación poética*. Madrid: Hiperión 1996.

Rico, Manuel: »Diego Jesús Jiménez: la experiencia poética como razón de vida«, in: *Cuadernos Hispanoamericanos* 488 (Februar 1991), S. 122-128.

Rico, Manuel: »Diego Jesús Jiménez: La capacidad visionaria y meditativa del lenguaje«, in: *Ínsula* 543 (März 1992), S. 22.

Rico, Manuel: *Diego Jesús Jiménez: La capacidad visionaria y meditativa del lenguaje*. Cuenca: Excmo. Ayuntamiento de Cuenca-Instituto Juan de Valdés 1996.

VV.AA.: »Un poemario tres veces premiado: *Itinerario para náufragos*, de Diego Jesús Jiménez«, in: *La Estafeta Literaria*, VII, 1 (1997), S. 25-27.

III. Anmerkungen

*   Zitiert nach *Bajorrelieve. Itinerario para náufragos*. Edición de Juan José Lanz. Madrid: Cátdra 2001 (Letras hispánicas, 506), S. 165-167.
1   Übersetzung aus dem Spanischen: Manfred Tietz.
2   Diego Jesús Jiménez (1993:26).
3   Diego Jesús Jiménez (1993:28).
4   Diego Jesús Jiménez (1993:28)
5   John L. Austin: *Cómo hacer cosas con palabras. Palabras y acciones*. Barcelona: Paidós 1990 (englisches Original: *How to do Things with Words*, ¹1962).
6   Abel Salazar: *Qué e arte*. Coimbra: Verlag 1953, S. 183-184. Zitiert nach Mário Dionisio: *Introducción a la pintura*. Madrid: Alianza 1972, S. 37.
7   Erklärungen von Diego Jesús Jiménez, in Rafael Alfaro: *Una llamada al misterioso. 4 poetas, hoy*. Barcelona: Don Bosco 1975, S. 34.
8   Vgl. Juan José Lanz: »Introducción« zu Diego Jesús Jiménez: *Bajorrelieve. Itinerario para náufragos*. Madrid: Cátedra 2001, S. 76 ff.
9   Zur avantgardistischen Lyrik von Rafael Alberti vgl. Sabine Horl Groenewold: »Rafael Alberti. A Miss X, enterrada en el viento«, in Manfred Tietz (Hg.): *Die spanische Lyrik der Moderne*. Frankfurt am Main: Vervuert 1990, S. 197-211.
10 María del Pilar Palomo: »Prólogo«, in Diego Jesús Jiménez (1990a: 10-11).
11 »[…] la percepción sensorial del color verde, o algún recuerdo infantil así teñido, se prefiguran como puertas para salir de un ›tiempo de desolación‹; también como ingredientes de una emulsión – el color – a cuyo través irrumpe, con sus luces y sus sombras, *la vida*.« Manuel Rico: »Noticia y lectura de *Bajorrelieve*«, in Diego Jesús Jiménez: *Bajorrelieve*. Valencia: 7 i Mig ²1998, S. 16. Vgl. auch Manuel Rico: *La capacidad visionaria y meditativa del lenguaje*. Cuenca: Excmo. Ayuntamiento de Cuenca – Instituto Juan de Valdés 1996, S. 58-59.
12 Diego Jesús Jiménez (1993:28).
13 Roland Barthes: »Der Tod des Autors«, in Fotis Jannidis/ Gerhard Lauer/ Simone Winko u. a. (Hg.): *Texte zur Theorie der Autorschaft*. Stuttgart: Reclam 2000, S. 189 (spanische Version Roland Barthes: »La muerte del autor«, in ders.: *El susurro del lenguaje. Más allá de la palabra y la escritura*. Barcelona: Paidós 1987, S. 68.)
14 Manuel Rico: »Noticia y lectura de *Bajorrelieve*«, in Diego Jesús Jiménez: *Bajorrelieve*. Valencia: 7 i Mig 21998, S. 13.
15 Vgl. Sieghild Bogumil: »Gustavo Adolfo Bécquer. Rima XV«, in Manfred Tietz (Hg.): *Die spanische Lyrik der Moderne*, S. 19-36.
16 Von performativen Aussagen lässt sich nicht feststellen, ob sie wahr oder falsch sind, sondern nur ob sie als sprachliche Aussagen gelungen oder nicht gelungen sind. John L. Austin: *Cómo hacer cosas con palabras*, S. 53-54.

17   Im Dunkel. Aus dem Dunkel heraus. Das Leben selbst mit seinem andauernden Geheimnis, die unzähligen Bezüge, die zwischen den scheinbar unterschiedlichsten Dingen bestehen, die Bilder, die sich im Lauf der Zeit aufgelöst haben, bis auch sie Teil jenes Dunkels geworden sind, das, obwohl es das Unbekannte enthält, dennoch die Fähigkeit besitzt – aber vielleicht muss das auch gerade deshalb so sein – , uns im Innern zu bewegen. Es ist der Instinkt, das Erfahren über die Sinne und das Intuitive – jene ›klare Erleuchtung der Sinne‹ (»Poema en Altamira«) – die einen im Dunkel leitet, was einen hinführt zu dem Abenteuer, das Geheimnis mit Hilfe der Kunst zu thematisieren.
18   Vgl. Florencio Martínez Ruiz (1990:10-11).
19   Diego Jesús Jiménez (1993:28).
20   Vgl. Tzvetan Todorov (Hg.): *Teoría de la literatura de los formalistas rusos.* Madrid: . Siglo XXI 1997, S. 107-126 und Emilio Alarcos Llorach: »Secuencia sintáctica y secuencia rítmica«, in ders.: *Ensayos y Estudios literarios.* Madrid: Júcar 1976, S. 237-242.
21   Roman Jakobson: *Lingüística y poética.* Madrid: Cátedra 1981, S. 63.
22   »[…] la repetición está en la entraña misma del verso libre, como su fundamental principio constitutivo.« Fernando Lázaro Carreter: »Función poética y verso libre«, in ders.: *Estudios de poética: (La obra en sí).* Madrid: Taurus 1976, S. 60.
23   Juan Manuel Molina Damiani: *El irracionalismo realista de Diego Jesús Jiménez: materia de vida y experiencia de poesía.* Maschinenschriftliche Fassung, vom Autor mir freundlicherweise zur Verfügung gestellt, S. 8; sowie Manuel Rico: »Estudio previo« zu Diego Jesús Jiménez: *Iluminación de los sentidos (Antología).* Madrid: Hiperión 2001, S. 17 ff.; Vgl. Juan José Lanz (2002).
24   Diego Jesús Jiménez (1993:29).

Santiago Navarro Pastor

Jon Juaristi. Epístola a los vascones

Arnaldo de Oyenarte (1592-1675)

I
Amigos, romos paisanos, prestadme oídos:
del polvo sepulcral me he levantado
para pediros póstuma indulgencia.

Pues os vi tan menguados de talento,
5   tan inermes, Dios mío, ante los filos
de la agudeza ajena,
me disteis tanta pena,
que di a mi vez salida al amoroso
impulso que en mi pecho se agitaba
10 (aunque hablando de dar, ¿qué se me daba
de vuestra mala baba,
si sólo me pagabais con denuestos?
¿Creéis que me embolsaba los impuestos,
los míseros impuestos que os cobraba?),
15 me disteis tanta pena, en fin, decía,
que, en vuestra lengua aldeana,
que era también la mía
(distingo: era la mía, mas no tanto.
Sabéis que prefería el raro encanto
20 del francés Ronsard, o el *sermo gravis*
de Tácito, Polibio y Tito Livio,
si bien, de ciento en viento, y por alivio
del fatigoso estudio,
en vuestra ruda jerga de pastores,
25 requería de amores
a mis lindas vecinas
por las pinas colinas suletinas),
decía pues que en vuestra dulce parla
(prefiero por ahora no nombrarla),
30 en el rústico idioma
que preservasteis del letal contagio
de la corrupta Roma,

libre de los errores de Pelagio,
de Lutero, Calvino y Galileo,
que guarda un fresco aroma
de estiércol y de poma
y del ágil cabrón del Pirineo,
practiqué con vosotros, gente ingrata,
de Bayona a Ciordia,
obras de calidad y de misericordia.

II
Aún oigo ante mi puerta
el estruendo del bronco charivari.
Talasteis los frutales de mi huerta.

No estuvo bien aquello. Ya sabía
que no ibais a nombrarme lendacari
en premio de mi excelsa poesía,
pero no suponía
que a tanto alcanzaría vuestra saña,
a tanto, que si a uña
de caballo trotón no gano España
o las suaves planicies de Gascuña,
ese día me dejo
en vuestras negras uñas el pellejo.

III
Os hablo como amigo y al abrigo
del rigor que podáis usar conmigo
(en mi presente condición, qué importa).
La fe que os tuve entonces no fue corta.
Pensaba, por mi parte:
«Al fin estos palurdos oyen arte.
Si mi ejemplo cundiera,
al cabo de diez siglos, el eusquera,
hoy bárbaro y enteco,
rivalizar podría con el checo,
y un escaldún cualquiera
– un fraile capuchino o un rebeco –
sería candidato a un premio sueco».
Fue vana mi esperanza,
porque seguís tan brutos como antes,
sin Franco y con Ardanza.

Tres siglos han pasado. Os hago gracia
de los siete restantes.
Nunca serán bastantes
para vencer la fiera contumacia
con que habéis resistido
a todo sabio que en el mundo ha sido.

IV

¿Os ofendéis? Ya veo.
Estando así las cosas, no es probable
que vayáis a erigirme un mausoleo.
Será inútil que os hable
de lo mucho que os quise y aún os quiero.
Mas, si he sido severo,
aunque nunca del todo negativo,
reconoced que tengo algún motivo.
Perdonadme, que acaso yo os perdone,
y disculpad también que os abandone.
Entre los muros lóbregos de Dite,
esta noche me ofrecen un convite
tres viejos camaradas,
todos ellos poetas a destajo:
John Donne, que aun siendo obispo está aquí abajo
por escribir un par de cochinadas;
Agrippa d'Aubigné, el buen hugonote,
y un tal don Luis de Góngora y Argote,
un punto filipino
condenado a una dieta de tocino
y, por ende, de frente un tanto arisca,
que, cuando abre el casino,
se juega las pestañas a la brisca.
Me vuelvo, pues, a mi infernal morada,
pero os dejo mi silva enamorada.

V

Paciencia, que termino,
mas no os quiero dejar de dar la lata
sin antes añadir una posdata.

Sé lo que estáis pensando y adivino
vuestro juicio o prejuicio más oculto:
«Seguro que serán de la otra acera.

|¡Cómo le gusta echárselas de culto!»
Lo siento. La verdad, qué más quisiera
que encontrar un paisano en la caldera,
110 aunque fuese sólo un guipuzcoano,
y refrescar con él mi pobre eusquera,
que lo tengo dejado de la mano.
Pero eso es imposible.
Sin ánimo de zumba,
115 os voy a revelar algo terrible:
no ha entrado aquí jamás un vasco neto.
Para alguien que ha pasado por la tumba
ya no es ningún secreto
que Dios, en su infinita Providencia,
120 no quiso que probaseis las manzanas
del Árbol de la Ciencia
(o no teníais ganas).
Lo cierto es que os rodea un halo, un nimbo
de honradez, de inocencia, de pureza.
125 Tened, hermanos míos, la certeza
de que os espera el Limbo.
Iréis todos al Limbo. De cabeza.*

Epistel an die Vaskonen

Arnaldo de Oyenarte (1592-1675)

I

Freunde, stumpfe Landsleute, schenkt mir Gehör: / aus dem Grabesstaub bin ich auferstanden, / um Euch um postumen Ablass zu bitten.
Da ich Euch so gänzlich ohne Talent sah, / ach mein Gott, so wehrlos vor der Schneide / des fremden Scharfsinns, / da habt Ihr mir so Leid getan, / dass ich meinerseits dem liebevollen / Impuls, der sich in meiner Brust regte, freien Lauf gab / (obwohl, wenn hier von Geben die Rede ist: was gab mir schon / Eure Saulaune, / wenn Ihr mich nur mit Schmähungen entlohnt habt? / Denkt Ihr etwa, dass ich mir die Abgaben, die ärmlichen Abgaben, / die ich Euch abverlangte, einsteckte?), / also, Ihr habt mir so Leid getan, sagte ich, / dass ich in Eurer Bauernsprache, / die auch die meinige war / (genauer gesagt: es war meine, aber nicht so ganz. / Ihr wisst, dass ich den seltenen Charme / des Franzosen Ronsard oder den *sermo gravis* / des Tacitus, des Polybios und des Livius bevorzugte, / auch wenn ich alle Jubeljahre, zur Erholung / vom mühsamen Studium, / in Eurem groben Hirtenjargon / auf den steilen Hügeln der Soule / meinen schönen Nachbarinnen / den Hof machte), / dass ich also wie gesagt in Eurer lieblichen Umgangssprache / (ich ziehe es vor, sie jetzt nicht zu benennen), / in der Bauernsprache, / die Ihr vor der tödlichen Ansteckung des korrupten Roms, / frei von den Irrtümern des Pelagius, / Luthers, Calvins und Galileis bewahrt habt, / die ei-

nen frischen Duft / von Mist und Äpfeln / und dem geschickten Pyrenäenziegenbock besitzt, / dass ich mit Euch, Ihr undankbares Volk, / von Bayonne bis Ciordia, / Werke von Wert und Nächstenliebe geübt habe.
II
Noch immer höre ich vor meiner Tür / das dumpfe Stimmengewirr. / Ihr habt damals die Bäume in meinem Obstgarten gefällt.
Das war wahrhaftig keine Wohltat. Es war mir schon klar, / dass Ihr mich als Belohnung für meine erhabene Poesie / nicht zum *lendacari* ernennen würdet, / doch ich konnte nicht ahnen, / dass Eure blinde Wut so weit gehen würde, / so weit, dass Ihr mir, falls ich nicht schnurstracks / die Grenze Spaniens erreiche, / oder die sanften Ebenen der Gascogne, / an diesem Tag / mit Euren schmutzigen Pfoten das Fell über die Ohren zieht.
III
Ich spreche zu Euch als Freund, und ohne der Härte, / die Ihr auf mich anwenden könntet, ausgesetzt zu sein / (in meiner jetzigen Stellung, was tut es da?). / Nicht wenig habe ich damals an Euch geglaubt. / Ich dachte meinerseits: / »Immerhin kriegen diese Stoffel so etwas Kunst mit. / Und sollte mein Beispiel Schule machen, / könnte in zehn Jahrhunderten die baskische Sprache, / die heute barbarisch und kränklich ist, / mit dem Tschechischen wetteifern, / und ein x-beliebiger Baske / – ein Kapuzinermönch oder eine Pyrenäengämse – / wäre dann Kandidat für einen schwedischen Preis.« / Meine Hoffnung war jedoch vergeblich, / denn Ihr seid noch genauso roh wie früher, / ohne Franco und mit Ardanza. / Drei Jahrhunderte sind vorüber. Ich erspare Euch / die verbleibenden sieben. / Sie werden niemals genügen, / um die wilde Halsstarrigkeit zu überwinden, / mit der Ihr Euch gegen jeden Gelehrten, den es auf Erden gab, zur Wehr gesetzt habt.
IV
Ihr seid gekränkt? Ich sehe schon. / Wenn dem so ist, dann ist es unwahrscheinlich, / dass Ihr mir ein Denkmal errichten werdet. / Es wird sicher sinnlos sein, / wenn ich Euch erzähle, / wie sehr ich Euch gemocht habe und wie sehr ich Euch immer noch mag. / Aber wenn ich streng gewesen bin, / wenn auch nie völlig negativ, / so müsst Ihr doch zugeben, dass ich den ein oder anderen Grund dafür habe. / Verzeiht mir, damit auch ich Euch eventuell verzeihe, / außerdem entschuldigt, wenn ich Euch jetzt verlasse. / In den finsteren Gemäuern des Totenreichs / laden mich heute abend drei alte Kameraden, / Akkorddichter alle drei, / zu einem Gastmahl ein: / John Donne, der, obwohl er Bischof war, hier unten ist, / weil er ein paar Ferkeleien geschrieben hat, / Agrippa d'Aubigné, der gute Hugenotte, / und ein gewisser Don Luis de Góngora y Argote, / etwas philippinisch, / verurteilt zu einer Speckdiät, und der darum mit dreister Stirn / beim Briskaspielen um seinen Kopf wettet, / wenn das Spielkasino die Türen öffnet. / Ich kehre jetzt in meine Behausung in der Hölle zurück, / aber ich hinterlasse Euch mein liebevolles Gedicht, diese *silva*.
V
Geduld, ich komme schon zum Ende, / doch möchte ich nicht aufhören, Euch auf den Geist zu gehen, / ohne hier ein Nachwort anzufügen.
Ich weiß, was Ihr jetzt denkt, und kann / Euer geheimstes Urteil oder Vorurteil

sehr wohl erraten: / »Die sind bestimmt vom anderen Ufer. / Wie gern spielt der doch den Gebildeten!« / Tut mir Leid. Mal ehrlich, was könnte ich mir mehr wünschen, / als in der Hölle einen Landsmann zu treffen, / und wär' es auch nur einer aus der Guipuzcoa, / um mit ihm meine bescheidenen Baskischkenntnisse aufzufrischen, / ich habe die Sprache nämlich vernachlässigt. / Doch das ist unmöglich. / Ohne Scherz: / Ich werde Euch etwas Furchtbares beichten: / Hier ist noch kein richtiger Baske rein gekommen. / Für jemanden, der das Grab schon hinter sich hat, / ist es kein Geheimnis mehr, / dass Gott in seiner unendlichen Vorsehung / nicht wollte, dass Ihr die Äpfel vom Baum der Erkenntnis kostet / (vielleicht habt Ihr aber auch keine Lust dazu gehabt). / Wahr ist, dass Euch eine Aura, ein Nimbus / der Ehrlichkeit, der Unschuld, der Reinheit umgibt. / Seid Euch, liebe Brüder, gewiss, / dass Euch der Limbus erwartet. / Ihr kommt alle in den Limbus. Und zwar ganz schnell.[1]

I

Jon Juaristi wurde 1951 in Bilbao geboren, im selben Jahr wie Jaime Siles und Luis Antonio de Villena, beides Dichter, die als typische Vertreter der so genannten *generación poética del 68*, der dritten Dichtergeneration der spanischen Nachkriegszeit, gelten, und deren erste Bücher Ende der 60er, Anfang der 70er Jahre erschienen sind.[2] Juaristi trat jedoch erst in den 80er Jahren mit seinem lyrischen Werk in Erscheinung. 1985 wurde sein erster Gedichtband, *Diario del poeta recién cansado*, veröffentlicht, dessen früheste Gedichte nur wenige Jahre zuvor verfasst worden waren. Es folgten *Suma de varia intención* (1987), *Arte de marear* (1988), *Los paisajes domésticos* (1992) und der Band *Mediodía* (1994), der unter Hinzufügung einiger weniger neuer Texte seine gesamte zwischen 1985 und 1993 veröffentlichte Lyrik zusammenfasst. Danach erschienen *Agradecidas señas* (1995), *Tiempo desapacible* (1996), eine zweite Gesamtausgabe seiner Lyrik mit dem Titel *Poesía reunida (1985-1999)* (2000) und der bislang letzte Gedichtband des Autors, *Prosas (en verso)* (2002). Dass Juaristi so verhältnismäßig spät in spanischer Sprache zu publizieren begonnen hat, hängt sicher mit dem Sprachkonflikt (auf den später näher eingegangen werden muss) zusammen, den er in Gedichten wie »Sermo humilis« und in einigen Essays[3] thematisiert hat: den Loyalitätskonflikt zwischen dem Spanischen, das eigentlich seine Muttersprache ist und für die er sich dann letztendlich entschieden hat, und dem Baskischen, der Sprache, die er als Jugendlicher mühsam erlernt und in der er seine ersten dichterischen Versuche unternommen hat:[4]

De tus dos bibliotecas familiares,
la de Aguirre, vendida
después por su heredera a algún tratante en libros
que bien pudiera serlo de ganado,
te descubrió la oculta dulzura del vascuence.

Las horas que pasaste en aquel gabinete,

bajo una mala luz,
descifrando los arduos períodos de Axular
o imaginando cómo resonaron un día,
en un salón bearnés, los versos de Oyenarte,
no corrieron en vano hacia el olvido.

Pues si es verdad que no ha sido tu lengua,
que jamás fueron tuyos los acentos
de los graves dialectos del Labort y la Soule
ni el murmullo del bosque vizcaíno
que arrullara los sueños de tu estirpe perdida,
no te podrán quitar su dolorido
sabor de la memoria
si no te arrancan antes la lengua en la que escribes.[5]

Die Entscheidung zugunsten der spanischen Sprache fiel jedoch nicht sofort. Noch in der zweiten Hälfte der 70er Jahre gehörte Juaristi zu der literarischen Gruppe um die Zeitschrift *Pott* (baskisch »Scheitern«), zu der auch baskisch schreibende Autoren wie Bernardo Atxaga zählten und deren Programm es war, »entroncar la producción lírica vasca en las corrientes de la modernidad.«[6]

Hinsichtlich der Gründe für seine relativ späten Anfänge als Lyriker in spanischer Sprache hat sich Juaristi mehrfach geäußert. So stellt er etwa in einer Äußerung aus dem Jahre 1988, in der er sein Interesse an der Lyrik aus taktischen Gründen herunterspielt und sie zugleich als eine wenig bedeutsame Nebensache bezeichnet, mit einer seine Dichterauffassung kennzeichnenden Bescheidenheit fest:

No estoy seguro de que la poesía sea en mi caso un oficio. De hecho, la cultivo como un ameno desahogo en los pocos momentos que me dejan libres los amigos, la política (¿por qué no?) y la vida. Además, soy un poeta o, más exactamente, un versificador tardío.[7]

Unerwähnt lässt er bei dieser Gelegenheit seine universitären Aktivitäten. Sie finden sich jedoch in einer späteren Äußerung, in der sich Juaristi als gelegentlichen und wenig ambitionierten Dichter charakterisiert, dessen knappe Mußestunden »le permite[n] seguir escribiendo versos durante las plomizas horas vespertinas de algún raro domingo.«[8] Im Hauptberuf war Juaristi damals Professor für Hispanistik; in dieser Funktion hat er sich mit der Erforschung der Poesie oraler Tradition in spanischer und baskischer Sprache befasst[9] sowie mit den Schriftstellern der Generation von 1898.[10] Er ist zudem ein guter Kenner der bildenden Künste im Baskenland[11] sowie der Euskera-Literatur, die er in einem ausgezeichneten historischen Überblick dargestellt hat.[12] Außerdem hat er sich verschiedentlich als Übersetzer betätigt.[13] Am bekanntesten ist er aber als Essayist und Literaturkritiker, wo er mit einem umfangreichen Werk hervorgetreten ist. Unter seinen literaturwissenschaftlichen Arbeiten nimmt die Monographie *El linaje de*

Aitor[14] eine herausragende Stellung ein. In ihr untersucht er die literarischen Strömungen, die Ende des 19. Jahrhunderts in die Ideologie des baskischen Nationalismus eingegangen sind. Ein ähnliches Anliegen verfolgen seine Arbeiten über die Literatur im kastilischen Dialekt seiner Heimatstadt Bilbao.[15] In jüngster Zeit erwarb sich Juaristi darüber hinaus ein überraschend großes Ansehen in der spanischen Öffentlichkeit dank einer Reihe brillanter politischer Essays, in denen er eine Entmythisierung der antimodernistischen Doktrinen der Gründer des baskischen Nationalismus vornimmt und deren zum Teil rassistische Grundideen herausstellt.[16]

Jon Juaristi, der väterlicherseits aus einer baskisch-nationalistischen, mütterlicherseits aus einer sozialistischen Familie stammt, war in den 60er Jahren selbst ETA-Aktivist. In den 70er Jahren verließ er aber die terroristische Organisation, was sich für ihn im Nachhinein als eine deutliche Ablehnung des Nationalismus erwies. Wie seine in einem Buch mit dem bezeichnenden Titel *Auto de terminación* (was zusammen gelesen ›Selbstbestimmung‹ – eines der Mantras der Nationalisten –, getrennt gelesen jedoch ›Schlussakt‹ bedeutet) zusammengestellten journalistischen Artikel belegen,[17] war er in den 80er Jahren in dezidierter Form zum ideologischen Opponenten der baskischen Nationalisten, der selbst ernannten *abertzales* (»Patrioten«), geworden. Aufgrund seines politischen Engagements wurde er Ende der 90er Jahre – ebenso wie andere baskische Intellektuelle und in der Regel frühere Franco-Gegner wie Fernando Savater, Mikel Azurmendi, Aurelio Arteta, Iñaki Ezkerra, Carlos Martínez Gorriarán, Antonio Elorza, Patxo Unzueta, Mario Onaindía oder José Luis López de la Calle, der später ermordet wurde – zu einer der wichtigsten Figuren einer friedlichen Bewegung des Widerstands gegen den ETA-Terror. Es handelt sich um eine Menschenrechtsbewegung, die es sich zur Aufgabe gemacht hat, die gravierenden Beeinträchtigungen öffentlich zu machen, denen alle diejenigen Bürger im spanischen Baskenland, die sich nicht zum *abertzalismo* bekennen, ausgesetzt sind. Sie tritt für ein plurales Baskenland im Rahmen der spanischen Verfassung und des zur Zeit geltenden baskischen Autonomiestatuts ein, das wohl das derzeit weitestgehende Autonomiestatut einer Region innerhalb Europas ist. In seinem energischen Einsatz gegen den nach staatlicher Unabhängigkeit strebenden Terrorismus und dessen ideologische und soziologische Basis hat es Juaristi auch gegenüber den so genannten moderaten Nationalisten nicht an deutlicher Kritik fehlen lassen, weil sie mit der ETA gemeinsame Ziele vertreten. Ihnen gegenüber hat er wiederholt den schweren Vorwurf der Passivität in der Bekämpfung der terroristischen ETA-Aktivitäten erhoben und die Verantwortung der Nationalisten – nicht zuletzt durch ihren institutionellen politischen Kurs – am jahrelangen Aufbau von antispanischen Ressentiments hervorgehoben, die dann den Nährboden für die Gewalt begünstigt haben.[18] Mit großer Schärfe hat Juaristi auch das Projekt der Konstruktion einer baskischen Nationalität kritisiert, ein Projekt, das unter Beteiligung aller baskisch-nationalistischen Gruppierungen bereits in Angriff genommen worden ist.[19] Dabei handelt es sich um einen sich ausweitenden Prozess, der im Baskenland den demokratischen Rechtsstaat – auf Kosten der politischen Stabilität in ganz Spanien – aufhebt und der so zur Unabhängigkeit der so genannten sieben baskischen Provinzen (einschließlich der autonomen Region Navarra und des baskischen Teils Frankreichs) führen soll – und dies eindeutig im Widerspruch zu fast der Hälfte der Bevölkerung, des nicht-nationalistischen Teils, im spanischen Baskenland.[20] Da ein solcher Plan mit den normalen demokratischen Mitteln nicht durchsetzbar ist, muss er, so Jon Juaristi, auf Gewalt setzen. Er setzt auch eine entsprechende Aufgabenverteilung zwischen den Gruppierungen der ›Gemäßigten‹ und der ›Radikalen‹ voraus, um die noch Unentschiedenen unter Druck zu setzen und sie so für die Idee einer staatlichen Unabhängigkeit zu gewinnen. Dabei sollen die politischen Gegner durch eine Strategie des Schikanierens und der Einschüchterung zum Einlenken gezwungen werden. Wo ein solches Einlenken nicht zu erwarten ist, soll zum Mittel einer mehr oder minder diskreten Vertreibung gegriffen werden, wobei auch Morde nicht tabu sind. Wie es bei vielen Hochschullehrern, Journalisten, Unternehmern, einfachen Bürgern oder Politikern der nicht-nationalistischen Parteien der Fall war, die in den letzten Jahren ihren Wohnsitz im spanischen Baskenland gezwungenermaßen verließen, musste auch Jon Juaristi, um durchaus ernstgemeinten Morddrohungen zu entgehen, seine Professur in Vitoria aufgeben. Im Jahr 2000 folgte er dem Angebot der spanischen Zentralregierung, die Leitung der Madrider Biblioteca Nacional zu übernehmen; schon kurze Zeit später wechselte er das Amt und wurde 2001 zum Direktor des Instituto Cervantes, des spanischen Pendants zum deutschen Goethe-Institut, ernannt. Im Mai 2004 legte er dieses Amt nieder; seitdem unterrichtet er an der Universidad de Alcalá de Henares. Seine Äußerungen zum demokratischen Defizit im Baskenland, das durch die nationalistische Politik immer größer wird, werden von der spanischen Öffentlichkeit jedoch weiterhin mit großem Interesse verfolgt.[21]

Vor diesem politisch-ideologischen Hintergrund überrascht es nicht, dass Juaristi immer wieder als *poeta civil* bezeichnet worden ist.[22] In der Tat legen viele seiner Gedichte – im Übrigen in enger Übereinstimmung mit seinen essayistischen Werken – Zeugnis ab von der konfliktreichen Situation im Baskenland, jener »North Country Hell« – wie es in einem seiner Gedichte hieß –[23], und thematisieren Juaristis Position als Dissident gegenüber dem jahrzehntelang in seiner baskischen Heimat vorherrschenden Nationalismus. Doch das Etikett *poesía civil* kann auch täuschen. Bei näherer Betrachtung zeigt sich, dass es dem Begriff nicht an einem gewissen paradoxen Charakter fehlt. Wie das Gedicht »Intento formular mi experiencia de la poesía civil«[24] – ein Text, der an das fast gleichnamige Gedicht von Jaime Gil de Biedma »Intento formular mi experiencia de la guerra«[25] anknüpft – recht einsichtig anhand eines konzeptistischen, ironischen Wortspiels mit dem Gegensatzpaar *civil* und *militar* sehen lässt, ist für Juaristi der Begriff *poesía civil* gleichbedeutend mit einer *poesía vestida de paisano* (»Poesie in Zivil«).[26] Mit dieser Definition unterstreicht der Dichter seine Ablehnung einer militanten Verwendung nicht nur seiner Lyrik für außerliterarische Zwecke; diese Auffassung hatte er schon in seiner Darstellung der Euskera-Literatur vertreten. Er verficht damit die Vorstellung einer Lyrik, die sich wie bei Gil de Biedma der Alltagssprache bedient, um ein lyrisches Ich zu konstruieren, das eine allgemein gültige, gegebenenfalls auch rein fiktive Lebenserfahrung in das Gedicht umsetzt, was er mit dem Satz »crear un personaje que viva una vida moral y una vida reflexiva en el poema« zu beschreiben versucht hat.[27] Sieht man von dieser ironischen Bedeutung des Begriffs ›Zivilpoesie‹ ab,[28] so ist doch deutlich, dass Juaristis lyrisches Werk einem tiefgehenden Konflikt zwischen dem Autor und seiner baskischen Heimat Ausdruck verleiht, einem Konflikt, wie er sich ganz ähnlich bei Luis Cernuda und seinem Verhältnis zu Sansueña (sc. Spanien) findet.[29] Die Lyrik Juaristis verdient sehr wohl und völlig zu Recht die Bezeichnung *poesía civil*, wenn man darunter das poetisch geformte Bekenntnis einer persönlichen Problematik mit politischem Hintergrund versteht. Das heißt im vorliegenden Fall die Betonung des Rechts auf Freiheit bei der Suche nach einer individuellen Identität – im Gegensatz zu Gruppenzwängen, die der einzelne unkritisch hinzunehmen hat. Ganz anders als die aus dem Geist des Antifrankismus geborene *poesía social* versteht sich die *poesía civil* eines Jon Juaristi jedoch nicht als Mittel in der politischen Auseinandersetzung.

Trotz der sehr spezifischen Motivation, die eine von dem historischen Geschehen beeinflusste Lyrik bei Juaristi haben mag, ist doch darauf hinzuweisen, dass er nicht der einzige Autor war, der seinerzeit dergleichen Probleme in seinem lyrischen Œuvre thematisiert hat. Auch die Werke anderer zeitgenössischer Dichter haben wieder den Akzent auf das Soziale und Politische gelegt. Dass solche Themen in der spanischen Dichtung der 80er Jahre wiederbelebt wurden, mag zunächst erstaunlich scheinen. Dies um so mehr, als dieser Vorgang in gewisser Hinsicht einigen Dichtern der 68er Generation zu verdanken ist, d.h. einer Gruppe von Autoren, die vor allem in der Anfangsphase ihrer lyrischen Produktion mit der festen Ansicht angetreten waren, einen definitiven Schlussstrich unter die *poesía social* der 50er und 60er Jahre mit ihrem politischen und sozialkritischen Engagement zu ziehen. Diese Kehrtwende wurde erst möglich, wie sich aus der heutigen Distanz klarer erkennen lässt, als der Einfluss der Pioniere der 68er Generation (der so genannten *novísimos*, die tatsächlich nur einen Teil der ›68er Autoren‹ darstellten, die aber in der Öffentlichkeit lange Zeit das Bild der ›ganzen‹ Generation prägten und den Anschein von einer Entpolitisierung der Dichtung verbreiteten)[30] allmählich nachließ und deutlich wurde, dass diese Generation über eine weit breitere Palette ästhetischer und thematischer Optionen verfügte. Diese anderen Möglichkeiten entfalteten sich in den 70er Jahren, in der zweiten Phase der 68er Generation, wie man aus einigen aufschlussreichen Studien weiß.[31] In diese etwas spätere Phase fällt das literarische Debüt Juaristis als Dichter.[32] In den 70er – und in Juaristis Fall sogar erst in den 80er – Jahren hatten sich aber die äußeren Dinge in Spanien so tiefgehend geändert, dass auch eine politisch orientierte Strömung in der Poesie wieder möglich schien, immer vorausgesetzt, diese Tendenz würde nicht zur allein vorherrschenden. Die Wiederaufnahme politischer Aspekte in der Lyrik wurde im Übrigen nicht zuletzt von den Autoren der Folgegeneration, der der 80er Jahre,[33] begünstigt, die die ›antisozialkritischen‹ Vorbehalte der ältesten Vertreter der vorhergehenden Generation überhaupt nicht teilten. Es ist daher kein Zufall, dass der Name von Juaristi mit den Autoren der 80er Generation, zu denen er tatsächlich freundschaftliche Beziehungen unterhielt, öfters in Verbindung gebracht worden ist.[34] Seine Feststellung, die dichterischen Leistungen der *novísimos* hätten ihn nie besonders gereizt,[35] und die Tatsache seines späten Hervortretens als Dichter haben dazu beigetragen, dass man ihn eher für einen Autor dieser Gruppe der 80er Jahre gehalten hat als für ein eigentliches Mitglied der 68er Generation, was er aus bildungsmäßigen und weltanschaulichen Gründen ganz zu Recht auch war und ist. Auf jeden Fall sind wir bei Juaristi weit entfernt von jenem gnoseologischen Konzept der Poesie, das in der Lyrik ein Mittel zur Erkenntnis des Unbekannten sieht, zur Entdeckung von etwas, was noch nicht existiert, bevor es beim Schreiben ›aufgedeckt‹ wird. Dies ist bekanntlich der Hintergrund der theoretischen Überlegungen und Essays von Dichtern wie José Ángel Valente, Claudio Rodríguez, Carlos Sahagún oder Ángel Crespo, die dann ihre radikalisierte Fortsetzung bei manchen Autoren der 68er Generation fanden. Eine solche Sicht der Dinge, die auf durchaus weit zurückreichenden Ideen fußt, wonach nur in und mit der Dichtung das gesagt werden kann, was sonst in der Sprache außerhalb der Dichtung nicht gesagt werden kann, ist Jon Juaristi sicher weitgehend fremd. Er hat für seine eigene Dichtung festgestellt:»Si yo sostengo en estos momentos alguna poética, una poética mínima, es una poética que se basa en la necesidad de, al menos, una idea para cada poema; al menos una idea, y una idea expresada lógicamente.«[36] Das heißt aber bei weitem nicht, dass zwischen seiner Lyrik und der anderer Exponenten der 68er Generation keine Affinitäten bestehen. Allerdings bezieht er sich dabei auf andere Autoren als auf Pere Gimferrer, Guillermo Carnero oder Jaime Siles, die eigentlichen Hauptrepräsentanten der ersten Stunde der *generación poética del 68*.[37]

II

Bei der hier vorliegenden »Epístola a los vascones« handelt es sich ganz offensichtlich um eine Satire, deren Gegenstand unmittelbar der Welt der Gegenwart des Autors entnommen ist. Als Form verwendet diese Satire den so genannten ›dramatischen Monolog‹.[38] Dabei tritt an die Stelle des Autors, beziehungsweise des lyrischen Ich eine historische Figur, für den sie sich stellvertretend äußert. In unserem Fall ist diese historische Gestalt Arnaud d'Oyhénart, der im Untertitel genannte Arnaldo de Oyenarte.

In der spanischen Lyrik der zweiten Hälfte des 20. Jahrhunderts findet sich der Typus des dramatischen Monologs recht häufig, wenn auch nicht immer mit einem satirischen Hintergrund. Seine erste systematische Verwendung tritt bei Luis Cernuda in Erscheinung. Spätere Dichter, vor allem diejenigen der 68er Generation, haben sich dieser Form bedient, um mit Hilfe dieses Verfahrens des indirekten Ausdrucks die von romantischen Dichterauffassungen geprägte Identifizierung des lyrischen Ich mit der empirischen Person des Dichters zu vermeiden und so dem Gedicht den Anschein des unmittelbaren Bekenntnisses zu nehmen. Ob Juaristi, der sich sonst nicht scheut, die Möglichkeiten des lyrischen Ich zu nutzen, mit der Verwendung des dramatischen Monologs, die sich ja bei den Dichtern der 68er Generation ausgesprochener Beliebtheit erfreute und geradezu zum Markenzeichen der *novísimos* wurde, parodistische Ziele diesen letzteren gegenüber verfolgte, ist zwar nicht unwahrscheinlich, lässt sich aber nicht konkret belegen.

Doch wer ist die ›Person‹, hinter der sich der Autor verbirgt? Arnaud d'Oyhénart – ein kultivierter Schriftsteller französischer und baskischer Sprache mit humanistischen Zügen – war Rechtsanwalt, Dichter und ein guter Kenner des Baskischen. 1592 in Mauléon, in der Soule, einer der drei französischen baskischen Provinzen, geboren, studierte er Jura in Bordeaux und wurde 1623 *Syndic du Tiers-État* seiner Heimatstadt. Streitigkeiten mit seinen Nachbarn brachten ihn 1627 für kurze Zeit ins Gefängnis. Erst aufgrund seiner Heirat erlangte er einen Adelstitel. Eine kulturgeschichtliche Beachtung verdient er als Verfasser der *Notitia utriusque Vasconiae* (1638, zweite vermehrte Ausgabe 1656), eines umfangreichen historiographischen Werkes, das der Sprache, den Territorien und Institutionen des alten Königreichs Navarra und der aquitanischen baskischen Provinz gewidmet ist. Das Werk gilt heutzutage unstrittig als »la historia del País Vasco más crítica y veraz que se escribió bajo el Antiguo Régimen«[39]:

> Il ne constitue pas un panégyrique ou une apologie systématique du Pays Basque; les opinions adverses sont exposées puis discutées, avec références à l'appui; la documentation est copieuse, mais n'est pas admise a priori; bref, c'est un travail que l'on peut saluer comme l'un des plus objectifs de son siècle.[40]

In die Geschichte der baskischen Poesie ist Arnaud d'Oyhénart als Autor des Werkes *Les proverbes basques recueillis par le S^r D'Oihenart, plus les poésies basques du mesme auteur* (1657) eingegangen. Den zweiten Teil des Werkes charakterisiert sein Herausgeber wie folgt:

> Cette versification savante ne peut pas se lire impromptu et l'on est surpris de tout ce qu'Oyhénart a su couler dans ce moule tarabiscoté, à l'imitation des poètes alexandrins et de leurs continuateurs. [...] s'il y a ça et là d'aimables trouvailles et des joliesses, on regrette que l'ensemble, écrit dans une langue de puriste, soit artificiel et plutôt acrobatique que profond: nulle part on ne rencontre l'émotion vraie ni l'expression spontanée; jamais un cri du cœur. On assiste aux jeux d'un esprit délié qui s'échauffe à vaincre des difficultés purement formelles. À vrai dire, Oyhénart semble s'en être rendu compte lui-même. Dans sa préface, il ne se donne pas comme poète. Sa seule ambition, dit-il, c'est de montrer que l'on peut en basque composer des vers aussi réguliers qu'en français, italien ou espagnol.[41]

Juaristi fällt jedoch ein etwas milderes Urteil über den Dichter, der schon der Protagonist seines als »L'Art poétique basque« betitelten Sonetts in *Suma de varia intención* gewesen ist:[42]

> Hombre del Barroco, gustó de construcciones y giros insólitos, y creó abundantes neologismos. Pero al contrario que Leizarraga, evitó recurrir al latín y buscó en el propio euskera las raíces precisas para construir los nuevos vocablos. Sólo dos de ellos han encontrado posterior acogida en la lengua

literaria, *neurthitz* [verso] y *hamalaurkun* [soneto], y ello en círculos muy restringidos. Oihenart representa la primera manifestación de un purismo lingüístico que Sabino Arana y sus seguidores llevarán, siglos después, hasta sus extremos.

Pero Oihenart es también el único entre los escritores de su tiempo que tiene una clara conciencia de su condición y oficio literario, sin que medien en ella designios catequísticos, una conciencia de servir, ante todo, a los intereses de la poesía.[43]

Juaristi nimmt in dem belesenen Arnaldo de Oyenarte eine ganz offenbar kongeniale Figur wahr, vielleicht sogar den Dissidenten,[44] als den er sich selbst sieht. Er verwendet ihn, um eine Art spätmittelalterliches *sirventès* zu komponieren, das mit seiner geballten ironischen Kritik auf die *abertzale*-Gemeinde abzielt, die hier mit den wenig nachdenklichen Antagonisten des Oyenarte gleichgesetzt wird. In seinem polemischen Anliegen ist dieser Text vergleichbar mit der Invektive, die ein Gedicht wie Juaristis »El gas de mi mechero« gegen den Fanatismus seiner früheren politischen Weggefährten richtet. Dargestellt in der »Epístola« wird der Typus eines aus privilegierten Verhältnissen stammenden zweisprachigen Schriftstellers, der zwar zwischen den Stühlen sitzt, dessen Bildung ihm aber die nötige kritische Distanz vom ›Stamm der Vaskonen‹ ermöglicht und es ihm erlaubt, seine Landsleute anzuprangern.

Der Gegenstand des beißenden Spotts von Oyenarte ist ganz offenkundig die erzkonservative Mentalität der seinerzeitigen Basken, die, wie Juaristi nahelegt, nichts von ihrer Aktualität verloren hat. Nicht ohne Überheblichkeit wendet sich Oyenarte an seine damaligen Landsleute und an die der Gegenwart, d.h. der ausgehenden 80er Jahre – daher in Vers 69 der Hinweis auf José Antonio Ardanza, der zwischen 1985 und 1998 Chef der baskischen autonomen Regierung (*lendacari*) gewesen ist. Der Text karikiert die Basken der Gegenwart als ungehobelte Tölpel mit den klischeehaften Attributen von einst, denn, so wird suggeriert, seit drei Jahrhunderten habe sich in dieser Hinsicht bei ihnen absolut nichts geändert (V. 68-70). Sie seien vielmehr immer noch schwer von Begriff (V. 1, 4-6, 59, 119-121), stur (V. 68), ungezähmt und böswillig (V. 11, 41-53), undankbar (V. 10-14, 38) und argwöhnisch (V. 104-107). Ihre Einstellung Andersdenkenden gegenüber sei nach wie vor feindselig (V. 41-53), wenngleich ihnen ironischerweise zugestanden wird, im Ruf der Ehrlichkeit, Unschuld, Reinheit und Frömmigkeit zu stehen (V. 116, 123-4).[45] Der ganze Katalog strotzt im Übrigen von den Gemeinplätzen hinsichtlich der Figur des *vizcaíno*, des Basken, wie sie sich in der spanischen Literatur des *Siglo de Oro* findet.[46]

Ein wichtiges Element der Schmährede von Oyenarte (beziehungsweise Juaristi) betrifft die Frage der Sprache. Bestimmten, oben angedeuteten Traditionen des *Siglo de Oro* folgend mokiert sich der Autor der *silva enamorada* regelrecht über das Baskische und den Stellenwert, den ihm die *abertzales* (»Patrioten«) zuschreiben wollen. In deutlicher Opposition zu der bei den Nationalisten fest verankerten Doktrin, die Sprache sei das schlechthinnige Identitätsmerkmal einer nationalen Gemeinschaft und sei daher bedingungslos zu verehren, zeigen sich in der »Epístola a los vascones« schwerwiegende Vorbehalte gegenüber dem Euskera. Hier kommt der Zwiespalt deutlich zum Ausdruck, wie er für einen Schriftsteller charakteristisch ist, der es vorzieht, sich für bestimmte ›gehobene Zwecke‹ im Bereich der Kultur oder des administrativen Umgangs einer renommierten Sprache zu bedienen, im vorliegenden Fall des Französischen, während er eine andere Sprache (hier das Baskische) sozusagen als nachgeordnetes Idiom für weniger anspruchsvolle Zwecke verwendet, wobei dieser zweiten Sprache durchaus ein gewisses Maß an Sympathie erhalten bleibt, handelt es sich bei ihr doch in aller Regel um die Muttersprache. Es ist dies die typische Diglossie-Situation, die Juaristi in der »Epistel« Oyenartes durchaus zum Streit bereit aufscheinen lässt. Mit deutlichem Spott und in Übereinstimmung mit der historischen Realität wird das Baskische (das damals noch keine Schriftsprache war, weswegen im Gedicht von »vuestra dulce parla«, V. 28, gesprochen wird) als heilsamer Schild gegen das Eindringen jedweden modernen Denkens gepriesen (V. 30-37). Hinter diesem Vorbehalt gegenüber der Sprache steht jedoch keineswegs eine grundsätzliche Verachtung aller Baskischsprecher – eine solche Polemik gehört zu den Spielregeln der Karikatur. Mit seiner Satire wendet sich der Autor vielmehr gegen all jene heutigen unkritischen Verteidiger des Baskischen, die die Sprache, was ja auch sonst vielfach kritisiert worden ist,[47] als Mittel der politischen Indoktrination und der Propaganda missbrauchen. Eng damit verbunden ist Juaristis Abwehr der Geschichtsklitterung der Nationalisten, ihres historiografischen Diskurses. In Gedichten wie »Euskadi, 1984«, »Patria mía«, »El gas de mi mechero« oder »En torno al casticismo« – Beispiele, die sich leicht erweitern ließen – wird diese Problematik weit radikaler thematisiert. In ihnen findet sich eine Generalabrechnung Juaristis mit dem Albtraum des Nationalismus, in den er seine baskische Heimat immer stärker versinken sieht. Hierher zählen auch Gedichte mit einer lapidareren Ausdrucksform wie zum Beispiel »Spoon River, Euskadi«.[48] Andere Gedichte schlagen dem gegenüber einen milderen Ton an, so »Gabriel Aresti, 1981«, »Sermo humilis« oder »L'Art poétique basque«, wo die gegenwärtigen ›Sprachschänder‹ als »curas y copleros que a cualquier cosa llaman poesía« verspottet werden. Diese Gedichte zeugen von einer tiefen Zuneigung des Autors zum Euskera und bringen so jene zwiespältige Einstellung in der Lyrik von Juaristi zum Ausdruck, die zwischen verherrlichender Elegie und herabsetzender Satire schwankt.[49]

III

Kennzeichnend für Juaristis satirische Lyrik sind ein Ungestüm und eine Maßlosigkeit, die bisweilen etwas grob anmuten,[50] als wollte er selbstparodierend vorgehen und – dafür wäre das vorliegende Gedicht ein gutes Beispiel – dem alten Klischee von der ›Ungeschlachtheit der Basken‹ gerecht werden. Die parodistisch intertextuellen Bezüge des Gedichts sind vielfältiger Natur. Bereits der Titel enthält eine Reihe von Anspielungen: »Epístola a los vascones« erinnert kontrafaktisch an Horaz und seine *Epistula ad Pisones* oder *Ars poetica*, die im Spanischen mit dem Titel *Epístola a los Pisones* angeführt wird. Dabei ist die Gattung der Epistel aufgrund ihres ironischen Tons alles andere als belehrend gemeint. Auch die Wahl des Wortes ›vascones‹ statt ›vascos‹ (ein Neologismus, der erst im 19. Jahrhundert Verbreitung fand), ›euskaldunes‹ (›die Baskischsprechenden‹) oder ›vascongados‹ kommt nicht von ungefähr. Das in der Antike gebildete Wort ist im Kontext des Gedichts offenkundig ein Anachronismus, denn bei ›vascones‹ haben wir es mit einem Wort zu tun, mit dem die Römer die feindselige Urbevölkerung der Pyrenäenregion und insbesondere von Navarra bezeichneten. Es verwies auf den Mangel an Kultur dieser Volksgruppen und auf ihr ethnisches Sektierertum (›tribalismo‹), zwei Mängel, die auch den Kern der Klage des Dichters seinen Landsleuten gegenüber ausmachen. Dabei sind die derberen Assoziationen mit eindeutigen Schimpfwörtern, die der Volkszugehörigkeitsname ›vascones‹ hervorruft, noch unberücksichtigt.[51] Wie so oft bei Juaristi – und zwar gerade auch in Gedichten, die kein ironisches Anliegen haben, wie zum Beispiel »Sermón de la atalaya de Lequeitio« – handelt es sich um konzeptistische Verfahren, die im Übrigen für seinen Stil charakteristisch sind. Um diese stilistischen Züge, so wie sie ihren Niederschlag in der »Epístola a los vascones« gefunden haben, besser einordnen zu können, gilt es an dieser Stelle, einen kurzen Blick auf die Sprachauffassungen des Autors zu werfen.

Juaristi hat sich verschiedentlich mit dem problematischen Sprachbewusstsein von baskischen Autoren beschäftigt, die spanische Muttersprachler beziehungsweise zweisprachig sind, aber sich in einem Sprachraum befinden, der für die spanische Sprache sozusagen eine Art Exklave bedeutet. In welch komplexer Lage sich ein solcher Autor sieht, hat er anhand der sprachlichen Situation in Bilbao verdeutlicht. Nach seiner Sicht der Dinge verfügt ein Autor über vier verschiedene ›Sprachen‹:

> la lengua vernácula, de ámbito rural y familiar; la lengua urbana o de relación; la lengua referencial, de cultura y sentido, y la lengua mítica, la del horizonte religioso y espiritual de la civilización de que se trate, que en nuestro caso, es, sin duda, el latín, ese idioma que conserva todavía [...] un aura de sacralidad. Pues bien, esta lengua en que se han pronunciado durante cerca de dos milenios las »divinas palabras« de la latinidad occidental no es la fuente de la lengua vernácula de mis paisanos. En los alrededores de Bilbao se ha hablado en vasco hasta hace pocos años. El vasco, aunque contiene un altísimo porcentaje de voces románicas, no es una lengua neolatina. La vecindad de este idioma campesino influyó decisivamente en la formación de una lengua urbana peculiar, el dialecto bilbaíno, un castellano trufado de términos y giros sintácticos tomados del vasco [...]. Y esto ha tenido una importancia decisiva en la adquisición de nuestra lengua referencial, la de la escuela, que no era la misma que se hablaba en nuestro entorno rural, ni coincidía exactamente con nuestra lengua urbana. Cuando los idiomas que constituyen el patrón tetralingüístico de un escritor no proceden del mismo tronco, la relación de aquél con su lengua se ve afectada por una desviación. La lengua literaria deviene un idiolecto histérico.[52]

Diese komplexe nicht nur Diglossie-, sondern ›Tetraglossie‹-Situation macht den Autoren den Umgang mit der Sprache außerordentlich kompliziert. Ausgehend von den Untersuchungen des Sprachwissenschaftlers Henri Gobart spricht Juaristi von »escrituras teratológicas«, sprachlichen Missgeburten oder »missratene Schreibweisen«, etwa die von James Joyce oder von Miguel de Unamuno, Juan Larrea und Blas de Otero, letztere drei alles Autoren, die aus Bilbao stammten. Juaristi selbst sieht sich durchaus in dieser Tradition:

> La poesía de los bilbaínos es una poesía lingüísticamente abisal, obsesivamente centrada en los recursos poéticos del sistema del español. El extrañamiento radical del poeta, su extraterritorialidad lingüística, le confiere una rara disposición para la creación de efectos de sorpresa y opacidad del lenguaje poético. El español no es para nosotros un medio natural, un ecosistema lingüístico del que no podamos evadirnos, sino un instrumento o, en ocasiones, un juguete. [...] Y esta conciencia de la imposibilidad de verter en el cauce lingüístico castellano el agua del hontanar propio [...] será lo que nos permita hacer una contribución original a la latinidad, siempre que seamos cautelosos y evitemos tropezar en las piedras que malograron algunos de los mejor intencionados experimentos de nuestros antecesores. Porque, a veces, nuestra inclinación al juego verbal puede precipitarnos en el disparate infantiloide.[53]

Diese von Juaristi beschriebene sprachliche Situation findet sich natürlich auch im vorliegenden Gedicht, wo sie übrigens auch zu einer Reihe von Übersetzungsproblemen führt, die bisweilen nicht einfach zu lösen waren. Im Folgenden sollen nun die wesentlichen Elemente der Dichtungssprache des Autors und einige seiner parodierenden Stilmittel dargestellt werden.

Was die Anekdote angeht, aus der der Sprechanlass des Gedichts hervorgeht, d.h. die Wiederauferstehung des vor mehr als drei Jahrhunderten verstorbenen Oyenarte, so ist sie mit ausgesprochen komischen Zügen konzipiert. Diese Komik entsteht durch eine Abfolge von Anachronismen, wenn sich der baskische Autor der Vergangenheit in die unmittelbare Gegenwart versetzt:

> [...] Ya sabía
> que no ibais a nombrarme lendacari (V. 44-45)
> Pensaba, por mi parte: [...]
> Si mi ejemplo cundiera,
> [...]
> un euscaldún cualquiera
> [...]
> sería candidato a un premio sueco (V. 58-66)
> sin Franco y con Ardanza (V. 69).

Die spöttische Intention des Verfassers wird zudem verstärkt durch die Verwendung eines gehobenen Stils, der dem impliziten Adressaten dieses ›Sendschreibens« im Grunde unangemessen ist und als eine deutliche Verhöhnung zu verstehen ist. Diese ironische Absicht wird unterstrichen durch intertextuelle Bezüge sowohl zu den Literaturen der Antike als auch der neueren Zeit, durch einen gezierten Satzbau, komplizierte Umschreibungen und eine Fülle von mehr oder minder gelehrten Buchwörtern. Dazu ließen sich im Text viele Beispiele anführen. Am deutlichsten zeigt sich das Phänomen jedoch vielleicht im folgenden Zitat: »Entre los muros lóbregos de Dite, / esta noche me ofrecen un convite / tres viejos camaradas« (V. 86-88).

Für Komik sorgt auch der Diskurs Oyenartes selbst, der unvermittelt zwischen Feierlichem und Umgangssprachlichem beziehungsweise Vulgärem hin und her wechselt: »Fue *vana* mi esperanza, / porque seguís tan *brutos* como antes« (V. 67-68; Hervorhebungen hier und im Folgenden vom Verfasser); »Me vuelvo, pues, a *mi infernal morada,* pero os dejo mi silva enamorada. / *Paciencia, que termino*« (V. 99-101). Manchmal werden ähnliche Effekte erreicht, indem ein so kaum zu erwartendes Substantiv mitten in einem höchst formalen Diskurs – der gekennzeichnet ist z.B. durch die Verwendung von gelehrten Worten und die Voranstellung der Adjektive – plötzlich benutzt wird:

en el rústico (!) idioma
que preservasteis del letal (!) contagio
de la corrupta (!) Roma.
[...],
que guarda un fresco (!) aroma
de *estiércol* y de poma
y del ágil (!) *cabrón* del Pirineo (V. 30-37);

oder »John Donne, que *aun siendo* obispo está aquí abajo / por escribir *un par de cochinadas*« (V. 90-91). Ein vergleichbares Ziel verfolgen mitunter die in Klammern stehenden Satzfragmente und deren bisweilen eigenwillige Interpunktion (V. 10-14, 18-27, 29, 56, 65, 122), die den normalen Verlauf der Rede unterbrechen und zu mächtigen syntaktischen Pirouetten zwingen, um zur Syntax des Haupttextes zurückzukehren (V. 7, 15, 28).

Als Autor, der an Gil de Biedmas Lyrik »la osadía de la cacofonía« bewundert, hat Jon Juaristi in seiner eigenen Lyrik die satirisch-parodistischen Möglichkeiten des Reims bis ins Extrem getrieben, wie man sie sonst etwa aus den Kompositionen des italienischen Liedermachers Paolo Conte, kennt. Dazu bietet die Form der Epistel hervorragende Möglichkeiten. Der Sprecher des Gedichts selbst hat dessen Form als *silva* (V. 100) bezeichnet. Dabei handelt es sich um eine in der spanischen Lyrik seit Garcilaso de la Vega weit verbreitete Gedichtform, in der Elfsilber (*endecasílabos*) und Siebensilber (*heptasílabos*) in freier Kombination zu Strophen zusammengefügt werden, wobei auch die Abfolge der Endreime ins Ermessen des jeweiligen Autors gestellt ist. Im vorliegenden Text hat nun der Dichter mit dem Einsatz des Reims ein besonderes – ironisch-parodistisches – Spiel unternommen, das vielleicht der insgesamt markanteste stilistische Zug des ganzen Gedichtes ist. Juaristi verwendet hier in aller Regel keine der in der spanischen Lyrik traditionellerweise verwandten Reimwörter und -paare. Er fügt vielmehr Wörter zu Reimen zusammen, wie sie nie zuvor gebraucht wurden und erreicht damit den Effekt des Grotesken.[54] Auch hier kommt es zu einem durchaus gewollten Pendeln zwischen Ernsthaftem und weniger Ehrerbietigem, zwischen Gewohntem und gänzlich Überraschendem, wie die folgenden Reimabfolgen deutlich zeigen: »agitaba-daba-baba-cobraba« (V. 9-10-11-14); »denuestos-impuestos« (V. 12-13); »Livio-alivio« (V. 21-22); »parla-nombrarla« (V. 28-29); »contagio-Pelagio« (V. 31-33); »Galileo-Pirineo« (V. 34-37); »aroma-poma« (V. 35-36); »charivari-lendacari« (V. 42-45); »saña-España« (V. 48-50); »abrigo-conmigo« (V. 54-55); »importa-corta« (V. 56-57); »parte-arte« (V. 58-59); »cundiera-eusquera-cualquiera« (V. 60-61-64); »enteco-checo-rebeco-sueco« (V. 62-63-65-66); »esperanza-Ardanza« (V. 67-69); »gracia-contumacia« (V. 70-73); »veo-mausoleo« (V. 76-78); »Dite-convite« (V. 86-87); »destajo-abajo« (V. 89-90); »camaradas-cochinadas« (V. 88-91); »hugonote-Argote« (V. 92-93); filipino-tocino-casino« (V. 94-95-97); »arisca-brisca« (V. 96-98); »lata-posdata« (V. 102-3); »acera-quisiera-caldera-eusquera« (V. 106-108-109-111); »guipuzcoano-mano« (V. 110-112); »zumba-tumba« (V. 114-117); »manzanas-ganas« (V. 120-122); »nimbo-Limbo« (V. 123-126); »certeza-cabeza« (V. 125-127). Dieses – durchaus spöttisch gemeinte – Spiel mit den Reimen treibt Juaristi bisweilen auf die Spitze, wenn er in manchen Passagen der »Epístola« (wie darüber hinaus in so vielen anderen seiner Gedichte) von den Möglichkeiten der Alliterationen und *retruécanos*[55] sowie den verschiedensten Formen des Binnenreims Gebrauch macht: von den einfachen in Vers 22 und 96 bis hin zu grotesk wirkenden höchst komplexen Fügungen wie in den Versen 26-27 (»a mis lindas vecinas / por las pinas colinas suletinas«) oder in den Versen 47-53 (»pero no suponía / que a tanto alcanzaría vuestra saña, / a tanto, que si a uña / de caballo trotón no gano España / o las suaves planicies de Gascuña, / ese día me dejo / en vuestras negras uñas el pellejo«[56]). Diese rhetorische Fülle lässt sich ebenso bei anderen Formen der Intensivierung des Diskurses beobachten, so beim Phänomen der Wiederholung, hier (V. 7-10) in der Form des Polyptotons: »me *disteis* tanta pena, que *di* a mi vez salida al amoroso / impulso que en mi pecho se agitaba (aunque hablando de *dar*, ¿qué se me *daba* [...]?«

Zu den Verfahren, ironische Distanz hervorzurufen, gehört auch die Verwendung skurriler, gegenüber dem üblichen Gebrauch eventuell veränderter Redewendungen, wobei sich diese meistens noch zusätzlich in der herausgehobenen Stellung des Reims finden: »de ciento en viento« (V. 22); »a uña de caballo trotón« (V. 49-50); »poetas a destajo« (V. 89); »se juega las pestañas« (V. 98) statt »las cejas«; »obras de calidad« (V. 40) statt »de caridad«; »un premio sueco« (V. 66) statt »el premio Nobel«[57]. Witzig und spöttisch, weil wohl über das Verständnisvermögen der impliziten Zuhörer hinausgehend, ist auch das Wortspiel mit dem Namen des Dichters in Vers 59: »Al fin estos palurdos *oyen arte*« (i.e. Oyenarte). Einen ähnlichen Effekt erzeugt das Verwenden des Substantivs *mausoleo* (V. 78), das auf eine Reminiszenz des Namen der Heimatstadt von Oyenarte (sc. Mauléon, Soule) abzielen könnte.

Den vermeintlichen Stil des barocken Oyenarte nachahmend enthält der Text darüber hinaus eine Reihe von mehr oder weniger eindeutig aufschlüsselbaren intertextuellen Anspielungen, die den – vom Autor als begriffsstutzig und wenig belesen angesehenen – Basken wohl noch einmal geringe Bildung vorführen soll. Die Fügung »un punto filipino« (»etwas schwul«; V. 94) verweist auf das autobiographische *Retrato del artista en 1955* von Jaime Gil de Biedma, wo dieser ausführlich von seinen homoerotischen Erfahrungen auf den Philippinen berichtet. Die Verse 119-121 »Dios [...] no quiso que probaseis las manzanas / del Árbol de la Ciencia« stellen – neben der schlichten Bedeutung der Metapher: »Ihr seid immer dumm gewesen« – eine Referenz auf einen bekannten Romantitel des aus dem Baskenland stammenden Pío Baroja dar, eines Schriftstellers, der sich jedoch bei den baskischen Nationalisten keiner großen Beliebtheit erfreut. Ein verstecktes Zitat ist Vers 75 (»a todo sabio que en el mundo ha sido«), das auf Fray Luis de León und seine berühmte Ode »La vida retirada« zurückgeht, während Vers 95, »condenado a una dieta de tocino«, auf Quevedo und sein antisemitisches Sonett gegen Góngora verweist.[58] Vers 86 wiederholt beinahe buchstäblich einen Elfsilber der Merlin-Prophezeiung im *Quijote*: »En las cavernas lóbregas de Dite« (II, 35; auch II, 69). Wie immer diese intertextuellen Bezüge letztlich zu verstehen sein mögen, sie sind höchst bezeichnend für ein lyrisches Œuvre, dessen wichtigste Bestandteile, wie sie Mariapia Lamberti benennt, die »Epístola« exemplarisch aufzeigt: »la proyección de experiencias íntimas, fictivas o ajenas – a menudo históricas – que funcionan como correlatos de la experiencia real, una intertextualidad cerrada, de un cultismo casi barroco, sarcasmo, e ironía que se alternan sin mediación con una melancolía despiadada; y en el plano formal una recuperación preciosista de la versificación clásica, empleada también a veces con fines irónicos.«[59]

IV

Die »Epístola a los vascones« ist ein durch und durch karnevalesk subversiver Text, mit dem Jon Juaristi aus seiner Sicht und in der Tradition der von ihm vertretenen *poesía civil* der im spanischen Baskenland vorherrschenden baskisch-nationalistischen Gemeinde, der *tribu atribulada* – so wie sie in einem der letzten Essays des Autors bezeichnet wird – die Grenzen ihrer geistigen Ansprüche verdeutlichen will. In der grundsätzlichen Heiterkeit, die den Text trotz aller Kritik durchzieht, schreckt der Autor auch nicht vor einer gewissen Selbstparodie zurück. Wie dem auch im Einzelnen sein mag, das Gedicht ist ein eindeutiger Beleg für Juaristis schwieriges Verhältnis zu seiner baskischen Heimat, das er hier nicht ohne Leidenschaft, aber auch ohne scharfe Anklage, *entre burlas y veras*, halb im Ernst und halb im Scherz, darlegt. Fast zwei Jahrzehnte nach der Entstehung des Gedichts und in Anbetracht der konvulsiven politischen Entwicklung, die sich zwischenzeitlich im Baskenland vollzogen hat, lässt sich jedoch der Eindruck nicht vermeiden, dass die »Epístola a los vascones« dem Geist einer ganz anderen – zwischenzeitlich leider überholten – Zeit entspricht, in der ein solch literarisch spielerischer Umgang mit der Baskenfrage noch nötig und möglich erschien.[60]

I. Verzeichnis der lyrischen Werke von Jon Juaristi

Ausgaben

Diario del poeta recién cansado. Pamplona/ Iruñea: Pamiela 1985 (La Sirena, 2); Pamplona: Pamiela ²1986 (Pamiela Poesía).

Suma de varia intención. Pamplona/ Iruñea: Pamiela 1987 (La Sirena, 6).

Arte de marear. Madrid: Hiperión 1988 (Poesía Hiperión, 137).

Los paisajes domésticos. Sevilla: Renacimiento 1992 (Calle del Aire).

Agradecidas señas. Palma de Mallorca: Monograma 1995 (El cantor, 7).

Tiempo desapacible. Granada: Comares 1996 (La Veleta, 30).

Prosas (en verso), Madrid: Hiperión 2002 (Poesía Hiperión, 427).

Anthologien und Sammelbände

Il sale della colpa / La sal de la culpa. Poesie / Poesías, 1982-1989. Hg. von Mariapia Lamberti. Triest: Editore E 1990 (Strumenti/ Herramientas, 4) (zweisprachige Anthologie).

El pozo en la memoria. Mexiko: El Tucán de Virginia 1990.

Mediodía (1985-1993). Granada: Comares 1994 (La Veleta, 25).

Sermo humilis (Poesía y poéticas). Hg. von María Bueno Martínez. Granada: Diputación Provincial de Granada 1999 (Maillot amarillo, 38).

Poesía reunida (1985-1999). Madrid: Visor 2000 (Colección Visor de Poesía, 442).

Jon Juaristi o la inocencia fingida. Hg. Von Marta B. Ferrari. Mar del Plata: Martín. 2004.

II. Kritische Literatur

Blas Guerrero, Andrés de: »Los arcanos de la patria«, in: *El País, Babelia* (13.2.1993), S. 20.

Blasco, Juanjo: »Poesía civil Blues«, in: *Poesía en el Campus* 21 (1992-93), S. 15-16.

Bueno Martínez, María: »Poeta a pesar de todo«, in Jon Juaristi: *Sermo humilis (Poesía y poéticas).* Granada: Diputación Provincial de Granada 1999 (Maillot Amarillo, 38), S. 9-13.

Castaño, Francisco: »*Arte de marear* de Jon Juaristi«, in: *Ínsula* 517 (1990), S. 17-18.

Cuenca, Dolors/ Candel, Xelo: »*Mediodía (1985-1993)* de Jon Juaristi. ›El tiempo escribirá palabras con sentido...‹«, in: *Cuadernos para Investigación de la Literatura* 21 (1991), S. 87-105.

España, Ramón de: »Me duele Euskadi«, in: *Poesía en el Campus* 21 (1992-1993), S. 9-11.

Ferrari, Marta B.: »Estudio preliminar«, in Jon Juaristi: *Jon Juaristi o la inocencia fingida*. Hg. von Marta B. Ferrari. Mar del Plata: Martín 2004.

García Martín, José Luis: »El humor, la poesía«, in: *Diario de Córdoba* (2.7.1987).

García Martín, José Luis: »Humor y melancolía«, in ders.: *La poesía figurativa. Crónica parcial de quince años de poesía*. Sevilla: Renacimiento 1992, S. 158-163.

García Martín, José Luis (Hg.): *Selección nacional. Última poesía española*. Gijón: Universos 1995.

García Martín, José Luis (Hg.): »Jon Juaristi«, in ders.: *Treinta años de poesía española (1965-1995)*. Sevilla/ Granada: Renacimiento/ La Veleta 1996, S. 330-351.

García Martín, José Luis: Rezension von *Poesía reunida (1985-1999)* (Madrid: Visor 2000), in: *El Cultural* (12.-18.7.2000), S. 11.

García Montero, Luis: »El oficio como ética«, in José Romera Castillo/ Francisco Gutiérrez Carbajo (Hg.): *Poesía histórica y (auto)biografía (1975-1999). Actas del IX Seminario del Instituto de Semiótica literaria, teatral y nuevas tecnologías de la UNED (Madrid, UNED, 21-23 de junio de 1999)*. Madrid: Visor 2000, S. 87-103.

García-Posada, Miguel: Rezension von »*Suma de varia intención*«, in: *ABC Literario* (7.5.1988).

García-Posada, Miguel: »Amor, historia y naturaleza«, in: *El País, Babelia* (19.9.1992), S. 13.

García-Posada, Miguel: »Una poesía moral y civil«, in: *El País, Babelia* (14.5.1994), S. 12.

García-Posada, Miguel (Hg.): *La nueva poesía (1975-1992)*. Barcelona: Crítica 1996 (Páginas de Biblioteca Crítica. Poesía española, 10).

García de la Concha, Víctor: Rezension von *Mediodía (1985-1993)* (Granada: Comares 1994), in: *ABC Cultural* (3.6.1994), S. 8.

Gutiérrez, Enrique: »As the Years Go By«, in: *Poesía en el Campus* 21 (1992-93), S. 12-14; zuerst in: *El Periódico de Aragón* (11.3.93).

Lamberti, Mariapia: »Introduzione«, in Jon Juaristi: *Il sale della colpa/ La sal de la culpa. Poesie/ Poesía, 1982-1989*. Hg. von Mariapia Lamberti. Triest: Editore E 1990 (Strumenti/ Herramientas, 4) (zweisprachige Ausgabe).

Lamberti, Mariapia: »Jon Juaristi: la poesia dell'antipassione«, in: *Poesia. Mensile di cultura poetica* Jg. IV, Nr. 36 (1991), S. 32-39.

Lamberti, Mariapia: »Dieci poeti spagnoli degli anni 1980-1990«, in: *Poesia. Mensile di cultura poetica* Jg. VI, Nr. 63 (1993), S. 2-24.

Luna Borge, José: »Las rimas de Jon«, in: *Huelva Información* (24.6.1989).

Mainer, José-Carlos: »No se puede ser vasco impunemente«, in: *Poesía en el Campus* 21 (1992-1993), S. 3-6.

Malpartida, Juan: »De amor y patria«, in: *Revista de Libros* 51 (2001), S. 40.

Martín, José Luis: »Martillo de patriotas«, in: *Poesía en el Campus* 21 (1992-1993), S. 19-20.

Mayor, David/ Durá, José Manuel: »Ciudad sin nombre«, in: *Poesía en el Campus* 21 (1992-1993), S. 17.

Muñoz, Luis: »La norma del tiempo«, in: *Fin de Siglo* 2 (1992), S. 13.

N.N.: Rezension von *Prosas (en verso)* (Madrid: Hiperión 2002), in: *El Cultural* (19.-25.06.2000).

Ortega, Antonio: »Entre el mimbre y el jade«, in: *ABC Cultural* (3.9.2001).

Piquero, José Luis: Anmerkungen zu den Gedichten »Maestu (Canción)« y »Veinticinco pluvioso«, in: *Clarín* 6 (1996), S. 34-35.

Prieto de Paula, Ángel L.: *Musa del 68. Claves de una generación poética*. Madrid: Hiperión 1996.

Prieto de Paula, Ángel L.: »Los trabajos y los días«, in: *El País, Babelia* (10.08.2002).

Savater, Fernando: »El emboscado de Vinogrado«, in: *Poesía en el Campus* 21 (1992-93), S. 7-8.

Trapiello, Andrés: »Divagaciones para un poeta moderno«, in: *Scriptura* 10 (1994), S. 167-169; auch in Jon Juaristi: *Mediodía (1985-1993)*. Granada: Comares 1994 (La Veleta, 25), S. 11-14.

Yanke, Germán: »Juaristi, en medio del siglo«, in: *Nueva Revista* 36 (1994), S. 81-82.

III. Anmerkungen

*   Zitiert nach Jon Juaristi (2000:112-116). Dabei wurden die folgenden Druckfehler berichtigt: V. 18 *mas* statt *más*; V. 27 Komma statt Punkt, in Übereinstimmung mit dem Text der früheren Gesamtausgabe der Gedichte Juaristis (1994:118-22) und V. 52 *dejo* statt *dejó*. Die »Epístola a los vascones« erschien 1988 in *Arte de marear*, dem dritten Gedichtband des Autors.

1   Ich bin Frau Ina Muñoz und Herrn Dr. Bienvenido de la Fuente für ihre Durchsicht der Übersetzung des Gedichts zu großem Dank verpflichtet.
2   Nach Carlos Bousoño sind dieser Generation alle jene Autoren zuzurechnen, die zwischen 1939 und 1953 geboren wurden. Vgl. Carlos Bousoño: *Poesía poscontemporánea. Cuatro estudios y una introducción.* Madrid: Júcar 1984.
3   Vgl. Jon Juaristi (1999:51-59): »En los márgenes de la latinidad«.
4   Auf frühe, dann aber verworfene Versuche als Dichter – ob auf Baskisch oder Spanisch, bleibt unklar – verweist das Gedicht »Intento formular mi experiencia de la poesía civil«. Diese Hinweise sind aber nicht als unmittelbare autobiographische Aussagen zu werten, da es sich bei dem Sprecher des Gedichts um eine größtenteils fiktive Figur handelt. Die allererste Veröffentlichung Juaristis als Dichter in spanischer Sprache erfolgte – nicht anders als im Fall anderer seiner gleichaltrigen spanischen Dichterkollegen – bereits Ende der 60er Jahre. Vgl. Jon Juaristi: »Dos poemas«, in: *Poesía Española* 202 (1969), S. 26-27. Die Fortsetzung dieses frühen Debüts ließ sich allerdings bis in die 80er Jahre auf sich warten.
5   »Sermo humilis«, in Jon Juaristi (2000:172). Die drei letzten der zitierten Verse enthalten eine parodierende Anspielung auf »Elegía I« von Garcilaso de la Vega. So tritt am Ende des Textes ein für die Lyrik Juaristis charakteristisches *epifonema* auf, das den elegischen Grundton des Gedichts etwas unerwartet und bizarr verzerrt.
6   Víctor García de la Concha (1994:8). Zur Vorgeschichte Juaristis als Dichter in spanischer Sprache hat er im gleichen Kontext bemerkt: »Pienso [...] que la trayectoria de creación poética castellana de Jon Juaristi no se puede entender de modo cabal sin tener en cuenta su anterior laboreo en los talleres de la poesía vasca« (ebd.). Kernpunkt des Interesses der Gruppe *Pott* war nach Auffassung Juaristis »la visión pesimista de la situación general de la cultura vasca, el desdén hacia los voceros del ›compromiso social del escritor‹ y la defensa de la necesidad y autonomía de la literatura.« Jon Juaristi: *Literatura vasca.* Madrid: Taurus 1987, S. 133. Gemeint ist damit die Unabhängigkeit der Dichtung von nicht-literarischen Zielen, wie z.B. einer Instrumentalisierung zu Zwecken der kirchlichen oder der politischen Indoktrinierung, denen die baskische Literatur von ihren Anfängen an bis ins späte 20. Jahrhundert ausgesetzt war. Vgl. zu den Aktivitäten der Dichtergruppe *Pott* die Memoiren Jon Juaristis: *Cambio de destino.* Barcelona: Seix Barral 2006. Darin schreibt er diesbezüglich: »El rechazo del compromiso era un síntoma revelador. Es cierto que, en la pobre literatura movilizada de esos años, defender la escritura libre, autotélica y políticamente irresponsable suponía una novedad refrescante, un desafío sin precedentes a las convenciones de la tribu« (S. 294).
7   Vgl. »Poética (*La generación de los ochenta*)« [1988], in Jon Juaristi (1999:49).

8   Vgl. »Poética« [1998], in Jon Juaristi (1999:122). An gleicher Stelle stellt Juaristi fest: »Cuando se trata con la poesía, hay que tomar precauciones. Se corre el riesgo de confundirla con lo que no es (una religión, una forma de vida...). Prefiero considerarla un entretenimiento, lo que se acerca, creo yo, a su auténtica condición« (S. 121). Es gilt allerdings zu bedenken, dass auch die poetologischen Aussagen in den Texten Juaristis ›fiktiver‹ Natur sind, sowie die Figuren, derer er sich als lyrisches Ich bzw. lyrisches Subjekt bedient. So erklärt sich, dass er an anderer Stelle seine Dichtungsauffassung folgendermaßen definiert: »No escribo poesía por mero entretenimiento. Alguna vez afirmé que no era para mí otra cosa que un ameno desahogo. Hoy sé que es también un modo de cargar conmigo mismo. [...]. Lo que comenzó como un juego ha ido adquiriendo con el paso del tiempo cierta seriedad. En mis poemas ha tomado forma un personaje con el que me siento en deuda. No he llegado a identificarme del todo con él, pero me ha hecho compañía en los peores ratos. Algunas veces resulta incluso conmovedor este tipo que se esfuerza en ser cínico y apenas puede ocultar el desdichado puritano que lleva dentro.« »Poética definitivamente cansada« [1996], in Jon Juaristi (1999:113). Auf die Idee eines gewissen Überdrusses im Hinblick auf die Lyrik geht Juaristi auch im Vorwort seines derzeit letzten Gedichtbandes ein: »Ya estás un poco *bartok* de todo, que diría Ángel González, salvo quizá de Bela Bartok, y al tedio no pretendes sacarle otra cosa que deslavazados versos domingueros.« »Menosprecio de aldea«, in Jon Juaristi (2002:9).

9   Vgl. *Flor de baladas vascas. Euskal baladen lorea.* Hg. von Jon Juaristi. Madrid: Visor/ Ministerio de Cultura 1989 (Colección Visor de Poesía, 239). Vgl. auch »El cantar de Beotibar, ¿un romance noticiero vasco?«, in: *Anuario del Seminario de Filología Vasca »Julio de Urquijo«* XX, 3 (1986), S. 845-856; »La balada vasca de la muchacha ciervo«, in: *Anuario del Seminario de Filología Vasca »Julio de Urquijo«* XXI, 3 (1987), S. 917-926.

10 Vgl. »América en los escritores vascos del 98: Unamuno, Baroja y Maeztu«, in Santiago Petschen (Hg.): *Los vascos, América y el 98.* Madrid: Tecnos 1999, S. 15-40; »Entre el evangelio y la neurología. La cultura española a finales del siglo XIX«, in: *Claves de Razón Práctica* 90 (1999), S. 2-8; »Las sombras del desastre«, in Raymond Carr (Hg.): *Visiones de fin de siglo.* Madrid: Taurus 1999, S. 137-159; Miguel de Unamuno: *En torno al casticismo.* Hg. von Jon Juaristi. Madrid: Biblioteca Nueva 1996; Miguel de Unamuno: *Madrid. Castilla.* Hg. von Jon Juaristi. Madrid: Comunidad de Madrid-Visor 2001; Pío Baroja: *Memorias de un hombre de acción.* Hg. von José-Carlos Mainer, mit einem Vorwort von Jon Juaristi. 3 Bde. Barcelona: Círculo de Lectores 1997.

11 Vgl. Jon Juaristi in Zusammenarbeit mit Kosme María de Barañano und Javier González de Durana Isusi: *Arte en el País Vasco.* Madrid: Cátedra 1987 (Cuadernos Arte Cátedra, 23).

12 Vgl. *Literatura vasca*. Madrid: Taurus 1987 (Historia Crítica de la Literatura Hispánica, 29).
13 Seine bedeutendste Arbeit als Übersetzer ist die spanische Version der Lyrik von Gabriel Aresti (*Obras completas / Obra guztiak*. 2 Bde., zweisprachige Ausgabe. San Sebastián/ Donostia: Luis Haranburu 1976 [Kriselu]) sowie eine *Antología poética* des gleichen Autors. Madrid: Nuestra Cultura 1982 (Pueblos Ibéricos). Juaristi hat auch Romane baskischer Autoren seiner Generation ins Spanische übersetzt, so Ramón Saizarbitoria (*Los pasos incontables*. Madrid: Espasa-Calpe 1998) und Mario Onaindía (*La tau y el caldero*. Barcelona: Grijalbo 1985). Außerdem hat er Werke von Heinrich von Kleist und T.S. Eliot ins Baskische übersetzt.
14 Vgl. *El linaje de Aitor. La invención de la tradición vasca*. Madrid: Taurus 1987 (^{2}1999). Dieser Untersuchung gingen zwei andere Titel mit ähnlichen Sujets voraus: *La leyenda de Jaun Zuria*. Bilbao: Caja de Ahorros Vizcaína 1980 (Temas vizcaínos, 62) und *La tradición romántica. Leyendas vascas del siglo XIX*. Hg. von Jon Juaristi. Pamplona/ Iruñea: Pamiela 1986.
15 Vgl. *Vicente de Arana*. Bilbao: Caja de Ahorros Vizcaína-Bizkaiko Aurrezki Kutxa 1990 (Temas vizcaínos, 182); vor allem aber *El chimbo expiatorio. La invención de la tradición bilbaina, 1876-1939*. Bilbao: El Tilo 1994 (Madrid: Espasa-Calpe ^{2}1999). Vgl. auch »Lengua y dialecto en la literatura regional: el caso bilbaíno«, in José María Enguita/ José-Carlos Mainer (Hg.): *Literaturas regionales en España. Historia y crítica*. Zaragoza: Institución »Fernando el Católico« 1994, S. 49-82; »Literatura regional y dialectal: el caso bilbaíno«, in Federico Eguíluz/ Elspeth Graham/ Vicki Olsen et al. (Hg.): *La Europa (cultural) de los pueblos: voz y forma*. Liverpool/ Vitoria: John Moores University/ Universidad del País Vasco/ Euskal Herriko Unibertsitatea 1994, S. 217-46.
16 Vgl. *El bucle melancólico. Historias de nacionalistas vascos*. Madrid: Espasa-Calpe 1997; 2. vermehrte Ausgabe: Madrid: Espasa-Calpe 2000 (Austral, 485) und *Sacra Némesis. Nuevas historias de nacionalistas vascos*. Madrid: Espasa-Calpe 1999; neue Ausgabe: Barcelona: Nuevas Ediciones de Bolsillo 2000. Die drei Bände der *Crónica de la aldea perdida*. Madrid: Espasa-Calpe 2002 enthalten folgende Titel: *El bucle melancólico*, *Sacra Némesis* und *El chimbo expiatorio*. Sonstige Schriften Juaristis zum Thema der Nationalismen: *Vestigios de Babel. Para una arqueología de los nacionalismos españoles*. Madrid: Siglo XXI 1992, *El bosque originario. Genealogías míticas de los pueblos de Europa*. Madrid: Taurus 2000 (Neuausgabe: Madrid: Punto de Lectura 2001), *La tribu atribulada. El nacionalismo explicado a mi padre*. Madrid: Espasa-Calpe 2002, *El reino del ocaso. España como sueño ancestral*. Madrid: Espasa-Calpe 2004 und *Cambio de destino. Memorias*. Barcelona: Seix Barral 2006. Vgl. auch ders.: »Los nacionalismos vascos al filo del milenio«, in: *Papeles de Ermua* 1 (2001), S. 57-64; »Identidad política y política de identidades«, in: *Letras Libres* 5 (2002), S.

40-46; »Nacionalismo y paisaje«, in: *Cuadernos de Alzate* 29 (2003), S. 25-36; »Cervantes y los particularismos españoles«, in: *Cuadernos de Pensamiento Político* 5 (2005), S. 109-116. . In der Konzeption all dieser Essays ist der Einfluss des irischen Autors Conor Cruise O'Briens von großer Bedeutung, wie Juaristi es im Vorwort zur spanischen Übersetzung eines der wichtigsten Bücher O'Briens beteuert: *Voces ancestrales. Religión y nacionalismo en Irlanda.* Madrid: Espasa-Calpe 1999. Auch etliche weitere Publikationen zum Thema Nationalismus enthalten wichtige Vorworte von Jon Juaristi, so José María Calleja: *La diáspora vasca: historia de los condenados a irse de Euskadi por culpa del terrorismo de ETA.* Madrid: El País-Aguilar 1999; John A. Hall (Hg.): *Estado y nación: Ernest Gellner y la teoría del nacionalismo.* Madrid: Cambridge University Press 2000; Mira Milosevich: *Los tristes y los héroes: historias de nacionalistas serbios.* Madrid: Espasa-Calpe 2000; José Varela Ortega: *Contra la violencia: a propósito del nacional-socialismo alemán y del vasco.* Alegia (Guipúzcoa): Hiria 2001; Alain Finkielkraut: *En el nombre del otro. Reflexiones sobre el antisemitismo que viene.* Barcelona: Seix Barral 2005. Vgl. auch Jon Juaristi und Arcadi Espada: »Diálogo sobre nación, identidad y ciudadanía«, in: *Cuadernos de Pensamiento Político* 9 (2006), S. 41-76.

17 Jon Juaristi/ Juan Aranzadi/ Patxo Unzueta: *Auto de terminación. Raza, nación y violencia en el País Vasco.* Madrid: El País-Aguilar 1994.

18 Vgl. auch die Auffassung von Fernando Savater: »A fin de cuentas, ETA no es más que la fase final – el estadio *asesino* – de un hostigamiento social y cultural generalizado contra todo lo que suene a ›español‹ o recuerde la indudable vinculación institucional del País Vasco con el resto del Estado. Muchos de los que suben los treinta o cuarenta primeros peldaños de tal escalera de enfrentamiento social injustificado e injustificable desaprueban luego los últimos, el tiro en la nuca o el coche bomba. Pero ese último repudio no les convierte en inocentes ni anula su responsabilidad indirecta en las peores atrocidades que padecemos«. *Perdonen las molestias. Crónica de una batalla sin armas contra las armas.* Madrid: Punto de Lectura 2002, S. 20.

19 Vgl. beispielsweise Jon Juaristi: »Construcción nacional«, in: *ABC* (11.8.2000).

20 Die überwiegende Mehrheit der Bevölkerung im französischen Baskenland, das über kein Autonomiestatut verfügt, unterstützt keine baskisch-nationalistischen Parteien. Ähnliches gilt größtenteils für die autonome Region Navarra. Dazu stellt Antonio Elorza mit großer Eindeutigkeit fest: »le projet, aujourd'hui à l'ordre du jour pour tous les nationalistes, d'une grande *Euskal Herria* unifiée politiquement et linguistiquement, avec les territoires mentionnés [die o.g. sieben Provinzen], est donc une construction strictement imaginaire assumée par une communauté de croyants. De là l'impossibilité, pour quelque variante du nationalisme que ce soit, d'accepter une stratégie pleinement démocratique, de là l'inévitable dérive vers la violence. Seule

celle-ci permettra l'imposition de ces objectifs politiques, en dépit des volontés exprimées élection après élection par les citoyens basques espagnols et basques français qui habitent ces régions.« »La nation basque: du mythe à l'histoire«, in: *Les Temps Modernes* 56, 614 (2001), S. 88-89.

21 Zur politischen Situation im Baskenland vgl. die Beiträge in den monographischen Nummern der Zeitschriften *Revista de Occidente* 241 (2001) und *Les Temps Modernes* 56, 614 (2001), letztere auch unter dem Titel *La Question basque. Confins, violence, confinement.*

22 Vgl. José-Carlos Mainer (1992-93:3-6); Juanjo Blasco (1992-93:15-16); Miguel García-Posada (1994:12).

23 Vgl. »New Year's Eve: A Balance«, in Jon Juaristi (2000:27): »But if you go to the North Country Hell / remember me to one who lives there«.

24 »Intento formular mi experiencia de la poesía civil«, aus: *Los paisajes domésticos,* in Jon Juaristi (2000:144-147).

25 Das Gedicht von Gil de Biedma erschien in *Moralidades* (1966).

26 Im Gedicht Juaristis ist die Rede von einer Anthologie der Gedichte Gil de Biedmas, die für das lyrische Ich zum Wendepunkt seiner Auffassung von Dichtung wurde: »Leía y releía / y nunca me cansaba de admirar // tanto verso vestido de paisano / con elegancia atroz, y la osadía de la cacofonía.« Jon Juaristi (2000:146).

27 An anderer Stelle heißt es: »el problema de la poesía es, como mucho, construir un Yo ficticio, un personaje ficticio tras el cual, por supuesto, estás tú, y que arrastra muchas características tuyas, muchas culpas y también muchos aspectos positivos; es un personaje de papel, un personaje que vive en el poema, una criatura fantasmal.« Jon Juaristi: »La poesía de los ochenta: entre la experiencia y el silencio« [1992], in Jon Juaristi (1999:80). Diese Erfahrung Juaristis hat ein kongenialer Dichter wie Luis García Montero bestätigt, wenn er feststellt, es ginge im Prozess des Dichtens zunächst um »la elaboración de un personaje lírico normal, quiero decir un personaje de rasgos cívicos, no definido por la divinidad o por la rareza.« Luis García Montero: »El oficio como ética«, in José Romera Castillo/ Francisco Gutiérrez Carbajo (Hg.): *Poesía histórica y (auto)biografía (1975-1999).* Madrid: Visor 2000, S. 89. Der in diesem Kontext häufig verwandte Begriff des Realismus und des *poeta realista* bedarf nach Juaristi dringend der Klärung: »si se toma el término éste de *realismo* como el rechazo del experimentalismo o como el partir de una posición en la que se reconoce el valor del control lingüístico y del rigor en la selección del léxico, en la organización del discurso poético, etc., pues muy bien; pero si se habla de realismo como una necesidad verista radical de atenerse a la experiencia como única materia del poema, yo creo que no, pues me he permitido concesiones, también, a cierto simbolismo o a unos ciertos planteamientos incluso fantásticos [...], y si no me he permitido más, es porque me falta imaginación para ello.« Jon Juaristi (1999:69).

28 Zur Bezeichnung *poesía civil* heißt es bei Juaristi: »Yo nunca me he puesto el marbete de ›poeta civil‹ encima, ni siquiera el de ›poeta‹; pero sí, ha sido un regalo, no sé si un regalo envenenado [...]. Bueno... creo que hay parte de mi poesía que sí podría encajar en lo que en los manuales académicos al uso se llama ›poesía civil‹, tampoco me preocupa mucho.« Jon Juaristi (1999:68-69).
29 Ich beziehe mich auf Gedichte Cernudas wie etwa »Góngora«, »Ser de Sansueña«, »Díptico español«, »A sus paisanos«.
30 Dieser vorschnelle Eindruck hat sich im Laufe der Zeit als eine Fehleinschätzung erwiesen, denn die *novísimos* wehrten sich zwar gegen die Art und Weise, wie die *poetas sociales* ihr Engagement geübt hatten. Nichtsdestotrotz war das poetische Programm der jüngeren Dichter weniger rebellierend: »Si los *novísimos* se oponen a algo, no es a la cultura antifranquista, sino al modo en que ésta se opuso a la dictadura, al proceso de burocratización de la oposición cultural; pero resultaría falsificador obviar que también se opusieron al modo en que el franquismo había oficializado un modelo cultural, y al modelo de aculturación que venía propugnando el Régimen. [...] El compromiso poético *novísimo* actúa fundamentalmente en el lenguaje, deconstruyendo la retórica del franquismo, resemantizando sus mitos, dinamitando la fundamentación histórica que lo justificaba y atentando directamente contra el discurso (como narración de poder) que lo sustenta. [...] La protesta se hace sutil, esquiva, resbaladiza y, por lo tanto, más difícilmente aprehensible por el poder.« Juan José Lanz: »»Himnos del tiempo de las barricadas‹: sobre el compromiso en los poetas *novísimos*«, in: *Ínsula* 671-672 (2002), S. 10-11; die monographische Nummer der Zeitschrift trägt den Titel: *Los compromisos de la poesía*. Vgl. ders.: »Poesía y compromiso en la generación del 68. La renovación estética de los años sesenta y el compromiso poético en tres poetas: Agustín Delgado, Manuel Vázquez Montalbán y José-Miguel Ullán«, in Martín Muelas/ Juan José Gómez Brihuega (Hg.): *Leer y comprender la poesía. Conciencia y compromisos poéticos*. Cuenca: Universidad de Castilla-La Mancha 2002, S. 165-218.
31 Vgl. Jaime Siles: »Ultimísima poesía española escrita en castellano: rasgos distintivos de un discurso en proceso y ensayo de una posible sistematización«, in: *Iberoromania* 34 (1991), S. 8-31; wiederabgedruckt bei Biruté Ciplijauskaité (Hg.): *Novísimos, postnovísimos, clásicos: la poesía de los 80 en España*. Madrid: Orígenes 1991, S. 141-167 und bei AA.VV.: *La poesía nueva en el mundo hispánico. Los últimos años*. Madrid: Visor 1994, S. 7-32; Ángel L. Prieto de Paula (1996); Juan Cano Ballesta (Hg.): *Poesía española reciente (1980-2000)*. Madrid: Cátedra 2001. Insbesondere die Studie von Prieto de Paula hat die ästhetische Vielfalt innerhalb der 68er Generation hervorragend beschrieben. In ihr wird dem ›kritischen‹ und ›moralischen‹ Realismus sowie dem so genannten *neocostumbrismo* ein ganzes Kapitel (Kap. 10) gewidmet, in dem verschiedene Gedichte von Aníbal Núñez,

	Antonio Martínez Sarrión, Jesús Munárriz sowie Jon Juaristi besprochen werden (S. 245-265).
32	Zur Einordnung Juaristis unter die Autoren der 68er Generation vgl. auch José Luis García Martín (1992:110).
33	Nach der Einteilung von Carlos Bousoño sind dies streng genommen die Dichter, die zwischen 1954 und 1968 geboren wurden.
34	Man vergleiche die zahlreichen Dichter, die in »Intento formular mi experiencia de la poesía civil« von ihm selbst als *compañeros de viaje* bezeichnet werden. Dort finden sich sowohl die Namen von Luis García Montero, Álvaro García, Juan Lamillar, Felipe Benítez Reyes, Carlos Marzal, Àlex Susanna u.a. als auch die von älteren Autoren der Generation Juaristis wie Luis Alberto de Cuenca, Francisco Bejarano, Fernando Ortiz oder Abelardo Linares.
35	Vgl. Jon Juaristi (1999:67-68): »La poesía de los ochenta: entre la experiencia y el silencio« [1992].
36	Vgl. Jon Juaristi (1999:84-85): »La poesía de los ochenta: entre la experiencia y el silencio«. Vgl. auch das Gedicht »Poética bajo mínimos« aus dem Band *Suma de varia intención*, in Jon Juaristi (2000:53).
37	Vgl. die Beiträge von José Manuel López de Abiada über Pere Gimferrer und Hans Hinterhäuser über Jaime Siles, in Manfred Tietz (Hg.): *Die spanische Lyrik der Moderne. Einzelinterpretationen.* Frankfurt am Main: Vervuert 1990, S. 340-351; S. 433-438.
38	Im Spanischen hat man die Bezeichnung *poema de personaje histórico analógico* für diesen Typus von Gedichten vorgeschlagen.
39	Jon Juaristi: *Literatura vasca*, S. 51. Eine Analyse des Buches findet sich bei Antonio Tovar: *Mitología e ideología de la lengua vasca*. Madrid: Alianza 1980, S. 54ff. Eine spanische Übersetzung gab Javier Gorosterratzu, in: *Revue Internationale des Études Basques* 23, 1929.
40	Pierre Lafitte: »Un inédit d'Arnaud d'Oyhénart«, in: *Gure Herria* (Ustaritz) 4 (1967), S. 196. Die Abhandlung Lafittes ist die Einleitung zur Ausgabe der bislang unveröffentlichten *L'Art poétique basque* von Oyhénart.
41	P. Lafitte: »Un inédit d'Arnaud d'Oyhénart«, S. 198; siehe S. 198-99 für weitere Literatur zur Lyrik Oyenartes.
42	»Cruzan el cielo de Aquitania tristes / chorlitos otoñales. Viento frío / bate el vitral y la campana anuncia / la oración de la tarde. El caballero // Arnaldo de Oyenarte, funcionario / de la Corona y Síndico de Soule, / *noblesse de robe*, por tanto, está leyendo / las *Tragiques* de Agrippa d'Aubigné. // Cierra de pronto el libro e inclinándose / sobre el pupitre, empuña decidido / el cálamo y emprende la defensa // de nuestra dulce *lingua nauarrorum* / contra estragos de curas y copleros / que a cualquier cosa llaman poesía.« Jon Juaristi (2000:55).
43	Jon Juaristi: *Literatura vasca*, S. 51-52.

44 So schreibt Jon Juaristi: »No debía de gozar de las simpatías del clero y la nobleza, a juzgar por los esfuerzos que éstos hicieron por lograr su destitución [als Vertreter des *Tiers-État*]« (*Literatura vasca*, S. 51). Aus der nationalistischen Sicht eines Lafitte wird dagegen der katholische Eifer Oyenartes gegenüber den Hugenotten am Hofe in Pau hervorgehoben: »Arnaud d'Oyhénart ne fut pas un syndic-soliveau: il défendit toujours énergiquement les intérêts de ses commetants et lutta sans merci contre les abus qui s'étaient glissés dans l'administration du Pays: il s'acharna à mettre au pas la turbulente coterie protestante de Mauléon; il s'opposa aux empiètements et aux prétentions de Tréville et d'autres ambitieux de ce genre; il défendit ses compatriotes contre les vexations de quelques Béarnais et de quelques Bas-Navarrais que s'emparaient de leurs troupeaux. // Même, en 1627, les Saint-Palaisiens l'arrêtèrent en haine de l'assistance qu'il donnait aux Souletins: le décret de prise de corps venait du Parlement de Pau. Oyhénart fut du reste vite relâché, tellement cette arrestation souleva des protestations véhémentes.« Lafitte: »Un inédit d'Arnaud d'Oyhénart«, S. 195.

45 Dass Juaristis parodistische Neigung die verschiedensten Anstöße erhalten hat, lässt sich etwa hinsichtlich des Gemeinplatzes von der ›Ehrlichkeit der Basken‹ an folgendem ›Bekenntnis‹ von Xabier Arzallus illustrieren (wobei Arzallus als einer der hintertriebensten und demagogischsten Politiker unter den baskischen Nationalisten gilt), der gegenüber dem ZDF-Korrespondenten Vermehren einmal behauptete: »›*Uns Basken fällt es schwer zu glauben, daß jemand lügt.* Als wir nach dem Tod Francos mit der ersten Regierung des Königs ins Gespräch kamen, da waren wir so gutgläubig – solche Provinzler, kann man auch sagen –, daß wir uns immer wieder reinlegen ließen.‹ Er lächelt bitter bei der Erinnerung«. Michael Vermehren: *Der König und andere Spanier. Begegnungen und Beobachtungen*. Stuttgart: Deutsche Verlags-Anstalt 1991, S. 101 (Hervorhebung des Verfassers).

46 Vgl. Julio Caro Baroja: »De nuevo sobre ›caracteres étnicos‹: lo vasco o vizcaíno y ciertos tópicos literarios«, in ders.: *De la superstición al ateísmo. Meditaciones antropológicas*. Madrid: Taurus ²1986, S. 101-21. Der Gemeinplatz von der unbeugsamen Wildheit der Basken ist in der Historiographie schon seit Strabo fest verwurzelt; vgl. Paulino Garagorri: »La unidad del País Vasco«, in Isabel Gutiérrez Zuloaga (Hg.): *Homenaje a Xabier Zubiri*. Bd. 1. Madrid: Moneda y Crédito 1970, S. 583-604.

47 Fernando Savater hat zu diesem Thema festgestellt: »el dogma nefasto que estoy comentando [sc. die These der *abertzales*, im Baskenland wimmele es von Feinden des Baskischen] convierte en enemigo del euskera a cualquiera que pone en duda otros tres dogmas anteriores [...]: uno, que el euskera es la única característica definitoria del pueblo vasco; dos, que euskaldunizar no es enseñar un idioma sino la forma de ser y de pensar propia de los vascos; y tres, que cualquier cosa que se haga para promocionar por las buenas o las malas el vascuence debe ser bendecida y merece encomio. Por lo tanto, son

enemigos del euskera quienes recuerdan que el castellano y el francés son también señas de identidad de los ciudadanos vascos; que uno puede aprender un idioma lo suficiente para comprender elementalmente a sus vecinos sin necesidad de convertirlo en la forma oficial de sus sentimientos o concepción del mundo; y también los que no están de acuerdo con que la pedagogía del euskera se apoye en ejercicios que representen una actividad terrorista o en coplillas contra otros idiomas y símbolos políticos de algunos conciudadanos.« Fernando Savater: »Los enemigos del euskera«, in: *Perdonen las molestias*, S. 133-134 (vgl. Anm. 18). Eine der zahlreichen Tendenzen der baskischen Nationalisten, das Alltagsleben ›baskisch‹ zu durchdringen, ist ihr generelles Vorgehen, die Orts- und Personennamen, übrigens nicht nur im Baskenland, sowie auch andere Namen mit symbolischer Bedeutung ›umzubenennen‹, d.h. nur in ihrer baskischen Form zu gebrauchen. Ausgerechnet diesen Tendenzen scheint zu widersprechen, dass in der »Epístola« – in parodistischer Absicht – die kastilischen Formen *eusquera* (V. 61, 111), *lendacari* (V. 45) und *euscaldún* (V. 64) den mit ›k‹ geschriebenen baskischen Worten vorgezogen werden.

48 »¿Te preguntas, viajero, por qué hemos muerto jóvenes, / y por qué hemos matado tan estúpidamente? / Nuestros padres mintieron: eso es todo.« »Spoon River, Euskadi«, aus: *Suma de varia intención*, in Jon Juaristi (2000:72).

49 Vgl. Andrés Trapiello (1994:167-169); auch in: Jon Juaristi (1994:11-14).

50 So hat man ihm gelegentlich eine gewisse Überspanntheit in seinem parodistischen Verfahren vorgeworfen: »En la concepción que Juaristi tiene del humor, la ironía inteligente alterna con la sal gorda.« José Luis García Martín (1992:159).

51 Vgl. etwa Vers 37. Ein vergleichbares konzeptistisches Vorgehen findet sich in der Fülle von Anspielungen, die sich hinter dem Spottnamen ›Vinogrado‹ verbergen, den Juaristi in seiner Lyrik für die Stadt Bilbao verwendet.

52 Jon Juaristi (1999:52-53): »En los márgenes de la latinidad«. Vgl. auch ders.: *El chimbo expiatorio*. Madrid: Espasa-Calpe 1999, S. 149.

53 Jon Juaristi (1999:55-56). Zum gleichen Thema stellt er fest: »Ésta es mi tradición. La de una latinidad difícil, tardía y mestiza, a la que debo procurar exprimir, para extraer de ella un jugo agrio y escaso, como el vino de mi país. Pero este vino, que los bilbaínos llamamos chacolí, se sube con facilidad a la cabeza y nos hace con frecuencia lenguaraces y juguetones. Es lo que me gustaría entregar, desde mi latinidad problemática, al tesoro común de la poesía neolatina: un espíritu retorcido, jocoso y bienhumorado, inasible y sarcástico, como el que los poetas irlandeses – semicélticos y semigermánicos – han aportado a la poesía inglesa.« *Sermo humilis*, S. 59. Durchaus selbstironisch führt er im gleichen Kontext im Vorwort zu seinem bislang letzten Gedichtband an: »Tanto esfuerzo pusiste en que no te confundieran con un poeta vasco y acabas convertido en un sonetista bilbaíno más de la interminable saga

que ha producido la dulce Vinogrado [...]. Te pasa lo que a aquel soneto del que habla Borges, cuyo autor invirtió veinte años en pulirlo para quitarle toda sombra de ripio, hasta dejarlo en un ripio perfecto. Mis condolencias.« Jon Juaristi (2002:10).

54 Es sieht so aus, als ob Juaristi die von Unamuno rezipierte Theorie der *rima generatrice* bei Carducci hier in einer humoristischen Praxis fortführen wollte.

55 Vgl. u.a. »Invitation to a Beheading«, »Patria mía«, »San Silvestre, 1985«, »Elegía del Pazo de Meirás y no me volverás«, »Upanishad«, »El Antiedipo«.

56 Juaristi hat sich mit dem folkloristischen Motiv der Flucht, insbesondere mit dem Thema des »hidalgo fugitivo«, gründlicher auseinander gesetzt (vgl. *Literatura vasca*, S. 17). Aufgrund der großen Ähnlichkeiten zwischen diesem Motiv und der in der »Epístola« geschilderten Fluchtsituation kann hier auf einen konkreten (erfundenen?) Vorfall hingewiesen werden, der dem Autor begegnet sein soll: »Mientras estoy en el País Vasco, procuro no moverme fuera del triángulo de seguridad Bilbao-San Sebastián-Vitoria. En 1988 me arriesgué a ir de copas a Cestona, el pueblo guipuzcoano donde Pío Baroja ejerció de médico, en plena noche de San Juan, y estuvo a punto de pasarme lo que siglo y medio antes le pudo ocurrir a mi tatarabuelo en su pintoresco villorrio natal [Mi tatarabuelo – un tonelero de Azcoitia – llegó aquí ‹a Bilbao› en los años de la primera guerra carlista, huyendo de sus paisanos, que habían pretendido lincharle por ser el único liberal del pueblo]: una peña de borrachos locales, acaudillados por media corporación municipal, me confundieron con un policía y decidieron rematar la fiesta del solsticio arrojándome a la hoguera de la plaza. Menos mal que anduve listo y les espeté un sermón en vascuence que los dejó bizcos. Aproveché su desconcierto para salir de naja. No paré de correr hasta que me encontré de nuevo en la Gran Vía [de Bilbao], donde recé una novena a San Mamés y prometí no volver a arriesgar la piel en el corazón de las tinieblas éuskaras.« »La *tasita* de plata» [1993], in Jon Juaristi (1999:21-22). Vgl. *Cambio de destino*, S. 21.

57 Ganz analog ist Juaristi bei den kontrafaktischen Veränderungen, die die Titel mancher seiner Bücher aufweisen, vorgegangen: *Diario del poeta recién cansado* verweist auf den Titel von Juan Ramón Jiménez' *Diario de un poeta recién casado*; die *Suma de varia intención* verweist auf das 1540 in Sevilla veröffentlichte Buch von Pedro Mejía *Silva de varia lección*; *Arte de marear* (›Kunst des Verwirrens‹) spielt in einer übertragenen Bedeutung des Begriffs auf *carta de marear* (»Seekarte«) an. *El chimbo expiatorio* transformiert die Redewendung vom *chivo expiatorio* (›Sündenbock‹), mit der auch ein Buch des von Juaristi besonders geschätzten Literaturwissenschaftlers und Anthropologen René Girard – ein Autor, dessen Thesen über die Gewaltanwendung Juaristis Kritik am nationalistischen Terrorismus zugrunde liegen – auf Spanisch betitelt wird. Der Titel *Mediodía* – und die Erwähnung

des *demonio meridiano*, des Saturn und der *acedia* in mehreren Gedichten Juaristis wie »Vers l'ennui«, »Intento formular mi experiencia de la poesía civil«, »Agradecidas señas« – ist auf die Theorie der Melancholie zurückzuführen, die auch in seinen essayistischen Arbeiten ein zentrales Thema bildet.

58 Dabei handelt es sich um das Sonett Quevedos »Yo te untaré mis obras con tocino, / porque no me las muerdas, Gongorilla«. Dazu vgl. auch Juan Goytisolo: »Quevedo: la obsesión excremental«, in ders.: *Disidencias*. Madrid: Taurus 1992, S. 143-166. Das Wort »arisca« ist ein weiterer Intertextualitätsbeleg: das Adjektiv verweist möglicherweise auf den Vers »Como demonio arisco que ríe entre negruras« in Luis Cernudas Gedicht »Góngora«.

59 Vgl. Mariapia Lamberti, auf dem Umschlag von *Poesía reunida*. Der Text Lambertis geht auf die Einleitung ihrer zweisprachigen Anthologie von Juaristi zurück: Lamberti (1990:I und V)

60 Einen Beweis dafür, wie tiefgehend sich die Zeiten geändert haben, liefert ein Kommentar zu einem der letzten Essays von Juaristi: »Juaristi retrata la comunidad aberzale como ›tribu atribulada‹, un conjunto insustancial que nadie ajeno tomaría en serio si no fuera por los crímenes cometidos por los empeñados en realizar sus delirios. El libro gira, en efecto, sobre la impostura fundacional de la tribu y las tribulaciones que otros padecen por obra de su facción terrorista.« Carlos Martínez Gorriarán: »La tribu y la progresía«, in: *ABC Cultural* (23.11.2002), S. 15; vgl. auch ders.: »Sobre nihilismo nacionalista y mentiras«, in: *ABC Cultural* (23.11.2002), S. 14.

Trevor J. Dadson

Julio Martínez Mesanza. En Esparta después de Leuctra triste

A Amalia
En Esparta después de Leuctra triste
Esconderme no pude. La mirada
Del valor descubría mi miseria.
Yo abandoné mi escudo en Leuctra triste.
5   Me desprecian las madres y los viejos.
Yo abandoné mi escudo. Soy el triste.
Aunque me beses y cantemos juntos
Y con valor poemas de Tirteo
Nada seré, ni el humo, ni la nada
10 Del cadáver no sido en Leuctra triste.*

In Sparta nach dem traurigen Ende der Schlacht von Leuktra

Für Amalia
In Sparta konnte ich nach dem traurigen [Ende der Schlacht von] Leuktra / mich nicht verstecken. Der Blick der Tapferkeit / offenbarte mein Elend. / Ich habe meinen Schild im traurigen Leuktra im Stich gelassen. / Die Mütter und die Alten verachten mich. / Ich habe meinen Schild im Stich gelassen. Ich bin der Traurige. / Auch wenn du mich küsst und wir zusammen und mit Kampfesmut / Lieder von Tirtaeus singen, / werde ich ein Nichts sein, weder der Rauch noch das Nichts / des Leichnams, zu dem ich im traurigen Leuktra nicht wurde.[1]

Das Gedicht »En Esparta después de Leuctra triste« ist Amalia Bautista, der Frau des Dichters, gewidmet, die gleichfalls als Lyrikerin hervorgetreten ist.[2] Gegenstand des Gedichts ist die Schlacht, die sich am 8. Juli 371 v. Chr. die Spartaner mit den Thebanern lieferten, in der etwa 4000 Spartaner, aber nur 300 Thebaner starben. Um dem Thema der Niederlage Stärke und Interesse zu verleihen, wird es aus der Perspektive eines der überlebenden Spartaner behandelt, einem der wenigen, denen es gelang, dem Massaker zu entfliehen, und der bei ihrer Heimkehr von den Seinigen keineswegs mit Freude und offenen Armen empfangen wurde, sondern mit Verachtung und Hass behandelt wird, weil er ohne seinen Schild nach Hause kommt. In unübertrefflichen Versen – in reimlosen Elfsilbern, der Lieblingsform des Dichters – und mit einem impliziten Bezug auf einen spartanischen Dichter des 7. vorchristlichen Jahrhunderts, auf Archilochos von Paros, der seinerzeit, um sein Leben zu retten, in der Schlacht seinen Schild durch eigenes Verschulden verloren hatte, gelingt es Martínez Mesanza die Freude dessen, der überlebt hat, in das Gegenteil zu verkehren: es wäre für den nicht genannten Erzähler besser gewesen, wenn er mit seinen Gefährten in der traurigen Schlacht von Leuktra gefallen wäre und wenn er als wirklicher Leichnam heimgekehrt wäre und nicht als der lebende Leichnam, zu dem er geworden ist – ein Nichts, ein schreckliches Nicht-Sein.

Das Gedicht hat verschiedene Intertexte. Auf einen von Ihnen wurde schon verwiesen: auf Archilochos von Paros und sein zynisches Gedicht auf den Verlust seines Schildes in der Schlacht:

> Algún Sayo alardea con mi escudo, arma sin tacha,
> Que tras un matorral abandoné, a pesar mío.
> Pues a salvo mi vida. ¿Qué me importa el tal escudo?
> ¡Váyase al diantre! ¡Ahora adquiriré otro no peor![3]

(»Mit meinem Schild protzt jetzt ein Saïer, den ich bei einem Gebüsch / – eine ›tadellose Wehr‹ – zurückließ, und wollt' es doch nicht. / Ich selbst aber hab' mich herausgerettet. Was schert jener Schild mich? / Fahre er hin! Von neuem werde ich mir einen erwerben, der nicht schlechter ist.«[4])

Der Zynismus dieser Verse beruht darauf, dass der Schild die Waffe ist, die die Seite des unmittelbaren Gefährten schützt, die als Inbegriff der Tapferkeit des Kriegers niemals verloren gehen darf. ›Kehrt heim mit dem Schild oder auf dem Schild‹, sagte man in Sparta.[5] Als er seinen Schild aufgab, ist es dem nicht genannten Spartaner des Gedichts zwar gelungen, sein Leben zu retten, aber zugleich hat er seinen Gefährten in höchste Lebensgefahr gebracht. Darauf beruht zumindest ein Teil der Verachtung, mit der er bei seiner Heimkehr empfangen wurde.

Es besteht aber nicht nur ein intertextueller Bezug zu Archilochos von Paros, sondern möglicherweise auch zu Pedro Damián, dem Protagonisten der Erzählung »La otra muerte« von Jorge Luis Borges, einem weiteren Feigling, der vom Schlachtfeld (von Masoller) geflohen ist: »la sombra del entriano volvió a su tierra. Volvió, pero debemos recordar su condición de sombra. Vivió en la soledad, sin su mujer, sin amigos; todo lo amó y lo poseyó, pero desde lejos, como del otro lado de un cristal.«[6]

Der zweite Intertext im engeren Sinn wird vom Verfasser des Gedichtes selbst genannt: Tirtaeus, einer der griechischen elegischen Dichter, der um 684 v. Chr. schrieb. Er verfasste Kriegsgesänge voller mutiger Heldentaten, die den Soldaten Kampfeslust einflößen sollten. In den Versen 2-7 ahmt Martínez Mesanza eines der längsten Fragmente von Tirtaeus nach – es geht um das Fragment 7, eine Elegie, die in der einen oder anderen Anthologie »Cómo puede el hombre morir mejor« oder »Wie stirbt der Mensch am besten« genannt wird. Es handelt sich um einen Deserteur, der in sein Dorf zurückkommt und der nur auf Verachtung stößt: auf die Verachtung seines Vaters, die seiner Mutter, die der Kinder und seiner Frau. Alle meiden und fliehen ihn, weil er vom Schlachtfeld geflohen ist. Für Tirtaeus gibt es keinen schöneren Tod als den auf dem Schlachtfeld, im Kampf für das Vaterland und seine Söhne:

>   Pues es hermoso morir si uno cae en la vanguardia
>   Cual guerrero valiente que por su patria pelea.
>   Que lo más amargo de todo es andar de mendigo,
>   Abandonando la propia ciudad y sus fértiles campos,
>   5 Y marchar al exilio con padre y madre ya ancianos,
>   Seguido de los hijos y la legítima esposa.
>   Porque ése será un extraño ante quienes acuda
>   Cediendo a las urgencias de la odiosa pobreza.
>   Afrenta a su linaje y baldona su noble figura
> 10 Y toda clase de infamia y ruindad le persigue.
>   Si un vagabundo así ya no obtiene momento de dicha
>   Ninguno, ni vergüenza ni estima ninguna,
>   Entonces con coraje luchemos por la patria y los hijos,
>   Y muramos sin escatimarles ahora nuestras vidas.[7]

(»Schön fürwahr ist der Tod des Helden, der in dem Kampfe / Für das Vaterlands Wohl unter den Vordersten fiel. / Aber die Vaterstadt und die fetten Äcker der Heimat / Meiden und betteln umher / irrend von Land zu Land / Mit der geliebten Mutter, dem greisen Vater, den Kindern / Und dem blühenden Weib, bringet den bittersten Schmerz. / Alle fürwahr, die bittend er heimsucht, hassen den Armen, / Wenn er der Armuth weicht und der verhassten Noth. / Schmach auch bringet den Seinen der Bettler von edlem Geschlechte, / Schande folgt ihm fortan und viel herber Verdruss. / Da nun keiner den Menschen achtet, der also umherirrt, / Seine Nachkommen auch theilen das schimpfliche Loos: / Lasst uns kämpfen mit feurigem Muth für des Landes Errettung, / Gebet für Weib und Kind freudig das Leben dahin.«[8])

In dem Gedicht von Martínez Mesanza finden sich außerdem deutliche Spuren eines weiteren griechischen Dichters, Kallinos von Ephesus, der um 650 v. Chr. wirkte:

>   Honroso es, en efecto, y glorioso que un hombre batalle
>   por su tierra, sus hijos, y por la legítima esposa
>   contra los adversarios. La muerte vendrá en el momento
>   en que la hayan urdido los Moiras. Que todos avancen
>   5 empuñando la espada y albergando detrás del escudo
>   un corazón valeroso, apenas se trabe el combate.
>   Porque no está en el destino de un hombre escapar
>   a la muerte, ni aunque su estirpe viniera de los dioses.

(»Denn das ehrt und verherrlicht den Mann, für den Boden der Heimat / Fechtend, für Weib und Kind mutig den Feind zu bestehn. / Einmal kommt der Tod für jeglichen, wann es das Schicksal / Immer verhängt. Gradaus stürme denn jeder voran, / Hoch den geschwungenen Speer und das tapfere Herz an den Schildrand / drängend, sobald im Gewühl Mann sich begegnet mit Mann! / Denn dem

Todesgeschick zu entgehen ward keinem beschieden, / Wär' er dem Stamme sogar ewiger Götter entsprosst.«)[9]

Das Ende, das dem Feigling in dem Gedicht von Kallinos vorbehalten ist, erinnert an das Schicksal des anonymen überlebenden Spartaners in der Schlacht von Leuktra:

> Pero ése no va a ser recordado ni amado por el pueblo,
> Y al otro, si cae, lo lamentan el grande y el pequeño.
> Pues a toda la gente le invade la nostalgia de un bravo
> Que supo morir [...].

(»Aber um ihn (sc. den Feigling) nicht trauert die Stadt, noch wünscht sie zurück ihn, / Doch den Erschlagenen beklagt jeglicher, hoch und gering. Denn es ergreift sie zusamt nach dem tapferen Helden die Sehnsucht, / Fiel er [...].«)[10]

Wie der Protagonist des vorliegenden Gedichts wusste er nicht zu sterben. Daher ist er nun ein lebender Leichnam: »el cadáver no sido en Leuctra triste.«

Der letzte und vielleicht deutlichste Intertext findet sich im vorletzten Vers des Gedichts: »nada seré, ni el humo, ni la nada.« Die Fügung erinnert an einen berühmten Vers von Góngora: »en tierra, en humo, en polvo, en sombra, en nada« (V. 14 des Sonetts »Mientras por competir con tu cabello«[11]). Mit dem für ihn charakteristischen feinen Gehör hat Martínez Mesanza diesem Vers einen noch stärkeren Eindruck eines Sich-Auflösens im Nichts verleihen, indem er die Fügungen »nada seré« und »nada del cadáver« lautlich zu einander in Beziehung gesetzt hat:

> Nada seré, ni el humo, ni la nada
> ada e e   a a a
> del cadáver
> e ada e

Die Reimvokale hallen wie Echos bis zu den letzten Klängen des Verses nach.

> En Leuctra triste
>   tra tri te

Die Fähigkeit, einem in jeder Hinsicht bereits bekannten Thema eine neue Wendung zu geben und aus recht abgedroschenen Szenen doch noch etwas Neues herauszuholen, macht aus der *poesía épica* von Julio Martínez Mesanza etwas Anderes und Bedeutenderes als einen bloßen Hymnus auf den Krieg, auf das Vaterland und auf das Heldentum. Diese Fähigkeit macht aus seiner Dichtung etwas Modernes und für unsere unmittelbare Gegenwart Bedeutendes. In der Tat kann jeder gutwillige Leser sofort erkennen, dass seine Lyrik genau das Gegenteil von einem Heldenlied ist. Sein Lied, falls man es denn als solches bezeichnen kann, ist elegisch. Während Tirtaeus von dem spartanischen Krieger im Allgemeinen und von den Tugenden und Werten spricht, die er besitzen muss, nimmt Martínez Mesanza einen einzelnen Spartaner heraus (wenn auch ohne ihn näher zu benennen), situiert ihn in einer ganz bestimmten Schlacht – nicht in irgendeiner, sondern in der Schlacht, in der Sparta eine seiner größten Niederlagen erlebte. Die Flucht des Soldaten im vorliegenden Gedicht ist durchaus vernünftig und nachvollziehbar, hat er doch gerade rund 4000 seiner Gefährten sterben sehen. Was gewinnt Sparta mit seinem Tod? Mit einem weiteren Tod wird es die Schlacht, die ohnehin verloren ist, nicht mehr gewinnen. Der Überlebende könnte dereinst wieder in den Krieg ziehen und an einer anderen Schlacht teilnehmen. Doch ist dies nicht die Ethik Spartas, wie es die oben angeführten Verse von Tirtaeus (und von Kallinos) belegen und wie es die Worte des anonymen lyrischen Ich zeigen: »Yo abandoné mi escudo. Soy el triste« (V. 6) – »Ich habe mein Schild im Stich gelassen. Ich bin der Elende.« Er kennt das Sittengesetz Spartas ganz genau und weiß, dass er fortan dazu verdammt ist, »[de ser] el cadáver no sido de Leuctra triste.«

»En Esparta después de Leuctra triste« ist das vierte Gedicht aus dem Teil »Nostoi« des Sammelbandes *Europa*. Es wurde 1986 zum ersten Mal veröffentlicht. Dieser Teil des Bandes *Europa* hat etwas mit dem Wort ›Nostalgie‹ zu tun. Ihr Thema ist die Heimkehr des Kämpfers in seine Vaterstadt – diese Heimkehr bezeichnet die griechische Lyrik als *nostoi*. Es sind Gedichte, die sich auf Werte beziehen, Werte wie die Würde, die Einsamkeit, die Güte, die Selbstverleugnung. Zugleich wird aber auch hervorgehoben, wie gefährdet das menschliche Leben ist und wie schwer es ist, die Werte aufrecht zu erhalten. Bei Martínez Mesanza sind die Helden einsame, traurige und ausgegrenzte Wesen, ausgegrenzt häufig aufgrund ihrer eigenen Schwächen, die sie aber paradoxerweise menschlicher machen.

Ein Kritiker hat die Dichtung von Julio Martínez Mesanza »una épica convaleciente« (eine Epik auf dem Weg der Gesundung) genannt,[12] ein vielleicht nicht sehr gelungener Begriff, weil er beim Leser die Vorstellung erwecken könnte, es handele sich um eine defizitäre, unvollkommene Epik. Dabei ist die Epik, auf die sich Julio Martínez Mesanza bezieht, so wie sie Vergil mit dem wunderbaren Vers »sunt lacrimae rerum et mentem mortalia tangunt«[13] zum Ausdruck gebracht hat, ein Gefühl der ungeheuren Trauer und Tragik des menschlichen Lebens, mit dem er sein großes Epos in den denkwürdigen beiden letzten Versen beschlossen hat: »ast illi solvontur frigore membra / vitaque cum gemitu fugit indignata sub umbras.«[14] Das Werk Vergils endet nicht mit dem Lärm der Waffen, mit einer ruhmreichen und epischen Schlacht, sondern, wie es Martínez Mesanza in einem neueren Gedicht ausgedrückt hat, mit »dem Echo jenes Schreis / der Empörung, den die Seele ausstößt / wenn sie dem Körper entrissen wird, von dem sie Besitz ergriffen hat« (el eco de ese grito / de indignación que lanza el alma cuando / se la arranca del cuerpo que ha usurpado«).[15] Damit nähert sich die Epik von Martínez Mesanza der von Julio López vorgetragenen Definition: »La intencionalidad, perceptible, de la poesía épica, abstraída de su pluralidad de temas, se orienta siempre hacia la decepción y el desencanto más globales.«[16] Deshalb lenkt Quintana in diesem Zusammenhang unsere Aufmerksamkeit zu Recht auf die »épica del descanso del guerrero, la del desertor o el cobarde, la del que lucha y comprende en su torno la ternura de lo horrible.« Die Epik von Martínez Mesanza ist eine sehr menschliche und eben deshalb ausgesprochen klassische Epik.

Einige Kritiker, die dem Generationenschema zuneigen, haben Julio Martínez Mesanza in die so genannte ›Generation der 80er‹, andere in die der ›neuen Epik‹ eingeordnet. Fragen wir daher ob das, was Julio Martínez Mesanza schreibt, epische Dichtung oder historisch-erzählende Dichtung ist. Die Anhäufung historischer Bezüge in seinem Werk lässt eher das zweite Etikett zutreffend erscheinen, wie dies etwa der Kritiker José Luis García Martín zu verstehen gegeben hat:

> Autor de un único libro aumentado en sucesivas ediciones, Julio Martínez Mesanza ha sido generalmente considerado por la crítica como el más caracterizado representante de la tendencia épica en la nueva poesía española. Hay que tener en cuenta, sin embargo, que sus poemas, por lo general breves, no siempre presentan mayores componentes narrativos que los de otros poetas de su generación. La relación con la épica parece haberse establecido más a partir de las alusiones medievales de sus poemas [...] que de la manera como es tratado ese material, inequívocamente sujetiva.[17]

Wir sind allerdings der Auffassung, dass der Tenor seiner Lyrik und die moralische Zielsetzung, die er mit ihr verfolgt und die er verschiedentlich zum Ausdruck gebracht hat, charakteristisch für die Epik in der Ausprägung Vergils sind. Hier eine entsprechende Stellungnahme des Autors aus neurer Zeit:

> La poesía no puede soslayar su origen: la narración de episodios históricos o legendarios, pero siempre referidos a un pasado, lejano o no. Poesía e historia tienen una relación necesaria y fecunda desde siempre. El drama, la tragedia, la épica, todos los géneros literarios han necesitado de la Historia y no sólo para presentarse ante los lectores con las credenciales de la verosimilitud: también la han utilizado por lo que tiene de fuente de emociones y de reflexión moral. En la geografía de los géneros, las fronteras entre la Épica y la Historia han sido durante diversas etapas imprecisas. Ambas consiguen abolir la distancia que nos separa de unos hombres alejados de nosotros sólo en el tiempo y nos ponen frente a su dolor y su miseria como si se tratase de coetáneos nuestros.[18]

An diese Worte sollte man sich im Zusammenhang mit der Lyrik von Martínez Mesanza und der seiner Zeitgenossen aus der Schule der *nueva épica* erinnern, zu der nach Auffassung einiger Kritiker auch Julio Llamazares mit *La lentitud de los bueyes* von 1979 und *Memoria de la nieve* von 1983 sowie in seiner direkten Nachfolge José Carlón (*Así nació Tiresias*, 1983) und Juan Carlos Mestre (*Antífona del otoño en el valle del Bierzo*, 1986) gehörten.[19]

Es bestehen allerdings große Unterschiede zwischen der epischen Lyrik von Martínez Mesanza, die, wie oben gezeigt wurde,[20] dem traditionellen Konzept der Epik näher steht, und der von Llamazares, die sich eher darstellt als ein »intento de rescate de una memoria colectiva, de una ancestral sabiduría, [...] la brumosa evocación de una edad de oro situada, al margen de la historia, en sus natales montañas leonesas.«[21] Auch Miguel García-Posada hat diesen Unterschied hervorgehoben:

> Alguna vez se ha hablado de poesía épica. El representante más cualificado de tal orientación es Julio Martínez Mesanza, que ha concebido épicamente el ciclo poético de *Europa* con el propósito de alumbrar una poesía de alcance moral. Pero también conviene dejar constancia de otra épica, más bucólica, más arcádica, como la que ha cultivado el leonés Julio Llamazares [...].[22]

Martínez Mesanza sieht in der moralischen Reflexion und Ausrichtung seiner epischen Lyrik ein ganz wesentliches Element seiner Dichtung. So hat er festgestellt:

> Somos receptivos ante una obra de arte o un poema porque tenemos una historia personal cuyas vicisitudes se reflejan en la historia general de las alegrías y desdichas del hombre, y esta receptividad supone un acto de identificación moral.[23]

Dieser »Akt der moralischen Identifizierung« findet sich in den Gedichten von *Europa* immer wieder. Ein sozusagen lyrischer Bruder dessen, der in Leuktra seinen Schild wegwarf und der am Ende des Gedichtes lieber ein wirklicher Leichnam sein möchte als jener »nicht gewordene Leichnam«, zu dem er gemacht wurde, ist der Protagonist des Gedichtes »El desertor«, das sich gleichfalls in dem »Nostoi« betitelten Teil des Bandes findet:

> Después de la marea de los siglos
> he buscado en los campos de Kosovo
> el cadáver de un hombre. De él sabía
> que en el primer momento de la carga
> 5 había huido y que, después, jinetes
> veloces lo alcanzaron junto a un árbol.
> La memoria me ha guiado hasta ese árbol
> Para desenterrar allí un cadáver
> Y ver en él señales de mi huida.

(»Nach der Flut der Jahrhunderte / habe ich auf den Feldern des Kosovo / den Leichnam eines Mannes gesucht. Von ihm / wusste ich, / dass er im ersten Moment des Angriffs / geflohen war und dass später / schnelle Reiter ihn nahe bei einem Baum einholten. / Die Erinnerung hat mich zu diesem Baum geführt, / um dort einen Leichnam auszugraben / und an ihm die Zeichen meiner Flucht zu sehen.«)[24]

Der Verfolger und der Verfolgte sind in diesem Gedicht ein und dieselbe Person: im Krieg wie im Leben ist der Andere immer er selbst, zugleich aber auch der Andere.[25] »Quisiera estar del lado de los otros«, sagt der anonyme Dichter/ Erzähler von »He soñado de nuevo con jinetes«.[26] Er spricht damit ein Thema an, das in dem Gedicht »Alzarquivir« (aus *Las trincheras* von 1996) womöglich noch mehr Leben im Sinn der Sicht von Borges erhält:

> ver que la soledad que nos recibe
> es nuestra estéril alma, que la yerma
> lejanía nosotros mismos somos;
> y que somos también el enemigo
> [...].[27]

(»zu sehen, dass die Einsamkeit, die uns empfängt, / unsere eigene unfruchtbare Seele ist, / und dass wir selbst die öde Ferne sind; / und dass wir auch der Feind sind / [...]«).

Das Schicksal, das sowohl die Helden als auch die Feiglinge aneinanderkettet, ist das Thema des Gedichts »Máscaras micénicas« aus »Nostoi«:

> Se atrevieron, y el arco fue tensado,
> y la flecha hirió el aire y dio en la carne.
> Ningún error empaña su violencia:
> sólo es error aquello que no hicieron.
> 5   Junto al cobarde sin embargo yacen,
> junto al adulador y junto al necio,
> y entristece pensar en su destino.[28]

(»Sie wagten es, und der Bogen wurde gespannt, / und der Pfeil durchschnitt die Luft und traf ins Fleisch. / Kein Irrtum lenkt seine Gewalt ab: / Irrtum ist nur das, was sie nicht taten. / Sie liegen freilich neben dem Feigling, / neben dem Schmeichler und neben dem Toren, / und es betrübt an ihr Schicksal zu denken«).

Im Tod gibt es keine Unterschiede: der Held ruht auf ewig neben dem Feigling, dem Schmeichler und dem Toren. Wohl ist ihr Schicksal traurig, aber noch trauriger ist das Schicksal von Aigisthos, eine der mykenischen Masken, von denen das Gedicht ebenso wie von Agamemnon und Orestes spricht. Auch er ist ein Bruder des Protagonisten von »En Esparta después de Leuctra triste«.

Aigisthos begegnet uns zum ersten Mal in dem sehr charakteristischen und stark an Borges erinnernden Gedicht »Víctima y verdugo«:

> Soy el que cae en el primer asalto
> entre el agua y la arena en Normandía.
> Soy el que elige un hombre y le dispara.

> Mi caballo ha pisado en el saqueo
> el rostro inexpresivo de un anciano.
> Soy quien mantiene en alto el crucifijo
> frente a la carga de los invasores.
> Soy el perro y la mano que lo lleva.
> Soy Egisto y Orestes y las Furias.
> Soy el que se echa al suelo y me suplica.[29]

(»Ich bin derjenige, der in der ersten Angriffswelle / zwischen dem Wasser und dem Sand der Normandie fällt. / Ich bin es der einen Mann auswählt und auf ihn schießt. / Mein Pferd hat bei der Plünderung / das ausdruckslose Gesicht eines Greises zertreten. / Ich bin derjenige, der das Kruzifix hochhält / angesichts des Angriffs der Invasoren. / Ich bin der Hund und die Hand, die ihn führt. / Ich bin Aigisthos und Orest und die Furien. / Ich bin derjenige, der sich zu Boden wirft und mich anfleht.«)

In einer Abfolge knapper Verse – kein Satz ist länger als zwei Verse, die meisten von ihnen bestehen aus einem einzigen Satz – und mit einem Blick wie durch ein umgekehrtes Fernrohr führt uns der Dichter von der Moderne (dem Angriff und der Landung in der Normandie im Juni 1944) zurück in die Zeiten der Klassik (Aigisthos und Orest) über die Renaissance (»el saqueo«, den *sacco di Roma*) und die Kreuzzüge des Mittelalters (»hocherhoben das Kreuz«). Was alle diese historischen Zeiten verbindet, ist im letzten und vorvorletzten Vers gesagt: »Soy el perro y la mano que lo lleva [...]. Soy el que se echa al suelo y me suplica.« In diesen Versen wird deutlich gemacht, dass die Begriffe von Opfer und Henker (und die von Verfolger und Verfolgtem wie im Gedicht »El desertor«) untrennbar sind. Das Gedicht eröffnet damit zugleich eine neue Sicht des geschichtlichen Ereignisses. Denn im Grunde ändert sich nichts trotz des Verströmens der Zeit.[30]

Aigisthos, der Sohn des Thyestes, den dieser mit seiner eigenen Tochter Penelope zeugte, beging Ehebruch mit Klytaimestra, der Frau des Agamemnon, während der König in den trojanischen Kriegen kämpfte. Bei seiner Heimkehr töteten ihn die beiden Ehebrecher, heirateten und verstärkten so ihre Kontrolle über den Thron von Mykene. Aigisthos herrschte sieben Jahre lang, bis er schließlich von seinem Neffen Orestes, dem Sohn Agamemnons, ermordet und außerhalb der Stadtmauern beerdigt wurde. Weil er an einem vorsätzlichen Vatermord teilgenommen hatte, wurde Orestes von den Furien gepeinigt und in den Wahnsinn getrieben.

Für die Griechen ist Aigisthos der Antiheld schlechthin, »el ›malvado‹ por excelencia de la tragedia griega«,[31] der mit der Frau eines der großen Krieger Ehebruch begangen und dazu die Gelegenheit nutzte, dass dieser außer Landes kämpfte. Einer solchen Person wird alles verweigert: Licht und Haus, die traditionellen Zeichen der Gastfreundschaft in Griechenland, einer Gastfreundschaft, die Aigisthes nicht verdient, da er eine allen verhasste Gestalt ist:

> Aquel que no merece luz ni casa,

que antes de haber nacido ya ha pecado.
Aquel que miente y sobrevive en vela,
que ama a la esposa del mejor guerrero.
5   El triste. Aquel que no es feliz ni hermoso.
Aquel que usurpa, Egisto, aquél, la sombra.³²

(»Jener, der weder Licht noch Haus [zu haben] verdient, / jener, der lügt und überlebt, ohne Schlaf zu finden, / der noch ehe er geboren gesündigt hat. Jener, der die Frau des besten Kriegers liebt. / Der Elende. Jener, der weder glücklich noch schön ist. Jener, der [wie] Aigisthos, den Schatten usurpiert.«)

Als Frucht des Inzests von Thiestes und seiner Tochter Penelope ist Aigisthos der Typus der Erbsünde *avant la lettre* und verdiente eigentliche unser Mitleid. Dennoch ist er ein Marginalisierter und Verachteter: »El triste. Aquel que no es feliz ni hermoso« – eine Aussage, die an Vers 6 des Gedichtes »En Esparta después de Leuctra triste« erinnert: »Yo abandoné mi escudo. Soy el triste.« Das Gedicht »Egisto« kehrt an seinen Ausgangspunkt zurück: »Aquel que no merece luz«, hat sich in den verwandelt, der das Gegenteil des Lichtes ist, den Schatten, »la sombra«, so wie der Protagonist von »En Esparta«, der »ni el humo, ni la nada« ist. Zu diesem Sachverhalt hat der Dichter und Kritiker Luis Alberto de Cuenca festgestellt:

El poema está escrito desde el más profundo rechazo. Egisto es la ›sombra‹, mientras que son la luz y la claridad los principios que nutren la obra mesanciana. Y, sin embargo, cuánta comprensión y hasta cuánta ternura gasta, humanísimo, el poeta en el tratamiento del adúltero.³³

Aigisthos aber verdient unser Verständnis und unser Mitgefühl, denn schließlich sind wir alle unter dem Zeichen der Erbsünde geboren. Die verschiedenen Erzählenden/ Sprecher in der Lyrik von Julio Martínez Mesanza sind fast immer Marginalisierte – Deserteure, Feiglinge, Untreue, einsame Menschen – anonyme Erzähler, die für uns alle stehen und in den großen Epen des menschlichen Lebens gemeinhin keine Stimme haben. Martínez Mesanza verleiht ihnen Stimme und Identität. In seinen Händen erlangen sogar Personen, die wie Aigisthos oder der Spartaner, der seinen Schild im Stich ließ, wegen ihres Verhaltens eigentlich verwerflich sind, eine gewisse Würde. Hier sei an einen Satz von Borges erinnert, der sehr gut auf die Erzähler bei Martínez Mesanza passt: »En vano me repetí que un hombre acosado por un acto de cobardía es más complejo y más interesante que un hombre meramente animoso.«³⁴

In der epischen Lyrik von Julio Martínez Mesanza findet sich ein Gefühl der Ermüdung und der Niedergeschlagenheit – und nicht der Gesundung, wie es Emilio Quintana sieht – wie das eines Pfeils, dessen Kraft vom Flug aufgezehrt wird und der zu Boden sinkt (»luego, exhausta, baja«)³⁵, oder das Gefühl der Enttäuschung wie in dem Gedicht »Nostoi«, in dem der Heroismus des Trojanischen Krieges umschlägt in Verachtung und Intrigen: »Eso somos nosotros, eso sólo. / La victoria parece despreciable.«[36] (Dies sind wir, und nur dies. / Der Sieg scheint verachtenswert.)

Als 1920 zum ersten Mal die Gedichte von Wilfred Owen, des englischen ›Lyrikers des Ersten Weltkrieges‹, veröffentlicht wurden, wies ein Kritiker sofort auf deren bemerkenswerteste und bewegendste Facette hin: statt die Ruhmestaten und das Heldentum der Sieger zu besingen – das übliche Thema der Kriegspoesie – handelten sie von den Opfern, von, wie Owen es selbst nannte, der »pity of war«, von denen, die nicht heimkehrten, von denen, die sinnlos und unnötigerweise gelitten hatten. Sicher ohne die Verse von Wilfred Owen gelesen zu haben, ist Julio Martínez Mesanza zumindest teilweise der Erbe der von diesem dargestellten Gefühle: das Leiden des Deserteurs, des Feiglings, der Pferde »die in der Schlacht sterben«[37], dessen, der heimkehrt, während alle seine Gefährten auf dem Schlachtfeld gestorben sind und der nicht sein wird »ni la nada / del cadáver no sido de Leuctra triste« – Gefühle, die Gegenstand einiger der wohl schönsten Verse sind, die in den letzten zwanzig Jahren in kastilischer Sprache geschrieben wurden. In manchen Kreisen – die seine Gedichte nicht gelesen haben oder sie nicht zu lesen wussten – gilt seine Gedichtsammlung *Europa* als schwermütig, rückwärts gerichtet und überholt.[38] Die Wirklichkeit sieht jedoch völlig anders aus. Seine Dichtung ist unendlich einfühlsam, unendlich menschlich hinsichtlich der Leiden, der Tragödie, der Trübsal der menschlichen Existenz in all ihren Facetten. So wie jener Wanderer durch diese Welt, der einsame, allein gelassene und zurückgewiesene Aigisthos: »El triste. Aquel que no es feliz ni hermoso. / Aquel que usurpa, Egisto, aquél, la sombra.«

Durch seine ganze Dichtung zieht sich als roter Faden die Sehnsucht nach einem menschlichen Leben, das Bewusstsein um unser aller gemeinsames Ziel, das Wissen, dass der Mensch niemals aus der Vergangenheit lernt und dass die Utopien zu nichts nutze sind: »Si esa ciudad existe, mis jinetes / la harán ceniza. Nada enseña a un hombre« (Wenn es jene Stadt wirklich gibt, werden sie meine Reiter / in Schutt und Asche legen. Nichts ist dem Menschen eine Lehre).[39] Angesichts der Tatsache, dass am Ende des 20. und zu Beginn des 21. Jahrhunderts die menschlichen Tragödien – in Ruanda, in Bosnien, im Kosovo, in Ost-Timor und in Afghanistan – ihren unaufhaltsamen Lauf nehmen, ist die Stimme von Julio Martínez Mesanza ebenso wichtig wie es die Stimme von Wilfred Owen nach dem Massaker war, das der Erste Weltkrieg gewesen ist. Denn er erinnert uns in »La eterna caballería« daran, dass während einige »morirán hermosos / e inútiles, heridos desde lejos«, andere aus ihrem Leiden Vorteile schlagen werden: »La noche es larga, y hombres en la noche / que nunca han combatido, inventan armas« (»Die Nacht ist lang und in der Nacht werden Waffen von Menschen / erfunden, die selbst nie gekämpft haben«).[40]

Unter den letzten Veröffentlichungen von Martínez Mesanza verdient ein Buch mit dem Titel *Fragmentos de Europa 1977-1997* hervorgehoben zu werden. In ihm kann der genau hinschauende Leser die verschiedenen Entstehungsphasen des Gedichtbandes *Europa* nachvollziehen, denn dort findet er, wie es der Titel verspricht, Fragmente von nicht vollendeten Gedichten, solche von fast vollendeten und andererseits auch nur bloße Entwürfe. Neben ausführlichen Gedichten, bei denen man den Eindruck hat, als fehlte nur wenig zu ihrer Vollendung, gibt es andere, die aus nur zwei oder drei Versen bestehen – aber aus welchen Versen! »Inútil me parece la existencia / que renuncia al poder, como la mía, / e inútil esperar a esas mujeres« (»Nutzlos erscheint mit die Existenz, / die auf die Macht verzichtet, wie die meine, / und nutzlos ist es, auf jene Frauen zu warten«), so drei Verse aus dem Jahr 1984 oder diese Verse aus dem Jahr 1982: »Ni la memoria, ni la luz futura, / distantes ambas y difusas siempre« (»Weder die Erinnerung noch das zukünftige Licht, / beide fern und verschwommen immer«).[41] Für jeden, der all diese verschiedenen, allmählich anwachsenden und ständig sich wandelnden Versionen von *Europa* (seit Anfang 1983) gelesen hat, stellen diese Fragmente eine wahre Offenbarung dar. Sie besitzen und verdienen ein eigenständiges Leben, ein Leben so wie es heute die Eposfragmente von Ennius besitzen, einem römischen Dichter von dessen langem Werk nur 990 Verse überliefert sind und die als Fragmente in die Werke anderer Autoren, zum Beispiel die Vergils, eingearbeitet wurden. Auf eine vielleicht sehr postmoderne Weise hat das fragmentarische Werk des Quintus Ennius (239 bis 169 v. Chr.) auf diese Sammlung von Julio Martínez Mesanza gewirkt, indem es ihm die Kraft und die Möglichkeiten verdeutlichte, die bestimmte Fragmente ausströmen können und die in vielen Fällen größer sein können als die einer abgeschlossenen Dichtung.[42]

Wenn die Gedichte des Bandes *Europa* sich vor allem durch ihre sehnsüchtige Stimmung auszeichnen, so sind die *Fragmentos de Europa* eher durch eine Grundstimmung der Trauer gekennzeichnet, die in einem der kürzesten Fragmente der Sammlung aus dem Jahre 1995 zusammengefasst ist: »y cómo se ensombrece la alegría« (»und wie sich die Freude verdüstert«).[43] Es handelt sich hier um eine erschütternd menschliche Dichtung, die eine tiefe Trauer vermittelt, und zugleich um eine in hohem Maße moralische Lyrik, so wie dies der Autor selbst zum Ausdruck gebracht hat: »Sólo desde un punto de vista moral, no necesariamente moralista […] puedo acercarme a la raíz del sentimiento artístico, porque sólo lo humano, lo que tiene que ver con este ›valle de lágrimas‹, despierta en mí la emoción que llaman ›artística‹« (»Nur von einem moralischen Standpunkt aus, der nicht notwendigerweise moralistisch sein muss, […] vermag ich mich dem Ursprung des künstlerischen Gefühls zu nähern, denn nur das Menschliche, das mit diesem ›Tränental‹ zu tun hat, erweckt in mir jene Gefühlsregung, die man als ›künstlerisch‹ bezeichnet«).[44]

Die Lyrik von Julio Martínez Mesanza bietet somit keine oberflächlichen Lösungen hinsichtlich unserer Rolle in der Geschichte an, jener Geschichte von Europa/ *Europa*, an der wir als Zuschauer und als aktive Teilnehmer, als Subjekte und Objekte teilgenommen haben, als ›der Andere‹ und als ›derselbe‹ im Sinne von Borges. Wie jede gute Lyrik veranlasst sie zum Nachdenken über diese Rolle.

Auch wenn Borges ganz zweifelsohne einer der geistigen Lehrmeister von Martínez Mesanza ist,[45] so hätte er sich doch zweifelsohne die folgenden Verse des englischen Dichters und Kritikers Matthew Arnold vom Ende des 19. Jahrhunderts zu eigen gemacht, falls er sie denn gekannt hätte; sie kommen seinem Denken und seiner Dichtungsphilosophie überraschend nahe:

> [...] for the world, which seems
> to lie before us like a land of dreams,
> hath really neither joy, nor love, nor light,
> nor certitude, nor peace, nor help for pain;
> 5   and we are here as on a darkling plain
> swept with confused alarms of struggle and flight,
> where ignorant armies clash by night.[46]

Diese Verse haben ein erstaunliches Pendant im folgenden Fragment aus dem Jahre 1996:

> No tendría sentido que confiaras
> en los que ven en la naturaleza
> una diosa benévola o una amiga,
> y no lo que es, teatro de combate
> en el caso mejor, e incluso tierra
> destinada al pillaje y la conquista.[47]

(»Es hätte keinen Sinn, wenn du denen vertrauen würdest, / die in der Natur eine / gutmütige Göttin oder eine Freundin sehen, / und nicht das, was sie ist, ein Schlachtfeld, / bestenfalls, vielleicht sogar ein Land, / das dazu bestimmt ist, geplündert und erobert zu werden.«)

Vielleicht bringen die Enden der Jahrhunderte wie die der Jahrtausende solche Ängste, Verwirrungen und Unsicherheiten hervor. Unser Autor stellt dazu fest: »Porque el alma no sabe lo que quiere, / pero sí lo que le harta y le repugna.«[48] (Denn die Seele weiß nicht, was sie will, / aber sie weiß sehr wohl, was sie anekelt und ihr zuwider ist.)

Damit sind wir zum Ausgangspunkt unserer Analyse der epischen Lyrik von Julio Martínez Mesanza zurückgekehrt: erinnern wir nochmals an die Trauer des Spartaners, der seinen Schild in der traurigen Schlacht von Leuktra im Stich gelassen hat – sicherlich aus Überdruss und Widerwillen gegen so viele nutzlose Tote. Begann im Moment seiner Rückkehr der Bruch mit dem Kriegersein und ein Ausruhen oder war es der Beginn neuer beschwerlicher Reisen, jetzt aber als der »cadáver no sido en Leuctra triste«? Ist dies der Tod im Leben des modernen Helden?

Übersetzung aus dem Spanischen: Manfred Tietz

I. Verzeichnis der Werke von Julio Martínez Mesanza

Lyrische Werke

Europa. Madrid: El Crotalón/ Cuadernos de la Tempestad 1983.
Europa. Sevilla: Renacimiento 1986a.

Europa (1985-1987). Valencia: La Pluma del Águila 1988a.
Europa y otros poemas. Málaga: Puerta del Mar 1990a.
Julio Martínez Mesanza. Málaga: Centro Cultural de la Generación del 27 1990b.
Las trincheras. Sevilla: Renacimiento 1996.
Fragmentos de Europa. 1977-1997. Palma: Col·lecció Poesia de Paper 1998.
Julio Martínez Mesanza. Almería: Aula de Poesía XIII 2001.

Andere Werke

Sannazaro, Iacopo: *Arcadia*. Edición preparada por Julio Martínez Mesanza. Madrid: Editora Nacional 1982.

Dante Alighieri: *Vida Nueva*. Traducción de Julio Martínez Mesanza. Madrid: Siruela 1985.

Martínez Mesanza, Julio: »Temas y formas en la poesía de Luis Alberto de Cuenca«, in: *Zarza Roza. Revista de Poesía* 7 (1986b), S. 21-35.

Martínez Mesanza, Julio: »Poética«, in José Luis García Martín (Hg.): *La generación de los ochenta*. Valencia: Mestral 1988b, S. 136.

Cuenca, Luis Alberto de: *Poesía 1970-1989*. Prólogo de Julio Martínez Mesanza. Sevilla: Renacimiento 1990.

Martínez Mesanza, Julio: »Poesía y moral«, in: *Ínsula* 565 (1994), S. 27.

Martínez Mesanza, Julio: »La historia, las máscaras, los decorados ...«, in José Romera Castillo/ Francisco Gutiérrez Carbajo (Hg.): *Poesía histórica y (auto)biografía (1975-1999)*. Madrid: Visor 2000, S. 29-40.

II. Kritische Literatur

Cuenca, Luis Alberto de: »Julio Martínez Mesanza«, in: *Ínsula* 543 (1992), S. 25-26.

Cuenca, Luis Alberto de: »Leyendo a Julio«, in ders.: *Etcétera (1990-1992)*. Sevilla: Renacimiento 1993, S. 97-98.

Dadson, Trevor J.: »El otro, el mismo: Héroes y cobardes en *Europa* de Julio Martínez Mesanza«, in: *Zurgai* (Juni 1997) (»Poetas de ahora«), S. 84-89.

Dadson, Trevor J.: »El otro, el mismo; reflexiones sobre *Europa* de Julio Martínez Mesanza«, in Trevor J. Dadson/ D.W. Flitter (Hg.): *Ludismo y intertextualidad en la lírica española moderna*. Birmingham: University Press 1998, S. 79-101.

Dadson, Trevor J.: »Julio Martínez Mesanza«, in: *La expedición. Los caminos de la escritura* 9 (1999), S. 24-26 (mit drei unveröffentlichten Gedichten).

García, Eduardo: »Un vigoroso discurso«, in: *Renacimiento*, S. 19-20.

García de la Concha, Víctor: »Las trincheras«, in: *ABC Cultural* (18.4.1997).

García Martín, José Luis (Hg.): »Julio Martínez Mesanza«, in ders. (Hg.): *Treinta años de poesía española (1965-1995)*. Sevilla: Renacimiento/ La Veleta 1996, S. 376-385.

García-Posada, Miguel: »Julio Martínez Mesanza«, in ders.: *La nueva poesía: 1975-1992*. (Páginas de Biblioteca Clásica bajo la dirección de Francisco Rico. *Poesía española*, Bd. 10). Barcelona: Crítica 1996, S. 155.

Lamberti, Mariapia: »Julio Martínez Mesanza. Il libro delle battaglie«, in: *Poesia* 91 (1996).

Lanz, Juan José: »Julio Martínez Mesanza«, in: *El Urogallo* 64-65 (1991), S. 95.

Lanz, Juan José: »Julio Martínez Mesanza«, in Darío Villanueva et al. (Hg.): *Los nuevos nombres: 1975-1990*. (*Historia y crítica de la literatura española* al cuidado de Francisco Rico, Bd. 9). Barcelona: Crítica 1992, S. 221-222.

Lanz, Juan José: »Para una crítica de la renuncia: *Las trincheras*, de Julio Martínez Mesanza«, in: *Ínsula* 620-621 (1998), S. 25-28.

Marzal, Carlos: »Nuevos poemas para *Europa*«, in: *Renacimiento* 1 (1988).

Pedro, Carlos: »La tradición transgresora«, in: *Hélice* 9 (1997).

Quintana, Emilio: »Una épica convaleciente«, in: *Ideal* (Granada) (15.12.1986).

Ruiz, Enrique Andrés: »El alma en armas«, in: *Nueva Revista* 52 (1997).

Suñén, Juan Carlos: »Libertad y soledad: El destino del guerrero. *Europa*«, in: *Álbum* 3 (1986), S. 86-87.

Ugarte, Pedro: »El raro vigor de un poeta«, in: *El Correo Español – El Pueblo Vasco* (22.3.1991).

Villena; Luis Antonio de: »Las ›voces‹ y el clasicismo«, in: *Las Nuevas Letras* 6 (1987), S. 110.

III. Anmerkungen

*   Zitiert nach Julio Martínez Mesanza (1990a:76).

1   Deutsche Übersetzung von Manfred Tietz.
2   Von ihr stammen die folgenden Gedichtsammlungen: *Cárcel de amor*. Sevilla: Renacimiento 1988 und *Cuéntamelo otra vez*. Granada: La Veleta 1999.
3   *Antología de la poesía griega* (Siglos VII-IV a.C.). Selección, prólogo y traducción de Carlos García Gual. Madrid: Alianza 1998, S. 25.
4   Archilochos: *Gedichte*. Griechisch und deutsch. Übertragen und herausgegeben von Kurt Steinmann. Mit zahlreichen Abbildungen. Frankfurt am Main: Insel 1998, S. 51.

5   Carlos García Gual: *Antología de la poesía griega*, S. 25.
6   Jorge Luis Borges: »La otra muerte«, in ders.: *El Aleph*. Buenos Aires: Emecé 1957, S. 77. »[...] und der Schatten Damiáns kehrte in seine Heimat zurück. Er lebte in der Einsamkeit, ohne Frau, ohne Freunde; alles liebte und besaß er, aber aus der Ferne, als stände er jenseits einer Glasscheibe.« Jorge Luis Borges: *Sämtliche Erzählungen. Der Aleph. Fiktionen. Universalgeschichte der Niedertracht*. München: Hanser 1970, S. 58-59.
7   Carlos García Gual: *Antología de la poesía griega*, S. 21.
8   Zitiert nach: Edmund Boesel (Hg.): *Anthologie lyrischer und epigrammatischer Dichtungen der alten Griechen*. [...]. Leipzig: Reclam 1884, S. 351-352.
9   Übersetzung von Emanuel Geibel. Zitiert nach *Griechische und lateinische Lyrik in klassischen und neuen deutschen Übersetzungen*. Ausgewählt und mit einem Nachwort versehen von Hans Kleinstück. Hamburg: Standard 1958, S. 12.
10 *Griechische und lateinische Lyrik in klassischen und neuen deutschen Übersetzungen*, S. 12.
11 Vgl. die Interpretation von Walter Pabst: »Luis de Góngora. Mientras por competir con tu cabello«, in Manfred Tietz (Hg): *Die spanische Lyrik von den Anfängen bis 1870. Einzelinterpretationen*. Frankfurt am Main: Vervuert 1997, S. 421-459.
12 Emilio Quintana (1986).
13 Vergil, *Aeneis*, I, 462: »gibt / Tränen der Welt: an Sinn und Herz rührt Leiden und Sterben«. Deutsche Übersetzung in Vergil: *Aeneis. Lateinisch-Deutsch*. In Zusammenarbeit mit Maria Götte, herausgegeben und übersetzt von Johannes Götte. Düsseldorf/ Zürich: Artemis & Winkler [9]1997, S. 33.
14 Vergil, *Aeneis*, XII, 951-952. »dem aber sinken im Todesfrost die Glieder dahin, sein / Leben fährt, aufstöhnend, voll Unmut hinab zu den Schatten.« Deutsche Übersetzung: Vergil: *Aeneis. Lateinisch-Deutsch*, S. 559.
15 Die Verse finden sich in dem Gedicht »De lo que fue la dicha y fue el infierno«, das erstmals veröffentlicht wurde von Trevor J. Dadson (1999:24-26).
16 Julio López: *Poesía épica española (1950-1980). Antología*. Madrid: Libertarias 1982, S. 27.
17 José Luis García Martín (1996:376).
18 Julio Martínez Mesanza (2000:30).
19 Einen ausführlichen Überblick über die zeitgenössische »epische Lyrik« findet sich bei Julio López: *Poesía épica española*.
20 Vgl. auch die Feststellung von Miguel García-Posada (1996:115): »Siempre ceñido, siempre contenido, un clasicismo de fondo nutre los versos de Martínez de Martínez Mesanza que ofrecen una de las pocas muestras de expresión épica dignas de ser consideradas entre las últimas voces de la poesía española.«

21 José Luis García Martín: »La poesía: tendencias generacionales«, in Darío Villanueva u.a. (Hg.): *Los nuevos nombres: 1975-1990*. (*Historia y crítica de la literatura española* al cuidado de Francisco Rico, Bd. 9). Barcelona: Crítica 1992, S. 115.
22 So Miguel García-Posada im Prolog der Anthologie *La nueva poesía (1975-1992)*, S. 28.
23 Julio Martínez Mesanza (1994:27).
24 Julio Martínez Mesanza (1990a:75). Es ist wichtig darauf hinzuweisen, dass in dem Band »El desertor« dem Gedicht »En Esparta después de Leuctra triste« unmittelbar folgt. Damit unterstreicht der Dichter die Kohärenz seiner Sichtweise: beide Protagonisten ergreifen die Flucht und werden zu Toten – für sich selbst und für die anderen.
25 Der Einfluss, den Borges auf diese Vorstellung ausgeübt hat, ist unzweifelhaft, wie das folgende Zitat aus seiner Erzählung »Biografía de Tadeo Isidoro Cruz« belegt: »Comprendió que un destino no es mejor que otro, pero que todo hombre debe acatar el que lleva dentro. Comprendió que las jinetas y el uniforme ya le estorbaban. Comprendió su íntimo destino de lobo, no de perro gregario; comprendió que el otro era él [...]; gritó que no iba a consentir el delito de que se matara a un valiente y se puso a pelear contra los soldados, junto con el desertor Martín Fierro.« Jorge Luis Borges: »Biografía de Tadeo Isidoro Cruz«, in ders.: *El Aleph*. Buenos Aires: Emecé 1957, S. 57. »Er begriff, daß ein Schicksal nicht besser ist als das andere, aber daß der Mensch zu dem, was er in sich trägt, stehen muß. Er begriff, daß ihn die Achselschnüre und die Uniform schon behinderten. Er begriff seine innere Bestimmung eines Wolfs, nicht eines Herdenhundes; er begriff, daß der andere er selber war. [...] [er] schrie, er willige nicht in das Verbrechen ein, daß ein Tapferer umgebracht werde, und stellte sich zum Kampf gegen die Soldaten an die Seite des Deserteurs Martin Fierro.« Jorge Luis Borges: *Sämtliche Erzählungen. [...]*. München: Hanser 1970, S. 45.
26 Julio Martínez Mesanza (1990a:67).
27 Julio Martínez Mesanza (1996:13).
28 Julio Martínez Mesanza (1990a:78).
29 Julio Martínez Mesanza (1990a:20).
30 Julio López hat dies wie folgt formuliert: »Habrá que puntualizar en la poesía de la que vamos a ocuparnos, un deseo claro de recoger en sus líneas maestras cualquier registro coral que conecte con el fluir colectivo de la historia.« *Poesía épica española*, S. 15-16. Hierher passen auch einige neuere Feststellungen des Journalisten Adam Michnik: »Mucho más cómodo es sentirse víctima que verdugo. Por eso solemos esconder en los rincones de la memoria las injusticias que cometemos con otros, pero mantenemos siempre a mano el recuerdo de las que cometieron otros con nosotros. Ésa suele ser precisamente la venganza de los fantasmas que hay guardados en los armarios de Europa. [...]. La experiencia de los Balcanes demuestra que las víctimas

se contagian también con el odio de los verdugos, con su mentalidad y su comportamiento.« »En los armarios de Europa hay fantasmas«, in: *El País* (16.4 2000), S. 8-9.
31 Luis Alberto de Cuenca (1992:26).
32 Julio Martínez Mesanza (1990a:82).
33 Luis Alberto de Cuenca (1993:97).
34 »La otra muerte«, in Jorge Luis Borges: *El Aleph* (1957:73).
35 »Arco«, in Julio Martínez Mesanza (1990a:15).
36 Julio Martínez Mesanza (1990a:74).
37 So in dem Gedicht »También mueren caballos en combate«, in Julio Martínez Mesanza (1990a:69).
38 So hat José Luis García Martín (1996:376) festgestellt: »Algunos versos de *Europa*, considerados como afirmaciones del autor, despertaron cierto escándalo en algunos lectores por sus connotaciones políticas.«
39 »Contra Utopía I«, in Julio Martínez Mesanza (1990a:47).
40 Julio Martínez Mesanza (1990a:39).
41 Julio Martínez Mesanza (1998:XII und X).
42 Martínez Mesanza bezieht sich in dem Gedicht »Annales VII« aus *Europa* (1990a:16) und in drei Fragmenten in *Fragmentos de Europa* (1998:XII) ausdrücklich auf Ennius, versteckte Hinweise finden sich auch in anderen Gedichten.
43 Julio Martínez Mesanza (1998:XX).
44 Julio Martínez Mesanza (1994:27).
45 Cf: Miguel García-Posada (1996:155): »Borges gravita también sobre esta poesía: el Borges épico capaz de cifrar en unos pocos versos un suceso, real o mítico, o un episodio cultural«. Weitere als die hier angeführten Beispiele zum Einfluss von Borges auf das Werk von Martínez Mesanza finden sich in meinem Beitrag »El otro, el mismo: reflexiones sobre *Europa* de Julio Martínez Mesanza«, in Trevor J. Dadson (1998:94-96).
46 »Dover Beach«, in: *The Poetical Works of Matthew Arnold*. London/ Glasgow: Collins o.J., S. 355-356.
47 Julio Martínez Mesanza (1998:XXI).
48 Julio Martínez Mesanza (1998:XXII).

José Antonio Pérez Bowie

Carlos Marzal. Relato del viajero ocasional

Un taxi apresurado.
Debió de haber un taxi.
Una conversación
absurda de trayecto, naufragada,
en el derrumbadero de palabras perdidas.
Más tarde el aeropuerto,
y el olor a hospital de los lavabos.
Una revista. Seguro que compré
cualquier revista de olvidar más tarde.
Después la artificial simpatía de la tripulación,
un zumo áspero, la nieve
de una cumbre que enmarca la ventana.
Otro aeropuerto. Y ya la noche
sobre una ciudad que no es la tuya. Comentarios
corteses de quienes te recogen,
las sombras de unas voces
que sólo conocías por teléfono.
El hotel, una ducha, la corbata,
y la megafonía de un local,
que difunde tu voz leyendo unos poemas.
Una cena con demasiadas copas y tabaco.
Después todo resulta aún más confuso:
un azaroso peregrinar de bares,
de callejas, de músicas de fondo,
y una cama de hotel donde arrojar la espera
de un taxi apresurado, un aeropuerto,
de la fría acogida que nos depararán
las rutinas de ayer, que nos parecen
perdidas ya en el tiempo.

La más sencilla ordenación de datos
termina por urdir la madeja de un sueño.
Nuestra vida, nosotros, la memoria
cada vez se parecen con mayor precisión
a ese derrumbadero de las almas,

35 a ese pozo de días del que extraigo
este relato ocasional sin gloria.*

Bericht des Gelegenheitsreisenden
Ein eiliges Taxi. / Es sollte doch ein Taxi da sein. / Während der Fahrt / eine absurde Unterhaltung, / die Schiffbruch erleidet / im Abgrund der verlorenen Wörter. / Später der Flughafen, / Und der Krankenhausgeruch in den Toiletten. / Eine Zeitschrift. Sicher habe ich irgendeine Zeitschrift gekauft, wie man sie später einfach liegen lässt. / Danach die gekünstelte Freundlichkeit der Besatzung, / ein bitterer Saft, der Schnee / eines Berggipfels, den das Kabinenfenster umrahmt. / Noch ein Flughafen. Und schon ist es Nacht / über einer Stadt, die nicht die deine ist. Höfliche / Bemerkungen derer, die dich abholen, / die Schatten einiger Stimmen, / die du nur vom Telefon kanntest. / Das Hotel, eine Dusche, die Krawatte, / und die Lautsprecheranlage einer Räumlichkeit, / die deine Stimme verbreitet beim Vorlesen von Gedichten. / Ein Abendessen mit zuviel Alkohol und Tabak. / Danach ist alles noch verworrener: / ein zufälliges Durchstreifen von Kneipen, / von verrufenen Gassen, von Hintergrundmusik, / und ein Hotelbett, auf das man sich wirft in Erwartung eines eiligen Taxis, ein Flughafen, / in Erwartung des kalten Empfangs, den uns bereiten / die Routinen von gestern, die uns schon / verloren scheinen in der Zeit.
Die aller einfachste Anordnung von Fakten / webt schließlich den Strang eines Traums zusammen. / Unser Leben, wir, die Erinnerung gleichen jedes Mal mehr und mit größerer Genauigkeit jenem Abgrund der Seelen, jenem [bodenlosen] Brunnen [sc. verstrichener] Tage, aus dem ich schöpfe / diesen ruhmlosen Gelegenheitsbericht.[1]

I

In der ›Poetik‹, die Carlos Marzal (*Valencia 1961) unter dem Titel »Las buenas intenciones« in sein erstes Buch, *El último de la fiesta*,[2] aufgenommen hat, trifft er einige Feststellungen, die zur Situierung seiner Lyrik hilfreich sind. Die wie zur spielerischen Übung in Terzetten aus Alexandrinern verfasste ›Poetik‹, der es nicht an ironischen Nebenbemerkungen fehlt (»¿Me estará agradecida la juventud del orbe / siempre desorientada y falta de modelos, / y me idolatrarán los investigadores?« oder an anderer Stelle »[...] esta moda / de componer poéticas resulta edificante. / Con ella se demuestra que son distintas cosas / lo que se quiere hacer y lo que al fin se hace.«) macht es möglich, einige der Vorstellungen genauer zu erfassen, die er als Schlüssel für seine Dichtung ansieht. Das Dichten versteht Marzal ganz grundsätzlich als ein Exorzisieren, als das Bannen und Verdrängen von Fragen und Problemen, die ihn bedrängen: »Escribo, simplemente, por tratarse de un método / que me libera sin daño (sin demasiado daño) / de cuestiones que a veces entorpecen mi sueño«. Außerdem verweist er auch auf die Entpersönlichung des lyrischen Ich, die mit einem ethischen Sinn des Gedichts verbunden ist: »Se me ocurre, además, que trato de dar cuenta de una vida moral, es decir reflexiva, mediante un personaje que vive en los poemas.« Dieses ethische Anliegen läßt ihn nach Klarheit im Ausdruck streben, was ihn daran hindert, sich sprachlich gehen zu lassen. Marzal ist sich durchaus der Notwendigkeit der Form bewußt, auch wenn er sich nicht als ihr Gefangener fühlt und sich keineswegs zu puristischen Übertreibungen verleiten läßt: »Aspiro a escribir bien y trato de ser claro. / Cuido el metro y la rima, pero no me esclavizan; es fácil que la forma se convierta en obstáculo para que nos entiendan [...].« So bekennt er denn auch seine Vorliebe für eine Lyrik, die von Gefühlen geprägt ist und aus der Kunst etwas Lebendiges macht: »De entre los infinitos poetas, yo prefiero a aquéllos que construyen con la emoción su obra y hacen del arte vida. De los demás descreo.«

In die Dichtungsauffassung von Marzal sind auf diese Art viele jener Elemente eingegangen, die die Lyrik der beiden letzten Jahrzehnte des 20. Jahrhunderts insgesamt bestimmen: sein Schaffen lässt sich in die so genannte *poesía de la experiencia* einordnen, deren Themenwelt ganz vorrangig auf Erfahrungen zurückgeht, die der Dichter selbst gemacht hat, sowie auf Gefühle und Reflexionen, die sie in ihm ausgelöst haben. Die ganz persönliche Welt des Autors und ihr Kontext werden so zu seinen wichtigsten Bezugspunkten. Aus dieser Grundhaltung ergibt sich die eindeutige Ablehnung transzendenter Einstellungen und eine fortschreitende Abkehr von den kulturalistischen Übertreibungen und der distanzierten Kälte, die für die ästhetisierende Dichtung der Vorgängergeneration, die der *novísimos* oder *venecianos*, charakteristisch gewesen sind. Aus dieser Grundeinstellung ergeben sich Marzals Vorlieben für eine leicht zugängliche Dichtungssprache, die alles Hermetische meidet, sein Streben nach dem unmittelbaren Kontakt mit dem Leser aufgrund eines herzlichen Tons sowie die Verwendung gerade all jener lyrischen Aspekte, wie sie in der Alltagswelt verborgen sind, deren Erfahrung der Dichter und sein Publikum durchaus teilen. Dieses Vorgehen heißt für den Autor jedoch nicht, sich von der Alltagswelt einfach mitreißen zu lassen und sich überschwenglichen Gefühlen hinzugeben. Er verfügt durchaus über ein hellwaches künstlerisches Bewusstsein, das sich im Bewahren eines deutlichen Abstands zeigt und das zur Folge hat, dass das sprechende Ich sein Innenleben unter Masken verbirgt. So vermeidet er den für die romantische Dichtung typischen Stil der Bekenntnislyrik mit ihrer Emphase und dem völligen Mangel an schamvoller Zurückhaltung. Dieser Stil wird bei Marzal durch verschiedene Arten von Filtern gemildert: durch die Form des dramatischen Monologs, mit dessen Hilfe das Gedicht als das Werk einer vom realen Autor klar unterschiedenen Figur erscheint; durch eine ins Erzählen gehende Exposition, in der sich die erste Person hinter der dritten auflöst, oder durch die Verwendung von Mythen, literarischen Themen und Gestalten der Vergangenheit, wobei diese bisweilen mit humorvoll ironischer Distanz verwendet werden.[3]

Diesbezüglich sind einige Kritiker der Auffassung, dass es den Vertretern der jüngsten Lyrik vor allem darum ginge, auf ihr Publikum faszinierend zu wirken. Deshalb zielten sie auf Überraschung und vermieden alles Belehrende,[4] auch wenn die bei ihnen häufig zu findende Ironie ein gewisses Maß an zumindest sozialem Protest gegen die Welt, in der sie leben, zum Ausdruck bringt. Man könne daher, so diese Kritiker, von einem gewissen ›Engagement‹ bei diesen Autoren sprechen. Doch lässt sich diese Haltung nicht immer eindeutig belegen, da die Verwendung der Ironie gerade dazu beiträgt, eine solches Engagement zu verschleiern. Außerdem sollte nicht übersehen werden, daß sich in der Lyrik dieser Autoren eine metapoetische Reflexion findet, die als ein weiterer Distanzierungseffekt wirkt und die darüber hinaus die intellektuelle Strenge und den theoretischen Hintergrund deutlich macht, mit denen diese Dichter zu Werke gehen.

Der Humor ist zweifelsohne eines der charakteristischsten Elemente der Dichtung von Carlos Marzal. Er zeigt sich besonders deutlich in der Gestalt, die Marzal jeweils als Sprecherfigur, als lyrisches Ich des Gedichtes, verwendet. Diese Sprecherfigur ist eine Projektion des Autors, mit deren Hilfe er die Bedeutung reduzieren will, die die Gestalt des Autoren in der Lyrik in der romantischen Tradition gehabt hat. Was diese Abkehr vom postromantischen lyrischen Ich angeht, so knüpft Marzal an eine Tendenz an, die in der spanischen Lyrik von Jaime Gil de Biedma initiiert wurde. Es handelt sich um die Selbstironie, die Spaltung von Autor- und Sprecher-Ich, einen umgangssprachlichen und häufig oberflächlich erscheinenden Grundton, all dies Elemente, die sich jedoch keineswegs als unvereinbar mit einer ernsthaften Auffassung von Dichtung erweisen. Ein Gedicht wie »In memoriam C.M.« aus dem Band *El último de la fiesta*, in dem sich das lyrische Ich als jemand darstellt, der nach seinem Tod zu sich selber spricht, ist eine intertextuelle Hommage an jenen Barceloneser Dichter, den er auch in »Después de las noticias de su muerte (J.[aime] G.[il] de B.[iedma])« aus dem Band *Los países nocturnos* beschwört. Der ernsthafte Charakter seiner Dichterauffassung zeigt sich auch in jenen seiner zahlreichen Texte, die metapoetische Reflexionen von beachtlicher Tiefe beinhalten. Viele dieser Texte finden sich in der Gruppe *Palabras* innerhalb des Bandes *Los países nocturnos*, darunter die Gedichte »Juego de niños«, »Los ángeles herméticos« und »La oscuridad del borrador«. Ein weiterer Beleg für diese Ernsthaftigkeit sind die zahlreichen – impliziten und expliziten – intertextuellen Bezüge in den Gedichten Marzals, unter anderem Bezüge auf Faulkner, Baudelaire und Artaud. Sie sind Schlüssel zur Welt seiner Lyrik und Beleg für die rigorose Strenge und die solide literarische Bildung, mit der er in seiner Dichtung zu Werke geht. Diese Strenge zeigt sich auch bei seiner makellosen Handhabung der klassischen Metrik, auf deren Formen er häufig zurückgreift, wenn auch ohne dabei in puristische Übertreibungen zu verfallen. Durch diesen Rückgriff auf die klassischen Formen entsteht ein bedeutungsvoller Kontrast zwischen der feierlich klassischen Form einerseits und der thematischen Modernität und dem fast umgangssprachlichen Register der Sprache andererseits, deren Lexikon stark in der Alltagswelt verankert ist. Wie García Martín dargelegt hat,[5] dient diese formale Strenge Marzal auch dazu, eine Distanz zum narrativen Grundton in den meisten seiner Gedichte herzustellen. Denn die strukturelle Konzeption des Gedichts als ›Erzählung‹ ist bei Marzal, wie bei vielen anderen Lyrikern seiner Generation, die wohl am häufigsten verwandte Strategie zur Herstellung einer entpersönlichenden Distanz zwischen Autor und lyrischem Ich.[6]

II

Das oben angeführte Gedicht »Relato del viajero ocasional« gehört zusammen mit neun weiteren Gedichten, darunter »Juego de niños«, »Los ángeles herméticos« und »Epitafio para William Cuthbert Faulkner« zu der Gruppe *Palabras* des Gedichtbandes *Los países nocturnos*. Alle diese Gedichte haben einen gemeinsamen thematischen Kern: das Gefühl des lyrischen Ich, in einer Welt der Irrealität zu leben, und das Gefühl der Beklemmung angesichts des »curso enfurecido de la vida«, dessen rasendes Enteilen das Ich erfährt und dabei spürt, wie es ohne jede Kontrollmöglichkeit mitgerissen wird. Auf diese Erfahrung wird in »Epitafio para William Cuthbert Faulkner« verwiesen: »La vida observada tras su lente de aumento, / aparece siniestra con frecuencia, / un perverso lugar donde sucede / algo que no sabemos explicar ni explicarnos«. Ganz ähnlich heißt es in dem Gedicht »Palabras«, das der ganzen Gruppe den Namen gegeben hat: »[...] una trama / circular sin principio ni fin. Mar sin raya / de ningún horizonte.« Die gleiche Vorstellung findet sich auch in »Sombras chinescas«, wo die strahlende Welt der Fiktion, in der der lyrische Sprecher lebt, die von Heroismus und positivem Handeln bestimmt ist, der düsteren Welt der Wirklichkeit entgegengesetzt wird, die in Lähmung und Erstarrung versunken ist und die von jenen Zuschauern vertreten wird, von denen es heißt, sie seien »alienados y mudos [...] / un batallón que busca dar consuelo a sus vidas / a través de las vidas que jamás han emprendido.« Wie die hier genannten Zuschauer stellt sich auch der Dichter selbst in »Los límites del día« als jemanden dar, dem als Doppelgänger ein Gespenst beigegeben ist, das ihn treu begleitet durch eine Welt »de límites confusos«. Bisweilen glaubt sich der Dichter berufen, mit dem Mittel des Wortes Ordnung in dieses Chaos zu bringen, die Absurdität der Existenz verständlich zu machen. Doch in der Regel scheitert dieses Bemühen: »Es extraño vivir con las palabras, / que aumentan la extrañeza del asunto. / no son como la vida, y la construyen. / No explican su misterio, y lo pretenden. / Quisieran perservarnos, y fracasan.« So wird wenigstens diese Erfahrung in dem Gedicht »Los ángeles herméticos« formuliert.

Das vorliegende Gedicht umkreist diese beiden thematischen Kerne. Zum einen das Gefühl der Absurdität, welche das lyrische Ich angesichts des sinnlosen Rummels der alltäglichen Existenz überkommt, und zum anderen die Erfahrung, dass die Sprache bei dem Versuch scheitert, dieses Chaos zu ordnen und nach rationalen Kriterien auszurichten. Die Gliederung entspricht dieser zweifachen Thematik. Das Gedicht ist durch die Freizeile zwischen den Versen 29 und 30 deutlich in zwei Abschnitte gegliedert. Der erste Teil gibt den ›Bericht‹ all jener verworrenen Erfahrungen, die das lyrische Ich im Lauf des Tages macht (V. 1-29); im zweiten Teil erfolgt die Reflexion über das Scheitern der Sprache bei dem Versuch, diese chaotischen Erfahrungen in einem zusammenhängenden logischen Text zu erfassen (V. 30-36).

Was den ersten Teil angeht, so verweist der Begriff ›Bericht‹ (»relato«) im Titel des Gedichts den Leser bereits auf eine andere Form der sprachlichen Mitteilung als die in der Lyrik übliche, wenngleich, wie bereits erwähnt, zeitgenössische Dichter bisweilen durchaus auf erzählende Elemente zurückgreifen, um sie als Strategie zur Mäßigung der Gefühlsergießungen des Dichters zu verwenden und als Distanz schaffenden Filter zwischen das reale Ich des Autors und das lyrische Ich des Gedichts treten zu lassen. Dieses Ich löst sich im Verlauf des Gedichts auf, in dem der Ausdruck der Emotionen des lyrischen Ich hinter den – scheinbar völlig neutralen – Bericht eben jener trivialen Ereignisse zurücktritt, die es im Verlauf eines Tages abweichend von der Alltagsroutine erlebt hat.

Die Zeitmarker (»más tarde«, V. 6; »después«, V. 10 und 22) ordnen den Bericht des Geschehens zu einer linearen Abfolge, die mit dem »taxi apresurado« (V. 1) beginnt, das den Protagonisten zum Startflughafen bringt, und mit einem zweiten »taxi apresurado« (V. 26) schließt, das ihn wieder zum Flughafen bringt, wo ihm die übliche Routine, die nur für wenige Stunden unterbrochen war und der er sich erneut wird stellen müssen, als ›schon in der Zeit verloren‹ (V. 29) erscheint. Aber das berichtete Geschehen wird trotz des Versuchs des lyrischen Ich, es in eine chronologische Ordnung zu bringen, dennoch nicht als Abfolge von wirklich zusammenhängend erlebten Momenten wahrgenommen, sondern als flüchtige Blitzlichter, die wie im Nebel oder im Traum kurz aufleuchten. Dieses Verfahren hatte schon Federico García Lorca in seinem »Romance sonámbulo« verwendet. Dort wird das Geschehen um einen Schmuggler, der verletzt auf der Flucht ist und der seine Geliebte tot vorfindet, in fragmentierter Form vorgebracht. Dies geschieht dergestalt, dass unzusammenhängende Szenen, die einem Albtraum entnommen zu sein scheinen, und Dialogfetzen zwischen Sprechern, die sich gegenseitig nicht verständlich machen können, übereinander gelagert werden. An die Stelle der surrealistischen Bilderwelt, die in dem Gedicht Lorcas tatkräftig zur Schaffung einer Traumatmosphäre beiträgt, tritt in Marzals Text eine – seit dem abrupten Einsatz des Anfangsverses deutlich wahrnehmbare – fragmentarische Syntax, die zahlreiche kurze Sätze enthält, in denen meistens das Verb fehlt und die bisweilen eine bloße Aufzählung von Substantiven – »el hotel, una ducha, la corbata« (V. 18) – sind.[7] Mit diesem sprachlichen Verfahren werden die vom lyrischen Ich während seiner überstürzten Reise wahrgenommenen Eindrücke in chaotischer Weise zusammengefügt und übereinander geschichtet. Sie stellen den ersten Teil des Gedichts (V. 1-29) dar. Die Fahrt im Taxi zum Flughafen, das Allerweltsgespräch mit dem Fahrer, das Warten bis zum Abflug, das in drei knappen Aussagen zusammengefasst wird (»la artificial simpatía de la tripulación, / un zumo áspero, la nieve / de la cumbre que enmarca una ventana«, V. 10-12), die Ankunft in einer nicht identifizierbaren Stadt, der Empfang durch unbekannte Personen usw. werden in einer Abfolge von kurzen Sätzen miteinander überlagert und rufen so jenes Gefühl der Irrealität hervor, mit dem der Protagonist seine hektischen Wahrnehmungen erlebt, ohne dass er sich dessen selbst wirklich bewusst würde. Der Kontrast zwischen dem ersten Teil des ›Berichts‹ und dessen zweitem, abschließendem Teil, der mit Vers 22 einsetzt (»Después todo resulta aún más confuso«), ist durchaus bezeichnend: hier hört die Syntax auf, so schlicht und abgehackt wie bisher zu sein und macht Platz für eine komplexere Satzstruktur, die sich über die folgenden sieben Verse erstreckt (V. 23-29). Hier wird die chaotische Aufzählung wiedergegeben, die von der Aussage in Vers 22 abhängt: in ihr überlagern sich die präpositionalen Ergänzungen zur syntaktischen Fügung »azaroso peregrinar«

(»de bares, de callejas, de músicas de fondo«), die mit einem neuen Kernsyntagma verbunden werden – »una cama de hotel«. An diese Vorstellung werden wiederum drei jeweils aufeinander bezogene Relativsätze angeschlossen: »una cama [...] / donde arrojar la espera [...] / de la fría acogida que nos depararán / las rutinas de ayer, que nos parecen / perdidas [...].« Die syntaktische Komplexität wird so zu einem semantisch bedeutsamen Element, das die verworrene Wahrnehmung der Realität durch das lyrische Ich verdeutlicht. Diese Verwirrung wird noch deutlicher durch das Einführen eines weiteren Elements, des Syntagmas »un aeropuerto«, das den logischen Zusammenhang unterbricht, der trotz der Weitschweifigkeit in diesem Textteil gewahrt worden ist.

Darüber hinaus ist die Verwendung des Enjambements, das über die syntaktische und semantische Einheit der Verseinheiten hinausgeht, zu einem weiteren Mittel geworden, das den Eindruck der poetischen Verwirrung hervorruft. Denn trotz seiner strengen Linearität vermittelt der ›Bericht‹ einen durchaus verworrenen Eindruck, in dem die verschiedensten Elemente unverbunden nebeneinander stehen: »una conversación / absurda« (V. 3-4), »seguro que compré / cualquier revista« (V. 8-9), »comentarios / corteses de quienes te recogen« (V.14-15), »la nieve / de una cumbre que enmarca la ventana« (V. 11-12), »la espera / de un taxi apresurado« (V. 25-26), »las rutinas de ayer que nos parecen / perdidas ya en el tiempo« (V. 28-29).

Wenn wir uns jetzt auf die lexikalisch-semantische Ebene konzentrieren, dann stellen wir das Vorhandensein eines ganzen Komplexes von Einheiten fest, die die gleiche poetische Funktion haben, wie die bisher beschriebenen morphosyntaktischen Elemente. Auch sie dienen dazu, die Irrealität des Universums, in dem das sprechende Subjekt des Gedichts lebt, zum Ausdruck zu bringen. Zum Gefühl des Schwindelns, das durch die rasche Akkumulation von Eindrücken mittels einer zerstückelten Syntax und durch den Rückgriff auf das Enjambement hervorgerufen wird, kommt die Verwendung von sprachlichen Formeln des Zweifelns hinzu, wie »debió de haber un taxi« (V. 2), »seguro que compré« (V. 8), sowie ein Wortschatz, der implizit oder explizit gleichfalls auf jenes Gefühl der Irrationalität verweist, in das das Subjekt während seiner kurzen Reise eingetaucht war: das mit dem Taxifahrer geführte Gespräch wird beschrieben als »una conversación / absurda de trayecto, naufragada / en el derrumbadero de palabras perdidas« (V. 3-5); vom Warten im Flughafen bleibt nur »el olor a hospital de los lavabos« (V. 6) und vom Dialog mit den Personen, die ihn nach der Landung abholen, bleiben nur die »sombras de unas voces« (V. 16) zurück. Der Verlust des Realitätsgefühls, den das Subjekt empfindet, erreicht seinen endgültigen Höhepunkt beim Sprechen vom eigentlichen Motiv der Reise, der öffentlichen Lesung seiner Gedichte. Von diesem Vorgang erinnert es sich nur an den Eindruck einer Spaltung der eigenen Person, den das lyrische Ich empfand, als es seine Stimme über die Lautsprecher hörte: »la megafonía de un local / que difunde tu voz leyendo unos poemas« (V. 19-20; man beachte hier übrigens die Verwendung des Pronomen der zweiten Person [»tu«] zur Markierung des Entfremdungsvorgangs sowie den Gebrauch des unbestimmten Artikels »un« im Zusammenhang mit dem Substantiv »local«, dem die gleiche Funktion zukommt).

In den restlichen Versen des ersten Gedichtteils verweist der Wortschatz auch weiterhin auf eine verfremdete Wahrnehmung des Umfelds. Nach einem ziellosen Umhergehen (»después todo resulta aún más confuso: / un azaroso peregrinar de bares, / de callejas, de músicas de fondo,« V. 23-24), kehrt er in das Hotelzimmer zurück, dessen Bett ihm dazu dient »[para] arrojar la espera [sc. del taxi]«, das ihn zum Flughafen und zur unterbrochenen Routine zurückbringen soll. Wir haben es in diesem ersten Teil des Gedichts also mit einem ›Bericht‹ zu tun, wie er im Titel des Gedichts vorweggenommen ist. Dies aber heißt nach der klassischen Definition von Metz, dass wir es hier mit einem ›geschlossenen Diskurs‹ zu tun haben, mit dessen Hilfe eine Ereignissequenz einer strukturierenden chronologischen Ordnung unterworfen und so von der weiteren, ungestalteten Realität isoliert wird. Aber der ›Bericht‹, den das lyrische Ich konstruiert, stellt sich als ebenso verworren und augenscheinlich ebenso destrukturiert dar, wie es die Realität ist, von der er berichten will. Daher – und der zweite Teil des Gedichts wird dies bestätigen – ist das Gedicht zu lesen als das Scheitern des Versuchs, dem Chaos und der Sinnlosigkeit des Alltagslebens irgendwelche strukturierenden Richtlinien zu geben.

Bevor wir zu diesem zweiten Teil des Gedichts übergehen, soll noch kurz auf die Metrik des ersten Teils eingegangen werden. Sie basiert auf den strengen traditionellen Formen und stellt so ein klares Gerüst dar, das in evidentem Kontrast zu der eher schwachen syntaktischen Strukturierung des Textes steht. Die 29 Verse des ersten Teils verweisen auf eine Konstruktion nach herkömmlichen metrischen Schemata, denn es handelt sich bei diesen Versen im Wesentlichen um Elfsilber (*endecasílabos* – insgesamt 11 Verse) und Siebensilber (*heptasílabos*), die zum Teil in isolierter Form (6 Verse), zum Teil mit Alexandrinern kombiniert (5 Verse) auftreten. Hinzu kommt Vers 10, dessen 18 Silben sich gleichfalls nach einem klaren Schema (7 + 11) gliedern lassen. Bei den restlichen sechs Versen handelt es sich um zwei Zwölfsilber (die V. 8 und 23, die dem Schema 5 + 7 Silben folgen) und um vier weitere Verse mit 8, 9, 10 bzw. 15 Silben (V. 11, 13, 15 und 21). Es lässt sich hier zweifelsohne der Versuch erkennen, durch den Rückgriff auf eine strenge metrische Struktur den prosaischen Charakter des Textes abzuschwächen, der sich aus der Berichtform und aus dem alltäglichen Wortschatz ergibt. Dies ist ein bei den Dichtern der ›Generation der 80er Jahre‹ verbreitetes Verfahren, auf das Marzal, wie er in seiner ›Poetik‹ in »Las buenas intenciones« dargelegt hat, selbst immer wieder zurückgegriffen hat. Die vier oben angeführten Brüche im metrischen Schema von »Relato del viajero ocasional«, insbesondere die Verwendung von im Spanischen kaum gebräuchlichen Versen von 10 bzw. 15 Silben, sind ganz zweifelsohne nicht zufälliger Art. Sie gehen vielmehr auf die bewusste Absicht des Autors zurück, die metrisch vollkommene Form des Gedichts aufzubrechen und so eine Rückbindung an die Phänomene der morphosyntaktischen und der lexikalischen Ebene vorzunehmen. In ihrer formalen Strenge kontrastiert die metrische Form des Gedichts ebenso mit dem ansonsten in dem Gedicht festgestellten Auseinanderfallen des Universums sowie mit dem Gefühl der Irrationalität, wie es das berichtende Subjekt in dieser Welt empfindet. Es handelt sich dabei übrigens um ein sehr verbreitetes Verfahren in der modernen Lyrik. Es sei hier nur an einen Vers von Jorge Guillén – »la forma se me vuelve salvavidas« – erinnert, mit dem darauf hingewiesen wird, dass die formale Strenge für den Dichter das einzige Mittel ist, um eine nicht wirklich faßbare und sich ständig entziehende Wirklichkeit, angesichts derer der Dichter sein Scheitern spürt, doch noch zumindest ansatzweise zu fixieren. Dennoch sind dergleichen metrische Brüche aber auch deutliche Zweifel an der Möglichkeit des Gedichtes selbst.

III

Die sieben Verse des zweiten Gedichtteils (V. 30-36) sind die als Sentenz formulierte Schlussfolgerung dessen, was im ersten Teil narrativ ausgeführt worden ist. Im Gegensatz zum ersten Teil des Gedichts stellt sich dieser zweite Teil kompakter und von größerer syntaktischer Komplexität mit Sätzen dar, die weit weniger hektisch wirken. Dieser Teil ist auch von größerer metrischer Uniformität. Hier wechseln nur noch Elfsilber (V. 31, 32, 34-36) und Alexandriner (V. 31, 33). Außerdem fehlen im Wortschatz die konkreten Anspielungen auf die alltägliche Realität; insgesamt bewegt sich damit der zweite Teil auf einer abstrakteren Ebene. Alle sprachlichen Merkmale unterscheiden so den zweiten vom vorhergehenden Teil, in dem ein narrativer Ton und die hektische Akkumulation von Daten vorherrschten, die jetzt von einem nachdenklicheren und sentenzenhafteren Ton abgelöst werden.

Der thematische Kern dieses zweiten Teils ergänzt den ›Bericht‹ des ersten durch eine Schlussfolgerung, in der explizit das Scheitern des Versuchs festgestellt wird, die Wirklichkeit einer kohärenten Erzählung zu unterwerfen: »La más sencilla ordenación de datos / termina por urdir la madeja de un sueño« (V. 30-31). Bisher hatte das lyrische Ich mit Hilfe einer narrativen Strukturierung versucht, eine Reihe von in schwindelerregender Abfolge erlebten Ereignisse zu fixieren. Das Ergebnis dieses Versuchs ist jedoch ebenso verwirrend wie die Wirklichkeit selbst, die es widerspiegeln wollte. So ist denn dieses Gedicht sowohl im Sinne einer Feststellung des Scheiterns eines Strukturierungsversuchs wie auch als ein Spiegel zu lesen, in dem sich die flüchtige und unfassbare, von Irrealität geprägte Bedingtheit der Welt des lyrischen Subjekts darstellt.[8] Auf diese Feststellung folgt nun eine verallgemeinernde Schlussfolgerung, die der erzählten Anekdote Allgemeingültigkeit verleiht und die die hier erzählte Reise zu einer Metapher der menschlichen Existenz schlechthin macht. Dies zeigt sich sprachlich in dem – in der ersten Person Plural angeführten – Possessivpronomen »nuestra« und in dem Personalpronomen »nosotros«, das in Vers 33 die Reflexion einleitet, mit der das Gedicht endet: »*Nuestra* vida, *nosotros*, la memoria / cada vez se parecen con mayor precisión / a ese derrumbadero de las almas, / a ese pozo de días del que extraigo / este relato ocasional sin gloria« (V. 32-36). Die im Gedicht berichtete Reise stellt also keine Ausnahme in der Existenz des Erzählers dar. Die dort gemachten Erfahrungen unterscheiden sich in keiner Weise von denen, die seine Alltagserfahrung grundsätzlich bestimmen. Die Charakteristika der menschlichen Existenz, die der Dichter als »derrumbardero de las almas« und als »pozo de días« (V. 34-35) bezeichnet, sind die Unmöglichkeit, das schwindelerregende Entschwinden der Zeit in den Griff zu bekommen; die Unfähigkeit des Menschen, sich der Gegenwart bewusst zu sein, in der man lebt; das Gefühl, in einer unwirklichen Welt zu leben, in der man von den Ereignissen mitgerissen wird, ohne dass man die geringste Möglichkeit hätte, diese Ereignisse unter Kontrolle zu bringen; die Wahrnehmung der menschlichen Existenz als die monotone Wiederholung einer Abfolge sinnlosen Tuns und von Personen, mit denen man tagtäglich wie mit fernen, unerreichbaren Gespenstern zusammenlebt. Die ›Erzählung‹ des Gedichts, so stellt es der Text dar, ist diesem alles verschlingenden Abgrund, diesem Brunnen ohne jeden Boden entnommen, wobei als konkretes Thema zufälligerweise die Erlebnisse eines x-beliebigen Tages ausgewählt wurden. Diese zufällige Gelegenheitsreise stellt daher nur eine Erfahrung mehr, nicht jedoch etwa eine völlig andere Erfahrung dar. Sie bildet vielleicht einen Bruch mit den »rutinas de ayer«, aber sie wurde mit dem gleichen Gefühl der Distanz erlebt wie jene gewohnten Tage, die das lyrische Ich bei seiner Heimkehr wieder aufnimmt und die ihm die immer gleiche »fría acogida« bereiten.

IV

Nach meiner Auffassung lässt sich sehr wohl die Ansicht vertreten, dass das hier vorgestellte Gedicht »Relato del viajero ocasional« einer der repräsentativsten Texte des lyrischen Werks von Carlos Marzal ist. Das Gedicht enthält zugleich viele Elemente, wie sie auch für die Lyrik seiner Generation insgesamt charakteristisch sind. In dieser Lyrik stellen Erfahrungen des Alltagslebens das Material der Dichtung dar und die zu dessen Ausdruck verwandte Sprache nähert sich tendenziell der Umgangssprache an; dieser sprachliche Ausdruck wird verstärkt durch einen narrativen Ton, der es verhindert, dass die Subjektivität des Dichters in den Vordergrund gerückt wird. Der Dichter hält Abstand; er verzichtet auf seine Funktion als Protagonist und Sprecher und überträgt diese Funktion einer Gestalt, die er ebenso konstruiert wie die Situation, in der sie sich ausdrückt. Dennoch ist ein solches poetisches Vorgehen keineswegs unvereinbar mit der Verwendung einer strengen äußeren Form. Diese zeigt sich sowohl in der Wahl eines anspruchsvollen metrischen Schemas, das, ohne den Textfluss zu behindern, diesem eine rhythmische Struktur verleiht, der den Absturz des Gedichts in die Prosa vermeidet, als auch in der Handhabung der Syntax, die in der hier gewählten Form hervorragend geeignet ist, die verworrene Wahrnehmung der erlebten Wirklichkeit widerzuspiegeln. Darüber hinaus findet sich in dem Gedicht auch eine Reihe von Bildern. Diese sind zwar nicht sehr zahlreich und bedeutungsvoll (»conversación / [...] naufragada / en el derrumbadero de palabras perdidas«, V. 3-5; »sombras de unas voces«, V. 16; »la madeja de un sueño«, V. 31; »derrumbadero de las almas«, V. 34; »pozo de días«, V. 35), dennoch reichen sie aus, den einfachen Wortschatz und den umgangssprachlichen Ton der narrativen Darbietungsweise poetisch zu überformen.

Was die Thematik des hier analysierten Gedichts »Relato del viajero ocasional« angeht, so konnte gezeigt werden, dass sich in ihm Schlüsselvorstellungen nicht nur der Lyrik von Carlos Marzal selbst, sondern die seiner ganzen Generation finden: die Wahrnehmung der absurden Dimension der uns umgebenden Realität, die Nutzlosigkeit jeden Versuchs, diese Realität rationalen Regeln unterstellen zu wollen, und die Feststellung, dass wir über keinerlei Kontrolle über die Ereignisse verfügen, die uns ohne jede Möglichkeit des Widerstands mit sich fortreißen. In »La historia«, einem der Texte des zweiten Gedichtbandes von Marzal, werden drei erschreckende Szenen beschrieben, deren tiefere Aussage das lyrische Ich dann in einer eindeutigen Sicht der Wirklichkeit zusammenfasst: »Tal vez alguien advierta una razón final / que logre atribuirles un sentido. / Yo no acierto a encontrarla. / Antes bien, me parecen los delirios estériles / de un contumaz borracho que sueña nuestras vidas.«[9]

Wie jedes wirkliche Kunstwerk hat auch das vorliegende Gedicht eine Dimension der Epiphanie in dem Sinn, wie James Joyce den Begriff gebraucht, wenn er sich auf jene flüchtigen und fast nicht wahrnehmbaren Augenblicke bezieht, die in einer überraschenden Aussage ganz plötzlich das zusammenfassen, was aus unseren höchst fragmentarischen Erfahrungen übrig bleibt. Die Epiphanie meint einen Moment der Erleuchtung, der uns eine Wahrnehmung wie eine flüchtige Offenbarung beschert. Bisweilen kann sich diese Wahrnehmung auf einen Zustand der Erfüllung beziehen, in dem sich das lyrische Ich – wie die Gestalt aus Borges Erzählung *El Aleph* – als Subjekt einer ganz besonderen, nur ihr vorbehaltenen Erfahrung wahrnimmt, die es ihr ermöglicht, eins zu werden mit der Totalität des Seins und sich für einige wenige kurze Momente als Besitzer der Schlüssel zum Verständnis des Universums zu betrachten. Eines der Gedichte Marzals – es trägt den Titel »La tregua«[10] – beschreibt in seinem ersten Teil diesen Zustand der Erfüllung, den ein Subjekt erlebt, das gerade den Liebesakt vollzogen hat: »[...] desaparecen las distancias / y vuelvo a padecer un espejismo: / todas las camas son la misma cama / y un mismo cuerpo todos los que han sido, / todo el tiempo del mundo es ese instante / y en ese instante, el mundo un laberinto / del que conozco todas las salidas, / porque conozco todos sus sentidos.« Im zweiten Teil des Gedichts verfliegt jedoch diese Sinnestäuschung und die Wiederbegegnung des Subjekts mit der Realität dient Marzal erneut dazu, jene pessimistische Grundhaltung gegenüber dieser Realität darzulegen, die seine ganze Lyrik durchzieht und die in diesem Gedicht den eigentlichen thematischen Kern ausmacht: »Luego esa lucidez desaparece, / y se regresa al cauce primitivo: / de nuevo el mundo es un rompecabezas / imposible de armar con un principio.«

Übersetzung aus dem Spanischen: Manfred Tietz

I. Verzeichnis der lyrischen Werke von Carlos Marzal

El último de la fiesta. Sevilla: Renacimiento 1987.
La vida de frontera. Sevilla: Renacimiento 1991.
Los países nocturnos. Barcelona: Tusquets 1996.

Metales pesados. Barcelona: Tusquets 2001.
Fuera de mí. Madrid: Visor 2004.
El corazón perplejo. Poesía reunida 1987-2004. Barcelona: Tusquets 2005.

II. Kritische Literatur

AA.VV.: »Carlos Marzal«, in: *Poesía en el campus.* Zaragoza: Universidad de Zaragoza 1991.

Benítez Reyes, Felipe: »La fiesta de Carlos Marzal« und »Carlos Marzal viaja a los países nocturnos«, in ders.: *Gente del siglo.* Oviedo: Nobel 1997, S. 254-255 und S. 256-257.

Cano Ballesta, Juan: *Poesía española reciente (1980-2000).* Madrid: Cátedra 2001.

Cañas, Dionisio: »El sujeto poético posmoderno«, in: *Ínsula* 512-513 (1989), S. 52-53.

Díaz de Castro, Francisco Javier: »Carlos Marzal: Nocturnidad y alevosía«, in: *Zurgai* (1997), S. 26-30.

García Martín, José Luis: »Carlos Marzal y la nueva poesía en Valencia«, in: *El Ciervo* 443 (1988a), S. 39.

García Martín, José Luis: *La generación de los ochenta.* Valencia: Mestral 1988b.

García Martín, José Luis: »La poesía«, in Darío Villanueva u.a. (Hg.): *Los nuevos nombres:* 1975-1990. (*Historia y crítica de la Literatura Española* al cuidado de Francisco Rico, Bd. 9). Barcelona: Crítica 1992, S. 94-156.

García Martín, José Luis: »Metales pesados«, in: *El Mundo/ El Cultural* (26.09.2001).

García-Posada, Miguel: »Carlos Marzal y la noche futura«, in: *El País* (23.03.1996), S. 11.

Lanz, Juan José: »La vida de frontera«, in: *El Urogallo* 64-65 (1991), S. 96.

Lanz, Juan José: »La poesía española: ¿hacia un nuevo romanticismo?«, in: *El Urogallo* (06.05.1997), S. 36-45.

Lanz, Juan José u. a.: »Ficciones, apócrifos y otros poetas«, in Darío Villanueva u.a. (Hg.): *Los nuevos nombres:* 1975-1990. (*Historia y crítica de la Literatura Española* al cuidado de Francisco Rico, Bd. 9). Barcelona: Crítica 1992, S. 246-247.

Mainer, José-Carlos: »Para otra antología«, in: *El último tercio del siglo (1968-1998). Antología consultada de la poesía española.* Madrid: Visor 1998, S. 9-50.

Prieto de Paula, Ángel Luis: »El país de la clarividencia«, in: *El País, Babelia* (22.09.2001), S. 14.

Villena, Luis Antonio de: »Una nueva y magnífica reflexión crítica«, in: *El Mundo* (09.03.1996), S. 17.

Zaurín, Luis F.: »Una geografía de la mente«, in: *El Ciervo* 544-545 (1996), S. 32.

III. Anmerkungen

*   Zitiert nach Carlos Marzal (1996:75-76)

1   Übersetzung ins Deutsche: Manfred Tietz.
2   Der Text findet sich in einer Auswahl der Gedichte Marzals von José Luis García Martín (1988b:231-233).
3   Juan Cano Ballesta (2001:41-45).
4   Juan Cano Ballesta (1989:53).
5   José Luis García Martín (1988:44).
6   In dem ein oder anderen Fall wird diese Strategie des Verdeckens durch ein zweites Verfahren verstärkt, wenn dieser narrativen Darbietungsweise der Gebrauch der zweiten Person (»tu«) als Formel der Distanzierung des lyrischen Ich von der Person des Autors hinzukommt. Dies ist zum Beispiel der Fall in dem Gedicht »El animal dormido« aus *Los países nocturnos* (1996), das folgendermaßen beginnt: »Has llegado en la noche, / como otras tantas noches, / hasta la casa en sombras«.
7   In der Narrativik wird zur Wiedergabe des ›Bewusstseinsstroms‹ in der Form des Monologs auf eine fragmentierte Syntax zurückgegriffen, um dem chaotischen mentalen Zustand der handelnden Person Ausdruck zu verleihen. Ein besonders deutliches Beispiel, das dem des hier analysierten Textes jedoch sehr nahe kommt, findet sich an einigen Stellen von Manuel Puigs *Boquitas pintadas*. Dort wird die Erzählung der langen und beschwerlichen Busreise, die der vom Fieber geschüttelte Protagonist nach seiner Flucht aus der Lungenheilanstalt unternimmt, durch die bloße Reihung nominaler Elemente ausgedrückt, in denen sich eine nur halbbewusste Wahrnehmung spiegelt:
»[...] El colectivo, el barquinazo, la polvareda, la ventanilla, el campo, el alambrado, las vacas, el pasto, el chófer, la gorra, la ventanilla, el caballo, un rancho, el poste de telégrafo, el poste de la Unión Telefónica, el respaldo del asiento de adelante, las piernas, la raya del pantalón, el barquinazo, las sentaderas, prohibido fumar en este vehículo, el chicle, la ventanilla, el campo, las vacas, el pasto, los choclos, la alfalfa, un sulky, una chacra, un almacén, una casa, Bar Almacén La Criolla, el campo de girasoles, Club Social-Sede Deportiva, los ranchos, las casas, la ventanilla, los faroles, la tierra, el asfalto, Martillero público Antonio P. Sáez, Consultorio Dr. Aschero, la vereda de baldosas, las luces, tienda Al Barato Argentino, Banco de la Provincia, Em-

presa de Transportes La Flecha del Oeste, los frenos, las piernas, los calambres, el sombrero, el poncho, la valija, mi hermana, el abrazo, los cachetes [...].«.

8   Hinsichtlich dieser Übereinstimmung von Text und Wirklichkeit, die sich in einigen wenigen Gedichten von Marzal findet, vgl. u.a. das Gedicht »Los límites del día«, wo es heißt: »El mundo bajo una lente abstracta, / es un texto que ciega refulgente, / una página de la que suprimieron / cualquier noción de signos ortográficos.« Carlos Marzal (1996:26).
9   Carlos Marzal (1991:69-70).
10 Das bis *dato* von Marzal nicht publizierte Gedicht findet sich in José Luis García Martín (1988b:240-241).

Christoph Rodiek

José Antonio Mesa Toré. La herencia

En casa de mis padres unas sábanas
cubren los muebles, barcos fantasmales
flotando en la penumbra. Sin estela
ni signos en el cielo que los guíen
a los días de sol tras las ventanas.
El pasado, ¿será un rumor de voces
apenas perceptible al otro lado
de una puerta vedada a nuestros juegos
que ahora se entreabre? No lo sé.

Los amigos de días colegiales,
los nombres abreviados, ciertos rostros
y ciertas ilusiones fondeadas
en el tintero sepia de los años,
el futuro, cumplido, y el ayer,
por venir todavía, se confunden,
madeja son del tiempo cuyos hilos
enreda el gato ocioso del recuerdo.
Y de aquello que fuimos, ¿quedará algo?
¿Podrán atestiguar estos objetos
aún reconocibles bajo el polvo
que hubo un tiempo, ventura de los míos,
familiar y cercano en esta casa?

Ando a ciegas por ella: la memoria
me lleva de la mano por un túnel
de espesas telarañas. Donde estuvo
el hogar y su luz la mano sólo
palpa ceniza. ¿Quién la habita ahora
si no hay entre las sombras sombra alguna
de vida? ¿Es que también mueren las cosas?

Unicamente tú, desde la infancia
amigo más leal que todas ellas,
acompañas mi suerte y desventura.
Te escucho en el silencio de la casa,

                    aliento mío, sueño mío, sangre
35   inventada en las horas de desánimo.
                    Y sé que cuando beso unos cabellos
                    parte el beso, ferviente, de tu boca;
                    y al escribir amor siempre es tu pulso
                    el que firma la voz enamorada;
40   y en la noche terrible apuras miedos
                    en el cristal que ronda por mis labios.

                    Si dándote la vida menos dura
                    y pobre imaginé la mía, leo
                    ahora en tus ojos fríos la verdad.
45   Éste y no otro es el juego: recordarme
                    que también yo pudiera ser invento
                    de un yo desconocido al que en las horas
                    de tedio divirtieran mis palabras.
                    Y esta casa, tan sólo un espejismo
50   de costumbres domésticas, un árbol
                    caído en la espesura de los sueños
                    en cuyo tronco me he sentado a ver
                    cómo la lluvia borra cada huella
                    de mis antepasados.*

Die Hinterlassenschaft
In meinem Elternhaus verhüllen Bettlaken die Möbel, im Halbdunkel treibende Gespensterschiffe. Ohne Kielwasser und ohne Zeichen am Himmel, die ihnen den Weg zu den Sonnentagen hinter den Fenstern weisen könnten. Vergangenheit – heißt das vielleicht: kaum vernehmbare Stimmen hinter einer verbotenen Tür, an der unsere Spiele endeten und die sich jetzt einen Spalt weit öffnet? Ich weiß es nicht. (V. 1-9)
Die Schulfreunde, die abgekürzten Namen, bestimmte Gesichter und Illusionen, die auf dem Grunde des sepiafarbenen Tintenfasses der Jahre haften blieben; die bereits eingelöste Zukunft und das Gestern, das noch kommen soll – alles geht ineinander über: aufgespultes Garn der Zeit, dessen Fäden die verspielte Katze der Erinnerung durcheinanderbringt. Wird etwas bleiben von dem, was wir waren? Werden die unter dem Staub noch erkennbaren Gegenstände bezeugen, dass in diesem Haus – Glück der Meinen – es eine gar nicht ferne Zeit des Familienlebens gab? (V. 10-22)
Blindlings gehe ich umher: die Erinnerung führt mich an der Hand durch einen Tunnel dichter Spinnweben. Wo Herd und Feuer waren, ertastet die Hand nur Asche. Wer wohnt hier heute, wo unter den Schatten keine Spur von Leben ist? Sterben etwa auch die Dinge? (V. 23-29)
Nur du, mir seit der Kindheit ein ehrlicherer Freund als all die andern, begleitest

mein Glück und mein Ungemach. In der Stille des Hauses lausche ich Dir: meinem Atem, meinem Traumgebilde, dem warmen Blut, das ich in Stunden der Mutlosigkeit erdachte. Und wenn ich einen Haarschopf küsse, dann weiß ich, dass der inbrünstige Kuss von deinem Munde ausgeht; und wenn ich Liebe schreibe, dann ist es immer deine Hand, die mit verliebter Stimme unterzeichnet; und in der schrecklichen Nacht bist immer du es, der bis zur Neige die Angst in dem Glas vor meinen Lippen austrinkt. (V. 30-41)
Wenn ich damals, indem ich dir das Leben schenkte, mir das meine weniger beschwerlich und glanzlos vorstellte, so lese ich jetzt in deinen kalten Augen die Wahrheit. Nur darum geht es bei diesem Spiel: mich daran zu erinnern, dass ich ebenfalls die Erfindung eines unbekannten Ich sein könnte, dem in Stunden des Überdrusses meine Worte Abwechslung brächten. Und dieses Haus wäre dann nur eine Luftspiegelung vertrauter Gebräuche, ein umgestürzter Baum im Dickicht der Träume, auf dessen Stamm ich säße, um dem Regen zuzusehen, wie er alle Spuren meiner Vorfahren wegspült. (V. 42-54)[1]

I

José Antonio Mesa Toré wurde 1963 in Málaga geboren. Nach dem Universitätsstudium (*Filología Hispánica*) arbeitete er als Literaturkritiker und verfasste – mit einem Stipendium des *Centro Cultural de la Generación del 27* – eine bibliographische Untersuchung zu Manuel Altolaguirre. Neben seiner Tätigkeit als Redaktionsmitglied der traditionsreichen Literaturzeitschrift *Litoral* und als Direktor der Zeitschrift *Puente de Plata* lehrt er in Málaga Spanisch für Ausländer. Sein bisheriges lyrisches Œuvre umfasst die Titel *En viento y en agua huidiza* (1985), *El amigo imaginario* (1991), *La alegre militancia. Antología 1986-1996* (1996) und *La primavera nórdica* (1998). Seine Werke wurden mit mehreren Preisen ausgezeichnet.

Die Lyrik Mesa Torés wird der so genannten *poesía de la experiencia* (Erfahrungslyrik)[2] zugerechnet. Der Ausdruck wurde ursprünglich auf die ›Dichtergruppe der 50er Jahre‹ (Jaime Gil de Biedma, Francisco Brines, José Ángel Valente, Manuel Caballero Bonald, Claudio Rodríguez u.a.m.)[3] angewendet, dient jedoch heute vornehmlich zur Bezeichnung der wichtigsten Lyrikströmung nach den *novísimos*. Als literarkritischer Terminus geht ›Erfahrungslyrik‹ auf Robert Langbaums Buch *The Poetry of Experience*[4] zurück, das vor allem Gil de Biedma sehr schätzte. Er verstand unter *poesía de la experiencia* nicht etwa platten Biographismus, sondern sah die Aufgabe des Dichters darin, die Unmittelbarkeit des Erlebens zum Gegenstand analytischer Reflexion zu machen und so der je begrenzten Wahrheit individueller Erfahrung eine ›höhere Wahrheit‹ hinzuzufügen.[5]

Den ›Erfahrungslyrikern‹ der 80er und 90er Jahre (Luis García Montero, Álvaro Salvador, Jon Juaristi, Felipe Benítez Reyes, Juan Lamillar, Carlos Marzal, Antonio Guzmán, Julio Martínez Mesanza u.a.m.) ist gemeinsam, dass sie sich vom elitären ›Kulturalismus‹ der vorausgehenden Lyrikergeneration (*novísimos*) mit Nachdruck distanzieren und nach Realismus und Wahrscheinlichkeit streben.[6] Sie bevorzugen eine schlichte, dem Durchschnittsleser unmittelbar zugängliche Lexik und handeln in einer bisweilen der Umgangssprache nahestehenden Diktion von persönlichen Befindlichkeiten, Empfindungen und Reflexionen. Trotz deutlicher autobiographischer Züge insistieren die Autoren auf dem grundsätzlich fiktionalen Charakter des in ihren Texten gestalteten lyrischen Ich.

Mesa Toré bezeichnet sich selber als Dichter der »leisen Töne«[7] und bekennt sich zu Vorbildern wie San Juan de la Cruz, Gustavo Adolfo Bécquer, Luis Cernuda und Jaime Gil de Biedma. Er definiert seine Lyrik als Mittel der Selbst- und Welterkenntnis und nimmt 1999 eine bemerkenswerte poetologische Standortbestimmung vor. In dem Text *Vida y obra*[8] entwickelt er seine Auffassungen zum Thema ›Lyrik und Gedächtnis‹ in Form einer barocken Stilübung über den leitmotivisch wiederholten Satz »La vida es poca cosa«.[9] Die biographische Ereigniskette vergleicht er mit Feuerwerkskörpern, die im besten Falle am Himmel einen flüchtigen Farbenzauber erzeugen, oft aber als Blindgänger enden und am Boden Schaden anrichten. Erst die verbrämende Erinnerung – so Mesa Toré[10] – macht aus dem grauen Einerlei des Alltäglichen ein perfektes Lichterspiel: »Concedemos al pasado, para glorificarlo, una suerte de pirotecnia que su cielo nunca tuvo. Y esa traca, y esa palmera, y esa suerte de pirotecnia son flores mustias sobre el cielo, ceniza, polvo, humo, nada.« Es bedarf keiner besonderen Belesenheit, um in diesen Sätzen die mehrgliedrige Korrelation eines der berühmtesten spanischen Barocksonette zu identifizieren (»Mientras por competir con tu cabello«).[11] Offensichtlich will der junge Dichter das thematische Potential des Bezugstextes auf eigene Erfahrungen projizieren. Von schmerzlichen Todesfällen betroffen, hegte er anfangs die Hoffnung, vergangenes Leben durch die Evokation im poetischen Wort ›retten‹ zu können, musste jedoch rasch einsehen, dass das Gedächtnis anders funktioniert.

> Recuperar lo ya ido: así desperté en mis poemas a los antiguos fantasmas familiares – o eso pensé –, y les hice arrastrarse por el verso en imponente cortejo para conversar con ellos [...]. Ahora sé que no. Nunca se recupera el pasado [...]. La memoria inventa, como el niño inventa al amigo imaginario, ese otro yo igual y distinto, mayor y menor, bondadoso y perverso, amigo y enemigo, otro y yo. La memoria vuelve al pasado pero no en operación de rescate. Vuelve a otro pasado que se inventa sobre la marcha.[12]

Das hier skizzierte Projekt autobiographischer Selbstvergewisserung und -fiktionalisierung prägt die Inhalte und Themen der beiden bislang wichtigsten Gedichtbände Mesa Torés, *El amigo imaginario* und *La primavera nórdica*.

II

El amigo imaginario ist eine in Form von 27 Gedichten entwickelte Reflexion über das Vergehen der Zeit.[13] Im Zentrum der vier Kapitel (»Retrato de familia«, »La noche«, »Los afectos«, »La herencia«) steht die spannungsreiche Beziehung zwischen erinnerndem und erinnertem Ich. In metrischer Hinsicht bedient sich

Mesa Toré vornehmlich des Elfsilbers und des Alexandriners. Die Diktion ist schlicht, und formale Mittel wie der Reim oder die Form des Sonetts treten in der Regel nur dann in den Vordergrund, wenn sie zur Erzeugung ironischer und satirischer Effekte eingesetzt werden.

Ausgelöst wird der Prozess des Erinnerns durch alltägliche Dinge wie eine verstaubte Fibel (»Juegos de niebla«) oder Hochzeitsfotos der Eltern (»Imágenes de posguerra«), die beim Betrachter unter anderem jene Empfindungen wachrufen, die er als Kind beim Anblick der Bilder hatte. In dem satirisch-anspielungsreichen Text »Lecciones de buen amor« wird das alte Schulzimmer evoziert, in dem Landkarte und Kruzifix Gewähr dafür boten, dass Spanien seiner historischen Mission weltweiter Katechisierung treu blieb. Die im strikt katholisch-frankistischen Sinne betriebene Lektüre des *Cantar de Mio Cid* wird mit Hilfe eines ironisch verfremdeten Verses angedeutet (»¡Dios, y qué buen vasallo, si hubiese buen Caudillo!«).[14] Besonders eindringlich und konzentriert ist die Behandlung der Themen ›Zeit‹ und ›fotogestützte Memoria‹ in dem Gedicht »La moda y el tiempo«. Ausgangspunkt des Erinnerns ist ein Strand, an dem das erinnerte Ich ausländischen Mädchen zusah. Das erinnernde Ich rekonstruiert die Szene in Art vergilbter Fotos (»las espió en el sepia del recuerdo«) und erwägt, die seinerzeit nicht ausgesprochenen Liebeserklärungen nachzuholen. Ein bellender Hund jedoch beendet abrupt die nostalgische Zeitreise, was zu der ironischen Einsicht führt: »Nunca somos dueños del pasado.«[15]

Aggressiver ist die Ironie in Texten wie »Viejos amigos«, wo es um den Utopieverlust geht, mit dem der Eintritt ins bürgerliche Berufsleben erkauft wird. Jung geblieben ist an den ›alten Freunden‹ nur ihre pubertäre Großsprecherei (»las bravatas que afloran como acné del pasado«). Ansonsten sind ihre Ansprüche bescheiden:

Y acabado el festín, tan satisfechos
de que amistad y vino mejoren con los años,
cumplen con sus mujeres el soñoliento rito
de perpetuar la especie.

Liebe und Freundschaft sind Routine geworden, über die Alltagsrealität denkt niemand mehr hinaus, und alternative Szenarien gehören einer fernen Vergangenheit an: »Entonces desertores del desánimo / y de la misa, hoy lo son del tiempo / en que ensayaban juegos más limpios que la vida«.[16]

Nur selten hat der Leser den Eindruck, dass Stil, Inhalt und Atmosphäre eines der Texte nicht recht zusammenpassen. So wird z.B. in »La dirección del mar« die melancholische Stimmung eines nebligen Herbsttages mit dem Satz »Y es la ciudad un bosque de paraguas / bajo los que se escuda la tristeza«[17] heraufbeschworen, wobei die Interferenz mit bekannten Greguerías (wie zum Beispiel »Los paraguas son viudos que están de luto por las sombrillas desaparecidas«, »Los abetos parecen paraguas a medio abrir«)[18] einen eher vordergründigen Effekt zur Folge hat. Ebensowenig überzeugt es, wenn in einem anderen Text (»Los días tontos«) Erinnerungsfetzen zu blassen Sentenzen stilisiert werden

(»Acaso para hacerla más juiciosa / y justa, la memoria colorea / ese libro de estampas que es la vida«).[19]

III

Der Gedichtband *La primavera nórdica* erscheint 1998. Er umfasst 31 Gedichte, die zu zwei Kapiteln (»España a diario«, »Que trata de Suecia«) angeordnet sind. Verglichen mit *El amigo imaginario* ist die Distanz zum Erinnerten größer geworden. Durch die konsequentere poetische Kodifizierung, eine Fülle inhaltlich motivierter Motti und die Erweiterung der Themenpalette – so die Skandinavienreise – wird versucht, das autobiographisch Begrenzte der lyrischen Vergangenheitsbewältigung noch stärker zum Allgemeingültigen hin zu öffnen. In »Los durmientes (1: Nuestra infancia)« wird ein vergangenes Erlebnis, die kindliche Angst vor dem Trommeln nächtlicher Regentropfen, nicht nur inhaltlich, sondern auch rhythmisch – durch die suggestive Repetition weniger Schlüsselwörter – evoziert: ›Erinnern‹, ›Regen‹, ›Trommel‹, ›Furcht‹.[20] Die quasi magische Simulation des Vorgangs und das Nachvollziehen einer aus der Tiefe des Gedächtnisses gehobenen Emotion gemahnen an psychoanalytische Verfahren.

Den verstorbenen Eltern ist in *La primavera nórdica* eine weitere Stilübung über das *desengaño*-Thema gewidmet (»A la memoria de mis padres«). Mesa Toré stellt dem Text (»Triunfo de la muerte«) ein Quevedo-Motto voran, benutzt einen barocken Refrain (»el inmóvil desfile de la muerte«) und beschließt das von gedämpfter Trauer erfüllte Gedicht mit einer konzeptistisch pointierten Ausdrucksfigur über den Tod der Mutter:

Escribo ›A la memoria de mi padre‹
al frente de unos versos,
y la muerte me obliga, minuciosa,
a adornar el recuerdo con las eses
de su vivir constante.[21]

Eine Ernüchterung ganz anderer Art prägt die Stimmungslage in »Penúltima lectura en Lérida«. Der Aufbruch in eine Zukunft, die nicht mehr vom wohligen Erinnern an die behütete Kindheitswelt geprägt ist, wird mit dem Bild eines Bahnsteigs am frühen Morgen verdeutlicht.[22] Dass mit diesem Gedicht biographisch und poetisch eine Grenze erreicht ist, legt auch das Motto nahe (»héroes descreídos moviéndose entre la pasión y un leve hastío que, según parece, es rasgo generacional«). Es entstammt einer Rezension des Bandes *El amigo imaginario* aus der Feder des Dichterkollegen Antonio Jiménez Millán.[23]

Auch im zweiten Kapitel (»Que trata de Suecia«) geht es um eine perspektivische Erneuerung des Erinnerungsthemas. Im Zentrum von »Al otro lado del río« steht die Memoria eines kollektiven Wir, das den ›Ausländer‹ zum Verweilen einlädt (»Si a nuestra puerta vienes, extranjero, [...] descálzate y descansa junto al fuego«).[24] Das mistelgeschmückte Haus wird als Quelle einheimischer

Erinnerungen dargestellt, die dem Fremden notwendigerweise unzugänglich bleiben.[25] Durch den Kunstgriff der Außensicht hüllt Mesa Toré die (subjektive) Erfahrung des bei Helsingborg verbrachten Frühjahrs in das Gewand einer vom schwedischen ›Wir‹ vermittelten (objektiven) Erfahrungsvorgabe. Da der Versuchung eines assimilierenden Blicks auf das Unvertraute widerstanden wird, bleibt der Ton frei von Nostalgie.

IV

Das Gedicht »La herencia«, dem ein eigenes Kapitel gewidmet ist, beschließt den Band *El amigo imaginario*. Es besteht – vom siebensilbigen Schlussvers abgesehen – aus reimlosen Elfsilbern (*endecasílabos blancos*), die zu fünf strophenartigen Abschnitten angeordnet sind. Zentrales Thema ist der Komplex ›Zeit-Vergänglichkeit-Erinnerung‹. Zu Beginn der beiden ersten Abschnitte (V. 1-22) werden Einzelheiten der äußeren Wirklichkeit evoziert (verhüllte Möbel im verlassenen Elternhaus, alte Fotos), die jeweils zur Reflexion über das Mysterium der Zeit führen. Im dritten Abschnitt (V. 23-29), dem die Funktion einer Überleitung zukommt, wird die Außenwelt nicht mehr sinnlich wahrgenommen, sondern nur erinnernd vorgestellt. In den beiden letzten Abschnitten (V. 30-54) ist der Blick zur Gänze nach innen gerichtet. Eine *Alter-ego*-Figur wird eingeführt, und der ontische Status des Hauses sowie des lyrischen Ich selber wird Gegenstand eines barocken Gedankenspiels.

Wie bereits angedeutet, weist das Gedicht hinsichtlich der thematischen Entwicklung eine deutliche Zweiteilung auf. Im ersten Teil sind es konkrete Dinge, die den Prozess des Erinnerns und Nachdenkens auslösen. Im zweiten Teil geht es ausschließlich um Innenwelt, die mit dem Konstrukt einer Ich-Verdopplung (*amigo imaginario*) veranschaulicht wird. Hierbei zeigt sich, dass die Figur des ›imaginären Freundes‹ in der Vergangenheit (Kindheit, Jugend) vornehmlich als Begleiter und Trostspender in Momenten der Einsamkeit und Depression diente, während sie in der Gegenwart des Erwachsenen eine schonungslose Ich-Analyse befördert, die in Illusionszerstörung und radikalen Selbstzweifel mündet.[26]

Hinsichtlich der Sprechsituation lassen sich die drei ersten Abschnitte als Monolog des lyrischen Ich charakterisieren, die beiden letzten als Apostrophen, die an das Du des ›imaginären Freundes‹ gerichtet sind. Den Stil des Gedichts prägt der Kontrast zwischen einer scheinbar schlichten Ausdrucksweise und einer sorgfältigen Dosierung subtiler Kunstmittel,[27] deren adäquate Einschätzung dem Leser erhöhte Aufmerksamkeit abverlangt. Erst bei wiederholter Lektüre wird deutlich, dass Mesa Toré durch den Verzicht auf deskriptive Adjektive bei der Evokation des Elternhauses signalisiert, dass es in »La herencia« nicht um die Visualisierung von Realien, sondern um ihre Verwendung als Katalysatoren des Erinnerns geht; dass er mit Hilfe der scheinbar langatmigen Aufzählung dessen, was durch die Betrachtung alter Fotos ausgelöst wird (V. 10-15), das mäandernde Verfahren assoziativen Erinnerns abbildet; dass er die lexikalisch und syntaktisch schlichte, bisweilen prosanahe Diktion dank zahlreicher Enjambements kunstvoll rhythmisiert und mit scheinbar unpräzisen, umgangssprachlich formulierten (Prolepse, Einleitungsfloskel *es que*) Fragen[28] zur gedanklich anspruchsvollen Zeit-Problematik hinführt.

Vergleichbar mit dieser Spannung zwischen Schein und Sein der Kunstmittel ist die behutsame Vorbereitung des barocken Schlussabschnitts mit Hilfe einer Klimax konzeptistischer Stilfiguren: Noch problemlos verständlich ist es, wenn die Fotos der Schulkameraden als in der sepiafarbenen Tinte der Jahre geschriebene Texte bezeichnet werden und es von einigen Gesichtern und Illusionen heißt, sie seien auf dem Boden des Tintenfasses haften geblieben (V. 11-13). Die paradoxe Formulierung »el futuro, cumplido, y el ayer, / por venir todavía« (V. 14 ff.) ist bereits weniger transparent und setzt beim Leser die Kenntnis konzeptistischer Dechiffrierregeln voraus (Gemeint ist: Was seinerzeit – aus der Sicht des erinnerten Ich und der fotografierten Schulkameraden – noch Zukunft war, hat sich bereits erfüllt. Die Vergangenheit indes steht dem erinnernden Ich insofern noch bevor, als die Aneignung des Geschehenen – das Aufarbeiten der Familiengeschichte – eine prinzipiell unabschließbare Aufgabe ist.). An ein allegorisches Theaterstück der Calderón-Zeit gemahnen Sätze wie »la memoria / me lleva de la mano por un túnel / de espesas telarañas« (V. 23-25) und »la mano sólo / palpa ceniza« (V. 26 f.). Ihren Höhepunkt schließlich erreichen die Variationen über den *Vanitas*-Gedanken, wenn das Haus der Eltern als »espejismo« (V. 49) und als »árbol / caído en la espesura de los sueños« (V. 50 f.) bezeichnet wird.

Im Hinblick auf das intertextuelle Potential des Gedichts »La herencia« spielen weniger Zitate als vielmehr Anklänge, Anspielungen, Palimpseste und Reminiszenzen eine Rolle. So evoziert z.B. die Formulierung »barcos fantasmales / flotando en la penumbra« (V. 2-3) einen Vers von Benítez Reyes (»los barcos fantasmales que cruzan la memoria«),[29] während der Satz »que también yo pudiera ser invento / de un yo desconocido« (V. 46-47) Assoziationen an die Borges-Erzählung *Las ruinas circulares* auslöst, in deren Mittelpunkt der Schöpfer eines erdachten Menschen steht, der seinerseits von einem anderen erdacht bzw. erträumt wurde (»que él también era una apariencia, que otro estaba soñándolo«).[30] Vollzieht der Leser die Anspielung nach, so wird die barocke Entwirklichungshypothese Mesa Torés gleichsam intertextuell beglaubigt.

Einen anderen Borges-Text hat Mesa Toré einfach ›überschrieben‹ bzw. als Fundament eines lyrischen Neubaus benutzt.[31] Es handelt sich um das Gedicht »Sala vacía«, das die Gesamtstruktur von »La herencia« in markanter Weise präfiguriert. Auch in »Sala vacía«[32] bilden Möbel (»los muebles de caoba«) den Ausgangspunkt eines gedanklichen Prozesses, der mit der Auslöschung der Vorfahren endet (»ahorca / la voz lacia / de los antepasados«). Auch bei Borges ist das Erinnern an die Kindheit fotogestützt (»los daguerrotipos / mienten su falsa cercanía«), und es wird ein Gegensatz aufgebaut zwischen der hellen Außenwelt des Jetzt und dem dunklen Innenraum des Gestern (»la luz a puñetazos / abre un boquete en los cristales / y humilla las seniles butacas«). Schaut man sich die strukturellen und motivlichen Entsprechungen allerdings genauer an, so zeigt sich, dass Mesa Toré sie vor allem zur thematischen Abgrenzung benutzt. Einerseits wird das Erinnerte – im Sinne der *poesía de la experiencia* – beträchtlich expandiert, und die Idee der Metonymie bzw. Fiktionalität des lyrischen Ich wird mit großer Emphase ausgestaltet. Andererseits werden Inhaltselemente hinzugefügt, die einen ausgeprägten Erlebnischarakter haben. Zwar ist auch der Borges-Text autobiographisch fundiert, doch hält in »Sala vacía« eine kalte Begrifflichkeit die Emotion auf Sparflamme. Mesa Toré dagegen zielt nicht auf die abstrakte Essenz des Erinnerten, sondern auf den affektiven Nachvollzug des Gewesenen.

Die unterschiedliche Sicht der Vergangenheit zeigt sich auch bei der Wahl des Titels (»La herencia«). Mesa Toré will nicht ein – im übertragenen Sinne ›leeres‹ – Zimmer beschreiben, sondern die psychische Befindlichkeit einer Ich-Figur. Hierbei wird die zu bewahrende Vergangenheit als ein Erbe aufgefasst, dessen sich das erinnernde Ich stets aufs Neue zu vergewissern hat.[33] Um anzudeuten, dass dabei die Möglichkeit radikaler Umdeutung nicht ausgeschlossen ist, spielt Mesa Toré mit dem Titel (»La herencia«) auf ein Cernuda-Gedicht an, dem eines der Motti[34] des Bandes *La primavera nórdica* entlehnt ist. In diesem Text (»La familia«) thematisiert Cernuda das Erinnern von Kindheit und Jugend[35] aus der Perspektive des Scheiterns und wählt den Standpunkt der Ablehnung und Distanz gegenüber einer fragwürdigen elterlichen Hinterlassenschaft (»la herencia humana / de experiencias inútiles y empresas inestables«).[36] Möglicherweise will Mesa Toré dem Leser durch den Hinweis auf den zornerfüllten Cernuda-Text zu verstehen geben, dass es sich in beiden (diametral entgegengesetzten) Fällen nur um simulierte Erfahrung handelt und autobiographische Eindeutigkeit nicht gesucht werden darf, wo es um stilisierte Bekenntnisse poetischer, intertextuell konnotierter Ich-Figuren geht.

Besonders charakteristisch für »La herencia« ist schließlich der Kunstgriff der Ich-Verdoppelung. Das bei ›Erfahrungslyrikern‹ allgemein beliebte Motiv lässt sich – *cum grano salis* – von einem Alltagsphänomen herleiten, das man als ›Erinnern des jungen Körpers im alten‹ bezeichnen kann (vgl. »la vida se nos ha quedado en los huesos«[37]). Das je konkrete Verfahren, aus dem ›erinnerten Körper‹ einen Doppelgänger zu machen, wirkt bisweilen oberflächlich und effektistisch. So stellt bei Robert Gernhardt das lyrische Ich einen ›Rückgabe-Antrag‹ (»Tief in mir den Körper des Knaben, / den möchte ich jetzt wiederhaben«),[38] und bei Álvaro Salvador (»Autorretrato«)[39] begegnen sich Ich und *Alter ego* an einer Ampel (»Ayer, me tropecé conmigo mismo / al cruzar un semáforo«).

Mesa Toré verwendet das Motiv in nuancierterer Weise,[40] wobei er sich wiederum das Bedeutungspotential von Motti, Zitaten und Anspielungen zunutze macht.[41] Der Band *El amigo imaginario* wird mit einem Rimbaud-Motto (»Yo es otro«) eingeleitet, das beim Leser die Poetik der *Lettres du Voyant* abruft. Rimbaud zufolge ist das empirische Ich des Dichters irrelevant, da es lediglich das Instrument sei, auf dem ein anderer spiele.[42] Mit Ausschweifungen, Alkohol oder Rauschgift gelte es, die Auslöschung dieses Ich als einer individuellen Persönlichkeit herbeizuführen und die Spielbarkeit des ›Instruments‹ zu erhöhen. Aus naheliegenden Gründen macht sich Mesa Toré das Programm Rimbauds nicht zu eigen. Statt dessen liest er die berühmte Formel (»JE est un autre«) gegen den Strich[43] und macht sie augenzwinkernd zum Rubrum einer diametral entgegengesetzten dichterischen Praxis: der *poesía de la experiencia*.

Als Erfahrungslyriker steht Mesa Toré – wie bereits festgestellt – in der Tradition von Autoren wie Gil de Biedma und Cernuda. Die große Vertrautheit mit dem Werk dieser Vorbilder legt die Vermutung nahe, dass sogar die Anleitung zur Ich-Verdoppelung (*amigo imaginario*)[44] im Cernuda-Aufsatz Gil de Biedmas gefunden wurde:

> Como niño encerrado en cuarto oscuro, no habla consigo mismo, se habla a sí mismo. [...] De manera paradójica, únicamente alcanza a hablar consigo cuando la segunda persona del singular se le desdobla en interlocutor, en instancia superior a él pero creada a imagen y semejanza suya: dios padre o demonio hermano – amante y torturador: su doble –. Tal desdoblamiento le es necesario precisamente porque su conciencia, aunque la asume, no se reconoce en la ambivalencia de su identidad: él es el otro.[45]

V

Zu den Besonderheiten der ›Erfahrungslyrik‹ Mesa Torés gehört die Tendenz, eine auf den ersten Blick problemlos zugängliche, scheinbar autobiographische Schreibweise mit intertextuellen Mitteln ludisch zu dynamisieren.[46] Durch die Bezugnahme auf barocke oder zeitgenössische Autoren wird die lyrische Aussage mit Konnotationen angereichert, die die Kernbegriffe der eigenen Ästhetik (*experiencia, emoción, cotidianeidad*, etc.) zum Schillern bringen. Zwar verzichtet Mesa Toré auf dezidiert satirische[47] oder parodistische[48] Praktiken, vereinnahmt jedoch seine Bezugstexte stets mit ironischem Augenzwinkern.

Im Zentrum des erfahrungslyrischen Diskurses stehen weder philosophische Probleme noch die Kritik oder Interpretation gesellschaftlicher Verhältnisse.[49] Vielmehr wirft Mesa Toré in seiner intimistischen Lyrik einen elegischen Blick auf die Dinge. Seine Schreibweise, die auf das Einverständnis mit dem Leser (*lector cómplice*) zielt, wurde in *La primavera nórdica* (1998) weiterentwickelt und verfeinert, erweist sich aber bereits in *El amigo imaginario* (1991) als virtuos gehandhabte Technik zur Verortung lyrischer ›Wahrheit‹ im Spannungsfeld von Bekenntnis und Ambivalenz. Die Suche des lyrischen Ich nach seiner problematischen Identität,[50] die Mesa Toré in diesem Spannungsfeld inszeniert, ist ein wichtiger Beitrag zur *poesía de la experiencia* des ausgehenden 20. Jahrhunderts.

I. Verzeichnis der Primärtexte von José Antonio Mesa Toré

Lyrische und essayistische Werke
En viento y en agua huidiza. Málaga: El Guadalhorce 1985.
El amigo imaginario. Madrid: Visor 1991a.

Manuel Altolaguirre. Ensayo bibliográfico. Málaga: Centro Cultural de la Generación del 27 1991b.

»Introducción a modo de poética«, in Francisco Bejarano (Hg.): *La poesía más joven. Antología de la nueva poesía andaluza*. Sevilla: Qüasyeditorial 1991c, S. 72-73.

La alegre militancia. Antología 1986-1996. Málaga: Miguel Gómez 1996.

La primavera nórdica. Valencia: Pre-Textos 1998.

»Vida y obra«, in José Luis García Martín: *La generación del 99. Antología crítica de la joven poesía española*. Oviedo: Nobel 1999, S. 123-126.

Primärtexte anderer Autoren

Benítez Reyes, Felipe: *La mala compañía*. Valencia: Mestral 1989.

Borges, Jorge Luis: *El hacedor*. Madrid: Alianza 1980.

Borges, Jorge Luis: *Elogio de la sombra*. Buenos Aires: Emecé 1996.

Borges, Jorge Luis: *Narraciones*. Edición de Marcos Ricardo Barnatán. Madrid: Cátedra 1992.

Borges, Jorge Luis: *Obras completas IV (1976-1985)*. Barcelona: Círculo de Lectores 1993.

Borges, Jorge Luis: *Poemas 1923-1958*. Buenos Aires: Emecé 1958.

Cernuda, Luis: *Obra completa*. Edición a cargo de Derek Harris y Luis Maristany. Bd. I: *Poesía completa*. Madrid: Siruela 1993.

García Montero, Luis: *Además*. Madrid: Hiperión 1994.

Gernhardt, Robert: *Lichte Gedichte*. Frankfurt am Main: Fischer 2002.

Gil de Biedma, Jaime: *Las personas del verbo*. Barcelona: Seix Barral 1993.

Gómez de la Serna, Ramón: *Total de greguerías*. Madrid: Aguilar 1955.

Góngora, Luis de: *Sonetos completos*. Edición, introducción y notas de Biruté Ciplijauskaité. Madrid: Castalia 1989.

Juaristi, Jon: *Poesía reunida (1985-1999)*. Madrid: Visor 2000.

Rimbaud, Arthur: *Poésies. Une saison en enfer. Illuminations et autres textes*. Préface par Paul Claudel. Édition établie par Pascal Pia. Paris: Gallimard 1963.

II. Kritische Literatur

Alonso, Álvaro: »El realismo en la poesía de los ochenta«, in: *La Página* 25/ 26.3-4 (1996), S. 2-10.

Cano Ballesta, Juan: «José Antonio Mesa Toré«, in ders: *Poesía española reciente (1980-2000)*. Madrid: Cátedra 2001, S. 301-302.

Combe, Dominique: »La referencia desdoblada. El sujeto lírico entre la ficción y la autobiografía«, in Fernando Cabo Aseguinolaza (Hg.): *Teorías sobre la lírica*. Madrid: Arco 1999, S. 127-153.

Debicki, Andrew P.: *Historia de la poesía española del siglo XX. Desde la modernidad hasta el presente*. Madrid: Gredos 1997.

García Hortelano, Juan: *El grupo poético de los años 50. Una antología*. Madrid: Taurus 1978.

García Martín, José Luis: »La poesía«, in Darío Villanueva u.a. (Hg.): *Los nuevos nombres: 1975-1990*. (*Historia y crítica de la literatura española* al cuidado de Francisco Rico, Bd. 9). Barcelona: Crítica 1992, S. 94-156.

García Montero, Luis: »El amigo particular«, in: *Litoral* 229-230 (2001), S. 50-56.

García-Posada, Miguel: »José A. Mesa Toré«, in Darío Villanueva u. a. (Hg.): *Los nuevos nombres: 1975-1990*. (*Historia y crítica de la literatura española* al cuidado de Francisco Rico, Bd. 9). Barcelona: Crítica 1992, S. 227.

Gil de Biedma, Jaime: *El pie de la letra. Ensayos completos*. Barcelona: Crítica 1994.

Jiménez Millán, Antonio: »El amigo imaginario: entre la pasión y el hastío«, in: *Scriptura* 10 (1994) (Sondernummer über »Poesía actual«. Hg. Pere Rovira), S. 144-145.

Jiménez Millán, Antonio: »Ironía y parodia en la última poesía española«, in: *La Página* 25/ 26.3-4 (1996), S. 11-16.

Martínez, José Enrique: »Introducción«, in ders.: *Antología de poesía española (1975-1995)*. Madrid: Castalia 1997, S. 21-43.

Munárriz, Miguel (Hg.): *Ultimos veinte años de poesía española*. Oviedo: Fundación Municipal de Cultura 1993.

Rodiek, Christoph: »Entrevista con José Antonio Mesa Toré (08-10-2001)«, in <http://www.tu-dresden.de/die_tu_dresden/fakultaeten/fakultaet_sprach_literatur_und_kulturwissenschaften/romanistik/professuren/rodiek/elektronische_publikationen> (24.2.2010)

Salvador, Álvaro: »Autorretrato«, in: *La Página* 25/ 26.3-4 (1996a), S. 103-104.

Salvador, Álvaro: »La experiencia de la poesía«, in: *La Página* 25/ 26.3-4 (1996b).

Siles, Jaime: »Ultimísima poesía española escrita en castellano. Rasgos distintivos de un discurso en proceso o ensayo de una posible sistematización«, in Biruté Ciplijauskaité (Hg.): *Novísimos, postnovísimos, clásicos. La poesía de los ochenta en España*. Madrid: Orígenes 1990, S. 141-167.

Villena, Luis Antonio de: »La respuesta clásica. El sesgo por la tradición en la última poesía española«, in ders.: *Fin de siglo. El sesgo clásico en la última poesía española. Antología*. Madrid: Visor 1992, S. 9-34.

Villena, Luis Antonio de: *Postnovísimos*. Madrid: Visor 1986.

Wünsch, Marianne: »Erlebnislyrik«, in Klaus Weimar (Hg.): *Reallexikon der deutschen Literaturwissenschaft*. Bd. I. Berlin: de Gruyter 1997, S. 498-500.

Yanke, Germán: »La figuración irónica«, in: *Scriptura* 10 (1994), (Sondernummer über »Poesía actual«. Hg. Pere Rovira), S. 53-67.

III. Anmerkungen

* Zitiert nach José Antonio Mesa Toré (1991:47-51)

1   Es handelt sich um eine Arbeitsübersetzung, in der das Metrum (reimlose Elfsilber) nicht wiedergegeben wurde.
2   Angesichts der für die deutschsprachige Literatur bzw. Literaturwissenschaft besonderen Geschichte der Termini ›Erlebnis‹ und ›Erlebnislyrik‹ (vgl. hierzu Wünsch 1997:498-500) wird im Folgenden von ›Erfahrungslyrik‹ gesprochen, wenn es um die *poesía de la experiencia* geht. Hinsichtlich der (deutschen) ›Erlebnislyrik‹ stellt Marianne Wünsch (1997:500) apodiktisch fest: »Mit dem Realismus endet im wesentlichen die relevante Geschichte der Erlebnislyrik, der im 20. Jahrhundert wohl nur noch dezidiert konservative Texte zugeschlagen werden können, da die moderne Lyrik sich von einem mimetischen Umgang mit der Welt abwendet.«
3   Zum *grupo poético de los años 50* vgl. u.a. Juan García Hortelano (1978:7-41).
4   London: Chatto & Windus 1957.
5   Vgl. Jaime Gil de Biedma (1994:50-51, 348-349).
6   Vgl. hierzu u.a. Jaime Siles (1991:142), José Enrique Martínez (1997:30-33) und Álvaro Alonso (1996:5-10). Zur polemischen Auseinandersetzung mit den *novísimos* und sonstigen Gegnern der *poesía de la experiencia* vgl. u.a. Luis García Montero (2001:52-53).
7   Vgl. Christoph Rodiek (2001:o.S).
8   José Antonio Mesa Toré (1999:123-126).
9   In fast schon parodistischer Weise wird hier der Titel des berühmten Calderón-Stücks *La vida es sueño* ins Umgangssprachliche transponiert.
10 José Antonio Mesa Toré (1999: 124).
11 Kontrastiert Mesa Toré den grauen Alltag mit einem bunten Feuerwerkszauber, so überstrahlen bei Góngora (1989:230) die körperlichen Vorzüge der angebeteten Frau (»cuello, cabello, labio y frente«) die damit verglichenen Naturschönheiten (»oro, lilio, clavel, cristal luciente«). Im Schlussvers triumphiert jedoch der *Vanitas*-Gedanke, und alles Schöne zerfällt zu nichts (»en tierra, en humo, en polvo, en sombra, en nada«).
12 José Antonio Mesa Toré (1999:124-125).

13   Vgl. zum Folgenden auch Antonio Jiménez Millán (1994:144-145), Miguel García-Posada (1996:227) und Luis Antonio de Villena (1992:29).
14   Vgl. zum Thema ›Franco und der Cid‹ auch Andrés Sopeña Monsalve: *El florido pensil. Memoria de la escuela nacionalcatólica.* Barcelona: Crítica 1994, S. 202-204.
15   José Antonio Mesa Toré (1991a:20).
16   José Antonio Mesa Toré (1991a:31).
17   José Antonio Mesa Toré (1991a:42).
18   Ramón Gómez de la Serna (1955).
19   José Antonio Mesa Toré (1991a:44).
20   Vgl. José Antonio Mesa Toré (1998:12): »En las noches de lluvia yo me acuerdo / del tambor de la lluvia cuando niño: / era un tambor de guerra a borbotones / el tambor de la lluvia. Yo recuerdo / que redoblaba el susto aquel tambor / cada noche más cerca y más de lluvia. / Y recuerdo con miedo el miedo grande / a que la luz se fuera y ya tan sólo / el miedo, el resplandor de los relámpagos / confirmaran que estábamos con vida.«
21   José Antonio Mesa Toré (1998:38).
22   Vgl. José Antonio Mesa Toré (1998:39): »Ya no somos los mismos, ya no somos / los jóvenes poetas que reían, / seguros de sus sueños, en las fotos, / esos del leve hastío en poesía. // En un andén de frío y madrugada, / unas manos abiertas nos esperan. / Cuando chocan abrigos y distancias, / la alegría se abraza a la tristeza«.
23   Antonio Jiménez Millán (1994:144).
24   José Antonio Mesa Toré (1998:59).
25   Vgl. José Antonio Mesa Toré (1998:59): »El muérdago decora en estos días / la casa, por el claro de las hojas / nos llegará el trineo de la infancia / cargado de ilusión y, en tanto hierve / en las ascuas el vino, encenderemos / velas que nos recuerden las espigas / en un amanecer de primavera«.
26   Der *amigo imaginario* ist bei Mesa Toré einerseits eine synchrone Instanz. Andererseits führt die Ich-Verdoppelung in diachroner Perspektive zum ›pluralen Ich‹, das z.B. abgeschlossene Entwicklungsphasen und nicht verwirklichte Möglichkeiten des erinnerten Ich umfasst (vgl. Christoph Rodiek 2001:o.S.). Übrigens wird die Figur eines *yo plural* von Jorge Luis Borges (1980:71-73) u.a. in »El poema de los dones« verwendet.
27   Anlässlich der Literaturgespräche in Oviedo (1992) weist García Montero (in Miguel Munárriz 1993:85-86) darauf hin, dass die scheinbare Einfachheit und Natürlichkeit einer poetischen Diktion immer höchste Kunstfertigkeit voraussetze. Germán Yanke (1994:61) bestätigt dies, wenn er mit Blick auf die ›Erfahrungslyrik‹ der 1980er Jahre feststellt, »que el lenguaje complicado, culturalista, a veces incomprensible, constituye menos artificio que el que sus sucesores han llamado conversacional«.

28 Vgl. z.B. die – an die »Coplas a la muerte de su padre« von Jorge Manrique gemahnende – Frage »Y de aquello que fuimos, ¿quedará algo?«. (»La herencia«, V. 18).
29 Felipe Benítez Reyes (1989:9-11) behandelt in dem Gedicht »Las sombras del verano« die Themen ›Zeit‹ und ›Erinnerung‹ und gebraucht seinerseits das Bild des Geisterschiffs. Es kann als sicher gelten, dass Mesa Toré, der Benítez Reyes sehr schätzt (vgl. z.B. *Litoral* 229-230 [2001], S. 4-11), diesen Text kannte.
30 Jorge Luis Borges (1995:103). Die Parallele besteht darin, dass sich der Schöpfer des *amigo imaginario* (»La herencia«) und der Schöpfer des erträumten künstlichen Menschen (»Las ruinas circulares«) darüber klar werden, dass sie ebenfalls nur erdachte Figuren sind (vgl. Jorge Luis Borges 1995:103: »No ser un hombre, ser la proyección del sueño de otro hombre ¡qué humillación incomparable, qué vértigo!«). Letztlich geht es Borges hierbei um das literarische Prinzip der Metafiktion, und Mesa Toré nimmt diesen Gedanken mit Hilfe der Anspielung in seinen Text auf.
31 Auch in diesem Falle zielt Mesa Toré mit seiner Bezugnahme auf Borges nicht auf die Rezeptionsform des *Pastiche*.
32 Der Text lautet wie folgt (Jorge Luis Borges 1958:29-30): »Sala vacía / Los muebles de caoba perpetúan / entre la indecisión del brocado / su tertulia de siempre. / Los daguerrotipos / mienten su falsa cercanía / de vejez enclaustrada en un espejo / y ante nuestro examen se escurren / como fechas inútiles / de aniversarios borrosos. / Con ademán desdibujado / su casi-voz angustiosa / corre detrás de nuestras almas / con más de medio siglo de atraso / y apenas si estará ahora / en las mañanas iniciales de nuestra infancia. / La actualidad constante / convincente y sanguínea / festeja en el trajín de la calle / su plenitud irrecusable / de apoteosis presente / mientras la luz a puñetazos / abre un boquete en los cristales / y humilla las seniles butacas / y arrincona y ahorca / la voz lacia / de los antepasados.«.
33 Vgl. das sprichwörtlich gewordene Zitat aus Goethes *Faust*: »Was du ererbt von deinen Vätern hast, erwirb es, um es zu besitzen.«.
34 »Este cónclave fantasmal que los evoca«, vgl. Luis Cernuda (1994:337) und José Antonio Mesa Toré (1998:9).
35 »La familia« beginnt mi den Versen »¿Recuerdas tú, recuerdas aún la escena / A que día tras día asististe paciente / En la niñez, remota como sueño al alba?« Luis Cernuda (1994:334).
36 Luis Cernuda (1994:337).
37 José Antonio Mesa Toré (1999:125).
38 Robert Gernhardt (2002:48).
39 Abgedruckt in Álvaro Salvador (1996a:103-104).
40 Vgl. hierzu auch Mesa Torés Äußerungen über das Doppelgänger-Motiv in einem noch nicht in Buchform veröffentlichten Gedicht (vgl. Christoph Rodiek 2001:o.S.): »Hay un momento, en el poema, en que yo cierro los ojos y

entonces, al cerrar los ojos, veo una casa con las ventanas encendidas y, al acercarme a la ventana, estoy viendo una fiesta y, en esa fiesta estoy viendo – y volvemos a la idea del doble –, estoy viendo al joven que yo fui dentro de esa fiesta y él, de pronto, me ve a mí, se acerca a la ventana y hay un momento en que los dos estamos mirándonos, cada uno al lado de la ventana, cada uno con una edad diferente ya«.

41 Vernachlässigt sei im Zusammenhang mit der Ich-Verdoppelung, dass das Borges-Motto des Bandes »El amigo imaginario« (José Antonio Mesa Toré 1991:37), das durch einen Druckfehler (»descentura«) entstellt ist, in »La herencia« teilweise zitiert wird (Borges: »tú, mi desventura / y mi ventura«; Mesa Toré: »tú, [...] mi suerte y desventura«). Die Borges-Verse entstammen dem Sonett »El enamorado« (Jorge Luis Borges 1993:84). Die Funktion der Bezugnahme ist allerdings kryptisch bzw. ›vordergründig ludisch‹.

42 »JE est un autre. Si le cuivre s'éveille clairon, il n'y a rien de sa faute. Cela m'est évident: j'assiste à l'éclosion de ma pensée: je la regarde je l'écoute: je lance un coup d'archet.« (Lettre à Paul Démeny (15-05-1871), in Rimbaud 1963:219).

43 Dass die durch intertextuelle Verweisung abgerufenen Sinnhorizonte mitnichten programmatischer Eindeutigkeit dienen, lässt sich auch am Beispiel jener von Mesa Toré evozierten Texte belegen, in denen Borges das Motiv der Ich-Verdoppelung gestaltet. Die Obsession der Erinnerung führt in zahlreichen Erzählungen und Gedichten des Argentiniers zur Konfrontation autobiographischer *Alter ego*-Figuren unterschiedlichen Alters (vgl. z.B. »El otro«, »Borges y yo« oder »Veinticinco de agosto, 1983«). Während jedoch Borges mit dem Zeit-Paradox auf eine das Hermetische betonende Auseinandersetzung mit dem Erinnern abzielt, plädiert Mesa Toré für eine Memoria, die die Gegenwart des Ich bereichert und Identität schafft.

44 Vgl. die bereits zitierte Passage aus »Vida y obra« (José Antonio Mesa Toré 1999:125). Der Ausdruck als solcher (*amigo imaginario*) stamme – so Mesa Toré – von W. H. Auden, der den Leser einmal als »imaginären Freund« des Autors bezeichne (vgl. Christoph Rodiek 2001:o.S.).

45 »Como en sí mismo, al fin«, Jaime Gil de Biedma (1994:343).

46 Die intertextuelle Praxis Mesa Torés ähnelt dem Zitatgebrauch der Lyriker der 1980er Jahre, den Jaime Siles (1991:156) wie folgt charakterisiert: »La cita no se destextualiza, pero tampoco se intertextualiza, sino que se contextualiza en la concreta circunstancia del autor, a la que el lector, con su complicidad, le da su aquiescencia.«.

47 Vgl. z.B. die satirischen Texte »La casada infiel« oder »Agradecidas señas«, mit denen Juaristi auf F. García Lorca bzw. A. Machado Bezug nimmt (Jon Juaristi 2000:29, 158).

48 Vgl. z.B. García Monteros Manrique-Parodie »Coplas a la muerte de su colega« (1994:125-133).

49 Vgl. hierzu Jaime Siles (1991:163-167), dessen instruktive Beobachtungen zur Erfahrungslyrik der 1980er Jahre allerdings nicht der Polemik entbehren.
50 Vgl. zur Position des lyrischen Ich zwischen Empirie und Rhetorik u.a. Dominique Combe (1999:138 ff., 152 ff.)

Horst Weich

Luis Muñoz. Correspondencias

Salían siempre juntos
a la seda crujiente de la noche,
y si alguno ligaba compartían
– delgados, ardorosos –
5   los goces del encuentro.
En su piso de Alfama compusieron
una vida en común
tocada de aventura: paseantes del barrio,
turistas sin cobijo, marineros de farra.
10 La población errante del deseo
en sus paradas cortas.

El amor les dio paso,
como el ala en el vuelo,
a extensiones sin límite,
15 a sombras espumosas,
a un querer en que sube
la luz del apetito.

Los conocí buscando
el nombre de una calle.*

Einklänge
Sie gingen immer gemeinsam aus / in die knisternde Seide der Nacht, / und wenn einer anbandelte, teilten sie / – schlank und glühend – / die Wonnen der Begegnung. / In ihrer Wohnung in der Alfama komponierten sie / ein gemeinsames Leben / im Spiel des Abenteuers: Spaziergänger im Viertel, / Touristen ohne Unterschlupf, Matrosen auf Landgang. / Das fahrende Volk des Begehrens / an seinen kurzen Aufenthalten.
Die Liebe öffnete ihnen den Weg, / wie Flügel im Flug, / zu grenzenlosen Weiten, / zu schäumenden Schatten, / zu einem Verlangen, in dem / das Licht der Lust aufsteigt.
Ich lernte sie kennen, als ich / nach einer Straße suchte.[1]

I

Das in drei Strophen gegliederte Gedicht behandelt drei Sachverhalte: das sorgfältig komponierte Liebesleben mehrerer Personen – Einwohnern von Lissabon, wie der Verweis auf den bekannten Stadtteil Alfama nahelegt –, die ihre nächtlichen Eroberungen in einvernehmlicher Gemeinsamkeit teilen (1. Strophe), die erhebende Wirkung dieser Liebe (2. Strophe) sowie die Relation des lyrischen Ich zu ihnen (3. Strophe). Es liegt eine narrative Struktur vor: ein Ich erzählt im Nachhinein (vgl. die durchgehenden Vergangenheitstempora) von einer Bekanntschaft, die er/ sie in der fremden Stadt gemacht hat, und charakterisiert diese, indem er ihre habituellen Tätigkeiten (»Salían«, V. 1) und ihr Lebenskonzept referiert (»compusieron / una vida en común«, V. 6-7), beschreibt, welche Wirkung die Liebe (»El amor«, V. 12) auf sie hat (V. 13-17), und schließlich von der zufälligen, ersten Begegnung auf der Straße berichtet (V. 18-19).

Es handelt sich somit um ein ›autobiographisch‹ akzentuiertes Gedicht, das von der Liebe spricht – ein traditionelles, topisches Thema der Lyrik. Auffällig ist hier die Unbestimmtheit der Deiktika und Pronomina: das Ich ist nicht genusspezifisch markiert, ebenso wenig wie die im Zentrum stehenden »ellos«, die zudem auch numerusspezifisch indeterminiert bleiben. Das Gedicht spielt mit diesen Ungewissheiten. Eine Füllung der intentional gesetzten Leerstellen sieht sich Schwierigkeiten ausgesetzt, wenn sie, in traditioneller Weise, einer heterosexuellen Matrix folgt. Denn bis auf die »seda« (V. 2), die möglicherweise ein ›weibliches‹ Kleidungsstück konnotiert, sind in Bezug auf das grammatische Geschlecht nur ›männliche‹ Elemente im Spiel: »juntos« (V. 1), »alguno« (V. 3), »delgados, ardorosos« (V. 4) in Bezug auf die Liebenden, »paseantes« (V. 8), »turistas« (V. 9), »marineros« (V. 9) in Bezug auf die Geliebten. Auch das fiktive Sprecher-Ich erscheint schließlich, aufgrund der naheliegenden, wenn auch keineswegs zwingenden Parallelsetzung mit dem realen Autor, als männlich. Lange Zeit war die Verunklarung der Geschlechterverhältnisse ein probates Mittel, um über die oberflächliche Insinuation einer heterosexuellen Beziehung (als Maske) gleichwohl für die Eingeweihten mittels besonderer Signale ein homosexuelles Interesse einzuschmuggeln. Die *gender*-Camouflage erlaubt traditionell, in einer heteronormativen, patriarchalen Gesellschaft Tabuisiertes subtextuell zum Ausdruck zu bringen. In Spanien, das mit dem *machismo* ein Ideal viriler Männlichkeit pflegte, mit der Inquisition über ein Instrument aggressiver Durchsetzung der Orthodoxie und damit auch der Einfriedung von Sexualität auf den Zeugungsakt verfügte und das in Zeiten der Franco-Diktatur mit Hilfe von Gesetzen von der Norm abweichendes Verhalten sanktionierte und insbesondere Homosexuelle kasernierte, zwang der durch staatliche und gesellschaftliche Zensur ausgeübte Druck zur – durchaus produktiven, da zu erhöhter Raffinesse verpflichtenden – ingeniösen Doppelkodierung, zur oberflächlichen Maskierung des eigentlich Gemeinten.

Das Verhältnis von Maske und Signal ist im vorliegenden Gedicht sichtlich verschoben; statt Unorthodox-Homosexuelles raffiniert zu verhüllen, wird es vielmehr zunehmend ausgestellt. Das aufgerufene Liebeskonzept ist das einer hedonistischen Promiskuität; Nacht für Nacht beginnt immer neu die auf die

»goces del encuentro« (V. 5) zielende, abenteuerliche (V. 8) Jagd nach Sexpartnern. Wenn mittlerweile auch spanische Frauen, jenseits der sexuellen Orientierung, einem solchen Konzept das lyrische Wort reden,[2] so ist es doch vornehmlich ein Kennzeichen einer spezifischen Schwulenkultur, das unter dem Namen »*cruising*« international bekannt[3] und im Text mit dem Begriff *ligar* (V. 2) gefasst ist: »[e]ntablar relaciones amorosas pasajeras«, wie der *Diccionario de la Real Academia* weiß.[4] Deutlichstes Signalwort sind die enthemmten »marineros« (V. 9), zeitlose Ikonen schwulen Begehrens,[5] die schon Lorca sehnsüchtig zeichnete[6] und die Cernuda mit Vorliebe bedichtete.[7] Wenn es also um schwule Liebe geht, so erscheinen auch die Liebenden in einem klareren Licht; die Metapher der »seda crujiente de la noche«, in der oxymoral Geschmeidigkeit und widerständige Härte zusammengefügt sind, um die gespannte Erwartung nächtlicher Abenteuer auszudrücken, lässt sich auch metonymisch auf die Kleidung sowie ihre Träger beziehen: etwas tuntige *glitter*-Seide an männlichen Körpern, die – »delgados« (V. 4) – leicht effeminiert wirken und zugleich – »ardorosos« (V. 4) – das Klischee südländisch-mediterraner Leidenschaftlichkeit erfüllen.[8] »Tienen pluma«, würde ein Spanier bei ihrem Anblick wohl sagen, und damit passen sie in ein Stereotyp, das den Portugiesen (und den Brasilianern) in der spanischen Schwulenliteratur häufiger zugewiesen wird.[9] Zwar sind sie nicht im Bairro Alto beheimatet, dem zunehmend schicker und teurer werdenden Szeneviertel Lissabons,[10] in dem sich die meisten *lugares de ambiente* befinden, sondern im touristisch beliebten, pittoresken Scherbenviertel der Alfama; wie der arabische Name aber nahelegt, dürften ihm als ehemaligem Maurenviertel heterodoxe, ›sodomitische‹ Geschlechtspraktiken von alters her nicht unvertraut sein.[11]

Der »piso de Alfama« (V. 6) des – sagen wir tentativ – schwulen Pärchens ist ein vorübergehender Fixpunkt in der gleitenden Topographie schwulen Begehrens; hier hält die bunte »población errante del deseo« (V. 10) für kurze Zeit inne. Diesem ›fahrenden Volk‹ der »paseantes«, »turistas« und »marineros« ist eine momentane oder grundsätzliche nomadische Existenz eigen; ziellos, müßig umherstreifend, haben sie Valenzen frei, die sie zum ›Anschluss‹ (so eine Lesart des Gedichttitels) befähigt und bereit macht, einer Koppelung freilich, die instabil und nie von Dauer ist. Die Natur des hier aufgerufenen *deseo* hat der französische Schwulenaktivist der ersten Stunde, Guy Hocquenghem, schon 1972, in der nach-68er Hochzeit der *gay liberation* in der westlichen Welt, in seiner Monographie zum *désir homosexuel* als »machine de drague« (spanisch wohl »máquina de ligue«) beschrieben:

> Il est généralement admis que ce qu'on appelle la dispersion homosexuelle, le fait que les homosexuels multiplient les relations amoureuses dont chacune peut ne durer qu'un instant, traduit une instabilité fondamentale de la condition homosexuelle, la recherche à travers toutes ces brèves amours jugées insatisfaisantes de la personne rêvée. [...] Mais au lieu de traduire cette dispersion de l'énergie amoureuse en termes d'incapacité à trouver un centre, on peut y voir le système en acte des branchements non exclusifs du désir polyvoque. La dérive d'Aschenbach dans Venise se rattache à la sexualité coupable par l'identification d'un seul objet, suivant le principe, ›un seul

> être vous manque et tout est dépeuplé‹. La condition homosexuelle est vécue comme malheureuse parce que sa dispersion machinique est traduite en termes de manque et de substitution. Il peut sembler au contraire que l'immense supériorité des amours homosexuelles vient précisément de ce que tout est toujours possible à tous les moments, de ce que les organes se cherchent et se branchent sans connaître la loi de la disjonction exclusive. La rencontre homosexuelle ne se fait pas dans l'intérieur confiné du privé, mais au grand-air, au-dehors, dans les bosquets et sur les plages. La promenade de l'homosexuel attentif à tout ce qui peut venir brancher sur son désir n'est pas sans rappeler ce que *L'Anti-Œdipe* appelle ›la promenade du schizophrène‹. Que le système homosexuel de la drague, infiniment plus direct, et moins culpabilisé que le système complexe des ›amours civilisées‹ [...], se débarasse du manteau moral œdipien derrière lequel on l'oblige à se cacher, et l'on verra à quel point sa dispersion machinique correspond au mode même d'existence du désir.[12]

Hocquenghem positiviert die Energie des promisken, nomadischen homosexuellen Begehrens, das er nicht als Mangel und leidvollen Verlust sieht, sondern vielmehr als optimistische Chance eines »tout est toujours possible«; unbekümmert gegenüber überkommener Moral und klerikaler Kulpabilisierung richtet es sich nicht auf den unverwechselbaren und unersetzlichen Einen, sondern kuppelt maschinell, in dynamischer Zerstreuung, die Körper aneinander, die sich nicht im bürgerlich gesitteten Intérieur finden, sondern an ›heterotopen‹ Schwellenorten zwischen Öffentlichkeit und Privatheit, zwischen zivilisierter Zucht und unzüchtiger Wildheit. Dieses homosexuelle ›System‹ des *cruising* (»la drague«) kennzeichne dabei die Natur des Begehrens schlechthin. In deutlicher Anlehnung an die zeitgleich entworfenen »machines désirantes« von Deleuze und Guattari[13] wird eine mechanische, kybernetische Liebeskonzeption multipler Koppelungen entworfen, die von einem ausgeprägten Hedonismus bestimmt ist. Dieses Konzept einer hemmungslosen, fröhlichen Pluralität, das unverkennbar postmoderne Züge aufweist (*anything goes*), wird als überlegen ausgewiesen gegenüber dem ›zivilisierten‹ Einheitsdenken, in dem sich Eros auf ein einziges Objekt fixiert.

Voraussetzung ist hierfür eine ungebundene, umherschweifende und umher›irrende‹ Existenz. In der »población errante del deseo« (V. 10) schwingt möglicherweise die mittelalterliche Tradition der »caballería errante« mit: der Ritter, der immer unterwegs ist, sucht nach militärischen Abenteuern (dies ist seine *queste* bzw. *busca*), und nachdem er sie bestanden hat, wird er nicht selten mit amourösen Abenteuern belohnt. Die gelegentlich promiske ›Irrfahrt‹ mündet stets in die Stabilität der monogamen Ehe. In dem »errante« schwingt aber ganz sicher das in der abendländischen Liebeslyrik überaus wirkmächtige Liebeskonzept des Petrarkismus mit. Im poetologischen Einleitungsgedicht von Petrarcas *Canzoniere* bedauert der autobiographisch Rückschau haltende Liebende bekanntlich seinen »primo giovenile errore«[14]. Dieser jugendliche Irrtum kann in zweierlei Weise gelesen werden: Zum einen ist er beziehbar auf die Zeit dezentrierten erotischen Schweifens, das erst mit dem ›Urerlebnis‹ des Sich-Verliebens, dem *innamoramento*, ein für allemal und unverbrüchlich auf das eine (heterosexuelle) Liebesobjekt der Laura fixiert wird und den Liebenden, dessen Begehren stets aufgeschoben und nie erfüllt wird, gerade durch den Entzug erzieht und ethisch perfektioniert; Einübung somit in den ›zivilisierten‹ Verzicht. Zum anderen ist der petrarkische *errore* beziehbar auf die Geschichte der Laura-Liebe insgesamt, die insofern als irrig erkannt wird, als sich das Begehren an ein irdisches Objekt verliert, wo es sich doch einzig auf das Jenseits, auf das Seelenheil zu richten habe. Die durch den Tod Lauras mitbewirkte Einsicht in die Nichtigkeit alles Irdischen und die Erziehung des Begehrens zum neuplatonisch-christlichen Aufschwung zu Gott wäre dann Sinn des Wegs des Liebenden; ein irrendes *iter amorosum* wird überschrieben durch das rechte *iter spirituale*.

Wie auch immer der *errore* akzentuiert sein mag, steht die Laura-Liebe grundsätzlich im Rahmen einer heterosexuellen Kultur des werbenden Hofierens, die, wie Michel Foucault einmal beiläufig skizziert hat, in der christlich-abendländischen Konzeption der Liebe dominant ist; die entworfenen Geschichten behandeln vornehmlich das ›Vorfeld‹ einer Liebesbeziehung, fokussieren den Prozess der Werbung und dienen der Artikulation des (frustrierten) Begehrens. Die deutlich selteneren Texte, die die Erfüllung des Begehrens in Szene setzen, sieht Foucault demgegenüber im Rahmen einer homosexuellen Praxis des Geschlechtsakts.[15] Wenn man einmal mehr die seit der frühen Neuzeit dominanten Liebesdiskurse – den neoplatonistischen, petrarkistischen und hedonistischen – in Anschlag bringt,[16] so wären die kulturell valorisierten Konzeptionen der neoplatonischen und petrarkistischen Liebe heterosexuell korreliert,[17] während die niederste Stufe der Liebe, die hedonistische Begegnung der Körper, ein bevorzugtes Faszinosum der Schwulenkultur wäre.

Das Gedicht jedenfalls valorisiert den Hedonismus im Zeichen einer konflikt- und neidlos geteilten Promiskuität, die zwar nicht im einzelnen auserzählt,[18] wohl aber referiert wird (»compartían / [...] los goces del encuentro«, V. 3-5). Die streunende »población errante del deseo« (V. 10) sucht nach sexuellen Abenteuern, wobei ihr ›Irren‹ zwar nicht mehr unbedingt, wie im Ritterroman, provident zum Ziel führt, aber auch nicht mehr mit dem Makel moralischer Verirrung behaftet ist. Was unter Franco noch auf der Basis der berüchtigten *Ley de Vagos y Maleantes* bestraft und unterbunden wurde,[19] findet hier, in der vagabundierenden Zirkulation des Begehrens, selbstverständlichen Ausdruck.

Dieses ›niedere‹, auf körperliche Materialität und Serialität gegründete Konzept wird in der zweiten Strophe nun ebenso selbstverständlich definiert als »amor« (V. 12). Dieser *amor* entfaltet überraschenderweise eine Wirkung, wie man sie aus den höherwertigen Diskursen über die Liebe, vor allem aus dem Neuplatonismus, kennt. Typisch hierfür ist die Vorstellung der Aszendenz auf einer vertikalen Achse (»el ala en el vuelo«, V. 13, »sube«, V. 16) hin zum Licht (»luz«, V. 17). Bis in die rhetorische Gestaltung hinein wird der Aufstieg zelebriert: die klimaktische Anapher »a« (V. 14-16) bildet ikonisch die Sprossen der Seinsleiter ab, auf denen die Liebenden sukzessive emporsteigen.[20] Die erste Stufe, »a extensiones sin límite« (V. 14), zitiert die modernere Transformation des Neuplatonismus im *amor romántico*, der sich in typisch grenzensprengendem Gestus in der Fülle unendlicher Weiten wähnt.[21] Über die Antithese »sombras« (V. 15) vs. »luz« (V. 17) ist zudem der oxymorale Diskurs des Petrarkismus eingespielt. Diese ›klassischen‹ heterosexuellen Liebessprachen sind gleichwohl, ganz deutlich in »sombras espumosas« (V. 15), homosexuell akzentuiert, wie einschlägige Intertexte suggerieren. So sind die *sombras* bei den Lyrikern der *generación del 27* eine häufige Chiffre für den von Lorca so genannten *amor oscuro*,[22] und die *espuma* weist u.a. auf die schaumgeborene Aphrodite, die als Venus Urania Schutzgöttin der Schwulen ist, aber auch auf ein spezifisch männliches Körpersekret.[23] Die schwul-hedonistische Erdung der hochfliegenden Liebesdiskurse zeigt sich sodann bei genauerer Lektüre der Schlußzeilen der Strophe; denn nicht der platonische Eros als dynamische Erkenntniskraft der Seele treibt an zum Aufstieg hin zum Licht des göttlichen Urscheins, des ewig Wahren, Guten und Schönen, sondern vielmehr steigt im Begehren selbst ein Licht auf: die unverhüllt hedonistisch geprägte »luz del apetito« (V. 17), mit der Luis Muñoz sich *en passant* im Vorgriff selbst zitiert.[24]

Das über die Polyphonie der Liebessprachen inszenierte Spiel zwischen platonischem Aufschwung und hedonistischer Erdung findet in der letzten Strophe seine pointierte Fortsetzung, wie der Kunstgriff des Zeilensprungs deutlich macht. Der *encabalgamiento* rückt »buscando« (V. 18) in eine herausgehobene Position, was zum interpretierenden Verweilen einlädt. Als Schlüssellexem bündelt es die Konzepte. »Los conocí buscando« (V. 18) ruft die gierige Jagd nach schnellen Abenteuern ebenso auf wie den *deseo errante* des unbehausten Lissabon-Touristen, lässt aber auch die Qualitäten einer platonischen, metaphysischen Suche nachhallen. Doch die Lesarten einer sexuellen und/ oder transzendenten *búsqueda* werden in einer banalisierenden Pointe gleichermaßen dementiert: die Suche richtet sich auf das Alltagsproblem einer Adresse. Spätestens mit dieser abschließenden Wendung schleicht sich Ironieverdacht ein, der die bislang ernst genommene Rede möglicherweise in ein anderes Licht rückt.

II

Der 1966 in Granada geborene Luis Muñoz ist ein moderner *poeta doctus*. Er hat dort Studienabschlüsse in Spanischer (1989) und Romanischer Philologie (1993) erworben, er ist Übersetzer (u.a. von Giuseppe Ungaretti) und Herausgeber der Lyrikzeitschrift *Hélice* (seit 1992), und er hat sich in mehreren Aufsätzen zu seiner eigenen Poetik sowie zur zeitgenössischen spanischen Lyrik geäußert. Zentral ist die Positionsbestimmung, die er mit »Un nuevo simbolismo« (1998) vornimmt. Dort definiert er sich in der Tradition der französischen Symbolisten und einiger modernerer Autoren, denen die Ausschöpfung der poetischen Qualitäten der Alltagssprache gelungen sei:

> [H]e encontrado la enunciación, las propuestas y las salidas propias en poetas de signo bien diferenciado. En la de Giuseppe Ungaretti, en la de Eugenio Montale, en el Antonio Machado de *Soledades*, en el Juan Ramón Jimé-

nez de *Piedad y cielo*, en Salvador Espriu, en W.B. Yeats, en T.S. Eliot, en Rilke, en algunos simbolistas franceses, en Baudelaire, en Verlaine, en Mallarmé, en Corbière y – sobre todo – en Laforgue, que consiguió llevar el lenguaje de la calle a unos extremos de expresividad, profundidad, acidez y de delicadeza desconocidos hasta entonces en ninguna lengua. Uniendo los puntos que dan en un perfil, se trata desde luego, de manera amplia, de la tradición simbolista.[25]

Besonders schätzt er diejenigen Dichter, die die poetische Sprache von allem oratorischen Ballast befreit haben; so findet er Vorbilder

en la voluntad depuradora de Mallarmé, que siguieron y revisaron Ungaretti y Quasimodo, y en la Poesía pura –, que es la vigilancia permanente sobre los agotamientos expresivos del lenguaje, sobre la renovación constante de lo que Pedro Salinas llamaba ›el arsenal expresivo‹[26]

und beruft sich in der spanischen Tradition auf den bereits von Cernuda rehabilitierten Campoamor, aber vor allem auf Luis Cernuda selbst und Jaime Gil de Biedma.

Ein Autor, der so sensibel auf verbrauchte Sprache achtet und sie scheut, kann nicht ernsthaft, wie das massiert in der zweiten Strophe des Gedichts geschieht, ein Klischee an das andere reihen. Die Feier der erhebenden Wirkung der Liebe erweist sich in diesem Licht als »fremde Rede«,[27] als figurale, perspektivisch an die Liebenden gebundene Sicht (»*les* dio paso«, V. 12). Die die abendländische Tradition der Liebesdiskurse aufnehmende Polyphonie der Liebessprachen erscheint so als trivialer Mix gängiger Vorstellungen, als hedonistisch unterfütterter romantischer Kitsch. Das über syntaktische Wiederholung und semantische Steigerung erzeugte Pathos ist ein bloß zitiertes, ist figurale Euphorie. Die solchermaßen geleistete, indirekte Distanzierung betrifft dann möglicherweise auch den Lebensstil der »ellos«. Diese erweisen sich als sorgsam auf das *outfit* bedachte ›Konsumschwuchteln‹, wie sie etwa in den Lifestyle-, Werbe- und Modeseiten des schwullesbischen Hochglanzmagazins *Zero* firmieren und angesprochen sind. Das in einer Oberflächenlektüre gefeierte Konzept hedonistischer Promiskuität erscheint so als nicht ohne Vorbehalt referiertes Element einer Welt materiellen Konsums – der Waren wie der Körper.

Statt in diese Welt einvernehmlich einzustimmen, stellt das lyrische Ich sie somit als eine typische, aber auch aufgrund der (marktgerechten) Wiederholung von Stereotypen ihm ›fremde‹ Welt aus. Der Sinn der ersten beiden Strophen wäre somit die bereits »zweistimmig« (Bachtin) gebrochene Beschreibung eines referentiellen Sachverhalts, den die knappe Schlussstrophe rudimentär kommentierend bespricht – eine an der Binnenpragmatik orientierte Zweiteilung des Gedichts, die in der Lyrik des 19. Jahrhunderts, besonders bei Baudelaire, aber auch den Symbolisten, häufig vorkommt.[28] Mit der knappen Schlussstrophe, die einerseits auf die Spur der ironischen Doppelkodiertheit der vorgängigen Rede geführt hat, reiht sich der Sprecher nun aber andererseits, zumindest zum Zeitpunkt der Begegnung, mit in diese Welt ein; offen bleibt dabei, ob das »conocí« (V. 18) über das bloße ›Kennenlernen‹ hinaus auch den biblischen Zweitsinn des ›Erkennens‹ mit meint. Damit ist in den Gestus ironisierender Distanzierung doch auch wieder der Gestus einer Authentisierung eingeschrieben; das Ich ist, in einer Art *double bind*, zugleich Teilhaber und befremdeter Beobachter. In einem – für postmoderne Texte typischen – *shifting* der Positionen schillert der Text so zwischen Distanz und Sympathie, zwischen abgenutztem Klischee und als Wahrheit empfundener Euphorie, zwischen Einvernehmen und Vorbehalt.

Was der Text somit in Szene setzt, ist die Suche nach einer Antwort auf die alte, ewig gleiche Frage »Was ist die Liebe?« Die vordergründige Antwort ist die einer hedonistischen Promiskuität, die ihren unmittelbaren historischen Ort in den Befreiungsbewegungen von 1968 hat, mit der Propagierung von freier Liebe und *flower power*. In Spanien unterdrückte die Franco-Diktatur zwar brutal die Ansätze einer 68er-Revolte. Doch untergründig veränderte sich auch hier die Gesellschaft und die Literatur. Dies zeigt sich im Bereich der Lyrik ganz deutlich im Paradigmawechsel von einer antifrankistisch inspirierten *poesía social* hin zur vermeintlich apolitischen, aber auf dialogische Vielstimmigkeit, Vermischung von Hoch- und Popkultur, von Ernst und Parodie im Zeichen eines fröhlichen *camp* ausgerichteten *poesía novísima*, die gleichwohl und gerade von der *Musa del 68* inspiriert ist.[29] Ein ausgesprochen ludischer Umgang mit kulturellen Versatzstücken setzt hier zudem auf die Widerständigkeit des Körpers, auf die lustvolle Begegnung der Körper als sich politischer und gesellschaftlicher Macht entziehender Selbstbehauptung. Auf die offiziell in der Trias von Gott, Vaterland und Familie vereinte, im klerikalen Mief einer ranzigen (Doppel-)Moral agonierende spätfrankistische Gesellschaft der ›Alten‹ reagieren die Jungen mit einem auf die Literatur der *décadence* zurückgreifenden *venecianismo* und mit einem »neuen Heidentum«, das die vom Christentum verschüttete Körperkultur der Antike revalorisiert. Hauptvertreter, gerade auch im Bereich der schwulen Lyrik, ist hier Luis Antonio de Villena, der diese Art kultiviert-perverser, steriler (nicht auf Prokreation gerichteter), die Lust allein um der Lust willen praktizierender Liebe unter dem Lemma »amor alejandrino« kategorisiert hat[30] und mit seinem in den frühen 70er Jahren einsetzenden, umfangreichen lyrischen, narrativen und essayistischen Werk immer neu illustriert.[31] Diese Neopaganisierung zeigt sich z.B. auch in Ana Rossettis das christliche Gebot des »Liebet einander« ernst nehmender, den religiösen Diskurs erotisierend-pornographisch überschreibender Aneignung des Katholizismus (*Devocionario*, 1986),[32] in den respektlosen Performances der *movida*[33] oder noch in der Gedichtsammlung *Esto es mi cuerpo* (1997) des Salmantiner Professors für Klassische Philologie, Juan Antonio González Iglesias, der in selbstverständlicher Blasphemie Eucharistie und schwulen Sex zusammenspannt und in der Aufhebung der christlichen Leib-Seele-Spaltung Materielles und Spirituelles vereint, wie er im Vorwort programmatisch verkündet:

> *Aquí están mi paganidad y mi religiosidad. [...] Esto es mi cuerpo: Walt Whitman repitió irremediablemente las palabras de Cristo, porque los dos estaban hechos para el amor. [...] Creo que el libro multiplica el yo del*

poeta en una entrega que sólo puede describirse con términos extremos: biológicos (eyaculación) o místicos (amor).[34]

Die Verausgabung, der Exzess im hemmungslosen ›heidnischen‹ Hedonismus kennzeichnet vorwiegend die spanische Kultur der *transición* und der *movida*; doch die permanente Jagd nach der Erfüllung mündet – nicht zuletzt aufgrund der epochalen Zäsur der Krankheit AIDS – in die Depression des *desencanto*[35] oder eben in den Kommerz. Dies ist die Erfahrung der späten 80er und der 90er Jahre des vergangenen Jahrhunderts.

Auf die Exuberanz der venezianischen *novísimos* folgt, wenn man der Periodisierung Luis Antonio de Villenas glauben will,[36] in den 80er Jahren eine Hinwendung zum rationalen Gedicht und zu ›klassischer‹ Nüchternheit und Zucht, die er mit seiner Anthologie *Fin de Siglo* (1992) illustriert. Als Kennzeichen benennt er einen »tono coloquial« im Rahmen einer »[p]oesía de la experiencia: Cotidianidad, claridad«, eine »[v]oluntad (hacia el lector) de conmover, lejos del intelectualismo frío o del culturalismo exhibidor«, die »[a]ctitud sentimental, alusiones familiares, vitalismo hedonista. Búsqueda de la intensidad [...]. *Tradición clásica*: Experiencia, elegía, hechura culta«, mit der auch, nach der Bindungslosigkeit des novistischen freien Verses, eine Rückkehr zur metrischen Form verbunden ist: »Retorno al verso clásico blanco (endecasílabo y alejandrino sobre todo, heptasílabos a veces) y a la métrica clásica«.[37] Wenn er hier die frühe Lyrik von Luis Muñoz – *Septiembre* (1991) –, mit der er die Anthologie beschließt, noch als »poesía esencialmente de la pérdida«, »la pérdida de la adolescencia y la primera juventud« charakterisiert, die aber bereits von »reflexión de cercano aire moral« und »bienhechura formal« gekennzeichnet sei,[38] so schlägt er ihn in der späteren Anthologie *10 menos 30* (1997), in der Gedichte aus *Manzanas amarillas* (1995) und aus der späteren Sammlung *El apetito* (1998) aufgenommen sind, ganz dezidiert einer »poesía de la experiencia« zu. Wenn man deren von Villena wie meist etwas verstreut und wenig systematisch in Anschlag gebrachten Kennzeichen bündelt, gelangt man zu folgendem Merkmalskatalog.[39]

Gegenstand ist die (oft städtische) Alltagswirklichkeit (»la vida cotidiana y [...] situaciones habituales y urbanas de un individuo cualquiera«) mit scheinbar einfachen Allerweltsthemen (»amor, amistad, melancolía, sueños, recuerdos«) und einer Vorliebe für bohèmehafte nächtliche Szenen, die um Alkohol und Sex kreisen und durchaus einem »realismo sucio« verpflichtet sein können. Typisches Strukturmuster ist die Zweiteilung in einen narrativen anekdotischen Kern (»una anécdota« als »núcleo generativo del poema«) und eine davon Ausgang nehmende, abstrahierende philosophisch-moralistische Reflexion (»una poesía meditativa, a partir de la anécdota, pero trascendiéndola«); typisch ist demnach, in den Kategorien Dirscherls, eine Gliederung in einen Objektteil (mit den Sprechweisen des Berichts bzw. der Beschreibung) und einen Anwendungsteil (mit den Sprechweisen des reflektierenden, argumentierenden Kommentars, der Interpretation, des Besprechens). Die Sprache ist die des Alltags (»un lenguaje *natural* – no sofisticado – y en tono de conversación«), die gleichwohl mit einer gewissen metrischen Sorgfalt gearbeitet ist (»suele buscar la clásica bienhechura«). In Bezug auf die Sprechinstanz ist, wie schon der britische Namensgeber der *poesía de la experiencia* Robert Langbaum herausgestellt hat,[40] mit der Differenz von fiktivem Sprecher und realem Autor zu rechnen (»poesía del sujeto real desdoblado«). Die fernen und nahen »maestros« dieser Art Dichtung sind »[d]esde Catulo u Horacio (los líricos griegos epigramatistas o los elegíacos latinos) hasta la *generación del 50* (especialmente Gil de Biedma, Ángel González o Francisco Brines) pasando por Borges, Manuel Machado – especialmente el de *El mal poema* –, algunos modernistas menores o tardíos o feístas (Fernando Fortún, José del Río Sainz) o anglosajones como Philip Larkin o [...] Edgar Lee Masters«.

Luis Muñoz ordnet sich selbst prinzipiell dieser Strömung zu, wenn er auch zur Vorsicht bei der Individualstile nivellierenden Etikettierung und Zuordnung zu den in Spanien so beliebten ›Generationen‹ mahnt. In seiner poetologischen Stellungnahme »Un simbolismo nuevo« verweist er auf seine Lektüren:[41] hauptsächlich die *poesía de la experiencia*, »de tono realista« (Luis García Montero, Felipe Benítez Reyes), weniger die entgegengesetzte *poesía del silencio*, »de carácter abstracto y de tono metafísico« der 80er Jahre (Jaime Siles wäre hier als erster zu nennen), aber auch einige der dazu in deutlichem Kontrast stehenden *novísimos* (Pere Gimferrer, Luis Antonio de Villena). Bei aller Sympathie erscheint ihm die *poesía de la experiencia* jedoch allzu rational, beinahe buchhalterisch: »Todo aquello del sentido común, de la sensatez, de la carta comercial, que en los poetas llamados de la experiencia lograba resultados muy estimables, se asfixia inevitablemente en mí«. Um der drohenden Erstickung zu entgehen, öffnet er sie auf die »tradición simbolista«, in deren Ästhetik sich, wie Verlaines »Art poétique« formuliert (»Où l'Indécis au Précis se joint«), »precisión y vaguedad« verbinden und statt der direkten Benennung die Anspielung, die Evokation, die Suggestion dominieren. Die bei den Symbolisten häufige »narratividad o [...] anécdota« dient ihm als Ausgangspunkt, als »plataforma de lanzamiento« für die Generierung ästhetischer Vieldeutigkeit, für die »interacción de palabras, de sonidos y de imágenes«, für die »artillería imaginística«.

Die Generierungsmaschine für diese sprachliche Bilderlust ist »el cultivo de la analogía, el pensamiento analógico – o las ›Correspondencias‹ –, sobre las que Baudelaire escribió el célebre soneto«; doch während dem romantischen Korrespondenz-Konzept noch epistemologische Kraft zur Dechiffrierung der »cifra del mundo« innewohnt, kann es nunmehr bloß noch ludisch, in ironischer Distanz aufgerufen werden:

> los procedimientos analógicos [...] sólo pueden ser entendidos hoy de manera distanciada, con la ironía de saber que no estamos desvelando las conexiones sagradas [...] del universo, de la naturaleza [...]. Los procedimientos analógicos no nos hacen desveladores de un orden, sino jugadores, en todo caso, de un orden.[42]

Im intertextuellen Spiel mit der Tradition, das von den Meistern leiht und sie zugleich sprachlich, aufgrund der »renovación constante« des »arsenal expresivo« in Richtung auf eine »novedad« überbietet, sieht er dann auch die Rechtfertigung seines Dichtens: »la novedad que justifica que después de los ejemplos excelsos de la tradición se continúe ejerciendo el arte combinatoria de la poesía«.[43] Mit seinem (postmodernen) Lyrikkonzept greift Muñoz, wie schon mit seiner Analogiefaszination, auf vormoderne Vorstellungen zurück, auf die noch in der frühen Neuzeit herrschende Episteme der Analogie und den mimetischen Literaturbegriff, der Dichtung als topische *ars combinatoria* und die Dichter vornehmlich als besonders begabte, gelehrte Handwerker der Sprache begriff, die in stetem Wettstreit die vorbildlichen Alten mit ihrer eigenen Dichtung zu übertrumpfen suchten. Zugleich knüpft er, in einer Nahvergangenheit, an Gil de Biedma an, der die Dichtung gleichfalls als »juego de hacer versos« bezeichnete.[44]

Was ist der Ertrag dieser poetologischen Selbstbestimmung für das bessere Verständnis des Gedichts? Nun, es wird fassbar als intentionales Spiel, das die französische Tradition des 19. und die im Zeichen der *experiencia* stehende spanische Tradition des 20. Jahrhunderts ludisch überschreibt. Das Gedicht weist deutlich die Merkmale der *poesía de la experiencia* auf: ein narrativ-anekdotischer Kern (Str. 1) wird liebesphilosophisch ausgedeutet (Str. 2) und in Bezug zum Sprecher-Ich gesetzt (Str. 3). Die Sprache ist, trotz oder gerade wegen der Klischees in Strophe 2, grundsätzlich kolloquial, wenn auch metrisch erstaunlich sorgfältig gebunden im – bis auf die wohl eher zufällige Assonanz e-o (V. 5, 6, 10, 13) – zwar reimlosen, aber ausschließlich aus ordentlichen 7-, 11- und 14-Silbern bestehenden Gedicht. Der verslibristischen Exuberanz der *venecianos* und *alejandrinos* steht so eine ›klassische Nüchternheit‹ gegenüber, die Lokalisierung in Lissabon birgt möglicherweise poetologische Qualität. Die metrische Gestaltung signalisiert über die unregelmäßige Verteilung von *endeca-* und *heptasílabos* die Anknüpfung an das *Siglo de Oro* und näherhin an die relativ freie, aber doch durch Reim gehaltene Form der *Silva*, die bekanntlich einen der dunkelsten Texte der spanischen Lyrik, Góngoras *Soledades*, bindet; der *verso alejandrino* ist der bevorzugte Vers der sinnlich-dekadenten *modernistas*, der lateinamerikanisch-spanischen Erben der französischen Symbolisten. Der Sekundärkode der Metrik spiegelt so die Poetik des Gedichts: die schiefe Wiederholung der Tradition.

Das Gedicht modelliert eine spezifische Erfahrung der Begegnung. Es wäre nun ein Leichtes, diese Erfahrung autobiographisch kurzzuschließen: In der Tat befand sich Luis Muñoz Anfang der 90er Jahre in Lissabon, im Rahmen der Vorbereitung eines Schwerpunktes zur zeitgenössischen portugiesischen Lyrik in seiner Zeitschrift *Hélice*. Doch über eine solche plumpe Gleichsetzung, vor der ja schon Langbaum warnte, mit der »experiencia biográfica, nocturna, alcohólica, amatoria, como seña de identidad«[45] macht er sich ebenso lustig, wie er den Status der Rede zwischen Einvernehmen und Vorbehalt, Fiktion und Authentisierung in der Schwebe lässt. In einem 2005 mit der Zeitschrift *deriva* geführten Interview präzisiert er, dass Literatur nicht Welt abbildet, sondern Bilder von Welt erstellt: »Yo entiendo la poesía como la búsqueda de esas claves ocultas del sentido de la realidad en la analogía, sino como una propuesta de establecer determinados recorridos analógicos, no cómo descubrir la verdad latente debajo de las apariencias, sino proponer una ruta que tenga algún sentido o no lo tenga pero que nos refresque la mirada.«[46] Im bewussten Spiel mit René Magrittes berühmtem Bild versieht er daher auch ein eine spezifische *experiencia de amor* modellierendes Gedicht in *El apetito* mit dem Titel »Esto no es una experiencia«.[47]

Statt um platten Biographismus geht es ihm vielmehr um die Evokation eines Schallraums multipler Beziehbarkeiten, die ein gebildetes, aktives Lesepublikum fordert. Am deutlichsten wird dies mit dem Titel. Über den markierten intertextuellen Bezug zu Baudelaires »Correspondances« (Nr. 4 der *Fleurs du Mal*) wird systemreferentiell das romantische Konzept eines über vertikale Analogiebindungen geeinten Kosmos beschworen, das seinerseits, nach der radikalen Differenzerfahrung der ›Repräsentation‹, an die vorklassische Episteme der Analogie anknüpft.[48] Gleichwohl führt Baudelaire in seiner Gedichtsammlung selbst vor, wie dieses romantische Konzept bereits obsolet geworden ist, und er schon nutzt die Analogie als Findungsprinzip zur Kreation sprachlicher Wirklichkeit.[49] Der komplexe denkgeschichtliche und philosophische Problemlagen evozierende Titel wird aber banalisierend durchkreuzt; es geht um die serielle homologe Relationierung von Personen, ja verkehrstechnisch um ›Anschlüsse‹ an den »paradas cortas« (V. 11) des Begehrens. Auf jeden Fall wird damit die in der Tradition der Liebeslyrik hoch besetzte Figur der Begegnung entauratisiert. Der Singularität und Dauerhaftigkeit des petrarkischen *innamoramento* tritt die Pluralität und Flüchtigkeit der Begegnung gegenüber; der flüchtigen, wenngleich schockhaft tiefgreifenden Singularität der Begegnung im Zeichen der Unmöglichkeit des Zusammenkommens, wie sie Baudelaire in seinem nicht minder berühmten Großstadt-Sonett »À une passante« (*Les Fleurs du Mal* Nr. 93) gestaltet, korrespondiert nun die gleichfalls flüchtige, aber oberflächliche Zusammenkunft im Zeichen hedonistischer Erfüllung, die gleichwohl zumindest subjektiv und in der Wiederholung verbrauchter Klischees, trotz der ganz und gar anderen Voraussetzungen, der auratischen Wirkung entspricht. Ein solcher anspielungsreicher Titel ist natürlich nicht ins Deutsche zu übersetzen; daher wurde auf die Übertragung durch Stefan George zurückgegriffen, dessen »Einklänge«[50] zudem eine Isotopie musikalischer Artifizialität ins Spiel bringen, die im Text über die Lexeme »compusieron« (V. 11) und »tocada« (V. 8) durchaus auch angelegt ist. Der evokationsreiche Titel ist für Muñoz offensichtlich so attraktiv, dass er ihn an prominenter Stelle wiederbenutzt hat: für seinen bislang letzten, u.a. mit dem *III Premio de Poesía Generación del 27* ausgezeichneten Gedichtband *Correspondencias* (2001).

Im Licht der »Poética«, die Muñoz seinen in der von José Luis García Martín herausgegebenen Anthologie *La generación del 99* publizierten Gedichten vorangestellt hat, erhalten zudem die nomadische Natur des Begehrens und die nächtliche Jagd nach Sexabenteuern einen metapoetischen Status. Denn hier definiert Muñoz die Dichtung als wesentlich instabil, umherwandernd, auf der Suche nach einem stets prekären »territorio«, die in den seltenen Pausen neue Kraft schöpft: »La poesía está obligada a moverse, como un pueblo nómada. Y en el trasiego, en las paradas de ese camino, que tantas veces tiene el carácter de una huida, y de un agotamiento, paradójicamente se vigoriza, se tonifica.«[51] In Anspielung an Lorcas berühmte, an Góngora festgemachte, aber die eigene Kunstproduktion explizierende Definition des Dichters als eines obsessiven Jägers nach *imágenes poéticas*, deren Kraft aus der Verblüffung resultiert, mit der widerstrebende Welten über überraschende Analogien (durch einen phantasiegespeisten ›Rösselsprung‹) in spannungsreiche Korrespondenz zueinander gesetzt werden: »La metáfora une dos mundos antagónicos por medio de un salto ecuestre que da la imaginación. [...] La originalidad de don Luis de Góngora [...] está en su método de *cazar* las imágenes«,[52] sieht auch Muñoz den Dichter als Jäger, Jäger nach Symbolen, die an der Schwelle operieren, an der Schnittstelle zweier Welten:

> El poeta es el cazador de símbolos de esa zona de intersección [entre el mundo de lo que se tiene y el mundo de lo que se escapa de nosotros], que es también la que hace coincidir en un artefacto verbal el mundo de lo racional y el mundo de lo casual, el mundo de los conceptos y el de las emociones, el mundo de lo inasible y el mundo de lo material. Un cazador, entonces, de correspondencias.[53]

III

Luis Muñoz ist ein sensibler *poeta de la experiencia*; den platten ›Realismus‹ seiner häufig urbane Alltagsthematik behandelnden Dichtung bricht er, indem er, wie schon sein unmittelbarer Granadiner *maestro* Luis García Montero, verstärkt dem Gefühl im Gewand einer *otra sentimentalidad* Raum gibt[54] und insbesondere im Rückgriff auf den französischen Symbolismus die direkte Benennung vermeidet zugunsten der anspielungsreichen Suggestion, der Evokation. Die Erfahrungen, die er im Gedicht modelliert, sind immer stilisierte Erfahrung; das lyrische Ich ist eine Maske des realen Autors, die eine für diese Ästhetik wesentliche Doppelung betreibt: »El poeta usa una identidad distinta de la suya para dramatizar la oleada de la emoción y al mismo tiempo quitar inmediatez a los sentimientos.«[55] Sie erlaubt Illudierung und Distanznahme, Gefühl und Bewusstsein der Vermitteltheit des Gefühls in einem. Als *poeta doctus* kennt Muñoz sehr genau die lyrische Tradition. In klarer Zurückweisung romantischer Originalitäts- und Genieästhetik begreift er den Dichter als einen geschickten Handwerker, der den »seducciones de las tradiciones poéticas«[56] nachgibt, im Rahmen eines bewussten, ludischen *reciclaje* vorgefertigte Topoi und Redeweisen aufnimmt, in dialogische Spannung zueinander setzt und im offenen Spiel der Positionen zum Austrag bringt. Sein Handwerkszeug sind die Sprache und die produktive Kraft der Imagination; in einer »cabalgada del lenguaje«[57] (er-)findet der Dichter Analogien, Korrespondenzen, Einklänge, die getrennte Welten zusammenführen, das Disparate vereinen in dem Bewusstsein, dass sie nicht mehr Chiffren einer vorborgenen Ordnung sind, sondern sprachliche Kreationen, die zwischen der Unmittelbarkeit der Erfahrung, des Gefühls und ihrer unhintergehbaren Vermitteltheit oszillieren, welche durch ausgestellte Gesten der fremden Rede (im Zitat, im Pastiche, im Klischee, in der Parodie) deutlich signalisiert wird. Wenn die Erfahrung nicht selten zur scheinbar ewige Wahrheiten verkündenden, gnomischen Sentenz gerinnt,[58] so ist diese stets an figurale Perspektiven geknüpft, vorläufig und subjektiviert in ihrer Gültigkeit, durch fremdbestimmende Diskurse vorgefertigt – und möglicherweise doch auch ›authentisch‹ empfunden.

Damit erweist sich Luis Muñoz grundsätzlich als Dichter im Zeichen der Postmoderne, deren Signum nach Welsch bekanntlich der offene, dialogische Wettstreit der Positionen und Ideologeme ist, der immer nur zu revidierbedürftigen, vorläufigen Ergebnissen führt. Nicht um die Feier eines beliebigen *anything goes* geht es dabei aber, sondern um eine ernsthafte Suche im Bewusstsein der Pluralität der Möglichkeiten, die es immer neu abzuwägen gilt.[59] Auch die Faszination am Nomadischen trägt unverkennbar postmoderne Signatur, wie einschlägige theoretisierende Texte von Deleuze, Guattari und Derrida[60] zeigen, und das Nomadentum ist bei Muñoz Ausdruck einer *condición de la poesía*, einer *condición existencial* und einer *condición homosexual*. Muñoz' Gedichte sind Kristallisationspunkte einer zwischen Dezentrierung und momentaner Fixierung oszillierenden nomadischen Suche: der poetischen Suche, die über die aneignende Enteignung der Tradition im eigenen geschriebenen Wort vorübergehend Halt findet, um sich sogleich mit erneuerter Kraft wieder auf den Weg zu machen; und der existentiellen Suche, die im Ausprobieren der Möglichkeiten, in der reflektierten Erfahrung nach dem Authentischen, Gültigen sucht – und in selbstironischer Brechung diese *busca* zugleich wieder entdramatisiert. Dass die Suche im Wesentlichen homosexuell grundiert ist, unterstreicht die Sensibilität für das Nomadische. Doch während in Zeiten der *women's* und der *gay liberation* das Marginalisierte (die Frau, der Schwule) positiviert wurde, um damit das auf Ausgrenzung und Fixierung versessene Zentrum anzugreifen, steht Homosexualität nunmehr nicht mehr im Zeichen gesellschaftlicher Rebellion, sondern ist eine unaufgeregte Selbstverständlichkeit geworden in einer Zeit, in der überkommene Fixierungen zurecht ins Gleiten kommen.

Luis Muñoz bringt Schwules mit zunehmender Deutlichkeit zur Sprache; was in *Septiembre* (1991) noch in den Leerstellen des Du-Gedichts nur angedeutet war, wird, besonders im zweiten Subzyklus der *Manzanas amarillas* (1995), »Luz en el agua«, aus dem das interpretierte Gedicht stammt, über klare Geschlechtermarkierung offengelegt, in *El apetito* (1998), u.a. in Absetzung von der »Moral ordinaria«,[61] ausgiebig reflektiert und schließlich im bislang letzten Band *Correspondencias* (2001) im Titel eines Diptychons direkt benannt: »Homosexualidad«.[62] Was seine schwulen *maestros* Luis Cernuda und Jaime Gil de Biedma – zugleich die bedeutendsten ›klassischen‹ Vertreter der *poesía de la experiencia* in Spanien[63] – nur in der kurzen Freiheit der Republik (Cernudas *Los placeres prohibidos*, 1931) bzw. in der ›Exilpublikation‹ im Ausland (Gil de Biedmas *Moralidades*, Mexiko 1966) offen zur Sprache bringen konnten, ist im Spanien der Gegenwart kein tabubrechendes Thema mehr. In der von Luis Antonio de Villena herausgegebenen Anthologie schwullesbischer (vorwiegend westlicher Welt-)Lyrik *Amores iguales* bildet Luis Muñoz den Abschluss einer bis in die klassische Antike zurückreichenden, langen Reihe.[64] Indem er aber auch in einer ganzen Serie von ›normalen‹ Anthologien der zeitgenössischen spanischen Lyrik abgedruckt ist und nicht selten gleichfalls den Schlusspunkt setzt,[65] zeigt sich zweierlei: Zum einen ist er einer der jüngsten, aber gleichwohl geschätzten und bereits arrivierten Dichter im gegenwärtigen Territorium der spanischen Lyrik, von dem noch manches zu erwarten ist und dessen Name bleiben wird. Zum anderen zeigt sich aber auch: Schwul oder nicht schwul, das ist heutzutage nicht mehr wirklich die Frage.

I. Verzeichnis der lyrischen Werk von Luis Muñoz

Calle del mar. Vélez-Málaga: Los Libros de la Axarquía 1987.

Septiembre. Madrid: Hiperión 1991.

Manzanas amarillas. Madrid: Hiperión 1995 [Tercer Premio de Poesía Ciudad de Córdoba].

El apetito. Valencia: Pre-Textos 1998a.

Pequeña antología poética. Granata: Maillot amarillo 2001.

Correspondencias. Madrid: Visor 2001 [Tercer Premio Internacional de Poesía Generación del 27].

Limpiar pescado. Poesía reunida. Madrid: Visor: 2005.

Querido silencio. Barcelona: Tusquets 2006.

II. Kritische Literatur

Aldrich, Robert: *The Seduction of the Mediterranean. Writing, Art and Homosexual Fantasy*. London/ New York: Routledge 1993.

Bachtin, Michail M.: *Die Ästhetik des Wortes*. Hg. v. Rainer Grübel. Frankfurt am Main: Suhrkamp 1979.

Blaeser, Rolf: *Federico García Lorca als Zeichner*. Köln: DuMont 1986.

Campe, Joachim (Hg.): *›Matrosen sind der Liebe Schwingen‹. Homosexuelle Poesie von der Antike bis zur Gegenwart*. Frankfurt am Main/ Leipzig: Insel 1994.

Cano Ballesta, Juan (Hg.): *Poesía española reciente (1980-2000)*. Madrid: Cátedra 2001.

Capilla, Antoni: »La lenta transición«, in: *homo. Tod@ la historia*. Bd. 19: *La transición en España*. Barcelona: Salvat 1999, S. 12-19.

Deleuze, Gilles/ Guattari, Felix: *Capitalisme et schizophrénie 1: L'Anti-Œdipe*. Paris: Minuit 1972.

Deleuze, Gilles/ Guattari, Felix: *Capitalisme et schizophrénie 2: Mille Plateaux*. Paris: Minuit 1980.

Derrida, Jacques: »Edmond Jabès et la question du livre«, in ders.: *L'écriture et la différence*. Paris: Seuil 1967, S. 99-116.

Detering, Heinrich: *Das offene Geheimnis. Zur literarischen Produktivität eines Tabus von Winckelmann bis zu Thomas Mann*. Göttingen: Wallstein 1994.

Dirscherl, Klaus: *Zur Typologie der poetischen Sprechweisen bei Baudelaire. Formen des Besprechens und Beschreibens in den* Fleurs du Mal. München: Fink 1975.

Dynes, Wayne R. (Hg.): *Encyclopedia of Homosexuality*. 2 Bde. New York/ London: Garland 1990.

Foucault, Michel: *Les mots et les choses. Une archéologie des sciences humaines*. Paris: Gallimard 1966.

Foucault, Michel: »Choix sexuel, acte sexuel«, in ders.: *Dits et écrits. 1954-1988*. Hg. v. Daniel Defert/ François Ewald. Bd. 4: *1980-1988*. Paris: Gallimard 1994a, S. 320-335.

Foucault, Michel: »Des espaces autres«, in ders.: *Dits et écrits. 1954-1988*. Hg. v. Daniel Defert/ François Ewald. Bd. 4: *1980-1988*. Paris: Gallimard 1994b, S. 752-762.

García Lorca, Federico: »La imagen poética de Don Luis de Góngora«, in ders.: *Obras completas*. Hg. v. Arturo del Hoyo. Bd. 3. Madrid: Aguilar [22]1986, S. 223-247.

George, Stefan: *Werke*. Bd. 2. München/ Düsseldorf: Küpper 1958.

Gil de Biedma, Jaime: »El ejemplo de Luis Cernuda«, in ders.: *El pie de la letra. Ensayos 1955-1979*. Barcelona: Crítica 1980, S. 68-74.

Gil de Biedma, Jaime: *Las personas del verbo*. Barcelona: Seix Barral [2]1985.

González Iglesias, Juan Antonio: *Esto es mi cuerpo*. Madrid: Visor 1997.

Hocquenghem, Guy: *Le désir homosexuel*. Paris: Fayard 2000.

Jauß, Hans Robert: »Baudelaires Rückgriff auf die Allegorie«, in ders.: *Studien zum Epochenwandel der ästhetischen Moderne*. Frankfurt am Main: Suhrkamp 1989, S. 166-188.

Keilson-Lauritz, Marita: »Maske und Signal – Textstrategien der Homoerotik«, in Maria Kalveram/ Wolfang Popp (Hg.): *Homosexualitäten literarisch. Literaturwissenschaftliche Beiträge zum Internationalen Kongreß »Homosexuality, which Homosexuality?«, Amsterdam 1987*. Essen: Die blaue Eule 1991, S. 63-76.

Kosofsky Sedgwick, Eve: *Between Men. English Literature and Male Homosocial Desire*. New York: Columbia UP 1985.

Kroll, Renate: *Gender Studies Geschlechterforschung. Ansätze – Personen – Grundbegriffe*. Stuttgart/ Weimar: Metzler 2002.

Lamartine, Alphonse de: *Méditations*. Paris: Garnier 1968.

Langbaum, Robert: *The Poetry of Experience. The Dramatic Monologue in Modern Literary Tradition*. London: Chatto & Windus 1957.

Mahler, Andreas: »Ikonen der Verausgabung. Sakrales Körperbild und ekstatischer Text in der Lyrik Ana Rossettis«, in Bernhard Teuber/ Horst Weich (Hg.): *Iberische Körperbilder im Dialog der Medien und Kulturen*. Frankfurt am Main: Vervuert 2002, S. 49-61.

Mira, Alberto: *Para entendernos. Diccionario de cultura homosexual, gay y lésbica*. Barcelona: Ediciones de la Tempestad 1999.

Muñoz, Luis: »Un nuevo simbolismo«, in: *Clarín* 18 (1998b), S. 18-24.

Muñoz, Luis: »Poética«, in José Luis García Martín (Hg.): *La generación del 99*. Oviedo: Nobel 1999, S. 253-255.

Namenlose Liebe. Homoerotik in der spanischen Lyrik des 20. Jahrhunderts. Eine zweisprachige Anthologie. Mit Beiträgen von Michi Strausfeld und Luis Antonio de Villena sowie mit Autorenporträts und Kommentaren zu den Texten von Horst Weich. München: Lyrik Kabinett 2000.

Naguschewski, Dirk: »Von der Gesellschaft ins Ghetto? Guillaume Dustan und die aktuelle schwule Literatur in Frankreich«, in Dirk Naguschewski/ Sabine Schrader (Hg.): *Sehen Lesen Begehren. Homosexualität in französischer Literatur und Kultur*. Berlin: tranvía 2001, S. 251-272.

Petrarca, Francesco: *Canzoniere*. Hg. v. Piero Cudini. Milano: Garzanti 1974.

Prieto de Paula, Ángel L.: *Musa del 68. Claves de una generación poética*. Madrid: Hiperión 1996.

Sahuquillo, Ángel: *Federico García Lorca y la cultura de la homosexualidad masculina. Lorca, Dalí, Cernuda, Gil-Albert, Prados y la voz silenciada del amor homosexual*. Alicante: Instituto de Cultura ›Juan Gil-Albert‹ 1991.

Spitzer, Leo: »The Poetic Treatment of a Platonic-Christian Theme«, in ders.: *Romanische Literaturstudien*. Tübingen: Niemeyer 1959, S. 130-159.

Sternweiler, Andreas: *Die Lust der Götter. Homosexualität in der italienischen Kunst. Von Donatello zu Caravaggio*. Berlin: rosa Winkel 1993.

Vilarós, Teresa M.: *El mono del desencanto. Una crítica cultural de la transición española (1973-1993)*. Madrid: Siglo XXI 1998.

Villena, Luis Antonio de: *Poesía (1970-1984)*. Madrid: Visor 1988.

Villena, Luis Antonio de (Hg.): *Fin de siglo. El sesgo clásico en la última poesía española. Antología*. Madrid: Visor 1992.

Villena, Luis Antonio de: »Morbo, transgresión y calle: ›el amor alejandrino‹«, in ders.: *Lecciones de estética disidente*. Valencia: Pre-Textos 1996, S. 7-25.

Villena, Luis Antonio de (Hg.): *10 menos 30: La ruptura interior en la poesía de la experiencia*. Valencia: Pre-Textos 1997.

Villena, Luis Antonio de: »Sobre mi afición a la poesía joven (y algunas conclusiones)«, in ders.: *Teorías y Poetas. Panorama de una generación completa en la última poesía española. 1980-2000*. Valencia: Pre-Textos 2000, S. 9-14.

Villena, Luis Antonio de (Hg.): *Amores iguales. Antología de la poesía gay y lésbica*. Madrid: La Esfera de los Libros 2002.

Weich, Horst: »Die Definition des Subjekts aus dem Fleisch. Zum Hedonismus der *Lozana andaluza*«, in Wolfgang Matzat/ Bernhard Teuber (Hg.): *Welterfahrung – Selbsterfahrung. Konstitution und Verhandlung von Subjektivität in der spanischen Literatur der frühen Neuzeit*. Tübingen: Niemeyer 2000, S. 47-64.

Weich, Horst: »La polifonía del discurso amoroso en Juan Boscán: La Canción LII ›Gentil señora mía‹«, in Christoph Strosetzki (Hg.): *Actas del V Congreso de la Asociación internacional del Siglo de Oro. Münster 1999*. Madrid/ Frankfurt am Main: Iberoamericana/ Vervuert 2001a, S. 1371-1384.

Weich, Horst: »Luis Antonio de Villena: Ein melancholischer Optimist der Liebe«, in Werner Altmann/ Cecilia Dreymüller/ Arno Gimber (Hg.): *Dissidenten der Geschlechterordnung. Schwule und lesbische Literatur auf der Iberischen Halbinsel*. Berlin: tranvía 2001b, S. 171-190.

Welsch, Wolfgang: *Unsere postmoderne Moderne*. Weinheim: VCH Acta humaniora [3]1991.

III. Anmerkungen

* Zitiert nach Luis Muñoz (1995:36).

1 Für die Mithilfe bei meiner Übersetzung sowie die intensive Diskussion des Gedichts danke ich der spanischen Lyrik-AG der Universität München: Victor Ferretti, Kurt Hahn, André Otto und Susanne Niemöller, sowie Stephan Leopold und Andreas Mahler. Victor Ferretti hat mir zudem über Internetrecherchen wichtige Materialien zusammengestellt und lichtende Schneisen in das Dickicht der zeitgenössischen spanischen Lyrik geschlagen.

2 Vgl. etwa die verführerische Männerkörper inszenierende Lyrik Ana Rossettis (*Indicios vehementes*, 1985, und *Devocionario*, 1986) oder Juana Castros raffinierten, an das mittelalterliche Córdoba der Kalifen anknüpfenden *Arte de cetrería* (1989).

3 Vgl. den entsprechenden Eintrag in Wayne R. Dynes, Bd.1 (1990:284-285).

4 *Diccionario de la Real Academia*. Bd. 2. Madrid [21]1992, S. 1257.

5 Vgl. hierzu den Eintrag von Alberto Mira (1999:478-479), der darstellt, wie die rein männliche, ›homosoziale‹ (Eve Kosofsky Sedgwick, 1985) Gemeinschaft auf dem ›Heterotopos‹ (Michel Foucault, 1994b) des Schiffs Gleichgeschlechtliches generiert, der Matrose zudem mit seiner nomadischen

	Existenz auf dem Meer individuelle Freiheit und mit seiner Entfesselung an Land sexuelle Freiheit symbolisiert (»la lógica promiscuidad del marino al tomar tierra«).
6	Vgl. Rolf Blaeser (1986:158-163). Zum Umgang mit Matrosen in Lorcas New Yorker Leben und Dichtung vgl. Ángel Sahuquillo (1991:121-125).
7	Vgl. besonders »Los marineros son las alas del amor« aus der programmatisch tabubrechenden, dem schwulen Begehren Stimme gebenden Sammlung *Los placeres prohibidos* (1931), geflügelte Matrosen, die zudem den Titel für eine deutschsprachige Anthologie »homosexueller Poesie« spendeten Campe (1994).
8	Die *Seduction of the Mediterranean* beschreibt am Beispiel von Nordländern, die zu Homosexabenteuern in den Süden reisen, vorzüglich Robert Aldrich (1993).
9	Vgl. hierzu etwa Ana Rossettis schon im Titel Metanarratives und Tuntiges zusammenspannenden Roman *Plumas de España* (1988), der u.a. in einer Transvestitenbar in Porto spielt; Rui, der aus Nordportugal stammende und sich in Madrid verdingende Stricher in Luis Antonio de Villenas neopikareskem Roman *Fácil. Historia particular de un chico de la vida* (1996) hingegen ist ein robusteres Exemplar dieser Gattung.
10	Das Bairro Alto erlebt damit in den letzten Jahren, was Chueca in Madrid widerfuhr: den Aufstieg vom Scherben- zum In-Viertel durch die geldige Einwohnerschar besser verdienender schwuler Singles oder DINKS (Double Income No Kids). Mit dem Pariser Marais und dem Münchener Glockenbach verhielt es sich nicht anders.
11	Der auf *Tausend und eine Nacht* spezialisierte englische Orientreisende Richard Burton rechnete im ausgehenden 19. Jahrhundert den Maghreb – wie den gesamten Mittelmeerraum – zu der von ihm so genannten »Sotadic zone«: »Richard Burton [...] spelled out a theory of homosexuality and geography. [He] was fascinated by the sex life of Orientals, and in the ›Terminal Essay‹ to the *Arabian Nights* he suggested that there is a ›Sotadic zone‹ stretching through the tropical and semi-tropical regions of the earth where homosexuality is prevalent: the Sotadic zone includes southern Europe, northern Africa, the Levant, much of India and southeastern Asia and central America. Homosexuality was common in the Sotadic zone in ancient times [...] and still is so in the present day.« Robert Aldrich (1993:173-174).
12	Guy Hocquenghem (2000:150-151).
13	Gilles Deleuze/ Felix Guattari (1972:Kap. 1).
14	Francesco Petrarca (1974:1).
15	Michel Foucault (1994a:329-331).
16	Vgl. hierzu, in Anschluss an K. W. Hempfer und G. Regn, etwa Horst Weich (2000:48-50) und (2001a).
17	Dies stimmt in dieser Apodiktik natürlich nicht; gerade die platonische spirituelle Liebe entzündet sich bekanntlich pädophil an der Schau schöner Kna-

benkörper und dient in der frühen Neuzeit als Maske für die Darstellung homosexuellen Begehrens; vgl. etwa Andreas Sternweiler (1993) und die platonisch-hedonistischen lyrischen Hommagen Luis Antonio de Villenas in *Hymnica* (1979) und *La muerte únicamente* (1984), in Villena (1988:160-161, 181, 301, 326, 328).

18   Dies tun die Franzosen eher als die Spanier; ein durch ein Vorwort von Roland Barthes nobilitierter ›Klassiker‹ auf diesem Feld ist Renaud Camus mit seinen *Tricks* (1988), den etwa Guillaume Dustan neuakzentuierend fortführt; vgl. Dirk Naguschewski (2001:263).

19   Dieses vor allem der Homosexuellenrepression dienende Gesetz wurde 1970 durch die nicht bessere *Ley de Peligrosidad y Rehabilitación Social* ersetzt (Alberto Mira 1999:447-448) und erlaubte, die durch »escándalo público« auffällig gewordenen Delinquenten im *Centro de Reeducación de Homosexuales Varones de Huelva* zu internieren (Antoni Capilla 1999:19).

20   Unverkennbar ist hier die Nähe zum berühmten »Là/ Là/ Là/ Là« in Joachim du Bellays Sonett 113 der *Olive* (1549), das in prototypischer Weise das neuplatonische Liebeskonzept verhandelt; vgl. hierzu den klassischen Beitrag von Leo Spitzer (1959).

21   Über den Respons auf du Bellays *Olive* hinaus ist auch der erste französische Romantiker Alphonse de Lamartine mit seinen *Méditations poétiques* (1820) eingezogen. Auf diese Spur führt Hocquenghem mit seinem Zitat. Im Auftaktgedicht der Sammlung, »L'Isolement«, klagt der von seiner verstorbenen Geliebten getrennte Sprecher nicht nur »Un seul être vous manque, et tout est dépeuplé« (V- 28), sondern er sehnt sich auch nach oben, in die Transzendenz, als Raum idealer Fülle: »Là, je m'enivrerais à la source où j'aspire, / Là, je retrouverais et l'espoir et l'amour, / Et ce bien idéal que toute âme désire« (V. 41-43). (Alphonse de Lamartine 1968:3-4).

22   Vgl. Ángel Sahuquillo (1991:360-375).

23   Beispiele für den Stellenwert und das semantische Spektrum von *espuma* in ›schwulen‹ Gedichten von Lorca, Aleixandre und Gil de Biedma sind kommentiert in *Namenlose Liebe* (2000:138-139, 152-153 und 167-168).

24   Vgl. seine in der erlesenen Reihe Pre-Textos Poesía publizierte Sammlung *El apetito* (1998), in der er das schwule Begehren reflektiert.

25   Luis Muñoz (1998b: 20).

26   Ebd.: 21.

27   Zum von Michail M. Bachtin eingebrachten, fruchtbaren Konzept der »fremden Rede« als Fundament einer den literarischen Text orchestrierenden »Vielstimmigkeit« vgl. etwa Michail M. Bachtin (1979:192-219).

28   Vgl. hierzu grundlegend Klaus Dirscherl (1975).

29   Ángel L. Prieto de Paula (1996).

30   Luis Antonio de Villena (1996).

31   Vgl. hierzu etwa Horst Weich (2001b).

32   Vgl. hierzu etwa Andreas Mahler (2002).

33   Vgl. etwa Pedro Almodóvars das Leben im Nonnenkloster karnevalisierenden frühen Film *Entre tinieblas* (1983).
34   Juan Antonio González Iglesias (1997:9-10).
35   »El final de todo alejandrismo erótico que busca siempre [...] pasión y plenitud, es la decadencia. Extenuarse y sin embargo (casi muertos, vampíricos) anhelar todavía esa plenitud y el éxtasis, aunque no haya fuerzas ya (materiales y mentales) para sostenerlo« (Luis Antonio de Villena 1996:20). Vgl. in größerem Zusammenhang Teresa M. Vilarós (1998).
36   So im Vorwort von Luis Antonio de Villena (1992:11-14).Vgl. auch die konzise Summe in Luis Antonio de Villena (2000).
37   Luis Antonio de Villena (1992:23-24).
38   Ebd., S. 31.
39   Ich fasse zusammen Luis Antonio de Villena (1997:20-26).
40   Robert Langbaum (1957).
41   Ich referiere Luis Muñoz (1998b:19-21).
42   Luis Muñoz (1998b:20-21).
43   Luis Muñoz (1998b:21).
44   Jaime Gil de Biedma (1985:138).
45   Luis Muñoz (1998b:18).
46   Zitiert nach <http://www.deriva.org/entrevistas/entrevistas.php?ID=10>, aufgerufen am 24.2.2010. Muñoz trifft sich darin mit Luis García Montero: »la literatura es una actividad deformante, y el arte de hacer versos, un hermoso simulacro« und Jaime Gil de Biedma: »La voz que habla en un poema, aunque sea la del poeta, no es nunca una voz real, es sólo una voz posible, no siempre imaginaria, pero siempre imaginada.« Zitiert nach Juan Cano Ballesta (2001:47-48).
47   Luis Muñoz (1998a:26).
48   So die Geschichte der Episteme in Michel Foucault (1966).
49   Vgl. hierzu Hans Robert Jauß (1989).
50   Stefan George (1958:239).
51   Luis Muñoz (1999).
52   Federico García Lorca, (1986:230).
53   Luis Muñoz (1999).
54   Vgl. hierzu knapp Juan Cano Ballesta (2001:47).
55   Juan Cano Ballesta (2001:45).
56   Luis Muñoz (1999).
57   Luis Muñoz (1999).
58   So die möglicherweise auf Cernudas «el deseo es una pregunta cuya respuesta nadie sabe» (»No decía palabras«, in: *Los placeres prohibidos*) respondierende Sentenz »Preferible es la brasa que pregunta« (*Manzanas amarillas*, 35), die statt der petrarkistisch-neuplatonischen Feier von sublimierender Erinnerung und Abwesenheit optimistisch zur Präsenz anhaltende Sentenz »Quien quiere ser amado/ trabaje estar presente« (*Manzanas amarillas*, 37)

oder die auf die Notwendigkeit eigener Erfahrung zielende Sentenz »ningún amor se entiende desde fuera, / ninguno« (*Manzanas amarillas*, 39).
59 So die prägnanten Thesen von Wolfgang Welsch (1991:1-7).
60 Gilles Deleuze/ Felix Guattari (1980:Kap. 12); in Bezug auf den Dichter Edmond Jabès und die Figur des *juif errant* Derrida (1967). Vgl. die knappen, aber informativen Einträge zu »Deleuze« und zur »Nomadic Subject Theory«, in Kroll (2002:63-64 bzw. 293-294).
61 Luis Muñoz (1998a:19).
62 Luis Muñoz (2001:67-68). In einer Email vom 14. Januar 2002 betont Muñoz: »[L]o homoerótico y lo homosexual es muy importante en mi vida y en mi poesía, en mi concepción del mundo. Es algo, como decía Octavio Paz a propósito de Cernuda, que no explica del todo mi poesía pero sin lo cual mi poesía no puede explicarse. Por eso no me parecería mal (es más, estaría muy honrado con ello) que se viera mi poesía en relación con la de otros poetas en los que la cuestión de la identidad homosexual ha sido tan importante como son Luis Cernuda, Jaime Gil de Biedma, Francisco Brines o Luis Antonio de Villena. Son poetas a los que admiro mucho y con cuya poesía, en cierto modo, mi poesía dialoga.«
63 Vgl. Jaime Gil de Biedmas (1980) explizite Fremdcharakterisierung der Poetik Cernudas, die immer auch eine implizite Selbstcharakterisierung ist.
64 Luis Antonio de Villena (2002:429-431).
65 So in Luis Antonio de Villena (1992:195-205), und Juan Cano Ballesta (2001:365-375).

Pere Rosselló Bover

Miquel Àngel Riera. La transformació auroral

    Aquell matí de maig inaugural, la vida
    em posà dins les mans la pedra dels migdies.
    Eren les tu i jo en punt, al pis de la badia,
    on havíem pujat tu i jo pelegrinant
5   a tocar enfervorits el tremp de les falzies.
    De sobte, aquest cos meu, que abans solcaven ombres
    i un temps de desencís espès que m'ofegava,
    es va posar expectant com si mai altra cosa
    no hagués fet que esperar-te. La meva carn mostrava
10   les ferides dels anys igual que un dia abans,
    eren ben els mateixos la color dels meus ulls,
    l'empremta dels meus dits, el to de veu i el número
    del carnet personal que em garanteix ser poble.
    En un moment que el món semblà posar-se en zel,
15   va succeir quelcom que féu que la poquesa
    dels fets quotidians de sobte es capgiràs,
    i així fou prou que tu, convertint en diumenge
    el que era un dijous trist color de ventegada,
    sublimassis ran meu d'una manera nova
20   calcant l'estil netíssim de la primera aurora
    que posares a punt tot just de ser persona.
    Enmig de ser-ho tant, de tant com existies,
    et va definir el cos que preferies ser
    molt més que mantenir-te en forma de concepte,
25   i amb ell arran de mi vaig sentir que escorava
    la química del meu. I allò que abans jo era
    una dolça tenalla m'ho va anar esbrossant
    deixant-me nu, amb l'hàlit dels sers iniciàtics,
    aquell setze de maig, demostrant-me que un dia
30   nat per ser qualsevol pot acabar no essent-ho
    quan a partir d'un bes ens ha sotmès un cos.*

Verwandlung in der Morgenröte
An jenem Morgen eines Neuanfangs im Mai legte / das Leben mir den Mittagsstein in die Hände. / Es war Punkt du und ich, in der Wohnung an der Bucht, /

wohin du und ich wie Pilger hinaufgestiegen waren, / um freudig erregt das kräftige Blattwerk des Streifenfarns zu berühren. / Plötzlich war dieser mein Körper hier, den vorher Schatten durchfurchten / und eine Zeit bitterer Enttäuschung, die mich erstickte, / von einem Warten erfüllt, als ob er niemals etwas Anderes / getan hätte, als auf dich zu warten. Mein Fleisch zeigte / die Wunden der Jahre genauso wie am Tag zuvor, / genau gleich waren die Farbe meiner Augen, / der Fingerabdruck, der Klang der Stimme und die Nummer / des Personalausweises, der mir garantiert, Mitbürger zu sein. / In einem einzigen Augenblick, in dem die Welt von heftigem Liebessehnen erfüllt zu werden schien, / geschah etwas Derartiges, dass die Banalität / der alltäglichen Ereignisse mit einem Schlag auf den Kopf gestellt war / und es passierte einfach, / dass du in einen Sonntag verwandelt hast, / was ein trister Donnerstag von windverhangener Farbe war, / ganz nah bei mir wurdest du zu einem neuen, höheren Wesen / und du ahmtest den reinsten Stil der frühen Morgenröte nach / und wurdest genau in diesem Augenblick [für mich] zu einer Person. / Und während du es so sehr warst, mit deinem ganzen Wesen, da bestimmte dich dein Körper, der du viel lieber sein wolltest, als weiterhin in der Form eines bloßen Begriffs da zu sein, / und mit ihm [sc. deinem Körper] ganz nah bei mir habe ich gefühlt, wie er / mit der Chemie meines [sc. Körpers] harmonisierte. Und das, was vorher ich war, / begann eine süße Zange aus mir zu entfernen / und ließ mich entblößt zurück, mit dem Atem jener Wesen, die eine Initiation erfahren haben, / an jenem sechzehnten Mai, und zeigte mir so, dass ein Tag, / der dazu bestimmt ist, ein x-beliebiger zu sein, als ein völlig anderer enden kann, / wenn ausgehend von einem Kuss ein Körper uns unterworfen hat.[1]

Vorüberlegung

1992 veröffentlichte Miquel Àngel Riera (*Manacor 1930 – †Palma de Mallorca 1996) die erste Ausgabe seines im Laufe des Sommers 1991 entstandenen Gedichtbandes *El pis de la badia* (*Die Wohnung an der Bucht*), dem das oben angeführte Gedicht entnommen ist. Diese Veröffentlichung erfolgte zwölf Jahre nach der Publikation seines bis dahin letzten Lyrikbandes, des *Llibre de benaventurances* (*Buch der Seligkeiten,* 1980). *El pis de la badia* ist, trotz seines recht schmalen Umfangs von weniger als 80 Seiten, ein Beleg für eine entschiedene Rückkehr Rieras zur Lyrik, der sich in den Jahren, die zwischen den beiden Gedichtbänden lagen, ausschließlich der erzählenden Literatur gewidmet hatte. Die gesamte Lyrik, die Riera bis dahin in katalanischer Sprache verfasst hat, war immer wieder vom Thema der Liebe zu *Nai* – ein Namen, hinter dem sich seine reale Geliebte verbirgt – bestimmt. Es verwundert daher nicht, dass auch in *El pis de la badia* wiederum eine Liebesthematik im Vordergrund steht, wie dies im Übrigen bereits in seinem ersten auf Katalanisch veröffentlichten Buch, *Poemes a Nai* (*Gedichte für Nai,* 1965) der Fall gewesen ist.

Der Gedichtband *El pis de la badia* hat einen sehr konkreten biographischen Hintergrund: den Kauf eines Appartements an der Strandpromenade, dem *Passeig Marítim*, in Palma de Mallorca. Mit diesem Kauf verband Riera die Absicht, sich so oft als möglich unmittelbar in der Stadt aufhalten und so jenen letzten Lebensabschnitt genießen zu können, der sich ihm angesichts seiner damals kurz bevorstehenden Pensionierung eröffnete. Dementsprechend ist der Gedichtband voller Hinweise auf reale Fakten und Anekdoten, und viele Gedichte thematisieren immer wieder das Motiv des *carpe diem*, des Nutzens einer immer knapper werdenden Zeit. Diese Gedichte belegen eine entschiedene Suche nach dem Glück; sie zeigen aber zugleich, dass der Autor sehr wohl um die Gebrechen von Alter, Krankheit und Tod weiß und dass er sich vor ihnen fürchtet.

Vielleicht war dieses Bewusstsein der Nähe seines Todes der Grund dafür, dass sich Miquel Àngel Riera während seiner letzten Lebensjahre einer gründlichen Überarbeitung seiner Gedichtbände widmete. Die bereits vor langer Zeit verfassten und veröffentlichen Bände *Poemes a Nai* (*Gedichte für Nai*)*, Biografia* (*Biographie*) und *Llibre de benaventurances* (*Buch der Seligkeiten*) wurden in vielen Details, zum Teil aber auch recht tiefgehend überarbeitet und in neuen Ausgaben veröffentlicht, so 1995 *Poemes a Nai* und *Biografia* sowie *Llibre de benaventurances* 1990 bzw. 1995. Der plötzliche Tod des Dichters im Jahre 1996 war höchstwahrscheinlich der Grund dafür, dass diese Arbeit nicht auch noch für die beiden anderen bereits veröffentlichten Bände – *La bellesa de l'home* (*Die Schönheit des Menschen*) und *Parabola i clam de la cosa humana* (*Parabel und Klage des menschlichen Seins*) – vorgenommen wurde.

Es mag überraschen, dass gerade *El pis de la badia* das Buch ist, das wohl am intensivsten überarbeitet wurde. Nur knapp ein Jahr nach der Erstveröffentlichung erschien bereits eine zweite Ausgabe,[2] die jedoch nicht etwa erfolgte, weil die erste Auflage vergriffen gewesen wäre, sondern weil der Autor zwischenzeitlich an 24 der 30 Gedichte zum Teil grundlegende Korrekturen vorgenommen hatte.[3] Die Tatsache, dass das Werk innerhalb so kurzer Zeit neu aufgelegt wurde, veranlasste Miquel Àngel Riera im Vorwort zu der Feststellung, er habe beim Erscheinen der Erstausgabe den Eindruck gehabt, es handele sich um eine Rohfassung, die noch nicht das endgültige Stadium der künstlerischen Gestaltung erlangt habe. Deswegen habe er sich die Texte noch einmal vorgenommen und bekenne, dass er eine gewisse Scham gegenüber den freundlichen Lesern der ersten, so wenig vollendeten Fassung empfinde.[4] Lässt man einmal einige jener Formulierungen beiseite, die der Dichter wohl geändert hat, weil sie ihm einfach nicht mehr gefielen, so ist festzustellen, dass die meisten Änderungen, die Miquel Àngel Riera an den Texten vorgenommen hat, darauf abzielen, metrische Fragen zu korrigieren und Wiederholungen zu vermeiden.

»La transformació auroral« ist eines der Gedichte, in dem umfangreichere Veränderungen vorgenommen wurden. Mindestens an zwölf Versen wurden zum Teil gewichtige Veränderungen vorgenommen, auch wenn festzuhalten ist, dass durch keine dieser Änderungen die Aussage des Gedichts modifiziert worden ist.

Thematik und Form

Im Zentrum des Gedichts »La transformació auroral« steht ein Ereignis, aus dem nicht nur dieser Text, sondern der Lyrikband *El pis de la badia* in seiner Gesamtheit hervorgegangen ist – eine Entdeckung, die im Dichter, dem lyrischen Ich, eine tiefgreifende Wandlung bewirkt, die sein Leben oder zumindest die Art und Weise, wie er das Leben sieht, zutiefst verändert. Das lyrische Ich berichtet, wie es die körperliche Natur der Liebe zu seiner Geliebten entdeckt, was für dieses Ich eine Wiedergeburt der Liebe und des Lebens bedeutet.

Bei »La transformació auroral« handelt es sich um ein narratives Gedicht, obwohl die berichteten Sachverhalte – wie zu zeigen sein wird – nicht von äußerlicher Natur sind. Wegen dieses erzählenden Charakters hat sich Riera für den Gebrauch des reimlosen Alexandriners, eines 14-Silbers, entschieden. Bei dieser Versform endet der erste Halbvers gewöhnlich auf einer *paraula aguda*, einem Wort, das auf der letzten Silbe betont wird (und daher metrisch als zweisilbig zählt); nur in einigen wenigen Fällen endet der erste Halbvers auf einer *paraula llana* mit der Betonung auf der vorletzten Silbe (V. 9, 11, 20, 24, 27 und 28). Im zweiten Halbvers sind die *paraules llanas* gegenüber den *paraules agudas* (V. 4, 10, 11, 14, 16, 23, 27 und 31) und den *paraules esdrúixules* (Betonung auf der drittletzten Silbe, V. 12) in der Überzahl, ohne dass sich ein systematisches Alternieren von männlichen und weiblichen Wortendungen ergäbe. Mit dieser metrischen Form scheint der Dichter ein hinreichend weites Versmaß gefunden zu haben, das ihm ein detailliertes und genaues Erzählen ermöglicht und das doch einen konstanten Rhythmus und eine bedächtige, elegant dahin fließende Sprachmelodie vorgibt. Dieses Versmaß hat eine völlig andere Wirkung als jene Kombination von Kurz- und Langversen ohne genaue metrische Abfolge, wie sie der Autor ansonsten zum Ausdruck einer in der katalanischen Metrik neuen und sehr persönlichen Form von Rhythmus verwendet.

Der Anfang des Gedichts: V. 1-5

Das ganze Gedicht stellt ein kompaktes, aber dennoch strukturiertes Ganzes dar, dessen einzelne Abschnitte durch komplexe Sätze gebildet werden. Durch die entsprechende Interpunktion (die bei der lauten Lektüre jeweils längere Pausen zur Folge hat) tritt diese Gliederung in einzelne Abschnitte auch graphisch in Erscheinung. Die ersten fünf Verse des Gedichts dienen als eine allgemeine Einleitung. Riera lokalisiert in ihnen das Geschehen in einem bestimmten Moment und an einem bestimmten Ort und bezieht sich dabei auf unmittelbar vorausgegangene Ereignisse. So situiert er den Leser in einen Morgen im Mai und in einer Wohnung an der Bucht (V. 1). Dabei handelt es sich jedoch nicht um einen beliebigen, sondern um einen ganz bestimmten Tag, einen Tag, der das lyrische Ich ganz entscheidend geprägt hat. Deshalb verwendet er in V. 1 das Demonstrativpronomen »aquell«, das diesen Morgen von allen anderen unterscheidet. Auch wenn hier keine detaillierte Textkritik betrieben werden soll, sei doch erwähnt, dass Miquel Àngel Riera in der Erstausgabe des Gedichts an dieser Stelle von

»aquest setxe de maig« (»jenem 16. Mai«) und damit von einer konkreten Datierung gesprochen hat, die in der unserer Interpretation zugrunde gelegten bearbeiteten Fassung der zweiten Ausgabe erst in V. 29 erwähnt wird. In dieser Fassung wird die Bedeutung dieses Tages durch das Adjektiv »inaugural« (V. 1) hervorgehoben, dessen einschneidende Bedeutung in der Übersetzung mit der Bezeichnung »Neuanfang« markiert wird. Dieser Tag steht am Beginn einer neuen Sichtweise der menschlichen Existenz und eines neuen Lebens. Die beiden ersten Verse des Gedichts machen jedoch deutlich, dass diese Entdeckung nicht durch Zufall oder durch das Eingreifen eines Dritten zustande kam, sondern dass das Leben (»la vida«, V. 1) selbst dem Dichter diese Entdeckung vermittelt hat. Auf diesen Befund wird mit einer sehr ausdrucksstarken, doch nicht leicht zu entschlüsselnden Metapher – dem »Mittagsstein« (»la pedra dels migdies«, V. 2) – verwiesen, die die weitreichende Bedeutung des Sachverhalts markiert. Dieser »Mittagsstein« wird so präsentiert, als handele es sich dabei um die Übergabe eines wertvollen oder magischen Objektes, das dem lyrischen Ich so in die Hände (»dins les mans«[5], V. 2) gelegt wird, wie in Märchen und Mythen den Protagonisten ihre magischen Instrumente und Waffen überreicht werden.

V. 3 situiert dieses Geschehen im konkreten Raum einer Wohnung an der Bucht. Im Gegensatz dazu vermeidet die Erzählung alle konkreten temporalen Verweise, so wie dies die zweifelsohne überraschende Formulierung »Punkt du und ich«[6] (»tu i jo en punt«, V. 3) deutlich zeigt, in der die Nennung der Personalpronomen »du« und »ich« an die Stelle der Stunden und der Minuten bei der Angabe der Uhrzeit getreten ist. Doch auch hinsichtlich des Raums wird jeder Eindruck von örtlicher Eindeutigkeit vermieden. Dies bewirken zum einen der sehr allgemeine Verweis auf die »Bucht« (»badia«, V. 3), an der die Wohnung liegt, die Vorstellung, »wie Pilger« (»pelegrinant«, V. 4) auf dem Weg zur einsamen Klause eines Einsiedlers auf einem Hügel zu sein, und zum anderen die Vorstellung, das Ziel des Hinaufsteigens sei es, dort oben »freudig erregt das kräftige Blattwerk des Streifenfarns« zu berühren[7] (»enfervorits el tremp de les falzies«, V. 5). Diese Vorstellung des Aufstiegs findet sich sehr häufig etwa auch in der Lyrik von Vicente Aleixandre, die von sehr großem Einfluss auf den frühen Miquel Àngel Riera war. Sie symbolisiert bei ihm den Prozess der Sublimation und der Vervollkommnung des Dichters auf seinem Lebens- und Liebesweg.[8]

Die Mitte des Gedichts: V. 6-26

Der Hauptteil des Gedichts »La transformació auroral« setzt mit V. 6 ein und endet mit dem ersten Teil von V. 26. Dieser Abschnitt besteht aus vier Sätzen, die sich als Abfolge von vier Einheiten verstehen lassen. In der ersten Einheit, die bis zum ersten Halbvers von V. 9 reicht, wird berichtet, dass sich im Leben des lyrischen Ich ein Wandel vollzogen hat. Die adverbiale Bestimmung »plötzlich« (»de sobte«, V. 6) zeigt, dass es sich um einen Wandel handelt, der ohne jeden vorherigen Hinweis oder Anzeichen erfolgt ist. Es ist hervorzuheben, dass sich hier mittels einer Synekdoche, dem Ersetzen des Ganzen durch einen Teil, eine

Verschiebung vom ›Ich‹ des Dichters auf seinen ›Körper‹ vollzogen hat. Dieses Vorgehen hat auch einen Wechsel im Gebrauch der grammatikalischen Person der Verben zur Folge. Es erfolgt ein Übergang von der ersten in die dritte Person Singular, vom »ich« zum »er«. Der Protagonist ist nun nicht mehr das Ich, sondern »dieser mein Körper hier« (»aquest cos meu«, V. 6), der ein vom Rest der Person unabhängiges Verhalten zeigt und der beginnt zu ›warten, als ob er niemals etwas Anderes gemacht hätte, als auf dich zu warten‹ (»expectant com si mai altra cosa / no hagués fet que esperar-te«, V. 8-9). Überträgt man die Haltung des Wartens vom Ich auf den Körper, so bedeutet dies, dem Körper ein intellektuelles und affektives Vermögen zu verleihen oder, was das Gleiche ist, das Psychisch-Geistige dem rein Physiologischen und Materiellen unterzuordnen. Riera hebt so die körperliche und physische Natur der Liebe hervor, so wie er sie versteht, eine Liebe, die weit entfernt ist von jeder platonischen Idealisierung und von den spiritualistischen Entstellungen, wie sie die christliche Religion gefördert hat.[9] Der zweite Halbvers von V. 6 und der ganze V. 7 informieren zusätzlich über diesen neuen Protagonisten, wodurch die Vorstellung von der Größe des hier erfahrenen Wandels noch gesteigert wird: der Körper hat begonnen zu ›warten‹, er ist aktiv geworden, während er sich kurz zuvor noch durch eine völlig andere Haltung auszeichnete, die eher für eine Depression bezeichnend ist: ›früher furchten die Schatten [sc. den Körper] / und eine Zeit dichter Enttäuschung, die mich erstickte‹ (»abans solcaven ombres / i un temps de desencís espès que m'ofegava«, V. 6-7). Während sich der erste Bestandteil dieser syntaktischen Verbindung (»abans solcaven ombres«) auf den Körper bezieht, verweist der zweite Teil auf die gesamte Person, wie der erneute Gebrauch der ersten Person Singular (»m'ofegava«) zeigt. Der Grund für diesen Wechsel findet sich in der Handlung, die dieses Warten hervorgebracht hat: das Warten auf die geliebte Person. Es wird als eine einzigartige Handlung empfunden, so als ob es für das Ich und seinen Körper nie etwas Anderes gegeben hätte (»com si mai altra cosa«, V. 8).

Der zweite Satz dieses Abschnitts umfasst den Text vom zweiten Halbvers in V. 9 bis zum Ende von V. 13. Er stellt eine Ergänzung des vorangegangenen Satzes beziehungsweise der vorangegangenen Sequenz dar; er verdeutlicht, dass sich die Veränderung keinesfalls auf etwas Äußeres bezieht, sondern dass es sich ausschließlich um einen inneren Wandel handelt, um einen Wandel des Gemütszustandes. Deshalb heißt es, dass alles Äußere – die Wunden der Jahre (»les ferides dels anys«, V. 10), die Farbe der Augen (»la color dels meus ulls«, V. 11), der Fingerabdruck (»l'emprenta« dels dits, V. 12), der Klang der Stimme (»el to de veu«, V. 12) und die Personalausweisnummer, (»el número / del carnet personal«, V. 12-13) – weiterhin genauso geblieben ist wie früher. Diese viereinhalb Verse haben überdies die Funktion eines kurzen Zwischenspiels, das auf die beiden folgenden Sätze oder Sequenzen vorbereitet, die das zentrale Motiv des Gedichts entfalten, das bereits in der ersten Sequenz angeklungen ist.

Die beiden folgenden Sätze innerhalb dieses Abschnitts bilden den Kern des Gedichts. Der erste beginnt mit V. 14 und endet mit V. 21, während der zweite Satz mit V. 22 einsetzt und nach dem ersten Halbvers von V. 26 endet. In diesen Versen wird gezeigt, dass die völlige Umwandlung des lyrischen Ich durch die

Geliebte, durch das »Du« erfolgt ist. Die ersten drei Verse der ersten Sequenz stellen das Wunder dieses Wandels dar. Zunächst wird gezeigt, dass durch ihn eine Wandlung in der Wahrnehmung der ganzen äußeren Realität erfolgt: die Welt scheint von heftigem Liebessehnen erfüllt zu werden (»el món sembla poser-se en zel«, V. 14). Dann wird ausgeführt, dass die traurige Stimmung und die Bedeutungslosigkeit eines völlig beliebigen Alltags ganz plötzlich in die außerordentliche Feststimmung eines Sonntags umschlägt. Um das Grau dieses zunächst ganz alltäglichen Tages auszudrücken, verwendet Riera eine Synästhesie, in der das akustische Phänomen des Windes mit einem visuellen farblichen Element verbunden wird: es handle sich, so heißt es, um »ein[en] triste[n] Donnerstag von windverhangener Farbe« (»un dijous trist color de ventegada«, V. 18). Dieser völlige Wandel ist ganz und gar dem ›Du‹ geschuldet, das in der Lage war, die graue Realität der Alltäglichkeit zu sublimieren und das in einer Art von Initiation das Wunder des Wandels bewirkt hat: »du ahmtest den reinsten Stil der frühen Morgenröte nach, / und wurdest genau in diesem Augenblick [für mich] zu einer Person« (»calcant l'estil netíssim de la primera aurora / que posares a punt tot just de ser persona«, V. 20-21). Es ist dies eine Wiedergeburt, der Beginn eines neuen Lebens, das sich eben jener Sichtweise öffnet, mit der die Geliebte den Alltag erfüllt.

Im zweiten Satz dieses Mittelteils des Gedichts wird aus dem bisherigen sehr allgemeinen »Du« der konkrete Körper der Geliebten. So wie sich bereits zuvor das lyrische Ich als »Körper« (V. 6) konkretisiert hat, so vollzieht sich jetzt ein analoger Vorgang hinsichtlich der Frau. Dem Leser wird mitgeteilt, dass dieser reale Körper das Ergebnis eines intensiven Erlebens ist: »während Du so sehr [Person] warst, / mit deinem ganzen Wesen« (»ser-ho tant [persona], de tant com existies«, V. 22). Die Geliebte wurde zu etwas Konkretem, sie erlangte Körperlichkeit und damit etwas, was der bloßen ›Begrifflichkeit‹ weit vorzuziehen ist. Hier zeigt sich deutlich, dass Miquel Àngel Riera eine Sprache und Bilderwelt verwendet, die der christlichen Religion eng verbunden ist: so wie Gott durch die Fleischwerdung Christi von der Existenz als Geist zum körperlichen Menschsein übergeht, so hat es auch die Geliebte – zumindest in der Sicht des Dichters – vorgezogen, sich in einen menschlichen Körper zu verwandeln, statt im Zustand einer bloßen Idee – der Idee der Geliebten – zu verharren. Diese Materialisierung des »Du« in einem Körper bleibt nicht ohne Auswirkung auf das »Ich« des Dichters, wobei dieser die massive Wirkung unterstreicht, die das materielle Sein der Geliebten auf sein eigenes sehr materielles Sein ausübt: »und mit ihm [sc. deinem Körper] ganz nah bei mir habe ich gefühlt, wie er / die Chemie meines [sc. Körpers] stützte« (»i amb ell arran de mi vaig sentir que escorava / la química del meu«, V. 25-26). Der Autor verwendet hier das Wort Chemie mit voller Absicht, denn er will verdeutlichen, dass die in dem Gedicht beschriebene Erfahrung in ganz entscheidendem Maß das Ergebnis einer sozusagen chemischen Reaktion ist, die durch den Kontakt zweier individueller Komponenten – seines eigenen Körper und des Körpers der Frau – ausgelöst worden ist. Ohne eine solche Reaktion wären die beiden zu keinem Wandel in der Lage gewesen. Auf diese Weise betont der Dichter nochmals den physischen, den materiellen Charakter der menschlichen Natur, wie er sich mit den gleichen Begrifflichkeiten

– in deutlichem Gegensatz zur traditionellen religiösen Vergeistigung des Körpers – bereits im *Llibre de benaventurances* (*Buch der Seligkeiten*) findet.

Der Schluss des Gedichts: V. 26-31

Mit dem zweiten Halbvers von V. 26 setzt der dritte und letzte Abschnitt des Gedichts in Form eines einzigen Satzes ein, der sich bis zum Ende des Gedichts erstreckt. Im Zentrum dieses Satzes steht der erste Halbvers von V. 29 – »an jenem sechzehnten Mai« (»aquel setze de maig«). Dieser Halbvers gibt dem Leser die genaue Datierung für das zentrale Geschehen des Gedichts an und verweist zugleich nochmals auf den ersten Vers des Textes. Der erste Teil dieser Schlusssequenz erzählt, wie sich die Metamorphose des Ich vollzogen hat und kehrt zum Ich des Gedichtanfangs zurück. Um seine frühere Natur – die vor der Wandlung an jenem Morgen, auf die auch der Titel des Gedichtes hinweist – zu erklären, verwendet das lyrische Ich das neutrale und völlig unbestimmte Pronomen »das« (»allò«, V. 26), welches jede Möglichkeit einer Vermenschlichung ausschließt. Um die Wandlung des Ich sprachlich zu fassen, verwendet der Autor eine Metapher: er spricht von einer »süßen Zange« (»dolça tenalla«, V. 27) und verwendet dabei einen Terminus (»dolça«, V. 27), der in der europäischen Liebeslyrik seit den Troubadours immer wieder gebraucht worden ist. Zusammen mit dem – in diesem Kontext eher neuen – Terminus »tenalla« (V. 27) stehen sie für die Komplexität der Liebesgefühle. Sie haben ihn seiner früheren, seiner alten Persönlichkeit entrissen (»esbrossia[n]t«, wörtlich ›ihn ausgelichtet, vom Gestrüpp befreit‹, V. 27), ihn entblößt (»nu«, V. 28), ihm aber dafür andererseits den Atem – das Leben – jener Menschen geschenkt, die eine Initiation erfahren haben (»amb l'hàlit dels sers iniciàtics«, V. 28). Das aber bedeutet, dass das lyrische Ich seine frühere, ihm nur übergestülpte Identität aufzugeben und sein wirkliches Inneres zu entdecken vermag. Damit befindet es sich, wie bereits V. 1 angedeutet, kurz vor seiner eigentlichen Wiedergeburt.

Der zweite Teil dieses Abschnitts setzt mit einem Gerundium (»demostrant-me«, V. 29) ein. Es handelt sich um eine Schlussfolgerung oder eine Lehre, die das lyrische Ich aus dem Erlebten zieht. Noch einmal verweist das Gedicht auf seinen Anfang, indem es folgert, dass jener Tag, der ein Tag wie jeder andere hätte sein können (»un dia / nat per ser qualsevol«, V. 29-30), tatsächlich zu einem ganz besonderer Tag geworden ist, an dem sich ein wundervoller Wandel vollziehen konnte. Der Grund für diesen Wandel wird im letzten Vers des Gedichts erklärt. Dem Leser wird dargelegt, dass sich das ganze Geschehen daraus erklärt, dass sich das lyrische Ich – im Anschluss an einen Kuss – ganz dem Körper der geliebten Person hingegeben hat. Das bedeutet, dass eine Inbesitznahme, eine Auslieferung eines Ich an ein Du erfolgte. Daher ist es sicher kein Zufall, wenn der letzte Vers des Gedichtes mit dem Wort »Körper« (»cos«, V. 31) endet und so noch einmal eines der zentralen Motive des ganzen Textes an hervorgehobener Stellung genannt wird.

Ausklang

Das vorliegende Gedicht illustriert in ausgesprochen gelungener Weise die Vorstellung, die Miquel Àngel Riera von der Natur des Menschen hat – eine Vorstellung, die sich allenthalben in seinem ganzen Werk findet und die sich daher hervorragend dazu eignet, den Gedichtband *El pis de la badia* zu eröffnen. Es gelingt Riera hier, mit einer schlichten Sprache und lediglich unter Verwendung einiger weniger Bilder und der Möglichkeiten, die das Versmaß des Alexandriners bietet, dem Leser eine Vorstellung von jener tiefen Wandlung zu vermitteln, die sich für das lyrische Ich aus dem Gefühl des Wartens auf die Geliebte ergeben hat. Es kann daher kaum ein Zweifel daran bestehen, dass »La transformació auroral« eines der schönsten Liebesgedichte in katalanischer Sprache ist.

Übersetzung aus dem Katalanischen: Lourdes Campagna und Manfred Tietz

I. Verzeichnis der lyrischen Werk von Miquel Àngel Riera

Poemes a Nai. Palma: Daedalus 1965.

Paràbola i clam de la cosa humana. Palma: Llibres Turmeda 1974a.

Biografia. Mallorca: Moll 1974b.

Llibre de benaventurances: poemes 1977. Manacor: Casa de Cultura 1980.

Tots els poemes (1957-1981). Barcelona: Edicions 62 1985.

Panorama amb home. Antología. Edició a càrrec de Basilio Baltasar. Palma de Mallorca: Direcció General de Cultura D.L. 1990.

El pis de la badia. Barcelona: Columna 1992 (Colec·ció Áuria, 38).

El pis de la badia. Barcelona: Columna ²1993.

Antoloxía poética. Edició bilingüe català-gallec. Pròleg i selecció de Francisco Díaz de Castro. Traducció de Xavier Rodríguez Baixeras. A Coruña: Espiral Maior 2002.

Obra Poètica Completa (1953-1993). Edició crítica a cura de Pere Rosselló Bover. Port de Pollença: Edicions del Salobre 2004 (²2005).

II. Kritische Literatur

Andrés Estellés, Vicent: »Pròleg«, in Miquel Àngel Riera: *Llibre de benaventurances: poemes 1977*. Manacor: Casa de Cultura 1980, S. 11-13.

Broch, Àlex: »Una metafísica de comunió humana« [*Tots els poemes (1957-1981)*], in: *Avui del diumenge* (19.01. 1986). Wieder abgedruckt in Miquel Àngel Riera: *La claror que us don – Homenatge a Miquel Àngel Riera*. Mallorca: ›Sa Nostra‹ 1996.

Cardell, Miquel: »Miquel Àngel Riera: ›El poema ha de dir veritats‹«, in: *Diario de Mallorca* (25.12.1992).

Díaz de Castro, Francisco: »La poesia de Miquel Àngel Riera«, in: *Affar* 2 (1982), S. 87-107.

Díaz de Castro, Francisco: »La poesia: un sofriment abstracte«, in: *Lletra de canvi* 27 (1990), S. 18-20.

Díaz de Castro, Francisco: »Prólogo«, in Miquel Àngel Riera: *Antoloxía poética*. Edició bilingüe català-gallec. Pròleg i selecció de Francisco Díaz de Castro. Traducció de Xavier Rodríguez Baixeras. A Coruña: Espiral Maior 2002, S. 7-34.

Dolç, Miquel: »Lenguaje de símbolos. Poesía esencial de Miquel Àngel Riera«, in: *La Vanguardia Española* (20.09.1973).

Dolç, Miquel: »Pròleg«, in Miquel Àngel Riera: *Paràbola i clam de la cosa humana*. Palma: Llibres Turmeda 1974, S. 5-9. Wieder abgedruckt in: *Tots els poemes (1957-1981)*.

Gilabert Barberà, Pau: »Lectura heraclitea de *La bellesa de l'home* (quelcom més que un caprici)«, in: *Estudis Baleàrics* 54-55 (Februar-September 1996), S. 43-51.

Gilabert Barberà, Pau: »Maleït platonisme! Pell, carn i cos de persones concretes: etapes d'un combat lliurat –i vençut– en l'obra poètica de Miquel Àngel Riera«, in María del Carmen Bosch/ M. Antònia Fornés (Hg.): *Homenatge a Miquel Dolç. Actes del XII Simposi de la Secció Catalana i I de la Secció Balear de la SEEC. Palma, 1 al 4 de febrer de 1996*. Palma: Conselleria d'Educació, Cultura i Esports del Govern Balear 1997, S. 531-547.

Llompart, Josep M.: »Pròleg«, in Miquel Àngel Riera: *Poemes a Nai*. Palma: Daedalus 1965, S. 5-11. Wieder abgedruckt in: *Tots els poemes (1957-1981)*.

Llorca, Vicenç: »Nada se puede contra el ángel«, in: *Lletra de Canvi* 10 (Oktober 1988), S. 7-11.

Llorca, Vicenç: *Salvar-se en la paraula. La novel·lística de Miquel Àngel Riera*. Barcelona: Edicions 62 1995.

Martí i Pol, Miquel: »*Poemes a Nai* de Miquel Àngel Riera«, in: *Serra d'Or* 3 (März 1966), S. 63.

Mas i Vives, Joan: »*Llibre de benaventurances*«, in: *Avui* (01.06.1980).

Nadal, Marta: »El grau zero de l'home«, in: *Lletra de canvi* 27 (1990), S. 11-13.

Oliver, Joan: »Paraules preliminars«, in Miquel Àngel Riera: *Biografia*. Mallorca: Moll 1974, S. 9-10.

Planas Sanjosé, Antoni Miquel: »Miquel Àngel Riera. Honestedat i autoexigència«, in ders. (Hg.): *Mots, mons i mites. Converses amb escriptors*. Mallorca: ›Sa Nostra‹ 1996, S. 98-103.

Rosselló Bover, Pere: »Sobre la poesia de Miquel Àngel Riera«, in: *Maina* 3 (Mai 1981a), S. 38-42.

Rosselló Bover, Pere: »L'origen dels *Poemes a Nai* de Miquel Àngel Riera. Procés de formació d'un poeta català«, in: *Serra d'Or* 264 (September 1981b), S. 584-586.

Rosselló Bover, Pere: »La religió i l'obra de Miquel Àngel Riera«, in: *Affar* 1 (1981c), S. 119-128. Wiederabgedruckt in: *Comunicació* 29-30 (Februar 1984), S. 5-11.

Rosselló Bover, Pere: *L'escriptura de l'home. Introducció a l'obra literària de Miquel Àngel Riera*. Palma: Obra Cultural Balear i Universitat de Palma de Mallorca 1982.

Rosselló Bover, Pere: »Literature and Humanity: The work of Miquel Àngel Riera«, in: *Catalan Writing* 2 (Dezember 1988), S. 32-45.

Rosselló Bover, Pere: »Miquel Àngel Riera: ›El compromís amb la bellesa‹«, in: *Lletra de Canvi* 27 (1990), S. 7-10.

Rosselló Bover, Pere: »La influència de la Generació del 27 en la poesia de Miquel Àngel Riera«, in: *Estudis Baleàrics* 54-55 (Februar-September 1996a), S. 53-68.

Rosselló Bover, Pere: »Miquel Àngel Riera. Aproximació biogràfica a l'home que va crear bellesa«, in: *Serra d'Or* 443 (November 1996b), S. 20-23.

Riera, Miquel Àngel: *La claror que us don – Homenatge a Miquel Àngel Riera*. Mallorca: ›Sa Nostra‹ 1997.

Rosselló Bover, Pere: »Alguns ressons de l'Escola Mallorquina en la poesia de Miquel Àngel Riera«, in: *Revista de L'Alguer* 10 (Dezember 1999), S. 199-208.

Rosselló Bover, Pere: »La poesia de Miquel Àngel Riera«, in Miquel Àngel Riera: *Obra Poètica Completa (1953-1993)*. Edició crítica a cura de Pere Rosselló Bover. Port de Pollença: Edicions del Salobre 2004, S. XV-LIV.

Sala, Xavier Bru de: »Pròleg«, in: *Tots els poemes (1957-1981)*. Barcelona: Edicions 62 1985, S. 7-32.

III. Anmerkungen

* Miquel Àngel Riera: *El pis de la badia*. Barcelona: Columna 1993 (^{1}1992), S. 13-14.

1 Übersetzung ins Deutsche Dídac Tilbert Stegmann und Manfred Tietz.
2 Miquel Àngel Riera: *El pis de la badia*. Barcelona: Columna 1993.
3 Vgl. die kritische Ausgabe der Werke von Miquel Àngel Riera: *Obra Poética Completa (1953-1993)*. Edición crítica a cura de Pere Rosselló Bover.

Port de Pollença: Edicions del Salobre 2004 und den Abdruck von *El pis de la badia*, S.169-213.
4   Miquel Àngel Riera (1993:11).
5   Diese gelungene Wendung findet sich erst in der zweiten Ausgabe des Gedichtbandes. In der ersten Ausgabe hieß es noch, das Leben habe es verstanden, »früh mit großer Geschicklichkeit (sc. den Ring mit Stein) anzustecken« (»sabut posar d'hora amb una gran destresa«). Die Wendung »la pedra dels migdies« findet sich schon in Vers 5 der Erstfassung.
6   In der Erstausgabe verwandte der Autor noch die Formulierung »l'amor en punt«.
7   Im Volksglauben werden dem Streifenfarn (lat. *asplenium*) magische Kräfte zugesprochen.
8   Zu diesem Thema vgl. Pere Rosselló Bover (1996a).
9   Vgl. den Beitrag von Pau Gilabert Barberà (1997).

Gero Arnscheidt · Hendrik Schlieper

Ana Rossetti. A Sebastián, virgen

> El era barbilampiño, de un puro color de oro
> capaz de hacer llorar a una nube sin agua.
>
> Ben Rasiq

Temblábanle los pulsos al arquero divino,
sus ojos fornicaban por tu espalda,
inviolada urna, virgen siempre virgen.
Fatigados los dardos, de sangre te empurpuran
5 pero, jamás, ninguno te inseminará el vientre.
Puras ingles, sudor que precede al espasmo,
el fruto que se injerta y os anuda
solamente conserva la maternal noticia
del beso ritual caído en el embozo.
10 Cuerpo entreabierto, carne desgranada.
Recojo con mi lengua los rubíes,
perro manso que bebe en tus heridas.
Hermoso maniatado, si Eros de ti
se desenamorara,
15 su intencionado dardo pudiera desflorarte.*

An Sebastian, den jungfräulichen
»Er war ein Jüngling mit reinem, goldenem Flaum, / der einer Wolke Tränen der Liebe entlocken könnte, selbst wenn sie ohne Regen wäre.« Ben Rasiq
Dem göttlichen Bogenschützen geriet der Puls in Wallung, / an deinem Rücken trieben es seine Augen mit dir, / unversehrtes Gefäß, jungfräulich, auf ewig jungfräulich. / Erschöpft die Pfeile, mit Blut färben sie dich purpurrot, / jedoch keiner wird dir jemals den Leib befruchten. / Reine Lenden, Feuchtigkeit noch vor dem Ergießen, / die dazwischen liegende Frucht, die euch verbindet, / hat keine Kenntnis von anderem als dem rituellen Kuss, / den die Mutter flüchtig auf das Kissen drückt. / Aufgebrochener Körper, zerfetztes Fleisch. / Mit meiner Zunge nehme ich die Rubine auf, / wie ein zahmer Hund, der aus deinen Wunden trinkt. / Gefesselter Schöner, wenn Eros die Liebe zu dir aufgäbe, / könnte sein auf der gespannten Sehne bereiter Pfeil dich entjungfern.[1]

Ana Rossetti: eine neue erotische Lyrik im Kontext des Postfrankismus

Während der 80er und 90er Jahre des 20. Jahrhunderts treten in Spanien – auch in Folge des Ende des Frankismus und der *transición* – eine Vielzahl bedeutender Lyrikerinnen mit besonderem Nachdruck in Erscheinung, die sich bewusst als dichtende Frauen in Abgrenzung von den weiterhin den Markt beherrschenden männlichen Lyrikern verstehen und darstellen.[2] Dieser Neubeginn zeigt sich einerseits in der literarischen Kritik, die ihr Schaffen begleitet. Die Autorinnen, die ganz bewusst das breite Publikum erreichen wollen, werden den Lesern zudem in einer Reihe von Anthologien vorgestellt; exemplarisch seien hier die von Ramón Buenaventura (*Las diosas blancas*, 1985), Noni Benegas und Jesús Munárriz (*Ellas tienen la palabra*, 1997) und María Rosal (*Con voz propia*, 2006) genannt. Einige dieser Lyrikerinnen folgten – obschon mit recht individuellen und ganz persönlichen Stimmen – den jeweiligen aktuellen Tendenzen der männlichen Autoren, andere dagegen suchten nach eigenen, von der Kritik gerne als ›weiblich‹ bezeichneten und unter diesem Etikett subsumierten, völlig neuen, subversiven und revolutionären Wegen. Zu den letzteren gehört in einem ganz besonderen Maße Ana Rossetti, die sich durch eine sinnliche, hedonistische und erotische Lyrik von außergewöhnlicher Originalität auszeichnet, die sich der vereinfachenden Dichotomie männlich/ weiblich entzieht, und mit der sie in der zeitgenössischen Dichtung einen tiefgreifenden und viel beachteten Wandel vollzog.[3] Die Lyrik der Dichterin hat zu vielerlei – sich zum Teil auch widersprechenden – Deutungen Anlass gegeben. So wird zum Beispiel immer wieder der Versuch unternommen, Ana Rossetti zu einer ›Ikone des Feminimus‹ zu stilisieren, was sie selbst immer wieder zurückgewiesen hat, sieht sie ihre vorrangige Identität doch jenseits aller ›geschlechtlichen‹ Festlegungen in ihrem Tun als Künstlerin, die ›ihr Handwerk versteht‹. Hierzu gehört vor allem auch, wie es Maria Grazia Profeti formuliert hat, dass sie sich ständig den eindeutigen Erwartungen ihrer Leser entzieht und sie zu jeweils neuer und eigenständiger Sinnsuche veranlasst: »Por ello los construye [sc. sus textos] cual narraciones policíacas: dice una cosa para luego afirmar otra.«[4]

Ana Rossetti, eigentlich Ana María Bueno de la Peña, die 1950 in San Fernando bei Cádiz geboren wurde,[5] erlangt bereits zu Beginn der 80er Jahre große Beachtung und Anerkennung aufgrund ihrer einzigartigen lyrischen Sprache und ihrer sehr persönlichen Art und Weise, den Gefühlen von Weiblichkeit, Liebe, sexueller Lust und Erotik Ausdruck zu verleihen.[6] Sie steht damit zweifelsohne im Kontext jener »explosionsartige[n] [...] Reaktion auf die Jahrhunderte lange, im Francoregime noch einmal verstärkte Unterdrückung des Körperbewusstseins«[7], die sich nach 1975 Bahn bricht, jenem *destape*, d.h. dem für die *movida* so typischen ›Zurschaustellen‹ körperlicher Nacktheit und Sexualität. Dabei gelingt es Ana Rossetti aber, den überkommenen Gemeinplätzen von Liebe und Sexualität aus völlig unverbrauchten und originellen Perspektiven eine Stimme zu geben und sowohl ihre Leser als auch die Kritik mit etwas gänzlich Neuem zu überraschen.[8]

Erste Bekanntheit erlangt sie mit dem – der Muse der Liebeslyrik, Erato, gewidmeten – Gedichtband *Los devaneos de Erato* (1980), der ein teils barockes, teils modernistisches Präziösentum aufweist. In diesem schmalen Band ist ihr zentrales Thema, die körperliche Liebe, in einer umfassenden Atmosphäre der Sinnlichkeit widergespiegelt und anhand der verschiedensten, sexuell kodierten Gegenstände und Anlässe dargestellt: in der erotischen Symbolik der Blumen (Gladiolen, Tulpen, Lilien, Chrysanthemen, Narzissen, Veilchen), in religiösen Objekten, in den mythisch entrückten Gestalten der Heiligenlegenden, in der Literatur und in Gestalten der Geschichte. Diese frühen Gedichte nimmt sie 1985 erneut in den Lyrikband *Indicios vehementes* auf, ebenso wie die Texte aus dem bereits 1982 erschienenen Band *Dióscuros* und eine Anzahl neuer Gedichte, die innerhalb des Lyrikbandes in einer eigenen Sektion mit dem Titel *Indicios vehementes* erstmals erscheinen. Diese Bücher thematisieren fast ausschließlich die Erfahrungswelt der Kindheit, berühren allerdings zugleich ständig Aspekte, die einen Bezug zur Sexualität haben: die erotischen Spiele der Kindheit und den Gegensatz zwischen der Unschuld der frühen Kindheit und der aufbrechenden Sinnlichkeit der heranwachsenden Jugend. In den Texten finden sich allenthalben Anspielungen auf historisch-mythologische und literarische Gestalten – Paris, die verschiedenen heidnischen Göttinnen, Cibeles, Gilles de Rais, Venus, Priap, Eros, Diotima, Cupido, Artemis, Isolde[9] – sowie zahlreiche Zitate, die insgesamt an den damals modischen Kulturalismus der so genannten *novísimos* anknüpfen.[10] Doch Ana Rossetti versteht es, diese Gestalten und Zitate mit exquisitem Raffinement auf die Thematisierung von Erotik auszurichten. Die in den Sammelband neu aufgenommene Sektion *Indicios vehementes* gibt die vorausgehende und für den Band insgesamt charakteristische Thematisierung von Kindheit und Jugend auf und leitet zu anderen Themen wie dem Schwinden der Zeit und der Erfahrung des Todes über, Themen, die ihrer Dichtung zweifelsohne auch das Moment des Morbiden verleihen.

Die Gedichte, die 1986 unter dem Titel *Devocionario* erscheinen, setzen diese Themen vor dem Hintergrund einer deutlich hedonistischen Weltsicht in einem durchaus angemessenen und offenen Ton fort, wenn auch nicht ohne die ein oder andere ironische Nuance. Emilio Coco schreibt im Klappentext der Ausgabe, dieses ›Gebetbuch‹ sei der Ausdruck einer leidenschaftlichen Mystik, deren Objekt jedoch nicht mehr der christliche Gott, sondern der heidnisch-antike Eros ist, der eine Mystik des Körpers und nicht mehr der Seele verkündet, dessen sinnliche Verzückung und Ekstase mit allen Mitteln und der Sprache der im Trienter Konzil festgeschriebenen katholischen Liturgie beschrieben werden. In ihrer sinnlichen, auf den Körper bezogenen Version ist dies eine extreme, bisweilen gewaltsame, und zugleich prunkvolle Sprache voller blitzartig aufscheinenden Metaphern, die letztlich immer wieder in wunderbarer Weise als vollkommen neu erscheint.[11] In Momenten großer religiöser Sammlung und Andacht lässt die Stimme dieser Gedichte, die vielfach als jung und weiblich verstanden wird, ihre Vorstellungskraft sich in erotischen Phantasien ergehen, die alles zu körperlichen, höchst sinnlichen und sexuellen Erfahrungen macht. Allenthalben in den Gedichten wird die ursprüngliche Bedeutung der Dinge, der Bilder und des katholischen Ritus unterlaufen. Selbst die Gestalten der Heiligen verwandeln

sich in schöne Jünglinge, wie eine der weiblichen Stimmen[12] in dem Gedicht
»Santificame« (›Heilige mich‹) bekennt:

si acaso mi misal se abría por la estampa
de un bello hermafrodita con un nombre de santo.
[falls sich am Anfang meines Messbuchs das Bild / eines schönen Hermaphroditen mit einem Heiligennamen fände.]

In einem schon von den Modernisten gepflegten Verfahren[13] greift dieses Ich häufig, wenngleich in ausgesprochen neuen und originellen Formen, auf Symbole und Metaphern der Sprache der Liturgie zurück, auf Heiligen- und Märtyrerviten, auf Erzählungen der Bibel, auf die Kindheitserinnerung an religiöse Feste, auf Gebete und katholische Zeremonien, lädt aber alle diese primär religiösen Emotionen, zu denen später auch populärkulturelle Elemente etwa aus der Welt des Pop oder der Mode hinzutreten, mit Sinnlichkeit und erotischem Enthusiasmus auf. Auch diese Gedichte zeugen von einer hedonistischen Grundeinstellung. Eines der größten Verdienste Ana Rossettis besteht dabei zweifelsohne darin, eine Liebeslyrik zu schaffen, die weit über die Sprache der petrarkistischen, der romantischen und der modernistischen Liebestradition mit ihrer maßlosen Idealisierung der Frau hinausgeht,[14] und mit einem neuen Blick die traditionelle, androzentrische Sicht der Liebesthematik, in der der Mann das Subjekt und die Frau das Objekt des Begehrens ist, in einer Dichtung zu unterlaufen, die voller Erinnerungen an die eigene frühe Jugend ist. In Rossettis Gedichten ist es nicht mehr primär der Mann, sondern die Frau, die angesichts der physischen Schönheit in Verzückung gerät; sie ist es, die das Erfahren der Liebe lenkt, und sie bestimmt die liebende Begegnung, wie es beispielsweise das Gedicht »Diotima a su muy aplicado discípulo« [›Diotima an ihren eifrigen Schüler‹] deutlich zeigt. Hier ist es die Stimme einer in Liebe erglühten leidenschaftlichen Frau, die den Leser in eine griechisch-heidnische Welt versetzt.[15] Die Worte des lyrischen Ich sind die einer griechischen Priesterin oder Vestalin, die in einer Szenerie aus kostbaren Möbeln und Stoffen ihren Liebhaber auffordert, die verborgenen Schönheiten ihres Körpers zu entdecken und zu genießen. Im Kern des Gedichts stehen die sinnliche und erotische Erfahrung einer heutigen, in die Gestalt Diotimas versetzten Frau sowie ein gelungener dramatischer Monolog, der aus der Perspektive und mit der lyrischen Stimme der griechischen Vestalin in Szene gesetzt wird. Die Frau und der weibliche Körper hören auf, das Objekt fremder – männlicher – Lust zu sein und werden zum aktiv genießenden Subjekt erotischer Erfahrungen oder, wie es Naharro-Calderón formuliert hat, hier zeigt sich, wie jene traditionelle Sicht der erotischen Literatur überwunden wird, die dazu tendierte, den Körper der Frau zu einem passiven Objekt unter dem Blick und der Lupe des Mannes zu machen.[16] Bei Ana Rossetti ist die Frau eine aktive Kraft, die das erotische Geschehen und das Liebesbegehren erinnert, vorantreibt und lenkt. So ändert sie nicht nur das Bild der Frau, die sich zu ihrem sinnlichen Begehren bekennt, sondern auch das des Mannes, der nicht mehr dem Bild des im Frankismus propagierten Machismus zu entsprechen bemüht sein muss. Davon zeugt auch die Präsenz gleichgeschlechtlichen Begehrens in ihrer Lyrik, die damit einem generellen ›Trend‹ zur Thematisierung von Homosexualität in der postfrankistischen Kultur zu folgt.[17] Nicht zuletzt aufgrund dieser Sensibilität für Fragen sexueller Beziehungen und Identitäten erhält ihre scheinbar auf den Bereich des Privaten beschränkte erotische Lyrik sowohl in Spanien als auch darüber hinaus eine tendeziell politische Bedeutung.[18]

In formal-sprachlicher Hinsicht verwendet Ana Rossetti in ihrer Lyrik durchgehend ein System von freien Versen voller Rhythmus und Musikalität, Empfindungen und überraschenden Wendungen. Ihre Tendenz zum Kulturalismus, den sie mit ihren Zeitgenossen teilt, ist jedoch ausgesprochen maßvoll. Die bei ihr zu findenden kulturalistischen Anspielungen sind nie funktionslos, sondern stets darauf gerichtet, ihre tiefen und sehr persönlichen Empfindungen in verstärkter und jeweils neuer Form zum Ausdruck zu bringen. Bei der Beschreibung der Suche nach der Befriedigung des Liebesbegehrens findet sich überdies eine Vielzahl sensorischer Fakten, die dem schönen Objekt der Liebe mit dem Blick oder dem Tastsinn folgen, die die verborgensten Orte des geliebten Körpers zu erschließen und zu ertasten versuchen, um sich an ihnen zu erfreuen.

Insgesamt lässt sich die Lyrik Ana Rossettis als eine Dichtung definieren, in der die Erinnerung an die Jugend stets gegenwärtig ist. Es ist dies eine Lyrik, die zugleich geprägt ist von der Vorliebe für Elemente des Modernismus, der allerdings durch einen postmodernen ironischen Blick gebrochen und überwunden wird. Nicht ohne Grund hat Ana Rossetti ihr Künstlerpseudonym dem Geschwisterpaar Dante Gabriel (1828-1882) und Christina Rossetti (1830-1894) entnommen, die als Maler und Dichterin zu den Begründern der Präraffaeliten-Bruderschaft und somit zu den entscheidenden Vorläufern des spanischen Modernismus und des europäischen Jugendstils gehören.[19]

Die Gestalt des heiligen Sebastian

Die frühesten generellen Anregungen zu dem höchst erotischen Gedicht »A Sebastián, virgen« hat Ana Rossetti, die nach eigener Aussage streng religiös sozialisiert wurde, zweifelsohne im Rahmen der Kirche erhalten. Statuen oder Bilder des heiligen Sebastian finden sich europaweit in vielen Kirchen, insbesondere auch im südlichen Spanien, der näheren Heimat der Autorin. Häufig finden sich diese in Verbindung mit Darstellungen der heiligen Maria Magdalena. Beiden Gestalten gemeinsam ist, sei es in volkstümlichen Darstellungen oder in künstlerisch wertvollen Abbildungen in der Zeit der Renaissance und des Barock (Mantegna, Perugino, Reni, um hier nur einige wichtige zu nennen), ein im Vergleich zu anderen Heiligendarstellungen überraschender Nachdruck auf dem ›schönen Körper‹ und seiner Nacktheit: Sebastians Blöße ist in aller Regel nur durch ein einfaches Tuch bedeckt und die Blößen Maria Magdalenas verbirgt lediglich die üppige Pracht ihrer Haare. Nicht ohne Berechtigung ist daher argumentiert worden, die beiden Gestalten dienten dazu, der – natürlich nie vollständig ausrottbaren – erotischen Schaulust von Männern und Frauen auch im sakralen Rahmen wenigstens ein wenn auch religiös tabuisiertes Objekt und eine hagiographisch überdeckte Legitimation zu geben. Die offensichtliche Besetzung der Darstellung des von Pfeilen durchbohrten Sebastians mit Elementen von Gewalt und Grausamkeit mag im engeren religiösen Sinn als Mittel zum Hervorrufen von Mitleid verstanden werden, wie dies auch bei der Darstellung des ›Schmerzensmannes‹ am Kreuz geschieht. Darüber hinaus lässt sich selbstverständlich auch argumentieren, dass durch den Blick auf den verletzten erotischen Körper eine schmerzvolle Lust geweckt wird, die sich außerhalb des Sakralen durchaus als sadomasochistisch verstehen lässt.

Auch wenn diese Hinweise bereits genügen mögen, um einen Hintergrund für das Verstehen der Sebastian-Gestalt in dem Gedicht Ana Rossettis zu bieten, sei doch noch kurz darauf hingewiesen, dass es sich dabei um eine historisch nicht belegte Märtyrergestalt handelt, die als ›Blut- und Glaubenszeuge‹ mit der frühchristlichen Kirche des 3. Jahrhunderts in Verbindung steht. Auf Befehl des heidnischen römischen Kaisers Diokletian (236/ 245-312) soll Sebastian von numidischen Bogenschützen mit Pfeilen getötet worden sein, als sein Bekenntnis zum Christentum offenbar wurde. Zu seiner großen Verehrung im abendländischen Christentum trug zweifelsohne bei, dass er – mit den so genannten Sebastianspfeilen – vor der Pest schützen soll. Wichtiger – zumindest im vorliegenden Kontext – scheint jedoch zu sein, dass seine Gestalt bereits sehr früh mit Erotik in Verbindung gebracht worden ist. So soll er, der aufgrund seiner jünglingshaften Schönheit das homoerotische Begehren Diokletians geweckt haben soll, von diesem auch deshalb getötet worden sein, weil er sich weigerte, sich den Wünschen des Kaisers hinzugeben. Andererseits soll es eine Frau gewesen sein, die seinen Körper, der absichtlich zur Vernichtung seiner Schönheit in die Abwässer der *Cloaca Maxima* Roms geworfen worden war, geborgen, gereinigt und beerdigt hat, um so seine Schönheit nochmals erstehen zu lassen, was ohne Zweifel wesentlich zur heteroerotischen Codierung der Sebastian-Gestalt beigetragen hat.

»A Sebastián, virgen«: ein Spiel mit sexuellen Identitäten

Ana Rossettis Auseinandersetzung mit dem heiligen Sebastian steht charakteristischerweise ganz im Zeichen erotischen Begehrens. Schon im Titel wird mit dem bezeichnenden Zusatz »virgen« das Moment des Sexuellen aufgerufen.[20] Der Erwartungshorizont wird sodann eingelöst, indem die christliche Märtyrergestalt dezidiert in seiner Körperlichkeit (»tu espalda«, V. 2; »vientre«, V. 5; »[p]uras ingles«, V. 6; »[c]uerpo«, V. 10; »carne«, V. 10 und »tus heridas«, V. 12 bilden eine entsprechende Isotopie) und — nicht wenig aufreizenden — Passivität als »[h]ermoso maniatado« (V. 13) wahrgenommen wird. Dieser Körper ist nun den weniger kontemplativen als vielmehr sexualisierten und penetrierenden Blicken des Liebesgottes Eros (»sus ojos fornicaban«, V. 2) und des lyrischen Ich ausgesetzt. Das Moment der Penetration rückt mit der Bildlichkeit der *dardos*, den abgeschossenen und dann ›erschlafften‹ (»Fatigados los dardos«, V. 4) Pfeilen, die den Körper verletzen (V. 10), und der abschließenden Deflorationsphantasie (V. 13-15) deutlich in den Vordergrund. Die phallische Symbolik dieser Pfeile ist offensichtlich, selbst wenn sich zunächst auch nur an eine barocke konzeptistische Formulierung denken ließe: die beim Abschuss so schnellen Pfeile, die dann im Fleisch des Opfers stecken bleiben, sind von Flug gleichsam ›ermüdet‹. Für eine eindeutige erotisch-phallische Codierung spricht aber, dass Ana Rossetti von *dardos* spricht. Damit rekurriert sie auf eine berühmte Szene der mystischen Literatur des *Siglo de Oro*: In ihrem *Libro de la vida* kleidet Teresa de Ávila ihre mystische Ekstase in das Vokabular einer körperlichen Penetration, die der Bildhauer Bernini schon im 17. Jahrhundert mit dem orgastischen Gesichtsausdruck seiner Teresa-Statue unterstrichen hat:

> Veíale [sc. den Engel] en las manos *un dardo de oro largo*, y al fin del hierro me parecía tener un poco de fuego. Este me parecía meter por el corazón algunas veces y que me llegaba a las entrañas. Al sacarle, me parecía las llevaba consigo, y me dejaba toda abrasada en amor grande de Dios. Era tan grande el dolor, que me hacía dar aquellos quejidos, y tan excesiva la suavidad que me pone este grandísimo dolor, que no hay desear que se quite, ni se contenta el alma con menos que Dios. No es dolor corporal sino espiritual, aunque no deja de participar el cuerpo algo, y aun harto. Es un requiebro tan suave que pasa entre el alma y Dios, que suplico yo a su bondad lo dé a gustar a quien pensare que miento.[21]

In der Gegenüberstellung mit Santa Teresa wird das innovative Verfahren Ana Rossettis besonders deutlich: sie setzt die im Diskurs des Katholizismus unterschwellig mitgeführte Erotik und Körperlichkeit frei und spricht sie offen aus. Zu betonen ist dabei allerdings, dass sich die Autorin – sowohl inhaltlich wie formal – bewusst unterscheidet von jener quasi pornographischen »Unverblümtheit, mit der jetzt [sc. im Postfrankismus] über Sexualität geredet wird«[22], die in Almundena Grandes berühmt-berüchtigtem Roman *Las edades de Lulú* (1989) ihren – um im Bild zu bleiben – ›Höhepunkt‹ findet. Ana Rossettis Gedichte zeichnen sich vielmehr durch ein Aufbrechen der herkömmlichen sexuellen Binaritäten (männlich/ weiblich, homo-/ heterosexuell) aus, durch ein Spiel mit sexuellen Identitäten, die sich jeder eindeutigen Zuschreibung entziehen. Daraus ergeben sich komplexe Deutungsmöglichkeiten, die im Folgenden am Beispiel von »A Sebastián, virgen« kurz aufgezeigt werden sollen.

In einer ersten Lesart lässt sich das Gedicht zweifelsohne als »säkuläre [sic] Hymne [...] auf die Lust der Frau am Körper des Mannes, der Objekt erotischer Anbetung ist«[23], und damit als Umkehrung der traditionellen Geschlechterhierarchie lesen: Der Mann ist nicht mehr begehrendes (aktives) Subjekt, sondern begehrtes (passives) Objekt. Der begehrende Blick auf den männlichen Körper, wie er sich hier artikuliert, könnte als ein *weiblicher* interpretiert werden. Dies ist insofern innovativ, als der Frau traditionell die ›Schaulust‹ und der begehrende Blick abgesprochen werden:

Nun erweist sich aber die Geschichte des weiblichen Sehens als eine Geschichte von Einschränkungen: Schleier, das Ideal des gesenkten Blickes oder Schönheitsideale wie etwas künstlich geweitete Pupillen, deren Kontraktions- und damit Fokussierfähigkeit vorübergehend durch Augentropfen (›Belladonna‹) gelähmt wird, nehmen dem Blick der Frau die Schärfe.[24]

Rossettis Gedicht kann sich hierbei auf prominente Intertexte – wenngleich aus männlicher Feder – der frühen spanischen Literatur berufen: die mittelalterlichen *jarchas*, die *cantigas de amigo* und die *villancicos* sowie Ausprägungen des weiblichen Petrarkismus,[25] lyrische Formen also, in denen bekanntermaßen auch ein weibliches Ich sein Liebesbegehren zum Ausdruck bringt.

Dass Ana Rossettis Gedicht sich nicht auf eine solche Interpretation beschränken lässt, zeigt sich bereits darin, dass das lyrische Ich des vorliegenden Gedichts, das sich in V. 11 und 12 explizit manifestiert (»Recojo con mi lengua ... «), nicht eindeutig geschlechtlich als ›weiblich‹ markiert ist. Zusätzliche Komplexität erhält das im Text artikulierte Begehren dadurch, dass zwei begehrende Blicke auszumachen sind: Zu Beginn richtet Eros als »arquero divino« (V. 1) seinen Blick (»sus ojos«, V. 2) auf den begehrten Körper; dieser Blick, den auch das lyrische Ich einnimmt, ist sowohl durch den in Wallung geratenen Puls (V. 1) als auch durch das sehr eindeutige Verb »fornicar« (V. 2) nachdrücklich sexualisiert.

Zusätzliche Komplexität erhält das Gedicht durch eine homoerotische Lesart. Zum einen ist das sexuelle Begehren, das der Liebesgott Eros auf den Körper richtet, ein männliches; zum anderen gibt auch das dem Gedicht vorangestellte Zitat eine solche Lesart vor: Es handelt sich um die ersten beiden Verse des Gedichts »El vello« [›Der Flaum‹] des arabisch-andalusischen Dichters Ben Rasiq (1000?-1070), in dem sich ein homosexuelles, auf einen schönen Jüngling, »barbilampiño, de un puro color de oro«, gerichtetes Begehren artikuliert.[26] Dieser Sachverhalt wird vor allem auch durch den Hinweis auf den ›Flaum‹ markiert, der dem pubertären Bartwuchs vorausgeht und der ein wichtiges erotisches Distinktionsmerkmal antiker Jünglinge darstellt.

Bei beiden Deutungsansätzen entzieht sich die Sprechinstanz des Gedichts einer eindeutigen, geschlechtlich identifizierenden Zuschreibung und bleibt in der Schwebe. Gleiches gilt nun auch für die Angesprocheneninstanz. Der begehrte Körper kann zum einen als *männlicher* Körper gelesen werden, wenn man der Namensgebung im Titel folgt und das Gedicht als Ekphrasis der traditionellen Sebastian-Darstellungen begreift. Der zwischen den Lenden liegende »fruto« (V. 7) wäre damit als Phallus markiert.

Die Maskulinität des Körpers wird nun aber bereits dadurch ›aufgeweicht‹, dass dieser nachdrücklich als ein jungfräulicher markiert wird und damit zumindest vordergründig ein traditionelles Attribut des Weiblichen erhält:[27] Die Jungfräulichkeit wird durch die dreifache Verwendung von »virgen« (Titel, V. 3) und Adjektive »inviolada« (V. 3) und »[p]uras« (V. 6) markiert. Die in V. 5 ausgeschlossene Befruchtung des Körpers und die in V. 8/ 9 umspielte sexuelle Unschuld — der Phallus »solamente conserva la maternal noticia/ del beso ritual« – weisen in die gleiche Richtung. Im letzten Vers wird schließlich von einer möglichen, also noch bevorstehenden Entjungferung gesprochen (»pudiera desflorarte«, V. 15).

Die jungfräuliche, androgyne Markierung seines Körpers legt nun nahe, den begehrten Sebastian als ›schwule Ikone‹ zu begreifen. Das Gedicht greift damit eine prominente Lesart auf, in der der hlg. Sebastian zur »Kultfigur des homophilen Märtyrers«[28] avanciert ist. Diese Lesart rekurriert auf die (pseudo-)biographische Überlieferung, der historische Sebastian sei der Geliebte Diokletians gewesen; auch in Literatur und Kunst finden sich zahlreiche dahingehende Beispiele.

Des Weiteren finden sich aber auch Hinweise, die den Körper nicht nur als einen unberührt-homoerotischen, sondern dezidiert als einen weiblichen ausweisen. Markiert wird die Weiblichkeit des begehrten Körpers durch seine Stilisierung als »urna« (V.3), als füllbares Gefäß — ein traditionell dem weiblichen Körper zugeschriebenes Bild. V. 5 suggeriert die potentielle Befruchtung des »vientre« (allgemein als ›(Unter-)Leib‹, speziell aber auch als ›Gebärmutter‹ zu verstehen) durch männlichen Samen. Der zwischen den Lenden liegenden »fruto« (V. 7) kann damit auch als Vulva gelesen werden. Begreift man V. 10 des Gedichts als Evokation, als Phantasie einer möglichen zukünftigen Penetration, so bestünde eine Parallele zwischen jenem »fruto« und der »carne desgranada« (V. 10), die als versehrte Vulva gelesen werden könnte.[29]

Die hier skizzierten vielfachen Lektüre- und Deutungsmöglichkeiten zeigen, dass Ana Rossettis Texte zum einen weit davon entfernt sind, sich inhaltlich als bloß ins Weibliche gekehrte Pornographie lesen zu lassen, und dass sie zum anderen das sinnliche Begehren – auch der Frau – weit jenseits der herkömmlichen Subjekt-Objekt-Beziehung zwischen begehrendem Mann und begehrter Frau denken und darstellen.

Das Spiel mit der klassischen Tradition

Formal innovativ — und für die Lyrik Ana Rossettis charakteristisch— ist es, dass sich die literarische ›Befreiung‹ des Sexuellen in einer sprachlich höchst anspruchsvollen Form artikuliert, die sich bewusst auf klassische Vorbilder beruft. Die mystische Dichtung einer Teresa de Ávila oder eines Juan de la Cruz, die Elemente profaner Liebeslyrik *a lo divino* umdeutet, wird hier effektvoll in ihr Gegenteil verkehrt, indem der religiöse Diskurs nachdrücklich erotisch aufgeladen wird. Generell lässt sich daher sagen, Ana Rossetti setze

> in Umkehrung der mystischen Dichtungsstrategie, Formen erotischer Dichtung zum Lob der himmlischen Liebe zu benutzen, Formen religiöser Dichtung ein [...], um das Lob der sinnlichen Liebe anzustimmen.[30]

Formal, so scheint es, umspielt das Gedicht die großen, klassischen Traditionslinien der spanischen Liebeslyrik, indem sie deren Bauformen aufruft, diese aber nicht vollständig imitiert, sondern neue, eigene Akzente setzt. Dies gilt einerseits für die Metrik des Textes, die den *endecasílabo* als klassisches Metrum der petrarkistischen Liebeslyrik evoziert (1_{14}, 2_{11}, 3_{11}, 4_{14}, 5_{13}, 6_{13}, 7_{11}, 8_{14}, 9_{12}, 10_{12}, 11_{11}, 12_{11}, 13_{11}, 14_7, 15_{14}). Anderseits erinnert das Gedicht mit seinen strophisch nicht gegliederten, reimlosen 15 Versen vom Umfang her an die – selbstverständlich weit stärker strukturierte – Form des Sonetts mit seinen 14 Versen, wobei sich auch hier die im Sonett übliche gedankliche Aufgipfelung im zweiten Terzett in den drei abschließenden Versen (V. 13-15) wieder findet. *Endecasílabo* und Sonett werden zwar aufgerufen, jedoch letztlich aufgebrochen, um so die generelle Distanz zum herkömmlichen Petrarkismus, eventuell auch speziell zur Nachbürgerkriegslyrik der *garcilasistas*, sogar formal deutlich zu machen, die mit ihrer maßlosen Idealisierung und Hierarchisierung des Geschlechterverhältnisses dem weiblichen und (in noch weit höherem Maße) dem homoerotischen Begehren keinerlei offen formulierten Raum ließ.

Die Lyrik Ana Rossettis markiert somit eine deutliche formale und inhaltliche Neuausrichtung der spanischen erotischen Literatur, insbesondere was ihre weibliche Komponente angeht. Sie erschöpft sich nicht in einer oberflächlich-penetranten Thematisierung von Sexualität, sondern kehrt – künstlerisch höchst effektvoll – in enger Anlehnung an klassisch-mythologische, vor allem aber auch mystisch-religiöse Vorbilder deren Auffassung erotischer Körperlichkeit um.[31] Diese Umkehrung lässt sich in einer Gegenüberstellung mit der klassischen Liebeslyrik des *Siglo de Oro* eines Garcilaso verdeutlichen, dessen Einfluss als ›príncipe de los poetas castellanos‹ bis in die Gegenwart (männlicher) spanischer Liebeslyrik allgegenwärtig ist. So lässt sich Ana Rosettis Gedicht »A Sebastián, virgen« in gewisser Hinsicht als eine Replik auf Garcilasos Sonett »A Dafne«[32] lesen, das in der Tradition des antiken Daphne-Mythos das Begehrtwerden einer Frau – der Nymphe Daphne – durch einen Mann – den Gott Apoll – thematisiert. Auch sie vermag, wie Rossettis Sebastian, trotz aller drohenden Gewalt ihre Jungfräulichkeit zu bewahren – allerdings um den Preis, dass sie sich in einen aller weiblichen Schönheit und erotischen Anziehungskraft baren Lorbeerstrauch verwandelt. Zugleich setzt sich Ana Rossetti von diesem Text allerdings auch insofern ab, als sie immer wieder die Möglichkeit einer Umkehrung der Geschlechter und die nicht tabuisierbare Existenz weiblichen und homosexuellen Begehrens hervorhebt.

Schließlich – und damit ließe sich die Lektüre von »A Sebastián, virgen« zum Ausgangspunkt zurückführen – bietet die Thematisierung der Gestalt des *Heiligen* Sebastian im vorliegenden Gedicht auch Anlass zu einer – ironischen – Reflexion über das Verhältnis von spanischer katholischer Kirche und dem neuen Ausleben von Sexualität im Spät- und Postfrankismus, macht sie doch deutlich, dass all das, was dort in den 70er und 80er Jahren des 20. Jahrhunderts von offizieller staatlicher und kirchlicher Seite tabuisiert, verdrängt und gescholten wurde, bei genauem Hinsehen in allen seinen Formen in höchst attraktiver Weise gerade auch in der sakralen Mitte der spanischen Gesellschaft präsent gewesen ist und weiterhin präsent bleibt. Daher ist niemand legitimiert, eine Lyrik, die diese Dinge offen anspricht und bejaht, anhand einer scheinbar unantastbaren Moral an den Pranger zu stellen, gerade auch dann nicht, wenn er deren – von

Ana Rossetti zweifelsohne angestrebte – aufklärerische und befreiende Wirkung fürchtet.

I. Verzeichnis der lyrischen Werke von Ana Rossetti

Los devaneos de Erato. Valencia: Prometeo 1980. [Premio Gules]

Dióscuros. Málaga: Prometeo 1982.

Indicios vehementes. (Poesías 1979-1984). Con una entrevista-prólogo de Jesús Fernández Palacios. Madrid: Hiperión 1985. [darin: *Los devaneos de Erato*, 1980; *Otros poemas*, *Dióscuros*, 1982; *Indicios vehementes*, 1985; *Sturm und Drang*]

Yesterday. Madrid: Eciones Torremozas 1988.

Devocionario: poesía íntima. Madrid: Visor 1986. [Premio Rey Juan Carlos I]

Imago pasionis: con testo a fronte. A cura di Maria Grazia Profeti. Firenze: Le Lettere 1994.

Virgo potens. Textos de Ana Rossetti, dibujos de Jorge Artajo, caligrafía de Víctor Pagas. Velliza/ Valladolid: El gato gris 1994.

Punto umbrío. Madrid: Hiperión 1995.

La nota del blues. Málaga: Rafael Inglada 1996.

Asedios. Concepción (Chile): Edición Universidad de Concepción 1999.

La ordenación. Retrospectiva 1980–2004. Edición e introducción Paul M. Viejo. Sevilla: Fundación José Manuel Lara 2004.

II. Kritische Literatur

Benegas, Noni/ Munárriz, Jesús: *Ellas tienen la palabra. Dos décadas de poesía española*. Madrid: Hiperión 1997.

Buenaventura, Ramón (Hg.): *Las diosas blancas. Antología de la joven poesía española escrita por mujeres*. Madrid: Hiperón 1985.

Bundy, Nancy L.: »Ana Rossetti«, in Linda Gould Levine/ Ellen Marson Engelson/ Gloria Waldman Feiman (Hg.): *Spanish Women Writers: A Bio-Bibliographical Source Book*. Westport: Greenwood 1993, S. 451-459.

Felten, Hans: »Ana Rossetti, ›Isolda‹«, in Peter Fröhlicher/ Georges Güntert/ Rita Catrina Imboden/ Itzíar López Guil (Hg.): *Cien años de poesía. 72 poemas españoles del siglo XX: estructuras poéticas y pautas críticas*. Bern: Lang 2001, S. 705-713.

Fernández Palacios, Jesús: »... entrevista a Ana Rossetti«, in Ana Rossetti: *Indicios vehementes*. Madrid: Hiperión [6]1990, S. 9-15 [zuerst in *Fin de siglo* 6-7 (1983)].

Kruger-Robbins, Jill: »Poetry and film in postmodern Spain: the case of Pedro Almodóvar and Ana Rossetti«, in: *Anales de literatura contemporánea* 22 (1997), S. 165-197.

Luján Martínez, Eugenio Ramón: »*Los devaneos de Erato*: El mundo clásico de Ana Rossetti«, in: *EPOS. Revista de filología* 13 (1997), S. 77-88.

Mahler, Andreas: »Ikonen der Verausgabung. Sakrales Körperbild und ekstatischer Text in der Lyrik Ana Rossettis«, in Bernhard Teuber/ Horst Weich (Hg.): *Iberische Körperbilder im Dialog der Medien und Kulturen*. Frankfurt am Main: Vervuert 2002, S. 49-63.

Naharro-Calderón, José María: »Cuerpos con duende en la poesía de Ana Rossetti y Mercedes Escolano«, in: *España contemporánea. Revista de literatura y cultura* (The Ohio State University) 7 (1994), S. 83-95.

Natell, Judith: »Ana Rossetti's ›Anatomía del beso‹«, in: *Anales de literatura contemporánea* 22 (1997), S. 253-263.

Neuschäfer, Hans-Jörg (Hg): *Spanische Literaturgeschichte*. Stuttgart/ Weimar: Metzler ^{3}2006.

Núñez, Antonio: »Encuentro con Ana Rossetti«, in: *Ínsula* 474 (1986), S. 1 und 12.

Pérez, Janet/ Ihrie, Maureen: *The Feminist encyclopedia of Spanish Literature*. 2 Bde. Westport: Greenwood 2002.

Profeti, Maria Grazia: »Ana Rossetti: Juego y poder«, in: *Zurgai* (Dezember 1994), S. 38-41.

Pross, Caroline: »Die Heilige Schrift und die Bilder des Körpers. Intertextualität und Diskurskritik in Ana Rossettis *Devocionario*«, in: *Romanische Forschungen* 112 (2000), S. 192-211.

Reinstädler, Janett: *Stellungsspiele. Geschlechtliche Konzeptionen in der zeitgenössischen erotischen Prosa Spaniens (1978-1995)*. Berlin: Erich Schmidt 1996.

Robbins, Jill (Hg.): *P/Herversions. Critical studies of Ana Rossetti*. Lewisburg: Bucknell University Press 2004.

Rosal, María: *Con voz propia. Estudio y antología comentada de la poesía escrita por mujeres (1970-2005)*. Sevilla: Renacimiento 2006 (Iluminaciones, 23).

Smith, Paul Julian: *The body Hispanic. Gender and sexuality in Spanish and Spanish American literature*. Oxford: Clarendon 1989.

Tegethoff, Viola: »*Yo no escribo ni como mujer ni como hombre*«. *Sexualität und Literatur im Werk von Ana Rossetti*. Paderborn 1998 [unveröffentlichte Magisterarbeit].

Teuber, Bernhard: »Cuerpos sagrados. En torno a las imágenes perversas de la carne en España«, in Bernhard Teuber/ Horst Weich (Hg.): *Iberische Körperbilder im Dialog der Medien und Kulturen*. Frankfurt am Main: Vervuert 2002, S. 35-47.

Ugalde, Sharon Keefe: »Erotismo y revisionismo en la poesía de Ana Rossetti«, in: *Siglo XX/ 20th Century* 7 (1789/1990), S. 24-29.

Weich, Horst/ Mahler, Andreas: »Ana und die Engel der Lüste - Religiöse Verlockung und erotisches Begehren im Werk Ana Rossettis«, in Dieter Ingenschay/ Hans-Jörg Neuschäfer (Hg.): *Aufbrüche. Die Literatur Spaniens seit 1975*. Berlin: Tranvía 1991, S. 207-213. (spanische Übersetzung: *Abriendo caminos. La literatura española desde 1975*. Barcelona: Lumen 1994, S. 301-308).

Zaldívar, María Inés: *La mirada erótica en algunos poemas de Ana Rossetti y Gonzalo Millán*. Santiago de Chile: Red Internacional del Libro/ Barcelona: Cafè Central 1998.

III. Anmerkungen

* Das Gedicht stammt aus dem ersten Lyrikband von Ana Rossetti: *Los devaneos de Erato*. Valencia: Prometeo 1980. Dieser und die weiteren Texte Rossettis werden im Folgenden zitiert nach der Ausgabe *Indicios vehementes. (Poesías 1979-1984)*. Con una entrevista-prólogo de Jesús Fernández Palacios. Madrid: Hiperión 1985 (hier S. 38).

1 Übersetzung ins Deutsche: Gero Arnscheidt und Hendrik Schlieper.
2 Die reiche Tradition weiblichen Dichtens im 20. Jahrhundert ist erst in letzter Zeit im Zuge kanonkritischer Arbeiten, vor allem aus dem Bereich der Gender Studies, überhaupt wahrgenommen worden und in das Blickfeld der Literaturwissenschaft gerückt; einen Überblick geben die Beiträge von Roberta Quance: »»Hago versos señores««, in Iris M. Zavala (Hg.): *Breve historia feminista de la literatura española (en lengua castellana). Bd. 5: La literatura escrita por mujer: desde el siglo XIX hasta la actualidad*. Barcelona: Anthropos 1998, S. 185-210, und Dietrich Briesemeister: »Carmen Conde. Las palabras«, in Manfred Tietz (Hg.): *Die Spanische Lyrik der Moderne*. Frankfurt am Main: Vervuert 1990, S. 423-432.
3 Es sei daran erinnert, dass sich in der Prosa eine analoge Hinwendung zu Erotik und Körperlichkeit im postfrankistischen Spanien feststellen lässt, die ihren verlegerischen Ausdruck in der Stiftung des – seinerzeit noch mit einer Million Pesetas ausgeschriebenen – Literaturpreises *La sonrisa vertical* durch den Verlag Tusquets im Jahre 1979 findet. Nachdem sie sich bereits einen Namen als Lyrikerin gemacht hatte, erhielt Ana Rossetti diesen Preis 1991 für ihre Sammlung erotischer Erzählungen *Alevosías*. Zu den weiteren (männlichen und weiblichen) Autoren und ihren Texten, die mit dem Preis ausgezeichnet wurden, vgl. Janett Reinstädler (1996).

4   Maria Grazia Profeti (1994:39-40). Profeti hat in einem Rundumschlag gegen Versuche, sich dem Werk Rossettis unter Verwendung von feministischen, soziologischen oder psychoanalytischen Methoden zu nähern, betont, der Dichterin gehe es weniger um die Subversion althergebrachter Machtdiskurse als um einen spielerischen Umgang mit Dichtung und Erotik, was die »burla de la expectativas del lector« einschließt. Viola Tegethoff hat in einer nicht veröffentlichten Magisterarbeit minutiös dargelegt, dass sich Rossetti bewusst den gängigen literarhistorischen Kategorisierungen durch die systematisch angewandte Strategie nicht eindeutiger Geschlechtszuweisung von Sprechinstanzen und Objekt entzieht.
5   Ana Rossetti verließ 1968 ihre andalusische Heimat und ging nach Madrid, wo sie Innenarchitektur mit einer Spezialisierung im Bereich des Theaters (Bühnenbild und Kostüm) studierte und 1972 abschloss. Sie versuchte sich eine Zeitlang als Schauspielerin, arbeitete dann als Designerin und wurde schließlich freie Autorin. In ihrem lesenswerten biographischen Abriss zeigt Jill Robbins (2004:31-62) sehr überzeugend auf, wie die in ihrer Biographie besonders relevanten Elemente ›Religion als Schauspiel in Andalusien‹, ›Mode‹ und ›Film‹ ihr lyrisches Werk zutiefst geprägt haben.
6   Zu einem ersten Überblick zu Leben, Werk und Kontextualisierung der Autorin vgl. Horst Weich/ Andreas Mahler (1991:207-213)
7   Hans-Jörg Neuschäfer (2006: 395).
8   Caroline Pross (2000:192) spricht von Rossettis »Auseinandersetzung mit den tradierten literarischen Sprachen der Liebe« und dem »emanzipatorisch verstandenen Willen zum Tabubruch«.
9   Hans Felten (2001:705-713).
10 Als Manifest dieser neuen, artifiziellen und stark von Bildungselementen, dem ›culturalismo‹, geprägten Dichtung, die mit der antifrankistischen, sprachlich und formal bewusst einfach gehaltenen und auf politische Wirkung ausgerichten *poesía social* bricht, lässt sich Gimferrers »Oda a Venecia« lesen. Vgl. die Interpretation von José Manuel López Abiada, in Manfred Tietz (Hg.): *Die Spanische Lyrik der Moderne*, S. 340-351.
11 »En *Devocionario* se evoca un apasionado misticismo, sólo que el objeto de la contemplación no es Dios, sino Eros. Una mística del cuerpo y de los sentidos cuyo extravío y éxtasis se alcanzan mediante todos los ingredientes de la liturgia católica tridentina. Y el lenguaje es, en consecuencia, extremo, violento, preñado de metáforas relampagueantes, fastuoso, siempre milagrosamente nuevo.«
12 Ana Rossetti bedient sich in ihren Gedichten weiblicher, männlicher und geschlechtlich nicht eindeutig zuzuordnender Stimmen. Eine männliche Stimme findet sich z.B. in dem Band *Los devaneos de Erato* in dem Gedicht »Inconfesiones de Gilles de Rais«, in dem Ana Rossetti (1985:32) überdies die Form der in den 80er Jahren so beliebten Fiktion des dramatischen Monologs verwendet.

13 Zum konkreten Fall der Erotisierung heidnisch-mythischer und christlich-katholischer Phänomene vgl. zum Fall von Rubén Darío, dem Gründungsvater des Modernismus, die Interpretation von Harald Wentzlaff-Eggebert »Rubén Darío. Leda«, in Manfred Tietz (Hg.): *Die Spanische Lyrik der Moderne*, S. 80-97. Ein Meister dieser Erotisierung des Sakralen war der Ana Rossetti natürlich bestens bekannte Ramón del Valle-Inclán, insbesondere in seinen *Sonatas* (1902-1905).

14 Zur Idealisierung (und Asexualisierung) der Frau im Petrarkismus vgl. die Interpretation eines der frühesten Beispiele des spanischen Petrarkismus bei Garcilaso de la Vega (1501?-1536) von Christopher F. Laferl: »Garcilaso de la Vega. Un rato se levanta mi esperanza«, in Manfred Tietz (Hg.): *Die spanische Lyrik von den Anfängen bis 1870. Einzelinterpretationen.* Frankfurt am Main: Vervuert 1997, S. 209-223.

15 Zur starken Präsenz der Antike im Frühwerk von Ana Rossetti vgl. Eugenio Ramón Luján Martínez (1997:77-88).

16 »[...] el punto de vista del texto muestra cómo se supera la tradición de la literatura erótica cuya tendencia es la de la objetivación pasiva del cuerpo de la mujer a través de la lente contemplativa del hombre.« José María Naharro Calderón (1994:87).

17 Neben der Lyrik Luis Antonio de Villenas und der Prosa Eduardo Mendicuttis sind die Filme Pedro Almodóvars Zeugnis dieser nachdrücklichen ›Diskursivierung‹ homosexuellen Begehrens; vgl. u.a. Dieter Ingenschay: »Homotextualität. Schwule Körperbilder im zeitgenössischen spanischen Roman« in Teuber/ Weich (Hg.): *Iberische Körperbilder im Dialog der Medien und Kulturen*, S. 221-250, und Andreas Steppan: *Di tu nombre. Zur intertextuellen Codierung homosexueller Liebe in der spanischen Literatur nach 1975.* Berlin: tranvía 2009.

18 Jill Robbins (2004:40-47) grenzt Rossettis Frauen- und Männerbild überzeugend von den Bildern der beiden Geschlechter ab, die im Frankismus im Rückgriff auf das Mittelalter (der Mann als Held in der Gestalt des Cid) und der Frau als Heiligen (in der als wenig weiblich charakterisierten Nonne Teresa de Ávila) mit deutlicher sozialpolitischer Absicht propagiert wurden.

19 Ausgehend von Einlassungen der Dichterin, in denen sie sich als »muy prerrafaelista y muy Rossetti« bezeichnet (vgl. Jesús Fernández Palacios 1990:14) hat Nancy L. Bundee (1993:452) als erste Werk und Pseudonym Rossettis aufgrund des »realism, sensuousness, and attention to detail« der Präraffaeliten sowie ihres »sense of individuality and creative strength« miteinander in Bezug gesetzt. Viola Tegethoff weist diesen Bezug sogar in der – modischen – Selbstinszenierung der Dichterin nach.

20 Im Spanischen kann das Wort »virgen« anders als das deutsche »Jungfrau« bekanntlich problemlos für beide Geschlechter verwandt werden. So wird »virgen« in der 23. Ausgabe des Wörterbuchs der RAE definiert als »persona que no ha tenido relaciones sexuales«. Trotzdem steht außer Frage, dass die

Bedeutung des Femininen und des Sakralen in dieser Verwendung im vorliegenden Gedicht mitklingen.

21 Teresa de Jesús: *Libro de la vida*. Ed. Dámaso Chicharro, Madrid: Cátedra 1979 (Letras hispánicas, 98), cap. XXIX, 13, S. 352-353 (Hervorhebung von den Vf.).

22 Hans-Jörg Neuschäfer (2006:394).

23 Michael Nerlich: »›Como quien busca un límite: tu cuerpo‹. Zur (erotischen) Präsenz des Körpers in der zeitgenössischen spanischen Lyrik«, in Eberhard Leube/ Ludwig Schrader/ Titus Heydenreich (Hg.): *Romanische Lyrik, Dichtung und Poetik. Walter Pabst zu Ehren*. Tübingen: Stauffenburg 1993, S. 167-190, hier S. 186.

24 Reinstädler (1996:203).

25 Vgl. Ulrike Schneider: *Der weibliche Petrarkismus im Cinquecento. Transformationen des lyrischen Diskurses bei Vittoria Colonna und Gaspara Stampa*. Stuttgart: Steiner 2007.

26 Das Gedicht »El vello« ist abgedruckt in der von Emilio García Gómez besorgten Anthologie *Poemas arábigoandaluces*, Buenos Aires: Espasa-Calpe 1940, S. 125; zur Thematik der Homosexualität in der spanisch-arabischen Lyrik des Mittelalters vgl. Werner Altmann, »Homosexualität in der spanischen Lyrik und Prosa vom Mittelalter bis zum Tod Francos«, in ders./ Cecilia Dreymüller/ Arno Gimber (Hg.): *Dissidenten der Geschlechterordnung. Schwule und lesbische Literatur auf der Iberischen Halbinsel*. Berlin: tranvía 2001 (= Gender Studies Romanistik 5), S. 43-63.

27 Vgl. Anm. 20.

28 Horst-Jürgen Gerigk: »Tarzan und der heilige Sebastian. Zur Ikonologie des nackten Mannes«, in Karin Tebben (Hg.): *Abschied vom Mythos Mann. Kulturelle Konzepte der Moderne*. Göttingen: Vandenhoeck und Ruprecht 2002, S. 120-137, hier S. 127.

29 »There is a suggestion of female genitalia in ›carne desgranada‹«. Margaret Helen Persin: *Getting the Picture. The Ekphrastic Principle in Twentieth-Century Spanish Poetry*. Cransbury, New Jersey [...]: Associated UP 1997, S. 169.

30 Nerlich (1993:187).

31 So lässt sich auch in den V. 11 und 12, in denen sich das lyrische Ich des Textes manifestiert, eine poetologische Lesart ausmachen: Zum einen lässt sich das Aufnehmen des Blutes – der »rubíes« (V. 11) – mit der Zunge, das Trinken in den Wunden des versehrten Körpers als zahmer Hund (V. 12) in einer sexualisierten Lesart interpretieren: Im lustvollen Trinken des Blutes verbirgt sich eine erotische Kontrafaktur der Eucharistie, des Trinkens vom Blut Christi, im Berühren der (Liebes)Wunde mit der Zunge eine Fellatio-Anspielung. Zum anderen lässt sich V. 11 poetologisch begreifen: Das lyrische Ich, hinter dem sich die Dichterin verbirgt, nimmt das religiöse (Gottes-)Wort auf, das durch die »rubíes« symbolisiert wird, um es dann mit ihren eigenen

»lengua« (V. 11) neu zu artikulieren; zum Symbolgehalt der Rubine vgl. den entsprechenden Eintrag in Gunter Butzer/ Joachim Jacob (Hg.): *Metzler Lexikon literarischer Symbole*. Stuttgart/ Weimar: Metzler 2008.

32 Garcilasos Sonett »A Dafne« findet sich in Hans Felten/ Agustín Valcárcel (Hg.): *Spanische Lyrik von der Renaissance bis zum späten 19. Jahrhundert. Spanisch/ Deutsch*. Stuttgart: Reclam 1990 (RUB 8610), S. 56- 57.

Claude Le Bigot

Javier Salvago. Al cumplir los treinta

En medio del camino de la vida,
aquí donde se deja ver el tiempo,
quien busca en su interior encuentra un hombre
con su trivial historia y la experiencia
de haber cubierto ya la mejor parte:
la que ilumina más en la memoria.

Es hora de aprenderse de memoria
algunas reglas, para que la vida,
si no feliz, al menos tenga en parte
algún encanto oculto que dé al tiempo
parte de ese frescor que la experiencia
le va negando lentamente al hombre?

Uno empieza a sentir lo que es un hombre
la noche en que despierta la memoria
y se filtra, a través de la experiencia,
aquello que se suma a nuestra vida.
Aunque nada es igual que en otro tiempo,
todo parece visto en otra parte.

Y sabe que no está en ninguna parte
ese mundo ideal con el que el hombre
sueña en su juventud. Contempla el tiempo
y le sorprende hallar en la memoria
recuerdos que eran vida. De la vida
sólo nos va quedando la experiencia.

Uno sabe también, por experiencia,
lo poco con que cuenta de su parte
en este incierto juego de la vida,
la miseria que al fin nos deja un hombre
– unas fotos que barre la memoria
de los demás, en cuanto sopla el tiempo –.

Pero se aferra, mientras quede tiempo,

	y cada día añade a la experiencia
	otra página más, que la memoria
	archiva, sin remedio, en cualquier parte.
35	Y vive y se comporta como un hombre,
	aunque no espere mucho de la vida.

La vida, esa pequeña flor del tiempo
que el hombre va vistiendo de experiencia,
es, en gran parte, lo que fue: memoria.*

Am 30. Geburtstag
In der Mitte des Lebenswegs, / hier, wo man die Zeit verspürt, / entdeckt man bei der Suche in seinem Inneren einen Menschen / mit seiner trivialen Geschichte und der Erfahrung, / dass man schon den besten Teil [sc. des Weges] zurückgelegt hat: / den, der das meiste Licht in der Erinnerung verbreitet. (V. 1-6)
Es ist jetzt Zeit, einige Regeln / auswendig zu lernen, damit das Leben, / wenn es schon nicht glücklich ist, wenigstens zum Teil / irgendeinen verborgenen Zauber hat, der der weiteren Lebenszeit / einen Teil von jener Frische gibt, die die Erfahrung / dem Menschen langsam nach und nach verweigert. (V. 7-12)
Man beginnt zu spüren, was ein Mensch ist, / in der Nacht, wenn die Erinnerung erwacht / und wenn durch die Erfahrung das gefiltert wird, / was zu unserem Leben hinzukommt. / Obwohl nichts ist, wie es früher war, / scheint alles bereits anderswo gesehen. (V. 13-18)
Und man weiß, dass nirgendwo / jene ideale Welt ist, von der der Mensch / in seiner Jugend träumt. Man betrachtet die Zeit / und ist überrascht, im Gedächtnis Erinnerungen zu finden, / die einst Leben waren. Vom Leben / bleibt uns letztlich immer nur die Erfahrung. (19-24)
Man weiß auch, aus Erfahrung, / über wie wenig man aus sich selbst heraus / in diesem ungewissen Spiel des Lebens verfügt / [Und man kennt auch] das bisschen Nichts, das uns ein Mensch zurücklässt / – ein paar Fotos, an die sich niemand mehr erinnert, / sobald die Zeit darüber weht –. (V. 25-30)
Aber man klammert sich fest, solange noch Zeit ist, / und jeder Tag fügt der Erfahrung / eine Seite mehr hinzu, die das Gedächtnis, / ohne Pardon, irgendwo, speichert. / Und man lebt weiter und verhält sich wie ein Mensch, / auch wenn man nicht (mehr) viel vom Leben erwartet. (V. 31-36)
Das Leben, diese kleine Blüte der Zeit, / die der Mensch ständig mit seiner Erfahrung überzieht, / ist großenteils, was es schon immer war: Erinnerung. (V. 37-39)[1]

Javier Salvago und die poetas de la experiencia

Javier Salvago, der 1950 in Paradas (Sevilla) geboren wurde, hat lange gebraucht, bis er mit seinen Gedichten in die großen Anthologien der spanischen

Gegenwartslyrik aufgenommen wurde. Der Grund für diese lange Nicht-Wahrnehmung mag gewesen sein, dass er keiner speziellen Dichtergruppe zuzurechnen und damit nicht leicht kategorisierbar ist. Dennoch nennt Salvago insgesamt bereits ein gewichtiges lyrisches Werk sein Eigen, das 1997 erstmals in einer einbändigen Gesamtausgabe erschien. Dieses Werk verbindet ihn mit der Richtung der *poetas de la experiencia,* die auch unter dem Schlagwort der *otra sentimentalidad* zusammengefaßt werden. Es ist dies eine Stilrichtung, die auf Luis García Montero zurückgeht und in der diesem Álvaro Salvador, Javier Egea und Antonio Jiménez Millán gefolgt sind. Wenn Salvago in eine der großen wegweisenden Anthologien aufgenommen worden wäre, hätte er auch unter die *postnovísimos* gezählt werden können. Diesen Begriff verwendete Luis Antonio de Villena[2] für eine Dichtergruppe, in deren Werken die Übergänge zwischen Tradition und Erneuerung fließend sind. Bei diesen Autoren findet sich eine neue Art der Auseinandersetzung mit der literarischen Tradition, die sehr verschieden von der der *culturalistas* ist. Bei ihnen findet sich eine Vorliebe für eine bewusste Verwendung der Umgangssprache, einen rationaleren Aufbau des Gedichts, eine deutliche Neigung zur Ironie (die von Jaime Gil de Biedma kommt), eine Wiederaufnahme narrativer Verfahren – all dies stilistische Vorgehensweisen zur Wiedergabe dessen, was im dichterischen Ausdruck Alltäglichkeit ausmacht. Wenn man sich sehr eng an der Bedeutung orientiert, die die ›Dichter der Erfahrung‹ den biographischen Elementen in ihrem lyrischen Schaffen zugestehen, dann läßt sich als ›Lyrik der Erfahrung‹ eine Dichtung bezeichnen, die auf den Erkenntnissen des Subjekts beruht, die ihrerseits aus den Kontakten des Dichters mit dem Alltagsleben hervorgegangen sind. Eine solche Sicht der Lyrik veranlasst den Dichter zur Suche nach dem Ausgleich zwischen den konkret erfahrenen Impulsen des Lebens und der sprachlich-dichterischen Praxis, die für das Subjekt die grundlegende Quelle der Lyrik ist. Auch wenn Salvagos Lyrik die formalen Elemente nicht besonders in den Vordergrund stellt, so zeigt sie im Einzelfall doch die Verwendung spezieller suggestiver Formen, die in der Lage sind, das breite Publikum wieder an die Gattung Lyrik heranzuführen, die in der Vergangenheit nur allzu sehr die Tendenz zeigte, zur Angelegenheit einer Minderheit zu werden.

Vorbemerkungen zur Form der Sestine

Die Sestine ist eine Gedichtform, die aus Italien stammt und im 16. Jahrhundert auch in Spanien Verbreitung fand. Die Erfindung dieser gelehrten und äußerst raffinierten Form wird dem provenzalischen Troubadour Arnault Daniel zugeschrieben. In der Folge wurde sie auch von Dante und Petrarca verwendet. In Spanien findet sie sich bei Dichtern wie Jorge Manrique und Fernando Herrera. Vermutlich verhinderte die Kompliziertheit dieser Form, dass sie sich in Spanien wirklich etablieren konnte. Überraschenderweise greifen mitten im 20. Jahrhundert, zu einem Zeitpunkt, wo ansonsten die klassische Verskunst weitgehend aufgegeben ist, einige Dichter auf die Sestine zurück. Dies geschieht etwa bei Jaime Gil de Biedma[3] oder Antonio Carvajal. Letzterer, der ein großer Bewunderer der festen Gedichtformen des *Siglo de Oro* ist, hat sogar eine ganze Gedichtsammlung in der Form der Sestine verfasst.[4]

Bei der Sestine handelt es sich immer um eine Komposition aus sechs Strophen sowie einer Schlussstrophe (dem Geleit, spanisch *contera*) aus drei Versen. Für alle Verse und Strophen des Gedichts gilt die Regel, dass es »einen festen Rahmen von Wörtern am Versende [gibt], innerhalb dessen die Verse aufgebaut werden müssen.«[5] Wie die vorliegende reimlose Sestine zeigt, werden die jeweiligen Schlusswörter der sechs Verse in den fünf weiteren Strophen wiederum als Schlusswörter verwandt, jedoch in einer jeweils anderen Reihenfolge, wie das folgende Schema zeigt:

		Strophen					
		1	2	3	4	5	6
Schlusswörter	*vida* (Leben)	A	F	C	E	D	B
	tiempo (Zeit)	B	A	F	C	E	D
	hombre (Mensch)	C	E	D	B	A	F
	experiencia (Erfahrung)	D	B	A	F	C	E
	parte (Teil)	E	D	B	A	F	C
	memoria (Erinnerung)	F	C	E	D	B	A

Das Geleit nimmt die sechs Schlusswörter wieder auf, wobei jeder der drei Verse ein Schlusswort im Versinneren und das andere am Versende verwendet: aB, cD, eF.

Diese formalen Besonderheiten zielen darauf ab, den semantischen Gehalt der Endwörter (*vida, tiempo, hombre, experiencia, parte, memoria*) besonders hervorzuheben. Sie geben so auch die Grundidee des vorliegenden Gedichts in einer globalisierenden Aussage – ›Verlauf eines menschlichen Lebens‹ – wieder. Dabei ist allerdings hervorzuheben, dass die Schlusswörter in ihrer Gesamtheit zwar eine gemeinsame Bedeutung haben, dass dies jedoch nicht für das Wort *parte* zutrifft, das mit verschiedenen Bedeutungen und Funktionen (Orts- und Mengenbestimmung) gebraucht werden kann. Dies ist zweifelsohne nicht als ein Versehen des Autors anzusehen, sondern als eine bewusste Wahl, die den artifiziellen Charakter dieses Gedichts auflockern soll. Um diese Auflockerung zu erreichen, setzt der Dichter, wie noch zu zeigen sein wird, weitere Elemente ein. Die Bedeutungsbreite des Wortes *parte* steht in einer metonymischen Beziehung zum Objekt und dessen Kernthema im Gedicht, dem Lebenslauf eines Menschen.

Der folgende Kommentar des Gedichts unternimmt in drei Schritten den Versuch, die Charakteristika dieses Textes darzustellen.

Eine Neugestaltung der traditionellen Innenschau des Subjekts

Der Titel des Gedichts richtet bei einer ersten Lektüre das Augenmerk des Lesers auf ein einfaches Geschehen im gesellschaftlichen Leben eines jeden Menschen, den Geburtstag: »Al cumplir los treinta«, »Am 30. Geburtstag«. Diese Zahl ist selbstverständlich nicht willkürlich gewählt, da sie auf den Eintritt in die Phase des Alters verweist. Rein äußerlich lässt der Titel des Gedichts an die Form des Madrigals denken, einer lyrischen Gattung, die darauf abzielt, alltägliche Ereignisse ohne größere Bedeutung zu feiern und die nur das Vergnügen eines privilegierten, heiteren und glücklichen, jedoch zeitlich begrenzten Moments festhält. Allerdings wird der Leser bei der Lektüre des ersten Verses – »En medio del camino de la vida« – etwas überrascht sein, denn heutzutage liegt die Mitte des menschlichen Lebens nicht mehr bei 30 Jahren. Das Alter von 30 Jahren ist zu gering, um die Kehre ins (Greisen-)Alter einzuleiten. Auf diese Art entsteht vom ersten Vers an eine verhaltene Ironie gegenüber einem weitaus mehr literarischen als existentiellen Phänomen. Der Leser findet sich mit einer literarischen Anleihe konfrontiert, die aus Dantes *Divina commedia* entnommen ist (»Nel mezzo del cammin della nossa vita«) und die der Autor durch den Gebrauch der Kursivschrift signalisiert. Es handelt sich um eine Anleihe, aus der die Absicht des Dichters hervorgeht, sich in die Tradition der dichterischen Introspektion, der Innenschau zu stellen, wie sie in Europa seit der Renaissance üblich geworden ist: »quien busca en su interior encuentra un hombre« (V. 3). Bei seiner Bilanz eines Lebens verzichtet Javier Salvago im vorliegenden Gedicht auf den Gebrauch der ersten Person. Für die Markierung der für die Selbstanalyse notwendigen Distanz, verwendet er die dritte Person bzw. eine unpersönliche Wendung, wenn auch auf dem geringsten Grad von Unpersönlichkeit: »*uno* empieza a sentir lo que es un hombre«, »*uno* sabe [...]«. Wer immer in diesem Gedicht hinter dieser unpersönlichen Wendung steht, will seinen persönlichen Fall verallgemeinert wissen. Die hier dargestellte Introspektion hat nur ein Ziel: sie will Spielregeln schaffen »para que la vida / [...] al menos tenga en parte / algún encanto oculto«, einen gewissen Zauber und eine Attraktivität, die auf der Erfahrung der vergangenen 30 Jahre beruhen. Anhand der festen Gedichtform der Sestine hebt Salvago Kernwörter heraus, um die herum sich sein Gedicht strukturiert. Der Dichter erinnert den Leser daran, dass der Lebensweg des Menschen etwas ist, das in die Kategorie der Vergangenheit gehört. Was man gemeinhin unter dem Begriff der ›Erfahrung‹ (*experiencia*) versteht, bündelt eine ganze Reihe von Realitäten mit verschiedener Bedeutung, angefangen von der Altersweisheit mit ihrem spezifischen Bezug auf die Gegenwart oder auf die Vergangenheit der Person, die zumindest in einem bestimmten Moment durchaus auch als eine hinderliche Last verstanden werden kann. Die Vergangenheit, von der Salvago spricht, wird jedoch positiv gewertet. Sie ist »la mejor parte« seines Lebensweges, »la que ilumina más la memoria« (»der das meiste Licht in der Erinnerung verbreitet«, V. 6). Der Leser hat keine Schwierigkeiten damit, sich vorzustellen, warum der Sprecher seine Erinnerung als freudvoll empfindet: es handelt sich um die Jahre der Jugend, um das Erwachsenenalter mit seinen Hoffnungen und gesellschaftlichen Illusionen, um das Vertrauen in die Zukunft, die berechtigten ehrgeizigen Zielsetzungen, die Begeisterungsstürme und Rückschläge. Es ist diese Gesamtheit von Erlebtem, die die Erfahrung in der umgangssprachlichen Verwendung des Wortes ausmacht. Die Intensität der Erfolge und Misserfolge prägt die Person, die ihrerseits ihre Wahrnehmung der Welt verändern kann. Daher der Nachdruck auf die Rolle der Erinnerung: »uno empieza a sentir lo que es un hombre / la noche en que despierta la memoria« (V. 13-14) oder auch: »le sorprende hallar en la memoria / recuerdos que eran vida« (V. 22-23). Dem lyrischen Ich wird bewusst, dass sich in seiner Vergangenheit eine grundsätzliche und recht ernüchternde Wahrheit zeigt, die sich in der Formel »soy lo que fui« zusammenfassen läßt und die in den Schlußversen des Gedichts anklingt: »La vida […] / es, en gran parte, lo que fue: memoria« (V. 39).

Trotzdem wäre es falsch zu meinen, der Mensch sei unwiederbringlich der Gefangene seiner Vergangenheit und seiner Geschichte. Ein solcher Determinismus existiert für Salvago nicht, auch wenn dieser in dem ein oder anderen Bereich für unsere Persönlichkeit entscheidend sein mag. Was der Mensch tut, ist von seinem aktuellen Willen abhängig. Dieser Wille erlaubt es ihm, die Niederlage des Geistes zu überwinden, die ansonsten zu einem vollkommenen Skeptizismus führen könnte: »Pero se aferra, mientras quede tiempo, / y cada día añade la experiencia / otra página más« (V. 31-33). Vergangenheit und Gegenwart bilden im Bewusstsein ein homogenes Kontinuum. Diese Idee stellt Javier Salvago in einer geschickt zum Audruck gebrachten Empfindung dar, wozu er das Schema der Sestine mit dessen Prinzip der Wiederholung und der Schlüsselwörter (*tiempo, memoria, hombre, vida*) verwendet. Bei dieser Aneinanderreihung handelt es sich nicht um ein bloßes Spiel, sondern um das Ergebnis einer Überlegung, in deren Rahmen das lyrische Ich philosophischen Fragen über das menschliche Wesen und den Sinn der Existenz nachgeht. Dieses Verhalten kann obsessiven Charakter bis hin zur Neurose annehmen. Es findet sich in dem Gedicht Javier Salvagos mit einer gewissen Zuspitzung. So betont er beim Thema der Reife die verlorenen Illusionen voll Pathos und Selbstmitleid. Diesen Gedanken fasst eine Strophe aus dem Gedicht »Divagaciones sobre un tema« aus dem bisher letzten Gedichtband des Autors, *Ulises*, wie folgt zusammen:

> *La madurez debe ser esto,*
> *comprender cosas que espantaban*
> *vistas desde lejos, comprender*
> *que uno está preso en una trampa.*

Es handelt sich um ein zentrales Thema, das auch in den Titeln anderer Gedichtbände von Salvago aufscheint, so in *Los mejores años* oder in *La perfecta edad*, Titel, bei denen es sich um die Jahre der Reife handelt. Das Denken Salvagos bezieht sich jedoch nicht auf die ontologische Ebene, wie dies bei Jaime Siles in der Zeit von *Alegoría* (1973-1977) der Fall gewesen ist, sondern auf eine existentielle Ebene, die jede abstrakte Formulierung vermeidet. Bei Salvago entdeckt der Leser die schlichteste Alltäglichkeit, auf der der Mensch seine Pläne ohne große Illusionen aufbaut. Die Unruhe und die Begeisterung der Jugend sind bereits vergangen und das lyrische Ich hat sich mit einer gelasseneren Lebensweise abgefunden, auch wenn das Geld, die Macht und der Erfolg weiterhin, ob es dies will oder nicht, eine unablässige Antriebskraft darstellen. Die Resignation ist nichts anderes als ein Abrechnen mit der eigenen Vergangenheit: »Y sabe que no está en ninguna parte / ese mundo ideal con el que el hombre / sueña en su juventud [...]« (V. 19-21).

Dennoch schließt das Gedicht nicht mit einem alles zerstörenden Pessimismus. Es lässt sich im Gegenteil sagen, dass aus der Erfahrung des Hinschwindens der Tage und der damit verbundenen Zerstörung des Menschen ein Drang nach Leben entsteht, der das ungewisse Spiel des Lebens (»incierto juego de la vida«, V. 21) erträglich macht. Unter den wenigen Metaphern des vorliegenden Gedichts ist die des Spiels in höchstem Maße bezeichnend für den philosophischen Ansatz des lyrischen Ich. Das Leben als Spiel anzusehen ist eine der Möglichkeiten, ihm zwar alle weitreichende Bedeutung zu nehmen. Dennoch behält es in dieser Sicht eine starke Anziehungskraft und ein unwiderstehliches Verführungspotential. Denn das Wichtigste ist das Genießen des Augenblicks und die Intensität des Erlebens in Anbetracht des Geheimnisses seiner Endlichkeit. Das Bild des Spiels verweist darüber hinaus noch auf eine andere Vorstellung, nämlich die, dass das Leben nicht allzu ernst genommen werden darf. Allerdings sollte die Spielmetapher nicht täuschen. Denn wie Johan Huizinga in seinem *Homo ludens* gezeigt hat, gibt es nichts Ernsteres als das Spiel. So löst sich denn die Metapher auf und enthüllt die Sinnlosigkeit der Existenz: »Y vive y se comporta como un hombre / aunque no espere mucho de la vida« (V. 35-36). Wie dargelegt, steht der Diskurs des Gedichtes in enger Verbindung mit einer Haltung der Introspektion. Aber ihr Allgemeinheitsgrad, der keine konkreten Hinweise auf die Biographie von Salvago enthält, erlaubt es nicht, autobiographische Merkmale herauszustellen. An die Stelle des auktorialen Sprecher-Ich ist eine Person getreten, die sich selbst analysiert. Dieses Verfahren, das bei vielen anderen kulturalistischen Dichtern bzw. bei den *postnovísimos* zum Rückgriff auf die Verwendung einer Maske geworden wäre, d.h. zu einem Gedicht mit einem lyrischen Ich in der Figur einer historischen Person, ist hier gestaltet als eine völlig durchschaubare anonyme Person. Eine solche Vorgehensweise schwächt den Eindruck ab, als handle es sich um eine Bekenntnisdichtung in romantischer Tradition, die sich durch das Offenlegen innerster Befindlichkeiten charakterisiert. Demgegenüber vertritt hier bei Salvago das lyrische Ich die Position einer diskreten Zurückhaltung. Es hat die Rolle einer sich selbst reflektierenden Person eingenommen, die sich mit größter Schlichtheit ausdrückt, was in nicht geringem Maße dazu beiträgt, die verdunkelnden Vorgehensweisen der früheren Kulturalisten zu überwinden.

Umgangssprachlicher und prosaischer Stil

Ein weiteres bezeichnendes Element in dem Gedicht von Javier Salvago ist die Spannung zwischen der anspruchsvollen klassischen Form und dem weit weniger anspruchvollen Sprachniveau, auf dem der Autor seinen Diskurs gestaltet, ein Register, das sich weitgehend als ganz gewöhnliche Umgangssprache bezeichnen lässt. Dies ist ein eindeutiges Beispiel für die plurale Ästhetik, wie sie die so genannte postmoderne Dichtung charakterisiert. Im vorliegenden Gedicht wird eine Situation im Leben eines Menschen mit literarischen Verfahren dargestellt, die noch kurz zuvor im Zuge der Mode der Kulturalisten und der *venecianos* gering geschätzt wurden: ein höheres Maß an Realismus, eine einfachere Lesbarkeit, ein logischerer Aufbau des Gedichts, d. h. eine Reihe von Kriterien, die sich zwar auch schon bei den *poetas sociales* der 50er Generation finden, die jedoch hier ganz bewusst in ästhetischer Absicht eingesetzt werden. Es kann kein Zweifel daran bestehen, dass sich Javier Salvago mit seinem Gedicht in die Tradition der Introspektion stellt und dass er damit Aussagen moralistischer Art treffen will. Er geht jedoch über diese Tradition hinaus zu einer eigenständigen Darstellung seiner Grunderfahrung, einer tiefen Enttäuschung über das Leben, die aber ohne abstrakte Begrifflichkeiten dargelegt wird und deren Darstellung daher mit derselben Leichtigkeit dahinfließt wie die Alltagssprache. Diese Leichtigkeit vermittelt den Eindruck eines prosaischen Stils, den die Kritik immer wieder als ein typisches Kennzeichen der ›Dichter der Erfahrung‹ hervorgehoben hat.

Bei der Beschreibung des Ablaufs des Lebens und bei dem Versuch, die »reglas [...] para la vida« (V. 8) zu verallgemeinern, entscheidet sich der Dichter bewusst für die Wiederaufnahme einer Art des Erzählens, die für den lyrischen Diskurs von den verschiedenen Avantgarden als antilyrisch verworfen worden war. Es ist auffällig, wie schlicht und gewöhnlich die Sprache des Gedichts ist, die sich der Umgangssprache annähert, auch wenn die scheinbare Natürlichkeit des Ausdrucks in deutlichem Widerspruch zu den formalen Zwängen und Regelmäßigkeiten der Sestine steht. Die Spannung zwischen diesen beiden Elementen ist unübersehbar. Sie verweist auf den höchst kalkulierten Charakter, der sich in dem vorgeblich prosaischen Stil der ›Dichter der Erfahrung‹ verbirgt. Es bedarf keines besonderen Hinweises darauf, dass dieser Stil sich erheblich von den grammatikalischen Strukturen der Alltagsgespräche unterscheidet, die häufig elliptisch und parataktisch sind. Im vorliegenden Gedicht verwendet der Dichter mittellange Satzgefüge, die jedoch deutliche hypotaktische Züge aufweisen, wie dies z. B. in der zweiten Strophe der Fall ist: »Es hora de aprenderse de memoria / algunas reglas, *para que* la vida, / [...] al menos tenga en parte / algún encanto [...] *que* dé al tiempo / parte de este frescor *que* la experiencia [...]« (V. 7-11). Nimmt man den Einschub »si no feliz, al menos [...]« hinzu, so ergibt sich ein recht komplex strukturierter Satz, den der Leser weit mehr mit dem Register der Schriftsprache verbindet. Bisweilen unterbricht der Dichter jedoch auch solche langen Konstruktionen, um den Sprachrhythmus zu variieren. Dies ist der Fall in der vierten Strophe, die aus insgesamt drei Sätzen besteht. Sie bilden zwar einen zusammenhängenden Komplex, tendieren jedoch dazu, in unabhängige Einheiten zu zerfallen. In diesem Fall ähnelt der Sprachrhythmus sehr stark der umgangssprachlichen Prosa mit ihren lexikalischen Wiederholungen (hier z. B. »que eran *vida*. De la *vida* / sólo nos va quedando la experiencia«, V. 23-24), die nicht unbedingt ein Kriterium für Poetizität sind. Dieses Verfahren, die Grenzen zwischen Prosa und Lyrik aufzuheben, ist eines der Kennzeichen der komplexen Poetik der Postmoderne. So bringt Javier Salvago eine lyrische Sprache hervor, die zwar alles klassizistisch Gekünstelte vermeidet, die aber doch einen Rhythmus besitzt, der sie von der Prosa unterscheidet. Dieser Rhythmus ist bedingt durch die regelmäßige Strophenfolge der Sestine und deren strenge Ordnung mit ihren voraussehbaren Wiederholungen und ihrer lexikalisch und syntaktisch geregelten Abfolge. Der kürzeste Satz der vierten Strophe stellt als unabhängige grammatische Einheit eine in sich geschlossene Sentenz dar: »De la vida / sólo nos va quedando la experiencia« (V. 23-24). Wie in einer moralistischen Sentenz wird hier die Bedeutung des ganzen Gedichts zusammengefasst. Es könnte so der Eindruck großer Ernsthaftigkeit entstehen, wäre da nicht eine gewisse Distanzierung zwischen der Aussage und dem Sprecher, in der eine ironische Haltung zum Ausdruck kommt.

Die Natürlichkeit dieser scheinbaren Alltagssprache beruht auch auf einer lexikalischen Schlichtheit. Es wird häufig auf Redewendungen zurückgegriffen, insbesondere wenn es darum geht, den kognitiven Charakter des Diskurses hervorzuheben: »Uno *empieza a sentir* lo que es un hombre / la noche [...]« (V. 13-14), »*Aunque nada es igual* que en otro tiempo / *todo parece visto* en otra parte« (V. 17-18). Derartige sprachliche Züge sind Belege für einen rationalen und meditativen Diskurs, der jedoch jedes Übermaß an Abstraktion und Intellektualismus vermeidet. Diese Zurückhaltung zeigt sich auch in einem geringen Gebrauch von Adjektiven. Das ganze Gedicht verwendet nur sechs Epitheta: »trivial historia« (V. 4), »mejor parte« (V. 5), »si no feliz« (V. 9), »encanto oculto« (V. 10), »mundo ideal« (V. 20), »pequeña flor« (V. 37). Auch das weitere Lexikon ist weder gekünstelt noch enthält es Bildungselemente. Die Auswahl des Vokabulars zielt auf eine rigorose Vereinfachung. Allerdings stellt man auf der paradigmatischen Ebene ein Nebeneinander von Euphorie und ihrer gleichzeitigen Negation fest. So wird zwar die Idealwelt (»mundo ideal«, V. 20) ausdrücklich verneint. Damit jedoch die zerstörerischen Wirkungen der Verzweiflung nicht überhand nehmen, werden überzogene Hoffnungen von vornherein auf ein mittleres Maß reduziert: »se comporta como un hombre, / aunque no espere mucho de la vida« (V. 35-36). Wieder findet sich hier eine Sentenz, jedoch in einer klaren und maßvollen Formulierung. In der ausgesprochen eingeschränkten Verwendung von schmückenden Adjektiven findet das Kalkül des Autors seinen Ausdruck, Frustrationen im Spannungsfeld zwischen der »trivialen Geschichte« und der »Idealwelt« zu vermeiden. Diese eingeschränkte Verwendung von Adjektiven zielt außerdem darauf ab, die Ansichten des Lesers über die beschriebene Welt möglichst unbeeinflusst zu lassen. Dies führt zu einem neuen Realismus, zu dem sich viele postmoderne Lyriker bekennen, darunter Luis García Montero. In einem seiner neueren Gedichte mit dem bezeichnenden Titel »La inmortalidad« stellt er fest, dass der Künstler der Gegenwart gerade jene Orte meidet, an denen die Unsterblichkeit bislang gemeinhin gefeiert wurde, um neue Orte für ihr Gedenken zu erfinden. Die Kunst der Gegenwart geht so auf die Straße hinaus, sie verlässt das Museum, die Werkstatt, die Galerie und nimmt dabei alle damit verbundenen Risiken auf sich:

Entonces comprendí que la inmortalidad
puede cobrarse por adelantado.
Una inmortalidad que no reside
en plazas con estatua,
en nubes religiosas

> o en la plasticada vanidad literaria,
> llena de halagos homicidas
> y murmullos de cóctel.
> Es otra mi razón. Que no me lea
> quien no haya visto nunca conmoverse la tierra
> en medio de un abrazo.[6]

Auch der geringe Einsatz von Metaphern ist als ein Schritt in Richtung auf eine prosaische Sprachverwendung zu verstehen. In der Tat finden sich im vorliegenden Gedicht nur wenige Beispiele gelungener oder gar kühner Metaphern. Die von Javier Salvago verwendeten Beispiele hinterlassen eher den Eindruck eines recht konventionellen Sprachgebrauchs: »el juego de la vida« (V. 27), »añadir otra página« (V. 33), »la memoria archiva« (V. 34), »la pequeña flor del tiempo« (V. 37). Es handelt sich um gebräuchliche Metaphern, die jedem Leser, der mit lyrischen Texten einigermaßen vertraut ist, völlig geläufig sein dürften. Man hat im Gegenteil den Eindruck, dass Javier Salvago jedem bildlichen Sprachgebrauch misstraut. Das Bild ist für ihn eine gefährliche Täuschung. Er setzt mehr auf die metonymischen Aspekte eines übertragenen Sprachgebrauchs und verwirft jede ausufernde Metaphorik, um so das Gedicht lesbarer zu gestalten.

Der Hinweis auf eine prosaische Sprachverwendung – die sich auch bei vielen Autoren der Generation der 50er Jahre, etwa bei Ángel González, Carlos Barral, José Agustín Goytisolo oder Gil de Biedma findet – muss allerdings relativiert werden. Es ist damit keineswegs ein Mangel an ästhetischem Niveau oder Poetizität gemeint. Das Gedicht von Salvago zeigt vielmehr eine ständige Balance von technischer Kunstfertigkeit einerseits und natürlichem Ausdruck andererseits, wodurch der Unterschied zwischen einer alltäglichen und einer literarischen Sprache in hohem Maße aufgelöst wird. Diese Vermischung von Umgangssprache und Sprache der Dichtung ist ein charakteristisches Kennzeichen der *poesía de la experiencia*.

Der Grundgedanke des vorliegenden Gedichts von Javier Salvago ist die Beziehung zwischen dem Vergehen der Zeit und der Frage nach der Identität des erlebenden Subjekts. Das Ergebnis seiner ganz auf der klassischen Tradition beruhenden Innenschau führt zu der – prosaisch formulierten – philosophischen Schlüsselfrage: Ist der Mensch ein Gefangener seiner Vergangenheit? Die Formulierung dieser Frage, wie sie im Schlussterzett andeutungsweise erfolgt – »La vida, [...] es en gran parte, lo que fue: memoria« –, bedarf weiterer Erklärung. Bevor der Autor zu dieser pessimistischen Feststellung gelangt, weist er darauf hin, dass sich der Betrachter in Subjekt und Objekt trennt, sobald er auf sein bisheriges Leben zurückblickt:

> aquí donde *se deja ver el tiempo*,
> quien busca en su interior encuentra un hombre (V. 2-3)
> [...] *Contempla el tiempo*
> y le sorprende *hallar en la memoria*

recuerdos que eran vida. (V. 21-23)
La vida [...]
es en gran parte *lo que fue*: memoria (V. 37-39).

Die Distanzierung des Subjekts, wie sie sich in den kursiv hervorgehobenen Textstellen darstellt und wie sie sich aus der Innenschau ergibt, erfolgt in der Form eines ›inneren Dialogs‹. Zugleich verweist dieser auf die Distanz zwischen dem Ich und der Erinnerung als Bestandteil eines fragmentierten Prozesses, der nichts anderes ist als die Konstruktion des Ich aufgrund seiner persönlichen Geschichte, seiner Erlebnisse und seiner Erfahrung. Anhand der Verwendung der Tempora von Vergangenheit und Gegenwart erinnert der Dichter an die enorme Last, die das Erinnern und das Vergessen bei der Konstruktion von individuellen, vielleicht auch von kollektiven, Identitäten darstellen, wobei die Möglichkeiten der Zukunft und der nie gänzlich aufgegebene Wunsch, handelnd einzugreifen, unerwähnt bleiben. Was Javier Salvago auf diese Art und Weise in seinem Gedicht auf jeden Fall herausstellt, ist die Tatsache, dass die Entstehung des jeweils gegenwärtigen Subjekts durch Abtrennung von sich selbst als historischem Objekt erfolgt und dass sich das Subjekt in mehreren Schritten aufgrund seiner unabdingbaren Freiheit selbst konstruiert.

Nostalgie, Pessimismus und Ironie

Wollte man Javier Salvago in eine Dichtungstradition stellen, so wäre es zweifelsohne die jener Lyriker, die sich immer geweigert haben, auf die Umgangssprache als dichterische Gestaltungsmöglichkeit zu verzichten, weil sie in ihr die Möglichkeit einer direkten literarischen Kommunikation zwischen Dichter und Leser sehen. Hier ließen sich Namen wie die von Blas de Otero, Ángel González, Gil de Biedma und unter den unmittelbaren Zeitgenossen von Salvago der Name von Luis García Montero anführen. Es handelt sich um Dichter, die von einer Poetik des Realismus ausgehen, die den Vers als etwas völlig Natürliches erscheinen lassen und ihrer Dichtung eine Dimension von unmittelbarer Menschlichkeit und klarem Verständnis geben wollen. In einem gewissen Maße nimmt hier Salvago Vorstellungen von einem der meistgelesenen Autoren des 19. Jahrhunderts, Ramón de Campoamor (1817-1901), auf, für den das höchste Verdienst eines Lyrikers darin besteht »de escribir poesías cuyas ideas y cuyas palabras fuesen o pareciesen pensadas o escritas por todo el mundo«.[7] Um diesen Sachverhalt zu illustrieren, sei auf einen Vierzeiler verwiesen, der auf alles ›typisch Lyrische‹ verzichtet:

¿Te acuerdas, madre mía? Apasionada
le iba a hablar de mi amor,
cuando ahogaste mi voz con tu mirada
en nombre del pudor.[8]

Es finden sich ferne Nachklänge der Melancholie dieses Textes von Campoamor in dem Gedicht von Salvago, wenn dort die Sehnsucht nach einer unwiederbringlich entschwundenen Lebensphase auftaucht, die aus der Perspektive des Alters als etwas Unerfülltes erfahren wird. Daher das Bedauern, von dem das Beschwören der »verlorenen Zeit« begleitet wird und das weder die Klarsicht des Alters noch seine Mäßigung zu kompensieren vermag:

> Y sabe que no está en ninguna parte
> ese mundo ideal con el que el hombre
> sueña en su juventud. (V. 19-21)

Diese Textpassage ist ein typisches Beispiel für die Postmoderne. Die hier vorgetragene Überlegung von Salvago basiert auf einem tragischen Pessimismus. Das ›vollkommene Alter‹ im Leben eines Menschen wird auf die wenigen Jahre reduziert, in denen der Einzelne über seine volle vitale Energie verfügt. Aus dieser Sichtweise ergibt sich, dass ein hohes Lebensalter nicht mehr mit der Vorstellung von Weisheit verbunden wird. Eine solche Gleichsetzung ist nicht mehr gegeben; sie findet sich vielleicht noch im Bereich der Politik, die den Dichter jedoch nicht interessiert. Dieser Aspekt des Tragischen wird festgemacht an den in Vers 29 erwähnten Fotos, die es auch nicht mehr vermögen, die Erinnerung an das Vergangene wachzurufen (»unas fotos que barre la memoria / de los demás, en cuanto sopla el viento«, V. 29-30), wobei der Leser in Anbetracht der deutlichen Ironiesignale des Textes nicht weiß, ob er die Bitterkeit, die in ihm aufsteigt, ernst nehmen soll.

Das Gefühl der Tragik entsteht auch aus dem Eindruck der Kürze der Gegenwart, die sofort von der Vergangenheit aufgesogen wird. Dieses Gefühl des Flüchtigen findet einen hervorragenden Ausdruck in der Metapher von der »página [...] que la memoria archiva« (V. 33-34), die jede Vorstellung einer stabilen und langanhaltenden Identität des Ich ausschließt. In unserer modernen Gesellschaft triumphiert das Ephemere, das Flüchtig-Vergängliche. Das Individuum fühlt sich losgelöst vom Erbe der Vergangenheit. Die Nostalgie, die in den Versen von Salvago aufscheint, hat ihren Bezugspunkt verloren, sie zielt auf eine Vergangenheit, die keine Verbindung mehr mit der Gegenwart hat. Diese Vergangenheit stellt keinen einheitlichen Zeitraum mehr dar, in dem der Einzelne sein Leben als die Fortsetzung innerhalb einer generationenübergreifenden Tradition zu sehen vermag. Das Individuum fühlt sich angezogen vom Ephemeren, weil die ästhetischen Ideen und Strömungen unter dem Druck der stetigen Neuerung zur Auflösung tendieren. *De prisa, de prisa*, so lautet bezeichnenderweise der Titel eines Films von Carlos Saura. Dies könnte der Leitspruch unserer Epoche sein, in der das einzelne Individuum das Ephemere als ein normales Phänomen seiner Existenz, seines Gefühls- und Berufslebens akzeptiert. Wenn dem so ist, verdienen es wenige Dinge, ernst genommen zu werden »en este incierto juego de la vida« (V. 27): »Y vive y se comporta como un hombre, / aunque no espere mucho de la vida.« (V. 35-36). Unsere Wahrnehmung der Zeit hängt von dem Bild ab, das sich jedes Individuum selbst macht. Die Zeit weist jedoch Lücken auf: »La vida [...] / *es, en gran parte, lo que fue*: memoria.« (V. 37-39)

Dieser knappe Satz stellt eine Neuformulierung des cartesianischen *Cogito ergo sum* – Ich denke also bin ich – dar, das nur noch in der Vergangenheit ausgedrückt werden kann, weil das Subjekt seine Identität nur noch aus dem Unterschied zwischen seinem Ursprung und dem, was ihn davon trennt, konstituiert. In dem Gedicht von Salvago spricht das lyrische Ich in der Form der ersten Person. Daher spricht die Literaturkritik von der poetischen Gestalt als Maske des lyrischen Ich. So stellt José Manuel Benítez Ariza fest, dass die Literatur ganz im Gegensatz zu jedem andersgearteten Hinweis nichts zu tun hat mit einem Bekenntnis oder vertraulichem Geständnis und dass in der Literatur sogar die Aufrichtigkeit fingiert werden muss.[9]

Die Leitidee hinsichtlich des Ich, wie sie sich am Ende des Gedichts findet, ist die Vorstellung vom rückschauenden Charakter des Subjekts. Wie Gilles Deleuze in seinen *Anti-Œdipe* ist auch Salvago der Auffassung, dass das Subjekt nicht Ursprung, sondern Ergebnis und ›Restbestand‹ ist und dass man sich täuscht, wenn man sich das Subjekt als Ursprung der Gedanken, der Wünsche usw. vorstellt. In dieser Auffassung hat der radikale Pessimismus seine Begründung, der dieses Gedicht, wie auch viele andere Gedichte Salvagos, bestimmt. Welche Möglichkeit hat der Mensch, der sich als Gefangener seiner gesellschaftlichen Determinierungen sowie als unbedeutendes Treibgut inmitten von zufallsbestimmten Netzen empfindet? Diese Frage stellt sich bei Salvago in fast obsessiver Weise, wie sich bereits oben bei dem Zitat aus dem Gedichtband *Ulises* hinsichtlich des ›reifen Alters‹ gezeigt hat.

Eine Antwort auf diese Frage ergibt sich vielleicht aus der entsakralisierenden Einstellung, die nach Auffassung des Autors dem dichterischen Akt zukommt. Sie manifestiert sich auf einer doppelten Ebene: zunächst hinsichtlich des behandelten Themas, das im vorliegenden Fall einen ernsthaften Gegenstand philosophischen Zuschnitts behandelt, sodann in der Behandlung dieses Themas mit einem entsprechenden ironischen Tonfall. Der Titel des Buchs, in dem »Al cumplir los treinta« 1980 erstmals erscheint, – *La destrucción o el humor* – spielt parodierend auf ein Werk von Vicente Aleixandre – *La destrucción o el amor* – an. Der erste Vers des Gedichtes mit seinem Zitat aus der *Göttlichen Komödie* von Dante ist ein ironischer Hinweis auf die dichterische Praxis der Kulturalisten, deren Zeitgenosse Salvago ist. Es handelt sich dabei um ein Zitat, das durch den witzigen Ton des zweiten Verses – »aquí donde se deja ver el tiempo« – in seiner Ernsthaftigkeit aufgehoben wird. Aber das markanteste Ironiesignal beruht auf der grundsätzlichen Spannung, die das ganze Gedicht beherrscht, auf dem Gegensatz zwischen der höchst elaborierten Form der Sestine und dem ansonsten umgangssprachlichen Duktus des Textes. In dieser Verbindung einer ernsthaften Reflexion über die Frage der Identität mit einem umgangssprachlichen, fast lässigen Ton überschreitet Salvago herkömmliche ästhetische Grenzen. Er entscheidet sich für die Entdramatisierung einer Frage, die leicht ins Pathetische hätte umschlagen können. Weiter oben wurde bereits auf das Phänomen der Spaltung hingewiesen, das mit dem ›inneren Dialog‹ verbunden ist, bei dem die grammatikalisch unpersönliche Form die Person des Sprechers verbirgt. Im vorliegenden Fall besteht eine Ambivalenz zwischen der sprechenden Instanz und der mit ihr verbundenen dichterischen Gestalt. Diese Ambivalenz verhindert, dass der Leser die Radikalität eines Pessimismus wirklich ernst nimmt, der auf bestem Wege ist, sich kurz vor der Jahrhundertwende in eine illusionslose Endzeitstimmung zu verwandeln:

> Pero se aferra, mientras quede tiempo;
> [...]
> Y vive y se comporta como un hombre
> aunque no espere mucho de la vida. (V. 31-36)

Im Verlauf der Interpretation wurde bereits auf die charakteristischen Kennzeichen des kognitiven Diskurses hingewiesen. Dieser zeigte sich letztlich als die Parodie einer *ars vivendi*, einer »Kunst zu leben«, die um eine schwierige Frage kreist, die nach der Identität des Sprechenden. Hört der Leser hier die Stimme des Autors oder die einer literarischen Person? Dieses Dilemma lässt sich nicht lösen, denn nach Philippe Hamon besteht die Ironie der modernen Lyrik gerade in der Nichtverortung der Sprecherinstanz.[10]

Was hier zunächst als ein ernsthafter Diskurs über die Frage von Identität und Zeitlichkeit gelesen werden konnte, offenbart sich als ein Infragestellen der Ernsthaftigkeit eben dieser Thematik. Die angebliche belehrende Absicht, die in den Versen »Es hora de aprender de memoria / algunas reglas, para que la vida [...]« (V. 8-9) anklingt, wird durch das Verfahren einer ständigen Distanzierung und eine Pseudo-Objektivität in Frage gestellt. Der Realismus des Textes soll das Ausufern der Ironie verhindern, sie mit einem Text vereinbaren, der seine Durchschaubarkeit deutlich herausstellt, um so die Zustimmung des Lesers zu finden. Aber die Tatsache, dass der Leser den Sender der Mitteilung nicht wirklich bestimmen kann, lässt sein Vertrauen in die Wahrhaftigkeit der Nachricht schwinden. So beinhaltet der Text des Gedichts »Al cumplir los treinta« eine Ambivalenz, einen polyphonen Diskurs, der – nach einer Formulierung von Germán Yanke – charakteristisch ist für die Erfolge und Misserfolge der »poetas tranquilos« oder der »poetas menores«, wenn man denn diese Fügung in musikalischem Sinn (›menor‹ gleich ›moll‹) verstehen will.

Deutsche Fassung: Manfred Tietz und Sina Schmidt

I. Verzeichnis der lyrischen Werke von Javier Salvago

Canciones del amor amargo y otros poemas. Sevilla: Angaro 1977.
La destrucción o el humor. Sevilla: Calle del Aire 1980.
En la perfecta edad. Sevilla: Ayuntamiento 1982.
Variaciones y reincidencias. Madrid: Visor 1985.
Antología. Granada: Maillot Amarillo 1986.

Volverlo a intentar. Sevilla: Renacimiento 1989.
Los mejores años. Sevilla: Renacimiento 1991.
Ulises. Valencia: Pre-textos 1996.
Variaciones y reincidencias (Poesía 1977-1997). Sevilla: Renacimiento 1997.

Anthologien mit Texten von Javier Salvago

García Velasco, Antonio u.a. (Hg.): *Poesía andaluza en libertad.* Málaga: Corona del Sur 2001.

García-Posada, Miguel: *La nueva poesía (1975-1992).* (Páginas de Biblioteca Clásica bajo la dirección de Francisco Rico, Bd. 10). Barcelona: Crítica 1996.

Cano Ballesta, Juan (Hg.): *Poesía española reciente* (1980-2000). Madrid: Cátedra 2001.

García Martín, José Luis (Hg): *Treinta años de poesía española.* Sevilla/ Granada: Renacimiento 1996.

II. Kritische Literatur

Barón, Emilio: »Javier Salvago: Ulises urbano«, in: *El Correo de Andalucía* (La Mirada), 9. 9. 1994.

Benítez Ariza, José Manuel: »A vueltas con el mismo personaje«, in: *Contemporáneos* 5 (1990).

Benítez Reyes, Felipe: »En la perfecta edad«, in: *Fin de Siglo* 6-7 (1983), S. ?.

Jiménez Millán, Antonio: »Las reglas del juego«, in ders.: *Poesía hispánica peninsular. 1980-2005.* Sevilla: Renacimiento 2006, S. 145-147.

Lamillar, Juan: »El don de la ironía en la poesía de Javier Salvago«, in: *Diario Córdoba* (Cuadernos del Sur) 15-XI-1990.

Le Bigot, Claude: »La poésie de l'expérience: figure de soi, figure de l'autre«, in: *Europe.* Voix d'Espagne 852 (2000), S. 117-131.

Ortiz, Fernando: »La poesía de Javier Salvago«, in: *El Correo de Andalucía* (La Mirada), 9. 9. 1994.

Salvador, Álvaro: »Los mejores años, de Javier Salvago«, in: *Scriptura* 10 (1994).

III. Anmerkungen

*   Zitiert nach Javier Salvago (1997:35-36)

1   Deutsche Übersetzung des Gedichts: Manfred Tietz.
2   *Postnovísimos. Antología.* Madrid: Visor 1986.
3   Vgl. die Interpretation der Sestine »Apología y petición« von Jaime Gil de Biedma durch Thomas M. Scheerer in Manfred Tietz (Hg.): *Die spanische Lyrik der Moderne. Einzelinterpretationen.* Frankfurt am Main: Vervuert 1990, S. 371-383.
4   *Silvestra de sextinas.* Madrid: Hiperión 1992.
5   János Riesz: *Die Sestine. Ihre Stellung in der literarischen Kritik und ihre Geschichte als lyrisches Genus.* München: Wilhelm Fink 1971, S. 48.
6   Luis García Montero: *Completamente viernes.* Barcelona: Tusquets 1998.
7   Ramón de Campoamor: »La metafísica y la poesía«, in ders.: *Obras completas* […]. Bd. 3. Madrid: González Rojas 1901, S. 385-410. Zur Konzeption der Lyrik bei Campoamor insgesamt vgl. Pere Joan i Tous: »Ramón de Campoamor. Las tres navidades«, in Manfred Tietz (Hg.): *Die spanische Lyrik der Moderne. Einzelinterpretationen.* Frankfurt am Main: Vervuert 1990, S. 46-65.
8   »¡Si una pudiera hablar!«, in Ramón de Campoamor: *Obras poéticas completas.* Ed. Jaime Dubón. Madrid: Aguilar 1951, S. 245.
9   »Los escritores saben que la literatura, pese a cualquier indicio en contra, tiene poco que ver con la confesión o la confidencia, y que incluso la sinceridad tiene que ser fingida (recuérdese el ›fingidor‹ pessoano. El ›yo‹ que habla en primera persona en un poema no lo hace, necesariamente, en nombre del autor. Es en todo caso, un personaje).« »A vueltas del mismo personaje«, in: *Contemporáneos* (Jerez de la Frontera) 5 (1990).
10 *L'ironie littéraire.* Paris: Hachette Supérieur 1996, S. 57.

Manfred Lentzen

Andrés Sánchez Robayna. A una roca

negro tranquilo de la forma:
las lisas aristas fluyeron

calma fluida lisa negra
soledad entera de la forma*

Auf einen Felsen
ruhiges Schwarz der Form: / die glatten Kanten flossen
still fließend glatt schwarz / vollkommene Einsamkeit der Form[1]

Andrés Sánchez Robayna, der 1952 in Las Palmas de Gran Canaria geboren wurde, an der Universität Barcelona spanische Philologie studierte und sich sowohl als Schriftsteller, Dichter und Übersetzer (besonders englischer, französischer und katalanischer lyrischer Texte) wie auch in seiner Eigenschaft als Professor für spanische Literatur an der Universität von La Laguna als wissenschaftlicher Autor (u.a. durch die Herausgabe von literarischen Texten und durch seine Arbeiten über Góngora) und Herausgeber (von 1983-1993) der Zeitschrift *Syntaxis* einen Namen gemacht hat, ist sicherlich eine der interessantesten und originellsten Gestalten, über die die zeitgenössische spanische Dichtung verfügt. Als sein wichtigstes lyrisches Werk lässt sich wohl die Trilogie *Clima* (1978), *Tinta* (1981) und *La roca* (1984) bezeichnen, die die unterschiedlichen sprachlichen und formalen Register seines Dichtens anschaulich macht. Für das Gedichtbuch *La roca* wurde Sánchez Robayna 1984 mit dem *Premio de la Crítica* ausgezeichnet. Thematisch ist das dichterische Werk des Autors von der Betrachtung und Verherrlichung der Schönheit der Kanarischen Inseln, seiner Heimat, beherrscht, wie er überhaupt zusammen mit Miguel Martinón wohl als Haupt des »grupo canario« der spanischen Dichtung angesehen werden kann. Wird in dem Zyklus *Clima* die Insellandschaft mit ihrer Flora und Fauna in der Regel noch in längeren Versen besungen, so rückt in *Tinta* die Nacht (›tinta‹ als Metapher für die Nacht) in das Zentrum der Reflexion des Dichters, die sich hier nahezu ausschließlich in Form von Prosagedichten verdichtet. In der Sammlung *La roca* schließlich ist meist eine außerordentlich starke Reduzierung und Konzentrierung des sprachlichen Materials zu beobachten, so dass man es sehr häufig mit Kurzgedichten oder solchen mit äußerst kurzen Versen, die zum Teil nur aus einem einsilbigen Wort bestehen, zu tun hat. Das oben zitierte Gedicht auf einen Felsen, »A una roca«, ist ein charakteristisches Beispiel für diese Art von Kurzgedichten, die trotz ihrer minimalen Form dennoch ein Maximum an Aussage in sich bergen.

Wir wollen versuchen, Form und Aussage des Textes genauer zu erfassen. Zunächst einmal besteht das Gedicht aus zwei Distichen, zwei Verspaaren also, wobei die ersten drei Verse aus jeweils neun, der letzte Vers aus zehn Silben gebildet werden. Kein Vers beginnt typographisch mit einer Majuskel, und abgesehen von dem Doppelpunkt am Ende des ersten Verses findet sich in dem Gedicht keinerlei Interpunktion. Der Doppelpunkt scheint eine Art Beschreibung oder Erfassung des »negro tranquilo de la forma«, eben des schwarzen Felsblocks, anzukündigen, den das lyrische Ich betrachtet. Dabei ist es so, dass die beiden mittleren Verse die entscheidenden Elemente der Beobachtung in konzentrierter Form zusammenraffen, und zwar einmal in verbaler Weise, indem davon die Rede ist, dass »die glatten Kanten flossen«, was wohl bedeutet, dass das Wasser über den Felsen dahingleitet und ihn glättet, wodurch ein dynamischer Vorgang in einen Vers gebannt wird, und zum anderen in einer statischen Reihung von Epitheta (»calma«, »fluida«, »lisa«, »negra«), die die zuvor genannten Eigenschaften des Felsbrockens genau wiederaufnehmen. Es ist wohl davon auszugehen, dass die Adjektive sich grammatisch eher auf »forma« (Form des Felsens) als auf »soledad« beziehen. Der Schlussvers »soledad entera de la forma« stellt eine Art Quintessenz des Beobachteten dar: der Felsblock symbolisiert gleichsam die völlige Einsamkeit der Form des Gesteins schlechthin, die ewig so bleiben wird, jedoch für immer um- und überspült vom glättenden Wasser. Die Einsamkeit ergibt sich somit aus der Dynamik des permanenten Fließens und der Statik des ewigen ruhigen Schwarz des Steins. Dynamik und Statik der Natur ergänzen sich, sind eng miteinander verbunden, so wie auch der »dynamische« zweite Vers und der »statische« dritte Vers des Textes die beiden Verspaare miteinander verketten, bergen doch gerade die beiden mittleren Verse, wie bereits oben erwähnt, die Essenz des Felsbrockens in sich.

Noch etwas weiteres ist bezüglich der Stellung bestimmter Wörter im Text anzumerken. Der erste und der letzte Vers reimen, wenn man so will, auf das Wort »forma«. Die Endstellung dieses Wortes verleiht ihm einen besonderen Akzent, wodurch seine Bedeutungsschwere unterstrichen wird. Die Form, die Gestalt des Felsbrockens (und damit vielleicht eine geometrische Konstellation) ist eben das Entscheidende, das den Betrachter zu seinen Versen inspiriert. Eine ebenfalls akzentuierte Stellung wird dem Wort »negro« bzw. »negra« zuteil, das sich einmal am Versanfang und dann am Versende befindet. Die Farbe des Gesteins hat für das lyrische Ich eben eine besondere Bedeutung. Hinzu kommt auch noch, dass die Wörter einmal in paralleler, dann aber in chiastischer Anordnung gesetzt werden: parallel »forma« und »forma«, chiastisch »negro« und »negra«, »tranquilo« und »calma« sowie »lisas aristas fluyeron« und »fluida lisa«. Die Anfangsstellung von »soledad« und die Endstellung von »forma« im letzten Vers schließlich machen die wesentliche Aussage des Textes bewusst: eben die absolute Einsamkeit der Form des Felsens, die ewig, zeitlos ist, was zusätzlich durch das Fehlen eines Punkts am Ende signalisiert wird.

Die Analyse des Textes zeigte bereits deutlich, dass es Sánchez Robayna darauf ankommt, mit einer außerordentlich konzentrierten und dichten Ausdrucksweise und einem äußerst sparsamen Wortmaterial das Essentielle des Felsens, der ewig vom Wasser umspült und für immer einsam da stehen wird, zu erfassen – sicherlich im Gegensatz zum Menschen und anderen Geschöpfen, die vergehen werden. Das einzelne Wort in seiner ganzen Bedeutungsfülle soll wieder zum Vorschein gebracht, sein semantischer Reichtum wieder erschlossen werden, so daß überflüssiges Wortmaterial entfallen und ausgespart bleiben kann. Der Dichter hat sich diesbezüglich an verschiedenen Stellen geäußert und seine poetologischen Vorstellungen entwickelt. So tritt er z.B. in einem Aufsatz aus dem Jahre 1995 mit dem Titel *Deseo, imagen, lugar de la palabra*[2] für eine »apertura a la palabra y de la palabra« ein mit dem Ziel, dem Wort seine verloren gegangene Bedeutungsfülle, seine semantische Vielfalt und Dichte zurückzugeben (Sánchez Robayna spricht von einer »reintegración a las palabras de su riqueza perdida, de su vivacidad, de su valor y de su espesor espiritual«); nur so könne man die Wahrheit der Dinge zum Ausdruck bringen: »Y la palabra puede enseñar así al conocimiento una verdad de la tierra. Tal vez se entrega entonces el lugar en su entera verdad, y entonces las palabras son una encarnación. Escribir con la tierra, escribir el lugar.«[3]

Das Erfassen der Bedeutungsfülle eines Wortes, das damit – im Mallarmé'schen Sinne[4] – zu einer »palabra órfica« wird, ermöglicht es dem Dichter, bestimmte Sachverhalte sprachlich auszuklammern, zu verschweigen, werden sie doch durch das richtig gewählte Wort, gleichsam die »palabra esencial«, implizit suggeriert. So meint Sánchez Robayna unter anderem: »La reticencia significa que no todo puede decirse, que no todo *debe* decirse. Entre poder y deber, entre posibilidad y necesidad, existe un territorio en el que la sugerencia se vuelve el ámbito originario del decir más expresivo«,[5] und an einer anderen Stelle bemerkt er charakteristischerweise: »La poesía no es sólo un arte del lenguaje, sino también un arte de las relaciones entre el lenguaje y la ausencia de lenguaje, entre los nombres y lo innominado«.[6] Die Interpretation des Gedichts »A una roca« hat deutlich gemacht, dass Sánchez Robayna mit einem äußerst reduzierten Wortmaterial eine möglichst große Bedeutungsfülle zum Ausdruck bringen will, und er folgt damit ganz seinen poetologischen Überlegungen. Ähnliches ließe sich – um ein weiteres Beispiel zu nennen – über folgendes, *El vaso de agua* betiteltes Gedicht, ebenfalls aus der Sammlung *La roca*, sagen:

> la sed el vaso y el deseo
> en las prisiones de la luz
>
> el vaso está en reposo
> y transparente bajo el sol
>
> deseo y sed y transparencia
> bajo el destino de la luz[7]

Der Text ist zwar etwas länger – er besteht aus drei Verspaaren –, aber auch hier sind bestimmte Begriffe aufgrund ihrer Anfangs- oder Endstellung besonders akzentuiert (»la sed« – »el deseo« – »la luz« – »el vaso« – »el sol« – »transparencia«), wodurch sie für vielerlei semantische Konnotationen offen sind.

Zieht man die Entwicklung der spanischen Dichtung der letzten Jahrzehnte in Betracht, so würde man Sánchez Robayna mit seinem Gedichtbuch *La roca* innerhalb der so genannten *nueva poesía*, die in den 80er Jahren als Gegenbewegung gegen die *novísimos* der 70er Jahre entsteht, wohl zur *poesía minimalista* oder *poesía del silencio*, oder auch zur *poesía esencialista* oder zu den so genannten *neopuristas* zu zählen haben, wobei alle diese Klassifizierungsmodelle im großen und ganzen auf das Gleiche hinauslaufen. Wichtig ist vor allem, dass nicht mehr nur das Spiel mit dem Wortmaterial als reinem, abstraktem sprachlichen Zeichen (im Wesentlichen ohne Kommunikation mit dem Rezipienten) wie bei den *novísimos* im Mittelpunkt steht, sondern die Suche nach dem polyvalenten essentiellen Wort verbunden ist mit dem Bestreben, eine Botschaft mitzuteilen. Insofern hebt sich die Dichtung Sánchez Robaynas wesentlich ab von derjenigen Pere Gimferrers und Guillermo Carneros der 70er Jahre und zum Teil auch von der eines Jaime Siles, obwohl bei ihm später (z.B. in *Música de agua*, 1978-1981) eine Tendenz zur semantischen *esencialidad* festzustellen ist. Sánchez Robayna zeigt sich verwandt mit der Suche nach dem konzentrierten poetischen Ausdruck, nach dem *verso esencialista* bei Dichterinnen und Dichtern wie Amparo Amorós, José Ángel Valente, María Victoria Atencia oder Clara Janés, die alle ihre persönlichen Erfahrungen nicht selten in einen prägnanten Kurzvers zu bannen versuchen.

Hinzu kommt, dass die (auch gerne als *postnovísimos* apostrophierten) Dichterinnen und Dichter der 80er und 90er Jahre des vergangenen Jahrhunderts mit ihrem Bestreben, auf eigenen Erfahrungen (*experiencia*) beruhende Botschaften zu verkünden (nicht von ungefähr spricht man von einer *poesía de la experiencia*), eher wieder an die Dichtung der 50er und besonders der 60er Jahre anknüpfen (z.B. an Claudio Rodríguez, Jaime Gil de Biedma oder Francisco Brines), hinsichtlich ihrer sprachlichen und formalen Prägnanz und Kürze sich jedoch an der puristischen Dichtung vom Beginn des 20. Jahrhunderts und der Generation von 1927 orientieren, beispielsweise an Juan Ramón Jiménez und Jorge Guillén, worauf etwas später noch eingegangen werden soll. Keineswegs ist es so, dass das *yo*, die Gefühlswelt und damit subjektive Emotionen aus der Dichtung eliminiert werden, wie man gemeint hat.[8] Die Texte spiegeln vielmehr die Erfahrungen, Beobachtungen und Gefühle des lyrischen Ich wieder, denn dieses ist es, das beispielsweise im Falle Sánchez Robaynas den Felsen meditierend beobachtet und das Gesehene und Empfundene in den knappen, prägnanten sprachlichen Ausdruck bannt.[9] Die Texte sind also an die subjektive »experiencia« des Ich gebunden. Wie sehr das *yo* involviert ist, zeigt folgende Äußerung unseres Dichters:

> En la orilla, lo que veo es exactamente lo que pienso: aquí, ser es estar. O quizá (porque una buena parte del tiempo estoy sencillamente al sol con los ojos cerrados): no hay lenguaje, sino mirada, incluso con los ojos cerrados.

Sol hacia adentro. Estar. Ver (con los ojos cerrados) el sol, un bello cuerpo, la orilla luminosa dentro de la mirada.[10]

Man kann sich vorstellen, wie, ausgehend von kontemplierender Beobachtung, dann durch einen inspiratorischen Impuls das Gedicht »A una roca« entstanden, die *mirada* zum *lenguaje* geworden ist.

Interessant ist nun, dass Sánchez Robayna besonders in seinem Gedichtbuch *La roca* sehr häufig noch ein anderes formales Verfahren anwendet, das gleichfalls zur Konzentration auf das essentielle Wort führt. Hierbei handelt es sich darum, Texte aus außerordentlich kurzen Versen zu schaffen, die zum Teil aus zweisilbigen Wörtern, manchmal gar aus einsilbigen *palabras* bestehen, denen zuweilen keinerlei ›Bedeutung‹ beigemessen werden kann. Die Folge sind extrem vertikalisierte Gedichte, die wie Textsäulen anmuten. Möglicherweise wird Sánchez Robayna sich hier an Verfahren der italienischen Hermetiker orientieren, besonders an Giuseppe Ungaretti,[11] der in seiner Frühphase eine »poetica della parola« (Poetik des Wortes) entwickelte, bei der es darauf ankommt, das entscheidende, essentielle Wort, die »parola essenziale«, zu finden, die sich dann in ihrer Bedeutungsvielfalt enthüllt. Die enge Verwandtschaft der Schreibweise des spanischen Dichters mit der des frühen Ungaretti soll die Gegenüberstellung von drei Texten (zwei des spanischen und einem des italienischen Lyrikers) verdeutlichen:

La barca (1. Strophe)	*La retama* (1. Strophe)	*Girovago*
		In nessuna
salta	retama	parte
dentro del	tú que	di terra
mediodía	yaces sobre	mi posso
	Páramos	accasare
el nadador		
	de viento y	A ogni
la luz de	matas	nuovo
	y sol	clima
velas	lento	che incontro
		mi trovo
ante el	dime tu	languente
sol	solo	che
	ápice	una volta
se	blanco	già gli ero stato
sumerge	pico	assuefatto
	de soledad	
a dónde		E me ne stacco sempre
qué	adamada	straniero
destino entre	retama	
las barcas		Nascendo

> tornato da epoche troppo
> Vissute
>
> Godere un solo
> minuto di vita
> iniziale
>
> Cerco un paese
> innocente[12]

Es handelt sich um äußerst konzentrierte Texte, in denen die Wörter durch ihre isolierte Stellung eine besondere Akzentuierung und damit Bedeutungsschwere erfahren. Noch in seiner Sammlung *Clima* (1972-1976) scheint Sánchez Robayna mehr der Technik der *novísimos* zu folgen, indem er das Sprachmaterial lediglich als abstrakte linguistische Zeichen ansieht, die man willkürlich, ohne auf semantische Zusammenhänge zu achten, anordnen kann. Bezeichnend ist in dieser Hinsicht das bereits vom Titel her aussagekräftige Gedicht »El sentido del poema ha de ser destruido«,[13] in dem die Wörter und Syntagmen – ähnlich wie im Mallarmé'schen *Un coup de dés* – ohne System auf der Seite verteilt werden, so dass der Leser kaum einen Sinn ausmachen kann, dieser auch bewusst nicht intendiert ist. Dieses rein abstrakt wirkende, mit dem sprachlichen Material spielende Schreibverfahren ist in »La roca« aufgegeben, wird doch jetzt wieder eine Aussage, eine ›Bedeutung‹ angestrebt, selbst wenn diese sich gleichsam konzeptistisch in ›palabras esenciales‹ manifestiert. Man wird Luis García Montero zustimmen können, wenn er meint, dass die spanische ›nueva poesía‹ u.a. unter Rückgriff auf die Dichter der 50er Jahre, die »una poesía verosímil relacionada con la experiencia estética de la realidad« favorisierten, sich erneut zum Ziel setzt, die Lebensrealität zur Geltung zu bringen.[14]

Was nun das Gedicht »A una roca« betrifft, das im Zentrum unserer Betrachtung steht, so ist hier weniger eine vertikale Schreibweise festzustellen als vielmehr eine Form von Kurzgedicht, wie sie schon zu Beginn des 20. Jahrhunderts und auch später noch anzutreffen ist. Unser Text ließe sich mit Haiku-ähnlichen Gedichten vergleichen, und dass Sánchez Robayna Kenntnisse der fernöstlichen Ästhetik hat, ergibt sich aus seinem Hinweis auf das Prinzip des *shibui* (der *reticencia* und des *refinamiento*) der japanischen Dichtung.[15] Im konzentrierten, äußerst dichten und kurzen Haiku erschließt sich in der Betrachtung der Naturphänomene die universale Wahrheit des Seins, mit dem der Schauende und Kontemplierende sich vereint. Der Blick auf das Endliche weitet sich auf das Unendliche hin, das Zeitliche schlägt in das Zeitlose um. Meist wird in den spanischen Nachahmungsversuchen die strenge äußere Form des Haiku – drei Verse mit fünf, sieben und wieder fünf Silben, so dass das Gedicht insgesamt aus 17 Silben gebildet wird, die in einem Atemzug gesprochen werden können – nicht eingehalten. Aber zahlreiche Kurzgedichte von Antonio Machado (besonders in dem Zyklus *Proverbios y cantares* innerhalb der Sammlung *Campos de Castilla*, 1907-1917, sowie in den *Nuevas canciones*, 1917-1930) oder auch die knappen, konzentrierten, impressionistischen lyrischen Texte von Juan Ramón

Jiménez (vor allem in den Gedichtbüchern *Diario de un poeta recién casado*, 1916, *Eternidades*, 1916-1917, und *Piedra y Cielo*, 1917-1918) lassen eine deutliche Nähe zur Haiku-Dichtung erkennen. Juan José Domenchina und Jorge Guillén beziehen sich sogar explizit auf die japanische lyrische Form und versuchen sie in die spanische Dichtung zu integrieren. Das gleiche gilt noch in den 60er Jahren des vergangenen Jahrhunderts für Ernestina de Champourcin, obwohl diese Dichterin sich zugleich relativ weit vom Haiku-Konzept entfernt. Aber Kurzgedichte wie:

¡Qué lejos, azul, el cielo,
de la tierra pobre! Pero
los dos son el día bueno.

von Juan Ramón Jiménez oder:

Primavera vino.
Violetas moradas,
almendros floridos.

von Antonio Machado, um nur zwei Beispiele zu zitieren, weisen doch hinsichtlich ihrer dichten Ausdrucksweise eine gewisse Affinität mit Sánchez Robaynas Vierzeiler »A una roca« auf.[16] Der kanarische Dichter knüpft also sowohl bezüglich seiner vertikalisierten Texte wie auch seiner Kurzgedichte an Dichtungsprinzipien vom Beginn des letzten Jahrhunderts wieder an.

Insgesamt stellt die Trilogie *Clima*, *Tinta* und *La roca* einen Lobgesang auf die unvergleichliche Schönheit der Landschaft der Kanarischen Inseln dar. Wie Jorge Guillén die Herrlichkeit der Natur und des Lebens schlechthin voller Bewunderung und Freude besingt, so Sánchez Robayna das, was den Zauber seiner Heimat ausmacht: die Sonne, das Licht, das Meer, die Wellen, der Schaum, die Luft, die Winde, der Himmel, die Wolken, die Dünen, der Sand, die Wüste, die Pinien, die Vögel, die Möwen, die Schiffe und Boote, und immer wieder von neuem die Felsen, und was die Farben angeht, ist er in besonderer Weise fasziniert von Schwarz und Weiß oder auch von Rosa und Rötlich. Sein Schauen, Sehnen und Träumen kreist stets um diese Elemente mit ihren farblichen Tönungen, die die Substanz der Inselwelt konstituieren. Interessant ist dabei, dass er noch ein weiteres Gedicht mit demselben Titel »A una roca« geschrieben hat (das ebenfalls zu der Sammlung *La roca* gehört), allerdings in einer vertikalisierten Form mit ganz kurzen Versen, die meist nur aus einem einzigen Wort bestehen:

roca
rósea

desierto
desierto el mar

>   de

> nubes
> rojas

> el
> origen

>   bajo la claridad
>   desierta de la lámpara[17]

Hier ist es ein rosafarbener Felsblock, der vom Ich meditierend betrachtet wird. Die semantische Substanz der Wörter wird gerade durch ihre isolierte Stellung in besonderer Weise hervorgehoben: der Felsen und seine Farbe, – das wüste, öde Meer, – die roten Wolken, – und der Felsblock im klaren, hellen Sonnenlicht bedeutet den Ursprung (›origen‹), das Urgestein gleichsam, den Urgrund des Universums. Interessant sind noch die lautlichen Phänomene: das liquide /r/ zu Beginn der Wörter in den ersten beiden Versen, das dentale stimmhafte /d/ in der 2. Strophe, sodann die dreimalige Wiederholung von ›desierto‹ (bzw. ›desierta‹), wodurch die Bedeutung dieses Wortes noch stärker betont wird.

Auch in dem aus drei Textsäulen bestehenden Gedicht »La barca«[18] – vielfach bestehen die einzelnen Verse wiederum nur aus einem einzigen Wort – kommt der ›roca‹ eine besondere Bedeutung zu. Es ist der Ort, wo sich der Schwimmer, der sich zwischen den Booten bewegt, schließlich zum Ausruhen wie ein Gott niedergelegt hat. Der dritte Teil des Textes vereint die einzelnen geschauten Elemente des gesamten Gedichts zur Synthese: die Felsen, die Boote, den ›nadador‹ und das Licht:

> entre las
> rocas
> van
> las barcas

> un
> dios
> dormita
> dentro
> de la
> roca

> la
> luz
> sobre la
> barca[19]

Auch in späteren Gedichten ist Sánchez Robayna immer wieder (neben der »barca«) auf die »roca« als Ausgangspunkt der Reflexion und Meditation zurückgekommen; dies zeigen insbesondere mehrere Gedichte in dem Buch *Palmas sobre la losa fría* (1986-1988)[20] – diese Sammlung bildet zusammen mit den folgenden Zyklen *Fuego blanco* (1989-1991) und *Sobre una piedra extrema* (1992-1995) wiederum eine Trilogie –, in dem erneut die grandiose Landschaft der Kanarischen Inseln verherrlicht wird. Die Schreibweise des Dichters ändert sich jedoch; es finden sich nicht mehr die prägnanten und auf ein minimales Wortmaterial reduzierten Kurzgedichte, sondern die Verbalisierung der Reflexion erweitert sich, die Texte werden umfangreicher, die Verse länger, wodurch sie melodischer wirken, und an die Stelle der Vertikalisierung tritt jetzt eine Horizontalisierung des sprachlichen Ausdrucks. Hinzu kommt, dass die Interpunktion wieder eingeführt ist, wodurch die gedankliche Abfolge der Impressionen verdeutlich wird. Wir wollen zum Vergleich mit unserem Ausgangsgedicht drei weitere »Felsen«-Gedichte aus der Sammlung *Palmas sobre la losa fría* betrachten. Die Sektion II beginnt mit einem Gedicht mit dem uns bereits geläufigen Titel »A una roca«,[21] das aus insgesamt vierzehn freien Verspaaren besteht. Das lyrische Ich spricht den Felsen an, der die Menschen und die Vögel sich immer wieder auf sich ausruhen und dann wieder davoneilen sieht. Während der Mensch und die Möwe immer nur gleichsam im Durchgang (»tránsito«) sich befinden, womit sicherlich auf ihre Vergänglichkeit hingedeutet wird, bleibt der Fels ewig fest, unverrückbar und unveränderlich, ein Gedanke – wir erinnern uns –, der in unserem Ausgangsgedicht mit »soledad entera de la forma« zum Ausdruck gebracht wird. Kurz darauf lässt Sánchez Robayna das Gedicht »La roca«[22] folgen, das außerordentlich kunstvoll gestaltet ist. Es besteht aus vier Terzinen, die jeweils einen Satz bilden; die Verse sind dabei assonierende Neunsilbler (*eneasílabo*). Der erste Vers (»negro tranquilo de la forma«) ist genau identisch mit dem ersten Vers unseres Ausgangstextes. Die Kontemplation des Ich verdichtet sich jedoch jetzt nicht mehr in nur wenigen essentiellen Worten, sondern öffnet sich zu einem breiten sprachlichen Fluss: das glänzende Wasser, das über den Felsblock gleitet (eine Beobachtung, die an den zweiten Vers unseres analysierten Gedichts erinnert: »las lisas aristas fluyeron«), – der schwarze Himmel –, schließlich der Stein als Behausung, als Festung, die Sicherheit garantiert, der Gedanke also, dass der Stein fest, dauerhaft ist, der Mensch hingegen gebrechlich und des Felsens für seinen Schutz bedarf.

Das Buch *Palmas sobre la losa fría* schließt in seinem fünften und letzten Teil bezeichnenderweise mit einem erneut »A una roca« betitelten Gedicht,[23] das aus vier freien Verspaaren gebildet wird und wiederum eine gewisse gedankliche und sprachliche Konzentration erkennen lässt. Im Prinzip sind hier alle Reflexionselemente, die in den anderen Texten bereits ihren sprachlichen Ausdruck gefunden hatten, nochmals vereint: die Beständigkeit, Ewigkeit des Felsblocks – das Licht des Morgens, die Klarheit, die Frieden verheißt –, die atemberaubende Ruhe, und schließlich die Gleichsetzung des Felsens mit dem Göttlichen, mit Gott: »Bebemos luz. El dios dormita. / Bebemos, dios de claridad.«[24]

Von allen Felsen-Gedichten Sánchez Robaynas sind die »A una roca« betitelten vier Verse, von denen unsere Überlegungen ihren Ausgang nahmen, sicherlich die dichtesten und konzentriertesten, und in ihrer Substanz sagen sie kaum weniger aus als die Texte, die durch eine breitere verbale Aussage charakterisiert sind.[25]

I. Verzeichnis der Werke von Andrés Sánchez Robayna

Lyrische Werke

Poemas 1970-1985. Barcelona: Del Mall 1987. [Enthält die Trilogie *Clima*, 1978; *Tinta*, 1981; *La roca*, 1984, sowie *Día de aire*, 1970, und *Tríptico*, 1985.]

Palmas sobre la losa fría. Madrid: Cátedra 1989.

Fuego blanco. Barcelona: Àmbit Serveis Editorials 1992.

Sobre una piedra extrema. Madrid: Ave del Paraíso 1995a.

Poemas 1970-1995. México: Vuelta 1997a.

Inscripciones. Madrid: La Palma 1999.

Poemas 1970-1999. Barcelona: Galaxia Gutenberg 2000a.

Prosa und essayistisches Werk (in Auswahl)

Alonso Quesada. Las Palmas de Gran Canaria: Excma.Mancomunidad Interinsular de Cabildos de Las Palmas 1981.

Tres estudios sobre Góngora. Barcelona: Del Mall 1983.

La luz negra: ensayos y notas, 1974-1984. Madrid: Júcar 1985.

Silva gongorina. Madrid: Cátedra 1993.

»Deseo, imagen, lugar de la palabra«, in: *Cuadernos Hispanoamericanos* 543 (1995b), S. 39-54.

La inminencia (diarios, 1980-1995). México/ Madrid: Fondo de Cultura Económica de España 1996.

»En la práctica del ›diario‹«, in: *Cuadernos Hispanoamericanos* 560 (1997b), S. 39-44.

»Mallarmé y el saber de la nada«, in: *Cuadernos Hispanoamericanos* 571 (1998), S. 57-66.

»Días y mitos (diarios, 1996)«, in: *Cuadernos Hispanoamericanos* 603 (2000b), S. 107-118.

»Bajo el abrigo céreo: la pintura de José María Sicilia«, in: *Cuadernos Hispanoamericanos* 595 (2000c), S. 67-78.

Días y mitos (diarios, 1966-2000). México/ Madrid: Fondo de Cultura Económica de España 2002.

II. Kritische Literatur

Ciplijauskaité, Birute (Hg.): *Novísimos, Postnovísimos, Clásicos. La Poesía de los 80 en España*. Madrid: Orígenes 1991.

Debicki, Andrew P.: *Historia de la poesía española del siglo XX. Desde la modernidad hasta el presente*. Madrid: Gredos 1997.

Fröhlicher, Peter/ Güntert, Georges/ Imboden, Rita Catrina/ López Guil, Itzíar (Hg.): *Cien años de poesía. 72 poemas españoles del siglo XX: estructuras poéticas y pautas críticas*. Berlin u.a.: Peter Lang 2001.

García Martín, José Luis (Hg.): *La generación de los ochenta*. Valencia: Mestral 1988.

García Martín, José Luis (Hg.): *Treinta años de poesía española (1965-1995)*. Sevilla: Renacimiento/ La Veleta 1996.

García Martín, José Luis: »La poesía«, in Darío Villanueva u. a. (Hg.): *Los nuevos nombres: 1975-1990*. (*Historia y crítica de la literatura española* al cuidado de Francisco Rico, Bd. 9). Barcelona: Crítica 1992, S. 94-156.

García Martín, José Luis: *La segunda generación poética de posguerra*. Badajoz: Diputación Provincial de Badajoz, Departamento de Publicaciones 1986.

García Martín, José Luis: *Última poesía española: selección nacional*. Gijón: Llibros del Pexe 1995.

García-Posada, Miguel: *La nueva poesía (1975-1992)*. (Páginas de Biblioteca Clásica bajo la dirección de Francisco Rico, Bd. 10). Barcelona: Crítica 1996.

Gómez-Montero, Javier: »Los ›espacios de la levedad‹ de Andrés Sánchez Robayna (escritura postutópica en la tradición moderna)«, in DaríoVillanueva/ Fernando Cabo Aseguinolaza (Hg.): *Paisaje, juego y multilingüismo*. X Simposio de la Sociedad Española de Literatura General y Comparada (Santiago de Compostela, 18-21 de octubre de 1994). 2 Bde., Bd. 1: *El paisaje en la literatura*. Santiago de Compostela: Universidade, Servicio de Publicacións e Intercambio Científico 1996, S. 327-344.

Ingenschay, Dieter/ Neuschäfer, Hans-Jörg (Hg.): *Aufbrüche. Die spanische Literatur seit 1975*. Berlin: tranvía 1991.

Lentzen, Manfred: »Formas líricas breves. El ›haiku‹ en las obras poéticas de Juan José Domenchina y Ernestina de Champourcin«, in Florencia Sevilla/ Carlos Alvar (Hg.): *Actas del XIII Congreso de la Asociación Internacional de Hispanistas*, Madrid, 6-11 de julio de 1998. 4 Bde., Bd. II: *Siglo XVIII, Siglo XIX, Siglo XX*, edición de Florencia Sevilla y Carlos Alvar. Madrid: Castalia 2000, S. 695-702.

Lentzen, Manfred: »Lyrische Kleinformen. Zum Haiku und zu Haiku-ähnlichen Texten in der modernen spanischen Dichtung«, in: *Iberoromania* 45 (1997), S. 67-80.

Lentzen, Manfred: *Italienische Lyrik des 20. Jahrhunderts. Von den Avantgarden der ersten Jahrzehnte zu einer «neuen Innerlichkeit»*. Frankfurt am Main: Klostermann 1994.

Malpartida, Juan: »Los diarios de Andrés Sánchez Robayna«, in: *Cuadernos Hispanoamericanos* 560 (1997), S. 130-133.

Masoliver Ródenas, Juan Antonio: »La poesía de Andrés Sánchez Robayna: en el éxtasis de la materia«, in: *Hora de poesía* 37 (1985), S. 77-80; wieder abgedruckt in Darío Villanueva u.a. (Hg.): *Los nuevos nombres: 1975-1990.* (*Historia y crítica de la literatura española* al cuidado de Francisco Rico, Bd. 9). Barcelona: Crítica 1992, S. 184-187.

Pérez Bazo, Javier (Hg.): *La vanguardia en España. Arte y literatura*. Paris: Ophrys 1998.

Tietz, Manfred (Hg.): *Die spanische Lyrik der Moderne. Einzelinterpretationen.* Frankfurt am Main: Vervuert 1990.

III. Anmerkungen

* Zitiert nach Andrés Sánchez Robayna (2000a:145).

1 Deutsche Übersetzung: Manfred Lentzen.
2 Andrés Sánchez Robayna (1995b).
3 Andrés Sánchez Robayna (1995b:41, 52, 44).
4 Vgl. hierzu Andrés Sánchez Robayna (1998).
5 Vgl. Andrés Sánchez Robayna (1997:39). Diese Aussage bezieht sich zwar primär auf die Tagebücher von Sánchez Robayna, sie trifft aber genauso gut auf seine Dichtung zu.
6 Zitiert bei Juan Malpartida (1997:133).
7 Andrés Sánchez Robayna (2000a:183).
8 Dies ist z.B. die Auffassung von Juan Antonio Masoliver Ródenas (1985:77-80).
9 Zu den vielfältigen Richtungen und Tendenzen der spanischen Dichtung der letzten Jahrzehnte vgl. bes. Einleitung von Miguel García-Posada (1996:9-30); Einleitung José Luis García Martín (1996:9-38); Andrew P. Debicki (1997: bes. 193-308). Zur experimentellen »neoavantgardistischen« Dichtung in Spanien vgl. Jesús García Gabaldón/ Carmen Valcárcel: »La neoavanguardia literaria española y sus relaciones artísticas«, in Javier Pérez Bazo (1998:439-482, speziell zur Dichtung, 452-467).
10 Vgl. den zitierten Beitrag von Juan Malpartida (1997:132).
11 Sánchez Robayna erwähnt Ungaretti beispielsweise in (1955b:45). Zu Ungarettis poetologischen Prinzipien vgl. Manfred Lentzen (1994:92 ff.).

12 Die beiden Gedichte Sánchez Robaynas gehören zur Sammlung *La roca*, Andrés Sánchez Robayna (2000a:142, 155), das Gedicht Ungarettis, das von 1918 stammt, befindet sich in der Sammlung *L'Allegria* (1914-1919); vgl. Giuseppe Ungaretti: *Vita d'un uomo. Tutte le poesie*, a cura di Leone Piccioni. Milano: Mondadori 1970, S. 85.
13 Andrés Sánchez Robayna (2000a:81-83).
14 Vgl. Luis García Montero, Prolog zu Ramiro Fonte: *Escolma poética*. Granada: Diputación Provincial de Granada 1990, S. 9.
15 Vgl. den bereits zitierten Aufsatz des Autors Andrés Sánchez Robayna (2000a:39).
16 Zum Haiku und zu Haiku-ähnlichen Texten in der modernen spanischen Dichtung vgl. Manfred Lentzen (1997:67-80, die zitierten Gedichte finden sich hier auf S. 75 u. S. 73). Weiterhin Manfred Lentzen (2000:695-702). Es sei noch erwähnt, dass auch Leopoldo María Panero einige Haikus geschrieben hat; vgl. *Poesía 1970-1985*. Madrid: Visor 1986, S. 254-258 (Últimos poemas).
17 Andrés Sánchez Robayna (2000a:167).
18 Andrés Sánchez Robayna (2000a:142-144).
19 Andrés Sánchez Robayna (2000a:143-144).
20 Andrés Sánchez Robayna (2000a:195 ff).
21 Andrés Sánchez Robayna (2000a:209 f.)
22 Andrés Sánchez Robayna (2000a:212).
23 Andrés Sánchez Robayna (2000a:253).
24 Ebd. »El dios dormita« erinnert an die zitierte Stelle aus dem Gedicht »La barca«, dort allerdings in vertikalisierter Anordnung der Wörter.
25 In den Gedichtbüchern *Fuego blanco (1989-1991)* und besonders *Sobre la piedra extrema (1992-1995)* ist nicht mehr die »roca«, sondern überwiegend die »piedra« das Symbol der Dauerhaftigkeit und Zeitlosigkeit. Vor allem die oft langen und mehrteiligen, narrativ wirkenden Gedichte in der zuletzt genannten Sammlung thematisieren Geburt und Tod, Zeit und Ewigkeit und weisen eine sehr starke metaphysische Dimension auf. Man vgl. besonders das lange Titelgedicht *Sobre una piedra extrema*, in Andrés Sánchez Robayna (2000a:328-334), generell ein Charakteristikum der Lyrik Sánchez Robaynas in den letzten Jahren.

Francisco Javier Díez de Revenga

Eloy Sánchez Rosillo. La playa

Nadie podrá quitarme – me digo – la ilusión
de soñar que ha existido esta mañana.
Se ha detenido el tiempo: oigo tu risa,
tus palabras de niño. Nunca he estado
tan conforme con todo, tan seguro
de mi alegría. Juegas junto al agua, y te ayudo
a recoger chapinas, a levantar castillos
de arena. Vas corriendo de un sitio para otro,
chapoteas, das gritos, te caes, corres de nuevo,
y luego te detienes a mi lado y me abrazas
y yo beso tus ojos, tus mejillas, tu pelo,
tu niñez jubilosa. El mar está
muy azul y muy plácido. A lo lejos,
algunas velas blancas. El sol deja
su oro violento en nuestra piel.
Me digo
que es cierto este milagro, que es verdad
el inmóvil fluir de la quieta mañana,
la ilusión de soñar el remanso dulcísimo
en el que acontecemos como seres
dichosos de estar vivos, felices de estar juntos
y de habitar la luz.

                Pero escucho, de pronto,
el ruido terrible y oscuro y velocísimo
que hace el tiempo al pasar, y la firmeza
de mi sueño se rompe; se hace añicos
– como un cristal muy frágil – la ilusión
de estar aquí, contigo, junto al agua.
El cielo se oscurece, el mar se agita.
Siento en mi sangre el vértigo espantoso
de la edad: en un instante, transcurren muchos años.
Y te veo crecer, y alejarte. Ya no eres
el niño que jugaba con su padre en la playa.
Eres un hombre ahora, y tú también comprendes
que no existió, ni existe, ni existirá este día,

           la venturosa fábula de mis ojos mirándote,
35   la leyenda imposible de tu infancia.
           Estás solo, y me buscas. Pero yo he muerto acaso.
           Somos sombras de un sueño, niebla, palabras, nada.*

Der Strand
Niemand wird – so red ich mir ein – den schönen / Traum zerstören, daß dieser Morgen wirklich war. / Die Zeit steht still: ich hör dein Lachen, / deine Kinderworte. Nie zuvor war ich / so einverstanden mit allem, so gewiß / meiner Freude. Du spielst am Wasser und zusammen / suchen wir Muscheln, bauen wir Burgen / aus Sand. Du rennst umher, planschst und kreischst, / schlägst hin und rennst wieder weiter, / dann bleibst du neben mir stehn, umarmst mich / und ich küsse dir Augen, Wangen, Haar: / deine ganze jubelnde Kindheit. Das Meer liegt da, / sehr blau und gelassen. Weitab / ein paar weiße Segel. Die Sonne verströmt / ihr heftiges Gold auf unsere Haut. / Und ich rede mir ein, / daß dieses Wunder wirklich ist, wahr auch / das reglose Strömen des stillen Morgens, / wahr die Freude ob dem Traum dieses köstlichen Stillstands, / in dem wir vorkommen als Wesen, die glücklich sind, / daß sie leben, glücklich, daß sie beisammen sind / und das Licht bewohnen.
Doch plötzlich hör ich / den schrecklichen, dunkel dröhnenden, tosenden / Lärm der rasenden Zeit, und die Gewißheit / meines Traums ist dahin; zu Scherben / – gleich einem hauchdünnen Glas – ist die Freude, / da zu sein, mit dir, am Wasser. / Der Himmel wird düster, unruhig das Meer. / In meinen Adern pulst der schreckliche Taumel / des Alterns: im Augenblick schwinden Jahre. / Schon seh ich, wie du heranwächst, fortgehst, nimmer bist / das Kind, das mit dem Vater spielte, am Strand. / Schon bist du ein Mann und schon meinst auch du, / daß dieser Tag nie war, weder ist noch je sein wird, / nie auch das beglückte Staunen meiner Augen / noch die unglaubliche Sage deiner Kindheit. / Du bist einsam, du suchst mich. Doch ich bin wohl tot. / Schatten sind wir eines Traums, Nebel, Sprachfetzen, nichts.[1]

I

Das obige Gedicht von Eloy Sánchez Rosillo (*Murcia 1948) ist dessen viertem Gedichtband entnommen, der 1989 in Barcelona unter dem Titel *Autorretratos* (»Selbstbildnisse«) erschien. Ihm sind die Bände *Maneras de estar solo* (1978), *Páginas de un diario* (1981) und *Elegías* (1984) vorausgegangen, in denen der Autor die Welt seiner Dichtung allmählich geschaffen und seinen Stil geprägt hat, was er in *Autorretratos* weiter verfolgt. Auch in diesem Band findet sich die natürliche und klare Art, mit der Sánchez Rosillo in seinen Gedichten den Gefühlen Ausdruck verleiht. Sie erreicht in diesem Band die Vollkommenheit eines ausgereiften Stils, der noch natürlicher wirkt, als dies in den früheren Bänden der Fall war. Sein Stil ist hier in noch höherem Maß von all jenen Elementen geläutert, die nicht dem unmittelbaren Ausdruck der Gefühlswelt und einer ausdrucksstarken Schlichtheit dienen. Seine dichterische Welt ist auch in diesem Band von dem Verlangen beherrscht, den Zauber des Augenblicks zu erleben und ihm Dauer und Ewigkeit, zu verleihen – ein Verlangen, das sich natürlich nicht verwirklichen läßt und das daher seinen Niederschlag in einem elegischen Grundton findet, der den gesamten Band durchzieht.

Autorretratos enthält gegenüber der vorhergehenden Lyrik von Sánchez Rosillo auch gewisse Neuerungen. Sie zeigen sich in einer Intensivierung der Gefühle durch das dichterische Wort, das in seiner Ausdruckskraft konzentrierter, in seinen Inhalten intensiver, genauer und unmittelbarer ist. Allerdings behält der Autor seine elegische Sicht der Dinge bei, wie sie auch seine frühere Lyrik bereits weitgehend bestimmt hat. In diesen früheren Werken, insbesondere in *Páginas de un diario* und in *Elegías*, war das Phänomen des Vergehens der Zeit ein ständiger Gegenstand der Reflexion. In beiden Bänden sind die Zeit und ihr Vergehen der eigentliche Protagonist – sowohl in dem symbolischen ›Tagebuch‹ als auch in dem deutlich provozierenden Grundton der ›Elegie‹. In *Autorretratos* ist das Thema der Zeit im Hinblick auf die elegischen Gefühle noch obsessiver und bedrängender dargestellt. Dies geschieht ganz und gar aus der Perspektive des Dichters, der das Vergehen der Zeit und deren Auswirkung auf seine eigene physische und geistige Realität betrachtet.

Nicht ohne Grund lautet der Titel des Buchs *Autorretratos*, »Selbstbildnisse«. Damit ist bereits im Titel ein stark subjektives Element vorgegeben. In den einzelnen Gedichten ist es immer wieder der Dichter selbst, der sich kunstvoll in Szene setzt. Gerade dies ist – gegenüber der früheren Dichtung von Eloy Sánchez Rosillo – eine deutliche Neuerung. In diesem Gedichtband tritt der Dichter mit nur einem Ziel in Erscheinung: er will ein bleibendes Bild von sich selbst geben. Aber wie bei einem Maler, der sich selbst porträtiert, kommen auch in den ›Bildern‹ von Sánchez Rosillo neben dem eigentlichen Selbstbildnis Empfindungen zum Ausdruck, die von Dingen und Geschehnissen ausgehen, die sich um den Porträtierten herum ereignen. Dies betrifft selbstverständlich auch die Personen, die in engem Kontakt zu den Ereignissen seines Lebens stehen. Hier ist alles Schreiben Selbstbildnis. Das Papier, auf dem das Gedicht, das wir lesen, geschrieben ist, ist der Spiegel, in dem sich der Dichter mit seinen Sorgen hinsichtlich des Phänomens der Zeit und des Lebens überhaupt spiegelt. Dabei handelt es sich nicht um irgendeine Zeit, sondern um die reale Zeit im Leben des Dichters, die ihm mit dem Leser gemein ist, dem er das Gefühl des Vergehens vermittelt. In einem Selbstbildnis finden sich außerdem häufig auch eine Landschaft und weitere Figuren. Genau dies ist im Gedicht »La playa« der Fall.

Wie einst Walt Whitman (1819-1892) strebt auch Sánchez Rosillo nach einer Dichtung, die die Zeit und ihre Vergänglichkeit überwindet. Neu an *Autorretratos* ist dabei gegenüber der früheren Lyrik von Sánchez Rosillo, dass sich hier das Gefühl der Zeit noch stärker ins Subjektive kehrt. Im jeweils konkreten Gedicht soll so den Erlebnissen, aus denen sich das Leben des Dichters zusammenfügt, Dauer verliehen werden. Die Erinnerung an die erlebten Augenblicke und ihre Darstellung in der Poesie hebt sie dann auch tatsächlich aus ihrer Vergangenheit heraus.

II

Sánchez Rosillo ist weitgehend eigenständig und zeigt wenig Berührungspunkte mit anderen Dichtern seiner Generation. Chronologisch gehört seine Lyrik in das letzte Viertel des 20. Jahrhunderts und ist in gewisser Weise mit der Ästhetik der *postnovísimos* verbunden. Dies zeigt sich bei der Auswahl und dem Gespür hinsichtlich der Eleganz und der Sorgfalt des dichterischen Schreibens sowie bei der Vorliebe für bestimmte, besonders gefühlsgeladene Szenarien, besondere Orte und Landschaften, in denen der Zauber und die Gefühle früherer Zeiten ihren Nachhall finden. Tatsächlich jedoch hat Sánchez Rosillo recht wenig Elemente mit der Ästhetik der *postnovísimos* gemein. Er distanziert sich vielmehr von deren generationsbedingten Gemeinplätzen, um eine authentischere Wiedergabe der menschlichen Existenz zu suchen, des ›Lebens‹, wie er es in seiner jüngsten Gedichtsammlung *La vida* von 1996 formuliert. Sein ganzes poetisches Schaffen verdankt er in einer sehr persönlichen und eigenständigen Weise einem hellsichtigen Nachdenken über die menschliche Existenz und darüber, wie sie gelebt wird, einem Nachdenken über die Zeit und über das Vermögen der Erinnerung, die in der Lage ist, alles das wiederzubeleben, was der Verlauf der Zeit vernichtet oder zum Vergessen verdammt hat. Ebenso zeigt er unbestreitbare Originalität bei seinem Verständnis der Dichtung als einem Instrument, das in der Lage ist, die innigsten Momente des menschlichen Daseins erleben und später erneut aufleben zu lassen. Hinsichtlich dieser und vieler anderer Aspekte ist Sánchez Rosillo über die Jahre hinweg mit absoluter Sicherheit und Treue zu sich selbst den Weg gegangen, den er sich von Anfang an vorgezeichnet hat. Dennoch haben einige Elemente im Verlauf seines dichterischen Schaffens immer wieder neue Formen und Aussagen angenommen.

III

All diese Feststellungen lassen sich sehr gut an dem Gedicht »La playa« belegen. Es handelt sich um einen Text von 37 Versen aus Elfsilbern und Alexandrinern, die nach Art der freien *silva* in zwei strophenähnliche Absätze von zunächst 21 und dann 16 Versen gegliedert sind. Die Pause zwischen diesen beiden strophischen Komplexen befindet sich genau in der Mitte eines Alexandriners (V. 21). Das dichterische Mittel der Trennung eines Verses in zwei Teile verwendet der Dichter auch im Zentrum der ersten nicht strophisch gegliederten Abfolge von Versen (V. 15), wo ein Elfsilber durch eine Pause untergliedert wird. Diese Strukturierung des Gedichts, die grundlegend ist für die in den Versen enthaltene Aussage, zeigt eine sehr deutliche Zweiteilung. Auf ihr beruht die Überlappung der Zeiten und Personen, die sich in dem Inhalt und der Handlung des Gedichts manifestiert.

Wie häufig bei den Gedichten von *Autorretratos*, gibt auch dieses Gedicht einen Moment der Glückserfahrung aus dem Alltagsleben wieder, der mit einem konkreten Datum verbunden ist. In der ersten Auflage von *Autorretratos* findet sich die Angabe, das Gedicht sei am 23. Juli 1986 geschrieben worden. Diese

Datumsangabe erlaubt es, Vermutungen über Wirklichkeit und Wahrheit des in ihm evozierten Geschehens anzustellen.

Eloy Sánchez Rosillo gibt gewöhnlich am Ende seiner Bücher ein genaues Datum für jedes der Gedichte an. Dabei handelt es sich zweifelsohne um Zeitangaben, die der Dichter nicht ohne tiefere Absicht macht. Und in der Tat findet sich im vorliegenden Gedicht eine einleitende Szene, in der ein Kind am Strand spielt und dabei von seinem Vater beobachtet wird. Der Vater genießt den Zauber dieser Szene, er staunt über die Freude und die Vitalität des kleinen Geschöpfs vor ihm und ist voller Freude darüber, einen solch freudvollen und glücklichen Moment in dessen Dasein betrachten zu können. Licht und Sonne erfüllen die Szene mit strahlendem Glanz und die umgebende Landschaft zeigt sich in ihrer ganzen Schönheit. Der Dichter porträtiert sich selbst in dieser Szene und entdeckt sich als jemanden, der glücklich ist und erfüllt vom Licht des Morgens und von der vitalen Kraft der menschlichen Existenz. Im zweiten Teil des Gedichts macht sich dann allerdings ein negativer argumentativer Einschub bemerkbar, der sich durch das Einblenden einer anderen Situation und durch den Übergang in eine andere Zeit, in ein anderes Lebensalter, in einen anderen konkreten Moment ergibt. In dieser Situation sind die Freude, das Glück und die Lebensfülle nicht mehr gegeben, die in der ersten Szene noch in einem solchen Übermaß vorhanden waren. Der Autor gibt hier erneut ein Selbstporträt, aber dieses Mal von sich selbst als Kind, während die einleitende Szene des Gedachten schwindet und sich in Traum, in Nebel, in Worte, in nichts auflöst. Wie leicht festzustellen, entdeckt hier Eloy Sánchez Rosillo seine eigene Identität: die als erwachsener Mann und die als Kind und das in zwei aufeinanderfolgenden, letztlich identischen Szenen. In den letzten Zeilen des Gedichts überdecken sich diese beiden Szenen und werden zu einem unauflösbar gleichzeitigen und identischen Geschehen. Auf diese Weise entsteht so etwas wie ein sukzessives, gleichsam doppeltes Selbstporträt, das auf ein und derselben Leinwand übereinander gedruckt ist, das Porträt ein und desselben menschlichen Wesens zu zwei verschiedenen, weit auseinanderliegenden, gänzlich unterschiedlichen Zeitpunkten.

Dabei ist es gerade die Zeit, die diese beiden Porträts und Zeitpunkte verbindet und sie zugleich trennt und unterscheidet. Das Phänomen des Alters zeigt den Unterschied zwischen den beiden Welten, aber es fügt sie auch wiederum zu einer einzigen zusammen. Und es ist schließlich die Erinnerung, die die beiden Szenen zu einem einzigen Lebenszeugnis macht, zu einer lebendigen Wirklichkeit, zu dem Gedicht in seiner Ganzheit. Zeit, Alter und Erinnerung dienen dieser Welt als grundlegende Elemente und konstruieren die dichterische Aussage.

Die Ausdrucksmittel, derer sich der Dichter bedient, um diese schwierige Überlagerung der Szenen zu erreichen, verdienen nunmehr unsere Aufmerksamkeit. Betrachtet man alle wesentlichen Elemente des ersten Teils, so ergibt sich, dass sie offensichtlich alle ausgesprochen positiv sind. Die morphosyntaktischen Strukturen entwickeln sich flüssig und verbinden sich mit einer Reihe von Einheiten, die parallel aufgebaut sind. Am Anfang steht jedoch eine Wendung, auf die sich der ganze Subjektivismus und die ganze Fiktion gründet, die der Dichter in diesem Moment größter Erfüllung entstehen lässt. Sowohl in Vers 1 als auch in dem geteilten Vers 15 (am Ende) findet sich die Wendung »me digo« (›ich sage mir‹), die ein Zeichen für Illusion, Fiktion, Imagination und den Versuch, sich selbst zu überzeugen, ist; schließlich entwirft das lyrische Ich hier sein Selbstporträt. Diese Einstellung findet sich im Verlauf des Gedichts immer wieder mit deutlichen Hinweisen auf den Raum des Imaginativen, des Fiktiven und »la ilusión de soñar« (›die Illusion, einem Traum nachzuhängen‹). Der ›Traum‹ (»sueño«) wird dann auch wieder eines der vier Elemente sein, die den Schlussteil des Gedichts bilden, wenn am Ende des zweiten Teils die negativen Zeichen aufgezählt werden, die dann im Gedicht vorherrschen.

Die Opposition zwischen Fiktion und Realität wird im zweiten Bereich des ersten Gedichtteils nochmals erweitert. Der Dichter begann sein Gedicht mit der Anspielung auf den möglicherweise fiktiven Charakter seiner Vision. Nach dem geteilten Vers 15 wird diese Sichtweise einer weiteren eingehenden, tiefgreifenden Reflexion unterworfen. Hier wird dann von »milagro« (V. 16), von »verdad« (V. 16) und von »ilusión de soñar« (V. 18) gesprochen. So wird jener einzigartige Moment herausgehoben und es werden die Elemente wiederholt, die den ersten Teil abschließen. Es handelt sich um eine Abfolge und Steigerung von Adjektiven (»dichoso«, »vivos«, »felices«, »juntos«, »habitar la luz«), die auf eine markante Weise mit dem Ende des zweiten Teils in Kontrast steht, wo eine analoge Steigerung ins Negative erfolgt: die Welt des Fiktiven, der Illusion, des Traums wird in ein pathetisches Ende verwandelt: »muerto acaso« (V. 36), »sombras de un sueño«, »niebla«, »palabras«, »nada« (V. 37).

An dieser Stelle lässt der Dichter im Übrigen seine Lektüren der spanischen Klassiker einfließen, Lektüren, die auch sonst in seiner Dichtung insgesamt immer wieder zu bemerken sind. In »La playa« ist zu Anfang des Gedichts – in seinem strahlendsten und optimistischsten Teil – der ganze Renaissance-Geist Garcilasos, dort wo er am weltoffensten ist, zu spüren, auch wenn er bereits von jenem »dolorido sentir« der Égloga I, V. 349-350 geprägt ist (»Nadie podrá quitarme«: »no me podrán quitar«, V. 350). Demgegenüber ist das Ende des zweiten Teils von dem barocken Geist Góngoras und dem Sonett »Mientras por competir con tu cabello« geprägt. Es handelt sich um die machtvolle *gradatio* des Schlussverses dieses Sonetts (»en tierra, en humo, en polvo, en sombra, en nada«), die von einer zum Nihilismus tendierenden Askese gekennzeichnet ist.[2] Eben dieses Gefühl des Nichts vermittelt sich am Ende des Gedichts von Sánchez Rosillo mit der gleichen Kraft und Ausdrucksstärke.

Trotz dieses evidenten Pessimismus lässt sich aber auch feststellen, dass der Dichter Verben eine große Bedeutung beimisst, die das Leben in seiner ganzen Vielfalt evozieren: das Verb *existir* sowie die Formen von *estar* und *ser*, sind mit ihren positiven Möglichkeiten die vorherrschenden Verben im ersten Teil des Gedichts. In Vers 2 ist von »ha existido la mañana« die Rede; »he estado tan conforme« in den Versen 4-5; »el mar está muy azul« in Vers 13; »es cierto este milagro« und »es verdad [...]« in Vers 16; »acontecemos como seres« in Vers 19; »estar vivos, felices [...]« in Vers 20 und »habitar la luz« in Vers 21. Im zweiten Gedichtteil wird zwar auf dieselben Verben zurückgegriffen, doch werden sie hier in eher negativen Kontexten gebraucht: »Ya no eres el niño«, heißt es in Vers 29 und 30, »Eres un hombre« und »no existió, ni existe, ni existirá« in Vers 32; »estás solo« in Vers 34; »somos sombras« in Vers 37. Es geht dabei um die Verben *ser, estar, existir, habitar, vivir*... Es handelt sich hier gleichsam um eine von den Kontexten losgelöste Wiederholung der Verben, die darauf hinweisen will, dass die Reflexion für das Leben unabdingbar ist und dass ein tiefer Kontrast zwischen den Zeitabschnitten, den Lebensaltern, den einzelnen Augenblicken, den jeweiligen Selbstbildnissen des Sprechenden besteht.

Ein analoger Kontrast lässt sich im Aufbau der Szenarien in den beiden Teilen des Gedichts feststellen. Im ersten Gedichtteil, der das Spielen des Kindes am Strand zeigt, entwickeln sich in einem sehr positiven Kontext die morphosyntaktischen Strukturen recht fließend. Sie sind durch geschmeidige Parallelismen verbunden, die einen sehr eingängigen lexikalisch-semantischen Rhythmus schaffen (V. 7-12: »a recoger chapinas«, »a levantar castillos de arena«, »chapoteas«, »das gritos«, »te caes«, »corres de nuevo«, »te detienes«, »beso [...] tus ojos, tus mejillas, tu pelo, tu niñez jubilosa«). Im zweiten Teil des Gedichts werden die gleichen Strukturen dagegen in einem weitgehend negativen Sinn gebraucht: so die Abfolge der drei jeweils durch ›und‹ verbundenen Adjektive in Vers 22 (»terrible y oscuro y velocísimo«) oder der Parallelismus der Sätze in »el cielo se oscurece, el mar se agita« (V. 27). Darüber hinaus werden hier auch auf der Grundlage einer eindeutig neoromantischen Rhetorik semantisch gelungene Formulierungen vorgebracht, die über eine bemerkenswert ausdrucksstarke Wirkung verfügen: »el ruido [...] que hace el tiempo al pasar« (V. 22-23); »siento en mi sangre el vértigo espantoso de la edad« (V. 28-29).

Abschließend seien die beiden Hauptthemen des Gedichts nochmals in den Blick genommen. Hier ist zunächst von der Zeit zu sprechen. Ganz zweifelsohne sind im vorliegenden Text die Bezugnahmen auf das Phänomen des Alters und der Zeit von grundlegender Bedeutung. Nur so ist die Mehrdeutigkeit des Porträts zu verstehen. Zugleich wird so aber auch der obsessive Druck deutlich, den Alter und Zeit in diesem wie in vielen anderen Gedichten auf das lyrische Ich ausüben. Neben dieser Hervorhebung des Phänomens ›Zeit‹ findet sich aber auch der Lobgesang auf die Dinge, auf die Gegenstände, auf die Stimmungen, auf die Lichter und die Farben eines Lebens. Sie werden allerdings in nostalgischem Ton beschworen, denn das, was man verliert, wird in elegischer Form besungen. Hier gilt es allerdings noch etwas hinzuzufügen, was sich aus dem zweiten Gedichtteil ergibt: man besingt nicht nur das, was man verliert, sondern auch das, was man wahrscheinlich niemals besaß und was man niemals besitzen wird: eine glückliche Kindheit.

Das zweite große Thema des Gedichts ist die Einsamkeit. Wenn der ganze erste Teil einen solch optimistischen Eindruck vermittelt, so beruht dies darauf, dass dort zwei Menschen ›zusammen‹ sind (»dichosos de estar vivos«, »felices de estar juntos« heißt es in Vers 20 mit einem schönen Parallelismus). Im Gegensatz zu diesem Gemeinschaftserleben und im Gegensatz zu dem Glück, ein Erlebnis und einen Moment des Lebens mit jemandem zu teilen, führt die im zweiten Teil evozierte Einsamkeit zu einem Gefühl der Bitterkeit. In Vers 36 heißt es: »Estás solo, y me buscas«. Gegen Ende des Gedichts wird der Tod erwähnt, eine Ermahnung, die dann in der metaphysischen und endgültigen *gradatio* endet: »sombras de un sueño, niebla, palabras, nada« (V. 37).

IV

Das Gedicht »La playa« ist, so lässt sich abschließend sagen, ein ausgesprochen repräsentatives Beispiel für das literarische Schaffen von Eloy Sánchez Rosillo. Es ist charakteristisch für seine poetische Welt, wie sie gegen Ende der 80er Jahre entsteht und in der das gediegene und in sich kohärente Werk des Autors zur Reife gelangte. Dieses Werk zeichnet sich dadurch aus, dass es das Leben als etwas darstellt, was es verdient, in seiner ganzen Fülle genossen zu werden, auch wenn die Nähe zahlreicher Feinde nicht verborgen bleibt, die es bedrohen und die die Möglichkeit des Existierens und des Genießens, des Seins und des Daseins in Frage stellen: die Nähe von Zeit, Einsamkeit und Tod. Trotz alledem, so die Botschaft des lyrischen Ich, wird es aber auch immer einen Augenblick des Glücks geben, an irgendeinem Strand, gemeinsam mit einem Kind, das vor Leben strotzt, in einer lichterfüllten, freudvollen Landschaft, in der man sich dem Genuss der Sinne hingeben kann. Niemand wird imstande sein, dem Dichter den Wunsch, diesen Traum zu verwirklichen, zu nehmen. Denn die Poesie, das dichterische Wort, vermag das auszudrücken, was in »La playa« ausgedrückt wird: das Genießen von erfüllten Momenten des Glücks und das Gefühl der Melancholie und Trauer über solche Momente, die nicht in gleichem Maße von Glück erfüllt sind.

Deutsche Fassung: Sina Schmidt und Manfred Tietz

I. Verzeichnis der lyrischen Werke von Eloy Sánchez Rosillo

Maneras de estar solo. Madrid: Rialp 1978 (Premio Adonais de Poesía de 1977).

Páginas de un diario. Barcelona: Amelia Romero 1981.

Elegías. Madrid: Trieste 1984.

Autorretratos. Barcelona: Edicions 62 1989; [2]1989.

Las cosas como fueron. Granada: Comares 1992; zweite durchgesehene Auflage 1995.

La vida. Barcelona: Tusquets 1996.

Berücksichtigung in Anthologien

García Martín, José Luis: *Las voces y los ecos.* Madrid: Júcar 1980, S. 247-260.

Coco, Emilio: *Abanico. Antologia della poesia spagnola d'oggi.* Con una presentazione di Fabio Doplicher, una postfazione di Michele Coco e una nota di Alfonso Falco. Bari: Levante 1986, S. 264-271.

El último tercio del siglo (1968-1998). Antología consultada de la poesía española. Introducción de Jesús García Sánchez, prólogo de José-Carlos Mainer. Madrid: Visor 1998, S. 361-387.

Jiménez Martos, Luis (Hg.): *Antología general de Adonais (1969-1989)*. Prólogo de Luis Jiménez Martos. Madrid: Rialp 1989, S. 149-150.

García Martín, José Luis: *El amor en poesía (Antología)*. Gijón: Júcar 1989, S. 87-91.

García-Posada, Miguel: *La nueva poesía 1975-1992*. (Páginas de Biblioteca Clásica bajo la dirección de Francisco Rico. *Poesía española*, Bd. 10). Barcelona: Crítica 1996, S. 64-67.

García Martín, José Luis: *Treinta años de poesía española (1965-1995)*. Sevilla/ Granada: Renacimiento/ Comares 1996, S. 236-257.

Magalhães, Joaquim Manuel: *Poesia espanhola de agora/ Poesía española de ahora*. Posfácio/ posfacio de José Ángel Cilleruelo. 2 Bde. Lisboa: Relógio D'Água 1997. Bd. I, S. 162-173.

Martínez, José Enrique: *Antología de poesía española (1975-1995)*. Madrid: Castalia 1997, S. 73-77.

Pérez Olivares, José: *El hacha y la rosa (Tres décadas de poesía española)*. Sevilla: Renacimiento 2000, S. 139-152.

II. Kritische Literatur

Albiac, María Dolores/ Concha, Víctor García de la/ Molina Campos, Enrique u.a. (Hg.): »Eloy Sánchez Rosillo«, in: *Poesía en el Campus* 23 (1993), S. 3-20.

Almuzara, Javier: »Lo que es la vida«, in: *Clarín* 6 (November-Dezember 1996), S. 78-79.

Baquero Goyanes, Mariano: »La poesía de Sánchez Rosillo: redescubrimiento de la claridad«, in: *La Verdad* 57 (Suplemento Literario) 14.06.1981, S. 5; danach veröffentlicht, in ders.: *Literatura de Murcia*. Murcia: Academia Alfonso X el Sabio 1984, S. 281-287.

Cabanillas, José Julio: »El paso del tiempo«, in: *El Siglo que Viene* 29 (Dezember 1996), S. 48.

Díaz de Castro, Francisco J.: »Memoria de la luz«, in: *Diario de Mallorca* 300 (Cultura), 11.10.1996, S. II.

Díez de Revenga, Francisco Javier: »La poesía elegíaca de Eloy Sánchez Rosillo«, in Darío Villanueva u.a. (Hg.): *Los nuevos nombres*: 1975-1990. (*Historia y crítica de la literatura española* al cuidado de Francisco Rico, Bd. 9). Barcelona: Crítica 1992, S. 191-193.

Díez de Revenga, Francisco Javier: »Poesía y concepto de la poesía en Eloy Sánchez Rosillo«, in: *Mundaiz* 57 (Januar-Juni 1999), S. 71-86.

García de la Concha, Víctor: »*Las cosas como fueron*«, in: *ABC* 65 (ABC Cultural), 29.01.1993, S. 8.

García de la Concha, Víctor: »*La vida*«, in: *ABC* 255 (ABC Cultural), 20.09.1996, S. 8.

García Martín, José Luis: »Apuntes, recuerdos, confidencias«, in ders.: *La poesía figurativa. Crónica parcial de quince años de poesía española*. Sevilla: Renacimiento 1992, S. 88-97.

García Martín, José Luis: »Eloy Sánchez Rosillo«, in: *Treinta años de poesía española (1975-1995)*. Sevilla/ Granada: Renacimiento/ Comares 1996, S. 236-237.

García Montalvo, Pedro: »El lugar de siempre. Itinerario poético de Eloy Sánchez Rosillo«, in: V Centenario: *Rutas literarias de la Región de Murcia*. Murcia: Comisión de Murcia 1992, S. 352-364.

García-Posada, Miguel: »Eloy Sánchez Rosillo«, in ders.: *La nueva poesía 1975-1992*. Barcelona: Crítica 1996, S. 63, S. 245-246.

Gómez Espada, Ángel Manuel: »Estudio del tiempo en la poesía de Eloy Sánchez Rosillo«. Unveröffentlichte Magisterarbeit. *Facultad de Letras de la Universidad de Murcia* 1998.

Hanstein, Bettina: *La poesía de Eloy Sánchez Rosillo en* Las cosas como fueron. Unveröffentlichte Magisterarbeit. Universität des Saarlandes. Saarbrücken 1999.

López-Vega, Martín: »De la nostalgia en la vida y en los libros«, in: *Reloj de Arena* 16 (Dezember 1996), S. 36-37.

Luna Borge, José: »Sánchez Rosillo o el solitario camino hacia la belleza«, in: *Escrito en el Agua* 3 (1989), S. 38-40.

Martínez Ruiz, Florencio: »*Autorretratos*«, in: *ABC, ABC Literario* (20.05.1989), S. IV.

Molina Campos, Enrique: »La poesía de Eloy Sánchez Rosillo«, in: *Nueva Estafeta* 36 (November 1981), S. 88-92.

Molina Campos, Enrique: »Poemas de Sánchez Rosillo«, in: *Córdoba, Cuadernos del Sur* (18.03.1993), S. VI.

Oliván, Lorenzo: »Maneras de no estar solos«, in: *El Diario Montañés, Cultura* (17.01.1997), S. V.

Orozco, Federico [i.e. Juan Bonilla]: »La poesía de la experiencia«, in: *Renacimiento* 8 (1992), S. 35-36.

Pérez Olivares, José: »Eloy Sánchez Rosillo«, in ders.: *El hacha y la rosa (Tres décadas de poesía española)*. Sevilla: Renacimiento 2000, S. 139.

Piquero, José Luis: »La vida«, in: *Renacimiento* 13-14 (Herbst-Winter 1996), S. 62-63. Teilabdruck in Jordi Gracia (Hg.): *Los nuevos nombres: 1975-2000*. Primer suplemento. (*Historia y crítica de la literatura española* al cuidado de Francisco Rico, Bd. 9, 1). Barcelona: Crítica 2000, S. 147-148.

Prieto de Paula, Ángel L.: »Los *Autorretratos* de Eloy Sánchez Rosillo«, in: *Ínsula* 516 (Dezember 1989), S. 23.

Prieto de Paula, Ángel L.: »Elegía y transparencia en Eloy Sánchez Rosillo«, in ders.: *La lira de Arión. De poesía y poetas españoles del siglo XX.* Alicante: Universidad de Alicante 1991, S. 263-288. Teilabdruck in Jordi Gracia (Hg.): *Los nuevos nombres:* 1975-2000. Primer suplemento. (*Historia y crítica de la literatura española* al cuidado de Francisco Rico, Bd. 9, 1). Barcelona: Crítica 2000, S. 144-147.

Prieto de Paula, Ángel L.: »Brasas de la reviviscencia: sobre la poesía de Eloy Sánchez Rosillo«, in: *Ultramar* 1 (Dezember 1997), S. 62-75.

Sánchez Rey, Virgilio: »Extraña misericordia«, in: *El Correo de Andalucía* 98, *La Mirada* (01.11.1996), S. 31.

Sánchez Torre, Leopoldo: »Palabras que regresan, palabras para entonces«, in: *Reloj de Arena* 5 (März 1993), S. 33-35.

Sánchez Vallés, Joaquín: »Con emoción y con melancolía«, in: *Turia* 39-40 (März 1997), S. 318-321.

Tovar, Antonio: »Literatura vivida«, in: *Gaceta Ilustrada* (28.06.1981), S. 23.

Trapiello, Andrés/ García, Álvaro/ d'Ors, Miguel u.a.: »Eloy Sánchez Rosillo«, in: *El Correo de Andalucía* 79, *La Mirada* (19.04.1996).

III. Anmerkungen

* Zitiert nach Eloy Sánchez Rosillo (1989:29-30)

1 Deutsche Übersetzung des Gedichts: Gustav Siebenmann.
2 Vgl. die Interpretation dieses für das spanische Barock so bezeichnenden Sonetts durch Walter Pabst in Manfred Tietz (Hg.): *Die spanische Lyrik von den Anfängen bis 1870. Einzelinterpretationen.* Frankfurt am Main: Vervuert 1997, S. 421-441.

Randolph D. Pope

Luis Antonio de Villena. El mundo es bello, anchos los deseos

        Yo era poco más que adolescente
        y estaba tendido, bajo un árbol grande,
        en el verano sin nombre y opulento.
        Del río – lo había – me llegó esa voz
5   que parecía encontrarme sin sorpresa y grácil.
        Aquel muchacho enamorado ardentísimo de Mozart,
        que conocí, siendo yo casi viejo, en Praga;
        el maravilloso y fértil Johan Paulik,
        (que murió luchando junto a Bonaparte)
10   salía del agua, con la pura desnudez
        impura de la vida, sutil y milagrosa.
        Era un sueño, claro. Vanas imágenes
        con el fulgor del oro de los incas...
        Imágenes; vendaval del estío.
15   Porque el verano del árbol y del agua,
        no existió ni pudo existir,
        vivo yo en el desastre maduro de ser,
        y él muerto, mucho ha, tan joven
        como los húsares de los Alpes,
20   con sus cabellos trenzados y esplendentes.
        ¿Quién – por insulto – me envió la imagen
        de mi felicidad sin tiempo ni existencia?
        ¿Quién me dijo que lo imposible era,
        y se rió, Averno abajo, de mi nada?
25   ¿O al contrario, y el sueño fue un regalo
        en que se me permitía contemplar el futuro,
        irme del espacio, y palpar la ventura
        que carece de años, fronteras y señores?
        ¿Quién lo podrá decir, quién aquietarnos?
30   Mi corazón batalla contra el mar.
        Yo le imagino hoy para amar la vida
        y desato las turbulencias de lo injusto... *

Die Welt ist schön, weit sind die Sehnsüchte
Ich war gerade erwachsen geworden / und lag langgestreckt unter einem großen

Baum / im namenlosen und üppigen Sommer. / Vom Fluss her – der war dort – drang zu mir eine Stimme, / die mich ohne Überraschung und anmutig zu treffen schien (V. 1-5). / Ein glühend in Mozart verliebter Junge, / den ich, als ich schon fast alt war, in Prag kennenlernte; / der wunderbare und fruchtbare Johan Paulik / (der neben Napoleon kämpfend starb) entstieg dem Wasser, in der reinen / und [zugleich] unreinen Nacktheit des Lebens, leicht und wie ein Wunder (V. 6-11). / Natürlich war dies ein Traum. Eitle Bilder / mit dem Glanz des Goldes der Inka... / Bilder; Sommersturm (V. 12-14). / Denn der Sommer dieses Baums und dieses Wassers / existierte gar nicht, er konnte auch gar nicht existieren, / ich lebe in der schon gereiften Katastrophe des Seins, / und er ist tot, seit langem schon, so jung / wie die Husaren der Alpen / mit ihren geflochtenen und leuchtenden Haaren (V. 15-20). / Wer hat mir – zum Schimpf – das Bild / meines zeit- und existenzlosen Glücks übermittelt? Wer hat mir gesagt, dass es das Unmögliche gab / und lachte, auf dem Weg zum Avern hinab, über mein Nichts? (V. 21-24) Oder war der Traum ganz im Gegenteil ein Geschenk, / in dem es mir möglich war, in die Zukunft zu schauen, die Grenzen des Raums zu überwinden, und das Glück zu ertasten, / das keine Jahre, Grenzen noch Herren kennt? (V. 25-28) / Wer vermag das zu sagen, wer uns zu beruhigen? / Mein Herz liefert dem Meer eine Schlacht. / Ich stelle ihn mir heute vor, um das Leben zu lieben, / und ich entfessele die Wirrnisse der Ungerechtigkeiten (V. 29-32).[1]

I

Luis Antonio de Villena (*Madrid 1951) und seine Lyrik haben tiefe Wurzeln bei den klassischen Autoren, bei den Griechen, den Römern und den Lyrikern des spanischen *Siglo de Oro*. Dieser Sachverhalt zeigte sich schon in den frühesten Gedichten aus dem Band *Sublime Solarium* (1971) und den Texten, die in den Band *Syrtes* aufgenommen wurden, der zwar schon 1972 vorbereitet, jedoch erst viel später, im Jahr 2000, veröffentlicht wurde. In all diesen Gedichten findet sich eine Fülle von Bildungsgut und Anspielungen, die dem Ausdruck einer raffinierten, ans Exotische grenzenden Sinnlichkeit dienen. Diese prunkvolle und ästhetisch spielerische Ausarbeitung seiner Gedichte, die weniger barock als rokokohaft und modernistisch ist, half ihm, wie er selbst gesagt hat, eine alternative Wirklichkeit zu jener »España muy oscura y gris« zu schaffen, in der er damals lebte.[2] Villena selbst hat das folgendermaßen gesehen:

> pretender que [sc. él y otros poetas llamados novísimos o venecianos] se veían en ciudades europeas, como Venecia, y sentían sensaciones y sentimientos europeos y no los que había en realidad era rompedor; en ese deseo, caía la realidad española.[3]

Nach Francisco Brines ist das hier skizzierte poetische Verfahren mehr als der bloße Versuch gewesen, das Gedicht rhetorisch auszuschmücken. Es gehe Villena vielmehr um ein »ennoblecimiento de un mundo que, visto al nivel cotidiano de nuestro momento histórico, se nos aparece como marginado y sórdido.«[4] Selbstverständlich erweist sich diese andere Welt, die der Kunst, als unerreichbar, und ihre imaginierte Vollkommenheit wirkt sich zerstörend aus für die alltägliche Wirklichkeit. Ganz in diesem Sinn stellt Leopoldo Alas fest

> [que el] deseo de lo imposible (›que no debe confundirse‹ – decía Villena – ›con la imposibilidad del deseo‹) [...] siempre establecía comparaciones entre las ideas de perfección – que en la literatura había ido descubriendo y componiendo – y lo pálido y mezquino de las cosas que nos rodean.[5]

Es ist dies ein rein ästhetisch ausgerichtetes Handeln mit dem Gestus des Dandy, dessen Gestalt Villena in seinem Buch *Corsarios de guante amarillo: sobre el dandyismo* (1983) genauer untersucht hat. Ein solches ästhetisches Handeln trat an die Stelle des Wunsches, in der Politik etwas zu bewirken, was das zentrale Anliegen der vorausgehenden Dichtergeneration, der der *poetas sociales*, gewesen ist. Juan Cano Ballesta hat diese Wende als einen »vuelco decisivo y profundo de los gustos y preferencias del artista« bezeichnet und hinzugefügt:

> Esos, [sc. los poetas apodados novísimos] en pleno goce de las libertades democráticas, relegan sus viejos sentimientos de solidaridad social a un segundo plano para entregarse por completo al pleno despliegue de su personalidad, al cultivo de los sueños personales y la búsqueda de la belleza sensual. [...]. En una época de escasas preocupaciones políticas o metafísicas los poetas se entregan al goce hedonista del arte y de la vida.[6]

Im Fall von Villena ist dieses hedonistische Genießen allerdings im Kontext seiner Homosexualität zu sehen. Er hatte im frankistischen Spanien kein Umfeld vorgefunden, das der Entwicklung seines Gefühlslebens förderlich gewesen wäre. Ein solches positives Umfeld musste er sich erst erschaffen, zum Teil im heimlichen Einverständnis mit der ein oder andern Seite der bereits existierenden schwulen Untergrundkultur, zum Teil aber auch nur in der Welt der Phantasie. Dadurch entstand allerdings eine neue Solidarität, ein neuer Prozess des Zurückweisens der willkürlichen gesellschaftlichen Grenzziehungen und Verhaltensnormen. Brines war zu Recht der Auffassung, dass Villena aus dem ganz Persönlichen und der engen Beziehung zwischen Gedicht und Leben einen grundlegenden Anteil seines dichterischen Schaffens gemacht hat.[7] Vielleicht sind in seiner autobiographischen Erzählung *Ante el espejo. Memorias de una adolescencia* die genaueren Umstände zu suchen – eine Außenseiterrolle in der Schule, die verworrene Suche nach der eigenen sexuellen Orientierung, die Auswahl weiblicher Vorbilder, die Erfahrung von *camp* und *gay* –, die ihn zu dem nachdrücklichen Hinweis veranlassten, seine Dichtung sei im Zusammenhang mit dem Bekenntnis zur Homosexualität in einem noch von diesbezüglichen Vorurteilen geprägten Spanien zu lesen.

II

Das Gedicht, das hier vorgestellt wird, stammt aus einer späteren Phase der Lyrik Villenas. Es erschien in *Celebración del Libertino*, einem Buch, das den Preis der Stadt Melilla erhielt und in das die Gedichte aufgenommen sind, die zwischen 1996 und 1998 geschrieben wurden, einem Zeitpunkt, zu dem die Sprache Villenas ihren früheren Prunk aufgegeben hat und der Grundtenor der Gedichte weniger von Hoffnung als von Nostalgie geprägt ist.[8] Zu diesem Zeitpunkt hat sich Villena von Góngora, dem Dichter des Barock ab- und Garcilaso, dem Dichter der Renaissance, zugewandt. Es ist dies auch der Zeitpunkt, zu dem er sich vom frühen Ovid der *Metamorphosen* und der *Ars amandi* abgekehrt hat und sich dem maßvollen, faszinierenden Ovid der *Tristia* zuwendet. Der Dichter hat seit diesem Zeitpunkt das Gefühl, aus der Jugend verbannt und vom Leben enttäuscht worden zu sein, das ihn jedoch weiterhin in Bann schlägt. Aus seiner ersten Epoche bleiben allerdings, wie unsere weitere Lektüre zeigen wird, Bildungselemente in seiner späteren Lyrik, die hier aber mit einem Hauch von melancholischer Ironie formuliert werden.

Die beiden im Gedichttitel enthaltenen Feststellungen – »el mundo es bello, anchos los deseos«, ›die Welt ist schön, weit sind die Sehnsüchte‹ – beinhalten einen Gegensatz, eine tiefgehende Spannung, die das Komma überdeckt. Doch welche Übereinstimmung, Beziehung oder welche Gleichsetzung besteht zwischen der Schönheit und dem vielfachen Begehren und den Sehnsüchten? Wenn sowohl die Welt als auch das Begehren, die Sehnsüchte, schön und weit wären, so ergäbe sich daraus eine einzigartige und vollständige Harmonie. Aus der Diskrepanz zwischen dem Singular *bello* und dem Plural *anchos* entstehen jedoch die Divergenzen des Gedichts. Die Welt an sich, so lässt sich folgern, stellt sich als harmonisches, in sich geschlossenes Ganzes dar, während das Individuum eben diese Welt in sukzessiven, jeweils verschiedenen Spiegelungen einer Sehnsucht und eines Begehrens wahrnimmt, das kaum je ganz gestillt werden kann. Und falls dieses Begehren doch einmal wunderbarerweise vollständig gestillt worden sein sollte, so zeigt es sich umso stärker, wenn es erneut erwacht mit der unmöglichen Forderung nach einer Erneuerung der vergangenen Lust. Was hier gemeint ist, lässt sich mit einem – allerdings recht langen – Zitat verdeutlichen, das seiner Erzählung *Inédita carta latina de Fernán Pérez de Guzmán, Señor de Batres, a don Alonso de Cartagena, obispo de Burgos, su amigo* entnommen ist. Da es sich in der Erzählung um ein Zitat aus einem Brief handelt, ist der Text kursiv gesetzt, was ihn optisch hervorhebt:

> *Es decir, que era la imagen de un júbilo que, en esa edad, parece y se tiene por imperecedero. Todo en don Nuño era resplandor y brillo. Me hechizó esa imagen y me aumentó el tormento. Porque yo sé – nosotros sabemos – que todo eso es nada: Flaco y caedizo. Claro que podría haber más. ¿Qué importancia tiene que se destruya el cuerpo, si en su vigor ha gozado la plenitud del placer? Eso contestan muchos mozos a los sermones. Pero, ¿se goza con plenitud el placer? Mi no corta experiencia me lo niega. Hay ins-*

> *tantes de gozo, sí, pero el verdadero placer (el ardor más perenne que uno espera) siempre queda inalcanzado y lejos. El deseo promete y acrecienta el fin, la realidad conseguida – si se consigue – lo abaja todo. De suerte que si la belleza de la juventud no existe – porque perece – tampoco existe el placer, porque nunca se alcanza con la intensidad que prometió el deseo.*[9]

Das Ich des Textes ist gespalten in das schreibende Ich, die lyrische Stimme in der Gegenwart des Schreibens, und das jugendliche Ich, das nur noch in der Erinnerung existiert. Aufgrund der Legenden, die Villena selbst um seine Person gewoben hat, besteht bei seiner Lyrik die Versuchung, dieses Ich als ein autobiographisches Ich zu sehen, das dann jeweils in Szene gesetzt wird. Rosa María Pereda hat dies in der Einleitung zur Veröffentlichung eines Interviews mit dem Autor folgendermaßen ausgeführt:

> Porque tal vez lo que separa o lo que distingue a Luis Antonio de Villena del resto de su generación sea el empeño minucioso, sostenido, tenaz, con que va construyendo sobre sí mismo su propio personaje. El Villena público, ese personaje del que ya la cultura madrileña no podría prescindir, es un hombre arrollador y melancólico, porque no conviene que la pasión sea demasiado evidente y porque el *spleen* es, después de todo, síndrome de modernidad.[10]

Der *spleen* ist eine Haltung der Enttäuschung und Resignation, der Sehnsucht nach einer Welt, die nur im Abglanz von Eleganz oder Verfall genossen wurde, die von einem ganz anderen Leben sprechen, das zwar begehrenswert, aber unerreichbar ist. Wie bereits José Olivio Jiménez gesehen hat, situiert sich die Lyrik Villenas in dieser Bruchzone, wo sie wie eine zerbrechliche und immer nur vorübergehend tragfähige Brücke funktioniert. Auch im vorliegenden Gedicht drängt sich zwischen das ›ich‹ und das ›war‹ des ersten Verses ein solcher Bruch, der hier durch die Zeit verursacht ist. Weiter unten im Gedicht wird dem Leser klar, dass dieses Ich geträumt ist, dergestalt dass die ersten elf Verse des Gedichts die Symbolfunktion der Träume übernehmen und den Abgrund zwischen den geträumten Bildern und der Wirklichkeit auftun. Darüber hinaus vermittelt das Gedicht den Eindruck, als handele es sich bei der Sprecherstimme um eine historische Gestalt, ein Verfahren, das Villena in seiner Lyrik häufig verwendet. Wer aber ist dieser gealterte Liebhaber, der sich an seinen Besuch in Prag erinnert? Dies wird das Gedicht in seinem weiteren Verlauf klären.

Zunächst jedoch zur Situierung des Gedichts. Der Ort, an dem es sich ereignet, ist ein *locus amoenus*, der ›Lustort‹ der klassischen Tradition.[11] Die Szene erinnert an die Eklogen Garcilasos. So findet sich in der zweiten seiner Eklogen die gleiche Situation, der der Anblick eines Flusses im Liebenden Bilder einer verlorenen Liebe in Erinnerung ruft:

>En medio del invierno está templada
>el agua dulce desta clara fuente,
>y en el verano más que nieve helada.
>   ¡Oh claras ondas, cómo veo presente,
>en viéndoos, la memoria d'aquel día
>de que el alma temblar y arder se siente![12]

Und in der dritten Ekloge tauchen aus einem idealisierten Tajo Nymphen auf, die dem Dichter das Bild eines tragischen Geschicks bieten:

>Cerca del Tajo, en soledad amena,
>de verdes sauces hay una espesura,
>toda de hiedra revestida y llena
>   que por el tronco va hasta el altura
>y así la teje arriba y encadena
>que'l sol no halla paso a la verdura;
>   el agua baña el prado con sonido,
>alegrando la hierba y el oído.
>
>   Con tanta mansedumbre el cristalino
>Tajo en aquella parte caminaba
>que pudieran los ojos el camino
>   determinar apenas que llevaba.
>Peinando sus cabellos d'oro fino,
>una ninfa del agua do moraba
>   la cabeza sacó, y el prado ameno
>vido de flores y de sombra lleno.[13]

Ein deutlicher Hinweis darauf, dass wir uns mit dem Gedicht Villenas wie bei den angeführten Eklogen Garcilasos in der Tradition des Topos vom *locus amoenus* befinden, der die Erinnerung an eine geliebte, in der Folge verlorene Person weckt, sind die für den Topos charakteristischen sehr allgemeinen Adjektive, die auch Villena verwendet: der Baum ist groß, der Sommer namenlos und der Fluss einfach ein Fluss. Aber ist der Sommer wirklich namenlos und überreich oder beziehen sich die Adjektive auf den träumenden Dichter? »Yo era [...] / y estaba tendido [...] / en el verano sin nombre y opulento« (V. 1-3). Der Vers erlaubt beide Lektüren. Einerseits ist da ein undatierter, fruchtbarer Sommer (es handelt sich offensichtlich nicht um das karge Kastilien); andererseits erinnert das Gedicht an eine Lebensphase, in der sich die Jugend frei und zeitlos fühlt, in der man reich an Möglichkeiten ist und ganz in der Gegenwart lebt. In dem Gedicht »Tríptico sobre la extrema juventud« heißt es:

>El joven se cree – y siente – inmutable,
>sólido, compacto, imperecedero, eterno...
>Sin caducidad, sin tiempo, sin fisuras,

goza de la perfección falaz de su momento.[14]

So wie der Sommer unvermeidlich in den Herbst übergeht, so erweist sich auch die Jugend als trügerisch, als vergänglich, als etwas, das in der Gegenwart des Schreibens nicht mehr existiert. Diese Empfindung der Zeitlosigkeit, die die Lust und die Liebe gemeinhin verursachen, thematisiert Villena häufig. So heißt es in in dem Gedicht »Chapero«:

> Dirías que nada cuenta el tiempo.
> El mundo resplandece, hay copas preparadas. La noche es dulce.
> De verdad, mañana, ¿qué significa *mañana*?«[15]

Und in »Celebración mediterránea« sagt der Autor von einem Jungen, der gerade beginnt, erwachsen zu werden, »[n]o hagas caso de las malas lenguas. Tú eres solo presente.«[16]

Das Gefühl des Verlustes, das das Gedicht vermittelt, lässt sich im Übrigen auch an einem graphischen Detail feststellen. Vergleicht man den Anfang des ersten und des zweiten Verses, dann geht man von einem »yo« zu einem »y« über, eine Abfolge, die in den beiden letzten Versen des Gedichts wiederholt wird. Vielleicht ließe sich dies so interpretieren, dass hier ein »o« verloren geht, das in seiner graphischen Form an eine gewisse Fülle erinnert; was bleibt, ist ein »y«, das demgegenüber eher an sich trennende Wege erinnert und an eine verlorene Einheit.

Der Klammereinschub in V. 4 nach der Erwähnung des für die Inszenierung des *locus amoenus* unverzichtbaren Flusses – »lo había« – ist charakteristisch für eine Reihe von Verfahren, die sich in der Lyrik von Villena finden und die in der Sekundärliteratur als postmodern oder *camp* bezeichnet werden. Einerseits ist da die Gewissheit, dass alles Neue, was sich anstreben und sagen ließe, schon verwirklicht worden ist und dass jeder Text sich nur in der Nachfolge eines unendlichen Schreibprozesses (der sich auch in die Zukunft hin erstreckt) einordnen lässt, weshalb sich immer nur in Gemeinplätzen, in bereits Vorformuliertem, schreiben lässt. Andererseits zeigt der Autor sein kulturelles und bildungsmäßiges Raffinement gerade dadurch, dass er anerkennt, dass das von ihm Gesagte ein Gemeinplatz ist, eine Inszenierung, ein literarisches Zitat, wobei es sich im Spanischen lexikalisch so fügt, dass die Bezeichnung für Zitat (*cita*) das gleiche Wort ist, wie das für eine Verabredung, ein Zusammentreffen. In dem Gedicht »Cuarto de duchas« ändert Villena kühn das Erscheinen der Nymphen in den geheiligten Wassern des Ideals in den Anblick der jungen männlichen Körper in einer Sauna: »Me siento aquí – un viejo es invisible / para la juventud – y observo los cuerpos bajo el agua«.[17] Im vorliegenden Gedicht findet sich die gleiche Situation: die des Dichters, der sich alt fühlt und der die Schönheit des Köpers eines schönen Knaben betrachtet, der dem Wasser entsteigt.

Der Fluss in diesem Gedicht ist gleichfalls ein mythischer, ein inszenierter Fluss, wie der eben zitierte Fluss bei Garcilaso oder der, den Richard Wagner am Beginn des großen Opernzyklus zur Götterdämmerung zeigt. Der Fluss ist Symbol des Lebens, er ist Wasser. Der Fluß erinnert aber auch an den Tod, wie dies so eindrucksvoll in den *Coplas a la muerte de su padre* (1476-1478) von Jorge Manrique geschieht: »nuestras vidas son los ríos, / que van a dar a la mar, / que es el morir«.[18] In ganz ähnlicher Weise stellt Villena in dem Gedicht »Una contradanza« eine enge Verbindung zwischen einem jungen Körper und einem Fluss her:

> noche del cuerpo, sombra caliente que sin decirlo
> habla, murmurio de eternidad
> que tocas con los dedos, y escapa vuelto flor,
> como el más raudo río [...].[19]

In seiner Gesamtheit gesehen ist das Gedicht »El mundo es bello, anchos los deseos« ein Text, der auf Zitaten basiert; in allererster Linie erwächst es aus der Begegnung mit einer Stimme (»esa voz / que parecía encontrarme sin sorpresa y grácil«; V. 4-5). Diese Formulierung erinnert an eine berühmte Episode, die der Kirchenvater Augustinus im 8. Buch seiner *Confessiones* (um 400) erzählt: er hörte eine Stimme, die ihn aufforderte, sein ausschweifendes Leben aufzugeben und die in der Folge in einem Moment großer emotionaler Ergriffenheit seine religiöse Bekehrung bewirkte. Diese Stimme sagte »Tolle, lege« [›nimm und lies‹], eine Stimme, von der sich nach Augustinus nicht feststellen ließ, ob sie männlich oder weiblich war oder aber ob sie die eines – geschlechtslosen – Engels sein konnte. In der Lyrik und in den narrativen Texten von Villena sind die Bücher, die im Sinne der Textstelle von Augustinus ›zu nehmen und zu lesen‹ sind, von fundamentaler Bedeutung; sie sind eine Art von Lebensretter. Aber die Stimmen, die man in diesen Büchern hört, sind bei Villena immer sexuell eindeutig markiert. Bereits in den ersten Lyrikbänden Villenas findet sich ein beunruhigender Wettstreit zwischen Literatur und Leben, eine nicht immer überwindbare Distanz zwischen Gedicht und Körper, zwischen Erinnerung und Erfahrung. Diese Beunruhigung, die durch das kulturelle Wissen bedingt ist, wird von Villena ausführlich in seinen Prosawerken thematisiert. So findet sich in dem Text »En lo inmortal se esconde la materia« folgende Beschreibung eines

> coleccionista sabedor de Arte que se ha acostumbrado, inconscientemente, a imponer a la realidad una soberana distorsión, un escorzo como de piernas de ángeles y clarines de bronce [...]. Sí, Martín es un hombre comido por el Arte e incapaz, por ello, de vivir *naturalmente*.[20]

Im Fall des vorliegenden Gedichts von Villena ist jedoch deutlich, dass ›die Stimme des Buches‹ keineswegs am sinnlichen Genuss der jungen Körper hindert; sie stachelt im Gegenteil zu diesem Genuss an. Sie ist ein Aufruf zu einem Leben voller sexuellem Genuss, denn diese Stimme – handelt es sich dabei im Übrigen vielleicht um eine Replik auf die Stimme des Heiligen Geistes, der bei der Taufe Christi im Jordan über ihm schwebte? – geht dem Erscheinen von Johan Paulik voraus.

III

Wer aber ist dieser Johan Paulik? Das lyrische Ich gibt an, ihn in Prag kennen gelernt zu haben; es sagt aber auch, dass Johan Paulik mit den Truppen Napoleons im Kampf den Tod gefunden hat, was für einen jungen Mann des ausgehenden 18. Jahrhunderts kein unwahrscheinliches Schicksal gewesen wäre. Die adverbiale Bestimmung »siendo yo tan viejo« (V. 7) drückt in höchst knapper Form die melancholische Trauer über eine hier nur angedeutete Situation aus. Träfe sie zu, dann hätte Johan Paulik an Napoleons Seite kämpfend den Tod gefunden. Und die Erzählstimme des Gedichts wäre dann eine historische Person, die um die Wende vom 18. zum 19. Jahrhundert gelebt hätte.

Wir wissen aber, dass es sich bei diesem Gedicht um die Wiedergabe eines Traumes handelt. Und wie Sigmund Freud überzeugend gezeigt hat (und was die Dichter im Übrigen schon immer wussten), entstehen im Traum durch das Zusammenfügen verschiedener Elemente und deren wechselseitiges Durchdringen, in der so genannten ›Traumarbeit‹ der Phantasie, ganz neue Bedeutungen. So trifft es sicher zu, dass das 18. Jahrhundert mit Voltaire und Kant das Zeitalter der Vernunft gewesen ist. Aber mit Rousseau war es auch die Epoche der Empfindsamkeit und mit Sade und Restif de la Bretonne das Zeitalter der Ausschweifungen. Diese sinnliche Komponente des 18. Jahrhunderts findet sich im vorliegenden Gedicht. Wenn das lyrische Ich in einem Einschub auf sein Alter verweist, so geschieht dies, weil der Anblick von Johan Paulik in ihm erotische Wünsche entfacht. Bei dem hier genannten Johan Paulik handelt es sich aber letztendlich nicht um eine ferne Figur der Zeit Napoleons, sondern um einen unserer eigenen unmittelbaren Zeitgenossen, um den vielleicht bekanntesten und von einem breiten zeitgenössischen Publikum vergötterten Schauspieler auf dem Gebiet der homosexuellen Pornographie. Der Sprung von den Zeiten Napoleons in die Gegenwart aber ist möglich, weil die Träume, wie das Gedicht selbst sagt, keine »años, fronteras y señores« (V. 28) kennen. Da Johan Paulik am 14. März 1975 in der damaligen Tschechoslowakei geboren wurde, wäre er noch sehr jung gewesen, wenn ihn Villena vor 1997, dem möglichen Entstehungsdatum des Gedichts, kennen gelernt hätte. In diesem Jahr hat Paulik seinen besten Film gedreht, *Ein Amerikaner in Prag*, der mit dem Preis ›bester homosexueller Film des Jahres‹ ausgezeichnet wurde. Wenn im vorliegenden Gedicht auf Pauliks Fruchtbarkeit angespielt wird (V. 8), dann handelt sich allerdings um eine Fruchtbarkeit, die völlig verschieden ist von der Mozarts (V. 6). Aber in dieser Gegenüberstellung der Kompositionen des Musikers und der in dem Film zu sehenden häufigen Orgasmen des Schauspielers Paulik zeigt sich das verworrene Netz von Vorlieben und Strategien, die Villena so meisterhaft zu handhaben versteht. Da ist einerseits seine – bisweilen geradezu narzisstische – Faszination durch möglichst elitistische, raffinierte, letztlich dekadente Bildungselemente und ihren Prunk. Und da ist andererseits aber auch der unerschütterliche Wille des Autors, nicht auf das Alltägliche, auf das Körperliche, auf das sexuelle Begehren, auf das Marginalisierte zu verzichten, wobei diese Elemente allerdings Gefahr laufen, dass in Anbetracht der Techniken Villenas, sie in verdeckter Form in den Text zu übernehmen, ihr wahres Wesen unkenntlich wird. Vergleicht man zum Beispiel das Werk Villenas mit dem von Jean Genet (1910-1989), in dem über allen Abgründen der strahlende Glanz einer klassischen Prosa liegt, so zeigt sich, daß das Werk des spanischen Autors einer solchen akademischen Aura misstraut. Daher verwendet Villena die Kultur eher als provozierenden Prunk, als Exzess, wobei er keinen Raum für den Marquis de Sade hat, wohl aber für Johan Paulik, dessen Werk sicherlich nicht in einem universitären Kontext gezeigt werden kann. In diesem Sinn enthält das Gedicht Villenas ein Skandalon, einen Widerstand gegen eine Lektüre, die nicht dem doppelten Kode einer homosexuellen Lektüre berücksichtigt.

So lässt etwa die Erwähnung von Mozart und Prag (V. 6-7) daran denken, dass sich Mozart fünfmal in Prag aufgehalten hat und dass der wichtigste dieser Aufenthalte im Zusammenhang mit der Komposition und der Uraufführung des *Don Giovanni* im Jahre 1787 gestanden hat. Das Chorlied, das Zerlina und die Landleute vor der Hochzeitsfeier singen, in die Don Juan dann hereinbricht, lässt sich leicht mit dem Gedicht von Villena in Verbindung bringen: »Giovinette che fate all'amore, non lasciate che passi l'età!« In einem anderen Werk, in »Oreibasía«, stellt Villena eine explizitere Verbindung her: »Escribir ya no le importa – decía –; lo que le importaba es sentirse viejo, notar que, inevitablemente, ya nunca más será el donjuán que cree ser, notar que irá teniendo frío, y que el calor es inconseguible [...].«[21] Mozart ist im Übrigen auch der Schlüssel, um den Sprecher des vorliegenden Gedichts zu identifizieren. Es könnte Giacomo Casanova (1725-1798) sein, der in hohem Lebensalter mehrfach in Prag war, Mozart und da Ponte einige seiner Abenteuer erzählte und an einer Aufführung des *Don Giovanni* teilnahm. Diese Lektüre mag etwas überraschend anmuten; im Gedicht selbst findet sich auch keine ausdrückliche Identifikation des lyrischen Ich mit Casanova. Aber die Kombination von drei Verführern, von Casanova, don Giovanni und Johan Paulik, ist ein Meisterwerk und durchaus bezeichnend für die spielerische und doch tiefe Gelehrsamkeit Villenas.

Die ersten Verse des Gedichts sind der Inhalt eines Traums, dessen Bilder mit dem Glanz des Goldes der Inka verglichen wird, nicht mit dem Gold als solchem, sondern mit seinem Glanz, seiner Anziehungskraft, mit den Geschichten und Taten, zu denen es seinerzeit Anlass gab. Es ist dies das Begehren – und Sigmund Freud hat hartnäckig die Auffassung verteidigt, dass jeder Traum die Befriedigung eines Begehrens ist. Das vorliegende Gedicht zeigt eine Person von großer Schönheit in einem erlesenen, symbolischen, klassischen Rahmen, die ihre Aufmerksamkeit auf den Dichter richtet. Im Sommer – der Frühling ist schon lange vergangen – bleibt nur die ständig wiederholte, beunruhigende Erinnerung. Eine ganz ähnliche Situation findet sich in dem Gedicht »El nombre de la desesperanza«, das mit dem Vers »Los viejos pederastas lloran por la noche« beginnt und das dann ausführt, sie träumten stets von einem trüben Hellas (»[s]oñaron siempre una Hélada turbia«), um schließlich zu wiederholen, »[s]oñaron un mundo solar«, sie träumten von einer sonnenerfüllten Welt. Aber die Realität ihres Lebens blieb immer hinter ihren Träumen zurück, die viele Jahre hindurch von Hoffnung verklärt waren, bis sie schließlich im Alter sich als endgültig unerreichbar erwiesen: »Su sueño – tan palpable – se deshacía en sueño.«[22]

Nur in der Phantasie, in einem gleichsam ›platonischen Nachgeschmack‹, existiert die unberührte Schönheit, der vollkommene Lustort. Und weil dem so ist, erfindet die Erinnerung, was nie existiert hat. Die – erst dem reifen Erwachsenen spürbare – Katastrophe des Seins und der erreichten Reife, ist die Entdeckung, dass die Träume nie Wirklichkeit werden, dass sie nur eine Erinnerung sind, die das Nichts überdecken, auf dem sich das menschliche Leben und Begehren kurzfristig gründen. Die Wörter, die im Zentrum des vorliegenden Gedichts (V. 15-18 innerhalb der insgesamt 32 Verse) die hervorgehobene Position am Versende einnehmen – »agua«, »existir«, »ser«, »joven«, – treffen einige Verse später auf die Wörter »era« und »nada«, die ebenfalls in der hervorgehobenen Position am Versende stehen. In »El héroe de nuestro tiempo«, einer Erzählung aus dem Band *La fascinante moda de la vida*, wird der hier angedeutete Nihilismus genauer erläutert:

> Soñamos que hay *vida*, nos engañamos ciertos privilegiados momentos, pero la *vida* no existe. Sólo hay un *estar viviendo*. Una especie de discurrir, ¿por qué, para qué?, salpicado por sacudidas nerviosas, pulsiones libidinales, que unen a la carne con la carne, y que llamamos sexo. La *vida* como continuada plenitud, como túrgido instante, como *intensidad* siempre ardiendo, eso (lo único que merecería ser llamado *vida*) no existe.[23]

Der folgende Teil des Gedichts (V. 21-29) mit der wiederholten Frage, wer den Dichter mit dem Bild eines unerreichbaren Glücks und einer unerreichbaren Vollkommenheit versucht, läuft auf eine klare Antwort hinaus: der Dichter selbst ist es, der ausgehend von der Tiefe seines Begehrens sich selbst ein Paradies erbaut, aus dem er sich – nach einer realistischen Überlegung – selbst vertreiben muss. Die Folge dieser Einsicht ist es, dass sich das Gedicht im weiteren Verlauf nach zwei Richtungen hin öffnet. Einerseits hin zur Klage über den Schmerz, den das unerreichbare Ideal verursacht, ein Schmerz, der in »Cenando en el Ritz« ausführlicher dargestellt ist. Dort betrachtet ein Mann, der als alt beschrieben wird, mit trauriger Bewunderung einen Knaben, der völlig gleichgültig gegenüber den Wünschen des älteren Mannes seine strahlende Jugend genießt, während der Ältere fragt: »¿Quién ha cerrado, a piedra y lodo, los recintos de la juventud?«[24] Einen ähnlichen Schmerz formuliert das lyrische Ich von »Dilettante« beim Anblick der »ardientes bulevares con chicos que patinan, ajenos al dolor y a la vejez, lejos, sí, insoportablemente lejos...«.[25] Andererseits öffnet sich das Gedicht zur Feier der eitlen Hoffnungen und zu jener Begeisterung, die das Hereinbrechen des Göttlichen in ein Leben verursacht, das seine Begrenzung in Raum und Zeit immer unheilvoller spürt. In »Celebración mediterránea« etwa wendet sich der Dichter an einen schönen Knaben und verspricht ihm: »Cuando sea viejo / – de intención ya lo soy – / pensaré en ti: / Minuto de luz divina entre la nada.«[26] Und in »Casi la felicidad« schreibt Villena:

> Mucho nos dan, pero mucho nos quitan.
> Y siempre hay una ausencia,

> y la melancolía...
> Yo he puesto en esas tardes
> – y en quienes las vivían –
> mi imagen perfecta de paraíso y dicha.[27]

Das hier zum Ausdruck gebrachte Gefühl erinnert an eine Rilke'sche Begegnung mit dem Unsagbaren oder an ein fernes Echo des unerfüllten Begehrens, das Augustinus in das Zentrum seiner Weltsicht stellte, an jenes Herz, das für die Liebe geschaffen ist, das aber durch nichts Irdisches und Vergängliches erfüllt werden kann.[28]

Im vorliegenden Gedicht erfolgt dann der Übergang vom Fluss zum Meer: »Mi corazón batalla contra el mar« (V. 30), wobei das Meer ein altes Symbol des Todes und des Ewigen ist. Das »le« in »yo *le* imagino« (V. 31) ist doppeldeutig, denn es scheint sich auf Johan Paulik zu beziehen, den im Traum imaginierten Jungen; aber das »le« könnte sich auch auf das Meer beziehen. Denn es ist ja die Vorstellung, dass einst alles Irdische ohne Spuren vergehen wird, die im Dichter den Wunsch nach mehr Leben weckt und sein Aufbegehren angesichts der Kürze der menschlichen Existenz. Um schließlich den Schluss des Gedichts besser zu verstehen, ist der erste Abschnitt der Erzählung »Al que los dioses aman« aus dem Band *La fascinante moda de la vida* heranzuziehen, wo es heißt:

> Acerquémonos a la *totalidad*. ¿Se puede *vivir*? ¿Existe una vida digna de su nombre? Se me ocurre una manera generosa en el tiempo. Es lo que algunos han llamado *plenitud:* Recorrer entero el curso del río, gastar hasta la última moneda y la última mirada; no dejar atrapar ni una sola de las fantasmas que pasan [...]. Volcarse en todas direcciones, y en todas aspirar a la altura. El final no es la muerte (míticamente hablando), sino el acabamiento y la derrota. *Perder,* caer del arriesgado vuelo. Pero como un Ícaro al que ha hecho célebre (y principal) su intento. ¿Me comprende?[29]

Das Gedicht verstehen, heißt den Flug des Ikarus erahnen, das Gedicht sehen als den Versuch, den Restgeschmack eines Lebens herauszufiltern, das glorreich verlöscht in der Vision einer unerreichbaren Schönheit.

Übersetzung aus dem Spanischen: Manfred Tietz

I. Verzeichnis der Werke von Luis Antonio Villena

Lyrische Werke

Sublime solarium. Madrid: Azur Bezoar 1971.

El viaje a Bizancio: (1972-1974). León: Institución Fray Bernardino de Sahagún Diputación Provincial 1978.

Hymnica, 1974-1978. Pamplona: Peralta 1979.

Para los dioses turcos. Barcelona: Laertes 1980.
Huir del invierno (1977-1981). Madrid: Hiperión 1981.
Poesía (1970-1982). Madrid: Visor 1983a.
La muerte únicamente, 1981-1984. Madrid: Visor 1984.
Poesía (1970-1984). Madrid: Visor 1988.
Como a lugar extraño: 1985-1989. Madrid: Visor 1990.
Marginados (1989-1993). Madrid: Visor 1993.
La belleza impura: poesía, 1970-1989. Madrid: Visor 1996a.
Asuntos de delirio: 1989-1996. Madrid: Visor 1996b.
Celebración del libertino, 1996-1998. Madrid: Visor 1998.
Las herejías privadas. Madrid: Tusquets 2001.

Weitere Werke Villenas

Ante el espejo : memorias de una adolescencia. Barcelona: Argos Vergara 1982.
Corsarios de guante amarillo: sobre el dandysmo. Barcelona: Tusquets 1983b.
La fascinante moda de la vida. Barcelona: Planeta 1999.
Teorías y poetas: Panorama de una generación completa en la última poesía española. Valencia: Pre-Textos 2000.

II. Kritische Literatur

Alas, Leopoldo: »Luis Antonio de Villena: La realidad como nostalgia y como deseo«, in: *Ínsula* 473 (1986), S. 10.

Alas, Leopoldo: »Retrato de Luis Antonio de Villena: Su perversidad encuentra un lauro«, in Jesús García Sánchez (Hg.): *Sobre un pujante deseo*. Torremolinos: Litoral 1990, S. 13-21.

Barnatán, Marcos-Ricardo: »La belleza hechizada por Luis Antonio de Villena«, in: *Ínsula* 430 (1982), S. 3.

Brines, Francisco: »La heterodoxia generacional de Luis Antonio de Villena«, in: *Ínsula* 394 (1979), S. 1, 12.

Cano Ballesta, Juan: »Viaje testimonial y viaje estético: La odisea mediterránea de Luis Antonio de Villena«, in David Gies (Hg.): *Negotiating Past and Present: Studies in Spanish Literature for Javier Herrero*. Charlottesville: Rookwood Press 1997, S. 92-108.

Curtius, Ernst Robert: *Literatura europea y Edad Media latina*. Traducción de Margit Frenk Alatorre y Antonio Alatorre. 2 Bde. México: Fondo de Cultura Económica 1955.

Curtius, Ernst Robert: *Europäische Literatur und lateinisches Mittelalter.* Bern/ München: Francke ³1961.

Ellis, Robert Richmond: »Camping It Up in the Francoist Camp: Reflections on and in *Ante el espejo* of Luis Antonio de Villena«, in: *Modern Language Notes* 110 (1995), S. 320-34.

Miró, Emilio: »La búsqueda de la belleza, del cuerpo«, in: *Ínsula* 449 (1984), S. 7.

Palomo, María del Pilar: »El ocaso de Bizancio«, in: *Ínsula* 534 (1991), S. 16-17.

Pereda, Rosa María: »Conversación con Luis Antonio de Villena«, in: *Ínsula* 446 (1984), S. 4.

Perriam, Christopher: *Desire and Dissent: An Introduction to Luis Antonio de Villena.* New Directions in European Writing. Oxford/ Washington, D.C.: Berg 1995.

Weich, Horst: »Der Jüngling, der Gott, die Statue: Luis Antonio de Villenas Ikonen des Begehrens«, in: *Forum Homosexualitat und Literatur* 25 (1995), S. 65-85.

Weich, Horst: »Luis Antonio de Villena – Ein melancholischer Optimist der Liebe«, in Werner Altmann/ Cecilia Dreymuller/ Arno Gimber (Hg.): *Dissidenten der Geschlechterordnung: Schwule und lesbische Literatur auf der Iberischen Halbinsel.* Berlin: tranvía 2001, S. 171-190.

III. Anmerkungen

* Zitiert nach Luis Antonio de Villena (1998:80-81).

1 Deutsche Übersetzung des Gedichts von Manfred Tietz.
2 *Celebración del libertino*, 1998: 80-81.
3 Rosa María Pereda (1984:4).
4 Francisco Brines (1979:12).
5 Leopoldo Alas (1990:14).
6 Juan Cano Ballesta (1997:104).
7 Francisco Brines (1979:12).
8 In einem Essay mit dem Titel »Barras situacionales a una década de nuestra poesía (1975-1985)« erklärt Villena den Wandel in seinem Schreiben folgendermaßen: »Pero ocurre que *buscar novedad a cualquier precio*, sorprender como fuera al espectador, es tarea que se fue desgastando, hasta devenir huera, falsa y sobre todo *tradicionalísima*, con lo que la pretendida *innovación* (vanguardista) no funcionaba, al tiempo que la epatante sorpresa no provocaba ni siquiera una mirada cansina«. In Luis Antonio de Villena (2000:28).
9 Luis Antonio de Villena (1999:229).

10 Rosa María Pereda (1984:4). Das Foto, das das Interview begleitet, stellt Villena in einer Pose dar, die eindeutig an Oscar Wilde erinnert, so wie ihn einige Fotos zeigen, die Napoleon Sarony in New York im Januar 1882 aufgenommen hat.
11 Zu diesem Ort der antiken Ideallandschaft vgl. Ernst Robert Curtius (1961:191-209).
12 »Im tiefsten Winter ist es lau, / Das süße Wasser dieser klaren Quelle / Und im Sommer eisiger als Schnee. / Oh klare Wellen, wie gegenwärtig ist mir / Bei eurem Anblick die Erinnerung an jenen Tag, / Daß sie Seele sich zittern und brennen spürt!« Übersetzung von Christoph Strosetzki nach: Christoph Strosetzki »Garcilaso de la Vega. Egloga segunda«, in Manfred Tietz (Hg.): *Die spanische Lyrik von den Anfängen bis 1870*. Frankfurt am Main: Vervuert 1997, S. 233.
13 »Nah am Tajo, in Einsamkeit und Lust, / formen sich grüne Weiden zum Gesträuch; / ganz und gar mit Efeu überkleidet, / vom Stamm bis zu den höchsten Wipfeln / verwebt und verkettet, läßt die Sonne / nicht finden den Weg bis zum Grün. / Das Wasser taucht die Au in Klang, erfreuet Gras und Ohr. // Mit solcher Leichte zieht der Tajo / ganz kristallen hier dahin, / kaum kann das Auge seinen Weg verfolgen. / Ihr Haar aus reinem Gold / kämmt eine Nymphe, ihr Haupt erhob / sie aus dem Wasser, ihrem Hause, / und die Wiese voller Lust / sah sie ganz in Blüten, Schatten.« In Hans Felten/ Augustín Valcárcel: *Spanische Lyrik von der Renaissance bis zum späten 19. Jahrhundert. Spanisch/Deutsch*. Stuttgart: Reclam 1990, S. 65ff.
14 Luis Antonio de Villena (1990:13).
15 Luis Antonio de Villena (1993:18).
16 Luis Antonio de Villena (1996b:14).
17 Luis Antonio de Villena (1996b:31).
18 »Unser Leben ist ein Strom, / der sich endigt in dem Meer, / das heißt Tod.« Übersetzung von Ernst Robert Curtius, zitiert nach Manfred Tietz: »Jorge Manrique. Coplas por la muerte de su padre«, in ders. (Hg.): *Die spanische Lyrik von den Anfängen bis 1870*, S. 176.
19 Luis Antonio de Villena (1990:23).
20 Luis Antonio de Villena (1999:135). Hervorhebung im Original. Zu diesem Misstrauen Villenas gegenüber der Kultur vgl. die deutlichen Ausführungen bei Chris Perrim zum gleichen Thema. Vgl. auch die folgenden Zeilen aus »Al que los dioses aman«: »Tal vez la vida que reflexiona sobre la vida, ya no sea *vivir*, y el razonamiento deviene así un sucedáneo de la buscada plenitud [...]«. Luis Antonio de Villena (1999:157).
21 Luis Antonio de Villena (1999:96).
22 Luis Antonio de Villena (1996b:14).
23 Luis Antonio de Villena (1999:89). Hervorhebungen im Original. Ein analoger Gedanke findet sich in der Schlussfolgerung von »Platón«, des letzten Gedichts von *Como a lugar extraño*: »De jóvenes de su juventud hizo un ído-

lo lejos. / No quiso a la tierra llamarle tierra. / Cerró las puertas. Se tornó visionario y severo. / Todavía no existe el hombre! / La vida está remota de la vida. / Todo joven sol es futuro en metáfora. / El sueño sólo y eldeseo me defiendan« (S. 102).

24 Luis Antonio de Villena (1996b:9).
25 Luis Antonio de Villena (1993:28).
26 Luis Antonio de Villena (1996b:14).
27 Luis Antonio de Villena (1990:14).
28 So heißt es in den *Confessiones* 1.1 Augustins:»Inquietum est cor nostrum, donec requiescar in te« [»Ruhlos ist unser Herz, bis es ruht in dir«].
29 Luis Antonio de Villena (1999:140).

Dieter Ingenschay

Roger Wolfe. Nada nuevo

Esta noche la ciudad
está llena
como siempre
de locos y mendigos,
de ejecutivos que regresan
de ninguna parte al calor
almidonado
de sus hogares, sus esposas,
sus hijas con uniforme
de escuela de pago
y granos en la cara y en el culo,
de borrachos contrahechos
apurando tetrabriks
de morapio en los bancos
de los parques,
de policías encocados,
de mal aliento,
cuello grueso y las uñas masticadas,
ojos inyectados en sangre,
rastreando cualquier cosa
que se pueda apalear,
de profesoras de inglés
corrigiendo exámenes y dándose
gusto con la punta
de un bolígrafo ante la pantalla
de un televisor,
de niños pijos
marcando teléfonos eróticos,
de suicidas buscando el de la esperanza
en las páginas amarillas,
de apáticos exhibicionistas
ordeñándose la polla
ocultos en huecos de escaleras,
de políticos con manchas
de orín en los calzones
y una aerofagia incorruptible

	perorando en los atrios
	del poder.
	La radio ha dicho que hoy
40	a las dos de la mañana
	un tipo de unos 25 a 30
	con una merluza
	de considerables proporciones
	ha entrado en un puticlub,
45	una bolsa de deportes en la mano.
	La fulana de guardia estaba sola
	allí dentro
	y le informa
	de que el local está a punto
50	de chapar.
	El individuo abre la bolsa
	y sin cortarse
	saca un hacha.
	Pero la jugada se le tuerce,
55	porque la tipa se arma de botellas,
	vasos, ceniceros,
	y lo saca por la puerta
	bajo una avalancha de blasfemias
	y de vidrios rotos.
60	El tipo empieza a apedrear
	la entrada del putiferio
	y la fulana llama al 092.
	Encuentran al del hacha
	dos o tres
65	horas más tarde
	roncando en un portal.
	Dice que no sabe
	de dónde demonios ha salido
	el hacha.
70	Lo esposan.
	Se lo llevan.
	Esta noche
	la ciudad está llena
	como siempre...*

Nichts Neues
Heute Nacht ist die Stadt / voll / wie immer / von Irren und Bettlern, / von Führungskräften auf dem Heimweg / von nirgendwo zu der / Wäschestärken-

wärme / ihres Heims, ihrer Ehefrauen, / ihrer Töchter in der Uniform / teurer Privatschulen / mit Pickeln im Gesicht und am Arsch, / voll / von verwachsenen Betrunkenen, / die Tetrapacks von billigem Wein / auf den Bänken / der Parks leer machen, / voll / von bekoksten Polizisten, / mit schlechtem Atem, / mit fettem Hals und abgekauten Fingernägeln, / blutunterlaufenen Augen, / die irgendeiner Sache nachspüren, / die man rausposaunen könnte, / von Englischlehrerinnen, / die sich beim Korrigieren der Arbeiten erregen / mit der Spitze eines Kugelschreibers / vor einem Fernsehbildschirm, / von Kindern aus gutem Hause, / die Telefonsexnummern wählen, / und von Selbstmordwilligen auf der Suche nach der Telefonseelsorge / in den Gelben Seiten, / voll von apathischen Exhibitionisten, / die sich, versteckt in Treppenhausecken, / ihren Schwanz melken, / voll von Politikern mit Urinflecken / in den Unterhosen / und unbestechlichen Blähungen, / die palavern in den Vorhöfen / der Macht. / Das Radio hat gesagt, dass heute / um zwei Uhr morgens / ein etwa 25- bis 30-jähriger Mann / mit einem Rausch / von beträchtlichen Ausmaßen / in ein Eroscenter gegangen ist, / mit einer Sporttasche in der Hand. / Die Nutte vom Dienst war allein / da drinnen / und erklärt ihm, / dass das Lokal gerade schließt. / Das Individuum öffnet die Tasche / und holt, ohne sich zu schämen, / ein Beil heraus. / Aber der Streich wendet sich gegen ihn, / denn die Frau bewaffnet sich mit Flaschen, / Gläsern und Aschenbechern, / und zerrt ihn zur Tür raus, / unter einer Lawine von Schimpfwörtern / und zerbrochenem Glas. / Der Mann fängt an, Steine / auf den Eingang des Puffs zu werfen, / und die Nutte wählt den Notruf. / Sie finden den mit dem Beil / zwei oder drei / Stunden später / schnarchend in einem Türeingang. / Er sagt, er weiß nicht, / woher zum Teufel er / das Beil hat. / Sie legen ihm Handschellen an. / Sie nehmen ihn mit. / Heute Nacht / ist die Stadt voll / wie immer...[1]

Bemerkungen zu Leben und Werk

Roger Wolfe ist mehr als ein Wahlspanier, er kam – 1962 in Westerham (in der englischen Provinz Kent) geboren – im Alter von vier Jahren nach Spanien, lebt heute im asturischen Gijón und kehrte nur während des Studiums kurzzeitig nach England zurück. Sein *Œuvre* besteht aus Essays, zwei Romanen und vor allem aus einem inzwischen mehr als zehn Bände umfassenden lyrischen Werk.[2]

Ein Autor wie Wolfe, der über ein Dutzend Buchpublikationen in bedeutenden Spezialverlagen aufweisen kann, ist in Spanien kein Unbekannter. Dennoch bleibt seine Präsenz im *Feuilleton* oder auch in den in Spanien verbreiteten und einflussreichen Lyrik-Anthologien[3] eher beschränkt. Es ist zu vermuten, dass dies mit der Ausnahmeposition zusammenhängt, die dieser Autor in der Landschaft der spanischen Gegenwartsdichtung einnimmt. Die Art von Lyrik nämlich, die Wolfe schreibt, fällt aus dem Rahmen der in Spanien geliebten und gepflegten Traditionen. Luis Antonio de Villena berichtet die Anekdote, wie anlässlich der Verleihung eines Lyrikpreises an Wolfes *Días perdidos en los transportes públicos* der Präsident der Jury, der bekannte Linguist Manuel Alvar, ihm sagte: „Ese libro no es poesía"[4]. Da das ausgewählte Gedicht in mehrfacher

Hinsicht programmatisch für sein Werk ist, soll die Sonderrolle Wolfes im Zuge der folgenden Interpretation mit reflektiert werden.

»Nada nuevo« – ein Text, zwei Teile

Dieses lange Großstadtgedicht thematisiert banale nächtliche Ereignisse in einer namenlosen Stadt. Die Nacht ist hier nicht etwa die Zeit der Stille und des Friedens, sondern die Stunde, die das Verbrechen entfesselt und die dunklen Instinkte freisetzt. Das Gedicht teilt sich formal und mehr noch inhaltlich deutlich in zwei verschiedene Teile: Den Anfang (bis V. 39 in meiner Übersetzung, V. 38 in der Originalversion) bildet ein einziger langer parataktischer Satz. Nach dessen Einleitungsfloskel (»la ciudad está llena«) wird aufgezählt, wovon die Stadt voll ist. So werden die verschiedensten sozialen Bevölkerungsteile dieser Stadt genannt, von den scheinbar braven Spießbürgern bis zu den Marginalisierten, und es wird ihr (stets negativ vermitteltes) Verhalten kommentiert. In der vielfachen Wiederholung der verallgemeinernden Pluralform (»Bettler«, »Politiker«, »Polizisten« usw.) werden die divergierendsten Personenkreise in einem Atemzug genannt. Damit werden Marginalisierte (»Irre«, »Penner«) einerseits, Etablierte (»Führungskräfte«, »höhere Töchter«) andererseits faktisch (und syntaktisch) gleichgesetzt. Es gibt keinen Teil dieser Gesellschaft, über den das Gedicht etwas Positives aussagen könnte. Jedwede Gruppe wird vielmehr charakterisiert durch äußere Hässlichkeit (»mit Pickeln im Gesicht«, »mit fettem Hals und abgekauten Fingernägeln, blutunterlaufenen Augen« usw.) oder durch sonstige unangenehme Eigenschaften (»mit schlechtem Atem«, »mit Urinflecken in den Unterhosen«). Selbst die Ordnungshüter sind drogenabhängig und skandalsüchtig, und die Rolle der Politiker beschränkt sich aufs Palavern. Die Welt der »Ordentlichen« scheint deckungsgleich mit dem lumpigsten Proletariat – der Text setzt prototypisch die nächtliche Großstadt aller als eine Welt von monströser Negativität.

Auffällig ist die Betonung der jeweiligen sexuellen ›Perversionen‹ der Aufgezählten: Lehrerinnen, die sich beim Korrigieren der Arbeiten befriedigen, Schüler, die Telefonsex betreiben, in Treppenhäusern onanierende Exhibitionisten... Schon im ersten Teil des Textes stellt sich die Nacht also dar als die Zeit der gesellschaftlichen Deformation, wobei diese ›moralische Düsterheit‹ durch die klangliche Strukturierung, durch die vorherrschenden dunklen Laute (so durch das vielfach gehäufte »o«) unterstrichen wird. Diese schockierende Aufzählung mündet aber nicht in eine gesellschaftliche Anklage, sondern wird aus neutral beobachteter Perspektive dargestellt, in einem getragenen, an Enjambements reichem Sprachfluss.

Der zweite Textteil gibt die freie (Mündlichkeit imitierende) Version eines Rundfunkberichts wieder – wir könnten vom modifizierten Stil eines *fait divers* sprechen (»Das Radio hat gesagt, dass heute....«). Als *fait divers* bezeichnet man den Texttyp einer unter ›Verschiedenes‹ rubrizierten, also unwichtigen, unpolitischen, nicht weltbewegenden, auf Alltägliches bezogenen Pressemeldung. In diesem Teil nun herrscht, anders als in der ersten Hälfte, ein Diskurs der Konkretheit vor: ein namenloses, doch bestimmtes Individuum von bestimmtem Alter (25 bis 30 Jahre) hat an einem bestimmten Tag (dem der Meldung) zu einer bestimmten Zeit (nachts um zwei Uhr) Bestimmtes getan, wie der Rundfunk, eine ›objektive Instanz‹ meldet. Feierten modernistische Lyriker wie Apollinaire in gewagter Metaphorik das Radio als ›Ohr‹ der Stadt, so kommt diesem hier wieder nur die Rolle zu, lediglich Banales, nichts Großartiges zu berichten. Das Beispiel des gemeldeten nächtlichen Vorfalls, diese ›Geschichte‹ des Betrunkenen, der mit der Axt in der Tasche ein Bordell betritt, hinausgeworfen und später verhaftet wird, beschreibt ein Ereignis, das in seiner Trivialität und Aussagearmut kaum zu übertreffen ist (und gerade dadurch so exemplarisch wird für das sinnlose nächtliche Großstadtleben).

Um Sex – das zentrale Thema im ersten Teil – geht es in dem *fait divers* nur indirekt, und doch ist es wohl nicht von ungefähr, dass das Ereignis von einem Bordell aus seinen Weg nimmt. Die Geschichte hat keine Lösung; der Betrunkene weiß am Ende nicht einmal, woher er die Axt hat. Auch der Leser des Gedichts weiß das nicht, er braucht und will es auch nicht wissen, denn es ist völlig egal. Wichtig dagegen sind die Schlusszeilen, die ohne jede Variation die drei einleitenden Verse wiederholen. Dieselbe Nacht mit denselben oder vergleichbar monotonen Perversitäten kann in eine neue Runde gehen, und dabei bleibt offen, wovon nun bei diesem nächsten Anlauf die Stadt voll sein mag. So verweist dieses Ende auf die Zirkelhaftigkeit des Trivialen, der Gewalt, der Sinnlosigkeit, der gesellschaftlichen Deformation. Das Gedicht »Nada nuevo« erinnert, sofern solche Vergleiche sinnvoll sind, an die Bilder eines George Grosz, der eine vergleichbar negative Sicht des großstädtischen Lebens in seinem Medium erfasst hat.

Die Großstadt und die neue Realität

Nun ist bekanntlich das Thema der Großstadt ein Lieblingssujet der modernen Lyrik (seit Baudelaire und bis in die Gegenwart der spanischen Poesie).[5] Im engeren Kontext der hispanischen Dichtung des 20. Jahrhunderts denkt man unweigerlich an das herausragende Paradigma des lyrischen Stadtdiskurses, an Federico García Lorcas *Poeta en Nueva York* (ca. 1929 entstanden, 1940 veröffentlicht). Eine Parallele scheint nun darin zu bestehen, dass schon Lorca ein hässliches, dunkles Bild des New York der späten 20er Jahre zeichnet, und doch sind die Unterschiede wesentlich: Während Lorca einen elegischen Ton lyrischer Subjektivität anschlägt, der nicht durchgängig, aber oft als ein ›betroffenes‹ (›lyrisches‹) Ich durchscheint, bleibt Wolfes Text dem Gestus einer neutralen objektivierten Außenperspektive verpflichtet; das ›lyrische Ich‹ ist bei Wolfe überhaupt die Ausnahme (wenn es auch vorkommt). Diese Differenz aber betrifft weit mehr als ein kleines Detail: Bedenkt man, welche zentrale Rolle in der Poesie Spaniens (bis heute) der Ausdruck lyrischer Subjektivität inne hat, so wird hier der Gegensatz zu dieser Tradition, der auch Lorca angehört, greifbar. Daraus resultiert beides: die zwiespältige Position, welche die spanische Literaturszene Wolfe entgegenbringt, und die Skepsis, mit der dieser dem großen Modell Lorca begegnet. Generell nämlich ist der Andalusier für Wolfe nicht nur ein »Fossil«, sondern auch »el poeta más sobrevalorado del siglo XX«, ein Autor, der zwar »ohne Zweifel intelligent, aber sehr wenig klug«[6] gewesen sei und den heute niemand (außer einigen Spezialisten) lese.[7] Freilich – Wolfe liebt diesen Gestus des mythenstürzlerischen *enfant terrible*, der es ihm erlaubt, die Lektüre ›etablierter‹ Autoren als überflüssig anzusehen. In »Es tarde ya en la noche«, einem anderen ›Nachttext‹ aus *Mensajes en botellas rotas*, verwirft der Sprecher den Bezug auf Proust und jene Madelaine, welche in *À la recherche du temps perdu*, einem der Schlüsseltexte der Moderne schlechthin, bei dem Protagonisten Marcel abends die Erinnerung an die Kindheit in Gang setzt:

> Qué importa.
> La vida es bella.
> Quién necesita
> a Proust.

Für Lorca allerdings macht Wolfe eine sehr bezeichnende Ausnahme geltend: dessen bestes Werk ist für ihn eben jener *Poeta en Nueva York*, weil die diesen Gedichten zugrundeliegende Erfahrung zu einem neuen Konzept der Wirklichkeit geführt hat: »Es en la ciudad de los rascacielos donde por fin el poeta choca frontalmente con la brutal revelación de una nueva realidad«.[8]

Solcher ›neuen Realität‹ misst Wolfe kardinale Bedeutung zu, ist doch für ihn jede Lyrik stets der äußeren Realität verpflichtet. Auf Juan Luis Tapias Frage, auf welche Dichtung er setze, antwortet er: auf die realistische, weil alles Realismus sei, alles, was der Leser verstehen könne.[9] In diesem Sinne ist seine Schreibart von der Literaturkritik mit Etiketten wie *realismo urbano*[10] und *realismo alucinado*[11] versehen worden.

›Schmutziger Realismus‹

Das gängigste Schlagwort im Kontext der Dichtung Wolfes aber ist das vom *realismo sucio*, dem ›schmutzigen Realismus‹, der angeblich sein Schaffen bestimmt. So heißt es (über seinen Roman *Fuera del tiempo y de la vida*, aber die Aussage ist übertragbar auf die Lyrik):

> La suya es una combinación única de crudo realismo y ficción futurista, con la que recrea un mundo posible de ›chulos, prostitutas y maricones‹ (como reza la canción), pistoleros y cachiporras, aderezado con toda clase de fluidos corporales.[12]

Wenn, wie Wolfe sagt, alles ›Realismus‹ ist, welche Aussagekraft hat dann noch der ›schmutzige Realismus‹? Ich möchte ihn im Kontext der spanischen Lyrik der letzten Jahrzehnte als Gegenentwurf vor allem zu einem engagierten ›sozialen Realismus‹ auffassen, als eine Schreibart, die keine (An-)Klage über Missstände artikuliert, keinen (sei es noch so vagen) Aufruf zur Veränderung codiert, die vielmehr programmatisch die Hässlichkeit der Alltagswelt in den dichterischen Diskurs trägt. Mit dieser Lesart unterscheide ich mich von anderen möglichen[13]. In einem Beitrag für eine der spanischen Gegenwartslyrik gewidmete Sondernummer der Zeitschrift *Ínsula* habe ich Wolfe bereits in diesen Kontext des ›schmutzigen Realismus‹ gestellt – durchaus im vollen Bewusstsein der Problematik solcher Etikettierung.[14] Auch wenn ich damit einem Vorschlag folge, den u. a. Luis Antonio de Villena schon 1992 gemacht hatte,[15] habe ich damit den heftigen Widerspruch von Juan Miguel López Merino ausgelöst, welcher Wolfe gerade nicht als einen Vertreter des ›schmutzigen Realismus‹ sieht und im Untertitel seines Aufsatzes eine Revision dieser Kategorie verspricht. Er betrachtet Wolfe vielmehr als *neorrealista*, weil dieser Terminus angeblich von reduktionistischen Konnotationen frei sei.[16] Bei aller Problematik, die solchen klassifikatorischen ›Schubladen‹ eigen zu sein pflegt, fällt es schwer zu glauben, dass die Zuordnung zum Neorealismus – damit zu einem Begriff, der vom italienischen Nachkriegskino bis zu den politischen Entwürfen eines Kenneth N. Waltz den verschiedensten unspezifischen Verwendungsfeldern angehört – hier einen Gewinn darstellt; noch weniger sehe ich, dass Wolfe eine neorealistische Schreibart ›inauguriert‹ habe.[17] Aber angesichts der insgesamt umfassenden und in die Tiefe gehenden Darstellung López Merinos möchte ich die Zugehörigkeit Wolfes zum ›schmutzigen Realismus‹ noch einmal verteidigen und in der Folge darlegen, dass bei Wolfe zumindest vier für dieses Phänomen charakteristische Züge zusammentreten: der Wunsch, Formen und Maßstäbe zu durchbrechen (*de romper moldes*), den Wolfe mit den späteren Vertretern des ›realismo sucio‹ teilt; der Bezug auf die dunklen Seiten des großstädtischen Lebens (welche bereits de Villena erwähnt hatte); eine Hinwendung zu *sex and crime* und letztlich eine nur implizite politische Dimension. ›Neorealisten‹ können all dies verarbeiten – oder auch nicht! Daher scheint es mir entschieden sinnvoller, den Formen des sozialen Realismus den ›schmutzigen Realismus‹ als Gegenentwurf und als historisches Klassifizierungsmodell entgegen zu stellen, auch wenn dessen Schmutzigkeit von eher temporärer Wirkkraft sein mag. López Merino findet überraschender Weise nichts wirklich Schmutziges in Wolfes Texten.[18]

Ohne dass das oben vorgestellte Gedicht unter dem besonderen Blickwinkel seines Schmutzes gewählt worden wäre – schließlich war es Jahre vor López Merinos Replik für den vorliegenden Band ausgewählt – möge der Leser selbst urteilen, ob ein Personenrepertoire von bekoksten Polizisten, onanierenden Englischlehrerinnen und apathischen Exhibitionisten nichts als die ›cotidianeidad‹ darstellen – abgesehen davon, dass selbstverständlich Kategorien wie ›realismo sucio‹ und ›cotidianeidad‹ nie objektiven Größen, sondern ohnehin konzeptualisierte Stilisierungsformen beschreiben! Vom Themenrepertoire bis zur Sprache deklinieren Wolfes Vertextungen ein ›schmutziges‹ Gebahren geradezu durch, und dies besonders umso deutlicher im Kontext der in dieser Hinsicht wenig erprobten spanischen Lyrik!

Der Begriff ›realismo sucio‹ selbst ist ein Importprodukt mit folgender Provenienz: der nach Großbritannien ausgewanderte amerikanische Kulturkritiker Bill Buford benutzte als erster diesen Terminus, als er 1983 die Nummer 8 des von ihm edierten Literaturjournals *Granta* unter das Thema *Dirty Realism* setzte. Mit diesem Schlagwort bezeichnete er die in den USA von Raymond Carver, Richard Ford und anderen praktizierte Thematisierung eines »curious, dirty realism about the belly-side of contemporary life«.[19] In der gegenwärtigen internationalen Rezeption verbindet man solche Schreibprinzipien am ehesten mit dem Bürgerschreck und Unterleibpoeten Charles Bukowski, dessen lyrische Stimme aus der Tiefe seines Bierbauchs zu kommen pflegte. In dem bereits erwähnten Interview mit Juan Luis Tapia wendet sich Wolfe selbst, wenn auch nicht sehr vehement, gegen die Klassifizierung als ›schmutziger Realist‹:

– ¿Se siente vinculado a la etiqueta del realismo sucio?
– Es un término que nunca he manejado. Me han colado la etiqueta de escritor vinculado al realismo sucio, pero no me parece que tenga mucho sentido. A mi modo de ver se ha aplicado la etiqueta del realismo sucio de una forma errónea en España. Fue un término que surgió en los años ochenta [...] para describir la obra de una serie de autores norteamericanos [...] que hacían una especie de realismo cotidiano. Lo de sucio, sería porque se trataba de un realismo manchado por la vida, pero no pretendía ser una cosa escatológica, sino historias de todos los días sobre problemas domésticos y cotidianos.

Robert Rebein sieht dies in seiner fundamentalen Untersuchung zum amerikanischen *dirty realism* anders; er stellt durchaus den Zusammenhang zwischen dieser Schreibart und ›weltbewegenden‹ Faktoren (wie dem Vietnam-Krieg) her. Doch zurück zu dem Interview: Dort räumt Wolfe ein, dass ihn Bukowski und Raymond Carver stark beeinflusst hätten, doch schließlich gehöre Bukowski einer ganz anderen Generation an. So unbestreitbar Wolfe mit dieser Feststellung Recht hat, so unleugbar sind doch auch die Parallelen im Feld des thematischen Repertoires (von Sex und Alkohol), des diskursiven Gestus (Bürgerschimpfe mit einem Schuss künstlerischer Selbstbespiegelung), und der Rezeption(svorgaben). So zielt schon der (im deutschen Andernach geborene und 1994 bei Los Angeles verstorbene) nordamerikanische Dichter nicht nur darauf, den braven Lyrik-Konsumenten zu schocken, sondern auch er verfolgt die Strategie, dabei noch einmal mit absoluter Konsequenz den dichtenden Außenseiter, den *poète maudit*, zu spielen. In diese Rolle, die Bukowski zu seinem Markenzeichen entwickelt hat, schlüpft auch Wolfe gern.

Wolfe als Vertreter des malditismo

Auch Wolfe nimmt die Position des marginalisierten Künstlers sehr bewusst und selbstbewusst ein; auch er beschreibt sich (in dem Gedicht »Todas las noches del mundo« in *Mensajes en botellas rotas*) als derjenige, der ›das Leben aus dem Hals einer Bierflasche trinkt‹ (und in den USA wirbt eine eigene *buk*-Webseite für exzessiven Biergenuss im Geiste Bukowskis – *if you're at the legal age for drinking*!). Das Selbstempfinden des Lyrikers als Marginalisierter, der den Fluch der etablierten Gesellschaft auf sich lädt, geht möglicherweise auf den spätmittelalterlichen französischen Dichter François Villon zurück – möglicherweise aber auch erst auf die romantisch verzeichnete Villon-Rezeption des 19. Jahrhunderts. Die Topik des *poète maudit* jedenfalls erfährt innerhalb der modernen französischen Lyrik (Baudelaire, Nerval, Verlaine, Mallarmé, Rimbaud) ihre originale und originelle Ausprägung.

Wolfe scheint mir in seinem Gesamtwerk ein prototypischer Vertreter eines so genannten *malditismo* zu sein. Doch diese Attribution hat den Widerspruch López Merinos hervorgerufen, der – neben lobenden Worten für meine Interpretation – mir vorwirft, hier irrtümlich einer generalisierten Meinung zu folgen. Stattdessen fordert er, man müsse vielmehr ›con rigor‹ definieren, was *malditismo* bedeute (ohne allerdings die Mühe solcher Definition zu unternehmen).[20] Jedenfalls geht Wolfe selbst in einem Artikel in *El Mundo* auf die Geschichte der *poètes maudits* und das Phänomen des so genannten *Malditismo* ein. Neben Dostojewski dient ihm vor allem Baudelaire als das große Paradigma eines *maldito*,[21] ferner die Nordamerikaner Edgar Allen Poe und Scott Fitzgerald, und im hispanischen Kontext erwähnt er Rubén Darío und seinen Zeitgenossen Leopoldo María Panero, den er allerdings aufgrund seiner Geisteskrankheit – er lebt seit Jahren in einer geschlossenen Anstalt – nicht mit dem Malditismus in Verbindung bringt:

> Leopoldo Mª Panero es un enfermo mental, condición que no tiene nada que ver con el malditismo. Y es que el malditismo, a fin de cuentas, siempre es una condena no deseada. El malditismo son las lentejas sin chorizo. No poder pagar el alquiler.[22]

In dieser Zeitungskolumne scheint Wolfe auf eigene Gedichte anzuspielen, so auf »Llámame« (aus *Días perdidos en transportes públicos*), dessen (eher unlyrisches) Ich die Miete nicht zahlen kann und dem das Telefon gesperrt wurde,[23] oder »Metafísico estáis«.[24] In dem Artikel bringt Wolfe überraschenderweise den *malditismo* mit der »actual visión mercantilista de la literatura« in Verbindung. Obwohl eigentlich *Malditismo* und Merkantilismus ganz entgegengesetzte Konzepte zu sein scheinen, habe sich dennoch, so führt Wolfe aus, die Thematik von *Bohème*, Dekadenz und Perversion zu einem Verkaufsschlager in der heutigen Epoche des ›moralischen Voyeurismus‹ entwickelt. Man kann aus den Reflexionen Wolfes schließen, dass er offensichtlich den ›wahren‹, im Leiden (oder gar in der Geisteskrankheit, wie bei Panero) erfahrenen Malditismus von seiner oberflächlichen, zum Gestus heruntergekommenen und nur auf den Verkaufserfolg zielenden Variante unterscheidet.

Nun gibt es in der spanischen Gegenwartsliteratur einen originellen fiktiven Text, dessen Autor, Miguel Ángel de Rus, exakt dieses Phänomen zu seinem Thema macht: *Dinero, mentiras y realismo sucio*.[25] Der Protagonist dieser Novelle, ein nordamerikanischer Kritiker und Schriftsteller, braut just aus der Rezeptur von Sex, Drogen und Gewalt seine Bestseller-Texte, mit denen er ausschließlich das Ziel verfolgt, Geld zu verdienen (und dadurch wiederum die schicksten Models in sein Bett zu locken). So weit wie dieser ›schmutzige Realist‹ der Fiktion geht der Autor Wolfe nicht – er schreibt keine wohlfeilen Bestseller, sondern sperrige Lyrik, und dieses Betätigungsfeld ist gewiss nicht das Medium, in dem man reich werden kann. Wenn man damit ausschließen kann, dass er sich nur aus Gründen der Vermarktung zum *maldito* stilisiert, muss man folglich annehmen, dass er im Malditismus eine Möglichkeit gefunden hat, seine lyrische *écriture* historisch und systematisch zu verorten. Jaime Siles, der in seinem panoramatischen Blick auf die spanische Lyrik der 80er Jahre den *realismo sucio* selbst noch unerwähnt lässt, diskutiert den *malditismo* und nennt als Beispiele Ramón Irigoyen und den schon erwähnten Leopoldo María Panero. Man kann sich daran anschließend fragen, ob dieser Topos des 19. Jahrhunderts heute noch Element lyrischer Innovationen sein kann, oder ob nicht ein Lyriker, der sich am Ende des 2. Jahrtausends wieder oder immer noch zum Außenseiter stilisiert, damit ein allzu altbekanntes Rezept aufkocht. Dies ist schwer zu entscheiden. Für eine negative Entscheidung, zu der ich prinzipiell tendiere, reicht es nicht aus, ausschließlich mit der Thematik des Dichters als *outcast* zu argumentieren; man müsste dann in diese Kritik weitere Aspekte einbeziehen wie die Kraft der Bildsprache, den Stilwillen des Dichters und die Appellfunktion seines Textes. Tut man das, hat Wolfe viel Positives in die Waagschale zu werfen: Er versteht nicht nur im technischen Sinne sein dichterisches Handwerk – d.h. den souveränen Umgang mit Texten, Themen und Tropen –, er hat auch mit seiner Variante des Malditismus eine für das Publikum spannende sowie für eine ganze Reihe von ›schmutzigen Realisten‹ in seiner Folge (David González, Pablo García Casado, Graciela Baquero, Violeta Rangel) wegweisende Schreibart kreiert. Auch wenn diese Dichterinnen und Dichter es ablehnen, von einer ›Schule‹ zu sprechen, stellen sie im spanischen Kontext eine innovative, eigene Gruppe dar. Und auch derjenige, den das kreative Potential der wolfeschen Antibürgerlichkeit nicht überzeugt, muss seinem unbestreitbaren Verdienst Tribut zollen, die spanische Lyrik der Gegenwart entscheidend bereichert zu haben.

Die internationale Öffnung zwischen desencanto *und Postnationalismus*

Die Innovation der schmutzigen Realisten besteht konkret darin, dass sie das Spektrum der in Spanien bearbeiteten Themen und der verwandten Verfahren um jene in der nordamerikanischen Lyrik (seit den Imagisten über die San Francisco-*Poets* bis hin eben zu Bukowski) durchgängige Tendenz zur Verarbeitung des Alltäglichen in seinen vorwiegend hässlichen Aspekten erweitern. Wolfe »transfigura la mediocre materia urbana en un discurso líricamente eficaz«, kommentiert García-Posada.[26] Durch diese Lyrisierung der (bestenfalls) mittelmäßigen Alltagswelt hebt sich der ›schmutzige Realismus‹ ab von der großen Menge der philosophisierenden und psychologisierenden Ego-Dichtung in Spanien, von all den Dichtern, die eine Perfektion darin entwickelt haben, immer wieder ihre Emotionen zu problematisieren, Metapoesie zu verfassen oder sich in nie endenden Anläufen zu fragen »¿Cómo hablar de mí mismo?«.[27] Ferner unterscheidet sich diese neue Gruppe auch von der sozialkritischen, engagierten *poesía social* etwa eines Jorge Riechmann, weil der politische Kontext, aus dem und in den hinein Wolfe schreibt, ein anderer ist. Die große Befreiung vom Joch der Diktatur führte ab 1976 nicht nur zu der entfesselt lebensbejahenden, ›verrückten‹ *movida*, sondern gleich darauf zu jenem *desencanto*, in dem sich eine Enttäuschung über die auch im Zeichen von Demokratie und Freiheit beschränkten Möglichkeiten artikuliert (bestes Beispiel ist Manuel Vázquez Montalbán, und dies nicht einmal primär in seinem lyrischen Werk). Der politische Platz Wolfes, der erst Ende der 80er Jahre zu publizieren beginnt, ist nun gar nicht mehr der des *desencanto*. Seine Gedichte tragen nicht mehr die Spuren eines überwundenen Frankismus, sie entfernen sich vollkommen von der Selbstbezogenheit auf Spanien und sind Teil einer neuen, bunten, internationalen anarchischen Widerstandskultur, deren primäres Artikulationsmedium mehr und mehr das Internet wird. Wenn derzeit (besonders in den nordamerikanischen Spanienstudien) für die gegenwärtige ›post-postfrankistische‹ Kultur der Begriff des ›Postnationalen‹ geprägt wird, so kann es dafür kaum ein überzeugenderes Paradigma als Wolfe geben. Auf dessen persönlicher Web-Seite wird die neue ›ideologische‹ Position sehr viel klarer als in seinen Gedichten, etwa die befreiende Funktion, die er der internationalen Protestbewegung des Punk beimisst. Dort lässt sich auch die Bedeutung von literarischen Vorbildern (wie B. Traven und dem unvermeidlichen Hermann Hesse) ausloten, und dort finden sich auch die politisch ›radikalsten‹ Texte, in denen er seine Form von (gelinde gesagt) Skepsis der Demokratie gegenüber artikuliert. So etwa »Democracia«, jenes Gedicht, das (in unerbittlicher Brecht-Nachfolge) die bürgerlichen Wähler am Wahlsonntag mit den Lämmern auf dem Weg zum Schlachthof vergleicht,[28] oder ein »Moscas« betitelter Text,[29] in dem die Meinung einer Mehrheit in Verbindung gebracht wird mit dem prägnanten, aber darum nicht weniger trivialen Bild der Millionen von Fliegen, die sich konsensuell zur Scheiße hingezogen fühlen. Da hat dann wohl der Wille zum Protest gänzlich über demokratisches Engagement (im herkömmlichen Sinne) gesiegt, bzw. die Demokratie, einst als kardinale Errungenschaft des Postfrankismus gefeiert, ist zum bürgerlichen Popanz verkommen.

Als Einstieg in seine Web-Seite bietet Wolfe, bevor man zu seinen Gedichten gelangt, weiterführende Informationen zu zwei Komplexen: Entfremdung (»alienación«) und Frustration (»frustración«). Sodann stößt man dort wieder auf jenen Satz über die Erziehung (aus *Mi corazón es una casa helada*): »La educación consiste en que todos los demás hagan lo que les salga de los cojones y tú les des la gracia y te calles y te jodas«. Man kann solche Revolte aus Prinzip unschwer als trivial abtun, und doch wird man andererseits kaum die zunehmende Notwendigkeit bezweifeln, dass die gegenwärtige Welt jener beiden zentralen Aspekte in Wolfes Schaffen bedarf: des Protests und der Kulturskepsis. Wichtig scheint mir, dass diese Erfahrungsmodelle im Kontext der lyrischen Artikulation eine neue Dimension von existentieller Geworfenheit eröffnen, deren primäres Kennzeichen ihr transnationaler Charakter ist. So schreibt Wolfe seine Texte auf Spanisch (und die Zuteilung seiner Werke durch die Suchmaschine »80mundos.coma« zu ›Poesía inglesa‹ bzw. ›Narrativa inglesa‹ ist falsch), doch ist ihm jedweder »Viva España y olé«-Hispanismus »una insufrible imagen«.[30] Wenn seine Gedichte der frühen 90er Jahre oft den *American way of life* verherrlichten, weil dort (in »Blanco y negro« aus *Días perdidos en transportes públicos*) der Absinth Baudelaires durch Bourbon ersetzt ist, die Zigarettenmarke Winston heißt und James Mason, der Großstadtneurotiker des amerikanischen Populärfilms erscheint, so war dies ein erster Schritt, um die spanische Lyrik, die ganz auf sich selbst bezogen war, aufzubrechen. Nachdem dies erreicht ist, wird der schmutzige Realismus der Zukunft kaum über Mangel an weiteren hässlichen Dingen in der Welt zu klagen haben.

I. Verzeichnis der Werke von Roger Wolfe

Lyrische Werke

Diecisiete poemas. Málaga: Caffarena 1986.

Días perdidos en los transportes públicos. Barcelona: Anthropos 1992.

Hablando de pintura con un ciego. Sevilla: Renacimiento 1992.

Arde Babilonia. Madrid: Visor 1994.

Mensajes en botellas rotas. Sevilla: Renacimiento 1996a.

Cinco años de cama. Zaragoza: Prames 1998.

Enredado en el fango. Oviedo: Línea de Fuego 1999a.

Carrasco, Emilio/ Luque, Aurora (Hg.): *El invento*. Málaga: Miguel Gómez 2001. [Anthologie].

El arte en la era del consumo. Madrid: Sial 2001. [Gedichte und Erzählungen].

Vela en este entierro. Logroño: Ed. del 4 de agosto 2006.

Narrative Werke

Quién no necesita algo en que apoyarse. Alicante: Aguaclara 1993.

Dios es un perro que nos mira. Madrid: Plaza & Janés 1999b (zuerst publiziert als *El índice de Dios*. Madrid: Espasa Calpe 1993).

Mi corazón es una casa helada en el fondo del infierno. Alicante: Aguaclara 1996b.

Fuera del tiempo y de la vida. Zaragoza: Prames 2000.

¡Que te follen, Nostradamus! Barcelona: DVD 2001.

Andere Werke

Todos los monos del mundo. Sevilla: Renacimiento 1995.

Hay una guerra. Madrid: Huerga & Fierro 1997.

Oigo girar los motores de la muerte. Barcelona: DVD 2002.

»Malditismo y lentejas sin chorizo«, in: *El Mundo* (21. Juli 1999c), o.S.

»Federico García Lorca: Un fósil en busca de acomodo«, in: *Hélice* 10 (1997), S. 25-26.

<http://www.rdtextos.com/revista/wolfe-fuera.htm> (letzter Zugriff: 5.1.2002)

<http://www.members.es.tripod.de/jhbadbad/rincon.html> (letzter Zugriff: 5.1.2002)

II. Kritische Literatur:

Cano Ballesta, Juan: *Poesía española reciente 1980-2000*. Madrid: Cátedra 2001.

García-Posada, Miguel: *La nueva poesía (1975-1992)*. (Páginas de Biblioteca Clásica bajo la dirección de Francisco Rico, Bd. 10). Barcelona: Crítica 1996.

Ingenschay, Dieter: »El *realismo sucio* o la poesía de los márgenes«, in: *Ínsula* 671/ 672 (Nov./ Dez. 2002), S. 46-48.

López Merino, Juan Miguel: »Sobre la presencia de Roger Wolfe en la poesía española (1990-2000) y revisión del marbete ›realismo sucio‹«, in: *Espéculo. Revista de estudios literarios* 31 (2005), zit. nach <http://www.ucm.es/info/especulo/numero31/rogwolfe.html> (letzter Zugriff: 24.2.2010), 37 S.

Luque, Aurora/ Carrasco, Emilio: »Introducción«, in Roger Wolfe: *El invento. Antología poética*. Málaga: Miguel Gómez Ediciones 2001.

Rebein, Robert: *Hicks, Tribes, and Dirty Realists. American Fiction after Postmodernism*. Lexington: University Press of Kentucky 2001.

Rus, Miguel Ángel de: *Dinero, mentiras y realismo sucio*. Madrid: Irreverentes 2000.

Siles, Jaime: »Ultimísima poesía española escrita en castellano: rasgos distintivos de un discurso en proceso y ensayo de una posible sistematización«, in: *Iberoromania* 34 (1991), S. 8-31.

Tapias, Juan Luis: »Vivimos en una sociedad de secretos a voces« [Entrevista con Roger Wolfe], in: *Ideal* (5.4.2001), S. 50.

Villena, Luis Antonio de: *Fin de siglo*. Madrid: Visor 1992.

Villena, Luis Antonio de: »Imágenes de abandono y rabia«, in: *El Mundo, El Mundo de los libros* (16.1.1999), o. S.

III. Anmerkungen

* Zitiert nach Roger Wolfe (1996a:11-13).

1 Deutsche Übersetzung vom Verfasser.
2 Vgl. die Angaben im obigen bibliographischen Apparat.

3   Unter den zahlreichen seit 1975 publizierten Anthologien nehmen nur zwei der bekannteren einige Texte Wolfes auf: zuerst Miguel García-Posada (1996), sowie v.a. Juan Cano Ballesta (2001) (letztere 10 Gedichte aus vier Lyrikbänden). García Posada klassifiziert Wolfe (mit u.a. Luis García Montero, Carlos Marzal, Jon Juaristi und Miguel d'Ors) als ›experimentellen Dichter‹. Cano Ballesta hingegen nennt ihn in einem Atemzug mit Jorge Riechmann und Juan Carlos Suñén als einen der Autoren »que cultivan una poesía cívica o de severa crítica a su entorno« (Juan Cano Ballesta 2001:49). Damit widerspricht Cano Ballesta einer Feststellung von Jaime Siles: »La nueva poesía, por lo general y con muy pocas excepciones [...] renuncia a criticar el mundo.« Vgl. Juan Cano Ballesta (2001:49).
4   Villena (1999), zitiert bei López Merino (2005:6).
5   Vgl. die Übersicht von Jaime Siles, wo er u.a. die »temática urbana« nennt (1991:9).
6   »Lorca era sin duda inteligente, pero muy poco listo.« Roger Wolfe: »Federico García Lorca: Un fósil en busca de acomodo«, in: *Hélice* 10 (1997), S. 25-26.
7   »¿Está Lorca presente en las mentes, en las lecturas, en las obras de estos nuevos poetas? La respuesta es no. Nadie, excepto los profesores de universidad y los especialistas del currículo engordado, lee a Lorca hoy en día. Abs[o]lutamente nadi[e].« In: *Hélice* 10 (1997), S. 25-26.
8   Vgl. oben Anm. 6.
9   »– ¿Por qué poesía apuesta? – Apuesto por la poesía realista, porque todo es realismo, todo lo que el lector pueda entender es realismo.« Juan Luis Tapias: »Vivimos en una sociedad de secretos a voces« [Entrevista con Roger Wolfe], in: *Ideal* (5.4.2001), S. 50.
10 Aurora Luque und Emilio Carrasco betonen in ihrer Einleitung zu Wolfes Anthologie *El invento*: »la radicalidad del planteamiento del poeta, la insólita presencia de referentes ajenos a la tradición castiza y, sobre todo, el carácter rupturista de su realismo urbano.« Aurora Luque/ Emilio Carrasco: »Introducción«, in: Roger Wolfe: *El invento. Antología poética*. Málaga: Miguel Gómez Ediciones 2001.
11 Vgl. dazu den Kommentar von Luis Antonio de Villena zu Wolfes Gedichtband *Mensajes en botellas rotas*, in: *El Mundo, suplemento La Esfera* (22.3.1997), S. 13.
12 Vgl. Anm. 11.
13 Insbesondere von Juan Cano Ballestas ›politischer‹ Interpretation, vgl. oben Anm. 3.
14 Ingenschay (2002).
15 Villena (1992:33).
16 »Nosotros hemos elegido la palabra ›neorrealismo‹ porque carece de cualquier tipo de connotación reduccionista.« López Merino (2005: 17).
17   Vgl. Juan Miguel López Merino 2005: 19.

18 »Lo que ocurre, sencillamente, es que los neorrealistas no callan contenidos e integran [...] los elementos de cotidianeidad: no elementos premeditadamente ›sucios‹.« López Merino (2005: 21).
19 Zitiert nach Robert Rehbein (2001:41).
20 López Merino (2005:21).
21 »Podría decirse que Baudelaire fue el primer maldito con pedigrí de la historia de la literatura contemporánea. Es Baudelaire quien define, con su vida y su actitud ante el arte, los fundamentos básicos del malditismo: vivir al margen de la sociedad, recrearse en una decadencia estética perfectamente estudiada, cultivar asuntos literarios exquisitamente putrefactos y morirse de asco con un cierto estilo premeditado.« Roger Wolfe (1999c).
22 Roger Wolfe (1999c).
23 »Se te ha muerto un amigo de la infancia / de algo que ni siquiera sabes pronunciar. / Se te ha averiado el coche / en pleno atasco. La semana pasada te llevaron / el teléfono, la que viene te van a cortar / la luz. / No puedes pagar el alquiler, trabajas [...].« Juan Cano Ballesta (2001:262).
24 »El tipo dijo / con palabras elogiosas / que en el fondo / le agradezco: / ›... he aquí el milagro / de una lírica / que se construye / en el vacío...‹ / y miré los muros / de esta casa / que no es mía / y no hallé cosa / en que poner los ojos / que me ayudara / a pagar el alquiler.« Juan Cano Ballesta (2001:267-268).
25 Miguel Ángel de Rus (2000).
26 In *El País*, »Babelia« vom 19.4.1993, zitiert nach Juan Cano Ballesta (2001:260).
27 Siles zitiert diese Frage, die Abelardo Linares wohl in dieser Form als erster gestellt hat, als typische Problematik der spanischen Lyrik der letzten Jahrzehnte. Jaime Siles (1991:14).
28 »Democracia« por Roger Wolfe
Otra maldita tarde / de domingo, una de esas / tardes que algún día escogeré // para colgarme / del último clave ardiendo / de mi angustia. // En la calle / familias con niños, / padres y madres / sonrosadamente satisfechos // de su recién cumplido / deber electoral; / gente encorvada sobre radios // que escupen datos, porcentajes / en los bancos. // Corderos de camino al matadero / dándole a escoger el arma / al matarife.
(<http://www.members.es.tripod.de/jhbadbad/rincon.html>) (letzter Zugriff: 5.1.2002).
(Demokratie, von Roger Wolfe
Wieder ein verdammter Sonntagnachmittag / einer von den Mittagen // an denen ich mich eines Tages / an den letzten Strohhalm / meiner Angst / klammere. // Auf der Straße / Familien mit Kindern, / Väter und Mütter / rosenrot zufrieden // ihre Wahlpflicht / soeben erfüllt zu haben; / Leute gebeugt über Radios / auf den Bänken, // welche Daten und Prozentzahlen ausspeien.)
29 Moscas

Los demócratas / han aprendido / de las moscas: / cuanto mayor / sea el tamaño / de la mierda / tanto más grande / es el consenso.
(<http://www.members.es.tripod.de/jhbadbad/rincon.html>) (letzter Zugriff: 5.1.2002).
(Fliegen
Demokraten / haben gelernt / von den Fliegen: / je größer / die Menge / der Scheiße ist, // umso größer / ist der Konsens.)

30 In »Federico García Lorca: Un fósil en busca de acomodo«, vgl. oben Anm. 6.

Rosamna Pardellas Velay

Übersetzung und Rezeption der spanischen Gegenwartslyrik im deutschsprachigen Raum

Während es im deutschen Sprachraum eine Fülle von Übersetzungen moderner spanischer Romane und Theaterstücke gibt, lässt sich Ähnliches von der Lyrik, insbesondere von der Gegenwartslyrik nicht sagen. Das spanische Theater und im Besonderen der Roman haben auch hierzulande ein potentielles Lesepublikum, das den deutschen Buchmarkt und die Verleger veranlasst, Neuerscheinungen wie auch die modernen klassischen Werke relativ rasch in Übersetzungen zu veröffentlichen. Der Fall von Ruiz Zafón ist vielleicht das beste Beispiel für diesen Sachverhalt aus den letzten Jahren. Demgegenüber stellt sich die Frage: wer liest in Deutschland überhaupt Lyrik? Und genauer gesagt: wer liest in Deutschland die neueste spanische Lyrik und wie wird sie ihm in Übersetzungen zugänglich gemacht?[1]

Sieht man einmal von den Werken einiger der ganz Großen wie Federico García Lorca ab, so ist es immer schwierig gewesen, Übersetzungen moderner spanischer Lyriker zu finden. Der Leser, der des Spanischen nicht mächtig ist, musste sich bislang weitgehend mit der ein oder anderen Anthologie zufrieden geben, die lediglich einige wenige Autoren und Gedichte enthalten, die ihm jedoch kaum ein angemessenes Gesamtbild der modernen spanischen Lyrik bieten.

Was die Verleger angeht, so versteht es sich von selbst, dass sie auf ihren Gewinn angewiesen sind, und der ist, so will es scheinen, mit Lyrik zweifelsohne schwierig zu realisieren. Aber selbst im universitären Bereich sind Monographien über Lyrik eher selten – mit einigen löblichen Ausnahmen, über die gleich zu sprechen sein wird. Zwar steht zu vermuten, dass die beiden Bände mit Einzelinterpretationen, die diesem Band vorausgegangen sind, einiges zur Kenntnis der spanischen Lyrik im deutschsprachigen Raum beigetragen haben.[2] Grundsätzlich hat sich an der soeben beschriebenen Situation jedoch nichts geändert. Dennoch scheint sich das Panorama insgesamt glücklicherweise in den letzten Jahren etwas aufgehellt zu haben, so dass sich jetzt trotz mancher Vorbehalte auf eine Reihe von Erfolgen bei der Vermittlung der modernen spanischen Lyrik an die deutschsprachigen Leser hinweisen lässt.

I

Zunächst einmal lassen sich neue und verstärkte Aktivitäten von Seiten einzelner Verlage feststellen. So haben sich seit einigen Jahren im deutschen Sprachbereich Verlage etabliert, die sich speziell mit Veröffentlichungen von Lyrik auf dem Mark behaupten und die damit auf ein Genus setzen, das in Deutschland ein Minderheitenphänomen zu sein scheint und weitgehend auf wenige Liebhaber und Spezialisten sowie den – nicht immer ganz freiwillig zustande gekommenen – Markt von Schülern und Studierenden beschränkt ist, während sich in Spanien zumindest von Zeit zu Zeit etwas so Außergewöhnliches ergibt wie der Erfolg von José Hierros *Cuaderno de Nueva York* im Jahre 1998, als mit diesem Werk tatssächlich ein Gedichtband zu einem echten Bestseller wurde.

In diesem Zusammenhang verdient die Arbeit des Züricher Verlags *teamart* besondere Erwähnung, dessen Verlagsangebot schon mehr als zwanzig Titel von zwei- und bisweilen sogar dreisprachigen Ausgaben spanischer und lateinamerikanischer Lyriker umfasst, darunter Werke von Luisa Castro, Chantal Maillard, Clara Janés, Ana Merino und José Hierro.[3] Ebenfalls in Zürich befindet sich der *Ammann Verlag*, zu dessen spanischen Autoren zum Beispiel Ángel Crespo, Salvador Espriu, Miguel Delibes, Antonio Machado und Javier Salinas gehören.[4] In Deutschland befasst sich die *Edition Delta* in Stuttgart vor allem mit Lyrik: Jaime Siles, Andrés Sánchez Robayna und Juan Ramón Jiménez sind einige der Autoren, die in der Sammlung zweisprachiger Ausgaben des Verlags erschienen sind. Dank der Arbeit dieser Verlage ist es jetzt möglich, auf Ausgaben spanischer Lyriker zuzugreifen, die zuvor in deutscher Sprache nicht zugänglich gewesen sind. Ein wenig überraschend – wenn auch durchaus positiv – ist allerdings die Auswahl der Autoren, denn neben einigen wenigen Klassikern der Moderne wie Antonio Machado oder Juan Ramón Jiménez, werden vor allem Autoren der jüngsten Generationen herausgegeben: die Generation der 50er Jahre wird von José Hierro repräsentiert, die der »novísimos« von Jaime Siles und Sánchez Robayna und die der 80er und 90er Jahre unter anderem von Clara Janés und Luisa Castro. Zweifelsohne handelt es sich dabei um ein wagemutiges Unterfangen, das höchstes Lob und Ermunterung verdient.

II

Die zweite Stütze für die Verbreitung der ins Deutsche übersetzten spanischen Lyrik sind die zahlreicheren neueren zweisprachigen Anthologien.[5] Sie erfüllen zwei Aufgaben. Zum einen haben sie eine divulgative Funktion, indem sie das deutsche Lesepublikum überhaupt mit der spanischen Lyrik bekannt machen; zum anderen wirken sie in gewissem Sinne normativ, indem sie festsetzen, welche Autoren und welche Gedichte als grundlegend bzw. sozusagen ›klassisch‹ anzusehen sind. Auf diesem Wege tragen sie dazu bei, einen deutschsprachigen Kanon der spanischen Lyrik zu bilden, der nicht notwendigerweise mit dem Kanon identisch ist, der in Spanien gilt – was allerdings im Kontext binationaler, grenzüberschreitender Rezeptionsvorgänge eine durchaus geläufige Erscheinung ist.[6]

Die sozusagen ›kanonische deutschsprachige Anthologie der spanischen Lyrik‹ (jeweils mit dem spanischen Text und der entsprechenden Übersetzung) stellen die beiden Reclam-Bände dar, von denen der eine für die ältere Zeit von Hans Felten und Augustín (sic) Valcárcel und der andere für die unmittelbare Moderne von Gustav Siebenmann und José Manuel López de Abiada zusammengestellt, übersetzt und mit ausführlichen Kommentaren versehen wurden.[7]

Diese beiden Bände gilt es weiterhin durch die schon klassische Anthologie *Rose aus Asche* zu ergänzen, die spanische und spanisch-amerikanische Gedichte der Zeit zwischen 1900 und 1950 enthält, die Erwin Walter Palm herausgegeben hat.[8]

Der erst vor wenigen Jahren in der 5., ergänzten Auflage herausgegebene Band von Siebenmann und López de Abiada enthält neben den Lyrikern aus der ersten Hälfte des 20. Jahrhunderts auch Autoren aus der zweiten Nachbürgerkriegsgeneration wie Claudio Rodríguez, Jaime Gil de Biedma, Ángel Valente und Gloria Fuertes, einige der so genannten »novísimos« wie Pere Gimferrer, Antonio Colinas und Guillermo Carnero sowie den in jüngster Zeit wieder stärker beachteten Juan Gil-Albert. Wie in den früheren so werden auch in dieser neuesten Auflage drei spezifische Charakteristika der spanischen Lyrik des 20. Jahrhunderts hervorgehoben: einerseits ihre spanisch-volkstümlichen Elemente (so wird sie als »poesía popular« bezeichnet), andererseits ihre Verankerung im Bürgerkrieg (1936-1939) und dessen Thematisierung sowie schließlich ihr enger Bezug zum Exil als Folge eben dieses Bürgerkriegs. Für den Zeitraum von 1985 bis 2000 sind in die neueste Auflage des Bandes von Siebenmann und López de Abiada zwölf weitere Autorinnen und Autoren aus der allerneuesten Dichtergeneration aufgenommen: darunter der ein oder andere verspätete »novísimo« wie Leopoldo María Panero, Antonio Carvajal, Jenaro Talens oder Luis Alberto de Cuenca, einzelne Vertreter der so genannten »Lyrik der Erfahrung« (*poesía de la experiencia*) wie Luis García Montero, Vicente Gallego oder Eloy Sánchez Rosillo sowie schließlich Repräsentanten verschiedener anderer Strömungen seit den 80er Jahren wie Ana Rossetti, Roger Wolfe, Blanca Andreu oder Carlos Marzal. In diesen neuesten Bereich der Anthologie sind außerdem wichtige Gedichte von Autoren aufgenommen, die zwar von ihrem Lebensalter her früheren Generationen angehören, die jedoch erst während der letzten beiden Jahrzehnte an der Wende vom 20. zum 21. Jahrhundert verfasst wurden. Es ist dies ein hochinteressanter Aspekt der Anthologie, erlaubt diese Auswahl doch die Wahrnehmung eines häufig nicht hinreichend in Betracht gezogenen Merkmals der Moderne, die so genannte ›Gleichzeitigkeit des Ungleichzeitigen‹ (Ernst Bloch), d.h. die Heterogeneität der Lyrikproduktion im letzten Viertel des 20. Jahrhunderts, während dessen sich nicht nur die neuen Impulse der jungen Autoren deutlich abzeichnen, sondern auch deren Verbindung mit der reiferen Produktion der bereits etablierten und konsakrierten Autoren deutlich wird. Dieses Phänomen zeigt sich etwa, um nur ein Beispiel aus dem Band zu geben, im Fall des 1999 verstorbenen Claudio Rodríguez (1999) und von Carlos Bousoño, zwei Autoren, die bereits lange vorher publiziert hatten und deren Werke dennoch in einen Dialog mit den jüngeren und den jüngsten Autoren getreten sind.

In Erwin Walter Palms Anthologie *Rose aus Asche* waren die seinerzeit neuesten Autoren Luis Rosales und Miguel Hernández, weshalb das Werk hier trotz seiner Verdienste nicht mehr näher berücksichtigt werden soll. Um den Zeitraum zu überbrücken, der zwischen dieser Anthologie und der Gegenwart klaffte, hat der Suhrkamp Verlag eine Art Fortsetzung auf den Markt gebracht, die von einem guten Kenner der spanischen Gegenwartlyrik, Javier Gómez-Montero (Universität Kiel), in Zusammenarbeit mit Petra Strien zusammengestellt, gründlich eingeführt und herausgegeben wurde.[9] Da nach unserer Auffassung die Mittlertätigkeit von Gómez-Montero im Hinblick auf die Übersetzung der zeitgenössischen spanischen Lyrik einer eigene genauere Betrachtung wert ist, soll weiter unten nochmals ausführlicher auf sie eingegangen werden.

Wohl um den Bedürfnissen eines weniger spezialisierten Publikums nachzukommen, das eher eine rasche Einführung sucht und nach einen allgemeinen Überblick verlangt, haben sowohl der Reclam Verlag auch der Münchener Deutsche Taschenbuch Verlag (*dtv*) jeweils eine Gedichtanthologie herausgebracht, die nur eine knappe Auswahl von Gedichten aus allen Epochen der spanischen Literatur enthalten und auf jede Form der Analyse dieser Texte verzichten. Die bei *dtv* erschienene Anthologie mit dem Titel *Poemas españoles. Spanische Gedichte vom 15. bis zum 20. Jahrhundert* stammt von Erna Brandenberger, die sich bei der Auswahl von durchaus hochrangigen spanischen Kennern der Materie beraten ließ.[10] Die Textauswahl beginnt mit den spätmittelalterlichen Romances – was lobend hervorgehoben zu werden verdient, beginnt die Auswahl von Felten und Valcárcel doch erst mit der Renaissance und konkret mit Garcilaso de la Vega. Der neueste Autor, der in diese Anthologie aufgenommen wurde, ist freilich Claudio Rodríguez (1934-1999). Wie so häufig werden auch hier die Vertreter der neuesten Dichtergeneration nicht berücksichtigt: so findet sich keiner der »novísimos«, kein Lyriker der 80er Generation und logischerweise ebenso wenig ein Vertreter der allerneuesten Autoren der 90er Jahre – was im Übrigen auch zur Folge hat, dass sich in dem knappen Band keine einzige Lyrikerin des 20. Jahrhunderts findet. Insgesamt bedeutet dies natürlich auch, dass die deutschsprachigen Schüler, die sich im Allgemeinen gerade für die unmittelbar zeitgenössischen Autoren interessieren, hier keinem Lyriker begegnen, der ihnen zeitlich besonders nahe stände. Die gleiche Grundtendenz findet sich im Übrigen auch in der bei Reclam erschienenen Anthologie *Spanische Lyrik. 50 Gedichte aus Spanien und Lateinamerika*.[11] Bisweilen gewinnt der Leser den Eindruck, dass es sich hier um Auszüge und eine Mischung aus den Anthologien von Palm und Siebenmann handelt. Der Herausgeber, ein verdienter Vertreter der älteren deutschen Hochschulhispanistik, Jürgen von Stackelberg, gibt allerdings eine – wenn auch sehr knappe und sehr spezifische – Einführung in die spanischsprachige Lyrik. Die letzten Autoren, die hier Berücksichtigung gefunden haben, stammen aus der Generation von 27.

Die bereits weiter oben erwähnte *Edition Delta* hat im Übrigen auch einen schmalen, künstlerisch gestalteten Band mit dem Titel *Raíces y alas. Neue Literatur aus Spanien und Lateinamerika* veröffentlicht, der Essayistisches, Lyrisches und Narratives enthält.[12] Unter den zeitgenössischen spanischen Lyrikern finden sich Rosana Acquaroni, Pureza Canelo und Jenaro Talens. Es handelt sich dabei – wie unschwer zu erkennen – um eine sehr reduzierte und wenig aussagekräftige Auswahl.

Demgegenüber besitzt die von Teresa Delgado 1994 herausgegebene zweisprachige Anthologie mit dem Titel *ZAS – Schnitte durch die spanische Lyrik 1945-1990*[13] bereits den Rang eines klassischen Werks. Die Auswahl der Autoren ist umfassend, durchaus repräsentativ und stimmt in vielen Fällen mit dem in

Spanien selbst propagierten Kanon überein. So enthält das Werk Gedichte von Carlos Edmundo de Ory, Juan Eduardo Cirlot, Pablo García Baena, Miguel Labordeta, Blas de Otero, José Ángel Valente, Jaime Gil de Biedma, José Agustín Goytisolo, Gabriel Celaya, sowie – unter den neueren Autoren – Manuel Vázquez Montalbán, Carlos Piera, Leopoldo María Panero, Cristina Peri Rossi, Clara Janés, Blanca Andreu, Ana Rossetti y Luisa Castro.

Die bisher angeführten und in aller Kürze charakterisierten Anthologien zeichneten sich durch eine allgemeine Breite und große Offenheit für Themen, Formen und Stile aus. Weniger bekannt und aufgrund ihrer engeren thematischen Ausrichtung für ein breiteres Publikum sicherlich auch weniger relevant sind die Textsammlung von Franz Niedermayer zur religiösen Lyrik[14] sowie eine recht knappe Anthologie mit Gedichten neuerer spanischer Lyriker in deutschen Nachdichtungen, die Maximilian Barck 1992 mit einer Reihe von bibliophilen »Künstlerbüchern« mit hochwertiger Druckgraphik herausgegeben hat[15], die aber allein aufgrund ihres hohen Preises von fast tausend Euro nur wenigen Liebhabern zugänglich sein dürfte. Eine Anthologie der homoerotischen Liebe hat kürzlich Horst Weich herausgegeben, die unter den Gedichten der neueren und neuesten Autoren auch Texte von Gil de Biedma, Francisco Brines, Antonio Carvajal und Luis de Villena enthält.[16] Auf diese drei Sammlungen sei hier nicht näher eingegangen.

2006 veröffentlichten Hans-Ingo Radatz und Aina Torrent-Lenzen einen Band *Iberia polyglotta*[17] mit zeitgenössischer Lyrik und Prosa aus Spanien. Freilich ist hier das Anliegen der Herausgeber weniger, die ganze Breite der spanischen Gegenwartlyrik aufzuzeigen als vielmehr anhand von verschiedenen Formen der Lyrik die sprachliche Vielfalt der heutigen Pyrenäenhalbinsel aufzuzeigen. Dabei ergibt sich im Hinblick auf die spanischsprachigen Lyriker eine interessante Auswahl von Dichterinnen und Dichtern wie Neus Aguado, Marina Aoiz, Jorge Barco, Trino Cruz oder Juan José Delgado, die normalerweise nicht zum allseits anerkannten und damit wenig innovativen lyrischen Kanon weder in Spanien noch in Deutschland gehören.

Eine weitere Anthologie, die zudem zwei CDs enthält, ist Silvana Franzetti und Aurélie Maurin geschuldet.[18] Das Werk mit dem Titel *Versschmuggel*, in dem Gedichte von spanischen und deutschen Autoren zusammengestellt sind, ist das Ergebnis eines Gemeinschaftsprojekt der ›Literaturwerkstatt Berlin‹ und des ›Instituto Cervantes‹, das am 21. Juni 2005 im Rahmen des Berliner Lyrikfestivals durchgeführt wurde. Unter den spanischen Autoren finden sich Antonio Gamoneda, Clara Janés, Eduardo Milán, Eugenio Montejo, Vicente L. Mora, Fabio Morabito, Carmen Ollé, Ana M. Rodas, Juan A. Ródenas, Armando Romero und Raúl Zurita. Es ist dies, wie im vorhergehenden Fall, eine recht außergewöhnliche Auswahl, die jedoch eine Reihe von interessanten und durchaus anerkannten Autorinnen und Autoren bietet.

III

Weiter oben wurde bereits auf die verdienstvolle Arbeit von Javier Gómez-Montero hingewiesen, der wiederholt als Autor von Anthologien und als deutscher Übersetzer zeitgenössischer spanischer Lyrik hervorgetreten ist. Deshalb sei hier auf ihn noch einmal besonders eingegangen.

2001 veröffentlichte Gómez-Montero eine Anthologie mit dem Titel *Territorios de la poesía*[19], die Gedichte in den vier offiziellen Sprachen Spaniens – Kastilisch, Katalanisch, Galicisch und Baskisch – enthält. Dabei sind auch Stimmen wie die von José Ángel Crespo, Bernardo Atxaga, Jaume Pont, Luís G. Tosar, Carmen Borja, Andrés Sánchez Robayna und César Antonio Molina berücksichtigt, die Grenzgänger zwischen den einzelnen Sprachen und Kulturen sind. Drei Jahre später folgte die Neuausgabe der seinerzeit von Erwin Walter Palm veröffentlichten Anthologie *Rose aus Asche* mit den Ergänzungen für den Zeitraum von 1950 bis zur unmittelbaren Gegenwart. Der zunächst vielleicht etwas überraschende Titel dieser Anthologie – *Du kamst, Vogel, Herz, im Flug*[20] – geht auf einen Vers von Ángel Valente zurück, der zu Recht den Neuansatz dieses Werks unterstreichen soll. Sowohl bei der Auswahl der Autoren als auch der Gedichte und der Dichtungsstile geht Gómez-Montero eigene und durchaus eigenwillige Wege. Er beschränkt sich auf nur zwölf, wenngleich hochinteressante Autoren, aus nur zwei der verschiedenen Dichtergenerationen, der »Generation der Jahrhundertmitte« und der der »novísimos«. Konkret bedeutet dies, dass er zwar Autoren aufnimmt, die – wie Gil de Biedma, José Ángel Valente, Ángel González, José Hierro oder Pere Gimferrer – auch bereits in anderen Anthologien anzutreffen sind. Daneben findet man aber auch weniger bekannte und bislang weniger ›konventionalisierte‹ Autoren wie Carlos Barral, Juan-Eduardo Cirlot, Ángel Crespo, Antonio Gamoneda oder Clara Janés. Ähnliches lässt sich mit Bezug auf die verschiedenen Dichtungsstile sagen, die hier Berücksichtigung finden. Die ›avantgardistische Lyrik‹ von Cirlot, die ›Poesie des Schweigens‹ (*poesía del silencio*) von José Ángel Valente oder die ›halluzinatorische Dichtung‹ von Leopoldo María Panero stellen sicher erhebliche Herausforderungen in einer Anthologie dar, die sich an ein breites Publikum wendet. Ihre Präsenz bedeutet aber sicher eine deutliche Ausweitung des Kanons, auch wenn insgesamt die jüngsten Dichtergenerationen keine Berücksichtigung gefunden haben. Dennoch ist festzustellen, dass es sich um eine originelle und mitnichten konventionelle Anthologie handelt, die die heterogene Vielfalt der Nachbürgerkriegslyrik eindrucksvoll unter Beweis stellt.

Die gleiche Grundtendenz zeigt sich in einer zweisprachigen Anthologie, die Javier Gómez-Montero zusammen mit Victor Andrés Ferretti unter dem Titel *Dieser klingende Schatten, die Musik*[21] herausgegeben hat. Der Band ist ein Produkt der ›Übersetzungswerkstatt‹ der Universität Kiel, die Gómez-Montero zusammen mit der Übersetzerin Petra Strien-Bourmer leitet und die eine eigene Veröffentlichungsreihe besitzt. An dem Unterfangen beteiligen sich Studierende und Dozenten der Hispanistik. Sie übertrugen die verschiedenen Gedichte dieser Anthologie, bei deren Auswahl kein bestimmtes thematisches Kriterium verfolgt wurde, so dass in dem Band die bei solchen Gemeinschaftswerken übliche Heterogeneität deutlich zutage tritt. Übertragen wurden Autoren wie Ángel Crespo, José Agustín Goytisolo, José Ángel Valente, César Antonio Molina, Luis Alberto de Cuenca, Luis García Montero, Andrés Aberasturi, Jaime Alejandre, Luis Muñoz, José Ramón Trujillo, Julia Castillo, Lucía Etxebarría, Olvido García Valdés und Yolanda Castaño sowie die drei bekannten lateinamerikanischen Autoren José Lezama Lima, Oliverio Girondo und Nicanor Parra. Auch hier finden sich wieder neben anerkannten und fest im Kanon etablierten Autoren einige Namen von noch sehr jungen Autoren, die noch nicht wirklich bekannt sind oder die sich bewusst an ein sehr spezifisches und spezialisiertes Publikum wenden.

Das Übergehen der jüngsten Dichtergenerationen in *Du kamst, Vogel, Herz, im Flug* wird in der 2005 veröffentlichten Anthologie *Cuando va a la ciudad, mi poesía*[22] in beeindruckender Weise wettgemacht. Für diese zweite Anthologie, deren Übersetzungen und Biobibliografien von den Teilnehmern der Kieler ›Übersetzungswerkstatt‹ verfasst worden sind, wurden Autorinnen und Autoren aus den vier in Spanien neben- und miteinander existierenden Literatursystemen und Sprachen ausgewählt, die zum guten Teil in Deutschland bislang völlig unbekannt geblieben sind. Der Band kann daher als Fortsetzung der Anthologie *Territorios de la poesía* angesehen werden. Dabei wurden folgende Lyriker berücksichtigt: Andrés Aberasturi, Jaime Alejandre, Fran Alonso, Rikardo Arregi, Julia Barella, David Castillo, Luisa Castro, Luis Alberto de Cuenca, Jordi Doce, Lucía Etxebarría, César Antonio Molina, Kepa Murua, Josep Piera, Fanny Rubio, Àlex Susanna, José Ramón Trujillo, Kirmen Uribe und Pedro Víllora. Diese Auswahl – wie die in den vorhergehenden Bänden – ist insgesamt sicherlich ein Beleg für die speziellen Vorlieben des Herausgebers Gómez-Montero. Dennoch steht zu erwarten, dass sie beim Lesepublikum auf ein breites Echo stoßen und vielleicht sogar Nachahmer finden wird. Ein weiteres Produkt der ›Übersetzungswerkstatt‹ ist eine zweisprachige Sammlung von Gedichten des aus León stammenden Lyrikers Antonio Gamoneda mit dem Titel *Esta luz / Dieses Licht*.[23] Das Vorwort des Bandes stammt von Gómez-Montero, in dem er das Werk des Autors gründlich analysiert und so sicher dessen Rezeption auch in Deutschland fördern wird, wo der Autor bislang so gut wie unbekannt ist.

IV

Bereits eingangs wurde darauf hingewiesen, dass die Beschäftigung mit der spanischen Lyrik im deutschsprachigen universitären Bereich als eher gering anzusehen ist, und dies trotz der schon klassischen älteren Arbeiten von Hugo Friedrich, Georg Rudolf Lind, Dietrich Briesemeister, Gustav Siebenmann, Erika Lorenz, Arnold Hottinger, Barbara Mitterer, Ursula Böhmer, Reingard Schwarz oder neuerdings Sabine Friedrich.[24] Hinzukommt, dass diese vor allem in den 60er und 70er Jahren des 20. Jahrhunderts veröffentlichten Arbeiten dem üblichen akademischen Brauch folgend die unmittelbar zeitgenössische Lyrik in aller Regel ausblendeten. Diese Situation änderte sich mit den 90er Jahren. Einen ersten Anstoß hierzu gab zweifelsohne der 1990 veröffentlichte Sammelband *Die spanische Lyrik der Moderne. Einzelinterpretationen*, in dem auch zeitgenössische Lyriker wie Pere Gimferrer, Blas de Otero, Jaime Gil de Biedma, José Ángel Valente, José María Valverde, Claudio Rodríguez, Carmen Conde und Jaime Siles jeweils ausgehend von einem Gedicht in den intertextuellen Zusammenhängen ihres Schreibens und im Kontext ihrer jeweiligen Generation vorgestellt werden.[25] An das Konzept und den zeitlichen Rahmen dieses Bandes schließt das vorliegende Werk an, den es bis auf die unmittelbare Gegenwart hin ergänzt.

Im Kontext eines erneuerten Interesses an der spanischen Gegenwartsliteratur, insbesondere an den Autoren der *transición* erschien wenig später der von Dieter Ingenschay und Hans-Jörg Neuschäfer herausgegebene Band *Aufbrüche*, der auch einen recht vollständigen Überblick über die seinerzeit aktuelle spanische Lyrik enthält.[26] Eine ganz ähnliche Linie verfolgte die Zeitschrift *die horen*, die 1995 eine Sondernummer über die Literatur der spanischen Demokratie herausgab, die den beredten Titel trägt: »Weißt du noch... wie wir lernten, frei zu sein? Die spanische Literatur der Demokratie. Geschichte in Geschichten.« Keine geringere als die im Bereich des deutsch-spanischen Literaturaustauschs so kenntnisreiche und aktive Michi Strausfeld verfasste den einleitenden Grundsatzartikel und traf die Auswahl der Autoren. Neben zahlreichen anderen Texten werden in dem Band die deutschsprachigen Leser auch an Gedichte der folgenden Autoren herangeführt: José Agustín Goytisolo, Bernardo Atxaga, Narcis Comadira, Claudio Rodríguez, Luisa Castro, José Ángel Valente, Pureza Canelo, Manuel Vázquez Montalbán, Carlos Bousoño, Pere Gimferrer, Joan Vinyoli, Joan Brossa, Antonio Gamoneda, Francesc Parcerisas, Andrés Sánchez Robayna, Leopoldo María Panero, Clara Janés, Jaime Gil de Biedma, Carlos Barral, Blanca Andreu, Jaime Siles, Francisco Brines y Ana Rossetti. Diese Autoren gehören den verschiedenen seinerzeit aktiven Generationen an, wobei auch die allerneuesten berücksichtigt werden.[27]

Von Gender-Überlegungen als Differenzkriterium ausgehend haben sich zunächst Christine Bierbach und Andrea Rössler, sowie in der Folge dann auch Cecilia Dreymüller mit den spanischen Autorinnen der Gegenwart befasst, wobei sich letztere ganz auf die Lyrikerinnen des Zeitraums von 1950 bis 1990 konzentrierte.[28] Auf den gleichen Zeitraum geht die Arbeit von Theres Moser zurück, die die katalanische und die kastilische sozialkritische Lyrik (»poesía social«) kontrastiv untersucht hat.[29]

Auch wenn der zeitliche Abstand die Anzahl an Arbeiten über die spanische Lyrik der zweiten Hälfte des 20. Jahrhunderts eigentlich gefördert haben sollte, so ist doch festzustellen, dass dies mit Beginn des neuen Jahrtausends im deutschsprachigen Raum nicht wirklich erfolgt ist. Zu nennen ist allerdings der Band *Cien años de poesía. 72 poemas españoles*, der zugleich eine Anthologie der Lyrik des 20. Jahrhunderts darstellt, deren einzelne Gedichte in kurzen, informativen Analysen vor allem von Sachkennern aus Spanien, der Schweiz und aus Deutschland den Lesern nahe gebracht werden.[30] Als Ergänzung zu diesem Band und als Entsprechung für die Lyrik in den anderen offiziellen Sprachen erschien kürzlich der Sammelband *Cien años de poesía: 53 poemas en catalán, gallego y vasco*.[31]

Als weitere Untersuchungen zur spanischen Gegenwartslyrik sind schließlich die Dissertationen von Henriette Partzsch, Sandra Pasch und Rosamna Pardellas Velay[32] zu nennen sowie der eher didaktisch pragmatisch ausgerichtete Band, den Brigitte und Hans Christian Lindau herausgegeben haben[33], wobei allerdings festzuhalten ist, dass in keinem dieser Werke die heutige Dichtung einen zentralen Platz einnimmt. Eine gesonderte Erwähnung verdienen die Akten eines Göttinger Kolloquiums,[34] das fünf herausragenden spanischen Lyrikern die Möglichkeit bot, ihre Dichtungskonzeption – und, wenn auch in weit geringerem Maß, ihr Verhältnis zur deutschsprachigen Literatur – darzulegen.

V

Anzuführen sind hier schließlich noch die sicherlich recht seltenen, aber immerhin doch existierenden Fälle, in denen einzelne spanische Lyriker von Verlagen publiziert wurden, ohne dass diese Verlage eigentlich einen speziellen Bezug zur spanischen Literatur hätten.[35] Ein repräsentatives Beispiel ist der im Jonas Verlag erschienene Band mit Gedichten von Claudio Rodríguez[36] oder der Band *Weltklang – Nacht der Poesie,* in den Gedichte von Clara Janés aufgenommen wurden.[37] Dies trifft letztlich auch auf den Band *Ich bin der König aus Rauch: Poesie aus Spanien* zu, den Gregor Laschen in Verbindung mit Jaime Siles herausgegeben hat und in dem Gedichte von Carlos Bousoño, Claudio Rodríguez, Guillermo Carnero, Antonio Colinas, Amparo Amorós und von Jaime Siles selbst zu finden sind.[38] Auch in der Literaturzeitschrift *EDIT – Papier für neue Texte* hat Claudia Jünke Übersetzungen ausgewählter Gedichte von Raúl Alonso aus seinem Buch *Libro de las catástrofes* veröffentlicht.[39]

Ausblick

Die obigen Ausführungen zur Rezeption der spanischen Gegenwartslyrik in deutschen Übersetzungen zeigen ein Panorama, das zwar noch nicht zufrieden stellt, das aber doch Ansätze für eine günstige Entwicklung erkennen lässt und das letztendlich durchaus schon deutlich positive Züge zeigt.

Trotz des während der letzten Jahrzehnte insgesamt massiv gestiegenen Interesses für die spanische Sprache und Kultur in Deutschland gilt es aber auch festzuhalten, dass die Lyrik insgesamt – und hier insbesondere die Gegenwartslyrik – ein schwieriges ›Terrain‹ bleibt, das – nicht nur in Deutschland – im allgemeinen nicht vom Massenpublikum betreten wird.[40] Für die Übersetzung und Rezeption der spanischen Gegenwartslyrik bedeutet dies, dass die Verlage aus nachvollziehbaren ökonomischen Gründe diese Lyrik in aller Regel nicht isoliert, sondern nur im Kontext mit den Klassikern, etwa in umfassenderen Anthologien, auf den Markt bringen wollen und können. Es ist daher all den Verlagen zu danken, die trotz vieler widriger Umstände nicht zögern, den Lesern die Möglichkeit zu bieten, auch mit den neuesten Entwicklungen und Repräsentanten einer Lyrik in Kontakt zu treten, die in Spanien in den Kreisen der Intellektuellen insgesamt eine weit höhere Aufmerksamkeit genießt, als dies in Deutschland häufig der Fall ist. Die Bemühungen der Verlage und der Herausgeber, etwa durch zweisprachige Anthologien den traditionellen Kanon zu öffnen und fortzuschreiben, wie dies beispielhaft in dem Umfeld geschieht, für den Javier Gómez-Montero stellvertretend zu nennen ist, verdienen daher großes Lob und Unterstützung.

Schließlich steht zu hoffen, dass die zeitgenössische Lyrik sowohl in den Schulen als auch an den Universitäten und sonstigen Hochschulen in der Forschung und Lehre den angemessenen Platz erhält, den sie als besonders eindringliche Form der Reflexion des Menschen über sein Hier und Jetzt verdient. Damit dies auch zukünftig und hoffentlich noch in verstärktem Maß als bisher erfolgt, bedarf es aber für Lehrende und Lernende einer größeren Anzahl von Hilfsmitteln, die den Stand der Dinge vermitteln, rasche Überblicke erlauben und vertiefte Einsichten vermitteln. Die vorliegenden Ausführungen – wie auch der Band, in dem sie erscheinen – möchten dazu einen hilfreichen Beitrag zu liefern.

Deutsche Fassung: Manfred Tietz

Bibliographie

I. Anthologien

Barck, Maximilian (Hg.): *Los gatos fantasmas. Junge spanische Lyrik*. Berlin: Maldoror 1992.

Delgado, Teresa (Hg.): ZAS – Schnitte durch die spanische Lyrik 1945-1990. Mit Übersetzungen von Teresa Delgado. München: Kirchheim 1994.

Dieser klingende Schatten, die Musik. Eine zweisprachige Anthologie (Poemas/ Gedichte). Herausgegeben von Victor Andrés Ferretti und Javier Gómez-Montero. Verlag Ludwig: Kiel 2005.

Du kamst, Vogel, Herz, im Flug. Spanische Lyrik der Gegenwart. Gedichte 1950-2000. Spanisch und Deutsch. Herausgegeben von Javier Gómez-Montero und Petra Strien. Frankfurt am Main: Suhrkamp 2004.

Es brennt die Stimme Gottes in der Stille: religiöse Lyrik Spaniens im 20. Jahrhundert. Ausgewählt, übertragen und kommentiert von Franz Niedermayer. Vorwort von Wolfgang Frühwald. Innsbruck/ Wien: Tyrolia-Verlag 1990.

Franzetti, Silvana/ Maurin, Aurélie (Hg.): *Versschmuggel: Spanisch- und deutschsprachige Gedichte. Contrabando de versos*. Mit 2 CDs. Heidelberg/ Madrid: Das Wunderhorn/ Huerga y Fierro 2006.

Gómez-Montero, Javier (ed.): *Cuando va a la ciudad, mi poesía. Das Gedicht und die Stadt. Gegenwartslyrik aus Spanien (1980-2005)*. Madrid: Sial 2005.

Gómez-Montero, Javier (Hg.): *Territorios de la poesía. Territorien der Lyrik in Spanien. Eine Anthologie.* Spanisch, Baskisch, Katalanisch, Galicisch, Deutsch. Berlin: ed. tranvía 2001.

Namenlose Liebe: Homoerotik in der spanischen Lyrik des 20. Jahrhunderts. Eine zweisprachige Anthologie. Federico García Lorca, Luis Cernuda, Vicente Aleixandre, Emilio Prados, Juan Gil-Albert, Pablo García Baena, Jaime Gil de Biedma, Francisco Brines, Antonio Carvajal, Luis Antonio de Villena. Mit Beiträgen von Michi Strausfeld und Luis Antonio de Villena sowie mit Autorenporträts und Kommentaren zu den Texten von Horst Weich. München: Lyrik-Kabinett 2000.

Poemas españoles. Spanische Gedichte vom 15. bis zum 20. Jahrhundert. Auswahl und Übersetzung von Erna Brandenberger unter Mitwirkung von Arturo del Hoyo (Madrid), Manuel Jurado (Sevilla) und Jaime Siles (Valencia). München: dtv 2004.

Radatz, Hans-Ingo/ Torrent-Lenzen, Aina (Hg.): *Iberia polyglotta. Zeitgenössische Gedichte und Kurzprosa in den Sprachen der Iberischen Halbinsel.* Mit deutscher Übersetzung. Titz: Axel Lenzen Verlag 2006.

Raíces y alas. Neue Literatur aus Spanien und Lateinamerika. Essay, Prosa und Gedichte. Spanisch – Deutsch. Beiträge von Rosana Acquaroni/ Pureza Canelo/ Rubén Darío/ Juan Ramón Jiménez/ Roberto Juarroz/ Amado Nervo/ Pedro Shimose/ Jenaro Talens. Herausgegeben von Tobias Burghardt. Aus dem Spanischen von Maria Bamberg/ Curt Meyer-Clason/ Renato Vecellio/ Hans-Jürgen Heise/ Tobias Burghardt Stuttgart: Edition Delta 1991.

Rose aus Asche. Spanische und spanisch-amerikanische Gedichte 1900-1950. Spanisch und Deutsch. Herausgegeben, übertragen und mit Nachworten versehen von Erwin Walter Palm. Mit einer Nachbemerkung von Hilde Domin. Frankfurt am Main: Suhrkamp [3]2003.

Spanische Lyrik des 20. Jahrhunderts. Spanisch/ Deutsch. Ausgewählt, kommentiert und herausgegeben von Gustav Siebenmann und José Manuel López. 5., überarbeitete und erweiterte Auflage. Stuttgart: Reclam 2003.

Spanische Lyrik von der Renaissance bis zum späten 19. Jahrhundert. Spanisch/ Deutsch. Ausgewählt, übersetzt und kommentiert von Hans Felten und Augustín Valcárcel. Stuttgart: Reclam 1990.

Spanische Lyrik. 50 Gedichte aus Spanien und Lateinamerika. Spanisch/ Deutsch. Übersetzt und herausgegeben von Jürgen von Stackelberg. Stuttgart: Reclam 2004.

II. Einzelne Autoren und Werke

Acquaroni, Rosana: *Sombras y paraísos / Schatten und Paradiese*. Eingeleitet, ausgewählt und aus dem Spanischen übersetzt von Juana & Tobias Burghardt. Zürich: teamart 2007.

Castro, Luisa: *Baleas e baleas / Ballenas y otros poemas/ Wale und andere Gedichte.* Dreisprachig: Galicisch-Spanisch-Deutsch. Eingeleitet, ausgewählt und aus dem Galicischen und Spanischen übersetzt von Juana & Tobias Burghardt. Zürich: teamart 2005.

Darío, Rubén: *Das Colloquium der Zentauren. Ein Zyklus*. Aus dem Spanischen übersetzt und mit einem Nachwort versehen von Tobias Burghardt. Stuttgart: Edition Delta 1989.

Espriu, Salvador: *Obra poètica. Das lyrische Werk*. Katalanisch und deutsch. Aus dem Katalanischen von Fritz Vogelgsang. 3 Bände. Zürich: Ammann 2007

Gamoneda, Antonio: *Esta Luz / Dieses Licht. Eine Anthologie, 1947 - 2005. Spanisch und deutsch*. Übersetzt von Manfred Bös und Petra Strien-Bourmer in Zusammenarbeit mit Karina Gómez-Montero. Herausgegeben von Javier Gómez-Montero. Verlag Ludwig: Kiel 2008.

Hierro, José: *Cuaderno de Nueva York / Heft aus New York.* Eingeführt und übertragen von Margrit Klingler-Clavijo. Zürich: teamart 2002.

Janés, Clara: *La indetenible quietud y otros poemas / Die unaufhaltsame Ruhe und andere Gedichte.* Eingeleitet, ausgewählt und aus dem Spanischen übersetzt von Juana & Tobias Burghardt. Zürich: teamart 2004.

Jiménez, Juan Ramón: *Tiempo / Espacio. 10 poetische Fragmente*. Teilweise zweisprachig: Spanisch – Deutsch. Aus dem Spanischen und mit einem Nachwort versehen von Tobias Burghardt. Stuttgart: Edition Delta 1991.

Machado, Antonio: *Campos de Castilla – Kastilische Landschaften. Gedichte 1907–1917.* Spanisch und deutsch. Herausgegeben, übertragen und mit einem Nachwort versehen von Fritz Vogelgsang. Zürich: Ammann 2001

Machado, Antonio: *Einsamkeiten – Soledades. Gedichte*. Spanisch und Deutsch. Übersetzt und mit einem Nachwort versehen von Fritz Vogelgsang. Zürich: Ammann 1996

Machado, Antonio: *Nuevas canciones – Neue Lieder 1917-1930. De un cancionero apócrifo – Aus einem apokryphen Cancion. Gedichte und Prosa*. Spanisch und Deutsch. Herausgegeben, übertragen und mit einem Nachwort versehen von Fritz Vogelgsang. Zürich: Ammann 2007

Maillard, Chantal: *Matar a Platón / Platon töten. seguido de Escribir / gefolgt von Schreiben.* Eingeführt und übersetzt von Elisabeth Siefer. Zürich: teamart 2006.

Merino, Ana: *Piedra papel tijera y otros poemas – Schere Stein Papier und andere Gedichte. Gedichte, spanisch-deutsch*. Ausgewählt, eingeführt und aus dem

Spanischen übersetzt von Rita Catrina Imboden. Mit einem Textbeitrag von Luis Beltrán Almería. Zürich: teamart 2009.

Rodríguez, Claudio: *Gedichte*. Herausgegeben von Pedro Alonso García, Sabine Euring, Annette Kauderer. Marburg: Jonas Verlag 2006.

Sánchez Robayna, Andrés: *Der Fels & Triptychon - La roca & Tríptico*. Gedichte, zweisprachig: Spanisch – Deutsch. Aus dem Spanischen von Juana und Tobias Burghardt. Stuttgart: Edition Delta 2007.

Siles, Jaime: *Suite der See. Neueste Gedichte*. Aus dem Spanischen und mit einem Nachwort versehen von Tobias Burghardt. Stuttgart: Edition Delta 1992.

Weltklang – Nacht der Poesie. Lesebuch mit den deutschsprachigen Übersetzungen oder den deutschsprachigen Originaltexten der vorgetragenen Gedichte. Herausgegeben von Michael Gaeb und Thomas Wohlfahrt. Berlin: Edition Diá 2005.

III. Kritische Literatur

»Weißt du noch... wie wir lernten, frei zu sein? Die spanische Literatur der Demokratie. Geschichte in Geschichten.« In: *Die horen. Zeitschrift für Literatur, Kunst und Kritik*. 179. 40/3 (1995).

Baehr, Rudolf: *Spanische Verslehre auf historischer Grundlage*. Tübingen: Niemeyer 1962.

Bierbach, Christine/ Rössler, Andrea (Hrsg.): *Nicht Muse, nicht Heldin. Schriftstellerinnen in Spanien seit 1975*. Berlin: tranvía 1992.

Böhmer, Ursula: *Die Romanze in der spanischen Dichtung der Gegenwart*. Bonn: Univ. 1965.

Briesemeister, Dietrich: *Die Dichtung der Rosalía de Castro*. München: Bergmiller 1959.

Dreymüller, Cecilia (Hg.): *Die Lippen des Mondes. Spanische Lyrikerinnen der Gegenwart (1950-1990)*. Wilhelmsfeld: Egert 1996.

Fraga, Lucía/ Kortazar, Jon/ Paz Gago, José M./ Sabadell-Nieto, Joana (eds.): *Cien años de poesía. 53 poemas en catalán, gallego y vasco: estructuras poéticas, pautas críticas*. Bern: Lang 2007.

Friedrich, Hugo: *Die Struktur der modernen Lyrik. Von Baudelaire bis zur Gegenwart*. Hamburg: Rowohlt 1956.

Friedrich, Sabine: *Transformationen der Sinne. Formen dynamischer Wahrnehmung in der modernen spanischen Großstadtlyrik*. München: Fink 2007.

Fröhlicher, Peter/ Güntert, Georges/ Imboden, Rita Catrina/ López Guil, Itzíar (Hg.): *Cien años de poesía. 72 poemas españoles del siglo XX: estructuras poéticas y pautas críticas*. Bern/ Berlin u.a.: Lang 2001.

Hottinger, Arnold: *Das volkstümliche Element in der modernen spanischen Lyrik*. Zürich: Atlantis Verlag 1962.

Ingenschay, Dieter/ Neuschäfer, Hans-Jörg (Hg.): *Aufbrüche. Die Literatur Spaniens seit 1975*. Berlin: tranvía 1991 (21993).

Laschen, Gregor/ Siles, Jaime (Hg.): *Ich bin der König aus Rauch: Poesie aus Spanien*. Nachdichtungen von Gregor Laschen et al. Mit acht Bilder von Thomas A. Schmidt. Bremerhaven: die Horen 1991.

Lind, Georg Rudolf: *Jorge Gulléns »Cántico« – eine Motivstudie*. Frankfurt am Main: Klostermann 1955.

Lindau, Brigitte/ Lindau, Hans Christian: *Glanzlichter spanischer Lyrik. Eine Einführung in ausgewählte Werke der spanischen Dichtung aus sechs Jahrhunderten*. Mit einem Beitrag zur Lyrik Rubén Daríos von Brigitte Lindau. Bonn: Romanistischer Verlag 2005.

Lorenz, Erika: *Der metaphorische Kosmos der modernen spanischen Lyrik (1936-1956)*. Hamburg: Cram, de Gruyter & Co. 1961.

Mitterer, Barbara: *Zur Dichtung Jorge Guilléns Architektonik und Ordo im zwanzigsten Jahrhundert*. München: Fink 1977.

Moser, Theres: *Kontrastive Untersuchungen zur kastilischen und katalanischen »Poesía social« nach dem Bürgerkrieg*. Wien u.a.: Böhlau 1994.

Pardellas Velay, Rosamna: »La fijación del canon de la lírica española. Últimas antologías bilingües en editoriales alemanas«, in: *Hispanorama* 106 (2004), S. 99-104.

Pardellas Velay, Rosamna: *El arte como obsesión. La obra poética de Aníbal Núñez en el contexto de la poesía española de los años 70 y 80*. Madrid: Verbum 2009.

Partzsch, Henriette: *Die Tradition der Alba in der spanischen Lyrik des 20. Jahrhunderts*. Berlin: Weidler 2001.

Pasch, Sandra: *Intermediale Aspekte der Picasso-Rezeption in der spanischen und hispanoamerikanischen Lyrik des 20. Jahrhunderts*. Frankfurt am Main u.a.: Lang 2006.

Schwarz, Reingard: *Die Dichtergruppe Cántico und ihre Zeitschrift: (1947-1957). Ein Beispiel andalusischer Lyrik der Nachkriegszeit Wien*. Köln: Böhlau 1989.

Siebenmann, Gustav: *Die moderne Lyrik in Spanien. Ein Beitrag zu ihrer Stilgeschichte*. Stuttgart u.a.: Kohlhammer 1965.

Tietz, Manfred (Hg.): *Die spanische Lyrik der Moderne. Einzelinterpretationen*. Unter Mitarbeit von Siegfried Jüttner und Hans-Joachim Lope. Frankfurt am Main: Vervuert 1990.

Tietz, Manfred (Hg.): *Die spanische Lyrik von den Anfängen bis 1870. Einzelinterpretationen.* In Zusammenarbeit mit Pere Joan i Tous und Heike Nottebaum. Frankfurt am Main: Vervuert 1997.

Anmerkungen

1 Die folgenden Ausführungen konzentrieren sich ganz auf die Frage nach der Verbreitung und damit der Möglichkeit der Rezeption der neueren und neuesten spanischen Lyrik, soweit sie Gegenstand des vorliegenden Bandes ist. Nicht gefragt wird nach der Qualität der Übersetzungen, die, wie in diesen Fällen üblich, von der bloßen Wort für Wort-Wiedergabe zum Nachvollzug des Wortverständnisses bis hin zur kongenialen Nachdichtung reicht. Die Überprüfung dieser qualitativen Frage muss Gegenstand einer eigenen Untersuchung bleiben.
2 *Die Spanische Lyrik der Moderne. Einzelinterpretationen.* Herausgegeben von Manfred Tietz unter Mitarbeit von Siegfried Jüttner und Hans-Joachim Lope. Frankfurt am Main: Vervuert 1990. *Die spanische Lyrik von den Anfängen bis 1870. Einzelinterpretationen.* Herausgegeben von Manfred Tietz in Zusammenarbeit mit Pere Joan i Tous und Heike Nottebaum. Frankfurt am Main: Vervuert 1997.
3 Zu den Werken dieser und weiterer hier erwähnter Autoren vgl. die unten angeführte Bibliographie.
4 In Anbetracht dieser Verdienste ist es außerordentlich bedauerlich, dass der Verleger im August 2009 der Öffentlichkeit mitgeteilt hat, dass er zum 30. Juni 2010 »seine publizistische Verlagsarbeit« beenden wird.
5 Im Folgenden werden nur die wichtigsten dieser Anthologien in aller Kürze und ohne Anspruch auf Vollständigkeit dargestellt.
6 Vgl. dazu meinen Beitrag »La fijación del canon de la lírica española. Últimas antologías bilingües en editoriales alemanas«, in *Hispanorama* 106 (2004), S. 99-104, in dem die verschiedenen Anthologien im Einzelnen dargestellt werden.
7 *Spanische Lyrik von der Renaissance bis zum späten 19. Jahrhundert.* Spanisch/ Deutsch. Ausgewählt, übersetzt und kommentiert von Hans Felten und Augustín Valcárcel. Stuttgart: Reclam 1990.
8 *Rose aus Asche. Spanische und spanisch-amerikanische Gedichte 1900-1950.* Spanisch und deutsch. Herausgegeben, übertragen und mit Nachworten versehen von Erwin Walter Palm. Mit einer Nachbemerkung von Hilde Domin. Frankfurt am Main: Suhrkamp ³2003. Die Erstausgabe München: Piper 1955 enthielt nur die Texte der deutschen Übersetzung. Die spätere revidierte, zweisprachige Ausgabe erschien bei Suhrkamp zuerst 1981.

9   *Du kamst, Vogel, Herz, im Flug. Spanische Lyrik der Gegenwart. Gedichte 1950-2000*. Spanisch und Deutsch. Herausgegeben von Javier Gómez-Montero und Petra Strien. Frankfurt am Main: Suhrkamp 2004.
10 *Poemas españoles. Spanische Gedichte vom 15. bis zum 20. Jahrhundert.* Auswahl und Übersetzung von Erna Brandenberger unter Mitwirkung von Arturo del Hoyo (Madrid), Manuel Jurado (Sevilla) und Jaime Siles (Valencia). München: dtv 2004.
11 *Spanische Lyrik. 50 Gedichte aus Spanien und Lateinamerika. Spanisch/ Deutsch.* Übersetzt und herausgegeben von Jürgen von Stackelberg. Stuttgart: Reclam 2004.
12 *Raíces y alas. Neue Literatur aus Spanien und Lateinamerika. Essay, Prosa und Gedichte.* Spanisch – Deutsch. Beiträge von Rosana Acquaroni/ Pureza Canelo/ Rubén Darío/ Juan Ramón Jiménez/ Roberto Juarroz/ Amado Nervo/ Pedro Shimose/ Jenaro Talens. Herausgegeben von Tobias Burghardt. Aus dem Spanischen von Maria Bamberg/ Curt Meyer-Clason/ Renato Vecellio/ Hans-Jürgen Heise/ Tobias Burghardt. Stuttgart: Edition Delta 1991.
13 Teresa Delgado (Hg.): ZAS – Schnitte durch die spanische Lyrik 1945–1990. Mit Übersetzungen von Teresa Delgado. München: Kirchheim 1994.
14 *Es brennt die Stimme Gottes in der Stille: religiöse Lyrik Spaniens im 20. Jahrhundert.* Ausgewählt, übertragen und kommentiert von Franz Niedermayer. Vorwort von Wolfgang Frühwald. Innsbruck/ Wien: Tyrolia-Verlag 1990.
15 *Los gatos fantasmas. Junge spanische Lyrik.* Berlin: Maldoror 1992.
16 *Namenlose Liebe. Homoerotik in der spanischen Lyrik des 20. Jahrhunderts. Eine zweisprachige Anthologie.* Federico García Lorca, Luis Cernuda, Vicente Aleixandre, Emilio Prados, Juan Gil-Albert, Pablo García Baena, Jaime Gil de Biedma, Francisco Brines, Antonio Carvajal, Luis Antonio de Villena. Mit Beiträgen von Michi Strausfeld und Luis Antonio de Villena sowie mit Autorenporträts und Kommentaren zu den Texten von Horst Weich. München: Lyrik-Kabinett 2000.
17 Hans-Ingo Radatz/ Aina Torrent-Lenzen (Hg.): *Iberia polyglotta. Zeitgenössische Gedichte und Kurzprosa in den Sprachen der Iberischen Halbinsel.* Mit deutscher Übersetzung. Titz: Axel Lenzen Verlag 2006.
18 Silvana Franzetti/ Aurélie Maurin (Hg.): *Versschmuggel: Spanisch- und deutschsprachige Gedichte. Contrabando de versos.* Mit 2 CDs. Heidelberg, Neckar/ Madrid: Das Wunderhorn/ Huerga y Fierro 2006.
19 Javier Gómez-Montero (Hg.): *Territorios de la poesía. Territorien der Lyrik in Spanien. Eine Anthologie.* Spanisch, Baskisch, Katalanisch, Galicisch, Deutsch. Berlin: tranvía 2001.
20 *Du kamst, Vogel, Herz, im Flug. Spanische Lyrik der Gegenwart. Gedichte 1950-2000.* Spanisch und Deutsch. Herausgegeben von Javier Gómez-Montero und Petra Strien. Frankfurt am Main: Suhrkamp 2000.

21 *Dieser klingende Schatten, die Musik.* Eine zweisprachige Anthologie (Poemas/Gedichte). Herausgegeben von Víctor Andrés Ferretti und Javier Gómez-Montero. Kiel: Verlag Ludwig 2005.
22 Javier Gómez-Montero: *Cuando va a la ciudad, mi poesía. Das Gedicht und die Stadt. Gegenwartslyrik aus Spanien (1980-2005).* Madrid: Sial 2005.
23 Antonio Gamoneda: *Esta Luz / Dieses Licht. Eine Anthologie, 1947 - 2005. Spanisch und Deutsch.* Übersetzt von Manfred Bös und Petra Strien-Bourmer in Zusammenarbeit mit Karina Gómez-Montero. Herausgegeben von Javier Gómez-Montero. Kiel: Verlag Ludwig 2008.
24 Ohne jeden Anspruch auf Vollständigkeit seien hier nur die folgenden Arbeiten genannt: Georg Rudolf Lind: *Jorge Guilléns »Cántico« – eine Motivstudie.* Frankfurt am Main: Klostermann 1955. Hugo Friedrich: *Die Struktur der modernen Lyrik. Von Baudelaire bis zur Gegenwart.* Hamburg: Rowohlt 11956. Dietrich Briesemeister: *Die Dichtung der Rosalía de Castro.* München: Bergmiller 1959. Gustav Siebenmann: *Die moderne Lyrik in Spanien. Ein Beitrag zu ihrer Stilgeschichte.* Stuttgart u.a.: Kohlhammer 1965. Erika Lorenz: *Der metaphorische Kosmos der modernen spanischen Lyrik (1936-1956).* Hamburg: Cram/ de Gruyter & Co. 1961. Ursula Böhmer: *Die Romanze in der spanischen Dichtung der Gegenwart.* Bonn: Univ. 1965. Arnold Hottinger: *Das volkstümliche Element in der modernen spanischen Lyrik.* Zürich: Atlantis Verlag 1962. Barbara Mitterer: *Zur Dichtung Jorge Guilléns Architektonik und Ordo im zwanzigsten Jahrhundert.* München: Fink 1977. Reingard Schwarz: *Die Dichtergruppe Cántico und ihre Zeitschrift: (1947-1957). Ein Beispiel andalusischer Lyrik der Nachkriegszeit Wien.* Köln: Böhlau 1989. Sabine Friedrich: *Transformationen der Sinne. Formen dynamischer Wahrnehmung in der modernen spanischen Großstadtlyrik.* München: Fink 2007.
25 *Die spanische Lyrik von den Anfängen bis 1870. Einzelinterpretationen*, insbesondere S. 340-439.
26 Dieter Ingenschay/ Hans-Jörg Neuschäfer (Hg.): *Aufbrüche. Die Literatur Spaniens seit 1975.* Berlin: tranvía 1991 (^{2}1992).
27 »Weißt du noch… wie wir lernten, frei zu sein? Die spanische Literatur der Demokratie. Geschichte in Geschichten«, in: *Die horen. Zeitschrift für Literatur, Kunst und Kritik.* 179. 40/3 (1995).
28 Christine Bierbach/ Andrea Rössler (Hg.): *Nicht Muse, nicht Heldin. Schriftstellerinnen in Spanien seit 1975.* Berlin: tranvía 1992. Dreymüller, Cecilia (Hg.): *Die Lippen des Mondes. Spanische Lyrikerinnen der Gegenwart (1950-1990).* Wilhelmsfeld: Egert 1996.
29 Theres Moser: *Kontrastive Untersuchungen zur kastilischen und katalanischen »Poesía social« nach dem Bürgerkrieg.* Wien [u.a.]: Böhlau 1994.
30 Peter Fröhlicher/ Georges Güntert/ Rita Catrina Imboden/ Itzíar López Guil (Hg.): *Cien años de poesía. 72 poemas españoles del siglo XX: estructuras poéticas y pautas críticas.* Bern [u.a.]: Peter Lang 2001.

31 Lucía Fraga/ Jon Kortazar/ José M. Paz Gago/ Joana Sabadell-Nieto (Hg.): *Cien años de poesía: 53 poemas en catalán, gallego y vasco: estructuras poéticas, pautas críticas*. Bern [u.a.]: Lang 2007.
32 Henriette Partzsch: *Die Tradition der Alba in der spanischen Lyrik des 20. Jahrhunderts*. Berlin: Weidler 2001. Sandra Pasch: *Intermediale Aspekte der Picasso-Rezeption in der spanischen und hispanoamerikanischen Lyrik des 20. Jahrhunderts*. Frankfurt am Main u.a.: Lang 2006. Rosamna Pardellas Velay: *El arte como obsesión. La obra poética de Aníbal Núñez en el contexto de la poesía española de los años 70 y 80*. Madrid: Verbum 2009.
33 Brigitte Lindau/ Hans Christian Lindau: *Glanzlichter spanischer Lyrik. Eine Einführung in ausgewählte Werke der spanischen Dichtung aus sechs Jahrhunderten*. Mit einem Beitrag zur Lyrik Rubén Daríos von Brigitte Lindau. Bonn: Romanistischer Verlag 2005.
34 Nieves Trabanco (Hg.): *Diálogos sobre poesía española. José María Valverde, Antonio Colinas, Rafael Argullol, Antoni Marí y Jaime Siles en el Göttinger Hain*. Madrid/ Frankfurt am Main: Iberoamericana/ Vervuert 1994.
35 Der vom Stuttgarter Verlag Klett-Cotta Ende der 70er und Anfang der 80er Jahre des vorigen Jahrhundert unternommenen Versuchs, ganze Gedichtbände einzelner spanischer moderner Lyriker (u.a. Rafael Alberti und Vicente Aleixandre) von herausragenden Übersetzern wie Fritz Vogelgsang ins Deutsche übertragen zu lassen und in anspruchsvollen bibliophilen Bänden zu veröffentlichen, ist leider über einige wenige Bände nicht hinausgekommen und hat keine Nachfolge gefunden.
36 Claudio Rodríguez: *Gedichte*. Herausgegeben von Pedro Alonso García, Sabine Euring, Annette Kauderer. Marburg: Jonas Verlag 2006.
37 Michael Gaeb/ Thomas Wohlfahrt (Hg.): *Weltklang – Nacht der Poesie. Lesebuch mit den deutschsprachigen Übersetzungen oder den deutschsprachigen Originaltexten der vorgetragenen Gedichte*. Berlin: Edition Diá 2005.
38 Gregor Laschen/ Jaime Siles (Hg.): *Ich bin der König aus Rauch: Poesie aus Spanien*. Nachdichtungen von Gregor Laschen et al. Mit acht Bilder von Thomas A. Schmidt. Bremerhaven: die Horen 1991.
39 Raúl Alonso: »Ausgewählte Gedichte«. Übersetzt von Claudia Jünke. In: *Edition für neue Texte* 32 (September 2003), S. 42-49
40 Dennoch sollte nicht versäumt werden darauf hinzuweisen, dass von der von Marcel Reich-Ranicki seit 1976 herausgegebenen *Frankfurter Anthologie. Gedichte und Interpretationen* (Frankfurt am Main: Insel) zwischenzeitlich 32 Bände erschienen sind und die Reihe noch keineswegs vor dem Aus steht.

Namensregister

Das Namensregister berücksichtigt die in den Texten und im jeweiligen Anmerkungsapparat angeführten Autorinnen und Autoren der Primär- und der Sekundärliteratur. Nicht verwiesen wird in der Regel auf die in den bibliographischen Hinweisen (*II. Kritische Literatur*) angeführten Namen.

Die Zahlen verweisen auf die jeweilige Seite, die Zahlen im Petitdruck auf die entsprechende Anmerkung. Die Zahlen im Fettdruck verweisen auf die Textinterpretationen; die in eckige Klammern gesetzten Zahlen auf die Interpretinnen und Interpreten.

Aberasturi, Andrés 451
Abuín González, Anxo 117
Acquaroni, Rosana 448, 455, 456, 460:12
Adorno, Theodor W. 124, 136, 148:60, 181:10, 182
Agamemnon 276, 277
Aguado, Neus 449
Aguirre, Aurelio 170
Aguirre, José Antonio 241
Aguirre, José María de (Lizardi, Xavier de) 62
Aigisthos 276, 277, 278, 279
Alarcos Llorach, Emilio 234:20
Alas, Leopoldo 415, 426:5
Albert, Mechthild [71-91], 86:1
Alberti, Rafael 218, 233:9, 462:35
Aldrich, Robert 11, 337:8
Aleixandre, Vicente 22, 55:8, 97, 98, 105:13, 122, 138, 142:1, 338:23, 345, 383, 460:16, 462:35
Alejandre, Jaime 451
Alembert, Jean-Baptiste le Rond d' 190
Alfaro, Rafael 233:7
Allemann, Beda 119:28
Almodóvar, Pedro 339:33, 367:17
Alonso de Santos, José Luis 57:21
Alonso García, Pedro 462:36
Alonso, Dámaso 146:41, 166:16,17,18,19

Alonso, Fran 451
Alonso, Raúl 453, 462:39
Alonso, Luis Miguel 147:43
Altolaguirre, Manuel 303, 311
Alvar, Antonio 162
Alvar, Manuel 432
Álvarez, José María 10
Amaro, José Luis 13
Amorós Moltó, Amparo 11, 13, 22, 24, 30:4, 31:21, 59, 64, 81, 82, 89:55, 90:58, 390, 453
Andreu, Blanca 22, **31-60**, 447, 449, 452
Aoiz, Marina 449
Arana, Sabino 247
Arana, Vicente de 259:12
Aranzadi, Juan 261:17
Aresti, Gabriel 63, 248, 259:13
Argullol, Rafael 141, 462:32
Aristoteles, 166:21, 170
Armendáriz, Montxo 57:21
Arnaud d'Oyhénart (Arnaldo de Oyenarte) 235, 238, 245, 246, 247, 263:40,41,42, 264:44
Arnold, Matthew 281, 286:46
Arnscheidt, Gero 53, [353-369]
Arregi, Ricardo 451
Arteta, Aurelio 242
Atencia, María Victoria 13, 24, 390

Atxaga, Bernardo **61-70**, 450, 452
Auden, Wystan Hugh 80, 316:44
Azúa, Félix de 9, 95, 104:3
Austin, John L. 233:5, 15
Azurmendi, Mikel 242
Bach, Johann Sebastian 59:54
Bachtin, Michail M. 326, 339:27
Bächtold-Stäubli, Hans 56:18
Bacon, Francis 170
Baehr, Rudolf 105:12, 182:12,13,14
Bakunin, Michail A. 94, 99, 100
Baltasar, Basilio 349
Bamberg, Maria 445, 460:12
Baquero, Graciela 438
Barañano, Kosme María de 258:11
Barck, Maximilian 449, 454
Barella, Julia 82, 104:6, 451
Barnatán, Marcos Ricardo 95, 104:3,6, 311
Baroja, Pío 449
Barral, Carlos 10, 96, 380, 450, 452
Barthes, Roland 221, 223:13, 338:18
Bartok, Bela 258:8
Baudelaire, Charles 36, 37, 38, 49, 55:9, 59:54, 93, 101, 105:16, 171, 172, 173, 290, 325, 328, 330, 433, 437, 440, 443:21, 461:24
Bautista, Amalia 24, 269
Bécquer, Gustavo Adolfo 38, 50, 223, 233:15, 304
Ben Rasiq 353, 360
Bejarano, Francisco 263:34, 311
Benegas, Noni 24, 25, 26, 354
Benítez Ariza, José Manuel 283
Benítez Reyes, Felipe 16, 18, 22, 27, **71-91**, 170, 263:34, 303, 308, 311, 315:29, 328
Benjamin, Walter 114, 118:14
Bepko, Claudia 165:7
Bermejo, José María 13
Bernier, Philippe 60:61
Bernini, Gian Lorenzo 359
Bertrán, Fernando 23

Betocchi, Carlo 142:3
Bierbach, Christine 452, 457, 461:28
Blaeser, Rolf 337:6
Blasco, Juanjo 261:22
Blecua, José Manuel 166:16,17,18,19
Bloch, Ernst 447
Bogumil-Notz, Sieghild [107-119], 223:15
Böhmer, Ursula 451, 461:2
Böhringer, Astrid 86:1
Bonet, Juan Manuel 22, 82
Bonnet, Marguerite 60:61
Borges, Jorge Luis 77, 181:8, 266, 270, 276, 278, 280, 284:6, 285: 25, 286:34,45, 297, 308, 309, 311, 314:26, 315:30,31,32, 316: 41, 316:43, 328
Bös, Manfred 70, 456, 461:23
Botas, Víctor 11
Brandenberger, Erna 448, 455, 460:10
Brecht, Bertolt 439
Breton, André 60:61
Briesemeister, Dietrich 365:2, 451, 461
Brik, Osip 228
Brines, Francisco 15, 25, 77, 82, 186, 303, 328, 340:62, 390, 414, 415, 426:4,7, 449, 452, 455, 460:16
Brockhusen, Gerda von (d.i. Giovanna della Croce) 145:34
Brossa, Joan 452
Browning, Robert 17, 189
Bücher, Rolf 119:28
Buenaventura, Ramón 23, 26, 354
Bueno de la Peña, Ana (i.e. Ana Rossetti) 354
Buford, Bill 435
Bukowski, Charles 436, 438
Buñuel, Luis 44, 55:8
Burghardt, Juana 117, 456, 457
Burghardt, Tobias 117, 455, 456, 457, 460:12
Butzer, Gunter 369:31

Caballero Bonald, José Manuel 9, 192, 197:18, 303
Caballero, José Antonio 197:10
Cadalso, José 197:19
Calleja, José María 260:16
Calles, Juan María 15, 31:26,27,28
Campe, Joachim 249
Campoamor, Ramón de 156, 157, 166:13, 325, 381, 382, 386:7,8
Camus, Renaud 338:18
Canelo, Pureza 448, 452, 455, 460:12
Cano Ballesta, Juan [9-32], 26, 89:56, 144:28, [183,198] 262:31, 299:3,4, 339:46, 340:65; 385, 415, 426:6, 13, 442:3, 443:24,26
Cano, José Luis 122, 142:2
Capilla, Antoni 338:19
Carboñero, Eladio 9
Carducci, Giosuè 19, 266:54
Carlón, José 23, 274
Carnero, Guillermo 9, 10, 25, 27, 30:6, 49, **93- 105**, 164:3, 245, 390, 447, 453
Caro Baroja, Julio 264:46
Carr, Raymond 258:10
Carriedo, Gabino-Alejandro 9
Carrión, Héctor 104:3, 218
Carvajal, Antonio 11, 95, 98, 104:3, 125, 373, 447, 449, 445, 460:16
Carver, Raymond 436
Casado, Miguel 24
Casanova, Giacomo 144:29, 422
Caso González, José Miguel 196:9, 197:11,12,17
Castaño, Yolanda 451
Castellet, José María 9, 10, 11, 25, 26, 30:2,3, 95, 96, 103, 104:6, 124, 125
Castillo, David 451
Castillo, Julia 13, 451
Castro, Américo 145:33
Castro, Juana 23, 24, 336:2
Castro, Luisa 23, 24, 54, 54:4, **101-119**, 446, 449, 451, 452, 456

Castro, Rosalía de 171, 461:24
Cataño, José Carlos 13
Cavafis, Konstantinos 170
Cavalcanti, Guido 170
Celan, Paul 9, 113, 114, 115, 119:28, 31, 169
Celaya, Gabriel 14, 96, 105:8, 142:10, 449
Cernuda, Luis 17, 25, 55:8, 77, 80, 82, 89:44, 97, 98, 105:14, 125, 127, 143:17, 156, 166:12, 169, 244, 245, 262:29, 267:58, 304, 309, 310, 315:34,35,36, 321, 325, 332, 334, 335, 339:58, 340:62
Chagall, Marc 22, 34, 39, 41, 42, 43, 46, 47, 50, 52, 54, 57:25, 59:54, 60:55
Champourcin, Ernestina de 393, 397
Char, René 169
Chicharro, Dámaso 368:21
Cilleruelo, José Ángel 14, 409
Cioran, Émile Michèle 38, 59:54
Ciplijauskaité, Biruté 262:31, 311, 312
Cirlot, Juan Eduardo 205, 210, 449, 450
Cixous, Hélène 108
Clébert, Jean Paul 54:5
Coco, Emilio 162, 355, 408
Coco, Michele 408
Cocteau, Jean 87:12
Colinas, Antonio 11, 25, 27, 30:6, 95, 104:5, **121-148**, 447, 453, 462:34
Collodi, Carlo 138
Colomo, Fernando 57:21
Colonna, Vittoria 368:25
Comadira, Narcís 138, 452
Combe, Dominique 370:50
Conde, Carmen 365:2, 452
Conte, Paolo 251
Corbière, Jean-Antoine-René-Edouard 325
Correyero, Ysla 24
Crespo, Ángel 9, 245, 446, 450, 451

Crisógono de Jesús O.C.D. 145:32
Cruz, Trino 449
Cuenca, Luis Alberto de 11, 91, 95, 104:5,6, **149-166**, 278, 282, 286: 31,33, 447, 451
Curtius, Ernst Robert 427:11,18
d'Ors, Miguel 11, 16, 31:10, 32, 83, 89:55, 91:77,78,79,80, 189, 197:14, 442:3
Dadson, Trever J. [269-286]
Dalí, Salvador 44, 55:8, 75, 335
Dante Alighieri 282, 373, 375, 383
Darío, Rubén 21, 88:23, 170, 367:13, 437, 455, 456, 458, 460:12, 462:33
Debicki, Andrew P. 398:9
Deleuze, Gilles 322, 332, 337:13, 340:60, 383
Delgado Batista, Yolanda 147:50,57
Delgado, Agustín 262:30
Delgado, Juan José 449
Delgado, Teresa 448, 454, 460:13
Delibes, Miguel 446
Démeny, Paul 316:42
Derrida, Jacques 108, 332, 340:60
Díaz de Castro, Francisco 349
Diderot, Denis 190
Díez de Revenga, Francisco Javier 31:13, [401-411]
Dinzelbacher, Peter 145:34,38, 146:40, 42, 147:46,47,49
Diokletian 358, 361
Diotima 20, 355, 356
Dionísio, Mário 233:6
Dirscherl, Klaus 338:28
Doce, Jordi 451
Dolç, Miquel 350
Domin, Hilde 455, 459:8
Doplicher, Fabio 408
Dostojewski, Fjodor 437
Dreymüller, Cecilia 386:20, 452, 461:28
Duncan, Isadora 99, 100, 105:15
Duque Amusco, Alejandro 11
Dustan, Guillaume 338:18

Dynes, Wayne R. 336:3
Eco, Umberto 155, 166:10
Egea, Javier 15, 81, 186, 373
Eguíluz, Federico 259:15
Eliot, Thomas Stearns 19, 32:44, 77, 78, 80, 88:29, 97, 105:11, 169, 175, 176, 259:13, 325
Elorza, Antonio 242, 260:20
Enguita, José María 259
Ennius, Quintus 280, 286:42
Espriu, Salvador 325, 446, 456
Etxebarría, Lucía 451
Euring, Sabine 457, 462:36
Ezkerra, Iñaki 242
Falcó, José Luis 144, 408
Faulkner, William Cuthbert 290, 291, 451
Felten, Hans 366:9, 369:32, 427:13, 446, 448, 455, 459:7
Ferdinand VII. (Fernando VII) 188
Fernández Palacios, Jesús 188, 363, 365, 367:19
Fernández Prieto, Celia 166:11
Ferrari, Marta B. 254, 255
Ferretti, Victor 336:1, 450, 454, 461:21
Fitzgerald, Scott 437
Fonte, Ramiro **167-182**, 399:14
Ford, Richard 436
Fornés, Maria Antònia 350
Forradellas, Joaquín 105:18
Fortún, Fernando 328
Foucault, Michel 108, 323, 336:5, 337:14, 339:48
Fraga, Lucía 462:31
Franco, Francisco 10, 11, 43, 63, 218, 236, 239, 242, 264:45, 314:14, 320, 323, 326, 354, 368:26
Franzetti, Silvana 449, 454, 460:18
Friedrich, Hugo 40, 451, 461:24
Friedrich, Sabine 451, 461:24
Frühwald, Wolfgang 454, 460:14
Fuente, Bienvenido de la 257
Fuertes, Gloria 447
Gaeb, Michael 457, 462:37

Gallego, Vicente 14, 16, 17, 18, 27, 447
Gamoneda, Antonio 23, 449, 450, 451, 452, 456, 461:23
Garagorri, Paulino 264:46
García Baena, Pablo 27, 30:6, 449, 455, 460:16
García Casado, Pablo 438
García de la Concha, Víctor 55:5, 257:6
García Gabaldón, Jesús 398:9
García Gallego, Jesús 55:5
García Gual, Carlos 283:3,5,7
García Hortelano, Juan 313:3
García Jambrina, Luis 223
García Lorca, Federico 22, 36, 44, 47, 55:8, 57:30, 59:54, 204, 206, 207, 213:7, 292, 316:47, 321, 324, 331, 337:6, 338:23, 339:52, 433, 434, 442:6,7, 444:30, 445, 455, 460:16
García Martín, José Luis 11, 12, 15, 26, 32:49, 82, 86:2, 87:19, 88:21,27,35, 36,37, 90:58,68,69,71,76, 144, 166:13, 263:32, 265:50, 274, 282, 284:17, 285:21, 286:38, 290, 299:2,5, 308:10, 311, 330, 385, 398:9, 408, 409, 410, 462
García Mateo, Rogelio 144:30
García Montero, Luis 14, 15, 16, 21, 24, 27, 31:29,30,31, 32:52, 79, 81, 82, 83, 84, 90:66, 144:28, 170, **183-198**, 261:27, 263:34, 303, 313:6, 314:27, 316:48, 328, 331, 339:46, 373, 379, 381, 386:6, 392, 399:14, 443:2, 447, 451
García Moral, Concepción 26
García Ober, Juan Ramón 86:1
García Sánchez, Jesús 408
García Ulecia, Alberto 88:28
García Valdés, Olvido 451:24
García, Concha 23, 24, 54:4
García, Dionisia 14
García-Posada, Miguel 12, 26, 79, 82, 88:38,39,40, 90:58,75, 144, 150, 151, 164:2, 165:4, 261:22, 275, 284:20,22,45, 314:13, 385, 398:9, 338, 442:3

Garcilaso de la Vega 59, 88:23, 145:37, 187, 188, 191, 204, 251, 257:5, 362, 367:14, 369:32, 406, 416, 417, 418, 419, 427, 448
Gatto, Alfonso 139
Geibel, Emanuel 284:9
Geist, Anthony 90:60,61,65
Genette, Gérard 154, 155, 166:11
George, Stefan 330, 339:50
Gil de Biedma, Jaime 9, 15, 16, 17, 25, 77, 78, 80, 88:21,22,24, 89:47, 90:71, 96, 143:10, 153, 155, 156, 165:8, 186, 192, 197, 217, 243, 251, 253, 261:25,26, 290, 303, 304, 310, 311, 313:5, 316:45, 325, 328, 329, 332, 338:23, 339:44,46, 340:62,63, 373, 380, 381, 386, 390, 447, 449, 450, 452, 455, 460:16
Gil-Albert, Juan 25, 335, 447, 455, 460:16
Gilabert Barberà, Pau 352:9
Gilles de Rais 355, 366:12
Gimferrer, Pere 9, 10, 25, 27, 30:5, 49, 94, 104:2,3, 138, 143:11, 144, 196:3, 245, 263:37, 328, 366:10, 390, 447, 450, 452
Gimber, Arno 336, 368:26
Giorgione (i.e. Giorgio da Castelfranco): 165
Girondo, Oliverio 451
Giuliani, Alfredo 26, 30:1
Glasenapp, Helmuth von 143:20
Gobart, Henri 250
Goethe, Johann Wolfgang von 124, 146:43, 243, 315:33
Gómez Blesa, Mercedes 143:21,22,24, 148:59
Gómez-Montero, Javier 70, 70:1, 447, 448, 450, 451, 454, 455, 456, 460:9,19,20, 461:21,22
Gómez-Montero, Karina 456, 461:23
Góngora, Luis de 204, 237, 239, 253, 362:29, 267:58, 272, 284:11, 311, 313:11, 329, 331

González de Durana Isusi, Javier 58:11
González Garcés, Miguel 171
González Iglesias, Juan Antonio 326, 339:34
González Santos, Javier 197:12
González, Ángel 9, 192, 197:18, 258:8, 328, 380, 381, 450
González, David 438
Götte, Johannes 284:13
Götte, Maria 284:13
Goya, Francisco de 188, 197:12
Goytisolo, José Agustín 9, 105:7, 142:9, 380, 449, 451, 452
Goytisolo, Juan 267:58
Garcia, Jordi 161, 166:22
Graham, Elspeth 259:15
Greco, El 219
Gregorovius-Kappès, Anneliese 54:5
Guarana, Iacobo 165:3
Guattari, Felix 322, 332, 337:13, 340:60
Guillén, Jorge 13, 80, 87:20, 204, 295, 390, 393, 458, 461:24
Güntert, Georges 461:50
Gutiérrez Carbajo, Francisco 261, 282
Gutiérrez Zuloaga, Isabel 264:46
Gutiérrez, José 13
Hahn, Kurt 336:1
Hall, John A. 260:16
Hamon, Philippe 384
Hartmann, Marion 105:13
Hartmann, Nicolai 217
Hauser, Arnold 217
Heise, Hans-Jürgen 455, 460:12
Hempfer, Klaus W. 337:16
Henkel, Arthur 146:44
Hernández, Miguel 14, 26, 447
Hesse, Hermann 439
Hierro, José 9, 96, 105:8, 122, 145:36, 446, 550, 456
Hinterhäuser, Hans 104:4, 263:37
Hocquenghem, Guy 321, 322, 337:12, 338:21
Hoffmann-Krayer, Eduard 56:18

Hofmann, Bert 105:7, 142:9
Hogg, James Lester 145:34
Holan, Vladimir 169, 204, 205
Hölderlin, Friedrich 19, 124, 126, 142:6, 170, 170:11, 182:11
Horaz (Quintus Horatius Flaccus) 21, 248
Horl Groenewald, Sabine 233:9
Hottinger, Arnold 451, 461:24
Hoyo, Arturo del 455, 460:10
Hubert, Étienne-Alain 60:61
Huerta Calvo, Javier 148:62
Iglesias, Amalia 23, 54:4
Imboden, Rita Catrina 461:30
Ingenschay, Dieter 367:17, [429-444], 442:14, 452, 461:26
Iravedra Valea, Araceli 143:16
Irigoyen, Ramón 11, 438
Jabés, Edmond 340:6
Jacob, Joachim 369:31
Jakobson, Roman 228, 234:21
Janés, Clara 11, **199-213**, 390, 446, 449, 450, 452, 453
Jannidis, Fotis 233:13
Jauß, Hans Robert 339:49
Jiménez Heffernan, Julián 197:13
Jiménez Millán, Antonio 19, 32:49, 306, 314:13,23, 373
Jiménez, Diego Jesús **215-234**
Jiménez, Juan Ramón 22, 56:14, 59, 62, 86:1, 266:57, 324, 325, 390, 392, 393, 446, 455, 456, 460:12
Jiménez, Olivio José 24, 31:17, 32:58, 142:4, 417
Jiménez Martos, Luis 409
Joan i Tous, Pere 8, 53, 197:19, 386:7, 459, 459:2
Jongh, Elena de 12, 29, 31:12
Jovellanos, Gaspar Melchor 20, 144:28, 183-198
Jover, José Luis 11, 13, 27, 31:19
Joyce, James 19, 20, 250, 297

Juan de la Cruz (i.e. Juan de Yepes y Álvarez) 121-148, 204, 208, 304, 361
Juaristi, Jon 14, 16, 18, 22, 23, 27, 82, 170, **235-267**, 303, 311, 316:47, 442
Juarroz, Roberto 455, 460:12
Jung, Carl Gustav 143:20
Jurado, Manuel 455, 460:10
Jüttner, Siegfried 8, 458, 459:2
Kafka, Franz 109, 118
Kallinos 271, 272, 273
Karl IV. (Carlos IV) 188, 197:19
Kauderer, Annette 457, 462:36
Keats, John 17, 19
Keilson-Lauritz, Marita 462
Kiedaisch, Petra 148:60
Klingler-Clavijo, Margrit 456
Kortazar, Jon [61-70], 457, 462:21
Kosofsky Sedgwick, Eve 336:5
Krestan, Jo-Ann 165:7
Kroll, Renate 334, 340:60
La Bruyère 96, 102
Lacan, Jacques 108
Lafitte, Pierre 263:40,41, 264:44
Lamberti, Mariapia 253, 254, 267:59
Lamillar, Juan 80, 89:51,54, 263:34, 303
Lanz, Juan José 12, 14, 16, 31:16,22,33, 143:13, 144:25, 156, 158, 161, 166:15,20, [215-234], 233, 233:8, 234:23, 262:30
Lao Tse 126
Larbaud, Valery 93, 98, 101
Larrea, Juan 250
Laschen, Georg 453, 458, 462:38
Lauaxeta (d.i. Esteban de Urkiaga) 62
Lauer, Gerhard 223:13
Lautréamont, i.e. Isidore-Lucien Ducasse 47, 100
Lázaro Carreter, Fernando 105:18, 228, 234:22
Le Bigot, Claude [371-386] 32:59, 89:49
Lentzen, Manfred 29, 31:20, [387-399], 398:1, 399:16

Leopardi, Giacomo 77, 88:23, 123, 137, 138
Leopold, Stephan 336:1
Levi, Carlo 138
Lezama Lima, José 451
Linares, Abelardo 81, 263:34, 443:27
Lind, Georg Rudolf 451, 461:24
Lindau, Brigitte 453, 458, 462:33
Lindau, Hans Christian 453, 458, 462:33
Lizardi, Xavier de (d.i. José María de Aguirre) 62
Llamazares, Julio 23, 27, 274, 275
López de Abiada, José Manuel 30:5, 104:2, 143:11, [149-166], 196:3, 263:37, 446, 447
López de la Calle, José Luis 242
López Guil, Itzíar 88:41, 461:30
López Merino, Juan Miguel 435, 442:17, 437, 442:4,16,17, 443:18, 20
López Parada, Esperanza 24
López, Ignacio Javier [93-104]
López, Julio 32:51, 273, 284:16,19, 285:30
Lorenz, Erika 451, 458, 461:24
Lorenz: Konrad 110
Luca, Andrea 24
Lucinio del SS. Sacramento O.C.D. 145:32
Luján Martínez, Eugenio Ramón 367:15
Luque, Aurora 24, 440, 442:10
Machado, Antonio 15, 125, 127, 143:16, 173, 182:11, 316:47, 324, 392, 393, 446, 458
Machado, Manuel 21, 328
Maestro, Jesús G(onzález) [167-187]
Maeztu, Ramiro de 258:10
Mahler, Andreas 336:1, 338:32, 366:6
Mahler, Gustav 179
Maillard, Chantal 446, 457
Mainer, José-Carlos 14, 31:18,23, 258:10, 259:15, 261:22, 408

Malewitsch, Kasimir S. 218
Mallarmé, Stéphane 97, 325, 389, 392, 437
Malpartida, Juan 398:6,10
Mandelstam, Osip 169, 172, 175, 176
Manrique, Jorge 21, 169, 172, 175, 176, 205, 206, 207, 212, 212:4,5, 213:6, 315:28, 316:48, 373, 420, 427:18
Mantegna, Andrea, 357
Mañas, José Ángel 57:21
Margarit, Joan 170
Marí, Antoni 462:34
Martínez de Mingo, Luis 151, 165:5
Martínez Gorriarán, Carlos 242, 265:60
Martínez Mesanza, Julio 23, **269-286**, 303
Martínez Ruiz, Florencio 234:18
Martínez Sarrión, Antonio 9, 34, 263:31
Martínez, José Enrique 313:6
Martinón, Miguel 387:13
Marzal, Carlos 13, 16, 18, 21, 27, 80, 89:50, 263:34, **287-300**, 303, 442:3, 447
Masoliver Ródenas, Juan Antonio 157, 166:14, 398:8, 449
Matías del Niño Jesús, O.C.D. 145:32
Maurin, Aurélie 449, 454:18
Mayhew, Jonathan 12, 31:14
Mejía, Pedro 266:57
Mendicutti, Eduardo 367:17
Mengíbar, Inmaculada 16, 18
Mesa Toré, José Antonio 18, 22, 27, **301-317**
Mestre, Juan Carlos 23, 54:4, 231, 274
Meyer-Clason, Curt 455, 460:12
Micó, José María 144:25
Milán, Eduardo 144:25, 449
Milosevich, Mira 260:16
Mira, Alberto 336:5, 338:19
Mirande, Jon 63
Mitterer, Barbara 451, 458, 461:24
Moix, Ana María 9, 94
Molina Campos, Enrique 90:63

Molina Damiani, Juan Manuel 234:23
Molina Foix, Vicente 9
Molina, César Antonio 11, 23, 54:4
Mompou, Frederic 204, 210
Montejo, Eugenio 449
Montesa Peydró, Salvador 90:76
Mora, Vicente L. 449
Morabito, Fabio 449
Moser, Theres 452, 458, 461:29
Mozart, Wolfgang Amadeus 59:54, 170, 413, 414, 421, 422
Munárriz, Jesús 24, 26, 263:31, 354
Munárriz, Miguel 314:27
Muñoz Petisme, Ángel 23
Muñoz, Ina 257:1
Muñoz, Luis 16, 18, 90:60,61,65, **319-340**, 451
Murua, Kepa 451
Nadeau, Maurice 54:5
Naguschewski, Dirk 338:18
Naharro-Calderón, José María 32:46, 350
Napoleon 188, 190, 418, 421, 427:10
Nava, Luis Miguel 170
Navarro Pastor, Santiago [235-267]
Navarro, Justo 13
Nerlich, Michael 368:23,30
Neruda, Pablo 26, 169
Nerval, Gérard de 205, 437
Nervo, Amado 455, 460:12
Neuschäfer, Hans-Jörg 366:7, 368:22, 452, 461:26
Newton, Candelas 48, 49, 56:16
Niedermayer, Franz 449, 454, 460:14
Niemöller, Susanne 336:1
Nietzsche, Friedrich 63, 124
Nikolaus I. 99
Nottebaum, Heike 8, 459, 459:2
Novalis 124, 126, 135, 142:7, 205
Nuñez, Aníbal 11, 262:31
O'Brien, Conor Cruise 260
Ollé, Carmen 449
Olsen, Vicki 259:15

Onaindía, Mario 272, 259:13
Ortega Urbano, Antonia 118:7
Ortega y Gasset, José 12
Ortega, Antonio 24, 26, 32:56
Ortiz, Fernando 11, 263:34
Ory, Carlos Edmundo 449
Oteiza, Jorge 63
Otero, Blas de 96, 105:8, 192:10, 204, 212:2, 250, 381, 449, 452
Otto, André 336:1
Otto, Walther F. 143:20
Owen, Wilfred 279
Pabst, Walter 284, 368:23, 411:2
Parcerisas, Francesc 138, 462
Padrón, Justo Jorge 11
Pallarés, María del Carmen 13, 24
Palm, Walter Erwin 447, 448, 450, 455, 459:8
Palomo, María del Pilar 231, 233:10
Panero, Juan Luis 11, 80, 89:48
Panero, Leopoldo María 9, 95, 104:5, 399:16, 437, 438, 447, 449, 450, 452
Pardellas Velay, Rosamna [33-60], [445-462]
Pariente, Ángel 55:5
Parra, Nicanor 451
Parreño, José María 15, 24, 31:24,53
Partzsch, Henriette 453, 458, 462:32
Pasch, Sandra 453, 458, 462:32
Pasolini, Pier Paolo 138, 169
Passeron, René 54:5
Paulik, Johan 413, 414, 420, 421, 422, 424
Pavese, Cesare 59:54
Paz Gago, José M. 462:31
Paz, Octavio 13, 55:5, 169, 340:62
Pereda, Rosa María 26, 417, 426:3, 427:10
Pérez Bazo, Javier 398:9
Pérez Bowie, José Antonio 89:50, [287-306]
Peri Rossi, Cristina 449

Persin, Margaret Helen 368:29
Perugino, Il (i.e. Pietro di Cristoforo Vannucci) 357
Pessoa, Fernando 77, 79, 169, 170, 171, 172, 173, 182, 386:9
Petrarca, Francesco 322, 337:14, 373
Philipp IV. 291
Picó, Josep 166:9
Piera, Carlos 449, 451
Pierre, José 60:61
Piquero, José Luis 16
Platon 20, 23, 323, 324, 337:17, 338:20,58, 346, 423
Poe, Edgar Allen 437
Pont, Jaume 450
Ponte, Lorenzo da 422
Pope, Randolph D. [413-428]
Pound, Ezra 30, 169
Prado, Benjamín 16, 16, 22, 32:50
Prados, Emilio 335, 455, 460:16
Prat, Ignacio 104:6
Prieto de Paula, Ángel Luis 264:31, 238:29
Profeti, Maria Grazia [199-212], 354, 363, 366:4
Pross, Caroline 366:8
Puerto, José Luis 146:43, 147:50, 148:61
Quasimodo, Salvatore 139, 142:3, 325
Quance, Roberta 365:2
Quevedo, Francisco de 26, 59, 204, 253, 267:58, 306
Quintana, Emilio 273, 278, 284:12
Rabanal, Luis Miguel 23
Radatz, Hans-Ingo 449, 455, 460:17
Rangel, Violeta 438
Rasputin (i.e. Gregorij Efimovic) 99, 100
Rebein, Robert 436
Regn, Gerhard 337:16
Reichert, Stefan 119:28
Reinstädler, Janett 365:3, 368:24
Reni, Guido 357

Restif de la Bretonne, Nicolas Edme 421
Ribes, Francisco 9, 27, 96
Rico, Francisco 105:18, 144:25, 166:22
Rico, Manuel 104:3, 219, 231, 233:1,14, 234:23
Riechmann, Jorge 15, 23, 24, 27, 439, 442:3
Riera, Miquel Àngel **341-352**
Riesz, János 386:5
Rilke, Rainer Maria 59, 124, 142:8, 170, 325, 424
Rimbaud, Arthur 37, 56:13, 109, 112, 114, 115, 118:7,26, 119:30, 309, 316:42, 437
Río Sainz, José del 328
Robbins, Jill 366:5, 367:18
Roca Pineda, Antoni 139
Rodas, Ana M. 449
Rodiek, Christoph [301-316]
Rodríguez Jiménez, Antonio 14
Rodríguez, Claudio 15, 186, 245, 303, 390, 447, 448, 452, 453, 462:36
Rodríguez, Ildefonso 24
Rodríguez, Juan 144:25
Rodríguez, Luciano 180
Romera Castillo, José 261:27, 282
Romero, Armando 449
Romojaro, Rosa 24
Rosselló Bover, Pere [341-352]
Rossetti, Ana (i.e. Ana María Bueno de la Peña) 20, 24, 27, 326, 336:2, 337:9, **353-369**, 447, 449, 452
Rossetti, Dante Gabriel 357
Rossetti, Christina 357
Rössler, Andrea 452, 461:28
Rothko, Mark 218
Rouger, Roque 88:42, 89:55
Rousseau, Jean Jacques 58:4, 421
Rovira, Pere 170
Rubio, Fanny 12, 24, 144
Ruiz Casanova, José Francisco 144:25
Ruiz Zafón, Carlos 445
Rupérez, Ángel 143:18

Rus, Miguel Ángel de 437, 443:25
Sabadell-Nieto, Joana 462:31
Sade, marquis de 421, 422
Sahagún, Carlos 245
Sahuquillo, Ángel 337:6, 338:22
Saint-John Perse 57:22, 59:54
Saizarbitoria, Ramón 259:13
Salas, Ada 13
Salazar, Abel 217, 233:6
Salgari, Emilio 138, 139
Salinas, Javier 146
Salinas, Pedro 325
Salvador, Álvaro 11, 15, 29, 81, 194, 303, 309, 315:39, 373, 462
Salvago, Javier 16, 18, 21, 22, 27, 80, 89:49,57, **371-386**
Sánchez Mejía, Ignacio 206, 213:7
Sánchez Pascual, Ángel 107, 109, 117:1,5
Sánchez Robayna, Andrés 144:25, **387-399**, 446, 450, 452
Sánchez Rosillo, Eloy 11, 14, 28, **401-411**, 447
Sánchez Zamarreño, Antonio 31:38
Sanguineti, Edoardo 138
Sannazaro, Iacopo 282
Santana, Lázaro 11
Sanz, María 19, 20, 24, 28, 32:45
Sartre, Jean Paul 45
Saura, Carlos 382
Savater, Fernando 242, 260:18, 264:47
Scaramuzza Vidoni, Mariarosa 208, 210, 213:8
Scheerer, Thomas M. 143:10, 386:1
Schlieper, Hendrik [353-369]
Schmidt, Albert-Marie 105:16
Schmidt, Sina 8, 230, 384, 408
Schneider, Ulrike 368:25
Schöne, Albrecht 146:44
Schwarz, Reingard 451, 458, 461:24
Schweppenhäuser, Herrmann 118:14
Screech, Michael A. 166:21

Seifert, Jaroslav 169
Sebastian, Hl. 353-369
Serés, Guillermo 144:23
Shakespeare, William 48, 50, 59, 226
Shelley, Percy Bysshe 17, 19
Sherno, Sylvia 39, 56:16
Shimose, Pedro 445, 460:12
Siebenmann, Gustav 44:1, 446, 447, 448, 450, 455, 461:24
Siefer, Elisabeth 457
Siles, Jaime 11, 12, 13, 28, 30, 31:15, 82, 90:74, 95, 104:5, 125, 144, 151, 155:6, 240, 245, 262:31, 263:37, 313:6, 367:49, 328, 376, 390, 438, 442, 442:5, 443:27, 446, 452, 453, 455, 457, 458, 460:10, 462:34,38
Simón, César 13
Sobrino Freire, Iria 109, 118:9,18
Sopeña Monsalve, Andrés 314:14
Spitzer, Leo 338:20
Stackelberg, Jürgen von 448, 455, 460:11
Stampa, Gaspara 368:25
Stegmann, Tilbert Dídac 351:1
Sternweiler, Andreas 338:17
Strausfeld, Michi 452, 455, 460:16
Strien-Bourmer, Petra 450, 454, 456, 460:9,20, 461:23
Strosetzki, Christoph 105:8, 427:12
Suárez, Miguel 24
Suñén, Juan Carlos 23, 24, 442:3
Suñen, Luis 13
Susanna, Àlex 170, 263:34, 451
Talens, Jenaro 11, 13, 447, 448, 454, 455, 460:12
Tapia, Juan Luis 434, 436, 442:9
Tegethoff, Viola 366:4, 367:19
Tennyson, Alfred 17, 189
Teresa de Jesús (i.e. Teresa de Ávila) 126, 127, 128, 144:30, 359, 361, 367:18, 368:21
Teuber, Bernhard 145:32, 147:52,54, 367:17

Theile-Becker, Angelika 161, 164:1
Tiedemann, Rolf 118:14
Tietz, Manfred 8, 26, 30:5, 52, 54:1, 55:8, 69, 102, 104:1,2,4, 105:7,8, 13,14, [121-148], 179, 181:1, 194, 196:1,3, 197:14, 209, 219:1, 2,4, 230, 233:1,9,15, 263:37, 281, 283:1, 284:1, 297, 299:1, 349, 351:1, 365:2, 366:10, 367:1, 367:14, 384, 386:1,3,7, 408, 411:2, 424, 426:1, 427:12,18, 454, 459:2
Todorov, Tzvetan 234:20
Tomaševskij, Boris V. 228
Tomasi di Lampedusa, Giuseppe 139
Torrent-Lenzen, Aina 449, 455, 460:17
Tosar, Luís G. 450
Tovar, Antonio 263:39
Trabanco, Nieves 143:14,15,19, 462:34
Trakl, Georg 169, 175, 176
Trapiello, Andrés 22, 82, 265:49
Traven, B. (i.e. Bernhard Traven Torsvan) 439
Trujillo, José Ramón 451
Ugalde, Sharon Keefe 27, 32:45, 39, 48, 57:31, 58:52, 118:6,8,12,15,19, 119:27
Ungaretti, Giuseppe 324, 325, 391, 398:11,12
Unamuno, Miguel de 19, 258, 258:10, 266:54
Unzueta, Patxo 242, 260:17
Uribe, Firmen 451
Valcárcel, A(u)gustín 369:3, 427:13, 446, 448, 455, 459:7
Valcárcel, Carmen 398:9
Valente, José Ángel 9, 13, 144, 245, 303, 390, 447, 449, 450, 451, 452
Valero, Vicente 24
Valverde, Álvaro 13
Valverde, José María 452, 462:34
Varela, Blanca 144:25
Varela, Ortega, José 260:16

Varela-Portas de Orduña, Juan 108, 109, 117:2, 118:18, 119:29
Vázquez Montalbán, Manuel 9, 94, 104:3, 262:30, 439, 449, 452
Vecellio, Renato 455, 460:12
Vela, Rubén 9, 27
Vallejo, César 169, 72, 175, 176
Vergil 59, 273, 274, 280, 284:13,14
Verlaine, Paul 37, 325, 328, 437
Vermehren, Michael 264:45
Vilarós, Teresa M. 339:35
Villangómez Llobet, Maria 139
Villena, Luis Antonio de 1, 12, 15, 17, 18, 25, 27, 31:40, 41, 42, 43, 90:76, 95, 104:5, 240, 314:13, 326, 327, 328, 332, 335, 337:9, 338:17,30, 337:9, 338:17,30, 339: 35,36,37,39, 340:62,64,65, 367:17, 373, **413-426**, 431, 435, 442:4,11, 15, 449, 455, 460:16
Víllora, Pedro 451
Virtanen, Ricardo 12, 15, 18, 24, 27, 31:25,39, 32:57, 198:21
Vogelgsang, Fritz 456, 462:25
Wagner, Richard 35, 419
Walcott, Derek 169
Waltz, Kenneth N. 435
Watteau 165

Weich, Horst [353-340], 366:6, 449, 455, 460:16
Welsch, Wolfgang 332, 340:59
Wentzlaff-Eggebert, Harald 367:13
Whistler, James Abbott McNeill 38:32
Whitman, Walt 142, 326, 403
Wilcox, John C. 45, 48, 50, 56:14, 58:44
Wilkock, Juan Rodolfo 138
Winko, Simone 223:13
Wohlfahrt, Thomas 457, 462:37
Wolfe, Roger 23, 86:4, **429-444**, 447
Wolfe, Tom 43, 44, 58:35, 59:54
Woolf, Virginia 48, 49, 59, 59:54
Wordsworth, William 17
Wünsch, Marianne 313:2
Yagüe López, Pilar 54:3
Yanke, Germán 314:27, 384
Yusupof, Félix 105:17
Zambrano, María 125, 126, 143:21, 148:59, 205, 208
Zavala, Iris M. 365:2
Zurbarán, Francisco de 215, 216, 220, 221, 225, 227, 228
Zurita, Raúl 449